Dieter Teschke

Existentielle Momente in der Psychotherapie

Fortschritte der Psychologie

herausgegeben von

Prof. Dr. Wolfgang Jantzen, Bremen

Prof. Dr. Joachim Lompscher, Berlin

Dr. Alexandre Métraux, Heidelberg

Prof. Dr. Michael Stadler, Bremen

Band 17

LIT

Dieter Teschke

Existentielle Momente in der Psychotherapie

Eine empirische Untersuchung mit gestalttherapeutischer Perspektive

Mit einem Vorwort von Hans Peter Dreitzel

LIT

D 188

Die Deutsche Bibliothek – CIP-Einheitsaufnahme

Teschke, Dieter
Existentielle Momente in der Psychotherapie : Eine empirische Untersuchung mit
gestalttherapeutischer Perspektive ; Mit einem Vorwort von Hans Peter Dreitzel /
Dieter Teschke . – Münster : Lit, 1996
   (Fortschritte der Psychologie ; 17 .)
   Zugl.: Berlin, FU, Diss, 1995
   ISBN 3-8258-2799-2

NE: GT

© LIT VERLAG
   Dieckstr. 73   48145 Münster   Tel. 0251–23 50 91   Fax 0251–23 19 72

Inhalt

Inhalt

Vorwort

In der Psychotherapieforschung hat die Gestalttherapie bislang nur wenig Beachtung gefunden. Immer wieder ist von Gestalttherapeuten der Wunsch geäußert worden, daß Ablauf und Wirksamkeit gestalttherapeutischer Prozesse zum Gegenstand einer wissenschaftlichen Untersuchung gemacht werden. Dabei sollte sie den Eigentümlichkeiten der dialogischen Struktur und der Konzentration auf unmittelbare Erfahrung, die besonders für die Gestalttherapie charakteristisch sind, gerecht werden und dennoch denjenigen Ansprüchen auf methodische Stringenz und wissenschaftliche Anschlußfähigkeit genügen, die der Stand der Therapieforschung heute verlangt.

Dieter Teschke hat diese Wünsche jetzt im Alleingang erfüllt. Das hier vorgelegte Buch ist die erstaunliche Leistung eines Psychologen und Gestalttherapeuten - in jahrelanger Arbeit ohne finanzielle und mit wenig personeller Unterstützung - mit einer eigenen Untersuchung den vielfachen Forderungen der aktuellen Therapieforschung gerecht zu werden: nämlich mit qualitativen Forschungsmethoden zu arbeiten, die Untersuchungspersonen mit einzubeziehen und sich am Interaktionsprozeß zu orientieren - und das, wie ich meine, mit überzeugendem Erfolg. Das Buch enthält eigentlich vier voneinander unterscheidbare Beiträge zur Psychotherapieforschung, die jeweils ihr eigenes Gewicht besitzen und die für unterschiedliche Lesergruppen auch von je besonderem Interesse sein werden.

Erstens hat Dieter Teschke einen gut lesbaren und zugleich kritischen Bericht über die Entwicklung, den gegenwärtigen Stand und die aktuelle Problematik der Psychotherapieforschung erarbeitet. Das ist auch für den nicht-wissenschaftlich interessierten Psychotherapeuten eine wertvolle Hilfe beim Verständnis derjenigen Argumente in der laufenden Debatte über die Zukunft der Psychotherapie, die sich auf die Forschung berufen.

Zweitens hat der Autor eine eigene Untersuchungsmethode entwickelt und erfolgreich angewendet, die wahrscheinlich in der psychologischen Forschung Schule machen wird. Für den Praktiker ist dabei von besonderem Interesse zu erfahren, daß auch unter offener Beobachtung zweier Videofilmer und unter ständiger Kontrolle durch Interviews noch wirkliche Therapie stattfinden kann. Natürlich können solche Untersuchungen nicht ohne weiteres mit *jedem* Klienten (und jedem Therapeuten) gemacht werden. Erstaunlich aber ist, wieviel unter diesen Bedingungen dennoch möglich, ja nicht selten sogar therapiebereichernd ist. Hinzu kommt in diesem Falle noch der Mut des Autors, sich selbst ebenfalls zum Objekt seiner Untersuchung zu machen, womit er sich nicht nur dem kritischen Blick seiner Kollegen ausgesetzt, sondern auch eine enorme Distanzierungsleistung erbracht hat. Daß er den Kollegenblick nicht zu scheuen braucht und daß er das notwendige Maß an Distanzierung souverän durchhält, mindert nicht im geringsten meinen Respekt vor einer Courage, die hoffentlich ansteckend wirkt - denn nur so können wir ja hoffen, einmal ähnliche Prozeßanalysen mit denen Teschkes vergleichen zu können.

Drittens enthält das Buch zwei Stunde für Stunde nachzulesende Therapieverläufe über 21 bzw. 23 Stunden, die beobachtend verfolgt werden. Sie geben meines Wissens zum ersten Mal einen genauen Einblick in das, was in einer Sequenz von Einzeltherapiestunden wirklich passiert, und das in einer Sprache, die auch dem Therapieunerfahrenen den Zugang nicht versperrt. Hier wird deutlich, was keiner der sonst in der Fachliteratur üblicherweise zitierten kurzen Dialoge, die meist erst hinterher aus dem Gedächtnis rekonstruiert werden, so recht zeigen kann: daß nämlich der Therapeut nicht ein Profi mit einem Sack voll schlauer Interventionen und bewährter Selbsterfahrungsübungen ist, sondern ein lebendiger Dialogpartner mit seinen eigenen Irrungen und Wirrungen. Wie er dennoch mit seiner menschlichen Erfahrung und seinem therapeutischen Können einen Weg durch die neurotischen Abwehren und Blockaden des Klienten findet, der schließlich zu gemeinsam gewonnenen Erkenntnissen und Einsichten führt, das kann man in diesem Buch „aus der ersten Reihe" verfolgen.

Der **vierte** bedeutsame Beitrag dieser Untersuchung besteht schließlich in dem Nachweis, daß es der "existentielle Moment" im therapeutischen Kontaktprozeß ist, der die eigentlich heilende Erfahrung begründet. Dieser Moment wurde in der Literatur zum gestalttherapeutischen Kontaktprozeßmodell von Perls/ Hefferline/ Goodman als "final contact" und von mir als "voller Kontakt" bezeichnet. Es ist der Augenblick, in dem die sich bildende Gestalt zu voller Größe und Prägnanz erblüht und schließlich mit dem Subjekt seiner Konstitution selbst verschmilzt. Es ist der Moment, in dem Subjekt und Objekt der Erfahrung, in dem Ich und Du *eins* werden. Je länger ich Gestalttherapie in meiner Selbsterfahrung, in meiner therapeutischen Praxis und in meiner psychologischen Reflexion erfahre, desto tiefer erscheint mir diese Entdeckung der Gestalttherapie, daß es in *jedem* gelingenden Kontaktprozeß solche existentiellen Erfahrungsmomente gibt, in denen die Subjekt/Objekt-Spaltung vorübergehend

aufgehoben ist. In dieser Erfahrung der immer wiederkehrenden kurzen Aufhebung unserer Individuation ist uns die andere Seite der Welt täglich zugänglich.
Sie ist eine *unio mystica* des Alltags, die nicht in der Abgeschiedenheit von
Trance und Askese, sondern gerade durch leidenschaftliches In-der-Welt-Sein
und rückhaltlos mutiges Sich-einer-Sache- oder -einem-Menschen-Hingeben
gewonnen wird, sofern wir nur mit der größten uns jeweils möglichen Acht-
samkeit handeln. Manchen Therapeuten mag diese Einsicht nicht neu sein,
Dieter Teschke aber hat sie für die Psychologie als Wissenschaft gesichert.

Am Ende bleibt ironischerweise die nun wissenschaftlich belegte Erkenntnis,
daß der Therapeut in den "existentiellen Momenten" der therapeutischen Beziehung alles Absichtsvolle und Professionelle seiner Thrapeutenrolle in der Begegnung mit seinem Gegenüber einfach fallen läßt. Das darf nun nicht zu der
Annahme verführen, gute Therapie sei nichts als eine „authentische" Ich-Du-
Beziehung: Der lange, durch erfahrene Interventionen gesteuerte therapeutische
Kontaktprozeß und die besonnene Durcharbeitung der Blockaden sind notwendige Voraussetzungen für die heilende Erfahrung der unmittelbaren Begegnung. Psychotherapie, so zeigt sich erneut, ist ein Kunsthandwerk; auch auf
diesem Gebiet gibt es zuweilen begnadete Begabungen, aber auch diese bedür-
fen des handwerklichen Könnens. Andererseits, und das zeigt Teschkes Untersuchung, führt handwerkliches Know-how ohne die Fähigkeit zur mitfühlenden
Hingabe an die andere Person statt zu Heilung und Wachstum eben nur zu
psychologischer Schulmeisterei.

Ich wünsche diesem Buch eine interessierte und kritische Leserschaft unter
Fachleuten wie unter Laien und hoffe, daß es dazu beiträgt, die hysterischen
Momente zu heilen, die sich gegenwärtig im Verhältnis von Wissenschaft und
Politik im Psychotherapiebereich beobachten lassen.

Berlin, im Februar 1996

Hans Peter Dreitzel

Einführung in die Fragestellung

Wenn ich Interessierten erklären soll, was eigentlich in der Psychotherapie passiert und wie sich Menschen dabei verändern können, greife ich oft auf eigene Erlebnisse als Klient wie auch als Therapeut zurück. Sie enthalten meist auch einen Moment von persönlicher existentieller Bedeutung, wie folgendes Beispiel zeigt, mit dem ich in meine Fragestellung einführen möchte:

Ich kann die Szene noch heute, nach bald 8 Jahren, wie einen Film vor meinen Augen ablaufen lassen: In einer meiner Lehranalyse-Stunden hatte ich meinem Analytiker von meinen Schwierigkeiten bei der Verfassung meines ersten Artikels berichtet. Er enthielt einige provokante Thesen zum Verständnis von Psychotherapie. Sehr schnell entstand zwischen uns eine heftige Diskussion, in der mein Analytiker meine Position schließlich als "Blödsinn" bezeichnete, während ich verzweifelt mit immer neuen Beispielen darum rang, ihn von meinen Standpunkten überzeugen zu können. Auf dem Höhepunkt des hitzigen Wortgefechtes hielt er plötzlich kurz inne, wandte sich mir voll zu und fragte lächelnd: "Können Sie sich eigentlich vorstellen, daß ich Sie mag, auch wenn Sie eine andere Meinung vertreten als ich?" Die Frage war völlig unerwartet gekommen. Ich stockte in meinem Redeschwall, es dauerte einen Moment, bis ich die mögliche Tragweite dieser Worte erfaßt hatte. Tränen schossen in meine Augen, die ganze Anspannung vom Kampf fiel plötzlich von mir ab, als ließe ich mich in eine liebevolle Umarmung fallen. Meine Wahrnehmung veränderte sich, alles schien weicher, bunter und klarer, ich sah in dem alten Mann plötzlich einen väterlichen Freund und spürte seine Sympathie, aber auch seine Sorge um mich.

Ich hatte eine neue Sichtweise sinnlich erlebt, die ich mir vorher höchstens theoretisch hatte vorstellen können, und deren volle Bedeutung mir auch erst in den nachfolgenden Stunden bewußt wurde: Liebe und Anerkennung durch eine väterliche Autorität schienen für mich plötzlich möglich, da sie - entgegen meiner lebensgeschichtlichen Erfahrung - doch nicht von der Unterwerfung unter die väterlichen Überzeugungen abhängig sein mußten! Aber auch für meinen Analytiker schien es ein besonderes Erlebnis gewesen zu sein: In der darauf folgenden Stunde berichtete er mir, daß auch er berührt gewesen sei. Außerdem wollte er für die hier beschriebene Stunde kein Geld nehmen, weil er sich in der Diskussion "zu persönlich engagiert" habe [1].

Wenn ich mich rückblickend an meine Erfahrungen als Klient und Analysand erinnere, so sind es nur relativ wenige solcher Momente, die ich spontan, ziemlich detailliert und sogar mit den entsprechenden Gefühlen erinnere, sozusagen

---

[1] Gemessen an den klassischen Ansprüchen an einen Analytiker war dies sicher ein therapeutischer "Fehler". Wie ich in dieser Arbeit zeigen werde, ist jedoch gerade dieses "emotionale Engagement" des Therapeuten ein konstitutives Element der "menschlichen Begegnung im psychotherapeutischen Prozeß".

wieder-erleben kann. Aber auch aus meiner nunmehr 14jährigen therapeutischen Praxis fallen mir mehrere solcher Ereignisse ein, die mich über meine therapeutische Distanz hinaus als ganze Person erfaßten und emotional bewegten und an deren Zustandekommen ich mehr intuitiv als geplant beteiligt war. Als ich in meinen Vorüberlegungen zu dieser Arbeit KollegInnen und ehemalige KlientInen genauer befragte, konnten mir viele spontan und erlebnisnah von solchen Momenten berichten, und zwar unabhängig davon, nach welcher Therapieschule sie tätig bzw. behandelt worden waren.

Unter einem **existentiellen Moment** verstehe ich eine Situation, in der eine **menschliche Begegnung** stattfindet, in der "einer dem anderen so nah ist wie sich selbst" (Buber, 1984). Andere Bezeichnungen wären "voller Kontakt" (Dreitzel, 1992) oder "Kontaktepisode" (E.&M. Polster, 1983). Solche seltenen und kurzen, subjektiv höchst bedeutsamen Ereignisse beinhalten jeweils **einen Höhe- und Wendepunkt im wechselreichen Kontaktprozeß** hier zwischen Therapeut und Klient. Sie sind **bei beiden Beteiligten** mit einem besonderen psycho-physischen Erregungsniveau, einer neuen Beziehungserfahrung und dem Gefühl des gegenseitigen Verstehens und Erkennens verbunden und werden häufig **lange nacherinnert**. Des weiteren vermute ich, daß **außenstehende Beobachter** solche Momente intuitiv als ein "besonderes" Ereignis wahrnehmen würden.

Meine Forschungsfragen

Die persönliche Beziehung zwischen Therapeut und Klient ist mittlerweile in allen Psychotherapieschulen zentraler Ausgangs- und Bezugspunkt psychotherapeutischer Prozesse. Es kommt auf die "persönliche Gleichung zwischen Patient und Therapeut" (Strupp, 1987, 541) an, heißt es, doch **wie** sich dieses Zueinanderpassen konkret Schritt für Schritt entwickelt, ist bisher wenig erforscht worden (vgl. Grawe et al. 1994, 778). Dies gilt noch mehr für **existentielle bzw. Begegnungsmomente in der Psychotherapie**. In der humanistisch-orientierten Psychotherapieliteratur, etwa bei Carl Rogers, wird ihnen eine veränderungswirksame, **heilende Bedeutung** zugeschrieben, gelegentlich ist sie in Fallberichten und -beispielen spürbar [1]. Dennoch sind solche Momente meines Wissens bisher nicht systematisch bzw. empirisch untersucht worden. Dies scheint mit ihren Eigenarten zu tun zu haben, mit denen sie aus dem Gesichtsfeld einer klassisch-naturwissenschaftlichen Methodologie zu fallen scheinen: sie sind ein sehr persönliches Erlebnis und nicht für andere Beziehungen verallgemeinerbar; sie sind selten und meist kurz, nicht planbar oder belie-

---

[1] Besonders hervorheben möchte ich hier die Therapiegeschichten von Yalom (1987 und 1990), die mich u.a. auch zu dieser Untersuchung inspirierten.

big herstellbar; sie lassen sich in ihrer ganzheitlichen Qualität weder messen noch ist sie vollständig beschreibbar oder nachvollziehbar.

Trotzdem wollte ich solche existentiellen Momente genauer untersuchen und damit auch in das Gesichtsfeld von Psychotherapieforschung rücken, da ich sie für Schlüsselereignisse in der Entwicklung der therapeutischen Beziehung halte. Ähnlich wie ich als Therapeut zu Beginn einer Therapie nur über allgemeine Informationen sowie Vorannahmen über den Klienten, seine Probleme und den möglichen Prozeßverlauf verfüge, so läßt sich mein Forschungsprozeß beschreiben. Er begann mit folgenden "offenen" Fragen:

1. Wie lassen sich existentielle Momente im psychotherapeutischen Prozeß bestimmen und erfassen?

Die Fragestellung legte es nahe, reale Therapiesitzungen mit Video aufzuzeichnen, in der Hoffnung, daß sich einige solcher Momente ereignen. Jeweils nach den Sitzungen sollten der Klient wie der Therapeut nach subjektiv bedeutsamen Ereignissen gefragt werden. Zu erwarten war, daß es mehrere Ereignisgruppen mit (inter)subjektiver Bedeutung gab, von denen eine die seltenen existentiellen Momente umfaßte.

2. Wie werden existentielle Momente subjektiv erlebt und erinnert?

Hier wandelte ich die in der bisherigen Psychotherapieforschung relativ selten angewandte Methode des video-angeleiteten Nachinterviews ab zu einem "Video-induzierten Nacherleben". D.h., beim Vorspielen der Videoaufnahmen sollte, so offen wie möglich, nach Gedanken, Gefühlen und Handlungsimpulsen während der als "subjektiv bedeutsam" bezeichneten Ereignisse gefragt werden.

3. Was sind mögliche gemeinsame Prozeßmerkmale von existentiellen Momenten?

Nach meinen Erfahrungen werden existentielle Momente zwischen Klient und Therapeut häufig auch von außenstehenden Beobachtern (als Teilnehmer einer Therapiegruppe, beim Betrachten eines Videos) als ein bedeutsames Ereignis wahrgenommen, auch wenn sie nicht den Kontext oder den biografischen Hintergrund der Beobachteten kennen. Mein Interesse galt hier möglichen intersubjektiv-gültigen Prozeßmerkmalen bei der Wahrnehmung solch besonderer Momente.

4. Welche Bedeutung haben existentielle Momente im psychotherapeutischen Prozeß und außertherapeutischen Kontext?

Hier werden Antworten auf u.a. folgende Fragen gesucht: Wie häufig sind existentielle Momente zu beobachten, zu welchem Zeitpunkt innerhalb der Therapiestunde und innerhalb des Untersuchungszeitraums? Welche Bedeutung haben sie für mögliche Veränderungen bei den Problemen des Klienten innerhalb und außerhalb der Therapie? Wie werden sie später erinnert?

5. Wie läßt sich ein Forschungskonzept realisieren, das den Therapieprozeß nicht behindert, möglichst sogar unterstüzt?

Diese Frage ist bisher kaum gestellt worden. Ich gehe davon aus, daß **jede** Therapieforschung mit Beobachtung und Befragung den Therapieprozeß beeinflußt. Hier wird in die Intimsphäre von Menschen eingedrungen, und dies noch in einem besonderen Schutzraum, der dem therapeutischen Setting wesentlich ist. Oberstes Prinzip war daher, daß sich mein methodisches Vorgehen den beobachteten Prozessen und den Wünschen und Zielen der Beteiligten anzupassen hatte und nicht umgekehrt.

Ziele, Inhalte und Aufbau dieser Arbeit

Mein Forschungsinteresse war sowohl persönlicher wie beruflicher und auch berufspolitischer Natur. Persönlich erlebe ich mich in existentiellen Momenten am lebendigsten und mit meinem Gegenüber verbunden, beruflich geben sie mir immer wieder neue Kraft und Bestätigung zur Ausübung meiner psychotherapeutischen Praxis. Von der Forscherperspektive erhoffte ich mir schließlich ein vertieftes Verständnis über psychotherapeutische Prozesse, aber auch eine kritische Einschätzung meiner eigenen Berufspraxis und die meiner Kollegen. Nach Psychologie-Studium und Therapieausbildung hatte ich mich auf meine Tätigkeit als Psychotherapeut konzentriert und dabei wenig mit empirischer Forschung befaßt. Die praxisfernen Modelle, die Anhäufung von "statistisch abgesicherten" Zahlen und Tabellen und schließlich auch die trivialen Erkenntnisse der konventionellen Psychotherapieforschung animierten mich auch nicht gerade dazu [1].

Schließlich ärgerte mich immer wieder der in der gegenwärtigen berufspolitischen Auseinandersetzung gemachte Vorwurf mangelnder Wissenschaftlichkeit der Gestalttherapie. Daß sich Gestalttherapeuten vor allem aus grundsätzlichen Überlegungen wenig an einer konventionellen Therapieforschung beteiligt haben, habe ich bereits an anderer Stelle beschrieben (Teschke, 1992). Statt nun jedoch Wirksamkeitsnachweise "nachzureichen" (wie etwa von Grawe, 1992b, gefordert), sollten sie sich vielmehr an der aktuellen Entwicklung hin zu einer Therapieprozeßforschung beteiligen. Diese Untersuchung ist als ein solcher Beitrag zu betrachten. Da es aber auch bisher keine entsprechende

---

[1] So habe ich einmal zur Vorbereitung einer Therapiegruppe für "Spiel-Süchtige" entsprechende wissenschaftliche Veröffentlichungen studiert. Am meisten gelernt über deren Erleben habe ich jedoch aus Dostojewskis (teils autobiografischen) Roman "Der Spieler" und gleichnamigem Film mit Gregory Peck.

empirische Tradition in der Gestalttherapie gibt, mußte ich auch Neuland in Richtung einer eigenen, gestalttherapeutischen Prozeßforschung betreten.

Im **I. Teil** dieser Arbeit gebe ich einen relativ breiten Überblick über Fragestellungen und Ergebnisse der konventionellen und schließlich aktuellen Psychotherapieforschung. Hier läßt sich seit Mitte der 80er Jahre eine umfassende Trendwende feststellen, hin zu einer Untersuchung realer Therapieabläufe, meist in Einzelfallstudien und mit dem Fokus auf die Therapeut-Klient-Beziehung. Dazu beigetragen haben u.a. die Entwicklung neuer Therapie-Theorien und die verstärkte Einbeziehung qualitativ-hermeneutischer Vorgehensweisen.

Einen solchen allgemeinen Überblick über die wissenschaftliche Beschäftigung mit Psychotherapie zu haben, war auch für mich als Praktiker **wichtig und interessant**. Er war **enttäuschend** insofern, als er inhaltlich wenig zu meinen Forschungsfragen beitrug. Er war jedoch auch **beruhigend**, weil ich mich in den Fragestellungen und methodischen Vorgehensweisen meiner Untersuchung, die bereits in den Jahren 1988 bis 1991 geplant und durchgeführt wurde, bestätigt sehe und ihre Ergebnisse bis heute nach wie vor aktuell sind. Das Studium vieler Theorien und Zahlen war aber auch **mühevoll und trocken**, so daß weniger theorie-interessierte LeserInnen gleich mit der Darstellung meiner Untersuchung beginnen mögen.

Im **II. Teil** werde ich u.a. ein gestalttherapeutisches Therapieprozeß-Modell vorstellen, das m.E. ein fruchtbarer Beitrag zu den gegenwärtigen Bemühungen um ein integratives, therapieschulen-unabhängiges Prozeßmodell sein kann. Dem folgt die Vorstellung der Teilnehmer und Teilnehmerinnen dieser Untersuchung, die Beschreibung meines methodischen Vorgehens und dessen Effekte auf die beobachteten Therapieprozesse.

Der **Kern dieser Arbeit** sind zwei ausführliche Falldarstellungen im **III. Teil**. Die Transskripte der Therapiestunden und nachfolgenden Interviews habe ich in **Therapiegeschichten** umformuliert. Sie handeln von eher "durchschnittlichen" Therapeuten-Leistungen und "typischen" Klienten-Problemen, kurz: vom **psychotherapeutischen Alltag**. Es wird der Prozeß der persönlichen Annäherung zwischen Therapeut und Klient in den ersten zwanzig Stunden beschrieben und interpretiert. Dabei gilt das Hauptaugenmerk den vielfältigen Störungen bzw. Kontaktunterbrechungen und schließlich den wenigen Momenten, die die Beteiligten als existentielle Erfahrungen erlebten..

In der Auswertung des **IV. Teils** wird das von mir vorgeschlagene Therapieprozeß-Modell konkretisiert und differenziert. Es werden alle angegebenen "subjektiv bedeutsamen" Momente in vier Ereignisgruppen eingeordnet. Sie unterscheiden sich anhand **quantitativer** und vor allem **qualitativer Prozeßmerkmale**, die ich aus den Aussagen der am Therapieprozeß Beteiligten ermit-

telt habe. Dabei werde ich ausführlich auf **die Prozeßmerkmale der existentiellen Momente** eingehen. Abschließend werden Bezüge zu den wenigen
vergleichbaren Untersuchungen und sonstigen Berichten hergestellt, meine
Untersuchungskonzeption und Ergebnisse kritisch kommentiert und Schlußfolgerungen für eine weitere Forschung benannt.

Zum **Abschluß** gebe ich eine **Zusammenfassung** und ein **persönliches Fazit**
meiner Ergebnisse und Erfahrungen mit dieser Untersuchung.

Einschränkungen

Schon jetzt will ich auf die Grenzen meines Untersuchungansatzes hinweisen.
Jede empirische Untersuchung über therapeutische Interaktionen und besonders
die **existentiellen Momente in der Psychotherapie** unterliegt grundsätzlichen
Einschränkungen, etwa der Unzulänglichkeit von Sprache bei der Wiedergabe
von Stimmungen der Teilnehmer, der Atmosphäre einer Stunde und ihrer prozessualen Verläufe. Mit solchen Erkenntnis-, Darstellungs- und Beschreibungs-
problemen behaftet, geraten die Fallbeschreibungen in die Nähe von
"Literatur", eine Tatsache, die schon Freud bedauernd feststellte (vgl. dazu
Muschg, 1975).

Im Bewußtsein, daß ich (subjektiv geprägte) "Geschichten von Geschichten"
(s.a. Portele, 1992) erzähle, waren meine wissenschaftlichen Kriterien weniger
solche der allgemeingültigen Gültigkeit und Wiederholbarkeit, sondern solche
der Nähe zum realen Therapiegeschehen, der Nachvollziehbarkeit der Prozesse
und ihrer Interpretation, der Anregung und Originalität und nicht zuletzt des
Nutzens für Klienten und Therapeuten.

Hinzu kamen untersuchungsspezifische Grenzen: Die größte Einschränkung
bestand darin, daß ich diese Untersuchung ausschließlich mit privaten Mitteln
durchführte. Dies brachte große Nachteile mit sich, etwa weniger Beobach-
tungsstunden, Aufopferung der Freizeit durch alle Beteiligten und schließlich
auch eine lange Zeit bis zur Fertigstellung dieser Arbeit. Der große Vorteil war
dabei aber, daß das Projekt praxisnah blieb und alle Beteiligten von den Erfahrungen und Ergebnissen direkt, also "ohne akademische Umwege" profitieren
konnten.

Danksagung

Viele KollegInnen wollten sich aus verständlichen Gründen nicht an der Untersuchung beteiligen. Umso mehr gelten mein Dank und auch meine Bewunderung den Menschen, die sich auf mein Vorhaben einließen. Mein besonderer Dank gilt auch meinem Doktorvater, Prof. H.P. Dreitzel, sowie Prof. H. Portele und Dr. G. Ottersbach, die mich immer wieder darin ermunterten, auch ungewöhnliche wissenschaftliche Wege zu gehen. Des weiteren danke ich Annette Willand, Johannes Roth und Roger Sinderhauf, die mich im Rahmen ihres Psychologie-Praktikums bei der gedanklichen und methodischen Vorbereitung und schließlich bei der Durchführung der Untersuchung unterstützten.

"Die Psyche ist reicher als alle Systematisierungen der Psychologie."
(Peter Schellenbaum)

Teil I

Psychotherapieforschung zu Beginn der 90er Jahre

1. Die konventionelle empirische Psychotherapieforschung

Einleitung

Die Anfänge der modernen Psychotherapieforschung sind eng mit der Entwicklung der Psychoanalyse verbunden. Im Mittelpunkt dieser neuen Sichtweise stand die Überzeugung, daß neurotische Erkrankungen auf frühe Störungen in der psychosozialen Entwicklung des Patienten zurückzuführen waren, die sich in den aktuellen sozialen Beziehungen wiederholten. Dabei war die **therapeutische Beziehung** sowohl "Schlachtfeld" innerpsychischer und zwischenmenschlicher Konflikte wie Ausgangspunkt zu deren Auflösung. Die auf Freud/Breuers "Studien zur Hysterie" (1895) folgenden - mehr oder weniger systematischen - Fallbeschreibungen dienten als Erfahrungsgrundlage für metapsychologische Überlegungen, aber auch zur Demonstration der Methode und dem Erfahrungsaustausch unter den psychoanalytischen KollegInnen. Außerhalb der Psychoanalyse war es vor allem Carl Rogers, der Anfang der 50er Jahre mit seinen systematischen Untersuchungen über therapiefördernde Therapeutenmerkmale begann.

In dieser Zeit gab es auch immer wieder heftige Diskussionen wie entsprechende Versuche, von den **persönlichen** Erfahrungen des Therapeuten auf **allgemeingültige** therapeutische Strategien und Deutungsweisen zu abstrahieren [1]. Letztlich herrschte jedoch Einigkeit darüber, daß ein möglicher Therapieerfolg von der Qualität der jeweiligen therapeutischen Beziehung abhing. So blieben auch therapeutische Praxis und ihre Beforschung untrennbar verbunden, Freud selbst betrachtete sich gar eher als Forscher denn als Therapeut. Weitaus weniger wurden über den Einzelfall hinausgehende empirische Untersuchungen durchgeführt, etwa zu unterschiedlichen psychoanalytischen Techniken[2] oder zu deren Behandlungserfolgen [3].

---

[1] Zusammengefaßt wurde diese Diskussion unter dem Begriff der "Technik-Debatte" in der Psychoanalyse (vgl. Haynal, 1989).

[2] Viel Aufsehen erregte damals eine Befragung, die Glover (zit. n. Haynal, 1989, 70) 1938 unter Mitgliedern der Britischen Psychoanalytischen Vereinigung durchführte: danach gab es - entgegen einer angenommenen Einheitlichkeit in der psychoanalytischen Technik - erhebliche Unterschiede in der Arbeitsweise von Analytikern desselben Instituts, sogar bei gleichen Lehranalytikern.

[3] So gab es 1930 am Berliner Psychoanalytischen Institut eine erste größere Statistik über Behandlungserfolge. Eine bekanntere Untersuchung war die von Franz Alexander und seinen Mitarbeitern 1937 begonnene Studie am Chicago Institute for Psychoanalysis auf der Grundlage von 292 behandelten Fällen. Untersuchungsgegenstand waren u.a.

Mitte der 50er Jahre begann sich jedoch in der Psychotherapieforschung eine naturwissenschaftlich-quantitative Sichtweise durchzusetzen. Die "Persönliche Gleichung zwischen Therapeut und Klient" (Strupp) verlor für das Verständnis therapeutischer Veränderungen immer mehr an Gewicht. In der nun folgenden **"konventionellen" empirischen Psychotherapieforschung** wurde vielmehr davon ausgegangen, daß (zwischen)menschliche Prozesse von zugrundeliegenden, objektiven Gesetzmäßigkeiten bestimmt würden. Diese galt es herauszufinden, um dann psychotherapeutische Prozesse ähnlich technologischen Regeln und Maximen steuern und effektivieren zu können. Statt **individueller Besonderheiten** interessierten nun **gruppenspezifische Gemeinsamkeiten**. Hierzu wurden experimentelle und korrelative Forschungsdesigns[1] sowie immer ausgefeiltere Erhebungsinstrumente und statistische Auswertungsverfahren entwickelt, mit denen schließlich die Wirksamkeit von psychotherapeutischen Vorgehensweisen berechnet wurde. Begleiterscheinungen dieser Entwicklung waren aber auch, daß sich zum einen Forscher und Praktiker immer mehr voneinander entfernten und zum anderen sich die Psychotherapieforschung zu einer "interessengeleiteten Erzeugung empirischer Befunde" (Grawe, 1992b, 132) im Konkurrenzkampf der verschiedenen Therapieschulen entwickelte.

Nach wie vor ist die "konventionelle" Psychotherapieforschung an vielen (meist universitären) Forschungseinrichtungen dominierend. Ihre Sicht- und Vorgehensweisen haben darüberhinaus in der aktuellen Auseinandersetzung um das "Psychotherapeuten-Gesetz"auch an politischer Bedeutung gewonnen[2]. Ich möchte deshalb kurz auf deren wichtigste Fragestellungen (vgl. Grawe, 1992b, 133) und Ergebnisse eingehen.

"Experimente" mit einem höheren Maß an Lenkung durch den Therapeuten und Planung der Therapie in Form von Zielen und Taktiken, nicht zuletzt um dem Mißverhältnis von Behandlungserfolg und (Zeit)Aufwand klassischer Analysen zu begegnen (Alexander et al., 1946).

[1] "Experimentelle" Designs wurden besonders in der verhaltenstherapeutischen Forschung verwendet: so wurde beispielsweise die Stärke angstauslösender Reize systematisch variiert, wobei die Therapeuten- und Klientenvariablen und der sonstige Therapieablauf konstant gehalten wurden. "Korrelative" Designs herrschten in der gesprächspsychotherapeutischen Forschung vor: hier wurde z.B. das Ausmaß der Empathie eines Therapeuten per Fragebogen oder Verhaltensbeobachtung eingeschätzt und mit der Selbstexploration des Klienten oder mit dem Therapieergebnis korreliert.

[2] Zur wechselvollen Geschichte und aktuellen Entwicklung zu diesem Gesetz s. etwa die laufende Berichterstattung im "Report Psychologie" vom Bund Deutscher Psychologen (BDP).

1.1. Zur Wirksamkeit von Psychotherapieforschung allgemein

1952 hatte Eysenck behauptet, daß Psychotherapie (im wesentlichen die damals vorherrschende Psychoanalyse) nicht wirksamer sei als keine oder unspezifische Behandlungen und daß mögliche Heilungserfolge genausogut auf Spontanheilungen zurückgeführt werden könnten. In den folgenden Jahren setzte ein regelrechter Forschungsboom mit hunderten von Einzeluntersuchungen ein, um die Notwendigkeit und Wirksamkeit von Psychotherapie zu rechtfertigen. Spätestens mit den sogenannten Meta-Analysen[1] meint man jetzt, Eysenck und seine Anhänger sowohl logisch, als auch methodisch und empirisch widerlegt zu haben: Ganz gleich, was untersucht wurde und wie es untersucht wurde: Psychotherapie wirkt!

Wittmann & Matt (1986) vergleichen die Erfolgsquote von Psychotherapie mit dem Lernzuwachs in Mathematik nach einem Jahr Schulunterricht oder bezeichnen den Zusammenhang zwischen Psychotherapie und Behandlungserfolg als doppelt so hoch wie den zwischen Rauchen und Lungenkrebs. Nach Grawe u.a. (1994, 677) ist lediglich bei 30% aller möglichen Patienten auch ohne eine Behandlung eine Besserung der psychischen Leiden zu erwarten. Bei den Patienten mit Behandlung sollte bei über 70% eine Besserung eintreten, es bleiben ca. 25%, die nicht erfolgreich behandelt werden (ders., 728).

Da diese Zahlen auch im Vergleich verschiedener Therapieverfahren miteinander gefunden wurden, kann davon ausgegangen werden, daß sie für jede Therapieform gelten. Insgesamt können die Ergebnisse zur Wirksamkeit von Psychotherapie auch mit der mittlerweile populären "Ein-Drittel-Formel" zusammengefaßt werden: ein Drittel aller Patienten beenden eine psychotherapeutische Behandlung gleich welcher Schule mit vollständiger Besserung, ein weiteres Drittel mit partieller Besserung, ein weiteres Drittel bleibt in unveränderter psychischer Verfassung.

1.2. Zum Vergleich der einzelnen Therapieformen

Mit der Verbreitung neuerer, vor allem verhaltenstherapeutischer und humanistischer Therapieformen setzte Mitte der 70er-Jahre eine "Konkurrenz-Phase" in der konventionellen Therapieforschung ein. Hier ging es zunächst darum, zu

---

[1] Die wichtigsten sind wohl die von Smith, Glass & Miller, 1980 (475 Studien), Wittmann & Matt, 1986 (76 deutschsprachige Studien) sowie Grawe et al., 1992b, 1994 (879 Studien).

beweisen, daß (meist) die eigene Therapierichtung besser war als die anderen[1]. Der letzte und bisher umfangreichste Vergleich ist der zwischen verschiedenen Verhaltenstherapie-Formen mit Gesprächspsychotherapie (Grawe et al. 1990, "Berner Studie"). Dabei stellen Grawe et al. dann jedoch fest: "Ein Jahr nach Abschluß haben alle untersuchten Therapieformen praktisch einen genau gleich starken Effekt erzielt. Unsere Ergebnisanalyse hat jedoch gezeigt, daß Patienten der vier Therapiebedingungen auf höchst unterschiedliche Weise zu diesem Endpunkt gelangt sind. Sie haben qualitativ voneinander verschiedene Veränderungsprozesse hinter sich. Die Gesamteffektstärken (...) setzen sich aus sehr unterschiedlichen Einzelveränderungen zusammen, die darüberhinaus bei ganz verschiedenen Arten von Patienten entstanden. Dies legt die Schlußfolgerung nahe, daß es prinzipiell unangemessen ist, die Wirkungen von Therapien im Sinne eines Mehr oder Weniger auf einzelnen Skalen abzubilden zu versuchen. An der prinzipiellen Unangemessenheit ändert sich nichts, wenn man sehr viele Effektmaße verwendet ..." (Grawe et al., 1990, 370). Die leichten Vorteile der von Grawe selbst entwickelten "Interaktionellen Verhaltenstherapie" dürften wohl eher auf einen Versuchsleiter-Effekt zurückzuführen sein[2].

Ein anderer Weg, die verschiedenen Therapieformen miteinander zu vergleichen, war der über die oben erwähnten Meta-Analysen. Die letzte und wichtigste ist die von Grawe und seinen Mitarbeitern (Grawe 1992b, 1994), weil sie als einzige empirische Grundlage zum "Forschungsgutachten zu Fragen eines Psychotherapeutengesetzes" (Meyer et al. 1991) auch politische Bedeutung erlangte. Oberstes Kriterium dieser Studie war, ob überhaupt und wieviele "Wirksamkeitsnachweise" die einzelnen Therapieverfahren erbracht haben. Grawe (1992b, 138ff.) stellt dabei eine "erstaunlich klare Rangordnung von vier Gruppen" fest:

1. therapeutische Ansätze ohne jeglichen Wirksamkeitsnachweis, sie sind "bis auf weiteres aus der Versorgung und Ausbildung auszuschließen"; 2. solche, deren Wirksamkeit zwar untersucht, aber umstritten ist, ohne weitere Untersuchungen sollten auch diese ausgeschlossen werden; 3. solche mit bisher uneindeutiger Ergebnislage, wobei jedoch vor allem die Gestalttherapie und die Systemorientierte Familientherapie "bei wohlwollender Interpretation" bisheriger bzw. noch zu erbringender Daten sich als wirksame Verfahren qualifizieren

---

[1] So wurden, um einige häufig zitierte Untersuchungen zu nennen, psychoanalytische Kurztherapie mit Verhaltenstherapie (die Temple-Studie von Sloane et al., 1975), Verhaltenstherapie mit Gesprächspsychotherapie (Grawe, 1976; Plog, 1976), Verhaltenstherapie mit Gestalttherapie (Cross et al. 1982) und psychoanalytische Kurztherapie mit Gesprächspsychotherapie (Meyer, 1981, 1989, "Hamburger Kurztherapie-Vergleichsstudie") direkt miteinander verglichen.

[2] vgl. auch die Kritik von Reinecker & Schindler, 1991.

könnten; und schließlich 4. drei therapeutische Ansätze, denen "aufgrund einer großen Anzahl kontrollierter Wirksamkeitsuntersuchungen der Status von Therapieverfahren mit zweifelsfrei nachgewiesener Wirksameit zugebilligt werden muß": Verhaltenstherapie, Gesprächspsychotherapie, Psychoanalytische Therapie.

Unbestritten bleibt die Tatsache, daß sich viele Therapieverfahren und hier auch die Gestalttherapie bisher wenig an der konventionellen Psychotherapieforschung beteiligt haben. Dies ist jedoch auf andere Gründe zurückzuführen: sie haben erst nach der Blütezeit der konventionellen Forschung ihre Verbreitung gefunden, sie haben keinen Zugang zu universitären Einrichtungen und damit zu Forschungsgeldern, Publikationsmöglichkeiten usw. erhalten und schließlich hatten sie auch aufgrund grundsätzlich verschiedener (erkenntnis)theoretischer Positionen gar kein Interesse, sich an der konventionellen empirischen Forschung zu beteiligen (vgl. Teschke 1992).

Natürlich hat diese Meta-Analyse vielfache Kritik unter den Vertretern der einzelnen Therapieverfahren, aber auch unter den empirischen Therapieforschern selbst hervorgerufen. Neben den unzähligen methodischen Einwänden hinsichtlich Alter, Qualität und Auswahl der Einzeluntersuchungen gibt es vor allem grundsätzliche Einwände gegen solche Bewertungen. So erscheint ein Vergleich der verschiedenen Therapieformen und deren Untersuchungen angesichts der großen Unterschiedlichkeit in den Therapieverläufen, Zielen und Erfolgskriterien wie der Vergleich von Äpfeln und Orangen. In seiner Kritik an Grawes Meta-Analyse stellt sich Bastine (1992, 171) die Frage, "was an Hand dieser faktoriellen Untersuchungspläne tatsächlich untersucht und belegt wird ... die Wirksamkeit "der" Verhaltenstherapie oder "der" psychoanalytischen Therapie wird dadurch sicherlich nicht belegt."[1]

---

[1] Zur grundsätzlichen Kritik an Meta-Analysen s. etwa Eysenck, 1978, Grawe 1986, Portele, 1988, Reinecker et. al., 1989, Meyer, 1990. Die Vorteile besonders der Verhaltenstherapie sind wohl eher dadurch zu erklären, daß verhaltenstherapeutische Untersuchungen gegenüber solchen von beziehungs- und prozessorientierten (analytischen, humanistischen) Ansätzen durch die gängigen Methoden der Effektstärkenberechnung systematisch begünstigt werden: Sie beschränken sich meist auf einen relativ engen Problembereich, z.B. Phobien, und relativ eng umschreibbare Therapiestrategien (z.B. Systematische Desensibilisierung); außerdem werden **symptom**orientierte Meßinstrumente eingesetzt , die sich grundsätzlich von den eher **persönlichkeits**orientierten der psychoanalytischen und humanistischen Verfahren unterscheiden. Zwar bemüht sich Grawe in seiner Meta-Analyse um eine Selektion durch eigens erstellte methodische Gütestandards, diese bleiben jedoch selbst vage und zum Teil nicht nachvollziehbar (vgl. dazu Strümpfel, 1992). Aufgrund solcher ungeklärten Probleme, die innerhalb der Fachöffentlichkeit und auch von Grawe selbst (1986) benannt werden, haben Metaanalysen allenfalls einen heuristischen Wert. Umso bedauerli-

So bleibt nach wie vor Fazit der bisherigen Therapie-Vergleichsforschung, "daß
- ob psychodynamisch, verhaltenstherapeutisch, personzentriert, rational-
emotiv, gestalttherapeutisch oder noch anders psychotherapiert - es keine
klaren Sieger und keine abgeschlagenen Verlierer gab" (Meyer, 1990, 288),
oder, um das häufig zitierte Dodo-Verdikt aus "Alice im Wunderland" anzufüh-
ren: "Everyone has won and all must have prizes." Allerdings warnen Grawe
(1989, 1992) sowie Meyer (1989) vor der "Trittbrettfahrer-Argumentation",
daß alle Therapieformen für alle Klienten gleich gut seien. Sie plädieren für
eine zusätzliche differentielle Analyse der Zusammenhänge zwischen dem
Therapiegeschehen und dem Therapieergebnis.

1.3. Die Differentielle Psychotherapieforschung

Die Differentielle Psychotherapieforschung ist eng mit der Indikationsfrage
verbunden, also welche therapeutische Vorgehensweise für eine bestimmte
Störung am wirkungsvollsten sei. Nicht selten wurde hierzu auch die
"Medikamenten-Metapher" bemüht.[1] Ein althergebrachtes Indikationsschemata
ist die Zuordnung nach der ICD-Diagnose, etwa Klienten mit leichten Neurosen
zur Gesprächspsychotherapie, mit schweren Störungen zur Psychoanalyse,
Phobien zur Verhaltenstherapie usw. Aber auch die einzelnen Therapieschulen
selbst leiten aus den je eigenen Theorien zur Entstehung und Aufrechterhaltung
von psychischen Störungen und Wirkannahmen ihrer Vorgehensweisen Indika-
tionsaussagen ab. Schließlich gibt es auch immer wieder "eklektizistische"
Ansätze, in denen man sich je nach Problematik aus dem Methodenarsenal
verschiedener Therapieschulen bedient.[2]

Ein detaillierter Überblick über entsprechende empirische Untersuchungen ist
in der bereits erwähnten Meta-Analyse von Grawe enthalten. Schaut man
jedoch genauer hin, so muß man feststellen, daß in den allermeisten Untersuchungen lediglich die Wirksamkeit bestimmter - meist verhaltenstherapeutischer - Methoden für einzelne Störungen wie z.B. Phobien empirisch überprüft
wurde. Nun sind solche eng umschriebenen Störungen in der ambulanten psychotherapeutischen Praxis viel seltener anzutreffen als so umfassende wie

---

cher ist es, wenn solche Analysen in der politischen Auseinandersetzung den Charakter
eines wissenschaftlich-fundierten Beweises der Wirksamkeit einzelner Therapieverfahren
oder gar deren Überlegenheit über andere erhalten wie etwa bei Grawe und seinen Mitarbeitern.

[1] So z.B. Grawe (1992, 135)

[2] So etwa bei dem von Beutler (1983) vertretenen "technischen Eklektizismus".

Depressionen oder Persönlichkeitsstörungen. Demnach könnte die Argumentation sogar umgekehrt werden: "Vermutlich ist die Konturiertheit der Störung sogar ein wesentliches Indikationskriterium dafür, ob ein methodenorientiertes oder ein entwicklungsorientiertes Behandlungsmodell zu favorisieren ist" (Bastine, 1992, 173).

Es gibt jedoch grundsätzlichere Probleme einer solchen Differentiellen Forschung. Zunächst gibt es keine allgemeine Verständigung darüber, wie einzelne psychische Störungen definiert und voneinander abgegrenzt werden. Jeder Praktiker weiß, daß eine Phobie in der Regel nur ein offensichtliches Merkmal komplexer oder gar zugrundeliegender Persönlichkeits- und Kontaktstörungen ist. Schließlich muß selbst Grawe eingestehen, daß sich die an der herkömmlichen psychopathologischen Symptomatik orientierten Klassifikationssysteme weitgehend als unbrauchbar erwiesen haben (1992b, 151). Ein weiteres Problem sind die sehr unterschiedlichen Erfolgskriterien einer Behandlung.[1]

Inzwischen verlagert sich die Diskussion immer mehr von der Symptomebene auf (symptomspezifische und -unspezifische) Merkmale der Persönlichkeit bzw. des Interaktionsverhaltens des Klienten.[2] So fand Grawe (vgl. 1992b, 150) in seiner "Berner Studie", daß von einer direktiven Verhaltenstherapie vor allem "unterwürfige" und "demütige" Patienten profitierten, von einer Gesprächspsychotherapie jedoch eher die "selbstbezogenen". Schließlich meint er, mit der "Autonomiedimension" das "erste empirisch gesicherte Kriterium für eine differentielle Indikationsstellung zwischen verschiedenen Therapieformen" gefunden zu haben. Es erstaunt sicherlich nicht, wenn sich seine verhaltenstherapeutischen KollegInnen gegen solche Zuschreibungen auf ihre KlientInnen wehren.

Insgesamt jedoch konnte bisher empirisch nicht nachgewiesen werden, daß eine bestimmte Störung am effektivsten durch eine spezifische Therapierichtung behandelt werden kann. Entsprechende Untersuchungen beruhen einerseits auf unzulängliche diagnostische Kategorien und andererseits auf simple Ettikettie-

---

[1] So beschreibt der Psychoanalytiker Lang (1990, 4) einen Fall, wo der Klient im Verlauf der analytischen Therapie zwar nicht vollständig sein Zwangsverhalten ablegt, aber ein Studium beendet, eine Familie gründet u.s.w. Nach den klassischen verhaltenstherapeutischen Kriterien gälte diese Behandlung als erfolglos.

[2] Solche Zuordnungen haben in der psychosomatischen Forschung eine lange Tradition. Sie sind populär, haben einen gewissen heuristischen Wert zu Beginn einer Therapie, die empirische Beweislage ist jedoch äußerst widersprüchlich. So ist es etwa schwierig, eine "Migräne-Persönlichkeit" zu beschreiben, weil es einfach zu viele unterschiedliche Arten von Migräne gibt (vgl. etwa Sacks, 1994). Umgekehrt zeigt sich, daß bei einem so eng umschriebenen Symptom wie dem Mamma-Karzinom die Betroffenen auf höchst unterschiedliche Weise auf (psycho)therapeutische Angebote reagieren (vgl. Hoffmann, 1992).

rungen, die den verschiedenen Therapierichtungen zugeordnet werden. Dabei werden die Weiterentwicklungen aller Therapieformen zu einer dem Klienten, der Problematik und dem Therapieprozeß angepaßten Vorgehensweise ("adaptive Indikation") schlichtweg negiert.[1]

1.4. Zur Wirkungsweise der verschiedenen Therapieformen

Die Diskussion um die Wirkungsweise der verschiedenen Therapieformen wurde in den letzten Jahrzehnten von zwei gegensätzlichen Standpunkten bestimmt: Auf der einen Seite bestand die Auffassung, die festgestellten Veränderungen beruhten auf **spezifischen Wirkfaktoren** des jeweils untersuchten Therapieansatzes ("differentieller Ansatz"), am stärksten verfolgt von Vertretern "technik-orientierter" Vorgehensweisen (Verhaltenstherapie). Auf der anderen Seite gab es die Auffassung, Therapieerfolge seien auf schulenübergreifende, **gemeinsame Wirkfaktoren** und besonders solche der therapeutischen Beziehung zurückzuführen ("common-factor-Ansatz"), meist vertreten durch Forscher mit humanistischem und analytischem Hintergrund.

Beherrschend blieb zunächst der "differentielle Ansatz". Da sich die verschiedenen Therapieschulen vor allem auch über je eigene Interventionsmethoden definierten und voneinander abgrenzten, versuchten natürlich deren Vertreter in der Forschung die spezifische Wirksamkeit "ihrer" Methode nachzuweisen: Ob Empathie, Focusing, Einsicht, Konfrontation, Übertragung, Deutung, Zwei-Stuhl-Technik, Verstärkung oder Löschung usw., jede Therapieschule bot ihre eigenen Wirkfaktoren und entsprechende empirische Beweise an. In hunderten von Untersuchungen wurden immer neue Variablen, die maßgeblich am Therapieerfolg beteiligt sein sollten, definiert und untersucht. Trotz jahrelanger aufwendiger Suche wurde letztlich kein einziger Wirkfaktor gefunden, der für sich alleine Therapieerfolg versprach.[2]

Darüberhinaus gibt es immer das Problem, daß keine Therapieschule "ihre" Wirkfaktoren bzw. Techniken überzeugend aus der je eigenen Theorie ableiten kann, so die "Empathie" für die Gesprächspsychotherapie oder die "Zwei-Stuhl-

---

[1] Beispielhaft seien hier für die Verhaltenstherapie Zimmer & Zimmer, 1990, für die Gesprächspsychotherapie Tscheulin, 1992, für die Gestalttherapie Beaumont, 1988, und für die Psychoanalyse Kernberg, 1981, angeführt.

[2] So erwies sich selbst die mit am häufigsten untersuchte "Systematische Desensibilisierung" nur dann als wirksam, wenn drei wesentliche Bedingungen erfüllt waren: a) die Technik muß für den Patienten plausibel sein, b) die Störung sehr ausgeprägt und c) der Leidensdruck sehr hoch (vgl. Bozok & Bühler (1988, 123 f).

Technik" in der Gestalttherapie. Umgekehrt gibt es in den verschiedenen Therapieansätzen durchaus ähnliche Methoden, die lediglich gemäß der eigenen Theorie anders bezeichnet oder gewichtet werden. So haben z.B. verschiedene Elemente der Gestalttherapie auch verhaltenstherapeutische Züge (vgl. Zinker, 1982, 127f.).

Die Vertreter des "common-factor-Ansatzes" führten die Wirkungsweise von Psychotherapie vor allem auf allgemeine Wirkfaktoren innerhalb (wie therapeutische Beziehung, Interaktionsfähigkeiten und -regeln usw.) und außerhalb (Kontext, Berufsrolle usw.) des psychotherapeutischen Prozesses zurück. Ein bekannter Vorläufer dieses Ansatzes waren die ethnopsychologischen Arbeiten von Frank (1973), der die Tätigkeit von Psychotherapeuten mit der von Schamanen verglich. Danach ließ sich Therapieerfolg u.a. auf die Macht- und Kompetenzzuschreibung an einen gesellschaftlich legitimierten Helfer, den Glauben an professionelle Erklärungshilfen und Techniken ("Mythen" und "Rituale") sowie spezifische Dialogregeln zurückführen.

Viel Aufsehen erregte auch die "Vanderbuilt-Studie" von Strupp et al. (1979), in der gleiche Veränderungen bei der Behandlung von Angst-Klienten durch erfahrene Psychotherapeuten im Vergleich zu Laientherapeuten (engagierte College-Professoren) nachgewiesen wurden. Die Autoren führten dies auf das Zusammenpassen von Therapeut und Klient und allgemein-menschliche Fähigkeiten zurück, wie sie schon immer für gute zwischenmenschliche (Alltags))Beziehungen galten, wie Fürsorge, Engagement und Interesse. Schließlich sprachen für den "common-factor-Ansatz" auch Beobachtungen aus der vergleichenden Therapieforschung[1]: Danach gehen Therapeuten in ihrem konkreten Interaktionsverhalten in höherem Maße ähnlich vor, als sie sich selbst untereinander zugestehen bzw. ihre theoretischen Konzepte vermuten lassen.

Einen vorläufigen Schlußpunkt erfuhr die Kontroverse zwischen dem "differentiellen" und dem "common-factor"-Ansatz durch die umfangreiche Studie von Orlinsky & Howard (1986). Diese sammelten aus über 1000 Untersuchungen die Variablen, die nachweislich einen Effekt auf das Therapieergebnis haben, und ordneten sie in einer Art Landkarte ("Generic Model") einander zu. Danach ist der weitaus wichtigste Faktor für Therapieerfolg eine gute therapeutische Beziehung, "d.h. ihr Engagement in der jeweiligen Rolle, die empathische Resonanz und die gegenseitige Bestärkung" (a.a.O., 371); ein direkter, andauernder Einfluß bestimmter therapeutischer Interventionen auf den Therapieerfolg ist nicht zu belegen, ihre Verwirklichung hängt vielmehr von der Aufnahmebereitschaft des Klienten ab. Zu ähnlichen Ergebnissen kam

---

[1] etwa in der o.a. "Temple-Studie" von Sloane et al., 1975, oder auch in neueren und detaillierteren Untersuchungen (vgl. Czogalik, 1990a).

man schließlich auch nach einer aufwendigen Untersuchung des National Health Institute[1], in der 720 mit Video aufgezeichnete Sitzungen kognitiver Verhaltenstherapie analysiert worden waren.

Inzwischen scheint sich ein "integrativer" Ansatz durchgesetzt zu haben, nachdem Psychotherapie als eine Kombination von "therapeutischem Basisverhalten" und spezifischen (verhaltens-, gesprächs-, gestalttherapeutischen usw.) Vorgehensweisen ist. Für das "therapeutische Basisverhalten" benennt Tscheulin (1992, 39f.) drei Merkmale, die "die sowohl für verschiedene Therapieschulen, aber auch für Beratung, Erziehung und Unterricht und sogar Freundschaft, Partnerschaft, Ehe gelten: 1. "Realitätsoffenheit ... für die persönliche Wirklichkeit und reale Situation der Interaktionspartner" (auch Echtheit, Unmittelbarkeit, Glaubwürdigkeit), 2. "Personen-Bezogenheit" (hier vor allem Empathie bzw. empathische Resonanz), 3. "Akzeptationsbreite" ("die Achtung vor der individuellen Eigenart der Interaktionspartner"). Im Gegensatz dazu definiert der Begriff "Differentielle Psychotherapie" "die psychologische Therapie im engen Sinne, hebt diese von anderen Interventionen, z.B. Sozialarbeit oder Erziehung, ab und thematisiert Unterschiede zwischen verschiedenen psychotherapeutischen Vorgehensweisen".

Sofern Techniken überhaupt von Beziehungsfaktoren zu trennen sind, wird ihr Einfluß auf den Therapieerfolg von Strupp bzw. Beutler (zit. nach Tscheulin, 1992, 41) im Mittel zwischen 10 und 20 % eingeschätzt, wobei er bei einzelnen Prozeßvariablen durchaus höher sein kann (wie etwa in der o.a. "Berner Studie" oder der "Hamburger Kurztherapie-Vergleichsstudie").

---

[1] vgl. Zimmer & Zimmer, 1990, 126f.

2. Kritische Bestandsaufnahme der konventionellen Psychotherapieforschung

2.1. Die enttäuschende Ergebnislage

Der Bestand an empirisch gesicherten Erkenntnissen läßt sich in einige wenige - für den Praktiker längst selbstverständliche - Aussagen zusammenfassen:

1. "Die zentrale Bedeutung der zwischenmenschlichen Beziehung von Therapeut und Patient für den Therapieerfolg darf als die empirisch bestgestützte Aussage der Psychotherapieforschung gelten ... Therapeutische Interventionen scheinen dann in einer konstruktiven Beziehung zur psychotherapeutischen Effektivität zu stehen, wenn sie in der Lage sind, auf dem Fundament einer tragfähigen Therapeut-Patient-Beziehung beim Patienten integrierbare Neuerfahrung und Neubewertung anzustoßen oder zu vertiefen" (Czogalik, 1990a, 14f.). Dies gilt auch für die Gruppenpsychotherapie (s. Tschuschke, 1990).

2. Ein Therapieerfolg ist wahrscheinlicher, wenn sich eine solche positive therapeutische Beziehung gleich zu Beginn einer Psychotherapie entwickelt (Czogalik, 1990a, 20). Bedingung dafür scheint ein rasches Sich-Aufeinander-Einstellen ("Atuning") zwischen Therapeut und Klient zu sein. Dabei sollte der Therapeut seine Interventionen flexibel abstimmen nach den Eigenarten des Klienten, der Therapiephase und dem Stand der therapeutischen Beziehung. Für Klienten ist ein Therapieerfolg dann wahrscheinlicher, wenn sie die jeweilige "Theorie" des Therapeuten (hinsichtlich der Beziehungsangebote, Therapieziele, Erklärungsmuster etc.) übernehmen können (Eckert & Biermann-Rathjen, 1990). Mit diesem Erklärungsansatz einer gelungenen "wechselseitigen kreativen Anpassung"[1] ließe sich auch das paradoxe Ergebnis der vergleichenden Forschung erklären, nach dem für die verschiedenen Therapieverfahren insgesamt eine gleich hohe Wirksamkeit nachgewiesen wurde, obwohl sie offensichtlich sehr unterschiedlich vorgehen.

3. In den zentralen Fragestellungen der konventionellen empirischen Psychotherapieforschung ist jedoch die Ergebnislage - gemessen an den gesteckten Zielen und dem betriebenen Aufwand - mehr als enttäuschend. In den Fragen der Wirksamkeit von Psychotherapie und der vergleichenden Wirkung scheint es "eine altehrwürdige Zahl" (Jaeggi, 1992, 122) in Form der "1/3-Regel" zu geben, die für jede Therapieform, vielleicht sogar für jede psychische Störung

---

[1] Dieser Begriff bezieht sich in der Gestalttherapie nicht nur auf psychotherapeutisches Geschehen, sondern bezeichnet ein grundlegendes Prinzip menschlicher Entwicklungs- und Veränderungsprozesse.

gilt.[1] Die Ergebnisse zu Fragen der differentiellen Indikation wiederum beruhen auf "Uniformitätsmythen" (Kiesler) hinsichtlich Definition und Abgrenzung psychischer Störungen einerseits und schulenspezifischer Vorgehensweisen andererseits. Schließlich mußte die Suche nach spezifischen Wirkfaktoren, sozusagen einem "psychotherapeutischen Antibiotikum" (Butler & Strupp, 1986), aufgegeben werden. Vielmehr wird psychotherapeutisches Vorgehen nun allgemein als eine Kombination und Integration von beziehungsförderndem Interaktionsverhalten und spezifischen (gesprächs-, verhaltens- oder gestalt-) therapeutischen Techniken konzipiert. Aber auch diese Erkenntnis ist schon länger unter der Mehrzahl der Praktiker selbstverständlich.

2.2 Die Kluft zwischen Theorie und Praxis

Die konventionelle Psychotherapieforschung war mit dem Anspruch angetreten, Modelle über psychotherapeutische Wirkzusammenhänge zu erstellen, daraus auf logisch-stringentem Wege therapeutische Vorgehensweisen zu entwickeln und diese empirisch auf ihre Wirksamkeit zu überprüfen. Die fehlende oder mangelhafte Umsetzung in ihrer Effektivität "bewiesener" Vorgehensweisen in die Praxis wäre danach auf "äußere", etwa gesundheitspolitische, Umstände sowie ungenügende Kenntnis bzw. mangelhafte Anwendung durch die Praktiker zurückzuführen.[2]

Tatsächlich haben die "akademischen" Modelle und Ansprüche aus der konventionellen Therapieforschung jedoch wenig mit der realen Psychotherapie-Praxis zu tun, sie gleichen den schwärmerischen Vorstellungen des Kolumbus von Indien, bevor er dorthin aufbrach. Dieser Umstand wird von den konventionellen Psychotherapieforschern durchaus gesehen. Angesichts des eklatanten Mangels an wissenschaftlich fundierten Dokumentationen und Analysen realer Therapien definiert Grawe die bisherige Psychotherapieforschung pointiert "als eine Wissenschaft, die sich praktisch noch gar nicht mit ihrem eigentlichen Forschungsgegenstand befaßt hat" (Grawe, 1988a, 4).

---

[1] So gilt die 1/3-Regel unter den Praktikern der Psychiatrie in Bezug auf Psychosen: ein Drittel derjenigen, die erstmalig eine Psychose erleben, finden danach wieder völlig in das normale Leben zurück; ein weiteres Drittel muß sich ab und zu in Behandlung begeben; bei dem letzten Drittel wird das Leiden chronisch.

[2] Die Position, Gesundheitspolitiker und Praktiker würden die Erkenntnisse der Psychotherapieforschung nicht genügend berücksichtigen, wird publikumswirksam und z.T. polemisch von Grawe vertreten, etwa in "Psychologie Heute" (1992a) oder in einem Fernsehbeitrag mit dem Titel "Im Irrgarten des Psychomarktes" am 5.7.94 im ZDF.

Empirisch läßt sich die Entfremdung zwischen Praktikern und "ihren" Forschern an zwei Entwicklungen aufzeigen, die ich als **Repräsentanz**- und als **Relevanzproblem** der konventionellen Therapieforschung bezeichnen möchte.

1. Das **Repräsentanzproblem**: Mit der Orientierung an den wenigen etablierten Therapieschulen und dabei noch an ihren ursprünglichen Therapiekonzepten wurde immer mehr an der Mehrheit der praktizierenden Therapeuten vorbeigeforscht. Seit Jahren wird immer wieder festgestellt, daß der größte Teil der praktizierenden Psychotherapeuten eklektisch vorgeht, nach dem Motto: man wende alles an, was andere Schulen an erfolgversprechenden Verfahren zu bieten haben.[1] Selbst die Therapeuten, die sich einer Therapieschule zuordnen, haben meist zusätzliche Aus- und Fortbildungen in mindestens einer weiteren Therapieform durchgeführt.[2] Darüberhinaus verbergen sich mit der Weiterentwicklung auch der klassischen Therapieschulen oft sehr unterschiedliche Arbeitsweisen hinter gleichen theoretischen Bezeichnungen. Schließlich wurden besonders in den letzten zwei Jahrzehnten immer neue Therapieformen entwickelt und propagiert, wobei etwa das National Institute of Health (USA) schon 1980 mindestens 130 verschiedene Therapieverfahren aufzählt und heutzutage schon von mehreren hundert gesprochen wird.

2. Das **Relevanzproblem**: Die konventionelle Psychotherapieforschung befaßte sich bisher kaum mit dem **realen** Therapiegeschehen.[3] Sie stellte sozusagen Fragen, die für die Praxis meist irrelevant waren und gab Antworten, die erfahrenen Praktikern längst bekannt waren (s.o.). Ihre Änderungsvorschläge für Theorie und Praxis von Psychotherapie beschränkten sich auf ein Aufgreifen von Reformen, die von den Praktikern längst vollzogen worden waren. Welche Therapieschule man auch nimmt: Korrekturen von Fehlannahmen bzw. Veränderungen in den therapeutischen Vorgehensweisen fanden in der Regel nicht deshalb statt, weil empirisch-wissenschaftliche Untersuchungen sie widerlegt hätten, sondern weil sie sich in der konkreten Praxis nicht bewährt haben.[4]

Nach einer anfänglichen Euphorie und der Entwicklung durchaus effektiver Methoden (z.B. Systematische Desensibilisierung) ist auch unter den akademisch verpflichteten Praktikern eine große Skepsis gegenüber der konventionel-

---

[1] vgl. die entsprechenden Literaturhinweise etwa bei Textor, 1988, Huf, 1991, Grawe, 1992b.

[2] vgl. die vom BDP in Auftrag gegebene Wasilewski-Studie, 1989; dies gilt auch für alle mir bekannten Gestaltpsychotherapeuten.

[3] Wenn überhaupt Verhaltensbeobachtungen gemacht wurden, dann nur über kurze Zeit und in sehr kleinen Ausschnitten (wie etwa in der o.a. "Temple-Studie" oder der "Berner Vergleichsstudie").

[4] Das gilt auch für die Gestalttherapie, z.B. Lore Perls Kritik an Fritz Perls "Heißer Stuhl"-Methode (vgl. Wysong & Rosenfeld, 1982)

len Therapieforschung eingetreten. Mehr noch: Im Gegensatz zu dem unter den Forschern vorherrschenden Konkurrenzdenken ist schon seit Jahren bei den Praktikern eine verstärkte Zusammenarbeit untereinander zu beobachten.[1] Erst in neuester Zeit gewinnen auch in der empirischen Psychotherapieforschung "integrative" Konzepte an Bedeutung, etwa die von Grawe et al. (1994) ansatzweise formulierte "Allgemeine Psychotherapie".[2]

Eine der wenigen systematische Untersuchungen zum Theorie-Praxis-Verhältnis aus der **Sicht der Praktiker** ist die qualitative Studie von Meer & Roth (1992). Sie befragten 22 erfahrene Psychotherapeuten mit mindestens zwei Zusatzausbildungen nach ihrem Selbstbild und ihrer Beziehung zur Therapieforschung. Deren Ergebnisse decken sich mit denen aus meinen Gesprächen mit vielen Kollegen aus verschiedenen Therapieschulen: 1. Therapie wird eher als eine kreativ-handwerkliche Tätigkeit denn als technologische Umsetzung wissenschaftlicher Erkenntnisse betrachtet. 2. Überragende Bedeutung für die Entwicklung der eigenen Therapeuten-Identität hat die eigene Lebenserfahrung, besonders persönliche Therapieerfahrungen (Lehrtherapie), das Lernen am Modell in der Ausbildung und schließlich die gewachsene Berufserfahrung. 3. Kaum Bedeutung hat dagegen die Vermittlung akademischen Wissens, wie auch der Nutzen "wissenschaftlich fundierter" Techniken sowie Effektivitätskriterien (Fragebögen etc.) stark relativiert wird. 4. Dabei zeigen sich die Praktiker keineswegs als "wissenschaftsfeindlich". Vielmehr wünschen sie sich eine erfahrungsbezogene Forschungsweise im Sinne einer "deskriptiven Praxisforschung". Dazu sollten die Forscher gleichzeitig in der Praxis tätig sein.

2.3. Die Kritik an den wissenschaftstheoretischen Grundannahmen der konventionellen Psychotherapieforschung

Die wissenschaftstheoretischen Grundannahmen der konventionellen Forschung werden zunehmend auch aus den eigenen Reihen kritisiert. Der wichtigste Kritikpunkt betrifft das mechanistische Verständnis psychotherapeutischer

---

[1] Ich selbst habe an zwei psychosozialen Beratungsstellen in multi-konzeptionellen Teams gearbeitet; auch die FachbeobachterInnen dieser Untersuchung hatten verschiedene "grundständige" Therapieausbildungen.

[2] In all diesen Ansätzen findet eine durchaus kreative Verwendung von "Techniken" jeweils anderer Therapierichtungen statt, etwa wenn Grawe (1992c) für die Verhaltenstherapie oder Sachse (1991) für die Gesprächspsychotherapie den Einsatz von gestalttherapeutischen Techniken für sinnvoll halten, um Emotionen zu aktivieren und durchzuarbeiten.

Prozesse, etwa im Sinne von: wie kann ich einen Klienten mit einem Problem x mit Technik y und Aufwand y' an das Therapieziel z heranbringen. Eine solch simple Vorstellung über den Austauschprozeß lebender Organismen ist selbst in den "harten" Naturwissenschaften schon seit Jahren überholt.

So konstatiert Schiepek in seinem Artikel "Ist Psychotherapie als Technologie rekonstruierbar?" einen "Theorieschub, der allerdings nicht im entferntesten eine Restauration technologischer Mythologien verspricht" (Schiepek, 1988a, 5f.). Er sieht die Verhaltenstherapie, aber auch andere Therapieformen, vor der Alternative, "sich entweder von den neueren grundlagenwissenschaftlichen Entwicklungen in der Psychologie abzukoppeln" oder "wesentliche Kernannahmen neu überdenken zu müssen" (Schiepek, 1988a, 6).

Die alte Vorstellung, den Klienten sozusagen als "abhängige Variable" bestimmter "unabhängiger" Variablen (Therapeutenmerkmale, Methoden usw.) zu betrachten, wird zunehmend zugunsten (radikal)konstruktivistischer, interaktioneller oder ökologischer/kontextueller Ansätze aufgegeben.

2.4. Kritik an den methodologischen Grundannahmen und Methoden

Inzwischen zeigt sich, daß die Komplexität psychotherapeutischer Interaktionsprozesse in den bisherigen Modellen bei weitem unterschätzt wurde. Beispielhaft für die vielfache Kritik sei hier das der Testtheorie zugrundeliegende faktorenanalytische Modell genannt, das von zeit- und situationsunabhängigen, konstanten Eigenschaften ausgeht. Daraus ergeben sich wiederum unzulässige Vereinfachungen bei der Entwicklung und Auswertung der verwendeten Meßinstrumente, etwa zu deren Validität und Reliabilität, zur Additivität verschiedener Merkmale, zu Linearität und zeitlicher Konstanz von Zusammenhängen sowie der Additivität von wahrem Meßwert und Meßfehler.[1] Noch grundlegender ist jedoch das Problem, daß gerade die für psychotherapeutische Prozesse wichtigen individuellen "Abweichungen" und (inter)subjektiven Erlebensweisen letztlich auf "Meßfehler" bzw. "Fehler des Meßinstrumentes" reduziert werden.

Doch selbst wenn man all diese problematischen Grundannahmen außer acht läßt, weisen die Untersuchungen der konventionellen Psychotherapieforschung sogar nach ihren eigenen Gütekriterien erhebliche methodische Mängel auf. So wurde zur Bildung homogener (häufig auch zu kleiner) Klienten-Stichproben meist auf psychiatrische Diagnosen zurückgegriffen, deren Relevanz für psychotherapeutische Indikationen sehr begrenzt ist; Klienten (oder besser: Versuchspersonen) waren wiederum meist Psychologiestudenten oder es wurden

---

[1] Für eine ausführliche Kritik vgl. etwa Grubitsch & Rexilius, 1978, sowie Fliegener, 1992.

nur kleine Ausschnitte aus echten Therapien gemessen; den Therapeuten, häufig Ausbildungskandidaten, wurden standardisierte Interventionsmethoden vorgeschrieben, was eher zu einer Behinderung realer Therapien führte; Abbruchraten, katamnestische Daten und außertherapeutische Einflüsse wurden vernachlässigt usw. Obwohl all diese methodologischen und methodischen Probleme seit Jahren unter konventionellen Psychotherapieforschern eingestanden werden, wurde dennoch ein großer Teil dieser Untersuchungen in die o.a. Meta-Analysen aufgenommen.

Zwar werden die bisherigen Forschungsstrategien für "prinzipiell ergänzungsbedürftig" gehalten (Grawe, 1992b, 152). Tatsächlich sollen jedoch mit "verbesserten" Methoden noch "mehr" psychometrische Daten gesammelt werden, um z.B. die Wirksamkeit einzelner Therapieverfahren bzw. deren differentiellen Effekte nachweisen zu können. Mittlerweile wird jedoch von allen Seiten bezweifelt, ob durch die Sammlung weiterer Datenmengen auf der Grundlage konventioneller Forschungsstrategien ein besseres Verständnis psychotherapeutischer Prozesse erlangt werden kann.[1]

2.5. Fazit und Forschungsperspektiven

Inzwischen wird von allen Seiten wieder eine Hinwendung zum realen Therapiegeschehen gefordert, wobei detaillierte Einzelfallstudien (zunächst) als angemessener angesehen werden als weitere Gruppenstudien nach altem Muster. Auch bei Forschern mit empirischem und verhaltenstherapeutischem Hintergrund wie Grawe rückt nun wieder die **therapeutische Beziehung** in den Mittelpunkt des Forschungsinteresses. Ähnlich den analytischen und humanistischen Ansätzen werden psychische Probleme im wesentlichen als Beziehungsstörungen betrachtet, die in erster Linie durch eine neue Beziehungserfahrung gelöst werden könnten.

Nach Grawe sei diese Sichtweise zwar schon alt, jedoch: "Die systematische Ausarbeitung einer solchen Beziehungsperspektive mit dafür eigens entwickelten Konzepten und Methoden hat aber eigentlich gerade erst begonnen ... Über

---

[1] Die Forderung Grawes nach mehr Wirksamkeitsnachweisen an verschiedene Therapierichtungen erweist sich als "double-bind": entsprechende Untersuchungen müßten nach den heutigen methodischen Standards Stichprobengrößen von 300 - 400 aufweisen (vgl. Fliegener, 1992); hinzu käme eine Unmenge an Prozeßdaten, da sich eine reine Wirksamkeitsforschung als sinnlos erwiesen hat. Die Durchführung eines solchen Forschungsprogramms ist jedoch absolut unrealistisch, selbstverständlich erfüllt auch keine der von ihm in der Meta-Analyse angeführten Untersuchungen diese Kriterien.

36

lange Zeit hin hat in der Psychotherapie jedenfalls eine starke Diskrepanz bestanden zwischen der Überzeugung der meisten Psychotherapeuten, wie wichtig der zwischenmenschliche Aspekt für die Psychotherapie sei, und dem konkreten Bemühen, diese Überzeugung zu systematisieren, auszudifferenzieren, zu untersuchen, um praktische Konsequenzen daraus für die Ausbildung und Praxis zu ziehen" (Grawe et al. 1994, 778).

Ausgangspunkt weiterer psychotherapeutischer Forschung sollte also die "Persönlichen Gleichung zwischen Patient und Therapeut" (Strupp) sein mit der Leitfrage: wie stellen sich Therapeut und Klient aufeinander ein (und wenn nicht: warum?), so daß sich eine einzigartige und im günstigen Fall "heilende Beziehung" ergibt? Dabei fällt auch die große Asymmetrie in der bisherigen Erfassung von Therapeut und Klient auf: "Während für die Patienten/Klienten eine ganze Palette nosologischer und diagnostischer Kategorien bereitgehalten wird, erschöpft sich die Diskriminationsfähigkeit für die Person des Therapeuten an den Kategorien "männlich-weiblich", "erfahren-unerfahren", "Verhaltenstherapeut-Psychoanalytiker" und wenig mehr. Dadurch wird die dyadische Gleichung letztlich zu einer Gleichung mit einer Unbekannten" (Tschuschke & Czogalik, 1990a, 409; vgl. auch Zimmer & Zimmer, 1990, 127f.).

Die therapeutische Beziehung wurde auch deshalb so lange vernachlässigt, weil sich die intersubjektiven Erlebensweisen (Vertrauen, Widerstand, Gefühle füreinander usw.) eben schlecht objektiv erfassen, messen und vergleichen ließen (vgl. Grawe, 1992b, 152). Hier gewinnen nun wieder hermeneutische bzw. qualitative Forschungsmethoden einen neuen (ihren alten) Stellenwert. Es scheint, als würde sich ein Kreis zu den Anfängen der modernen Psychotherapieforschung, den Fallberichten Freuds, schließen.

3. Neue Ansätze in der Psychotherapieforschung

Einleitung

Seit Ende der 80er Jahre sind Anzeichen einer grundlegenden Neuorientierung in der Psychotherapieforschung zu beobachten. Unter den Psychotherapieforschern selbst, den Vertretern der verschiedenen Therapierichtungen und den Praktikern werden wieder verstärkt grundlegende Fragen gestellt zu "Wirkfaktoren von Psychotherapie"[1] und Problemen ihrer Beforschung. Als verstärkender Hintergrund wirkt sicher auch die breite öffentliche und politische Diskussion um Kosten und Nutzen von Psychotherapie angesichts der anstehenden Verabschiedung des "Psychotherapeuten-Gesetzes".

In den fachbezogenen Diskussionen lassen sich folgende Trends feststellen:

- In den Beiträgen und Themenschwerpunkten schulenübergreifender, aber auch schulengebundener Fachzeitschriften findet sich eine weitgehend ähnliche kritische Bestandsaufnahme der bisherigen Psychotherapieforschung.[2]

- Dabei ist auch ein Bemühen um eine Verschränkung von Theorie, Forschung und Praxis der Psychotherapie deutlich, wobei sich erste Ansätze einer umfassenden "Allgemeinen" oder "Integrativen Psychotherapie" andeuten.

- Es ist eine verstärkte Zusammenarbeit von Forschern verschiedener Schulen festzustellen, wobei auch phänomenologische und neuerdings systemtheoretische Ansätze in die Entwicklung neuer Therapie-Theorien, Forschungsansätze und -methoden miteinbezogen werden. Dies drückt

---

[1] Dies kündigen schon die Titel mehrerer auflagenstarker Veröffentlichungen an, z. B. "Wirkfaktoren in der Psychotherapie" (Lang, 1990), "Was wirkt in der Psychotherapie?" (Tschuschke & Czogalik, 1990) und "Wirkfaktoren psychotherapeutischer Interventionen" (Tscheulin, 1992).

[2] s. die Beiträge in der "Zeitschrift für Klin. Psychologie", Sonderheft Prozeßforschung, 18, 1989; "Report Psychologe" 7/92; "Gestalttherapie", Sonderheft Forschung, 1992; "Psychologische Rundschau" 43, 1992; "Verhaltenstherapie und psychosoziale Praxis" 1/88, 2/91, 1/94.

sich in gemeinsamen Konferenzen und Fachtagungen[1], in Publikationen[2] und Forschungsprojekten[3] aus.

- In der Forschungspraxis ist eine Rückkehr zu Einzelfallstudien zu beobachten, d.h. einer Beschreibung und systematischen Auswertung psychotherapeutischer Interaktionsprozesse und hier besonders der Entwicklung der therapeutischen Beziehung.

Ich halte es auch jetzt noch zu verfrüht, von einem "neuen Paradigma" (Fiedler, 1987; Rice & Greenberg, 1984a) in der Psychotherapieforschung zu sprechen. Allerdings scheint die bisherige Vormachtstellung der konventionellen Psychotherapieforschung allmählich aufzubrechen. Da sich meine Untersuchung auch als Beitrag für eine Neuorientierung in der Psychotherapieforschung versteht bzw. mit diesem Hintergrund entstand, werde ich im folgenden kurz die wichtigsten neueren theoretischen und forschungspraktischen Ansätze vorstellen.

3.1. Neue theoretische Ansätze

Die wissenschaftstheoretische Neuorientierung

Der von Schiepek angesprochene "Theorieschub" in der neuen Psychotherapieforschung bezieht sich auf eine Reihe Theorieansätze, die ich unter dem Sammelbegriff "Neue Selbstorganisationstheorien" zusammenfassen möchte. Diese wurden zunächst in den klassischen Naturwissenschaften (Mathematik, Physik, Biologie, Chemie) entwickelt, dann in die Neuro- und Kognitionswissenschaften[4] übertragen, bis sie schließlich Eingang in die Klinische Psychologie fanden. Auf diesem Umweg wurden jedoch auch ältere - und in ihren Grundaussagen ähnliche - gestalt-, entwicklungs- und sozialpsychologische Ansätze wiederentdeckt.[5] Inzwischen werden von Vertretern verschiedener Therapieschulen

---

[1] Beispiele sind die Tagungen der Internationalen Gesellschaft für Psychotherapieforschung (SPR), die Kongresse für "Klinische Psychologie und Psychotherapie" und die Herbstakademie in Bamberg.

[2] Herauszustellen sind neben den o.a. noch die Sammelbände von Rice & Greenberg (1984), Greenberg & Pinsof (1986), Jüttemann & Thomae (1986), Bergold & Flick (1987), Schiepek (1987) sowie Toukmanian & Rennie (1992).

[3] z.B. die Ulmer Textbank sowie das PEP-Projekt, eine internationale Arbeitsgruppe, in der jeweils ein "Fall" von Vertretern verschiedener Forschungsansätze untersucht wird.

[4] s. z.B. den populärwissenschaftlichen Überblick über die neuen Kognitionswissenschaften in GEO-Wissen 3/92.

[5] So können u.a. die Gestaltpsychologen Wertheimer, Lewin, Goldstein und später Perls (vgl. dazu Portele 1987, 1989a,b), Reich (1976), der Entwicklungspsychologe Piaget (vgl.

besonders folgende Theorien in die Modellbildung zwischenmenschlicher und speziell psychotherapeutischer Prozesse integriert:

- die "Theorie autopoietischer Systeme" von Maturana und Varela zur Beschreibung der Wirkungsweise lebender Systeme und ihres Austausches,[1]
- das Prinzip der "Ordnung durch Fluktuation" nach Prigogine zur Modellierung von Veränderungsprozessen,[2]
- die Synergetik Hakens[3] und chaostheoretische Modelle zur Beschreibung und evtl. Berechnung von Veränderungsverläufen.[4]

Die "Theorie autopoietischer Systeme" kann als das am weitesten ausgearbeitete Modell bezeichnet werden. Ihre Grundidee lautet kurz zusammenfaßt: "Lebende Systeme sind selbsterzeugende, selbstorganisierende, selbstreferentielle und selbsterhaltende - kurz: autopoietische - Systeme. Die kritische Variable ihrer autopoietischen Homöostase ist die Organisation des Systems selbst" (Schmidt, 1987, 22). Sehr vereinfacht und verkürzt bedeutet dies: a) Der Mensch ist (weil und indem er lebt) ein aktives, sich selbsterzeugendes und selbsterhaltenes "System". b) Alles, was er für seine Selbsterhaltung tut und braucht, wird durch seine Struktur bestimmt. Deshalb ist er in der Interaktion mit der Außenwelt physisch und psychisch autonom, aber energetisch offen, z.B. indem er Sauerstoff, Nahrung, Liebe aufnimmt. c) Dabei reagiert er - selbst bei direkter körperlicher Einwirkung - nicht unvermittelt auf Außenreize. Sie sind vielmehr "Störungen", die wiederum nach Maßgabe der eigenen psychisch-physischen Struktur und ihres gegenwärtigen Zustandes verarbeitet werden.

Zur Beschreibung der psychischen Struktur und Funktionsweise des Menschen werden grundlegende Organisationseinheiten angenommen, die zwar unterschiedlich benannt, aber weitgehend ähnliche Bedeutungen haben: "erlernte Gewohnheiten bzw. Muster" (Portele), "Individuelle soziale Repräsentationen" (v. Cranach), "affektiv-kognitive Bezugssysteme" (Ciompi) oder "Schemata".[5] Diese Organisationseinheiten sind gleichzeitig Produkt wie Produzent der

---

Schneider, 1988) und der Sozialpsychologe Kelly (vgl. Portele, 1989a) als Vordenker der neuen Selbstorganisationstheorien bezeichnet werden.

[1] Maturana (1982), Varela (1979), Maturana & Varela (1987)
[2] Prigogine & Stengers (1981)
[3] Haken & Wunderlich (1990)
[4] Hierzu gab es verschiedene Vorträge auf der Herbstakademie in Bamberg, 1990, z.B. von Schaub & Schiepek.
[5] Den Begriff des "Schema" haben vor allem Grawe und seine Mitarbeiter unter Rückgriff auf Piaget wieder aufgenommen (vgl. z.B. Grawe, 1988b, Schneider, 1988). Ich werde später darauf zurückkommen.

Austauschprozesse zwischen Organismus und Umwelt. Sie dienen als innere Modelle bzw. Programme der Wahrnehmung und Verarbeitung von Außenreizen wie auch der Eigenaktivitäten. Sie haben sowohl kognitive, emotionale wie auch handlungsvorbereitende Komponenten. Als oberster Bezugswert wird häufig ein inneres Prinzip der "Selbst-Verwirklichung" angenommen. Dabei ist das "Selbst" ist ein Bezugspunkt von Erfahrungen oder "ein organisationeller Kern von Konstruktionsprinzipien, mit dessen Hilfe eine Person Verhalten als ihr Verhalten synthetisiert, beobachtet, identifiziert und bewertet" (Schmidt, 1987, 121).[1]

Die Selbstorganisationstheorien legen eine konstruktivistische Sichtweise nahe: Jeder Mensch erschafft sich auf seine Weise so etwas wie Identität, Sinn und seine eigene Weltordung, die für ihn "wahr" ist. Dabei gibt es im Prinzip ebenso viele "Wahrheiten" wie es Menschen gibt. Kein Mensch kann also einen priviligierten Zugang zu einer "übergeordneten" Wahrheit oder objektiven Realität beanspruchen. Gemeinsam geteilte "Wahrheiten" in Form von Sprache oder Konventionen sind vielmehr das Produkt konsensbildender Interaktionen wie aber auch das Ergebnis machtpolitischer Einflüsse. Die Organisationsprinzipien einzelner Organismen werden weitergehend auch für lebende Systeme "höherer Ordnung" angenommen. So verfügen auch einzelne Familien oder etwa die "Scientific community' über je eigene Schemata, die die Sicht-, Denk- und Handlungsweisen untereinander und gegenüber anderen "Systemen" bestimmen.

Mit der Einbeziehung der Selbstorganisationstheorien verändert sich der Fokus psychologischer und psychotherapeutischer Forschung. Man konzentriert sich auf die funktionalen Bedeutungen und Zusammenhänge von Erkenntnisvorgängen und zwischenmenschlichen Austauschprozessen statt auf zugrundeliegende Gesetze oder allgemeingültige Zusammenhänge. An dieser funktionalen Sichtweise setzt aber auch die kritische Diskussion ein, inwieweit solche naturwissenschaftlichen und rationalen Theorien auf einen eher geisteswissenschaftlichen Bereich übertragbar sind.[2] Die in der Psychotherapie herausragende Bedeutung von Erregung und Gefühlen, von ästhetischen, ethischen, und moralischen Kriterien menschlichen Denken und Handelns wird bei der Übernahme der neuen Selbstorganisationstheorien noch nicht genügend berücksichtigt.

---

[1] Dieses Verständnis des "Selbst" gleicht dem der "Identität" früherer interaktionistischer Ansätze in den Sozialwissenschaften, s. etwa Dreitzel, 1972.

[2] vgl. etwa die Kritik von Reichwein, 1989.

Die therapietheoretische Neuorientierung

Zunächst verändern sich die traditionellen Vorstellungen von "Gesundheit" bzw. "Krankheit". Gesundheit, besser Gesund**sein**, vollzieht sich als ständiger Auf- und Umbau selbsterhaltender und befriedigender individueller Wirklichkeiten und Beziehungen zum konkreten Umfeld. Krank**sein** ist dagegen eine gestörte oder fixierte Wirklichkeitsbildung und ein unbefriedigender Austausch mit dem Umfeld. Die vordringliche Aufgabe der Psychotherapie ist daher die Aktivierung und Unterstützung der selbstregulatorischen Prozesse eines Menschen im gegenseitigen Austauschprozeß mit seiner Umwelt.[1]

Mit der Übernahme der Selbstorganisationstheorien entwickelte sich eine neue bzw. breitere theoretische Fundierung bisheriger Therapietheorien.[2] Zum Teil stellen aber auch schon die Autoren der Selbstorganisationstheorien selbst Bezüge her, auch wenn sie Biologen (Maturana und Varela), Chemiker (Prigogine) oder Physiker (Haken) sind. Die m.E. wichtigsten Konsequenzen für ein neues Verständnis psychotherapeutischer Prozesse sind:

- Prinzipiell ist die Sichtweise des Klienten nicht "falsch" und die des Therapeuten "richtig". Vielmehr handelt es sich bei beiden um mentale Konstruktionsprozesse, die im Falle einer Zusammenarbeit auf einem Konsens basieren (konsensuelle Konstruktion der Wirklichkeit). So kann die Therapeut-Klient-Interaktion als eine Art Verhandlung über die Realität und deren Bewältigung gesehen werden.

- Die traditionelle Vorstellung, sich möglichst schon zu Beginn einer Therapie auf eine bestimmte Diagnose, Indikation, Therapieplanung und Prognose festzulegen, erweist sich als unangemessen. Die jeweiligen sinnausmachenden und sinn-produzierenden inneren Welten können nicht durch noch so vielschichtige multifaktorielle oder regelkreismodellierte Bedingungsanalysen o.ä. erfaßt werden. Hinzu kommt, daß sie meist dem Klienten, aber auch oft dem Therapeuten zu Beginn einer Therapie nicht bewußt sind. Sie müssen vielmehr nach und nach in einem Dialog bzw. hermeneutischen Verstehensprozeß erschlossen werden. Diesem Prozeß sind Diagnostik, Therapieplanung und -zielsetzung immer wieder anzupassen: "Der Weg entsteht im Gehen" (Grawe, 1988b).

---

[1] Dies ist auch die gestalttherapeutische Definition von Psychotherapie. Aber schon Hippokrates umschrieb die Aufgabe des Heilers mit der einer Hebamme: sie unterstützt die Geburt, aber sie gebärt nicht das Kind.

[2] Dies gilt zumindest für die Gestalttherapie (z.B. Portele, 1989a,b, Teschke, 1989, Mehrgart, 1994, Fuhr & Gremmler-Fuhr, 1995), die Schema-Analyse als Weiterentwicklung der Verhaltenstherapie (z.B. Grawe, 1988b, Schneider 1988), die Systemische (Familien)Therapie (Reiter et al. 1991, Schiepek, 1987), die Körperpsychotherapie (Boadella, 1992) und schließlich auch für die Psychiatrie (Ciompi, 1988).

- Ein Therapeut kann seinen Klienten nicht gezielt zur Übernahme bestimmter Denkstrategien (wie z.B. bei der RET) oder einzelner plausibler Erklärungsmodelle bewegen. Im besten Fall stellen therapeutische Interventionen "Störungen" für das kognitive System des Klienten dar, die der Klient entsprechend seiner Lebenserfahrungen und seines momentanen psychophysischen Zustands verarbeitet. Deshalb ist die Planbarkeit von Psychotherapie stark eingeschränkt, wie auch die Wirkung einer Intervention prinzipiell nicht vorhersehbar ist. Sie kann von Klient zu Klient, bei einem Klienten je nach Zustand völlig verschieden sein.

- Als allgemeine Aufgaben des Therapeuten können definiert werden: a) Erfahrungen vermitteln, die die alten Sicht- und Erlebensweisen in Frage stellen, b) Bedingungen schaffen, unter denen der Klient neue Erfahrungen sammeln kann und c) ihn darin zu unterstützen, diese Erfahrungen im alltäglichen Leben umzusetzen.

- Die traditionelle Vorstellung von Veränderungsprozessen als zeitlicher und kausaler Zusammenhang einzelner Wirkfaktoren muß aufgegeben werden. In der Regel bedarf es der sukzessiven Anhäufung mehrerer neuer Erfahrungen, bevor sich bestehende Sicht- und Erlebensweisen verändern bzw. sich neue einstellen[1].

- Schließlich wird ein ganzheitliches Verständnis nahegelegt: Begriffe wie "Schema", "Gewohnheiten", "Haltungen" o.ä. implizieren nicht nur geistige Vorgänge, sondern auch emotionale und körperliche Prozesse der Selbstorganisation. Demnach sind einsichtsorientierte, emotionalaktivierende und körperorientierte Interventionen prinzipiell gleichberechtigte Zugänge, um Veränderungen anzustoßen.

- Eine produktive Zusammenarbeit zwischen Therapeut und Klient ist nur innerhalb bestimmter Grenzen möglich. Sie werden zum einen durch die jeweiligen psychischen Strukturen und aktuellen Zustände beider Beteiligten bestimmt. Zum anderen ist sie abhängig von der Güte im gegenseitigen, inhaltlichen und beziehungsmäßigen Anpassungsprozeß. Ein Nicht-Zueinanderpassen bzw. eine "Kontaktstörung" äußert sich häufig als Ärger, Machtkampf, Widerstand bis hin zu Therapieabbruch, burn-out usw. (vgl. Ludewig, 1988).

---

[1] Schneider (1988, 35) beschreibt diesen Prozeß (in Anlehnung an Prigogines Prinzip der "Ordnung durch Fluktuation" bei sog. dissipativen Strukturen) mit dem Bau eines Ameisenhaufens: dabei wird eine von vielen Spuren eher zufällig geringfügig mehr "bebaut", von immer mehr Ameisen begangen, bis sich schließlich das angehäufte bzw. fallengelassene Material langsam zu einem Ameisenbau formt.

Mit diesen Grundannahmen wird schließlich eine therapieschulen-übergreifende Theoriebildung im Sinne einer "Allgemeinen Psychotherapie" vorangetrieben. Allerdings fehlen noch spezifische Modelle über die Entwicklung der Therapeut-Klient-Beziehung und der darin enthaltenen Veränderungsprozesse, die auch empirisch überprüft werden könnten. Ich werde später hierfür das gestalttherapeutische Kontaktprozeß-Modell einführen, zumal die hier vorgestellten neuen therapietheoretischen Überlegungen im wesentlichen den Grundannahmen der sehr viel älteren Gestalttherapie entsprechen.

Methodologische Konsequenzen

Die neuen methodologischen Grundannahmen unterscheiden sich erheblich von denen der konventionellen Therapieforschung[1]:

- Rekursivität statt Linealität, d.h. die Unterscheidung von abhängigen (z.B. Klientenmerkmale) und unabhängigen Variablen (z.B. bestimmte therapeutische Interventionen) wird zugunsten rekursiver Systemformungsprinzipien (z.B. Rückkopplungsschleifen) aufgegeben.

- Prozeßorientierung statt statisches Denken, d.h. man konzentriert sich auf das Beschreiben und Nachvollziehen des Prozeßgeschehens selbst statt auf den Vorher-Nachher-Vergleich eines "geschlossenen Systems".

- Einzelfallstudien statt Gruppenvergleiche nach homogenisierten Merkmalen, d.h. im Vordergrund steht das Beschreiben, Nachvollziehen und Verstehen einer "Persönlichen Gleichung zwischen Therapeut und Klient" und nicht die Suche nach erfolgreichen personen- und situationsunabhängigen Therapietechniken.

- Erfassung der (inter)subjektiven Denk- und Erlebensweisen und nicht nur des äußeren, sichtbaren Verhaltens, d.h. neben der Entwicklung neuer quantitativer Methoden bedarf es ganz wesentlich eines hermeneutischen Zugangs und damit der Ergänzung durch qualitative Forschungsmethoden. Bezugspunkt sind dabei nicht die jeweiligen Lebenswelten von Therapeut und Klient an sich, sondern die darin enthaltenen Möglichkeiten und Grenzen für eine produktive Zusammenarbeit.

Eine solche methodologische Umorientierung beinhaltet auch andere Gütekriterien wissenschaftlichen Arbeitens als die der konventionellen Forschung. Die auf Allgemeingültigkeit abzielenden Kriterien wie Validität und Reliabilität verlieren ihren Stellenwert. Besonderen Stellenwert hat nun die "ökologische Validität", d.h. die möglichst größte Nähe zum realen Therapiegeschehen. Die wissenschaftliche Beschreibung dient nun in erster Linie der Ordnung und Reduktion des vielfältigen Therapiegeschehens. Dabei muß deutlich bleiben,

---

[1] vgl. dazu auch Schiepek, 1988b, 65f.

daß die Modelle weder die Realität widerspiegeln, noch gar als allgemeingültige Handlungsanweisungen gelten können. Sie stellen letztlich nur die (inter)subjektive Sichtweise eines Forschers bzw. der Forschergemeinschaft dar, die ebenso im wissenschaftlichen Klärungsprozeß thematisiert werden müssen.

Auswirkungen auf die aktuelle Psychotherapieforschung

In Folge der Kritik an konventionellen Forschungsansätzen und/oder in direkter Bezugnahme auf die hier kurz vorgestellten theoretischen Neuerungen hat sich ein sehr heterogenes Forschungsfeld entwickelt, das ich zwecks einer vereinfachenden Übersicht in vier Ansätze geordnet habe: die Ansätze 1. der Schema-Analyse und 2. der Interaktions-Analyse, 3. der Episoden-Ansatz und 4. der Ansatz der Subjekt-Sicht.

Die Grenzen zwischen diesen Ansätzen sind fließend, einzelne der angesprochenen Forschungsarbeiten lassen sich auch einem anderen Ansatz zuordnen. Sie verstehen sich weitgehend therapieschulen-übergreifend und untersuchen nun reale psychotherapeutische Prozesse meist in Form von Einzelfallforschung. Des weiteren werden quantitative und qualitative Vorgehensweisen nicht mehr gegenseitig disqualifiziert, sondern jeweils als notwendig und sich ergänzend betrachtet. Allerdings erfordern die neuen theoretischen Ansätze, aber auch die neuen technischen Hilfsmittel zum Teil völlig neue Methoden zur Erfassung und Auswertung empirischer Daten. Deshalb werden z.Zt. noch in fast jeder Untersuchung je eigene Fragestellungen verfolgt und mit jeweils eigens entwickelten Methoden untersucht.

3.2. Der Ansatz der Schema-Analyse

Fragestellungen und Untersuchungsbeispiele

Der schematheoretische Ansatz und hier besonders die "Schema-Analyse" von Grawe und seinen Mitarbeitern ist ein Therapieprozeß-Modell, das sich mittlerweile weitgehend auf die neuen Selbstorganisationstheorien beruft.[1] Das "Schema" wird in Anlehnung an Piaget als eine grundlegende psychische Organisationseinheit verstanden, die gleichzeitig Produkt wie Produzent aller Individuum-Umgebungs-Interaktionen sind. Eine Konsequenz für die Psychotherapie ist: "Die "Kraft" für die therapeutischen Veränderungen kommt nicht aus den therapeutischen Interventionen, sondern aus der Schema-Struktur des Klienten selbst, an die der Therapeut seine Ziele und Interventionen "anhängen" muß (Grawe, 1988b, 44).

In der Schema-Analyse werden zunächst alle Interaktionen im Therapieprozeß danach geordnet, wie Klienten innerhalb und außerhalb ihrer Therapie ihre wichtigsten zwischenmenschlichen Bedürfnisse befriedigen (zusammengefaßt in "Positive Selbst-Schemata") oder befürchtete aversive Erfahrungen vermeiden (zusammengefaßt in "Negative emotionale Schemata"). Die Aufgabe des Therapeuten besteht nun darin, an solche im Therapieprozeß aktivierte Schemata anzuknüpfen und deren Entwicklungsrichtung zu beeinflussen. So kann er sich z.B. bewußt entgegen der Erwartung des Klienten verhalten, also das aktivierte Schema stören. Dabei orientiert sich der Therapeut also nicht mehr nach vorabbestimmten Methoden, sondern nach vorläufigen und nach Klient und Therapieprozeß immer wieder zu korrigierenden Veränderungszielen.[2] Ihnen ist der Einsatz bestimmter Methoden untergeordnet. Dies können, je nach Ausbildung des Therapeuten und Therapieprozeß, verhaltens-, gesprächs-, gestalttherapeutische oder andere Methoden sein.

Die Schema-Analyse ist also ein Modell, nach dem die psychische Struktur des Klienten **systematisch erfaßt** und davon ausgehend therapeutische Vorgehensweisen **rational abgeleitet** werden. In den empirischen Untersuchungen geht es vor allem darum, dieses Modell anhand ausführlicher Falldokumentationen zu demonstrieren und zu verfeinern. Dabei zeigen sich aber auch dessen Probleme:

---

[1] s. z.B. Grawe, 1988b; Caspar, 1989; Caspar & Grawe, 1992. Eigentlich ist die Schema-Analyse eine Weiterentwicklung ihres kognitiv-verhaltenstherapeutischen Modells der "Plan-Analyse".

[2] Grawe (1988b) beschreibt und systematisiert diesen Vorgang als die "therapeutischen Heuristiken der Emotionsverarbeitung, der Kompetenzerweiterung und der reflektierenden Abstraktion".

46

So wurde auf der Berner Tagung der internationalen "Society for Psychotherapy Research" (1989) von dem Fall einer jungen Klientin berichtet, die große Schwierigkeiten im Elternhaus hatte. Durch eine umfangreiche Schemaanalyse wurde deutlich, daß hinter ihrem auffällig-provozierenden Verhalten ein ungelöster Konflikt mit der Mutter stand. Ein solches Verhalten zeigte die Klientin jedoch auch in der Therapie, sie rauchte, aß während der Sitzungen etc., worauf die Therapeutin jedoch nicht einging. Die Chance, das problematische Verhalten im aktuellen Kontakt aufzugreifen und der Klientin ein Gegenüber anzubieten, wurde zugunsten der Erstellung einer schema-theoretisch fundierten Veränderungs-Analyse aufgegeben, aus der wiederum ein rational-begründetes Vorgehen abgeleitet wurde.

Schneider (1988), ein früherer Mitarbeiter Grawes, formuliert ein Modell, mit dem er den **Veränderungsprozeß von Schemata** beschreibt: "Kognitive Strukturen, die unvollendet sind, "suchen" sich eine Umgebung, in der sie sich weiterentwickeln können. Es werden Situationen inszeniert, in denen der Klient nach und nach Gefühle erleben kann, die der defizienten Funktion entsprechen." (a.a.O. 26) Die Aufgabe des Therapeuten ist es nun, viele solcher "selbstbezüglichen Situationen" herzustellen.

Den Therapieprozeß modelliert er wie folgt: "Die Inszenierung ist ein langsamer Prozeß, der z.B. damit beginnt, daß im Therapeuten ein Verhalten evoziert wird, das demjenigen einer wichtigen Bezugsperson aus der Kindheit entspricht. Wenn sich eine Situation in dem Sinn als geeignet erweist, daß der Klient Gefühle zu erleben beginnt, die der sich entwickelnden Funktion entsprechen. Auf diese Weise werden mit der Zeit immer "implizitere" Aspekte des kognitiven Systems "entfaltet" (...) und einer Veränderung zugänglich" (a.a.O., 27).[1]

Schneider (1989a-c) beschreibt dieses Modell anhand verschiedener Einzelfalldokumentationen: So verfolgt er z.B. die Veränderung des Beziehungs-Schemas aus der 15. und 16. Stunde eines Falls aus dem PEP-Projekt (Schneider, 1989a). Zunächst läßt er durch Fachbeobachter veränderungsbedeutsame Episoden bestimmen. Diese werden dann Satz für Satz anhand folgender Fragen analysiert werden: Was passiert vorher bzw. danach? Was macht(e) der Therapeut? Bezieht sich der Klient später noch einmal darauf?

Inhalt und Verlauf der untersuchten Sequenzen ähneln meinem Eingangsbeispiel: Der Klient erwartet beim Erzählen einer bestimmten Situation unbewußt eine ähnlich abweisende Reaktion vom Therapeuten, wie er sie von seinem Vater kennt. Der Therapeut "überrascht" ihn jedoch mit der Mitteilung, daß es ihm in dieser Situation ähnlich ginge. Der Klient lacht wie befreit und fühlt sich verstanden.

---

[1] Schneider weist selbst auf die große Ähnlichkeit zum gestalttherapeutischen Ansatz der "Vollendung unvollendeter Gestalten" hin.

Ein Ergebnis dieser Analyse ist auch, daß es mehrere solcher Erlebnisse bedurfte, um ein altes Beziehungsschema zu ändern bzw. ein neues entstehen zu lassen. Außerdem führten sie in der Regel nicht zu unmittelbar beobachtbaren Verhaltensänderungen.

Probleme und Perspektiven

Die Schema-Analyse wirkt in ihrer Rationalität und Detailliertheit zunächst bestechend, sie könnte auch eine wichtige Orientierung in Diagnostik und vorläufiger Therapieplanung sein. Ich bezweifle aber, daß ein einzelner Therapeut eine vollständige Schema-Analyse, die zur Erfassung von Veränderungen auch ständig **prozeßbegleitend** gemacht werden müßte, leisten kann. In den Untersuchungen wurden bis zu 100 Auswertungsstunden für eine Therapiestunde aufgebracht, um das Handeln, Denken und (weniger) Fühlen des Klienten zu "kartografieren" (zur Zeit werden hierfür auch Computerprogramme entwickelt).

Gemessen an den inhaltlichen und methodologischen Vorgaben der neueren theoretischen Überlegungen gibt es aber noch schwerwiegendere Einwände gegen den schematheoretischen Ansatz:

- Die Ordnung von Klientenaussagen geschieht zunächst anhand der Schemata des Therapeuten bzw. des Forschers. Er konstruiert also ein Bild vom Klienten nach Maßstäben, die nicht unbedingt denen des Klienten entsprechen müssen. Dies gilt vor allem dann, wenn solche "kognitiven Landkarten" nicht von den Betroffenen selbst kommunikativ validiert wurden (was meines Wissens nirgendwo geschah).

- Entgegen der Annahme von **gegenseitigen** Konstruktions- und Anpassungsprozessen werden nur Aussagen und Verhaltensweisen des Klienten untersucht. Nach Schneider und Wüthrich (aus der Gruppe um Grawe) "könnte" man den Therapeuten ebenso systematisch erfassen, dies geschieht jedoch nicht bzw. beschränkt sich auf Fragebogen-Daten zur Wahrnehmung der Beziehung (mündl. Mitteilung). Durch diese Ungleichheit gerät die aktuelle intersubjektive Beziehungsgestaltung als zentraler Agens und Ort therapeutischer Veränderung aus dem Blickfeld.

- Die einseitige Vorgehensweise erlaubt es wiederum, den Klienten zum **Objekt kognitiver Veränderungsstrategien** zu machen (Subjekt-Objekt-Beziehung) statt ihn als gleichwertigen, aktiven und selbstverantwortlichen Partner in der Beziehung zu betrachten (Subjekt-Subjekt-Beziehung).

- Die streng rationale Vorgehensweise schränkt die Intuition und Spontaneität des Therapeuten ein. Interventionen entstehen nicht aus dem aktuellen Prozeßgeschehen, sondern werden vorab logisch abgeleitet. Damit erscheinen sie als kontextlose Techniken, mit denen das System "Klient" "gestört" werden kann. Natürlich führt ein solches strategisches Vorgehen auch zu "therapeutischen" Veränderungen beim Klienten. Sie gründen jedoch nach meinem Eindruck auf einer von-außen-geleiteten Manipulation statt auf einer verstehens- und erlebensgeleiteten und dem jeweiligen Therapieprozeß angemessenen Unterstützung der selbstregulatorischen Kräfte im Klienten .

- Das von mir vermutete Objekt-Denken zeigt sich auch darin, daß das Verhältnis der jeweiligen Forscher zu den untersuchten Subjekten sowie der Einfluß der z.T. sehr aufwendigen Beobachtungen und Befragungen nicht reflektiert bzw. beschrieben wird. Umgekehrt ist nicht zu erkennen, daß die Betroffenen an Fragestellungen, methodischem Vorgehen und Auswertung bei ihrer Beforschung beteiligt werden bzw. wie diese ihnen sogar unmittelbar nutzen kann.

Mit der Schema-Analyse scheint sich eine alte Tradition in der empirischen Therapieforschung fortzusetzen: Die Klienten werden als Untersuchungs- und Therapieobjekt betrachtet, mit dem Unterschied, daß sie nun per Einwegscheibe, Video, EDV etc. noch besser "seziert" werden können.

3.3. Der Ansatz der Interaktionsanalyse

Die Fragestellungen

Unter diesem Ansatz möchte ich all die Untersuchungen zusammenfassen, die ein ton- oder videoaufgezeichnetes Interaktionsgeschehen im Therapieprozeß vornehmlich unter empirisch-quantitativen Aspekten analysieren. Im Gegensatz zum technologischen und linearen Anwendungsbegriff therapeutischer Interventionen in der konventionellen Therapieforschung wird nun von einem wechselseitigen und nichtlinearen Beeinflussungsprozeß zwischen Therapeut und Klient ausgegangen (vgl. Bastine et al., 1989, 7). Dabei wird meist vorausgesetzt, daß beide Interaktionspartner über lebensgeschichtlich erworbene und relativ konstante "Interaktionsstile" verfügen, also "komplexe latente Prozesse wie Intentionen, Situationsbewertungen, Befindlichkeiten, Ressourcen, Ereignisantizipationen usw." Im Laufe des Therapieprozesses "verketten sich (nun) die Interaktionsstile der DialogpartnerInnen zu spezifischen und temporären Interaktionsmustern, die wiederum in ihrer Eigenheit und Variantenfülle die jeweilige Dyade und die entsprechende Situation charakterisieren" (Czogalik, 1991, 174).

Das konkrete Forschungsvorgehen besteht nun darin, das Interaktionsgeschehen in eigens erstellte Beobachterkategorien einzuordnen und schließlich nach deren Häufigkeiten, Verteilungen und Korrelationen quantitativ auszuwerten

Die meisten solcher "Codiersysteme" erfassen überwiegend die **verbalen** Interaktionsbeiträge.[1] Vereinzelt wurden aber auch spezifische Codiersysteme für nonverbale Interaktionsbeiträge entwickelt.[2] Zur anschließenden Auswertung werden neben vielen üblichen Testverfahren aus der konventionellen Forschung auch neue Verfahren ausprobiert.[3]

Die Fragestellungen in diesem Forschungsansatz betreffen zunächst die **Beschreibung und Ordnung** des beobachteten Therapiegeschehens, also: wie lassen sich die interaktionellen Beiträge von Therapeut und Klient erfassen? Welche Interaktionsmuster gegenseitiger Bezugnahme entwickeln sich daraus? Welche Funktion haben sie für das nachfolgende Interaktionsgeschehen und wie verändern sie sich über die Zeit?[4]

Die weitergehenden Fragen beziehen sich auf **verallgemeinerbare Wirkzusammenhänge**. Hier werden z.T. die Fragestellungen der konventionellen Psychotherapieforschung weiterverfolgt: So wollen Breuer & Heeg (1987) der "Normalform therapeutischer Behandlungsgespräche" nachspüren, Schindler (1989, 69) hofft gar, über die Erfassung unterschiedlich erfolgreicher Interaktionsmuster "Gesetzmäßigkeiten der Gesprächssteuerung" erarbeiten zu können. Andere wollen typische Interaktionsmuster bei verschiedenen Störungsbildern oder Kriterien für eine optimale Zuordnung von Therapeut zu Klient bzw. Therapieverfahren zu Störungsbild herausfinden.

Untersuchungsbeispiele

Czogalik (1991) analysierte 28 Sitzungen einer erfolgreichen Verhaltenstherapie mit einem Klienten (Mitte 20, männlich) mit Angststörungen. Nach einer Analyse der Interakti-

---

[1] Bisher wurde meist je nach theoretischem Hintergrund und Fragestellung des Forschers bzw. einer Forschergruppe ein eigenes "Codiersystem" entwickelt: etwa das "Tübinger Codiersystem für Therapeut-Klient-Interaktionen" (TCT, Revenstorf u.a.), das "Stuttgarter-Kategorien-Inventar/2" (SKI/2, Czogalik) oder das "Codiersystem zur Interaktion in der Psychotherapie" (CIP, Schindler). So besteht das überwiegend auf verhaltenstherapeutischer Grundlage entwickelte CIP z.B. aus 20 Kategorien zum Therapeutenverhalten (z.B. Einfühlung, Unterstützung, Exploration, Direktiven) und 19 zum Klientenverhalten (z.B. emotionale Öffnung, Problembeschreibung, Änderungsberichte, Mitarbeit, Hemmendes Verhalten).

[2] So gibt es z.B. solche für mimisches Verhalten (Krause & Lütolf, 1989), für Stimmqualitäten (Rice & Kerr, 1986) und paraverbale Signale (Mergentheimer & Pokorny, 1989).

[3] Beispiele sind die Mehrebenenanalyse (Schindler, 1989), stochastische Modelle (so das Markov-Modell bei Czogalik & Hettinger, 1990) oder Computersimulationen auf der Basis synergetischer oder chaostheoretischer Überlegungen (z.B. von Depressionsverläufen, Schaub & Schiepek 1990).

[4] vgl. etwa Tschuschke & Czogalik, 1990a; Zimmer & Zimmer, 1990; Czogalik 1991.

onsstile von Therapeut und Klient fand er u.a. vier zusammenwirkende Interaktionsmuster heraus: "informationsbezogene Fragen und Antworten", "gefühlsorientierter Prozeß", "explorativer Prozeß", "Reverbalisierung und minimale Aktivität". Das erste Muster überwog deutlich im ersten Drittel der Therapie, während danach mehr "emotinale Beteiligung" zu beobachten war. Beide Muster korrelierten deutlich negativ, als ob sich ein Wechsel von Erleben und Verarbeiten eingespielt hätte.

Kemmler, Schelp und Mecheril (1991) verglichen den verbalen Umgang mit dem emotionalen Geschehen in jeweils 10 Sitzungen einer Psychoanalyse, einer Rational-Emotiven-Therapie, einer Gesprächspsychotherapie und einer Gestalttherapie. Insgesamt (vgl. 156ff.) zeigten sich größere Gemeinsamkeiten als Unterschiede im Sprachgebrauch der verschiedenen Therapeuten, etwa das gleich hohe Verhältnis von 20% unemotionalen zu 80% emotionsbezogenen Äußerungen. Des weiteren stellten sie bei allen TherapeutInnen "ein Übergewicht an bewertenden gefühlsgetönten Kognitionen" und "ein eher eingeschränktes Emotionsvokabular" fest. Erst unter spezielleren Fragestellungen ergaben sich relative Unterschiede im Sprachgebrauch der einzelnen Therapeuten, z.B. äußerten sich psychoanalytische Klienten weniger emotional, RET-Therapeuten redeten am häufigsten, GT-Therapeuten am wenigsten und Gestalttherapeuten verbalisierten eher instrumentell-expressive Verhaltensweisen.

Schindler (1989, 1991) verglich die Interaktionsmuster von erfolgreichen mit erfolglosen Therapien bei insgesamt 31 Patienten mit chronischen Schlafstörungen. 8 Therapeuten führten dabei jeweils 14 Sitzungen durch, die Interventionsmethoden waren weitgehend standardisiert. Einige Ergebnisse (vgl. 1991, 173ff.):

1. Die erfolgreichen Klienten machten im Verlauf der Sitzungen zunehmend weniger problembezogene Äußerungen und zeigten mehr änderungsrelevantes Verhalten. In der zweiten Hälfte sprachen sie häufiger die therapeutische Beziehung an, zeigten auch mehr Widerstand. Bei den Therapeuten nahm exploratives und strukturierendes Verhalten im Verlauf der Therapie ab, während positive Rückmeldungen, aber auch Konfrontationen und Selbstöffnungen zunahmen.

2. Anhand von "Sequenzanalysen" untersuchte Schindler nun das Zusammenwirken der jeweiligen Interaktionsmuster: Danach konnten die Therapeuten am ehesten durch "Einfühlung", an zweiter Stelle durch "Unterstützung" eine "emotionale Öffnung des Klienten" bewirken. Mit "Exploration" erhielten sie weitgehend nur sachliche Informationen "Direktives Verhalten" konnte einerseits eine Mitarbeit des Klienten bewirken, am häufigsten folgte darauf aber auch "Widerstand".

3. In der durch einen Fragebogen ermittelten subjektiven Einschätzung des Gegenübers und der einzelnen Stunden zeigten sich offensichtlich unterschiedliche Kriterien bei Therapeuten und Klienten. Für die Therapeuten war eher das Erreichen von gesteckten Zielen für die Qualität einer Sitzung wichtig, für die Klienten zusätzlich die Beziehung zum Therapeuten: "Erfolgreiche Klienten erleben bereits die ersten Sitzungen als gewinnbringender und erleben ihren Therapeuten in diesen Sitzungen positiver" (a.a.O. 179).

4. Sowohl im beobachtbaren Interaktionsverhalten wie auch in der subjektiven Beurteilung zeigte sich, "daß sich in den ersten Sitzungen ein Interaktionsstil etabliert, der offenbar im weiteren Verlauf nur schwer zu verändern ist, und der mit dem Therapieerfolg in Verbindung steht." (1989, 76). Interaktionsstil und Therapieerfolg lassen sich "jedoch nicht aufgrund persönlicher Merkmale des Therapeuten (z.b. klinische Erfahrung) oder des Klienten (z.b. Dauer der Störung) vorhersagen ... offensichtlich entwickelt jede therapeutische Dyade innerhalb der ersten Zusammenkünfte ihren spezifischen Interaktionsstil und ihre Definition von Arbeitsbeziehung" (1991, 178). Unter Hinweis auf wenige ähnliche Studien nimmt Schindler an, daß diese Ergebnisse therapieschulen-übergreifende Gültigkeit haben.

Probleme und Perspektiven

Die empirisch-quantitative Analyse psychotherapeutischer Interaktionsprozesse befindet sich nach wie vor in einer Anfangs- und Suchphase. Dies zeigt sich zunächst an den methodischen Problemen, vor allem an der großen Unterschiedlichkeit der Datenerfassung und -auswertung. Gemessen an den hochgesteckten Zielen und dem enormen Aufwand, den solche Untersuchungen erfordern, wurde wenig neues herausgefunden. Die o.a. Ergebnisse bestätigen lediglich, was wahrscheinlich zum Erfahrungsschatz jedes praktizierenden Therapeuten gehört.

Mit dem Ansatz, "mit empirisch gesicherten strategischen Gesprächstechniken und dazugehörigen Indikationsstellungen" einen Therapieverlauf effizienter zu gestalten (so etwa Schindler, 1991, 180), fällt man letztlich wieder in das technologische Denken der konventionellen Psychotherapieforschung mit all seinen Problemen zurück. Immerhin wird zugestanden, daß "die Klientenperspektive das letztlich entscheidende Kriterium für positiven oder negativen Therapieverlauf ist ... allerdings wissen wir noch sehr wenig darüber" (Schindler, 1991, 176). Entsprechend wird die Ergänzung durch qualitative Vorgehensweisen empfohlen.

3.4. Der Episodenansatz

Kennzeichen

Zu diesem Ansatz zähle ich all die Untersuchungen, die sich auf solche Momente oder Ausschnitte einer Therapiestunde konzentrieren, in denen nach dem Empfinden der Beteiligten oder der Einschätzung von Beobachtern etwas "Bedeutsames" passiert. Solche "veränderungsbedeutsamen Ereignisse" (Elliot) oder "veränderungsrelevante Episoden" (Fiedler) werden definiert als "Interaktionssequenzen von Patient und Therapeut, die durch mehrere Merkmalbereiche (wie Sprechvariablen, Körperausdruck und/oder Verhaltensweisen) als Veränderungsmuster zu kennzeichnen sind" (Fiedler & Rogge, 1990, 50). Meist wird davon ausgegangen, daß solche Episoden eine relativ homogene Untersuchungseinheit darstellen und unabhängig von den verschiedenen Therapiekonzepten definiert werden können. Zusätzlich wird angenommen, daß sie in Entstehung, Entwicklung und Strukturmerkmalen ähnlich sind.

Der Episoden-Ansatz wurde besonders von der Gesprächspsychotherapeutin Laura Rice und dem Gestalttherapeuten Leslie Greenberg verfolgt. Beginnend mit der Auswertung der Tonbänder von Rogers entwickelten sie eine eigene Forschungsrichtung, in der man sich - statt wie damals üblich auf personenabhängigen Variablen - auf **veränderungsrelevante Prozeßmuster** ("patterns of change") konzentrierte.[1] Mit ihren Sammelbänden (Rice & Greenberg, 1984, sowie Greenberg & Pinsof, 1986) und der darin enthaltenen Kritik an der konventionellen Therapieforschung gelten sie im übrigen als Wegbereiter der heutigen Therapieprozeßforschung. So wurden von vornherein reale Therapieabläufe unter einer "kontextuellen" Sichtweise untersucht und Veränderungen als ein selbstregulatorischer Prozeß verstanden.[2]

Fragestellungen und Untersuchungsbeispiele

Zunächst werden in der Episodenforschung **deskriptive Fragestellungen** verfolgt. Sie betreffen die Identifizierung und numerische Verteilung der Episoden (Zeitpunkt, Zeitspanne und Häufigkeit) sowie die Erfassung ihrer Inhalte und prozessualen Abläufe. Ihre Bestimmung erfolgt meist durch nachträgliche Einschätzung durch die Beteiligten und/oder Fachbeobachter anhand vor. Ra-

---

[1] für einen kurzen historischen Überblick s. Rice, 1992.

[2] "Als Vorläufer" zum Episoden-Ansatz kann man auch solche Untersuchungen bezeichnen, in denen **vorab** aus den Theorien einzelne oder mehrerer Therapieschulen Kriterien extrahiert und entsprechende Fragebögen entwickelt wurden, anhand derer Fachbeobachter "good sessions" vs. "bad sessions" (z.B. Orlinsky & Howard, 1975, zit. n. Bastine et al., 1989, 10) oder "good moments" und "very good moments" (Mahrer et al., 1986 u. 1987) einschätzten.

tings oder Interviews. Eine andere Vorgehensweise sind "video-stimulierte Nachinterviews"[1], eine Methode, die vor allem von Elliot und seinen Mitarbeitern weiterentwickelt wurde.[2] Hier wird den Beteiligten eine Videoaufnahme der betreffenden Stunde vorgespielt, anhand derer sie die Episoden bestimmen und z.b. nach "hilfreichen" bzw. "hinderlichen" Interventionen des Therapeuten befragt werden.

Weiterreichende Fragestellungen des Episoden-Ansatzes sind z.b. solche, in denen Zusammenhänge mit dem Therapie-Gesamtergebnis gesucht, klinischrelevante Veränderungsmuster zusammengestellt oder Modelle über kognitive und emotionale Verarbeitungsprozesse überprüft werden. Im folgenden möchte ich einige Untersuchungen kurz vorstellen, auf die ich später bei der Darstellung der Ergebnisse meiner Untersuchung zurückkommen werde:

Greenberg und seine Mitarbeiter begannen zunächst damit, die Wirksamkeit der (gestalttherapeutischen) Zwei-Stuhl-Technik zu untersuchen (z.B. Greenberg & Dompierre, 1981). Nach mehreren Untersuchungen entstand schließlich ein Modell über Veränderungsprozesse während einer Therapiesitzung (Rice & Greenberg 1990): Danach geht der Therapeut eher prozeß-direktiv als inhalts-direktiv vor, d.h. er folgt empathisch den Problembeschreibungen des Klienten, wartet, bis dieser in einem bestimmten Moment nicht im gefühlsmäßigen Kontakt mit seinen Erlebnisinhalten ist und unterstützt ihn, ein Ereignis in einer lebendigen und realitätsnahen Form (z.B. mit Hilfe der Zwei-Stuhl-Technik) zu reprozessieren.

Im folgenden Prozeß kann es zu veränderungsbedeutsamen Episoden kommen, die sich offenbar zu folgenden Dimensionen bündeln lassen (Rice & Greenberg, 1990, 406ff): a) "experiental search" (ähnlich dem "focusing" von Gendlin), d.h. sich durch Aufmerksamkeit nach innen verdrängter Gefühle bewußt werden; b) "active expression", d.h. das aktuelle Erleben z.B. während eines Zwei-Stuhl-Experiments spontan und aktiv ausdrücken; c) "interpersonal experiental learning", d.h. in einer emotional bedeutsamen Situation eine Bestätigung oder Begegnung in der therapeutischen Beziehung erfahren.

Wiseman (1992) untersuchte 5 Kurzzeittherapien auf der Grundlage eines vereinfachten Problemlöse-Prozeß-Modells i.S. Greenbergs und befragte dabei die Klienten nach "hilfreichen Interventionen" und ihrem inneren Geschehen mit Elliots IPR. Dabei zeigte sich, daß nicht alle Klienten denselben Problemlöseprozeß durchlaufen. Vor allem darf die Reinszenierung eines Ereignisses vom Klienten nicht als "technische" Intervention verstanden werden.

---

[1] Da ich diese Methode in abgewandelter Form auch in meiner Untersuchung angewandt habe, werde ich später ausführlicher darauf eingehen.

[2] Führten Elliot und seine Mitarbeiter anfangs noch offene Interviews durch, so waren sie später (1984, 1986) halb-strukturiert ("Interpersonal Process Recall"), bis schließlich (1988, 1990) meist nur noch Ratingskalen verwandt wurden ("Brief Structured Recall"= BSR).

Fiedler und Rogge (1989, 1990) untersuchten eine 13-stündige, erfolgreiche Kurzzeittherapie (nach Beck) mit einem depressiven Akademiker. In einem Nachinterview nach 21 Monaten ließen sie anhand der Videoaufzeichnungen Therapeut und Klient getrennt voneinander "veränderungsrelevante Episoden" (VRE) bestimmen. Die spezielle inhaltliche Frage galt der Verteilung von "therapeutischer Lenkung" und "Empathie" innerhalb und außerhalb solcher Episoden. Während das Lenkungsverhalten außerhalb der VRE über die Therapie hinweg relativ gleich blieb, trat es innerhalb der VRE ab der 6. Sitzung zugunsten einer empathischen Vorgehensweise in den Hintergrund.

Elliot & Shapiro (1988) fragten mit Hilfe standardisierter video-stimulierter Nachinterviews nach "hilfreichen" bzw. "hinderlichen" Interventionen während zweier Kurzzeittherapien. Bei dem ersten Klienten wurden zunächst 8 Sitzungen nach einem kognitiv-behavioralen Ansatz und weitere 8 Sitzungen nach einem erlebnisorientierten Ansatz durchgeführt, bei dem zweiten ging man umgekehrt vor. Als "hilfreiche Muster" wurden beim erlebnisorientierten Vorgehen am häufigsten "Problemklärung" und "persönliche Einsicht" genannt, beim verhaltenstherapeutischen Vorgehen "Problemlösung".

In einer weiteren Studie über gestalttherapeutische Sitzungen mit 10 depressiven Klienten (Elliot et al., 1990) nannten die Klienten am häufigsten (bei 40% der Ereignisse) "Selbst-Awareness", dann (jeweils 15%) "Einsicht" und "Problemklärung". Die Werte für "Stärkung der therapeutischen Beziehung" waren immer sehr hoch, diese Kategorie wurde aber nie als die am meisten hilfreiche gewählt.

Elliot & Shapiro (1992) beschreiben eine systematische phänomenologisch-orientierte Analyse einer einzelnen Episode aus ihrer o.a. Untersuchung von 1988, die von den Betroffenen als "bedeutsam" und "typisch" bezeichnet worden war. In dieser Situation hatte der Therapeut den Klienten mit einer Bemerkung überrascht, die dessen Glaubenssystem "störte". Bei der Analyse stellten die Autoren anhand der videoangeleiteten Nachinterviews fest, daß diese Überraschung zustande kam, weil in diesem Moment verschiedene Erwartungs- und letztlich Lebenshaltungen von Therapeut und Klient (wie auch der Beobachter) aufeinanderprallten. Elliot & Shapiro schlußfolgern u.a., daß die traditionelle Sichtweise, Unterschiede von Therapeut, Klient und Beobachtern in der Bewertung von therapeutischen Prozessen als (Meß)Fehler zu betrachten, nicht sinnvoll ist und nur zum Verlust wichtiger Informationen führt. Diese Unterschiede in den subjektiven Sichtweisen sollten vielmehr **Ausgangspunkt** weiterer Analysen sein, um hilfreiche wie auch hemmende Prozeßmerkmale zu erklären und zu verstehen.

Probleme und Perspektiven

Der Episodenansatz leidet zunächst an vielen methodischen Problemen. Die Definitionskriterien für "veränderungsrelevante", "hilfreiche", "bedeutsame" etc. Episoden variieren stark nach den (hier wieder therapieschulen-geleiteten) Annahmen zum Therapieprozeß. Auch wird die zeitliche und inhaltliche Abgrenzung der Episoden sehr unterschiedlich gehandhabt (vgl. Elliot, 1986). Dies macht einen Vergleich der Ergebnisse schwierig, vor allem wenn man bedenkt, daß Therapeut, Klient und/oder Beobachter sich dabei stark unterscheiden können.

Unklar bleibt auch, wie solche Episoden mit dem sie umgebenden Interaktionsgeschehen zusammenwirken, ob nicht bestimmte Episoden oder Kombinationen aus ihnen für eine Veränderung wichtiger sind als andere usw. Zu kritisieren ist auch, daß Therapeuten meist nur zu (veränderten) Erlebens- und Verhaltensweisen des Klienten, nicht jedoch zu ihrem eigenen Erleben befragt werden. Schließlich bleibt unklar, wieweit tatsächlich reale Therapiepraxis untersucht wurde. So wurden häufig nur wenige Minuten verschiedener Therapien oder Beratungsgespräche untersucht (vgl. Elliot, 1986). Wurden Therapien als ganze untersucht, so waren es wiederum nur Ausschnitte aus erfolgreichen "Kurzzeittherapien" (Fiedler, Elliot & Shapiro), wobei die Schwere der Störungen (depressive Phasen) und Auswahl der Klienten (über Zeitungsannoncen bei Elliot et al., 1990, oder mit Bezahlung bei Fiedler, mündl. Mitteilung) zu hinterfragen ist.

Die Idee, sich zunächst solche Momente einer Therapiestunde anzuschauen, in denen offensichtlich "etwas passiert", ist auf den ersten Blick bestechend und vereinfacht im übrigen den Forschungsaufwand enorm. Mit dem Episoden-Ansatz können wertvolle Informationen zur Beschreibung und zum heuristischen Verständnis des Therapieprozesses gewonnen werden. Der darüberhinausgehende Anspruch, allgemeingültige Aussagen zu effektiven Problemlöseprozessen bzw. Interaktionsmustern zu machen, kann jedoch bisher als gescheitert angesehen werden. Auch konnte kein eindeutiger Zusammenhang zwischen "veränderungsrelevanten Episoden" und dem allgemeinen Therapieerfolg nachgewiesen werden. Dies hat bei empirisch orientierten Forschern zu großer Skepsis geführt[1]. Elliot (1989, 1992) scheint den Ansatz nur noch methodisch für phänomenologisch-orientierte Prozeßanalysen zu nutzen, deren Ausgangspunkt die subjektiven Sicht- und Erlebensweisen der Betroffenen sind.

---

[1] vgl. Fiedler & Rogge, 1989, oder Grawe, 1992b.

3.5. Der Ansatz der Subjekt-Sicht

Kennzeichen

Unter diesem Ansatz verstehe ich all die Untersuchungen, in denen die beteiligten Therapeuten und Klienten **selbst** psychotherapeutische Prozesse und Effekte beschreiben und beurteilen. Statt also das Therapiegeschehen anhand vorbestimmter Modelle oder Theorien wahrzunehmen, zu messen und zu erklären, ergeben sich hier die Fragestellungen und Ergebnisinterpretationen des Forschers weitgehend aus den **subjektiven Sicht- und Erlebensweisen** ihrer Adressaten (= "qualitativer" Forschungsansatz). Diese werden in persönlichen Gesprächen, mehr oder weniger strukturierten Interviews oder auch in persönlichen Aufzeichnungen (Tagebücher, Erlebnisberichte usw.) erfaßt.

Im Grunde genommen ist der "Ansatz der Subjekt-Sicht" untrennbar mit der Geschichte der Psychotherapie verbunden. Freuds Methode der ärztlichen Anamnese und viele Fallbeschreibungen der frühen Psychoanalyse können als erste Untersuchungen dieses Ansatzes bezeichnet werden. Die Tradition, therapeutische Einflüsse aus dem subjektiven Erleben und Urteil der Beteiligten heraus zu verstehen, verlor allerdings im Laufe der 50er Jahre immer mehr an Bedeutung. Erst mit Beginn der 80er Jahre wurde die "Subjekt-Sicht" als Forschungsgegenstand und deren Ermittlung durch "qualitative" Methoden - auf dem Umweg über die amerikanischen Sozialwissenschaften und zunächst in der Pädagogischen, Entwicklungs- und Sozialpsychologie - "wieder"-entdeckt. Über die Biografie-Forschung fand sie schließlich wieder Eingang in die Klinische Psychologie und Medizin.[1]

Unter dem Blickwinkel der Subjekt-Sicht könnte man auch einen Teil der **Psychotherapie-Literatur** zählen, die in den vergangenen zehn Jahren eine ungeheure Publizität erlangte. Dies sind zum einen Erfahrungsberichte und Erzählungen ehemaliger Klienten und (meist) Klientinnen[2] und von TherapeutInnen zu persönlichen Therapieerfahrungen[3]. Hier werden alle zentralen Fragen zu psychotherapeutischen Prozessen aus subjektiver Sicht behandelt und Themen aufgeworfen, wie z.B. sexueller Mißbrauch in der Therapie, die erst seit kurzer Zeit Gegenstand empirischer Therapieforschung sind.[4] Eine neue Varian-

---

[1] für die Klinische Psychologie s. z.B. Jüttemann & Thomae, (1987), für die Medizin s Csef & Stengl (1992).

[2] z.B. Cardinal, 1984; Gordon, 1986; Augerolles, 1991.

[3] z.B. Moser, 1976; Kuiper, 1991; Bergantino, 1992.

[4] Eine der bisher wenigen Untersuchungen dazu ist die von Pope et al. (1993).

te mit hohen Auflagen sind Therapiegeschichten, die auf tatsächliche Behandlungen mit meist außergewöhnlichen Klienten bzw. Problematiken beruhen[1].

Zum anderen sind dies Biografien sowie autobiografische Veröffentlichungen berühmter TherapeutInnen[2]. Hier erweisen sich deren theoretische Überlegungen zu Psychotherapie als Ergebnis persönlicher Erfahrungen im jeweiligen historischen und sozialen Kontext[3]. Dabei zeigt sich auch, daß ihre persönlichen Haltungen und ihr praktische Vorgehen häufig nicht den eigenen theoretischen Ansprüchen entsprachen.[4]

Die zunehmende Bedeutung des Subjekt-Sicht-Ansatzes auch für die Psychotherapieforschung ist jedoch nicht nur auf die hier angedeuteten Entwicklungen zurückzuführen. Sie kann ebenso als konsequente Weiterentwicklung der empirischen Prozeßforschung betrachtet werden. Je mehr nämlich in das reale Prozeßgeschehen hineingeschaut wird - und dies auch technisch möglich wurde -, um so notwendiger wird ein "erweitertes Empirieverständnis" (Senf & Schneider-Gramann, 1990), das die "verdeckten" subjektiven Erlebens- und Verarbeitungsweisen von Therapeut und Klient beinhaltet. Damit wird der qualitativen Forschung wieder ein **eigenständiger** Bereich zugestanden, der

---

[1] z.B. Yalom & Elkin, 1987; Moser, 1988; Yalom, 1990; für den neuropsychologischen Bereich: Sacks, 1987.

[2] z.B. die Biografien von Farau & Cohn, (1984) oder die Tagebücher von Ferenczi (1988) und Bugenthal (1992).

[3] So werden z.B. die theoretischen Gegensätze zwischen Freud und Frenczi auch auf persönliche Gegensätze zurückgeführt, vgl. Haynal 1988.

[4] Von den Analytikern Freud, Ferenczi, Jung ist bekannt, daß sie sich keineswegs immer an die "Abstinenzregel" hielten. Aber auch Vertreter behavioraler Ansätze, in denen der therapeutischen Beziehung früher wenig Bedeutung zugemessen wurde, brachten sehr wohl ihre Persönlichkeit in die Therapie ein. So wird von Lazarus folgendes berichtet: "Während manche Patienten ihn mit Vornamen ansprachen, nannten andere ihn Herr "Professor" Lazarus. Bei einigen Patienten fiel die Sitzung trotz Bezahlung aus, wenn sie 10 Minuten zu spät kamen. Für andere war er auch abends anrufbar. Zu einem Patienten fuhr Lazarus während einer Woche jeden Morgen um halb acht Uhr und holte ihn aus dem Bett. Einen anderen Patienten ließ er sogar mehrere Wochen bei sich in der Familie leben. Andere Patienten ließ er drei Monate auf den Beginn der Therapie warten, obwohl er Zeit für die Therapie gehabt hätte. Auf Fragen gab er Erklärungen, die der Begründung seiner therapeutischen Interventionen glichen: Eben dieses Verhalten sei für den Patienten momentan förderlich, um bestimmte Lernerfahrungen zu machen." (Zimmer & Zimmer, 1990, 127)

über die "Zulieferer-Funktion" für die "eigentlich" wichtige empirisch-quantitative Forschung hinausgeht.[1]

Literatur oder Wissenschaft?

Mit der Rückbesinnung auf die Subjekt-Sicht taucht die Frage auf, wo die **Grenze zwischen literarischen und wissenschaftlichen Beiträgen** über Psychotherapie zu ziehen sei.[2] Unter der bis heute geltenden Vorherrschaft klassisch-naturwissenschaftlicher Standards sehen sich qualitative Forscher einem beständigen Rechtfertigungsdruck ausgesetzt, um ihre Daten und Interpretationen gegen den **Vorwurf des Spekulativen und Beliebigen** abzusichern. So ist gegen die meisten Fallstudien aus der psychoanalytischen und humanistischen Fachliteratur und erst recht gegen die Selbsterfahrungsberichte einzuwenden, daß ihre "Datenerhebung" nicht für andere kontrollierbar ist.[3] Das Therapiegeschehen wird selten systematisch und prozeßbegleitend, z.B. von Stunde zu Stunde, erfaßt und auch meist nur aus einer Perspektive, meist der des Therapeuten, beschrieben.[4]

Um sich gegen solche Vorwürfe abzusichern, wurden ausgiebig eigene wissenschaftliche Standards für die qualitative Forschung diskutiert.[5] So sind Gespräche und Interviews zur Subjekt-Sicht in der Regel **wirklichkeitsnäher**, weil sie nicht durch die Modelle des Forschers, experimentelle Anordnungen oder methodische Zwänge vorbestimmt sind. Sie sind **vollständiger**, weil die gerade in der Klinischen Psychologie interessanten individuellen Abweichungen vom Mittelwert festgehalten werden. Des weiteren sind ihre Darstellungen meist **anschaulicher** und **verständlicher** als abstrakte Gleichungen und Tabellen. Schließlich haben sie einen **größeren Anregungswert** bzw. **Anwendungsnutzen** für ihre Adressaten, sei es Therapeuten oder auch Klienten. Die Beschrei-

---

[1] In der quantitativ-orientierten Forschung dienten qualitative Methoden der **vorbereitenden** Generierung von Hypothesen, Entwicklung von Fragebögen usw. und der **nachbereitenden** Zusammenfassung der Daten, Illustrierung der Ergebnisse durch Beispiele usw..

[2] Dieses Problem benannte schon Freud für seine Fallbeschreibungen, vgl. Muschg, 1975.

[3] Allerdings hatten die meisten AutorInnen auch nicht diesen "wissenschaftlichen" Anspruch an Sorgfalt und Vollständigkeit. Zudem war dies früher auch aus ethischen Gründen (z.B Störung des Therapieprozesses) nicht gewollt sowie aufgrund fehlender technischer Möglichkeiten (Tonband, Video, EDV) noch gar nicht möglich.

[4] Die einzige mir bekannte Ausnahme ist der o.a. Bericht von Yalom & Elkin, in der Tagebucheintragungen vom Therapeuten **und** der Klientin gegenübergestellt werden. Dieses Buch war auch eine wichtige Anregung für die Planung und Abfassung meiner Untersuchung.

[5] Diese Diskussion macht noch heute einen großen Teil der Veröffentlichungen qualitativer Forscher aus, vgl. etwa Lamnek, 1988; Bergold & Flick (Hrsg.), 1987.

bungen und Interpretationen qualitativer Forschung können eher mit den je eigenen Alltagserfahrungen verglichen und in das Alltagsdenken -und handeln integriert werden.

Als zusätzliche Maßnahmen, um sich gegen mögliche Einwände des Spekulativen und Beliebigen abzusichern, werden vor allem folgende Möglichkeiten genannt, die auch für meine Untersuchung gelten sollten:

1. Die (Interview)Daten und möglichst auch deren Interpretationen sollten von den Betroffenen in ihrer Richtigkeit bestätigt, gegebenenfalls korrigiert oder ergänzt werden können ("kommunikative Validierung").

2. Sie sollten auch durch andere Perspektiven, z.B. durch Fremdbeobachter oder auch Fragebögen/Tests bestätigt werden oder diesen zumindest nicht widersprechen ("Triangulation").

Theoretisch und praktisch bisher strittig bleibt, wieweit die erfragten subjektiven Sicht- und Erlebensweisen eine verallgemeinerbare Bedeutung auch für andere Personen haben (das **Auswertungsproblem**) und für diese vermittelbar und nachvollziehbar sind (das **Darstellungsproblem**). Hier werden - meist wiederum unter dem Rechtfertigungsdruck gegenüber konventionellen Auffassungen von "Wissenschaftlichkeit" - Forderungen nach "vollständigen" oder gar "objektiven" Verfahren für die Textanalyse gestellt. Bei der Darstellung qualitativer Forschungsergebnisse wiederum werden bisher meist nur illustrative Zitate aus Interviews eingefügt, um den Interpretationsprozeß nachvollziehbar oder beurteilbar zu machen.[1]

Durch die Anwendung des Subjekt-Sicht-Ansatzes wird schließlich auch die grundsätzliche Frage nach der **Beziehung zwischen Forscher und Forschungsgegenstand** aufgeworfen. In der qualitativen Forschung besteht ein anderes, geradezu umgekehrtes Verhältnis des Forschers zu den von ihm befragten Subjekten, als es der konventionellen Psychotherapieforschung (und letztlich auch der empirischen Prozeßforschung) unterliegt. Diese sind nun die "Experten" und der Forscher der Nicht-Wissende bzw. "Lernende". Deshalb sollten nicht nur die Inhalte der Forschung, sondern auch die Gestaltung und der Ablauf des Forschungsprozesses und nicht zuletzt die Gültigkeit der Forschungsergebnisse kooperativ mit den "beforschten" Subjekten entwickelt werden. Häufig wird hierbei auf Konzepte der Handlungs- bzw. Aktionsforschung zurückgegriffen.[2]

---

[1] Auf diese Fragen (und bisherige Lösungsansätze) werde ich ausgiebiger bei der Beschreibung meiner Methoden eingehen.

[2] vgl. Bergold & Breuer, 1987, 46.

Fragestellungen und Untersuchungsbeispiele

Die folgenden Untersuchungen sind nur mit Einschränkungen Beispiele für eine Prozeßforschung unter dem Subjekt-Sicht-Ansatz. Zum einen handelt es sich um zwei **katamnestische** Befragungen von Klienten zum Therapiegesamtprozeß, zum anderen um zwei **sozialpsychologische** Untersuchungen, wobei ein Teilaspekt die Befragung von Therapeuten zu ihren prozeßbegleitenden Gedanken war.

Senf & Schneider-Gramann ("Heidelberger Katamnese-Projekt", 1990) befragten über 200 ehemalige Patienten 2 Jahre nach ihrer analytischen Einzel- und Gruppenpsychotherapie in weitgehend offener Form, was sie an der Therapie als hilfreich und was als hinderlich empfunden hatten, welche Aspekte ihnen wichtig gewesen waren usw.. Die Aussagen der Klienten ließen sich zu vier Wirkungsdimensionen von Psychotherapie ordnen:

Herausragende Bedeutung hatte die "Beziehungserfahrung mit dem Therapeuten", von der alle Klienten spontan und ausführlich berichteten. Dabei waren ihnen besonders folgende Aspekte wichtig (a.a.O., 36ff.): a) das Aufgreifen von direkt und unmittelbar auftretenden Störungen und die Ermöglichung konstruktiver Neuerfahrungen; b) eine ganz individuell geprägte Beziehung zum Therapeuten auch bei Gruppenteilnahme; c) der Therapeut sollte nicht "zu distanziert", aber auch nicht "zu eindringend" sein; d) bei einem guten Therapieverlauf gab es nahezu regelhaft eine frühe spontane Beziehungsaufnahme, an die sich sowohl Therapeuten wie Klienten z.T. genau erinnern.

Bei der zweiten Wirkungs-Dimension "Das veränderte Verhältnis zum Symptom" ergab sich aus den Klientenaussagen vor allem, "daß kognitives Wissen alleine nicht ausreicht, sondern es bedarf der emotionalen Erfahrungen. Manche Patienten können sogar exakt die Situation erinnern, in welchen es zu veränderungsrelevanten emotionalen Neuerfahrungen gekommen ist" (a.a.O. 45f.) Die "Lernerfahrung im Verhältnis zur Mitwelt" wird besonders von den Teilnehmern der Gruppentherapien hervorgehoben. Schließlich machten viele Klienten Aussagen zur "Veränderung des Selbstgefühls" ("sich lebendig fühlen", "jemand sein").

Stuhr und Wirth (1990) extrahierten aus der psychoanalytischen Literatur 8 (sich z.T. überschneidende) Modelle zur Funktion und Bedeutung des Therapeuten und überprüften diese aus der Klientensicht. Dazu wurden 55 Klienten, die 12 Jahre zuvor an einer analytischen bzw. klientzentrierten Gruppenpsychotherapie (30 Stunden) teilgenommen hatten, nach Erinnerungen, Bildern, Eindrücken von ihren Therapeuten befragt. Dabei zeigte sich u.a. (a.a.O., 62f.), "daß das "supportive Realobjekt", unabhängig von der Behandlungsform, die mit Abstand am häufigsten besetzte Objektfunktion ist. Ihr folgte besonders bei der analytischen Behandlung die Funktion "Therapeut als affektiver Resonanzboden" während die Funktionen "Therapeut als elterliches Übertragungsobjekt" und als "Identifikationsmodell" rein qualitativ offenbar wenig Bedeutung hatten.

Thomen u. Cranach (1988) wollten am Beispiel von zwei verschiedenen Therapieschulen aufzeigen, wie sich unterschiedliche Sichtweisen sozialer Gruppen im konkreten Interaktionsverhalten ihrer jeweiligen Mitglieder niederschlagen. Dazu verglichen sie jeweils eine Sitzung von je sieben Gesprächspsychotherapeuten und Verhaltenstherapeuten, von denen sie aus einem Literaturvergleich annahmen, daß sie sich in der Zielorientierung, in der Gestaltung der therapeutischen Beziehung und im prozeßbegleitenden Denken und Fühlen unterscheiden würden. Neben einer Verhaltensbeobachtung wurden die Therapeuten auch mit Hilfe von Videoausschnitten zu ihren inneren Prozessen befragt. Einige Ergebnisse (a.a.O., 149ff.):

Die jeweiligen Sichtweisen wirkten wie ein Filter, so daß die Therapeuten einen ganz spezifischen Realitätsausschnitt der Therapie wahrnahmen bzw. große Realitätsausschnitte ausblendeten. So achteten die Gesprächspsychotherapeuten z.B. mehr auf Signale, die auf verborgene emotionale Vorgänge beim Klienten hindeuteten, sie setzten sich mehr mit sich selbst auseinander, zeigten mehr empathische Reaktionen und sie erklärten Zusammenhänge mehr auf der allgemeinpsychologischen Ebene. Die Verhaltenstherapeuten zeigten mehr strategische Planungen, Ziel-Mittel-Überlegungen, Verlaufskontrollen etc. und führten Probleme eher auf widersprüchliche oder unangemessene Pläne beim Klienten zurück.

Bei ihrer Interpretation greifen die Autoren auf die neuen Selbstorganisationstheorien zurück: Durch die Übernahme gruppenspezifischer Sichtweisen "schafft sich der Therapeut eine seiner therapeutischen Theorie entsprechende Realität. (Sie erlauben) es ihm, die Therapiesituation zu strukturieren, als sinnvoll zu erleben und vorhersehbar zu machen. Sie dient als Basis für die Interventionsplanung." Die Autoren vermuten ferner, daß die Klienten ihre Vorstellungen über ihre Krankheit und Wege der Heilung weitgehend zugunsten der Sichtweisen des Therapeuten aufgeben müssen, wenn die Therapie erfolgreich sein soll.

Breuer & Heeg (1987) führten im Rahmen einer größeren Untersuchung "Analyse beraterisch-therapeutischer Tätigkeit" (Breuer, 1991) u.a. videoangeleitete Nachinterviews mit Verhaltenstherapeuten zu einzelnen Stundensequenzen durch. Das Interesse galt der Umsetzung von "Handlungsplänen" in "konkrete Gesprächsaktivitäten" und dabei besonders den Prozessen der "situationsbezogenen Zielanpassung". Dabei kammen sie u.a. zu folgenden Schlußfolgerungen (Breuer & Heeg, 1987, 95f.):

1. In Phasen der therapeutischen Bearbeitung eines Klientenproblems dominieren in der internen Geschehensverarbeitung und Handlungssteuerung des Therapeuten konkrete klientenbezogene "Ziel"-Konzepte. 2. An gewissen Schaltstellen (Themen-, Aspektwechsel) oder kritischen Zuspitzungen des Gesprächsverlaufs (wenn z. B. der Klient Widerstand zeigt) "verliert die interne Verarbeitung des Therapeuten in einer Reihe von Aspekten die Merkmale der Routinehaftigkeit, so wie sie in "normalen" Problembearbeitungsabschnitten vorherrscht. Es müssen nun stärker allgemein-übergeordnete und auf die Interaktionsvoraussetzungen bezogene Ziele aktiviert werden".

Probleme und Perspektiven

Nach meinem Eindruck haben die vielfachen methodologischen Diskussionen und im Rechtfertigungszwang entstandenen Ansprüche bisher eher verhindert, daß der "Ansatz der Subjekt-Sicht" **systematisch und prozeßbegleitend** in der Therapieforschung eingesetzt wurde. Dies ist umso erstaunlicher, wenn man bedenkt, daß der Therapieprozeß und letztlich dessen Ausgang entscheidend durch das subjektive Empfinden des Klienten geprägt wird. Zudem habe ich wie auch Elliot (1986) oder Senf & Schneider-Gramann (1990, 46) die Erfahrung gemacht, daß "Patienten sehr wohl in der Lage sind, differenziert und wissend Auskunft zu ihrer Psychotherapie zu geben". Interessant ist auch der Ansatz, offene oder strittige Fragen der Therapieforschung aus der Klientenperspektive zu überprüfen.

Auf der Therapeuten-Seite wiederum machen gerade qualitative Methoden (offene Befragung, subjektive Einschätzungen usw.) den größten Teil des alltäglichen psychotherapeutischen Vorgehens aus. Außerdem weiß man bereits seit den Anfängen der Psychoanalyse, daß das konkrete Verhalten des Therapeuten aus einem Geflecht von professionellen, aber eben auch **ganz persönlichen** Sicht- und Handlungsweisen (wie Vorlieben und Abneigungen, Interaktions- und Interventionsstilen) bestimmt wird. Schließlich legen auch die neueren wissenschafts- und therapietheoretischen Überlegungen eine verstärkte Anwendung des Subjekt-Sicht-Ansatzes nahe. Um den Prozeß gemeinsamer Wirklichkeits- und Sinnkonstruktion zwischen Therapeut und Klient realistisch und nachvollziehbar zu beschreiben, müssen vor allem deren subjektiven Sicht- und Erlebensweisen ermittelt werden.

4. Zusammenfassung und Bezüge zu meiner Untersuchung

4.1. Paradigmatischer vs. narrativer Forschungsansatz

Im Hintergrund der gegenwärtigen Psychotherapieforschung wirkt eine Kontroverse fort, die schon immer deren Geschichte mitbestimmt hat, nämlich die einer naturwissenschaftlich-rationalen und einer phänomenologisch-hermeneutischen Wissenschaftsauffassung.[1] Im Kontext der neueren Prozeßforschung wird auch von einem "paradigmatischen" vs. "narrativen" Forschungsansatz gesprochen (Rennie & Toukmanian, 1992). Mit der Konzentration auf das reale Therapiegeschehen und hier besonders die Therapeut-Klient-Beziehung treffen diese beiden Sichtweisen unmittelbar aufeinander. Sie bestimmen für jede Untersuchung, was (Inhalte) wie (Methoden) für welchen Geltungsbereich (Kriterien für Gültigkeit) untersucht wird.

Der **paradigmatische Forschungsansatz** geht davon aus, daß zwischenmenschliches Handeln auf zugrundeliegende, von den jeweiligen Subjekten unabhängige, objektive Gesetzmäßigkeiten zurückgeführt werden kann. Dazu werden Modelle entwickelt, in denen das Therapiegeschehen auf als wesentlich erachtete Variablen (und entsprechende Beobachtungskategorien) reduziert wird. Daraufhin werden Hypothesen über deren Zusammenhang aufgestellt und statistisch überprüft. Mit der Blickrichtung auf objektiv meßbare und statistisch gesicherte Gemeinsamkeiten von vielen Klienten bzw. therapeutischen Vorgehensweisen werden individuelle Abweichungen eher als ein zu vernachlässigender (Stör)Faktor betrachtet.

Dieser Sichtweise folgte die konventionelle Psychotherapieforschung und sie wird im "Ansatz der Interaktionsanalyse" und z.T. im "Episoden-Ansatz" weiterverfolgt. Statt wie früher nach empirisch gesicherten, effektiven Techniken bzw. Interventionen wird nun nach eben solchen "Interaktionsstrategien" (Czogalik) bzw. "veränderungs-relevanten Prozeßmustern" ("change patterns", Greenberg) usw. gesucht. Doch ebenso wie in der konventionellen Therapieforschung sind die Ergebnisse - gemessen an Anspruch und Aufwand - enttäuschend bzw. für erfahrene Praktiker trivial. Ihre Erkenntnisse, z.B. daß eine gute therapeutische Beziehung in der 3. Stunde mit hoher Wahrscheinlichkeit einen Therapieerfolg erwarten läßt, haben allenfalls einen heuristischen Wert.[2]

---

[1] vgl. etwa die "Technik-Debatte" in der Psychoanalyse der 30er und 40er Jahre oder der "Methodenstreit" in der Psychologie der 60er und 70er Jahre.

[2] Ähnlich wie die zu Beginn einer Psychotherapie gestellte Diagnose stellen solche Ergebnisse m.E. einen ersten Orientierungsrahmen für den Therapeuten dar, es können Unterscheidungen getroffen werden und Vermutungen über den jeweiligen Stand des Therapiepro-

Zudem hat sich der Weg von der Beobachtung "äußeren Verhaltens" auf "inneres Geschehen" schließen zu wollen, für das Verständnis therapeutischer Prozesse als unfruchtbar, zumindest als zu einseitig erwiesen.

Im Lichte neuerer wissenschafts- und therapietheoretischer Überlegungen gewinnen wieder der **narrative Forschungsansatz** und damit qualitative, hermeneutisch orientierte Methoden an Bedeutung. Hier läßt sich der Forscher in seinen Fragestellungen, Vorgehensweisen und Interpretationen weitgehend von den subjektiven Sicht- und Erlebensweisen der Betroffenen leiten. Dabei wird das Therapiegeschehen als ein Konstruktions- bzw. Interaktionsprozeß der daran beteiligten Individuen verstanden, der nur aus der Kenntnis der biografisch begründeten, subjektiven Sichtweisen heraus nachvollziehbar wird.

Auch unter dem narrativen Forschungsansatz wird von verallgemeinerbaren Zusammenhängen im menschlichen Handeln ausgegangen. Diese sind aber nicht Ausdruck von objektiven Gesetzmäßigkeiten, sondern von gemeinsam ausgehandelten und getragenen, sozialen Wahrnehmungs- und Handlungsmustern und entsprechend konstruierten Erfahrungen. Gerade im Bereich der Psychotherapie gibt es jedoch von solchen Regelmäßigkeiten abweichende Sicht- und Erlebensweisen. Nach meiner Überzeugung "lebt" und "wirkt" Therapie geradezu von der Vielfalt und Besonderheit, Kreativität und Spontaneität (und damit prinzipiellen Unvorhersehbarkeit) intersubjektiver Prozesse.[1] Eine "persönliche Gleichung zwischen Patient und Therapeut" ist mit anderen nur bedingt vergleichbar. Dies gilt selbst für die verschiedenen Teilnehmer einer Therapiegruppe mit demselben Therapeuten und unter gleichen Behandlungsbedingungen (vgl. Senf & Schneider-Gramann, 1990).

Allerdings sind mir bisher unter dem narrativen Forschungsansatz keine Untersuchungen bekannt, in denen das Therapiegeschehen **systematisch und prozeßbegleitend** von den Betroffenen selbst beschrieben und beurteilt wird.[2] Die von mir zitierten Untersuchungen unter dem "Episoden-Ansatz" und dem "Ansatz der Subjekt-Sicht" beschränken sich entweder auf eine prozeßbeglei-

---

zesses, etwa: wenn in der 3. Stunde noch kein Vertrauensverhältnis besteht, so sollte diese Erkenntnis zu entsprechenden Überlegungen oder Nachfragen führen. Keinesfalls ist aber aus solchen Daten zu ersehen, wie sie zustande gekommen sind und wie die beteiligten Personen damit weiter umgehen. Tress (1990) vergleicht die Bedeutung solcher Ergebnisse mit den sozialempirischen Indikatoren wie etwa das Alter und die soziale Herkunft für die Heilungsprognose einer Psychose.

[1] So besagt eine Erkenntnis der neuen Kognitionswissenschaft, daß sich der Mensch erfolgreich einer variablen Welt anpassen kann, weil er eben nicht nur Regeln befolgt.

[2] Wie erwähnt erfüllen auch nicht die vielen Fallstudien aus der psychoanalytischen und humanistischen Forschungstradition diese Kriterien.

tende Analyse einzelner Therapieausschnitte oder auf subjektive Einschätzungen lange nach Therapieabschluß.

Neuere Entwicklungen in der Psychotherapieforschung sind vor allem theoretischer Natur. Dabei haben die neuen Therapietheorien und Prozeßmodelle im Vergleich zum denen des paradigmatischen Ansatzes einen anderen Stellenwert. Sie dienen, wie beim "Ansatz der Schema-Analyse" beschrieben, in erster Linie der Ordnung und Beschreibung des komplexen Therapiegeschehens, ähnlich einem Schreib-Programm am PC, bei dem die Inhalte durch die Benutzer bestimmt werden. Allerdings sind die bisherigen Modelle noch zu abstrakt bzw. zu einseitig auf die kognitiven Verarbeitungsprozesse (und dies meist nur von Klienten) bezogen, um therapeutische Prozesse angemessen rekonstruieren zu können.

Nicht zuletzt unterliegen dem paradigmatischen und dem narrativen Forschungsansatz **unterschiedliche Kriterien von Qualität und Geltungsbereich wissenschaftlicher Erkenntnisse.** Unter dem paradigmatischen Forschungsansatz werden die Vorgehensweisen vor allem nach den Kriterien der Validität und Reliabilität (und ihren verschiedenen Formen) ausgerichtet bzw. bewertet. Unter dem Blickwinkel des narrativen Ansatzes und der neueren "Selbstorganisationstheorien" beruhen Modelle und Ergebnisse der Psychotherapieforschung (aber letztlich auch alle wissenschaftlichen Erkenntnisse) jedoch auf einem Konsens der herrschenden (und dies ist wörtlich gemeint) "scientific community". Sie sind also nicht Ausdruck, Spiegelbild o.ä. einer objektiven Realität, vielmehr "Geschichten über Geschichten" (Portele, 1992), die von Subjekten erzählt werden.[1]

Mit dem narrativen Forschungsansatz rücken daher "kommunikative" und "ökologische" Kriterien in den Mittelpunkt der Diskussion um "Wissenschaftlichkeit". Ebenso werden auch Fragen nach den ethischen Grenzen von psychotherapeutischer Forschung aufgeworfen. Der Forscher ist nicht mehr "außenstehender" Beobachter, sondern seine Vorgehensweisen beeinflussen direkt das Therapiegeschehen, wenn z.B. ganze Therapien per Video dokumentiert und konserviert werden oder der Therapieprozeß nach jeder Stunde durch eine Befragung bis in intimste Bereiche hinein unterbrochen wird. Hier sind neue Kriterien erforderlich, die die Person des Forschers (z.B. eigene Therapieerfahrung), seine Beziehung zu den "Partnern" (statt "Objekt") seiner Untersuchung sowie die Auswirkungen für Betroffene und Nutzen für die Anwender seiner Forschung betreffen.

---

[1] Devereux (1973) ging sogar soweit zu behaupten, daß die Daten psychologischer Forschung mehr über die Persönlichkeit des Wissenschaftlers aussagen als über die von ihm erforschten Menschen.

Während sich die jeweiligen Vertreter des paradigmatischen bzw. narrativen Forschungsansatzes früher bekämpften und die jeweils anderen Vorgehensweisen für sich ausschlossen, ist jetzt eine Zusammenarbeit auf breiter Ebene festzustellen. Dies zeigt sich auf den Tagungen der Psychotherapieforscher, in gemeinsamen Veröffentlichungen wie auch in gemeinsamen Forschungsprojekten. In einer Reihe der hier von mir beschriebenen Untersuchungen werden qualitative mit quantitativen Verfahrensweisen kombiniert oder zumindest für notwendig erachtet. In Anbetracht der langen Vorherrschaft des paradigmatischen Ansatz und seiner bisher enttäuschenden Ergebnislage werden neue Impulse für die weitere Therapieforschung sogar eher von einer verstärkten Forschung nach dem narrativen Ansatz erwartet.[1]

4.2. Bezüge der beschriebenen Psychotherapieforschung zu meiner Untersuchung

In der aktuellen Psychotherapieforschung ist die Entwicklung der therapeutischen Beziehung wieder in den Mittelpunkt des Forscherungsinteresses gerückt. Dabei konzentrierten sich die bisherigen Untersuchungen jedoch entweder auf die Suche nach effizienten, **personen- und situationsübergreifenden Interaktionsmustern** oder auf die Analyse **einzelner veränderungsrelevanter Ereignisse**. Eine systematische Beschreibung des Kontaktprozesses zwischen zwei konkreten Personen über einen längeren Zeitraum hinweg fehlt jedoch bislang, obwohl dies die neueren therapietheoretischen Überlegungen nahelegen. Entsprechend habe ich beim Studium der bisherigen Therapieforschung auch keine Antworten auf meine Forschungsfragen aus dem Einleitungskapitel gefunden.

Neben der allgemeinen Bestätigung, daß mein Untersuchungskonzept in die aktuellen Trends der Psychotherapieforschung "paßt", entnahm ich dem Studium der einzelnen Ansätze eher Hinweise für den Hintergrund meines Forschungsprojektes. So ist meine Untersuchung methodologisch zunächst dem "Ansatz der Subjekt-Sicht" zuzuordnen, d.h. das Therapiegeschehen wird weitestgehend aus der Perspektive der daran Beteiligten, ihren subjektiven Sicht- und Erlebensweisen, dargestellt. Dabei ist die Untersuchung genau genommen auf zweierlei Weise durch **meine persönlichen und theoretischen Sichtweisen** vorbestimmt: Zum einen beziehe ich mich auf das **gestalttherapeutische Kontaktprozeßmodell** zur Ordnung und Interpretation des Therapiegeschehens; zum anderen lenke ich durch mein spezielles Untersuchungsin-

---

[1] vgl. etwa Grawe, 1988a; Tress, 1990; Jaeggi, 1991; Rennie & Toukmanian, 1992.

teresse die Befragten auf besondere, **die existentiellen Momente in der Psychotherapie.** Damit folge ich ebenso einem Episoden-Ansatz, ohne allerdings die einzelnen Episoden vom Gesamtgeschehen losgelöst zu betrachten. Dem Episoden-Ansatz entnehme ich auch die Methode der "video-angeleiteten Nachbefragung", wie sie besonders von Elliot verfolgt wurde, mit dem ich in persönlichem Kontakt stand. Ich werde später auf einzelne Ergebnisse und Erfahrungen eingehen, die sich mit denen aus den Untersuchungen des Episoden-Ansatzes vergleichen lassen.

Im Kontext der aktuellen Psychotherapieforschung enthält meine Untersuchung folgende Neuerungen bzw. Ergänzungen:

1. Mit dem gestalttherapeutischen **Modell der Kontaktprozesse und seiner Störungen** biete ich ein Modell an, mit dem sich die eher formalen Beschreibungen der neuen Therapietheorien zum Verlauf psychotherapeutischer Prozesse konkretisieren lassen und das mir zur Orientierung und Ordnung meines Datenmaterials diente.

2. Die Untersuchung verfolgt das Therapiegeschehen **prozeßbegleitend** und **systematisch**, also Sitzung für Sitzung unter Einbeziehung der Perspektiven aller daran Beteiligten.

3. Ausgangspunkt für die quantatitative und vor allem qualitative Auswertung des Prozeßgeschehens sind die **subjektiven Sicht- und Erlebensweisen von Klient und Therapeut.** Diese bestätigten auch die Beschreibungen und Ergebnisinterpretationen ("kommunikative Validierung"), die zusätzlich durch die Perspektive von Fremdbeobachtern ergänzt werden.

4. In der Untersuchung wird ein **längerer Therapiezeitraum** mit **Klienten mit schwerwiegenden Problemen** erfaßt, was längst nicht für alle hier beschriebenen Untersuchungen selbstverständlich ist.

5. Meine Untersuchung folgt dem Konzept der **Aktions- bzw. Handlungsforschung,** das in der bisherigen Psychotherapieforschung noch nicht angewandt wurde.[1]

---

[1] Bisher gibt es nur entsprechende **sozial**psychologische Untersuchungen, etwa die frühen Arbeiten von Lewin (vgl. Bülow & Ottersbach, 1977) oder die psychoanalytisch-fundierte Untersuchung von Leithäuser & Vollmerg, 1988.

"Die Wissenschaft glaubt nicht mehr, hinter die Erscheinungen und zu irgendeiner Wirklichkeit zu kommen, sondern jetzt eher, die Erscheinungen nach vorgefaßten Modellen zu ordnen. Das aber ist, was wir laut unseren traditionellen Kategorien "Kunst" nennen würden. "

(Vilem Flusser)

Teil II

Mein Ansatz einer gestalttherapeutischen Prozeßforschung

1. Theoretische Grundlagen

Mein Hintergrund als Psychotherapeut und Forscher ist die Gestalttherapie. Im folgenden werde ich mich auf eine stichwortartige Darstellung ihrer wesentlichen Grundannahmen und ihrer methodologischen Konsequenzen beschränken, die zum Verständnis meiner Vorgehensweisen wichtig sind.[1] Die Zusammenstellung soll auch die große Ähnlichkeit der sehr viel älteren Gestalttherapie zu den wissenschafts- und therapietheoretischen Überlegungen in der aktuellen Therapieforschung andeuten.[2]

1.1. Einige Grundannahmen der Gestalttherapie

Die phänomenologische Sichtweise

Nach dieser Sichtweise können die Hintergründe und Zusammenhänge psychotherapeutischer Prozesse nur aus dem beobachteten Geschehen und der "inneren Welt" der beteiligten Subjekte selbst erschlossen werden: "Wirklichkeit per se gibt es für den Menschen nicht. Sie ist für jedes Individuum, für jede Gruppe, für jede Kultur etwas Verschiedenes. Wirklichkeit wird durch die jeweiligen Interessen und Bedürfnisse des Individuums bestimmt." (Perls, 1980, 33)

Ausgangspunkt des psychotherapeutischen Prozesses wie seiner Beforschung ist eine "eingehende Beschreibung" dieser subjektiven Wirklichkeiten "ohne Vernachlässigung des Zusammenhangs" (Perls, 1989, 102). Diese sollte so weit wie möglich ihrem Gegenstand folgen, also nicht von abstrakten Modellen oder logischen Konstruktionen geleitet sein. Denn es geht darum, "eine spontane und sinnfällige Ordnung in der Abfolge dieser Tatsachen (gemeint sind Menschenerfahrungen, D.T.) zu ermitteln, eine wesensinnere Wahrheit, eine Richtung, so daß der Werdegang der Ereignisse nicht als bloße Abfolge erscheint" (Merleau-Ponty, 1973, 141).

---

[1] Für ein weitergehendes Verständnis über Gestalttherapie sei auf die verschiedenen Werke ihrer "Begründer", besonders auf das "Grundlagenwerk" von Perls, Hefferline & Goodman, 1981 (Erstveröffentl. 1951), **im folgenden abgekürzt PHG**, verwiesen.

[2] Die Gemeinsamkeiten sind besonders von Portele (1987, 1989a, 1989b) sowie Fuhr & Gremmler-Fuhr (1988, 1995) herausgearbeitet worden.

Die begegnungsphilosophische Sichtweise

In ihren Vorstellungen über die **therapeutische Haltung, das Verständnis von therapeutischer Beziehung und therapeutischem Vorgehen** bezieht sich die Gestalttherapie vor allem auf das "dialogische Prinzip" Bubers (1984). Danach realisiert sich der Mensch in der Welt auf zwei Beziehungsebenen: der Ebene der individuellen Objektbeziehungen und der Ebene der "Begegnung" ("Ich-Es-" und "Ich-Du-Beziehung"). In Momenten der Ich-Du-Beziehung wird die persönliche Subjekt-Objekt-Trennung transzendiert, "einer ist dem anderen so nahe wie sich selbst" (Buber). Solche Momente haben die Qualitäten von **Unmittelbarkeit und Direktheit,** von **Gegenwärtigkeit und Wechselseitigkeit.**

In Momenten der "Begegnung" erfährt sich ein Mensch nicht als ein Objekt unter anderen, sondern als ein einzigartiges lebendes Wesen, er wird in seinem **Selbst** bestätigt. Sie sind Kern und Ausgangspunkt des Wachstums der Persönlichkeit wie auch des veränderten Verhaltens (Verhältnisses) zur Umwelt, mit dem sie sich unmittelbar verbunden, von dem sie sich unmittelbar berührt fühlt. Sie sind aber auch immer nur vorübergehende Zustände im (überwiegenden) Verbleiben in den Ich-Es-Welten.

Nach Buber (und den ihm darin folgenden Perls und Rogers) ist das Fehlen einer solchen "Bestätigung" eine verbreitete Ursache von Psychopathologie. Demzufolge kann ein **existentieller** bzw. **Begegnungsmoment** im psychotherapeutischen Prozeß als ein **Moment therapeutischer Veränderung** verstanden werden. "Ort" und "Agens" von Veränderung liegen also **nicht im** jeweiligen Individuum, sondern im "Dazwischen" (Friedman), in der Berührung der persönlichen Kontaktgrenzen von Therapeut und Klient. Entsprechend dieser Vorstellungen muß der Therapeut auch bereit sein, sich über seine professionelle Rolle hinaus als reales Gegenüber einzubringen.[1] Defensiv-objektivierendes Verhalten, die Einordnung in diagnostische Kategorien und die Ausrichtung des therapeutischen Prozesses nach Gesprächsregeln und strategischen Verlaufsplanungen schaffen eher eine Distanzierung von dem aktuellen Erleben der beteiligten Subjekte und ein Verbleiben in einer "Ich-Es-Beziehung".

---

[1] vgl. auch Rogers "Prozeßgleichung": "Je mehr der Klient den Therapeuten als real oder echt, als empathisch und ihn bedingungsfrei akzeptierend wahrnimmt, desto mehr wird sich der Klient von einem statischen, gefühlsarmen, fixierten, unpersönlichen Zustand psychischer Funktionen auf einen Zustand zubewegen, der durch ein fließendes, veränderliches, akzeptierendes Erleben differenzierter persönlicher Gefühle gekennzeichnet ist." (Rogers, 1961, 27)

Der gestaltpsychologische Hintergrund

Schon für die Gestaltpsychologen Köhler, Wertheimer u.a. war der Gestalt-Gedanke nicht nur ein Modell für die menschliche Wahrnehmung, sondern grundlegend für den Austauschprozeß zwischen Organismus und Umwelt. Danach wird Leben als ein "Erschaffen von Figur und Hintergrund im Organismus/Umwelt-Feld" bzw. als eine Folge von ständig neu auftauchenden "Gestalten" definiert, die danach drängen, "geschlossen" zu werden. Unter "Figur" bzw. "Gestalt" verstehe ich hier die **momentane** Qualität der aktuellen Organismus/Umfeld-Interaktion in Spannung, Dichte, Prägnanz, Ausstrahlung usw., je nachdem wie "die Bedürfnisse und Energien des Organismus ebenso wie die geeigneten Möglichkeiten der Umwelt ... aufgenommen und vereinigt sind" (PHG, 13).[1]

Nach diesem Modell spürt der Mensch zuerst ein unbestimmtes Bedürfnis (eine "schwache" Gestalt" bzw. "Figur" entsteht), die Erregung und Spannung wächst, entsprechende Gefühle, planerisches Denken und eine Hinwendung zum Objekt kommen hinzu (es entwickelt sich eine "starke Gestalt"), bis er schließlich in eine Handlung übergeht und sein Bedürfnis befriedigt (die Gestalt wird "vollendet"). "Neurotisch" wäre, wenn dieser Prozeß der Gestaltbildung geschwächt oder blockiert wird: bleibt eine Figur "trübe", die Gestalt "schwach", "dann können wir sicher sein, daß Kontaktmangel besteht, daß irgendetwas in der Umwelt blockiert ist, daß vitale organische Bedürfnisse nicht ausgedrückt werden" (PHG, 14). In diesem Fall können solch "unabgeschlossene" Gestalten unter Umständen ein Leben lang danach streben, "vollendet" zu werden.

Das Modell der "organismischen Selbstregulierung"

Nach diesem Modell folgt die gesamte Organisationsweise menschlichen Lebens einer "natürlichen, inneren, sachlichen Ordnung" (Metzger). Der Organismus "weiß" am besten, was er für seine Selbsterhaltung und Weiterentwicklung "braucht", alle seine geistigen, emotionalen und körperlichen Funktionen dienen diesem Ziel. Der energetische Vorgang dabei wird als das "Selbst" bezeichnet, es ist "das System der ständig neuen Kontakte ... die Kontaktgrenze in Tätigkeit. ... Das Selbst (...) ist genaugenommen der Integrator ... es spielt die entscheidende Rolle des Finders und Herstellers von Bedeutungen, durch die wir wachsen" (PHG, 17). Das Selbst ist also nicht etwas Substantielles oder Stati-

---

[1] Ich habe diese Definition ("momentane Qualität") gewählt, weil die Verwendung des Begriffs in PHG häufig mißverständlich verwandt wird. So wird dort einerseits von "schwachen" oder "starken" Gestalten gesprochen, andererseits wird "Gestalt" häufig mit "vollendeter Gestalt" gleichgesetzt.

sches, sondern ein Prozeß.[1] Selbst-Verwirklichung hieße demnach, sich spontan auf die natürlichen selbstregulativen Kräfte des Organismus einzulassen. Entsprechend kann als Ziel von (Gestalt-) Therapie die "Wiederbelebung des Selbst"[2] definiert werden. Mit diesem Konzept eines eigen-aktiven und sich-selbst-organisierenden Organismus wendet sich die Gestalttherapie gegen eine mechanistische Sichtweise bzw. fremdbestimmte, "technologische" Anwendung von Psychotherapie.

Der Kontaktprozeß zwischen Mensch und Umwelt

Der **Prozess** der wechselseitigen kreativen Anpassung zwischen Mensch und Umwelt wird mit dem **Modell des Kontaktzyklus**[3] beschrieben. Das ursprüngliche Modell unterteilt den Kontaktzyklus in "Vorkontakt - Kontaktnahme - Kontaktvollzug - Nachkontakt" (vgl. PHG, 193f.). Ein differenzierteres Modell ist das von Dreitzel (1992) mit den Phasen: "Brauchen und Wünschen" - "Wahrnehmen und Zugreifen" - "Annehmen und Verwerfen" - "Zerlegen und Beseitigen" - "Sich-Hingeben und Genießen" - "Nachspüren und Bestätigen" - "Erinnern und Vergessen" - "Sich-Identifizieren und Verantworten". Jeder Phase können spezifische energetische, sensomotorische, emotionale und kognitive Funktionen bzw. Zustände des menschlichen Organismus zugeordnet werden.

Jeder Austauschprozeß in dieser idealtypischen Abfolge dient der bestmöglichen Selbsterhaltung und Selbstentfaltung des menschlichen Organismus wie auch, da wechselseitig, seines Umfeldes. Demzufolge führt eine Unterbrechung bzw. Blockade dieses Prozesses zu einer eingeschränkten bzw. gestörten Selbsterhaltung und Selbstentfaltung und Beziehung zum Umfeld. "*Die Psychologie ist die Wissenschaft von der schöpferischen Anpassung. Ihr Thema ist der ständige Wechsel zwischen dem Neuen und dem Gewohnten, aus dem sich Angleichung und Wachstum ergeben. Dementsprechend ist die klinische Psychologie die Wissenschaft von den Blockierungen, den Verdrängungen oder*

---

[1] s. auch ein ähnliches prozessuales Verständnis des "Selbst" bei Rogers (1977, 35); demgegenüber versteht Grawe in seinen schematheoretischen Überlegungen das "Selbst" als die "höchste Organisationseinheit" der psychischen Struktur (Grawe et al. 1994, 760)

[2] So lautet der programmatische Titel des 2. Teils der deutschen Ausgabe von PHG.

[3] Dieses Modell (ebenso wie das zum Gestaltformationsprozeß und zur organismischen Selbstregulierung) wurde früher eher in einem normativen, "biologistischen", Sinne verstanden. Demgegenüber betrachte ich es, ebenso wie die meisten neuen Gestalttherapie-Theoretiker, in einem "konstruktivitischen" Sinne: es ist **ein**, allerdings im Vergleich zu anderen sehr elaboriertes, Interaktionsmodell, mit dem sich die komplexen Austausch- und Anpassungsprozesse zwischen Organismus und Umwelt ordnen und reflektieren lassen (vgl. mein Kap. I,3.1. sowie Fuhr & Gremmler-Fuhr, 1995, 81ff.).

anderen Störungen auf dem Wege der schöpferischen Anpassung" (PHG, 13, Hervorhebungen im Original).

Der Mensch und seine Umwelt

Mit dem Modell des Organismus-Umwelt-Feldes wird schließlich die Natur als ein zusammenhängendes Ganzes verstanden, in dem alle Elemente sich in einem ständig verändernden Prozeß von Austausch und koordinierter Aktivität befinden. Daher ist "jedes Problem als Ereignis in einem sozialen, sinnlichen und physischen Feld zu betrachten" (PHG, 10). Dies gilt ausdrücklich auch für therapeutische Theorien und Vorgehensweisen: "Es gibt eine Beziehungskette zwischen Deiner Theorie, Deinem Vorgehen und dem, was Du entdeckst ... Haltung und Persönlichkeit eines Therapeuten (einschließlich seiner eigenen Ausbildung) bedingen seine theoretische Orientierung, und seine klinische Behandlungsmethode entspringt aus seiner Haltung und seiner Theorie; aber auch die Bestätigung, die man aus der eigenen Theorie gewinnt, entspringt der angewandten Methode" (PHG, 28).

1.2. Das gestalttherapeutische Therapieprozeßmodell

1.2.1. Ausgangspunkt: die Kontaktunterbrechungen

Die Biographie eines Menschen wird durch seine Erfahrungen im Austauschprozeß mit dem Umfeld bestimmt, sie ist die Lerngeschichte all seiner - vollendeten oder auch unterbrochenen - Kontaktprozesse und daraus gewonnener Verhaltensmuster. So ist z.B. ein in dieser Untersuchung beschriebener Klient für seine kindlichen aggressiven und erotischen Impulse bestraft worden. Sehr bald hat er gelernt, solche Impulse durch körperliche Anspannung zurückzuhalten, um weiterer Bestrafung und Frustration auszuweichen. Da er zusätzlich die elterlichen Verhaltensnormen verinnerlicht hat und das Auftauchen solcher Bedürfnisse mit großen Angst- und Schuldgefühlen verbunden ist, versucht er sie möglichst ganz zu unterdrücken. Er meidet nun so weit wie möglich den Kontakt zu anderen Menschen, die aggressive oder sexuelle Bedürfnisse wecken könnten, und isoliert sich allmählich ganz von seinem sozialen Umfeld. Die beständigen Kontaktunterbrechungen verfestigen sich schließlich zu "neurotischen" Gewohnheiten bzw. "Reaktionsbildungen" in Form von eingeschränkten körperlichen, emotionalen und geistigen Haltungen. Zusätzlich entwickelt er Zwangshandlungen, um die immer wieder auftauchende Spannung "gefahrlos" abzuleiten. So schafft sich der Klient seine leidvolle Lebenssituation immer wieder neu: er führt einen verzweifelten Kampf gegen vitale Bedürfnisse, die beständig wieder auftauchen und nach ihrer Befriedigung (der "Vollendung der Gestalt") drängen.

Im Sinne einer ersten einfachen Orientierung werde ich im folgenden von drei Kontakt-Ebenen bei den komplexen Austauschprozessen zwischen Mensch und Umfeld ausgehen: **1. Kontakt zum Selbst, 2. Kontakt zum Gegenüber und 3. Kontakt zum Umfeld.**[1] Entsprechend der phänomenologischen Sichtweise kann hier nun auch von Kontaktstörungen oder -unterbrechungen auf diesen drei Ebenen gesprochen werden[2]:

1. beim Kontakt zum Selbst in der Entfremdung von bestimmten (im Beispiel sexuellen und aggressiven) Persönlichkeitsanteilen, beobachtbar am verminderten energetischen, emotionalen und motorischen Ausdruck, in mangelnder oder fehlender Äußerung von Bedürfnissen und Wünschen usw.;

2. beim Kontakt zum Gegenüber in einer eingeschränkten Fremdwahrnehmung, Entpersonalisierung des Gegenübers oder passiver Unterordnung, in mangelnder Konfliktfähigkeit, Einfühlung, Toleranz usw.;

3. beim Kontakt zum Umfeld in fehlender oder mangelnder Wahrnehmung der Möglichkeiten, in Passivität oder Isolation im sozialen Umfeld, in unklaren oder fixierten Glaubenssystemen verbunden mit sozialen Ängsten, Gefühlen von Einsamkeit, Sinnlosigkeit oder auch Grandiosität usw.

Exkurs: Eine gestalttherapeutische Diagnostik?

Die gestalttherapeutische Vorgehensweise im Therapieprozeß orientiert sich immer wieder an der Frage: "Wann, wo und wie blockiert der Klient seine Erregungsenergie im Feld?" (Dreitzel, 1992, 98) Sie richtet sich also nicht nach vorgegebenen Regeln, Symptombeschreibungen der klassischen Diagnostik o.ä., sondern an der Gestaltung des aktuellen Kontaktprozesses und der individuellen Kombination neurotischer Reaktionsbildungen.

Selbstverständlich hat der Therapeut zumindest zu Beginn der Therapie Vorannahmen oder "Bilder" vom Klienten, die auf einer theoretisch fundierten, einer subjektiven "heimlichen" Diagnostik und schließlich seiner Praxiserfahrung beruhen. Sie dienen ihm als erste Orientierung und Strukturierungshilfe im Therapieprozeß, der (Selbst)Bestätigung von Kompetenz und der Begründung seiner Vorgehensweisen. Im Laufe der Therapie gilt es jedoch, solche "Hypothesen" immer wieder zu überprüfen, die Bilder vom Klienten zu diffe-

---

[1] David Boadella verwendet zur Bezeichnung dieser drei Ebenen die Begriffe "connection", "contact" und "context" (mündl. Mitteilung).

[2] Natürlich ist der Mensch "von außen" betrachtet immer im Kontakt zum Selbst, zum Gegenüber und zum Umfeld. Die beschriebenen Kontaktstörungen und -unterbrechungen beziehen sich genaugenommen auf die individuelle Wirklichkeit, also wie der Mensch seinen Kontakt erlebt und sich dessen bewußt (aware) ist und sich entsprechend gestaltet.

renzieren, um schließlich dessen individuelle Besonderheit zu erkennen: "Die schwierige Aufgabe der Psychotherapie ist es, die schöpferischen Anpassungskräfte des Patienten zu mobilisieren, ohne sie in die Schablone der wissenschaftlichen Theorie des Therapeuten zu zwängen" (PHG, 63). Ein beständiges Festhalten an solchen "Schablonen" würde zu einer **Kontaktunterbrechung von seiten des Therapeuten** führen.

Aber auch unter Gestalttherapeuten wird immer wieder über die Notwendigkeit einer über den Einzelfall hinausgehenden **Prozeßdiagnostik** diskutiert. Hier geht es also nicht um eine Einordnung nach zeit- und situationsunabhängigen Eigenschaften oder Symptombeschreibungen, sondern um "typische" oder "häufige" Kontaktprozeß-Störungsmuster, etwa Konfluenz, Projektion usw.[1] Bisher gibt es allerdings nur erste Ansätze einer gestalttherapeutischen Prozeßdiagnostik, die sich darüberhinaus mit den Symptombeschreibungen der klassischen Diagnostik verbinden ließe. So finden nach Müller-Ebert et al. (1988, 57) "zwangsneurotische" Kontaktunterbrechungen "typischerweise" in der zweiten Phase der Kontaktnahme statt. Sie äußern sich in einer starken Unterdrückung "zugreifender" (aggressiver und sexueller) Gefühle und Impulse, die in dieser Phase des Kontaktzyklus vorherrschen. [2]

Solche gestaltdiagnostischen Ansätze sind jedoch mit den gleichen Schwierigkeiten und Problemen behaftet, wie ich sie schon in den Ansätzen zur Differentiellen Psychotherapieforschung beschrieben habe. Bezeichnenderweise betreffen sie meist eng gefaßte und einfach zu beschreibende Symptombereiche wie die "Zwangsneurose", bleiben aber in weitergefaßten und sehr viel häufigeren Störungsbildern, wie z.B. der Depression, unklar. Insgesamt beurteile ich die Bemühungen zu einer verallgemeinerbaren Prozeßdiagnostik skeptisch, und sie bleibt auch unter Gestalttherapeuten umstritten.

---

[1] Solchen gestaltdiagnostischen Überlegungen ähnlich sind die Bemühungen in der neueren Psychotherapieforschung, diagnostische Kriterien an den Präferenzen in der aktuellen Beziehungsgestaltung festzumachen, vgl. Grawe, 1992b.

[2] s. Dreitzel 1992, 131ff.; vgl. auch Zinker, 1982, 106.

1.2.2. Das Therapieprozeß-Modell einer gestalttherapeutischen Sitzung [1]

1. Eine Kontaktunterbrechung tritt auf

Die meisten Sitzungen beginnen damit, daß der Klient von einem für ihn bedeutsamen Ereignis mit unklarem oder unbefriedigendem Ausgang erzählt, denn "was spontan wichtig erscheint, hat in Wahrheit die stärksten Verhaltensenergien hinter sich. Selbstregulierungsaktionen sind immer die klareren, die stärkeren und die klügeren" (PHG, 57). Während der Klient berichtet, sind Unterbrechungen meist auf allen drei Kontaktebenen zu beobachten: so sitzt der Klient im o.a. Beispiel starr aufgerichtet in seinem Stuhl, er atmet flach und seine Stimme klingt monoton, er spürt "ein bißchen" Ärger (Kontakt zum Selbst); er berichtet "nebenbei" und unpersönlich, als würde er gar nicht mit der Aufmerksamkeit oder Anteilnahme des Therapeuten rechnen (Kontakt zum Gegenüber); schließlich vermittelt er durch seine "Opfer-Haltung" einen Eindruck von seiner Beziehung zur Umwelt (Kontakt zum Umfeld).

Je nach Schwere der neurotischen Störungen und den bisherigen Lernerfahrungen in der Therapie können solche Unterbrechungen oder Blockaden in den verschiedenen Phasen des Kontaktzyklus auftreten: z.B. bei dem Übergang aufkommender Erregung in ein Bedürfnis (wie in diesem Beispiel), zwischen einem deutlich ausgedrückten Bedürfnis und einer entsprechenden Handlung zu dessen Befriedigung oder aber die Handlung selbst bleibt unbefriedigend (vgl. dazu Zinker, 1982).

2. Vorkontakt: Das Erschaffen von Figur und Hintergrund

Der Bericht des Klienten löst beim Therapeuten nun Verständnisfragen, Rückmeldungen (Widerspruch, Zustimmung usw.) oder emotionale Reaktionen

---

[1] Das oben angedeutete Kontaktprozeß-Modell von P/H/G und seine verschiedenen Weiterentwicklungen diente zunächst der Beschreibung organischer, *gesunder* Austausch- und Veränderungssprozesse zwischen Mensch und Umwelt. Später hat vor allem Fritz Perls an der Entwicklung eines Modells *therapeutischer* Veränderungsprozesse gearbeitet ("5-Schichten-Modell der Neurose", bes. Perls, 1980, 97ff., und Perls, 1981, 145). Die darin enthaltene *räumlich-strukturelle* Sichtweise wird heute eher durch eine *zeitlich-prozessuale* Sichtweise ergänzt bzw. ersetzt (s. dazu bes. Staemmler & Bock, 1991). Diesen Modellen ist jedoch gemeinsam, daß sie den Fokus auf die Erlebens- und Veränderungsprozesse **im/beim Klienten** richten, wobei der Therapeut eher die Aufgabe eines Anleiters bzw. "Katalysators" (Perls) hat. Demgegenüber liegt der Fokus meines Therapieprozeß-Modells - für die Beobachtung der *realen* Interaktionsprozesse - auf den Erlebens- und Veränderungsprozessen **zwischen Klient und Therapeut**, wobei sie als prinzipiell gleichberechtigte Dialogpartner betrachtet werden.

(Ärger, Erschrecken usw.) aus. D.h., er interveniert - häufig zunächst intuitiv -
an den Stellen des Berichtes, an denen er eine Unterbrechung des Klienten im
Kontakt zum Selbst, zu sich als Gegenüber oder zum Umfeld registriert.
Durch die Intervention wird der Klient in seiner gewohnten Sicht- und Erzähl-
weise "gestört". Eine kurze atmosphärische Spannung, eine erhöhte körperliche
Erregung und vielleicht ein unbestimmtes Gefühl (angenehm - unangenehm)
treten auf. Aus dem gleichförmig vorgetragenen Bericht oder auch Gespräch
("Hintergrund") entwickelt sich langsam eine "Figur" bzw. "Gestalt", dessen
Heranbildung durch weitere Interventionen des Therapeuten unterstützt wird.
Solche Interventionen können je nach Situation ein "Experiment" zur verstärkten Körperwahrnehmung oder zur Verbalisierung unterdrückter Ich-Anteile
(z.B. die "Zwei-Stuhl-Technik"), der Eintritt in einen persönlichen Dialog (wie
in meinem Beispiel aus der Einleitung) oder ein Rollenspiel zu einer vom Klienten berichteten Konfliktsituation sein.

3. Kontaktnahme: Die lebendigen Anteile werden verstärkt

Je mehr sich der Klient dabei getraut, bisher unterdrückte Selbstanteile im
geschützten Rahmen auszudrücken, umso mehr zeigt sich auch die "doppelte
Natur" der neurotischen Symptome. Es treten nun auch lebendige, wachstums-
fördernde Energien und Fähigkeiten zu Tage, die bisher zurückgehalten wurden
oder "im Dienst der Neurose" standen (vgl. PHG, 66ff.).

Die bisher unterdrückten Selbstanteile werden nun vom Therapeuten aufgegriffen und selektiv verstärkt. So äußert der o.a. Klient häufig einen Rachegedanken, den der Therapeut aufgreift und weiterspinnen läßt. Dabei wird sich der
Klient nicht nur seines Ärgers zunehmend bewußt, sondern er entwickelt auch
ein Mitgefühl für das, was er sich und anderen antut. Darüberhinaus entdeckt er
seine Körperkraft, seine phanatasievollen und kreativen Seiten und schließlich
seine Wünsche nach mitmenschlicher Nähe.

4. Voller Kontakt: Finden und Herstellen der heraufdämmernden Lösung

Unterstützt durch solche Interventionen ist nun eine "starke Gestalt" entstanden,
die ihrer "Vollendung" entgegenstrebt: Spannung, Erregung und Aufmerksamkeit sind erhöht, das Thema ist klar eingegrenzt und mit einem starken Gefühl
verbunden, der gesamte körperliche und emotionale Ausdruck (in Mimik,
Sprache, Bewegung usw.) wird lebendig und findet spontane Resonanz beim
Gegenüber.[1]

---

[1] Dieser Prozeß der "Heranbildung einer Gestalt" kann natürlich jederzeit unterbrochen
werden, woraufhin Erregung, Spannung, Interesse usw. wieder zurückgehen, die "Gestalt"
sozusagen "zusammenfällt".

In einem Moment voller Energie und Gefühl, in dem das vorgebrachte Problem und neue Aspekte durch den Therapeuten und seine Anteilnahme gegenwärtig sind, entsteht nun spontan, "wie von selbst", eine **schöpferische Lösung**. Sie erscheint als eine, jenseits der vorherigen Absichten von Therapeut und Klient entstandene, "neue, dritte Alternative, die das wesentliche trifft und sich spontan empfiehlt" (PHG, 183), die sich "von allem, was erinnert oder vermutet werden konnte, unterscheidet, genau wie das Werk eines Künstlers für ihn unvorhersehbar wird, während er das materielle Medium bearbeitet" (PHG, 16). Im Eingangsbeispiel ist dies die Erkenntnis, daß "Eine andere Meinung haben" und "Gemocht-werden" sich nicht ausschließen müssen. Mit dieser Lösung konnte ich mein Bedürfnis nach Nähe befriedigen und gleichzeitig meine Integrität wahren.

Als weitere Aspekte dieser kurzen Momente des "vollen Kontakts" bzw. der "Vollendung einer Gestalt" nennen Perls, Hefferline & Goodman, 1981 (wobei sie die Armut der Sprache zur angemessenen Beschreibung bedauern):

- "plötzliches und spontanes Erleben" (208)
- "die Auflösung des Absichtlichen und das Verschwinden der Grenzen" (208),
- "Hingerissensein" (208), "Aufgehen in der Situation" (165),
- "eine grundsätzliche Einheit von Wahrnehmungs-, Bewegungs- und Gefühlsfunktionen" (208)
- voller "Anteilnahme", d.h. "selbstlosen Gefühlen" wie Liebe, Freude, ästhetisches Genießen, aber auch Verzweiflung und Trauer (209f.),
- die Sprache ist poetisch, lebendig und gefühlvoll im Kontakt zum Selbst, zum Gegenüber und zum Inhalt (108),
- die Bewegungen sind fließend, kraftvoll und anmutig (208),
- diese Momente beinhalten "Schönheit und Wahrheit" (196),
- sie sind befriedigend, "so daß im Körper-Gewahrsein kein Verlangen zurückbleibt" (207) und
- verändernd, so "daß nichts, was für das Selbst von Belang ist, beim Alten bleibt" (207).

Solche Momente des "vollen Kontakts" habe ich als **existentielle Momente** bezeichnet. "Von höchster Bedeutung ist hier, *daß die Vollendung einer starken Gestalt selbst die Heilung ist; denn die Art des Kontaktes ist nicht nur ein Anzeichen von schöpferischer Integration von Erfahrung, sondern vielmehr die schöpferische Integration von Erfahrung selbst"* (PHG, 14, Hervorhebung im Original).

5. Nachkontakt: Der Handlungsspielraum wird vergrößert

Sind abgespaltene Persönlichkeitsanteile integriert und ein lebendiger Ausdruck ermöglicht worden, verändert sich zumindest für den Therapiefortlauf der

Kontakt zum Selbst und zum Therapeuten. In der Regel werden solche neuen Erfahrungen nicht direkt auf das außertherapeutische Leben übertragen. Häufiger sind sie ein Anstoß, um eine Haltung oder Sichtweise zu verändern, aus der heraus sich der Klient eine andere Wirklichkeit erschaffen kann.

Im Eingangsbeispiel habe ich beschrieben, wie ich in einer unbewußten Reinszenierung eine neue Erfahrung gemacht habe und damit meine Beziehungsgestaltung zu väterlichen Autoritäten verändern konnte. Falls der biografische Hintergrund keine oder unklare alternative Handlungserfahrungen bietet (bei dem o.a. Klienten z.B. Nein-sagen, Sich-Streiten-können), müßten diese in der Beziehung mit dem Therapeuten entwickelt, ausprobiert oder auch eingeübt werden.

1.2.3. Zur Bedeutung des Therapeuten

Die Aufgabe des Therapeuten in dem hier skizzierten Therapieprozeßmodell geht weit über eine reine Anwendung von Techniken, Anleitung von Übungen usw. hinaus. Ob, wann und welche Kontaktunterbrechungen der Therapeut im Prozeß mit dem Klienten feststellt und wie er schließlich interveniert, hängt von der berichteten Situation, der Therapiephase, aber auch von der Persönlichkeit des Therapeuten ab.

Zunächst ist der Therapeut **diagnostisches Instrument** des aktuellen Kontaktprozesses. Indem er den Klienten empathisch in dessen Prozeß begleitet, aktiviert er entsprechend seiner eigenen Lebenserfahrung ein inneres Modell für einen natürlichen Abschluß des Kontaktzyklus. Ausgangspunkt für eine Intervention ist der Moment, in dem der Klient dieser Erwartung plötzlich nicht entspricht.[1] Häufig nimmt der Therapeut eine solche "Störung" erst intuitiv wahr, d.h. er spürt, daß er sich z.B. wie der Klient anspannt oder sich "an seiner Stelle" ärgert, erschreckt oder traurig wird[2] bzw. sich plötzlich entsprechend der vom Klienten angebotenen komplementären Beziehungsrolle, z.B. des strafenden Vaters, verhält.[3] Diese Funktion als diagnostisches Instrument

---

[1] Entsprechend bestimmt schon der Psychoanalytiker Reik (1935) die "Überraschung" des Therapeuten als internes "intutives" Kriterium zur Datengewinnung im analytischen Prozeß und als Ausgangspunkt für weitere Interventionen.

[2] Dieses Phänomen wird auch als "projektive Identifikation" bezeichnet, vgl. Cashdan, 1990.

[3] Dies entspräche einer "Gegenübertragungsreaktion" im psychoanalytischen Verständnis, vgl. Laplanche & Pontalis, 1972.

hängt also ganz wesentlich von der Sensibilität und Bewußtheit des Therapeuten im Kontakt zu sich selbst, zum Gegenüber und zum Kontext ab.

Indem sich der Therapeut diese Störung selbst bewußt macht, wird er zum **Begleiter und Anleiter** für den weiteren Prozeß des Klienten. Dabei ist sein Vorgehen **weniger inhalts-direktiv**, also an bestimmten Themen oder vorabbestimmten Strategien oder Zielsetzungen ausgerichtet. Er geht **vielmehr prozeß-direktiv**[1] vor, d.h. er folgt der dem Klienten innewohnenden Tendenz, die "unabgeschlossene" Gestalt zu schließen. Häufig entstehen dabei jedoch kreative Impulse für die Aufhebung der Kontaktunterbrechung aus seiner Anteilnahme für den Klienten heraus. Die Interventionen des Therapeuten ergeben sich also im Idealfall nicht aus vorab angestellten Planungen, sondern aus seiner inneren Beteiligung am Prozess selbst.

Schließlich spürt der Therapeut an einem (wieder)hergestellten Kontakt zu sich selbst und zum Klienten, ob ein Kontaktprozeß erfolgreich abgeschlossen ist. Er ist also **Prüfstein und Zeuge** der kreativen Lösung des Klienten und der Einzigartigkeit seiner Person. Mehr noch (und dieser Aspekt wird bei Perls, Hefferline & Goodman, 1981, nur indirekt ausgedrückt): Um den Klienten darin zu bestätigen, muß der Therapeut über seine berufliche Rolle hinaus dem Klienten mit seiner **gesamten Persönlichkeit und Menschlichkeit** gegenübertreten und darin von ihm (an)erkannt werden. Ich gehe also davon aus, daß es einen **notwendigen Zusammenhang** zwischen einer gegenseitigen Bestätigung und existentiellen Momenten gibt.[2]

Zur Bedeutung existentieller Momente im psychotherapeutischen Prozeß

Neurotische Kontaktunterbrechungen bzw. Reaktionsmuster geschehen aus Gewohnheit, aus lebensgeschichtlich bedingten Mustern heraus. Der Klient hat es so und nicht anders gelernt und erfahren, er hat keine (Vor)Bilder für anderes Verhalten. Mit ihrer Wiederholung in der Beziehung zum Therapeuten begibt sich der Klient in eine "Notsituation" (PHG), sozusagen eine therapiebedingte Zwickmühle: einerseits drängen die "unvollendeten Gestalten" auf eine

---

[1] Die Unterscheidung zwischen "inhaltsdirektivem" und "prozeßdirektivem" Vorgehen ist nach meiner Ansicht auch das wichtigste Kriterium zur Unterscheidung verschiedener Therapieschulen (vgl. Rice & Greenberg, 1990, 400).

[2] Diese Frage hat lange Zeit die Theoriediskussion unter Gestalttherapeuten bestimmt, so daß auch von verschiedenen "Strömungen" innerhalb der Gestalttherapie gesprochen wurde (vgl. Jacobs, 1989). Letztlich scheint dies jedoch mehr eine Frage der verschiedenen Persönlichkeiten und Arbeitsstile unter den Begründern der Gestalttherapie zu sein. So hat Fritz Perls z.B. eher auf den "Kontakt zum Selbst" beim Klienten fokussiert, während sich Lore Perls oder Erv und Miriam Polster mehr persönlich einbrachten, also auf den "Kontakt zum Gegenüber" konzentrierten (vgl. Friedman, 1987).

Schließung, d.h. auf eine befriedigende Integration, andererseits werden starke Ängst, Scham- und Schuldgefühle und auch Erinnerungen an frühere Verletzungen wachgerufen.

Je realistischer der Klient eine unabgeschlossene Konfliktsituation wiedererlebt, umso eher gestaltet er auch den Therapeuten entsprechend der Personen dieser Situation. Der Therapeut wird damit zum möglichen Auslöser von neuen (alten) Verletzungen, vor denen er sich schützen muß. Diese Erwartung bzw. Befürchtung "blockiert" den Kontaktprozeß des Klienten zu sich und zum Therapeuten. Er müßte also seine alten Schutzmechanismen (denn das ist die eigentliche Bedeutung von "Widerstand") aufgeben. Aus diesen Gründen verläuft der oben beschriebene Therapieprozeß nicht gradlinig, der Klient wird in der Regel nur schritt- und stückchenweise von seinen "neurotischen" Gewohnheiten loslassen. Der Therapeut muß immer wieder neue Kontaktangebote machen bzw. die "experimentellen Bedingungen" variieren, wobei er oft vorher gar nicht weiß, ob sich der Klient darauf einläßt.

Die Bereitschaft und das Risiko des Klienten, sich beim Wiedererleben in eine neue (alte) Notlage zu begeben, hängt wesentlich von der Qualität der therapeutischen Beziehung ab. Deren Bedeutung "liegt nicht in der Wiederholung der gleichen alten Geschichte, sondern vielmehr darin, daß sie jetzt anders, als gegenwärtiges Abenteuer, durchgearbeitet wird: der Analytiker ist nicht der gleiche Vater oder die gleiche Mutter" (PHG, 17). In Momenten, in denen der Klient all seine angst- und schambesetzten (sexuellen, sadistischen, narzißtischen usw.) Gefühle, Phantasien und Impulse zuläßt, braucht er - zumindest zu Beginn der Therapie - das Verständnis und die Bestätigung eines bedeutungsvollen Gegenübers wie auch dessen Zuversicht in eine "schöpferische" Lösung. Wird ihm dies gerade in solchen Momenten mit einer "starken Gestalt' verwehrt oder erfährt er dabei gar die gleiche Zurückweisung oder Verletzung wie früher, so kann dies zu einem völligen Kontaktabbruch zwischen Therapeut und Klient und damit Therapieabbruch führen.

In dem Maße, in dem nun der Therapeut seine emotionale Anteilnahme zeigt, die unterdrückten Bedürfnisse und Persönlichkeitsanteile des Klienten mitempfindet, in dem Maße wird auch er verletzbarer. Der Kontaktprozeß wird zu einem **gemeinsamen Abenteuer**, dessen Ausgang auch der Therapeut nicht kennt. Auch er muß für einen Moment von seinen Absichten und evtl. Befürchtungen loslassen und auf die "schöpferisch gestaltende Kraft in jedem Menschen" (PHG, 71) vertrauen, um eine kreative Lösung und deren Bestätigung in einer menschlichen Begegnung möglich zu machen. Das Durchstehen solcher gemeinsamen Abenteuer vertieft wiederum das therapeutische Vertrauensverhältnis und gibt dem Klienten Selbstvertrauen, seine Lebenssituation aktiv zu verändern.

1.3. Schlußfolgerungen für meinen Ansatz einer gestalttherapeutischen Prozeßforschung

Aus den hier dargestellten theoretischen Grundannahmen ergaben sich folgende Konsequenzen für Planung, Ablauf und Auswertung meiner Untersuchung:

1. Die **phänomenologische Sichtweise** erfordert eine Einzelfallforschung und die Erfassung der subjektiven Sicht- und Erlebensweisen von Klient **und** Therapeut unter Anwendung hermeneutisch orientierter, **qualitativer Methoden.** Das humanistische Menschenbild, das dialogische Prinzip und schließlich der Feld-Gedanke legen einen **Aktionsforschungsansatz** mit teilnehmender Beobachtung nahe, wie er schon von Lewin, einem der "Väter" der Gestalttherapie, entwickelt wurde (vgl. Portele, 1990).

2. Mein Forschungsinteresse gilt dem aktuellen Prozeßverlauf psychotherapeutischer Interaktionen. Ich will ihn nachvollziehen und verstehen können und nicht allgemeingültige Wirkkonzepte, Interventionsstrategien o.ä. aus ihm ableiten. Als Orientierungshilfe für Beschreibung, Interpretation und Auswertung von zwei ausführlichen Fallgeschichten werde ich das **gestalttherapeutische Kontaktprozeßmodell** verwenden. Dabei gehe ich davon aus, daß früh erlernte **Kontaktunterbrechungen und -blockaden** gewohnheitsgemäß auch in der therapeutischen Interaktion wiederholt werden und auf drei Kontaktebenen beobachtbar sind: im **Kontakt zum Selbst, im Kontakt zum Gegenüber und im Kontakt zum Umfeld.**

3. Ich habe ein **Therapieprozeßmodell**, d.h. den idealtypischen Verlauf einer psychotherapeutischen Sitzung nach dem Kontaktprozeßmodell vorgestellt. Darin wird der Prozeß als die Heranbildung einer Gestalt mit den Stadien Vorkontakt- Kontaktnahme - Kontaktvollzug - Nachkontakt beschrieben. In meiner Untersuchung geht es nun darum, ob sich dieses Prozeßmodell im **subjektiven Erleben der Beteiligten und ihren Nacherinnerungen** wiederfinden läßt. Von besonderem Interesse ist für mich hierbei die Phase des "vollen Kontakts" mit der Frage, ob in **existentiellen Momenten** ein **notwendiger Zusammenhang** zwischen dem Finden einer "schöpferischen Lösung" und einer menschlichen Begegnung zwischen Therapeut und Klient besteht.

2. Untersuchungsablauf, Teilnehmer und Methoden

In der Einleitung dieser Arbeit habe ich bereits meinen Untersuchungsgegenstand und meine Forschungsfragen beschrieben. Für die Untersuchung selbst waren eine Reihe von Entscheidungen im methodischen und praktischen Vorgehen erforderlich, die ich im folgenden nachvollziehbar und zur Diskussion stellen möchte. Des weiteren werden die Untersuchungseinflüsse aus der Sicht der Beteiligten und einige quantitative Ergebnisse im Vergleich zu ähnlichen Untersuchungen dargestellt.

2.1. Vorüberlegungen zum Untersuchungsablauf

Eine operationale Definition

Existentielle Momente in der Psychotherapie habe ich in der Einleitung definiert als "seltene und kurze, subjektiv höchst bedeutsame Ereignisse mit jeweils einem Höhe- und Wendepunkt im wechselreichen Kontaktprozeß zwischen Therapeut und Klient". Obwohl sie dem ersten Anschein nach in Entstehung, Inhalt und Bedeutung für die Beteiligten höchst unterschiedlich sind, lassen sie sich doch nach meiner Erfahrung als eine **abgrenzbare Gruppe von Ereignissen** darstellen, die sich vom übrigen Therapiegeschehen zunächst anhand folgender **äußerer Kriterien** unterscheiden:

1. Es sind **subjektiv** bedeutsame Ereignisse, die

2. von **beiden** Beteiligten als solche erlebt und

3. lange **nacherinnert** werden und die

4. in hohem Maße auch von **Außenstehenden** als bedeutsam identifiziert werden.

Diese operationale Definition ermöglicht eine erste Orientierung in der Beobachtung des komplexen Therapiegeschehens und im weiteren auch eine erhebliche Reduzierung des Datenmaterials. Natürlich werden damit nicht alle existentiellen Momente im psychotherapeutischen Prozeß erfaßt. So gibt es immer wieder solche Momente, die spontan und sehr kurzzeitig auftreten, als eine bestimmte atmosphärische Stimmung gespürt werden oder deren Bedeutung erst sehr viel später bewußt wird. Diese Momente ereignen sich meist im Bereich jenseits des äußerlich-beobachtbaren, verbalisierbaren und beschreibbaren Vermögens menschlichen Erlebens. Sie bleiben damit, obwohl für den Therapieprozeß außerordentlich wichtig, für eine empirisch-wissenschaftliche Untersuchung nicht zugänglich.

Umgekehrt werden nach meiner Erfahrung aber auch nicht alle Ereignisse, die jedes dieser äußeren Kriterien erfüllen, als existentielle Momente erlebt. Bedeutender scheinen hier **qualitative Merkmale** zu sein, deren Entdeckung und Beschreibung ein Hauptanliegen meiner Untersuchung war.

Überblick über die methodischen Vorgehensweisen

Aus der operationalen Definition ergaben sich folgende methodische Vorgehensweisen:

1. Existentielle Momente in der Psychotherapie sind das Ergebnis "natürlicher Interaktionsprozesse" und nicht experimentell herstellbar. Um sie so haut- und zeitnah wie möglich zu erfassen, wurden Sitzungen einer "echten" Psychotherapie mit einem **Videogerät und unter teilnehmender Beobachtung** aufgenommen.

2. Solche Ereignisse sind selten und prinzipiell nicht planbar/prognostizierbar. Daher war es notwendig, **viele Therapiestunden** aufzunehmen, um **einige wenige solcher Ereignisse** zu erfassen und näher untersuchen zu können.

3. Um den **zeitlichen Zusammenhang und die inhaltliche Bedeutung** dieser Ereignisse am ehesten nachvollziehen zu können, wurden mindestens die ersten 20 Stunden einer Therapie zusammenhängend aufgenommen sowie die wichtigsten Daten aus dem biografischen Hintergrund und aus dem weiteren Therapieverlauf ermittelt.

4. **Therapeut und Klient** wurden getrennt und direkt nach jeder Sitzung, mit Hilfe von offenen Interviews und der Videoaufnahme als Erinnerungshilfe, danach befragt, **welche** Sequenzen für sie selbst **subjektiv bedeutsam** waren und **was** sie dabei **gedacht, gefühlt, erlebt** hatten.

5. Des weiteren wurden die Beteiligten in Form von offenen Interviews **ca. ein und noch einmal zwei Jahre nach Abschluß** der Beobachtung befragt, an welche Ereignisse sie sich erinnerten und welche möglichen Nachwirkungen sich daraus ergeben hatten.

6. Unabhängig von Therapeut und Klient bestimmten und kommentierten auch die **teilnehmenden Beobachter** sowie **Fachbeobachter**, letztere mit Hilfe der Videoaufnahmen, die für sie subjektiv bedeutsamen Ereignisse.

7. Schließlich wurde ein Video-Zusammenschnitt von Sequenzen, die nach meinem ersten Eindruck existentielle Momente enthielten, einer Gruppe von Fachbeobachtern sowie verschiedenen therapeutischen Laien gezeigt, um weitere Hinweise auf gemeinsame Prozeßmerkmale solcher Momente zu erhalten.

Erst **nach** der Erfassung all dieser Daten wurden die beobachteten Therapie-stunden zusammengefaßt und mit Hilfe des gestalttherapeutischen Therapiepro-zeßmodells interpretiert. Die Auswertung nach qualitativen Kriterien existen-tieller Momente fand ganz zum Schluß statt.

Ethische Überlegungen

Mit dieser Untersuchung sollte auch ein Handlungsforschungs-Ansatz verfolgt werden, den ich aufgrund meiner theoretischen Überlegungen für angemessen und angesichts des besonderen Untersuchungsgegenstandes auch aus ethischen Gründen für notwendig hielt. Der nach außen geschützte Rahmen ist ein Grundmerkmal des therapeutischen Settings. Um so mehr setzt die Bereitschaft von Klienten und Therapeuten, außenstehende Menschen an ihren intimsten "inneren" Prozessen teilhaben zu lassen, besondere Untersuchungsbedingungen voraus. Folgende Grundsätze galten bei der Planung, Durchführung und Aus-wertung:

1. Das Forschungsinteresse und -vorgehen sollte grundsätzlich auf die psy-chotherapeutischen Erfordernisse abgestimmt, notfalls ihnen untergeordnet werden.

2. Von den teilnehmenden Beobachter wurde eine besondere kommunikative Kompetenz, eine respektvolle Haltung und eine große Sensibilität gegen-über den Betroffenen erwartet. Daher wurde eine eigene psychotherapeu-tische Erfahrung und die Bereitschaft zur Supervision vorausgesetzt.

3. Der Untersuchungsablauf sollte gewährleisten, daß ein Vertrauensver-hältnis zwischen allen Beteiligten aufgebaut und im weiteren vertieft wer-den konnte. Dies war auch von Vorteil für die Untersuchung selbst, denn - ähnlich wie in der therapeutischen Beziehung - hängt die Qualität und "Echtheit" der subjektiven Erlebnisberichte direkt mit dem Vertrauensver-hältnis zwischen Forschern und Beforschten zusammen.

4. Die Teilnehmer der Untersuchung sollten als Menschen mit eigener Ur-teilsfähigkeit und Glaubwürdigkeit angesprochen werden. Sie sollten den Forschungsprozeß mitbestimmen und -gestalten, eventuelle Bedenken oder auch Kritik an den Untersuchungsleitern äußern können. Eine Vorausset-zung dafür war, daß das methodische Vorgehen für sie durchschaubar und gegebenenfalls kontrollierbar blieb. Sie hatten jederzeit das Recht, die Be-obachtungen zu unterbrechen, Einblick in die sie betreffenden Daten zu haben usw. Über die übliche Anonymisierung hinaus sollten alle sie betref-fenden Aussagen und Daten vor ihrer Auswertung und Veröffentlichung kommunikativ validiert werden.

5. Ein Bestreben war auch, daß die Beteiligten einen praktischen Nutzen aus ihrer Teilnahme an der Untersuchung ziehen konnten. So konnten die Vi-

deo-Aufnahmen von Therapeut und/oder Klient als Rückmeldung/Verstärkung eingesetzt werden, z.B. wenn der Klient ein neues Verhalten ausprobiert hatte, oder einfach noch einmal als Erinnerung/Vertiefung zu Hause angeschaut werden. Dem Therapeuten wurde die Arbeit dadurch erleichtert, daß für ihn eine ausführliche Biografie und Anamnese des Klienten erstellt wurde und durch die Untersuchung eine ausführliche Prozeß- und Erfolgskontrolle stattfand. Der Klient konnte durch die wissenschaftliche Begleitung eine intensivere Therapie und damit eine schnellere Linderung seiner Probleme erwarten.

2.2. Überblick über Untersuchungsablauf und erfaßte Daten

Nach meiner Erfahrung geschehen existentielle Momente am wahrscheinlichsten und intensivsten, wenn bereits ein tieferes Vertrauensverhältnis zwischen Therapeut und Klient besteht. Gegen die Überlegung, Therapiestunden aus einer schon länger laufenden Therapie mit meinen Methoden zu untersuchen, sprachen jedoch erhebliche ethische und auch methodische Bedenken. Alle von mir angesprochenen Kollegen äußerten die Befürchtung, daß die umfangreiche Untersuchungsprozedur die bestehende therapeutische Beziehung und begonnene Therapieprozesse erheblich stören und bereits zu verzeichnende Erfolge gefährden könnte. Ein entsprechender Versuch (Fall 4, s. unten) mußte auch prompt abgebrochen werden.

Für eine Beobachtung von Beginn an sprach also die Überlegung, daß sich die Beteiligten eher auf die Untersuchungsprozedur einlassen konnten. Ein zweiter wichtiger Grund war, den Entwicklungsprozeß der "Persönlichen Gleichung zwischen Therapeut und Klient" möglichst von Beginn an verfolgen und damit besser verstehen zu können. Schließlich legen auch die Ergebnisse der empirisch-quantitativen Prozeßforschung diese Vorgehensweise nahe: nach Schindler (1991, 59) etabliert sich bereits in den ersten Therapiestunden ein spezifischer Interaktionsstil zwischen Therapeut und Klient, der im Verlaufe der Therapie im wesentlichen beibehalten wird.

Zusammengefaßt entschied ich daher, 3 Langzeit-Psychotherapien (im folgenden **Fall 1 bis 3** genannt) von Anfang an bis zur ca. 20. Stunde zu untersuchen. Diese zahlenmäßige Begrenzung geschah einerseits aufgrund ethischer Überlegungen (Belastbarkeit der Teilnehmer), aber auch aus ökonomischen Gründen. Nach meiner Erfahrung bestand eine genügend große Wahrscheinlichkeit, daß auch in dieser Therapie-Anfangsphase existentielle Momente auftreten würden. Im übrigen hoffte ich, aussagekräftigere Ergebnisse aus drei verschiedenen Therapien erzielen zu können, statt z.B. eine Therapie über 60 Stunden zu beobachten. Zusätzlich sollten einige Stunden aus anderen Therapien aufgezeichnet werden, die sich in einer mittleren bzw. Endphase befanden (**Fall 4 und 5**).

Zunächst wurden von Fall 1 insgesamt 21 Sitzungen aufgenommen. Aufgrund der dabei gemachten Erfahrungen wurde die methodische Vorgehensweise leicht verbessert, mit der anschließend von Fall 2 insgesamt 23 Sitzungen erfaßt wurden. Im Fall 3 wurde die Beobachtung bereits nach 10 Sitzungen beendet. Nach weiteren 10 Sitzungen ohne Beobachtung wurde die Therapie schließlich als erfolglos abgebrochen.

Vor Beginn dieser Aufzeichnungen wurden jeweils 2 bzw. 3 (nicht-beobachtete) probatorische Sitzungen allein mit dem Therapeuten durchgeführt. Danach fand ein gemeinsames Gespräch mit persönlicher Vorstellung der Untersuchungsleiter und ihrer Untersuchungsziele statt. Anschließend wurde eine (Probe)Sitzung zum Kennenlernen der Beobachtungs- und Interview-Bedingungen durchgeführt, nach der sich die Teilnehmer endgültig entscheiden konnten. Die Interviews zur Biografie und zum Therapiebeginn fanden an Extraterminen parallel zu den ersten Videostunden statt. In den Fällen 1 und 2 wurden unmittelbar nach dem Beobachtungszeitraum sowie nach ca. 1 Jahr und nach 2 Jahren Nachinterviews durchgeführt. Im Fall 3 fand nur ein Nachinterview mit Therapeut und Klientin 7 Monate nach Therapieabbruch statt.

In Fall 4 begann die Beobachtung mit der 76. Sitzung, sie wurde jedoch nach 5 Sitzungen abgebrochen. Schließlich standen mir noch zwei Videoaufnahmen der letzten beiden Sitzungen einer Therapie (Fall 5) zur Verfügung, zu denen Therapeut und Klient jeweils einen Fragebogen ausgefüllt hatten.

Die Fälle 1 und 2, also insgesamt 44 Stunden, werden in dieser Arbeit ausführlich dokumentiert und systematisch ausgewertet. Von den Fällen 3 bis 5 gehen jeweils nur die für meine Fragen wichtigen Aspekte und Erfahrungen in die Auswertung ein.

2.3. Die Beteiligten an der Untersuchung

Die Suche nach Untersuchungsteilnehmern

Die Suche nach Klienten und Therapeuten für die Teilnahme an meiner Untersuchung und schließlich deren Auswahl war ein mühevoller und langer Prozeß. Fast alle angesprochenen Kollegen und Kolleginnen fanden meinen Ansatz spannend und untersuchenswert, einige waren der Meinung, daß sich existentielle Momente gar nicht untersuchen ließen. Die meisten wollten den erwarteten Zeitaufwand nicht in Kauf nehmen, vor allem, wenn er real einen Verdienstausfall bedeutete. Trotz intensiver Bemühungen gelang es nicht, ein ausgewogenes Geschlechts-Verhältnis bei den beobachteten Teilnehmern herzustellen. Aus vielen Gesprächen gewann ich den Eindruck, daß vor allem die Kolleginnen eine Störung der vertrauensvollen Atmosphere erwarteten, weniger Interesse an wissenschaftlicher Mitarbeit zeigten, aber auch offener ihre Angst vor einer "Prüfungssituation" ansprachen. Aber auch längst nicht alle Klienten, die ich gefragt habe, wollten sich beobachten lassen bzw. sollten nach meinem Eindruck nicht mit Video aufgenommen werden (z.B. solche mit paranoiden Symptomen).

Die teilnehmenden Beobachter konnte ich dadurch gewinnen, daß ihre Teilnahme als Berufspraktikum im Rahmen ihres Psychologie-Studiums anerkannt wurde. Geeignete Fachbeobachter zur Betrachtung der Videoaufnahmen waren schnell zu finden: zu groß ist die Neugierde, Kollegen bei der Arbeit zuzuschauen.

Die Teilnehmer in Fall 1 [1]

Der **Therapeut** in Fall 1 war ich selbst, 39 Jahre alt, während des Studiums Ausbildung in Verhaltenstherapie, danach 4-jährige Ausbildung in Gestalttherapie. Ich arbeitete seit 9 Jahren als Psychotherapeut zunächst in der Drogenarbeit, schließlich in einer studentischen Beratungsstelle. Zunächst war es mir wichtig, meine Untersuchungsfragen und die gesamte Untersuchungsprozedur "am eigenen Leibe" zu erfahren. Diese Eigenerfahrung war eine der intensivsten Supervisionserfahrungen meiner therapeutischen Praxis. Sie half mir aber auch bei dem weiteren Untersuchungsablauf, nicht den Blick für die Praxis und die Betroffenen zu verlieren, letztlich also meine wissenschaftlichen Fragen und Vorgehensweisen der beobachteten "alltäglichen" Psychotherapiepraxis anzupassen und nicht umgekehrt.

---

[1] Alle Daten zu Alter, Ausbildungsjahren usw. beziehen sich auf den Zeitpunkt des Untersuchungsbeginns.

Tatsächlich beeinflußte meine Funktion als Untersuchungsleiter mein (beobachtetes) psychotherapeutisches Handeln lediglich in den ersten beiden Stunden, wie in der Dokumentation deutlich werden wird. Darüberhinaus gehende Untersuchungseffekte entsprachen nach meinem Erleben solchen, denen auch die anderen beobachteten Kollegen unterlagen. Eine solche Doppelfunktion als Untersuchungsleiter und beobachteter Therapeut ist im übrigen in der Psychotherapieforschung nicht ungewöhnlich, ich erinnere an die vielen analytischen Fallstudien, aber auch neuere Untersuchungen wie die von Elliot & Shapiro (1988). Zur Kontrolle des Versuchsleiter-Effektes wurden zusätzlich zu den teilnehmenden Beobachtern KollegInnen verschiedener therapeutischer Schulen eingesetzt, die sich die Videobänder anschauten und einen Fragebogen ausfüllten.

Der **Klient** in Fall 1 war ein 21jähriger Student der Physik, der seit ca. 5 Jahren an massivem Waschzwang und Zwangsgedanken sowie allgemein an Kontaktschwierigkeiten litt. Seit 2 Jahren befand er sich in fortlaufender psychiatrischer Behandlung (ein Kontakt alle 2 Monate). Außerdem hatte er eine 30-stündige Verhaltenstherapie abgeschlossen, wobei jedoch keine Veränderung in der Symptomatik zu beobachten war. Seine Teilnahme an der Untersuchung begründete er so: "Ich finde es ganz toll, daß man sich so für mich interessiert, auch weil das der Forschung dient" (aus dem Interview zu Therapiebeginn).

Die beiden **teilnehmenden Beobachter** waren: B1, 30 Jahre, Student der Psychologie, im 3. Jahr Ausbildung in Gestalttherapie, er interviewte den Klienten; B2, 32 Jahre, Student der Psychologie, im 3. Jahr Ausbildung in Körpertherapie, er interviewte den Therapeuten. Beide nutzten ihre Erfahrungen zur Erstellung ihrer Diplomarbeit (Roth & Sinderhauf, 1991).

Die **FachbeobachterInnen** schauten sich, zufällig verteilt, die Videobänder von jeweils 2-3 Stunden an. Es waren insgesamt 7 KollegInnen mit mindestens achtjähriger Therapiepraxis in verschiedenen Therapierichtungen (ein Psychoanalytiker, eine Individualpsychologin, zwei Verhaltenstherapeuten, zwei Gestalttherapeutinnen, ein Familientherapeut).

Die Teilnehmer in Fall 2

Der **Therapeut** in Fall 2 war ein 43 Jahre alter Universitäts-Dozent, Ausbildung in Gesprächspsychotherapie während des Studiums, danach 4-jährige Ausbildung in Gestalttherapie, 3 Jahre psychotherapeutische Erfahrung in freier Praxis. Die wichtigste Voraussetzung für seine Teilnahme war seine persönliche Bekanntschaft mit dem Untersuchungsleiter: "Du erfährst ja auch ziemlich viel von mir ... Bei einem fremden Beobachter würde ich mich auf eine professionelle Sprache beschränken. Da könnte ich gar nicht anders reden." Des weiteren schätzte er sich als Therapeut "noch in einer Lernphase" ein und sah in seiner Teilnahme "eine hervorragende Möglichkeit zur Supervision" (aus dem Interview zu Therapiebeginn). Er wollte "nicht nur ausgefragt werden, sondern wünschte sich auch Rückmeldungen bzw. Austausch", besonders dann, "wenn er sich einer Intervention nicht sicher war, wenn er den Überblick verloren hat oder es eine Chaosstunde" war (aus dem Forschertagebuch).

Der **Klient** in Fall 2 war ein 26 Jahre alter Noch-Jura-Student, der zunächst extreme Studienprobleme und schwere Auseinandersetzungen mit dem Elternhaus angab. Im Laufe der ersten Therapiestunden stellte sich dann heraus, daß er unter zwanghaftem Onanieren und starken Kontaktängsten besonders gegenüber Frauen litt sowie insgesamt extreme Schwierigkeiten in der Organisation des alltäglichen Lebens hatte (so kam er auch meist zu spät zur Therapiestunde). Die (vorläufige) psychiatrische Diagnose war "narzißtische Persönlichkeitsstörung mit begleitender Zwangsproblematik".

Vor Beginn der beobachteten Therapie hatte der Klient 8 Stunden Verhaltenstherapie und 95 Stunden tiefenpsychologisch fundierte Psychotherapie (Psychoanalyse) in Anspruch genommen, ohne daß sich die Symptomatik geändert hatte. Seit 2 Jahren nahm er relativ regelmäßig an einem wöchentlichen Gesprächskreis in einer Kirchengemeinde teil. Die Bereitschaft zur Teilnahme an der Untersuchung ergab sich vor allem durch seinen großen Leidensdruck, er sah darin "ein gutes Mittel, um die Therapie zu intensivieren" (aus dem Interview zu Therapiebeginn). Im Nachinterview nach der ersten Stunde appellierte er auch an die Beobachter: "Ich kann das nicht mehr aushalten ... Ihr müßt mir unbedingt helfen!"

Teilnehmende Beobachter waren der Untersuchungsleiter (als Interviewer des Therapeuten) sowie B2, eine 25-jährige Psychologie-Studentin (als Interviewerin des Klienten), im 2. Jahr Ausbildung in Gesprächspsychotherapie.

Die Teilnehmer in Fall 3

Der **Therapeut** in Fall 3 war ein 40jähriger Psychologe, in einer studentischen Beratungsstelle und in freier Praxis tätig, 15jährige psychotherapeutische Erfahrung, ausgebildet in klassischer Verhaltenstherapie, RET und Hypnose. Wichtig für seine Teilnahme war, daß er den Untersuchungsleiter "sympathisch" fand und das Gefühl hatte, "der geht da wirklich sorgfältig mit um". Er erwartete auch eine gute Möglichkeit der Supervision, um sich "als Therapeut besser kennenzulernen und besser zu verstehen". Er sah es schließlich auch als Zeichen gestärkten Selbstvertrauens, "früher, da hätte ich nie so was gemacht, mir da in die Karten gucken lassen" (aus dem Interview zu Therapiebeginn).

Die **Klientin** in Fall 3 war eine 27jährige Fremdsprachen-Korrespondentin, jetzt Lehramts-Studentin. Sie litt unter längeren depressiven Episoden, Leistungs- und sozialen Ängsten sowie begleitenden psychosomatischen Symptomen (Atemnot, Darmkomplikationen). Die Klientin begründete ihre Bereitschaft zur Teilnahme damit, "daß ich mich da sehen kann auf dem Video und diesen ganzen Service" (gemeint sind die Stundenprotokolle). Außerdem meinte sie: "Ich glaub, ich hab nicht viel Lust mit dem Therapeuten allein zu sein" (aus dem Interview zu Therapiebeginn). Solche Hinweise einer frühen spontanen Ablehnung des Therapeuten verstärkten sich bald, so daß zunächst die Untersuchung, später die Therapie abgebrochen wurde.

Teilnehmende Beobachter waren der Untersuchungsleiter (als Interviewer des Therapeuten) und eine 30jährige Psychologie-Studentin (als Interviewerin der Klientin), im 2. Jahr Ausbildung in Verhaltenstherapie.

Die Teilnehmer in den Fällen 4 und 5

Die **Therapeutin in Fall 4** war eine 60jährige Gestaltpsychotherapeutin in freier Praxis mit 15jähriger Berufserfahrung. Der **Klient in Fall 4** war ein 33jähriger Psychologe mit depressiver Symptomatik. Die Beobachtungen wurden abgebrochen, weil die Beobachtungssituation den bis dahin gewohnten und auch erfolgreichen Therapieprozeß massiv störte. So wurde die Kamera einmal auf Wunsch des Klienten abgeschaltet, dies war das einzige Mal in der gesamten Untersuchung. Die Therapeutin empfand sich "weniger spontan und weniger natürlich", ihr wurde auch der zusätzliche Zeitaufwand zu viel (aus dem Nachgespräch zur letzten beobachteten Stunde).

Der **Therapeut in Fall 5** war ein 38jähriger Gestalttherapeut in einer psychosozialen Beratungsstelle mit 9 Jahren Berufserfahrung. Der **Klient in Fall 5** war ein 28jähriger Krankenpfleger mit depressiver Symptomatik, Problemen in Ehe und am Arbeitsplatz. Für die Untersuchung wurden Videoaufnahmen von den letzten beiden von insgesamt 80 Therapiestunden gemacht.

2.3.5. Sonstige Teilnehmer

Zur **Vorbereitung** dieser Untersuchung halfen mir verschiedene KlienInnen bei der Lösung technischer Fragen und bei der Entwicklung der Methoden. Wichtige Anregungen für die **Auswertung** erhielt ich durch zwei Supervisionsteams mit je 5 erfahrenen KollegInnen verschiedener Therapieschulen sowie therapeutische Laien aus meinem Bekanntenkreis, denen ich Video-Zusammenschnitte aus verschiedensten Therapiesequenzen zeigte.

2.4. Die Methode des "Video-induzierten nachträglichen Erlebens" (VINE)

Die Vorgeschichte

Die Grundidee, Videoaufnahmen mit anschließenden Interviews zu kombinieren, entstand bei meiner psychotherapeutischen Tätigkeit und ihrer Supervision. Systematischer begann ich dann im Laufe einer einjährigen Vorbereitungsphase mit kleineren Vorversuchen bei von mir durchgeführten Therapien. Dabei sammelte ich erste Erfahrungen in der Wirkung der Videoaufnahme und -rückmeldung auf mich und die Klienten, die mögliche zeitliche und psychische Belastung durch die anschließenden Interviews etc. Die insgesamt positiven Effekte auch für den Therapieverlauf stimmten mich euphorisch. So war ich schon ein wenig enttäuscht, als ich entdeckte, daß schon andere mit einer ähnlichen Methode gearbeitet und geforscht hatten (ähnliches berichtet Elliot von sich, 1986).

Die ersten waren wohl Kagan, Krathwohl und Miller (1963), die eine Therapiestunde aufnahmen und anschließend mit Unterstützung der Aufnahme den Klienten über seine Gedanken und Gefühle berichten ließen. Schließlich wurde die Methode in verschiedenen Variationen und unter verschiedenen Namen in der Psychotherapieforschung angewandt[1], z.B.:

- als "Nachträgliches Lautes Denken" (Kommer & Bastine, 1982) oder "Selbstkonfrontations-Interviews" (Thomen et al., 1988; Breuer & Heeg, 1987), um Problemlöseprozesse beim Therapeuten nachzuvollziehen und handlungs- oder kognitionstheoretische Modelle zu entwickeln bzw. zu überprüfen;

- als "Interpersonal Process Recall" (Elliot, 1986) bzw. "Brief Structured Recall" (Elliot & Shapiro, 1988) zur Bestimmung veränderungsrelevanter bzw. "hilfreicher" Aspekte durch Therapeuten oder Klienten.

Zu Beginn wurden noch weitgehend offene Interviews durchgeführt. Später ging die Tendenz dahin, die Befragung stärker zu strukturieren und psychometrische Maße zu verwenden (vgl. Elliot, 1988).

Allerdings wurden diese Verfahren bis jetzt selten angewandt. Sie lieferten kaum quantifizierbare Daten und entsprachen nicht den vorherrschenden Gültigkeitskriterien empirisch-quantitativer Forschung. Mit der Renaissance von "qualitativer" Forschung auch in der Psychotherapieforschung ist jedoch eine häufigere Verwendung solcher Vorgehensweisen zu erwarten. Nach Elliot (1986) lassen sich durch solche Verfahren die jeweiligen Vorteile von phäno-

---

[1] mehr zu der Geschichte dieser Methode s. Elliot, 1986, und Mittenecker, 1987.

menologischer Forschung einerseits und quantitativer Forschung andererseits kombinieren: es werden sowohl die (nicht-beobachtbaren) subjektiven Erlebnisweisen wie auch die objektiven (beobachtbaren) Prozeßdaten erfaßt In einigen Fällen sind sie sogar "der einzige Weg, um sonst unzugängliche Informationen darüber zu erhalten, wie Klienten und Therapeuten bestimmte therapeutische Ereignisse wahrnehmen und erleben." (Elliot, 1986, 518, Hervorhebung im Original).

Besonderheiten der VINE-Methode

Zu den o.a. Verfahren unterscheidet sich meine Methode in folgenden wichtigen Aspekten, weshalb ich ihr auch einen eigenen Namen gab:

1. Das methodische Vorgehen wurde kontinuierlich und in gleicher Form auf **Therapeut und Klient** angewandt. Einige der angesprochenen Autoren (Bastine & Kommer, Breuer & Heeg, Fiedler) haben diesen Weg vorgeschlagen, m.W. bisher aber nicht realisiert. Des weiteren ließ ich konsequent die Beteiligten selbst die für sie jeweis wichtigen Momente bestimmen.

2. Mir kam es darauf an, das **ganzheitliche Erleben** zu erfassen. Hierzu sollten sich die Teilnehmer, angeleitet durch die Videoaufnahmen, in die zuvor erlebten Situation(en) hineinversetzen und über ihr "inneres" Geschehen in seinen kognitiven, emotionalen und handlungsvorbereitenden Aspekten berichten. In den anderen Untersuchungen wurde die Fragestellung entweder auf kognitive (Problemlöse)Prozesse des Therapeuten oder veränderungsrelevante Prozesse beim Klienten begrenzt.

3. Die Fragen in den Nachinterviews wurden so offen wie möglich formuliert, d.h. die Befragten bestimmten selbst, was für sie wichtig war und warum. Fragen an den Therapeuten wie "was war am wichtigsten für eine Veränderung im Klienten?" (Bastine & Kommer) bzw. an den Klienten "welchen Moment empfanden Sie für sich am hilfreichsten?" (Elliot), schränken die Möglichkeit ein, selbst die Kriterien für subjektive Bedeutung zu bestimmen und hier besonders ihre **Beziehungserfahrung** zu beschreiben.[1]

4. Die Videoaufnahmen wurden von **teilnehmenden Beobachtern** durchgeführt. Dies geschieht aus den o.a. ethischen Überlegungen, hat aber auch praktische Vorteile (dazu später). Im Gegensatz zu einer Beobachtung

---

[1] So berichtet z.B. Wiseman (1992, 69) von Verständnisproblemen und eingeschränkter Spontaneität des Klienten in der Beantwortung von Elliots strukturierten Frageböger.

hinter Einwegscheiben o.ä. wird der Beobachtungseffekt für die Beteiligten offen-sichtlich und kontrollierbar gemacht.

5. Die Methode wurde kontinuierlich über einen längeren Zeitraum als in den anderen Untersuchungen angewandt.

(Einschränkende) Vorannahmen der VINE-Methode

Die Aussagekraft und Gültigkeit der mit meiner Methode ermittelten Daten hängt von bestimmten Vorannahmen ab bzw. wird in den einzelnen Stadien des Untersuchungsprozesses auf verschiedene Weise gefährdet. Ich möchte auf diese Aspekte kurz eingehen, wobei ich hier die möglichen Einschränkungen denen der üblichen Befragungsmethoden (standardisierte Tests bzw. hochstrukturierte Interviews) gegenüberstelle [1]:

Die Befragten waren sich zu dem Zeitpunkt, der im folgenden untersucht wird, bewußt, was sie gerade erlebten oder wahrnahmen.

Diese Einschränkung gilt für alle Methoden der Befragung zu psychischen Prozessen. D.h. auch die VINE-Methode kann nur die Prozesse erfassen, die dem denkenden Bewußtsein der Befragten zu den Zeitpunkten des aktuellen Erlebens und der Nachbefragung zugänglich sind. Damit sind die meisten begleitenden physiologischen, mimischen, paralinguistischen u.ä. Aspekte ausgeschlossen wie auch all jene wichtigen Erfahrungen, die "sinnlich" bewußt, aber erst sehr viel später in das denkende Bewußtsein dringen. Hierzu gehören z.B. subjektiv bedeutsame Körpererfahrungen oder Situationen mit Spätzünder-Effekt. Die Unbewußtheit kann aber auch im Sinne einer Vermeidung Teil der Problematik des Klienten sein, z.B. wenn eine heftige emotionale Reaktion befürchtet wird.

Im Unterschied zu sonstigen Arten der Befragung habe ich durch die Anwendung meiner Methode jedoch eine wichtige Erfahrung gemacht, die auch schon Elliot erwähnt: "... nach meiner Erfahrung sind sich Klienten ihrer subtilen Widerstände und momentanen psychischen Zustände viel bewußter als Therapeuten oder Beobachter annehmen" (Elliot, 1986, 519). Bei den Therapeuten kann aufgrund ihrer Ausbildung und Praxiserfahrung eher angenommen werden, daß sie sich ihrer inneren Prozesse relativ bewußt sind.

Die Befragten haben das Sprachvermögen, um ihre Erlebensweisen zu beschreiben.

Zunächst besteht grundsätzlich ein Problem darin, "ganzheitliche Erlebensweisen" per Sprache abzubilden, wobei die Abbildung bzw. Be-

---

[1] vgl. auch Elliot, 1986, 518ff.; Breuer & Heeg, 1988, 97f.

schreibung nie vollständig sein kann. Hinzu kommt, daß die Befragten nicht einfach nur vorgegebene Fragen oder Skalen wie bei Testaufgaben ankreuzen, sondern sie müssen ihr Erleben selbst verbalisieren können. Genau dies kann besonders für die Klienten ein Problem sein, wenn (wie auch in dieser Untersuchung im Fall 1) schon ihre gesamten körperlichen und emotionalen Erlebensweisen stark eingeengt sind. Allerdings ist durch die offene Gesprächsführung und Unterstützung des Interviewers auch eher gewährleistet, daß die Befragten die Fragen auch wirklich verstehen und in ihrer Sprache so gut wie möglich beantworten.

Die Befragten können sich nachträglich genau erinnern, was sie vorher erlebt haben.

Bei einer nachträglichen Erinnerung können immer Erinnerungslücken durch unvollständige Abspeicherung im Langzeitgedächtnis sowie Fehler in der Rekodierung nonverbaler Informationen auftreten. Deshalb sollte die Befragung so früh wie möglich durchgeführt werden. Im Vergleich zu anderen Befragungsformen erlaubt die VINE-Methode jedoch eine schnellere und genauere Erinnerung z.B. dadurch, daß die Videobilder gestoppt oder auch zurückgespult werden können (vgl. Elliot, 1986, 504). Außerdem kann man zumindest bei Therapeuten eine gute Wiedergabe annehmen, da Introspektion und Selbstreflektion einen Großteil ihrer Ausbildung und ihres therapeutischen Handelns ausmachen.

Die Befragten können ihre Erlebensweisen zu den verschiedenen Zeitpunkten (untersuchte Sequenz vs. übriges Geschehen und untersuchte Sequenz vs. Nachbefragung) unterscheiden.

Die Aussagen über die Erlebensweisen zum untersuchten Zeitpunkt sind, und dies ist unvermeidlich, von den nachfolgenden Ereignissen, Stimmungen und dem Befragungs-Setting geprägt. Dadurch fließen nachträgliche Bewertungen, Rechtfertigungen o.ä. in die Beschreibungen ein. Breuer & Heeg (1987, 97f.) unterscheiden daher konsequenterweise die Gesprächsanalyse des Videotextes (Handlung 1) von der seiner Kommentierung im Interview (Handlung 2). Dieses Problem wird bei allen üblichen Befragungsmethoden mehr oder weniger übergangen. Allerdings kann mit der VINE-Methode die Unterscheidung zwischen "vorhin-und-dort" und "hier-und-jetzt" deutlicher getroffen werden als mit den üblichen Methoden. Des weiteren können die Interviewer mit ihren Erfahrungen aus ihrer teilnehmenden Beobachtung z.B. extreme Stimmungsunterschiede berücksichtigen, Abweichungen, Rechtfertigungen etc. als solche offensichtlich machen und eher auf die Konzentration auf den zu untersuchenden Zeitpunkt (re)fokussieren.

Die Befragten sind bereit, dem Interviewer gegenüber offenzulegen, was sie erlebt haben.

Die bei sonstigen Befragungsmethoden üblicherweise vorherrschende Distanz zwischen Forschern und Versuchspersonen und die Entfremdung zu Entstehung, Ziel und Inhalt ihrer Instrumente sowie der Datenauswertung mag für die Befragten einen gewissen "Schutz in der Anonymität" bedeuten. Nach meiner Erfahrung erzählen Menschen jedoch mehr über ihre persönlichen Erlebensweisen (und ihre Ehrlichkeit ist überprüfbar), wenn sie die Gesprächssituation mitbestimmen können und eine gute Vertrauensbeziehung zum Interviewer besteht.

Die Befragten halten sich in ihren Aussagen an das, was sie erinnern, und ergänzen oder ersetzen sie nicht durch phantasierte Erlebnisse.

Nach Elliot (1986) besteht die größte Gefahr darin, daß unvollständige, schwer beschreibbare oder besonders angenehme wie auch unangenehme Erinnerungen durch phantasierte Gedanken bzw. Gefühle ergänzt oder ganz ersetzt werden. Im Hintergrund wirken hier zum einen die Tendenz, Aussagen nach "sozialer Erwünschtheit" zu machen, zum anderen unbewußte Wünsche nach "narzißtischer Bestätigung" bzw. "neurotischer Verdrängung". Solche "Verfremdungen" finden jedoch auch bei der Verwendung quantitativer Methoden statt. Durch geübte Interviewer und dem Wissen aus der teilnehmenden Beobachtung kann ihnen jedoch besser begegnet werden.

Die Aussagen der Befragten werden so erfaßt und verarbeitet, daß sie das wiedergeben, was die Befragten erlebt haben.

In der schrittweisen Reduktion der Informationsmenge, vom realen Therapiegeschehen über dessen Videoaufnahme, von deren sprachlichen Kommentierung und deren schriftliche Wiedergabe, gehen viele wichtige Informationen (wie Atmosphäre, Stimmungen, paralinguistische Aspekte wie Pausen, Betonungen usw.) verloren. Deshalb muß der Interviewte die Möglichkeit haben, zu überprüfen, ob in der Auswertung das steht, was er gesagt und vor allem gemeint hat ("kommunikative Validierung"). Dabei können die VINE-Daten im Gegensatz zu denen der üblichen (standardisierten und durchstrukturierten) Verfahrensweisen von den Befragten eher nachvollzogen, kontrolliert und gegebenenfalls auch korrigiert werden.

Die Befragten werden nicht so weit durch die Untersuchung beeinflußt, daß sie sich in einer Therapie ohne Beobachtung anders verhalten würden.

Dieser Anspruch der empirisch-quantitativen Methodik erweist sich als Illusion, zumindest, wenn neuerdings die Stunden per Video aufgenommen und jeweils danach einige Fragebögen ausgefüllt werden sollen (vgl. Grawe, 1992). Ich gehe davon aus, **daß** die Untersuchung den Prozeß beeinflußt, es aber auf das **wie** ankommt. Dabei sollten die Methoden für die Betroffenen möglichst **nützlich** sein, ohne daß allerdings ein völlig anderer Therapieprozeß entsteht. Ich werde später detailliert auf solche "Untersuchungseffekte" eingehen.

Trotz all der hier aufgeführten Einschränkungen halte ich die VINE-Methode für das bisher geeignetste Verfahren, um **existentielle Momente in der Psychotherapie** zu erforschen.

2.5. Meine Vorgehensweise und Methoden im einzelnen

Die Untersuchungsprozedur

Die Videoaufnahme durch teilnehmende Beobachter erscheint mir als die beste Methode einer realitätsnahen Dokumentation psychotherapeutischer Prozesse. Neben den Bild- und Tondaten können auch so schwer faßbare Prozeßmerkmale wie Atmosphere, Stimmung, Spannung, wie sie bei existentiellen Momenten zu erwarten sind, erfaßt werden. Andererseits stellen die Anwesenheit von Kamera und dazu von Beobachtern zweifellos eine große Störung in der intimen zwischenmenschlichen Interaktion dar. In dem Spannungsfeld zwischen forschungspraktischen und psychotherapeutischen Interessen einigten sich alle Beteiligten auf folgende Untersuchungsprozedur:

Therapeut, Klient und teilnehmende Beobachter befanden sich zusammen in einem 40qm großen Raum. Die Kamera war ca. 5 Meter von den Therapiestühlen entfernt. Die räumliche Enge erlaubte auch nur eine Kamera, die im wesentlichen auf die Totale, mit dem Therapeuten-Klienten-Paar im Blickfeld, festgelegt war. Natürlich traten immer wieder solche unvermeidbaren Störungen wie Kamerageräusche, Bewegungen der Beobachter usw. auf. Im Vergleich zu einer Beobachtung hinter Einwegscheiben o.ä. war der "Beobachtungs-Effekt" damit unmittelbarer, spürbarer, aber auch offen-sichtlich. Dadurch hatten die Beobachteten das Gefühl und auch die Möglichkeit, die Beobachtungssituation jederzeit beeinflussen, im Extremfall sofort und ohne große Umschweife unterbrechen zu können. Die wichtigste Vorbedingung war natürlich eine tragfähige Vertrauensbeziehung zu den Beobachtern.

Die Interviews wurden unmittelbar nach der Therapiestunde von den teilnehmenden Beobachtern durchgeführt, wobei Therapeut und Klient in der Regel von jeweils derselben (Bezugs-)Person interviewt wurden. Da die Nachbefragung im Therapieraum stattfand und nur ein Vorspielgerät zur Verfügung stand, wurde meist zuerst der Klient, dann der Therapeut befragt. Die Konzentrationsfähigkeit der Beteiligten ließ nur eine bis max. 45 Minuten dauernde Befragung zu. Ebenso waren die Anzahl der vorgespielten Videosequenzen auf max. drei und die max. Vorspieldauer auf 20 Minuten begrenzt. Weitere Gründe für diese Einschränkungen waren u.a., daß bei einem größeren Zeitwand Inhalte, Intensität, Wirkungen der Therapiestunde überlagert worden wären; daß er noch mehr "unbezahlte" Arbeit für den Therapeuten bedeutet hätte u.ä.

Zu Beginn der Nachbefragung wurden die Teilnehmer gebeten, die für sie "subjektiv bedeutsamen Momente" aus der gerade beendeten Therapiestunde zu bestimmen (dazu später mehr). Daraufhin wurden jeweils Beginn und Ende der benannten Sequenzen herausgesucht und markiert. Dieser Vorgang erforderte in den ersten Befragungen einige Übung durch die zu Interviewenden, spielte sich dann jedoch ab ca. der 3. Stunde ein. Im folgenden wurden die Sequenzen in der Regel in Abschnitten von 30 bis 60 Sekunden Länge vorgespielt, wobei Interviewer oder Interviewte jederzeit das Band stoppen, weiterlaufen oder zurückspulen konnten. Während dieses Vorganges wurden die Teilnehmer gebeten, das aufgezeichnete Geschehen "nachzuerleben".

Die Aufgaben der teilnehmenden Beobachter

Die Untersuchungsprozedur stellte in mehrfacher Hinsicht hohe Anforderungen an die teilnehmenden Beobachter. Sie erlebten das Geschehen und die Atmosphäre hautnah mit und waren damit ein verläßlicheres Außenkriterium als etwa ein Betrachter eines Videobandes. Ihre Teilnahme hatte auch den praktischen Vorteil, daß auf etwaige Störungen im organisatorischen und technischen Prozedere sofort reagiert werden konnte. Des weiteren wurde die anschließende Interviewführung enorm erleichtert: anhand stichwortartiger Notizen mit Zeitangaben, die während der Beobachtung gemacht worden waren, konnten die angegebenen Sequenzen leichter gefunden werden.

Nach der Therapiestunde wechselten die Beobachter in die Rolle **als Interviewer**. Zunächst mußten sie ein Gefühl dafür haben, wie belastbar der Befragte war, und entsprechend das Gespräch gestalten. Nicht immer konnte die Befragung sofort begonnen werden, weil der Klient eine Ruhepause brauchte, oder sie mußte kurz gehalten werden. Während der Befragung sollten sie das Gespräch auf die Beantwortung der Fragen konzentrieren bzw. behutsam dorthin zurückführen, wenn die Befragten ausschweifend antworteten oder auswichen. So passierte es häufiger, daß die Therapeuten mehr über die Klienten erzählten als über sich selbst oder ihr Verhalten theoretisch erklärten statt ihr Erleben zu beschreiben. Der Klient in Fall 2 wiederum suchte häufiger noch ein "therapeutisches Nachgespräch", wollte noch loswerden, was er noch alles hatte sagen wollen usw. Gelegentlich tauchten durch die Befragung auch neue

Themen auf oder die Befragten nahmen sich und besonders das jeweilige Gegenüber anders wahr. Bei solchen Beiträgen, die im Prinzip Gegenstand der Psychotherapie waren oder werden konnten, sollten die Interviewer behutsam unterbrechen und den Befragten bitten, dies möglicherweise in die nächste Sitzung einzubringen.

Alle teilnehmenden Beobachter waren vorher durch schriftliches und Video-Material geschult worden, außerdem wurde eine intensive Auswertung der Probestunde durchgeführt. Unklarheiten, Störungen usw. wurden in regelmäßigen Supervisionstreffen geklärt. Ein Interviewer war für jeweils denselben beobachteten Teilnehmer über den ganzen Zeitraum und für alle Interviews zuständig, was den Aufbau einer Vertrauensbeziehung förderte.

Die Identifizierung "subjektiv bedeutsamer Momente"

Die Ausgangsfrage war: "Welche Situationen in der vergangenen Stunde fanden sie am wichtigsten oder bedeutsam?"

Die Eigenschaft existentieller Momente als "subjektiv bedeutsam" erschien mir für ein erstes sehr allgemeines Eingrenzungskriterium aus der Gesamtheit des Interaktionsgeschehens am geeignetsten. Er wurde umschrieben als "eine Situation in der Stunde, in der Sie besonders aufmerksam, innerlich beteiligt waren oder eine innere Erregung oder ein starkes Gefühl bemerkten". Es konnten bis zu drei Situationen benannt werden. Dabei ging ich davon aus, daß a) die Frage allgemein verständlich war; b) sie so "offen" war, daß die Beteiligten fast immer aus dem Ablauf einer Therapiestunde wenigstens eine wichtige Situation benennen konnten; c) sie neben kognitiven auch körperliche und emotionale Vorgänge ansprach, die zur Wahrnehmung einer Situation als "bedeutsam" gehören.

Durch diese operationale Definition wurden sicher nicht alle möglichen "subjektiv bedeutsamen Momente" erfaßt. Dies betrifft z.B. sehr kurze oder scheinbar zusammenhanglose Momente: so war für den Klienten in Fall 2 eine Bemerkung des Therapeuten zu seiner Brille bedeutsam, was er erst sehr viel später erwähnte. Umgekehrt wurden eventuell auch Momente im Glauben an "soziale Erwünschtheit" als "bedeutsam" bezeichnet oder einfach solche, die sich als einzige in der betreffenden Therapiestunde etwas aus einem gleichförmigen (meist auch langweiligen) Ablauf abhoben.

Die Fragen zum "nachträglichen Erleben"

Nach der Bestimmung und Eingrenzung der "subjektiv bedeutsamen Momente" wurden die entsprechenden Videoaufnahmen in kleinen Abschnitten vorgespielt. Während dieses Vorganges wurden die Befragten gebeten, sich möglichst genau zu erinnern und frei zu formulieren, nach der Frage:

- "Was haben sie in diesen Situationen
- gedacht
- gefühlt
- und machen wollen (Handlungsimpulse)"?

Da dies die zentrale Frage der Untersuchung war, war hier mit besonderer Sorgfalt und Einfühlung vorzugehen. Der Interviewer sollte keine inhaltlichen Vorgaben machen, aber den Interviewten bei der möglichst genauen Beschreibung unterstützen, nachhaken, evtl. auch eigene Wahrnehmungen mitteilen. Dabei hatte er aber auch darauf zu achten und gegebenfalls einzugreifen, wenn die Befragten z.b. in eine Kommentierung oder nachträgliche Interpretation des Gesehenen übergingen. Eine Konsequenz dieser intensiven Erinnerung war auch, daß die erlebten Gefühle und auch Widerstände wieder "hochkamen". Dies war durchaus beabsichtigt, dennoch sollte den Beteiligten das nichttherapeutische Setting bewußt sein oder gemacht werden.

Nach diesem Gespräch wurden die Befragten gebeten, sich so konkret wie möglich zu äußern a) zur Gesamtbedeutung der vorgespielten Situation (z.B. hinsichtlich möglicher Auswirkungen innerhalb und außerhalb der Therapie) und b) zu nachträglichen bzw. zusätzlichen Einfällen, Erinnerungen durch die Video-Vorführung.

Aufgrund der Erfahrungen mit den Nachbefragungen in Fall 1 wurde in Fall 2 und 3 der Fragenkatalog etwas erweitert. Statt des vorher unbestimmten Einstiegs wurde nun der **Klient** ausdrücklich, aber offen nach der momentanen Stimmung, dem Gesamteindruck von der Stunde und von der therapeutischen Beziehung gefragt. In der Nachbefragung des **Therapeuten** gab es (bei ansonsten gleicher Prozedur) zwei wesentliche Ergänzungen:

1. Er sollte zu jeder der von ihm benannten Sequenzen überlegen, welche Gedanken, Verhaltensweisen usw. des Klienten er auch von sich selbst kennen würde. Mit dieser Frage sollten eventuelle Übertragungs- bzw. Gegenübertragungstendenzen überprüft werden.

2. Da der Therapeut in Fall 1 auch der Untersuchungsleiter war, war vereinbart worden, daß er erst nach Ablauf der Videobeobachtung von den Inhalten der Nachbefragung des Klienten erfahren würde. Dadurch hatten die Interviewer, die sich austauschen konnten, mehr Informationen über den Prozeß als der Therapeut. Es entstand schließlich nach der 15. Stunde eine Art Loyalitätskonflikt zum Therapeuten und eine Atmosphäre von "Geheimniskrämerei", die die Arbeitsatmosphäre im Forschungsteam und auch die Nachbefragung des Therapeuten beeinflußte. Aufgrund dieser Erfahrung erfuhren die Therapeuten in Fall 2 und 3, wie im folgenden beschrieben, einige Tage nach jeder Sitzung von den Inhalten der Klienten-Nachbefragung.

Der Zwischenfragebogen

Bei den Fällen 2 und 3 wurden die Teilnehmer zusätzlich gebeten, schriftlich einen kurzen Fragebogen zum Zeitraum zwischen zwei Therapiestunden zu beantworten (**Zwischenfragebogen**). Darin standen offen formulierte Fragen nach Ereignissen im außertherapeutischen Kontext, die direkt oder indirekt mit dem Therapieverlauf zusammenhingen, z.B. eine Fallsupervision durch den Therapeuten oder ein neuer sozialer Kontakt des Klienten.

Zusammen mit der Zwischenbefragung wurde jedem Teilnehmer eine gekürzte **Mitschrift der Stunde und seines Nachinterviews** zugeschickt. Mit dieser - für den Untersuchungsleiter sehr aufwendigen - Mehrarbeit waren folgende Überlegungen verbunden:

- die Teilnehmer waren mehr am Forschungsprozeß beteiligt, sie konnten ihre Texte bestätigen, gegebenenfalls sofort korrigieren oder auch ganz streichen lassen, so war der endgültigen kommunikativen Validierung (nach Abschluß der Auswertung) eine direkte vorgeschaltet (nach der Datenerfassung);

- der Therapeut erhielt eine Abschrift des Nachinterviews vom Klienten nach dessen Zustimmung (allerdings nicht umgekehrt), dadurch entstand mehr Offenheit zwischen Beobachtern und dem Therapeuten, wobei diese zusätzliche Information ihn wiederum in seinem therapeutischen Bemühen unterstützte;

- die Teilnehmer hatten eine Erinnerungshilfe zur Beantwortung der Zwischenbefragung wie auch zur inneren Einstellung auf die nächste Stunde in der Hand.

Der Beobachterbogen

Die **teilnehmenden Beobachter** füllten unmittelbar nach Abschluß der Therapiestunde und vor Interviewbeginn einen **Beobachterbogen** aus. Hier beantworteten sie kurz dieselben zentralen Fragen, d.h. sie mußten die für sie wichtigen Momente bestimmen und ihr inneres Geschehen beschreiben. Nach Abschluß der Nachbefragung hielten sie noch etwaige besondere Ereignisse fest, schätzten die Stimmung der Beobachteten ein und beschrieben ihren Gesamteindruck von der Atmosphere.

Die **Fremdbeobachter**, d.h. die FachkollegInnen, die sich die Videobänder aus Fall 1 anschauten, sollten sich zunächst die Videostunde als ganzes anschauen. Danach markierten sie anhand eines mitgelieferten (gekürzten) Transskripts die nach ihrem Empfinden "wichtigen Momente" und beschrieben ihre dabei aufgetretenen Gedanken und Gefühle. Zum Schluß konnten sie auch ihre Gesamteindrücke, Fachkommentare o.ä. festhalten.

Die schriftliche Befragung in Fall 4 und 5

In den Fällen 4 und 5 hatten sich die Therapeuten und Klienten selbst aufgenommen. Im Anschluß an jede Therapiestunde beantworteten beide **schriftlich** die gleichen oben beschriebenen Fragen aus der Erinnerung.

Die Befragungen vor und nach dem Beobachtungszeitraum

Zu **Beginn der Untersuchung** wurden die **Klienten in Fall 1 bis 3** ausführlich schriftlich (Lebensfragebogen) und mündlich (halbstrukturiertes Interview) u.a. zur lebensgeschichtlichen Entwicklung, zu ihren Therapieerwartungen und ihren ersten Eindrücken vom Therapeuten befragt. Therapeut und Untersuchungsleiter erhielten je eine Abschrift dieser Befragungen. Die **Therapeuten in Fall 1 bis 3** wurden schriftlich und mündlich u.a. nach Ausbildung und Berufserfahrung und nach ihren ersten Eindrücken vom Klienten befragt. In Kenntnis der Biografie des Klienten sollten sie außerdem beschreiben, wo sie bei sich selbst ähnliche Lebenserfahrungen, Probleme und Verarbeitungsmuster sehen.

Kurz nach Abschluß der Beobachtungen sowie nach ca. einem Jahr wurden Therapeuten, Klienten und teilnehmende Beobachter **aus Fall 1 und 2** ausführlich zum beobachteten Therapieprozeß und dessen Fortsetzung ohne Beobachtung befragt. Im (abgebrochenen) **Fall 3** fand nur eine Nachbefragung nach ca. einem halben Jahr statt. In der ersten Nachbefragung in Fall 1, also kurz nach Beendigung der Untersuchungen, wurde leider nicht ausdrücklich nach den Erinnerungen und möglichen Konsequenzen "subjektiv bedeutsamer" Episoden gefragt. Dies wurde jedoch in den übrigen Nachbefragungen nachgeholt. In der abschließenden Auswertung der Nacherinnerungen ging ich dann davon aus, daß die Sequenzen, die von Therapeut und Klient aus Fall 1 nach einem Jahr detailliert erinnert wurden, auch kurz nach Beendigung der Beobachtungen erinnert worden wären.

Klient aus Fall 1 und Therapeut und Klient aus Fall 2 wurden noch einmal **nach ca. zwei Jahren** befragt, nicht jedoch der Therapeut aus Fall 1 (als Untersuchungsleiter) und die teilnehmenden Beobachter, da diese ein Jahr nach den Beobachtungen mit der Auswertung von Fall 1 begonnen hatten.

Sonstige Instrumente

Begleitend zur Untersuchung wurde ein **Forschertagebuch** geführt, in dem besondere Vorkommnisse und vor allem auch Abweichungen von dem geplanten Untersuchungsablauf festgehalten wurden. Diese werden, sofern sie für die Auswertung wichtig waren, später angegeben.

Im Laufe der Vorüberlegungen und -versuche wurde auch der Einsatz **standardisierter Messinstrumente und Fragebögen** überlegt. Für den Einsatz standardisierter Fragebögen, wie sie in den von mir zitierten Untersuchungen von Grawe et al. (1990), Fiedler & Rogge (1990) und Elliot et al. (1990) angewandt wurden, sprach zunächst das Bestreben nach Vergleichbarkeit der Ergebnisse. Nach den Vorversuchen wurde jedoch auf ihren Einsatz gänzlich verzichtet. Ihr Einsatz wäre eine zusätzliche Belastung für die Beteiligten gewesen und hätte keine zusätzlichen Informationen im Sinne meiner Untersuchungsfragen erbracht. Einschätzungen zu Prozeßverlauf, Befindlichkeit oder möglichen Veränderungen etc. wurden in den Interviews ohnehin, sogar detaillierter, erfaßt. Im übrigen hätte ihre Verwendung meinen oben beschriebenen methodologischen und ethischen Überlegungen widersprochen.

3. Die Einflüsse der Untersuchung auf die Therapieverläufe

Die Untersuchung verfolgte einen Handlungsforschungs-Ansatz, wie er m. W. bisher noch nicht in der Psychotherapieforschung umgesetzt wurde. Umso wichtiger war es für mich, all die Einflüsse auf den Therapieprozeß zu erfassen, die sich durch die doch recht umfangreiche Untersuchungsprozedur für die Beteiligten ergaben. Ich werde im folgenden die jeweiligen Einflüsse in den einzelnen untersuchten Fällen, nach den Aussagen der Beteiligten und meinen Beobachtungen, darstellen.

3.1. Die Untersuchungseffekte im Fall 1

Der Klient

Laut Interview nach dem Beobachtungszeitraum hatte der Klient nur in den ersten Stunden ein "leicht ungutes Gefühl" in der Beobachtungssituation. Später hatte er sich jedoch "nach wenigen Augenblicken ... an die Kamera vollständig gewöhnt." Insgesamt meinte er: "Ich kann mich nicht daran erinnern, daß mich die Kamera von irgendetwas abgehalten hat." Im Gegenteil, die Beobachtungssituation schien seinem starken Wunsch nach (Selbst)Bestätigung entgegenzukommen, die er sonst aufgrund fehlender sozialer Kontakte nicht erhielt: "Ich nehm mal an, daß mich die Kamera dazu verleitet hatte, mal den einen oder anderen Witz extra einzufügen." Während wenigstens neun Therapiestunden bezog er die Beobachter mimisch oder durch persönliche Ansprache in seinen jeweiligen Prozeß mit ein, z.B. als Zuhörer für seine Witze oder als Bewunderer für eine hergestellte Knetfigur.

Bei der Benennung der wichtigen Szenen sowie in den Nachinterviews sei er "immer ehrlich" gewesen, allerdings gab er auch zusätzlich "wichtige" Szenen an: "Manche Nachbefragungen hatte ich dazu benutzt, weil ich noch einmal sehen wollte, wie ich gerade einen Witz gemacht hatte." Nur in der zwanzigsten Stunde wich er der Benennung der eigentlich wichtigen Sequenz aus: "Das war ja nun eine der semantisch schwierigsten Stellen in der Therapie überhaupt, und mir war der Gedanke daran so unangenehm, das noch einmal Satz für Satz durchzugehen."

Einen eigenständigen Effekt für den weiteren Therapieverlauf hatte das videoangeleitete Nacherleben lediglich bei einer Sequenz in der Probestunde. Insgesamt hatten jedoch das Videofeedback und die Nachbefragungen für ihn eine "untergeordnete Rolle" gespielt, obwohl: "Da wurde ich ja dazu angehalten, über das Thema, was ich mir ausgesucht hatte, ein bißchen näher nachzudenken, also eher insofern hat es ein bißchen noch was gebracht." Diese zurückhaltende Bewertung schien damit zusammenzuhängen, daß es "etwas mühsam für mich war, diese Gefühle, die so ein bißchen diffus da waren, die nun so präzise auszudrücken."

Durch die Zuordnung eines Beobachters als ständiger Interviewer des Klienten entstand schnell zwischen beiden eine eingespielte Zusammenarbeit. Die Beziehung blieb sachlich-distanziert, aber von gegenseitiger Sympathie getragen. Die zugesicherte Verschwiegenheit über die Interviewinhalte gegenüber dem Therapeuten schien für den Klienten keine Rolle zu spielen, es wurde auch keine heimliche Koalitionsbildung gegen den Therapeuten versucht. Lediglich in zwei Nachinterviews (nach der Probestunde und nach der achtzehnten Stunde) fühlte der Klient sich mehr vom Interviewer als vom Therapeuten verstanden. In den unmittelbar darauffolgenden Stunden brachte er jedoch von sich aus seine jeweilige Kritik bzw. Zweifel ein.

Der Therapeut

Als Therapeut war ich mit Videobeobachtung relativ vertraut, es trat schnell ein Gewöhnungseffekt ein. Allerdings stand ich, in meiner Doppelfunktion als Untersuchungsleiter und beobachteter Therapeut, sicher auch unter einem gewissen Erfolgsdruck. Sicherlich befaßte ich mich mehr und intensiver mit dem Therapieprozeß, als ich es in einer gewöhnlichen Therapie gemacht hätte. Wie bereits oben erwähnt, erhielt ich - um diese beiden Rollen klar auseinanderzuhalten - keine Rückmeldung von den Beobachtern über die Prozesse des Klienten. Dieses Bedürfnis spürte ich besonders stark nach Stunden, in denen ich mit mir bzw. dem Verlauf unzufrieden war und evtl. zusätzlich eine Kritik der Beobachter spürte. So meinte ich im Nachinterview zur sechzehnten Stunde: "Wenn Du mich interviewst und hast eine andere Sichtweise, dann spüre ich das irgendwie, dann ist etwas unausgesprochenes zwischen Dir und mir." Aufgrund dieser Unklarheit wohl berichtete ich nach solchen Stunden eher zurückhaltend von meinen inneren Prozessen.

Die teilnehmenden Beobachter

In ihren Nacherinnerungen wird deutlich, wie sehr sie auch innerlich am Therapieprozeß beteiligt waren. Insgesamt sehen sie in ihrer Anwesenheit während der Stunden "nur eine geringe Hemmung des Therapieprozesses." Wesentlich stärker waren nach ihrer Einschätzung die therapieunterstützenden Effekte, besonders für den Klienten. Durch ihre Anwesenheit erhielt der Klient soziale Bestätigung und auch emotionale Zuwendung, die ihm im außertherapeutischen Kontext fehlten.

In den Nachbefragungen war der Klient nach Einschätzung der Beobachter "in aller Regel motiviert". Nach einigen Befragungen war ein Routineeffekt zu verzeichnen: der Klient wirkte "weniger angespannt, seine Gehorsamstendenz ließ nach, die wichtigen Momente nannte er zügig und abgegrenzt." Manchmal versuchte der Klient, "durch Rationalisierungen oder ich-ferne Allgemeinplätze klare und direkte Statements zu vermeiden." Insgesamt hatten die hartnäckigen Fragen nach ihrem Eindruck jedoch "einen, wenn auch unbestimmten, Anteil an der zunehmenden Differenzierung der Gefühle."

In der Beziehung zum Therapeuten sahen auch die Beobachter das größte Problem in den fehlenden Rückmeldungen, ihren zurückgehaltenen kritischen Bewertungen und den daraus entstandenen atmosphärischen Störungen gegen Ende des Beobachtungszeitraums. Schließlich betonen die Beobachter ausdrücklich, wie sehr sie selbst, in ihrer persönlichen wie auch beruflichen Entwicklung, von der Teilnahme an der Untersuchung profitiert haben.

3.2. Die Untersuchungseffekte in Fall 2

Im Vergleich zum Fall 1 war das Untersuchungssetting in Fall 2 umfangreicher. Dies ermöglicht auch eine differenziertere Beschreibung der Untersuchungseffekte.

Der Klient

Zur **Beobachtungssituation** meinte der Klient im Interview nach dem Beobachtungszeitraum, daß er in der ersten Stunde "vielleicht ein bißchen redegehemmt" war und immer das Gefühl hatte, "alles, was ich sage, wird beobachtet und aufgeschrieben". Nach den ersten drei Stunden "störte" ihn die Anwesenheit von Beobachtern und Kamera "praktisch nicht". Allerdings äußerte er die Befürchtung: "Manchmal denke ich mir, sie lachen sich während des Gespräches insgeheim ins Fäustchen." Im Nachinterview zur zehnten Stunde werden die Beobachter schließlich als "sehr wichtige Vertrauenspersonen" mit eingeschlossen: "Ich weiß, Ihr lacht auch nicht. Das ist auch so ne Vorstellung von mir, eigentlich müßten sich die Leute über das, was ich rede, kaputtlachen. Und Ihr tut's nicht, das ist das Komische." In dieser Stunde offenbarte der Klient auch ein "großes Stück von tiefsten Geheimnissen, über die ich bisher noch nie mit einem gesprochen habe."

Es gab offensichtlich nur eine Situation, in der der Klient in der Auswahl seiner Themen durch die Beobachtungssituation beeinflußt wurde: Erst bei der (zufälligen) Abwesenheit der Beobachterin in der sechzehnten Stunde zeigte er deutlich seine Hemmungen, in Anwesenheit einer Frau über sein zwanghaftes Onanieren zu sprechen. Er hatte Angst, daß Frauen ihn "als pervers und ekelhaft ansehen könnten ... und eine feindselige Haltung mir gegenüber einnehmen." Doch schon in der folgenden Stunde beschrieb er detailliert sein Zwangsverhalten, obwohl ihm die (Wieder)Anwesenheit der Beobachterin peinlich war. Nach einem Jahr weiterer Therapie ohne Beobachtung meinte der Klient schließlich, daß er später mehr seine radikal-politische Meinung geäußert habe "und ja, Sachen, die mit Sexualität zu tun haben, die würde ich vor Beobachtern zwar auch erzählen, aber irgndwie anders, da habe ich vielleicht ein bißchen was weggelassen, was ich hier unter vier Augen erzählt hab."

Viel bedeutender als diese hemmenden Einflüsse waren für den Klienten jecoch die "stimulierenden" Einflüsse der Beobachtungssituation auf den Therapieverlauf. So zeigte sich sein narzißtisches Streben nach Selbstdarstellung und Bestätigung z.B. nach der siebten Stunde in der Bemerkung: "Manchmal denke ich, ich bin ein bedeutsamer Mensch, ich müßte eine Art Hofschreiber oder so haben, der jedes Wort, was ich von mir gebe, in die Annalen einträgt." Während wenigstens sechs Therapiestunden suchte er mimisch oder verbal Bestätigung für seine Aktivitäten durch die Beobachter. Noch deutlicher wird diese narzißtische Tendenz im Interview nach einem Jahr: "Da saß ich sozusagen auf der Bühne und hatte sozusagen ein Publikum, und es wurde gefilmt für die Ewigkeit. Und auf der Bühne, da durfte ich dann irgendwie so richtig was rauslassen ... daß ich mir dabei auch dachte: Also jetzt mußt Du, jetzt muß es Zoff geben oder so, damit die Beobachter auch was zu sehen haben. Wenn es dann aber so war, wenn ich explodiert bin, dann waren die Beobachter nicht mehr da." Dabei betont er aber, nicht für die Zuschauer agiert zu haben, "denn die Erregungssituationen, die kamen ja nicht durch Euren Einfluß zustande, sondern das waren wirklich Sachthemen, die ich mit Karl besprochen habe." Vielmehr habe ihn die gesamte Atmosphere sehr stark stimuliert: das war "wie ein etwas kahles Versuchslabor mit technischen Apparaturen und Beobachtern ... da darf ich dann auch explodieren und wenn ich dann ausraste oder wahnsinnig werde, dann sind da drei Leute da, die mich festhalten können." Diese stimulierende Wirkung vermißte er später auch bei der Fortführung der Therapie im "gesitteten" Praxisraum des Therapeuten.

Das **Nachgespräch** diente dem Klienten zunächst dazu, aus dem Therapieverlauf resultierende Enttäuschung, Ärger, Verwirrung oder Verzweiflung ablassen, um "ein bißchen Abstand" zu gewinnen und nicht gleich "hinaus in die freie Welt" entlassen zu sein (Interview zur 14. Stunde). Es wurde bald quasi Bestandteil der Therapiestunde, sie wurde erst "vollständig, wenn ich aus dem Nachinterview rausgehe ... Das kommt durch das Revue-Passierenlassen der wichtigsten Szenen, durch das Vergegenwärtigen, wieviel doch eigentlich in der Therapiestunde gelaufen ist, und durch die Möglichkeit, die Höhepunkte und Phasen der Therapiestunde ein bißchen zu gewichten" (Interview zu Therapiebeginn). Dieser Effekt kam jedoch auch dadurch zustande, daß der Klient häufig zu spät erschien und im Nachgespräch sozusagen die verpaßte Therapiezeit nachzuholen versuchte. Allerdings tauchte dabei kein Thema auf, daß er nicht auch in den folgenden Stunden ansprach. Schließlich wußte er auch, daß der Therapeut die Abschriften des Interviews lesen würde, wozu er immer seine Zustimmung gab.

Das **Videofeedback** war für den Klienten besonders am Anfang erschreckend. Er hatte (als einziger) ein Videoband mit nach Hause genommen, es sich aber nur zur Hälfte angeschaut, weil "es für mich fast unerträglich ist, mich selber anzusehen, wie ich nervös bin, wie ich mit den Augen blinzele, wie ich da rumzuckele und zappele, wie ich sitze. Es ist grauenvoll" (Interview nach der zweiten Stunde). Nach der siebzehnten Stunde fiel ihm schließlich auf, daß er in wichtigen Situationen "körperlich immer irgendwie ungewöhnlich" ist, was er in der Situation selbst gar nicht bemerke. Demgegenüber gab es aber auch positive Selbstwahrnehmungen, wenn er etwa nach der dreizehnten Stunde entdeckt, wie "enorm glücklich" er aussieht, "wie ein kleiner Junge, der die Welt ganz neu entdeckt hat." Neben der gesteigerten Körperwahrnehmung konnte er auch einmal, nach der achtzehnten Stunde, "eine große Selbsterkenntnis" für sich aus der Videoaufnahme gewinnen: "Ich bin meine Mutter in dem Moment und ich schimpfe mich aus."

Das Videofeedback hatte schließlich vor allem verstärkende Effekte in sehr kontaktintensiven Momenten. So meinte der Klient zu einer Sequenz aus der siebten Stunde: "Die Szene hat mich jedenfalls sehr stark erregt, also auch noch beim nochmaligen Ansehen ... Das bringt mich so ins Nachdenken." Zu einer wichtigen Sequenz in der zweiundzwanzigsten Stunde meinte er: "Ich habe mir vorher vorgestellt, daß ich lächerlich aussehe, aber jetzt ... finde ich mich eigentlich gar nicht lächerlich, sondern recht glaubwürdig ... Und das ist ganz anders, mich so zu sehen, das bin ich. Das ist schön." Im Nachinterview nach einem Jahr war diese verstärkende Wirkung des Videofeedback in kontaktintensiven Situationen der wichtigste Aspekt der Beobachtung. Er hätte diese Situationen auch so erinnert, aber "es war mir eindrucksvoll, daß ich einmal diese Situationen selber durchlebt hab, gebrüllt hab und so, und das unmittelbar danach, eine Viertelstunde später, noch mal so auf Video gesehen hab."

Die **Verdichtungsprotokolle** las der Klient gleich nach Erhalt "ganz begierig" durch. Anfangs (im Interview zu Therapiebeginn) hatten sie neben der Erinnerungshilfe eine "motivierende" Wirkung auf ihn, "nach dem Motto: Hier kannst Du es wieder schwarz auf weiß lesen, wie beschissen es um Dich steht, und wie sehr alle Deine Probleme miteinander und Du in sie verstrickt bist ... Das Lesen wirkt auch immer so auf mich, daß ich mir denke, ich muß die Therapie vorantreiben, zum Punkt kommen." Im Vergleich zur Untersuchungsteilnahme vermißte der Klient ein Jahr später diese Effekte: er vergesse nun vieles und "ich habe immer den Eindruck, daß wir hier sehr lange irgendwie um den heißen Brei herumreden, länger als in der Beobachtungssituation." Die **Abschrif-**

ten der **Nachinterviews** haben demgegenüber kaum Bedeutung, die **Zwischenfragebögen** wurden nur zwischen der 5. und 11. Stunden ausgefüllt (in den übrigen Stunden wurden die entsprechenden Fragen im Anschluß an die Nachbefragung gestellt).

Der Therapeut

Anfangs war der Therapeut laut Interview zu Therapiebeginn in der **Beobachtungssituation** noch "ein bißchen aufgeregt", er verspürte einen "gewissen Leistungsdruck". Aber "während der Stunde vergeß ich das ... alles in allem find ich's noch leichter als ich eigentlich gedacht hatte." Seine Teilnahme an der Untersuchung würde zwar dazu führen, den Therapieprozeß viel mehr als sonst systematisch zu reflektieren, aber "sie verändert meine Strategie" nicht. Auch für den Klienten sah er Vorteile in der Nachbefragung, dem Videofeedback und der Erinnerungshilfe: "Das gefällt ihm, er fühlt sich wichtig und ernstgenommen ... und er hat in den Interviewern einen Kummerkasten" (aus dem Forschertagebuch). Die Anwesenheit der Beobachter sprach er in drei Therapiestunden an, als sich der Klient auf sie bezog, und einmal, als sich ein Beobachter bemerkbar machte.

Die **Nachbefragungen** nutzte der Therapeut wenigstens nach vier, eher schwierigen, Stunden zur emotionalen Entlastung und auch Supervision, etwa nach der zwanzigsten Stunde: "Das war mir so nicht klar ... daß ich seine Hilflosigkeit, seinen Ärger also zwar sehe, aber nicht drauf eingehe." Die **Verdichtungsprotokolle** erlebte der Therapeuten als sehr hilfreich zur vertieften Reflektion bisheriger und Planung kommender Stunden. In der einundzwanzigsten Stunde setzte er sie sogar als "therapeutisches Hilfsmittel" ein. Der **Zwischenfragebogen** hatte keine weitere Bedeutung.

Beim **Vergleich der Therapieverläufe mit und ohne begleitende Untersuchung** meinte der Therapeut nach einem Jahr, daß sich die Inhalte und sein Vorgehen nicht verändert hätten. Er habe aber in der Beobachtungssituation einen gewissen Druck gespürt, daß etwas passiert, sowie eine gewisse Verpflichtung gegenüber dem Untersuchungsleiter: "Ich wäre nicht so lange so geduldig mit ihm gewesen." Er reagiere nun gelassen auf die weiterhin häufigen Verspätungen des Klienten, sei weniger "frontal" und "fordernd", dies sei jedoch ähnlich in den Anfangsphasen seiner anderen Therapien. Der "größte Vorteil" seiner Untersuchungsteilnahme war rückblickend: "Gedanken, die ich mir in der Therapie mache, laut zu äußern und zur Diskussion zu stellen; des weiteren zu wissen, was der Klient, der sonst viel verschweigt, als wichtig empfand und entsprechend für die Strategie für die folgende Stunde zu berücksichtigen."

Die teilnehmenden Beobachter

Die teilnehmende Beobachterin und ich hatten vor der Untersuchung ein lockeres freundschaftliches **Verhältnis zum Therapeuten**, das sich im Verlauf der Untersuchung vertiefte. Während des Untersuchungszeitraumes fanden drei gemeinsame Treffen statt, in denen aktuelle Probleme im Untersuchungsablauf geklärt wurden.

Die Beobachter bemühten sich, von Beginn an eine vertrauensvolle **Beziehung zum Klienten** aufzubauen. Die ersten Interviews (zu Therapiebeginn und Anamnese) wurden gemeinsam durchgeführt, einmal auch in dessen Wohnung. Ein häufiger Konfliktpunkt mit dem Klienten waren die vielfachen Verspätungen, die immer zusätzlichen organisatorischen und nervlichen Aufwand für die Beobachter bedeuteten. Der entsprechende Ärger wurde dem Klienten gegenüber mehrfach offen ausgesprochen, schließlich jedoch als Teil der Symptomatik des Klienten mehr oder weniger hingenommen. Insgesamt entwickelte sich so weit eine Offenheit zwischen dem Klienten und den Beobachtern, daß keine heimlichen Koalitionen entstanden oder Informationen bewußt zurückgehalten wurden. Selbst lange nach Abschluß der Untersuchung rief der Klient den Untersuchungsleiter zweimal in Notlagen an, als der Therapeut im Urlaub war.

Als Beteiligte erlangten auch die Beobachter ein wachsendes Verständnis für die Probleme des Klienten und die Schwierigkeiten des Therapeuten, Kontakt zu ihm herzustellen. So waren sie auch emotional am Therapiegeschehen beteiligt und drückten häufiger, besonders in der schwierigen Phase der zwanzigsten und einundzwanzigsten Stunde, ihr Mitgefühl in den Interviews aus. Aus ihren Beobachtungsbögen ist zu erkennen, daß gelegentlich einer oder beide während der Beobachtung Partei für einen der Beteiligten ergriffen. So war der Klient nach ihrem Eindruck in drei Situationen vom konfrontativen Vorgehen des Therapeuten überfordert. Umgekehrt waren sie in wenigstens vier Stunden, ähnlich wie der Therapeut, über die ellenlangen und sich wiederholenden Klagen des Klienten gelangweilt oder verärgert. Während der vierzehnten Stunde griff ich sogar spontan in den Therapieprozeß ein, was nach Ansicht des Therapeuten den Therapieprozeß jedoch unterstützt hatte.

Schon nach der ersten Stunde spürte die Beobachterin, als einzige Frau im Raum, Unbehagen bei Beschreibungen des Klienten über sein Verhältnis zu Frauen. Dieses Gefühl tauchte nach der neunten Stunde noch einmal auf, aber sie wollte auch als Frau dem Klienten gegenüber keine Blöße zeigen und die Interviews mit ihm zunächst weiterführen (aus dem Forschertagebuch). Als auch der Klient in der sechzehnten Stunde seine Schwierigkeiten mit der Anwesenheit einer Frau andeutete, tauschten wir in allseitigem Einverständnis unsere Interviewpartner. Im Nachinterview nach dem Beobachtungszeitraum meinte die Beobachterin: "Das war wirklich nur die Situation, alleine da mit ihm in dem Raum zu sitzen. Sonst ihn irgendwie zu sehen da, in der Therapiesituation, das ging für mich." Anfangs habe der Klient sie noch als Neutrum gesehen, später habe sie jedoch immer mehr das Gefühl gehabt, "versteckt angeglotzt zu werden". Sie habe zwar nie richtig Angst gehabt, sich aber auch nicht gegen diese "indirekte Weise" wehren können.

In den späteren Nachinterviews meinte die Beobachterin, daß der Klient wohl insgesamt von der Untersuchungsteilnahme profitiert habe, besonders weil sie seinem Bedürfnis nach narzißtischer Selbstdarstellung entgegenkam. Doch bis auf wenige Momente, in denen er Kontakt zu den Beobachtern aufnahm, "hat er uns vergessen ... war die Kamera weg." Ohne Beobachtung wäre es "im Grunde genommen, also thematisch das gleiche gewesen. Ich glaube, es war eine Frage von Tempo und Reihenfolge vielleicht, aber sonst nicht."

3.3. Die Untersuchungseffekte in Fall 3

Zum Therapieabbruch

Wie bereits erwähnt, wurde die Beobachtung nach zehn Stunden abgebrochen, die gesamte Therapie nach weiteren zehn Stunden. Hier war mir vor allem die Frage wichtig, ob die Teilnahme an der Untersuchung zu dieser Entwicklung geführt hatte.

Bei beiden Teilnehmern ist schon früh eine gegenseitige spontane Ablehnung zu beobachten. Die Klientin machte dies zunächst an Äußerlichkeiten des Therapeuten fest (Aussehen, Mimik) und bemerkte im Interview zu Therapiebeginn: "Ich habe nicht viel Lust, mit dem Therapeuten alleine zu sein." Nach der neunten Stunde bemerkte sie schließlich: "Also ich hatte wirklich so viele Ängste, wenn ich mir vorstelle, ich bin hier allein mit ihm. Vielleicht macht er irgendwas." Der Therapeut meinte wiederum nach der zweiten Beobachtungsstunde: "Ich finde, irgendwie wirkt die so unheimlich streng auf mich, so mit diesem Haarschnitt und dieser Brille. Sie hat etwas sehr mißtrauisches und abweisendes an sich. Irgendwie kann ich nicht so richtig warm werden mit der." Den "besten Draht" hatte die Klientin, wie sie später bestätigte, noch zu mir, auch wenn sie zunächst mißtrauisch blieb. Der Therapeut wiederum befürchtete eine Koalitionsbildung gegen ihn, was jedoch thematisiert und ausgeräumt wurde.

Ab der dritten Stunde konzentrierte sich der Therapeut auf die Lebensgeschichte der Klientin, ohne die verschiedenen gegenseitigen Zurückweisungen zu thematisieren. Er befürchtete, daß sie noch ängstlicher wurde und völlig zurückzog. Tatsächlich entspannte sich die Atmosphere ein wenig in der siebten und achten Stunde, verschärfte sich jedoch wieder durch einen Konflikt in der neunten Stunde. (Diesen werde ich in der späteren Auswertung ansprechen.) In dieser Situation entschloß ich mich, die Beobachtungen abzubrechen, in der Hoffnung, daß beide dann vielleicht eher eine vertrauensvolle Beziehung entwickeln konnten. Hinzu kam, daß die Klientin nur oberfächlich in den Nachgesprächen antworten konnte und wollte und ich für die nächste Zeit keine Daten für meine Fragestellung erwartete. Es war auch kein Zufall mehr für mich, daß bei diesem Fall so viele organisatorische Schwierigkeiten aufgetreten waren (Terminausfälle, Krankheiten, technische Pannen usw.).

Die Klientin

Daß sie sich auf Video sehen konnte, fand die Klientin anfangs, aber auch nach verschiedenen Stunden, "ganz gut", aber die Anwesenheit der Beobachter hat sie "kein mal vergessen". Zu den Nachgesprächen und Zwischenfragebögen meinte sie: "Ich bin gezwungen, da noch ein bißchen drüber nachzudenken, wie das war, aber das finde ich eher positiv. Manchmal finde ich das nur anstrengend" (aus dem Interview zu Therapiebeginn).

Sieben Monate nach Therapieabbruch sagte sie schließlich: "Am Anfang hatte ich noch so viel Angst ... ja überhaupt keinen Bock, mich einzulassen, ... ich konnte nicht sagen, was ich am wichtigsten fand und welche Gefühle ich hab. Das konnte ich gar nicht sagen, weil ich die, glaube ich, gar nicht zugelassen habe. Und eben nur, wenn das Faß am Überlaufen war, das war so ein, zweimal, dreimal ... also deswegen war ich zum Schluß auch froh, daß ihr aufgehört habt." Auf die Frage, ob sie die Therapie wegen der Untersuchung abgebrochen habe, meinte sie schließlich: "Ich glaube nicht. Wenn ich mir das so überlege, daß vielleicht so eine Chance mehr dagewesen wäre, daß wir uns irgendwie nähergekommen wären. Dadurch, daß das so anders gelaufen ist, kann ich mir das nicht vorstellen."

Der Therapeut

Der Therapeut war sich immer bewußt, daß er unter Beobachtung stand. Er erinnert sich: "In den ersten Sitzungen habe ich eine Anspannung gemerkt, also ein Leistungsaspekt war doch da, der mich so ein bißchen verkrampft hat, nachher legte sich das aber nach einigen Sitzungen." Zu den videoangeleiteten Nachbefragungen meinte der Therapeut nach vier Stunden: "Find ich toll. Also, das hilft mir nochmal, so, das Revue passieren zu lassen, mir das auch klarer zu machen, was da abläuft, und auch meine eigenen Gefühle, und eben besonders gut finde ich immer diese Frage, wo hat das Bezug zu mir selbst. Da entdecke ich auch immer wieder was. Das finde ich gut, weil ich mir dadurch auch bewußter werde und mich selbst erkenne." Dadurch würde die Therapie "irgendwie zielgerichteter" werden, "also daß ich besser auf den Punkt kommen kann, oder die Punkte sehen kann, die jetzt wichtig sind, aber daß es irgendwie inhaltlich eingreift, denk ich jedenfalls jetzt, daß das nicht der Fall ist."

Nach der zehnten Stunde findet er es "schade, daß das aufhört ... Also ich find das eine unheimliche Intensivierung dieser ganzen Therapie. Und möglicherweise, wenn das, wenn wir das nicht gehabt hätten hier, wäre das vielleicht schon abgebrochen, die Therapie. ... Weil das dann doch immer wieder so was ist, was mir geholfen hat, das immer nochmal wieder von der anderen Seite zu sehen, immer wieder auch meine Gefühle zu relativieren." Auch sieben Monate nach Therapieabbruch hat er die Untersuchungsteilnahme als "wertvolle Erfahrung" in Erinnerung: "Das fand ich sehr hilfreich und das, denke ich, hat dieses zwischenzeitliche Hoch in der Therapie dann auch gefördert. Und vielleicht, wenn es auch weitergegangen wäre, vielleicht hätte das auch einen ganz anderen Verlauf genommen, das wär ja auch möglich gewesen ... das hatte schon einen Effekt, also mehr auf diese Beziehungssituation zu achten."

Fazit

Nach meinem Eindruck und den Aussagen der Beteiligten haben nicht die Untersuchungsbedingungen, sondern die frühen und dann ungeklärten Beziehungsprobleme zwischen Therapeut und Klientin zum Therapieabbruch geführt. Die Teilnahme an der Untersuchung hat diesen eher hinausgezögert und dessen Hintergründe deutlich gemacht.

3.4. Die Untersuchungseffekte in Fall 4 und 5

Wie oben erwähnt, wurde im **Fall 4** zunächst die teilnehmende Beobachtung, schließlich die Untersuchungsteilnahme insgesamt nach fünf Stunden abgebrochen. Die Untersuchungsbedingungen war zu ungewohnt, sie störten schließlich den bis dahin erfolgreich verlaufenden Therapieprozeß, statt ihn zu begleiten oder gar zu fördern. Dies zeigte sich u.a. daran, daß das einzige Mal in dieser Untersuchung die Kamera wegen eines "heiklen" Themas abgeschaltet wurde.

In **Fall 5** wiederum unterstützte die Untersuchungsteilnahme die abschließende Reflektion zum Therapieabschluß. So erhielten beide Teilnehmer eine zusätzliche Bestätigung ihrer insgesamt erfolgreich verlaufenden Therapie. Zur schriftlichen Befragung zu wichtigen Sequenzen berichtete der Klient, wie sehr sie ihm geholfen habe, die vergangene Stunde noch mal zu reflektieren: "Das hätten wir jede Stunde machen müssen."

3.5. Zusammenfassung der Untersuchungseffekte

In den Fällen, in denen die Untersuchung von Beginn an die Therapie begleitete, ermöglichten die im Methodenteil beschriebenen Vorgehensweisen ein sich immer mehr vertiefendes **Vertrauensverhältnis** unter allen Beteiligten. Die Anwesenheit von Kamera und teilnehmenden Beobachtern war zu Beginn ungewohnt, wurde auch später selten vergessen. Sie wurden jedoch schnell in den Therapieprozeß, manchmal sogar explizit, integiert. Das bestehende Vertrauen zeigte sich auch daran, daß bis auf falsch verstandene Fakten kaum Änderungswünsche bei der kommunikativen Validierung geäußert wurden.

Die **Therapeuten** behielten ihre gewohnten therapeutischen Vorgehensweisen bei, wobei die Untersuchungsteilnahme ähnlich wie eine intensive Supervision erlebt und genutzt wurde: als psychische Entlastung, zur Rückmeldung und Klärung aufgetretener Störungen und zur intensiveren Vorbereitung kommender Stunden. Nach ihrer Erfahrung entsprachen die Untersuchungsmethoden auch ihren eigenen therapeutischen Vorgehensweisen und Zielsetzungen für den Klienten und verstärkten sie. Die Verdichtungsprotokolle und Abschriften der verschiedenen Interviews wurden als Arbeitserleichterung und wichtige zusätzliche Informationsquelle genutzt, sie entschädigten sozusagen für den zusätzlichen zeitlichen und psychischen Aufwand. Diese positiven Effekte überwogen bei weitem die hemmenden wie Leistungsdruck, Prüfungsangst und ähnlichem, die meist nur anfangs auftraten.

Die **Klienten** profitierten, wie beschrieben, individuell unterschiedlich von der Untersuchungsteilnahme. Zunächst wurden sie zu einer verstärkten Beschäftigung mit dem Therapieablauf auch zwischen den Therapiestunden angeleitet. Das video-induzierte Nacherleben half bei einer differenzierteren Wahrnehmung und Verbalisierung von körperlichen, emotionalen und gedanklichen Prozessen. Die anfängliche Befürchtung, daß die Nachgespräche als "Nebenschauplatz" der Therapie genutzt würden, trat nicht ein. Neue Erkenntnisse oder aber auch Kritik am Therapeuten wurden meist schon in der folgenden Stunde angesprochen. Es wurden keine "heiklen" Themen vermieden, lediglich in wenigen Fällen etwas später, als es dem aktuellen Erleben entsprach, vorgebracht.

Ein starker positiver Effekt bestand für die Klienten in den Fällen 1 und 2 in der Möglichkeit, sich selbst darzustellen und zu bestätigen und schließlich auch eine soziale Bestätigung und emotionale Zuwendung zu erhalten, die ihnen im außertherapeutischen Kontext fehlte. Dies zeigte sich besonders in den kontaktintensiven Situationen, die von allen Beteiligten als wichtig empfunden und lange nacherinnert wurden. Diese positiven Einflüsse mußten jedoch im Therapiegeschehen selbst angelegt sein, wobei das video-induzierte Nacherleben lediglich einen verstärkenden oder auch vertiefenden Effekt auf das real Erlebte (und dessen Erinnerung) hatte. Umgekehrt traten diese positiven Einflüsse nicht auf, wenn wie im Fall 3 wenig Kontakt zwischen Therapeut und Klientin zu beobachten war.

Insgesamt hatte der Einsatz der verschiedenen Methoden keine eigenständigen Effekte in dem Sinne, daß die Therapien ohne sie wesentlich anders verlaufen wären. Ihre **hemmenden Einflüsse** bezogen sich eher auf eine gewisse Zurückhaltung bzw. zeitliche Verzögerung bei heiklen Themen (z.B. Sexualität). Wesentlich bedeutender waren jedoch nach Einschätzung aller Beteiligten und meinen Beobachtungen die **förderlichen Einflüsse** auf den Therapieverlauf. Auftretende größere Störungen wie im Fall 3 waren auf den therapeutischen Prozeß selbst zurückzuführen, wobei die eingesetzten Methoden diese eher sichtbar und damit ansprechbar machten.

Insgesamt haben sich auch die Erfahrungen aus den erwähnten Untersuchungen mit ähnlichen Vorgehensweisen bestätigt, wonach diese **zusätzliche** positive Effekte auf den Therapieverlauf haben können, sofern ein **ausreichendes Vertrauensverhältnis** zwischen den Beteiligten besteht. Nicht zuletzt haben alle Beobachter und schließlich ich selbst persönlich und beruflich von der Untersuchungsteilnahme profitiert. Fazit ist, daß ein solcher Handlungsforschungs-Ansatz verstärkt in der weiteren Therapieforschung verfolgt werden könnte und sollte.

4. Die quantitative Auswertung

4.1. Die Schritte der quantitativen Auswertung

Wie oben beschrieben ließ ich Klienten, Therapeuten und Beobachter die jeweils **subjektiv bedeutsamen Momente** bestimmen. Bei diesem Vorgang passierte es häufig, daß die Befragten zunächst einen Schlüsselsatz oder eine bestimmte Szene beschrieben (z.B. "als der Therapeut sagte ..."), bei der anschließenden Video-Vorführung jedoch Beginn und Ende etwas unterschiedlich, z.b. einige Sätze früher oder später, markierten. Für die weitere Auswertung war mir nun die eindeutige Zuordnung der einzelnen Benennungen zu **Sinneinheiten**, also Sequenzen mit einer **gemeinsamen Bedeutungsgestalt**, wichtiger als etwa das formale Kriterium des genauen zeitlich-gleichen Beginns.

Unter einer **Sinneinheit**[1] verstehe ich nun einen Ausschnitt aus dem Therapieverlauf
- der aus **zeitlich** aufeinander folgenden Sprech- und Handlungsakten besteht, die
- **inhaltlich** zusammenhängen (durch einen Schlüsselsatz, ein ganz bestimmtes Thema), bei denen
- sich **Therapeut und Klient** aufeinander beziehen und die sich
- durch **nonverbale Aspekte** (ansteigende Spannung, veränderte Körperhaltung oder Tonlage) vom vorherigen und nachfolgenden Geschehen unterscheiden lassen;
- hinzu kamen formale Kriterien wie max. Länge von 20 Minuten und eine ausreichende Bild- und Tonqualität.

Mit diesen Kriterien ließen sich auch eher die gemeinsamen Nennungen subjektiv bedeutsamer Momente bestimmen und quantitativ miteinander vergleichen. Dazu wurden zunächst alle von den beteiligten Therapeuten, Klienten und Beobachtern benannten subjektiv bedeutsamen Momente auf einer Minutenskala für jede der aufgenommenen Therapiestunden eingetragen. Schließlich bestimmte ich anhand der o.a. Kriterien Anfang und Ende der Sequenz. Auf diese Weise ergab sich dann eine Übersicht über verschiedene Gruppen subjektiv bedeutsamer Momente:

---

[1] Dieses Kriterium ist vergleichbar mit den "experiental units" bei Elliot (1988) oder den "Sequenzen mit natürlicher Bedeutungsgestalt" bei Fiedler & Rogge (1989, 1990).

- "**singuläre**" subjektiv bedeutsame Momente, also solche, die **nur von einem** der Teilnehmer benannt wurden;

- "**konkordante**" subjektiv bedeutsame Momente, d.h. jene, die jeweils vom **Therapeuten und Klienten** angegeben wurden;

- "**konsensuelle**" subjektiv bedeutsame Momente, also solche, die **vom Klienten, vom Therapeuten und mindestens einem Beobachter** benannt wurden. Mit dem Begriff "konsensuell" beschreibe ich auch meine Vermutung, daß die Benennung durch einen Außenstehenden auf allgemeinere bzw. soziale Bedeutungsgestalten hinweist.

4.2. Häufigkeiten/Verteilung/Dauer[1]

Häufigkeiten

Im **Fall 1** haben Therapeut und Klient aus den 21 Therapiestunden 47 Sequenzen als "subjektiv bedeutsam" bezeichnet, der Therapeut 39 (im Schnitt 1,9 pro Stunde), der Klient 30 (im Schnitt 1,4 pro Stunde). Dabei ergaben sich 22 "konkordante" Momente zwischen Therapeut und Klient, ihre Übereinstimmung betrug 47%. Die Beobachter benannten insgesamt 49 Sequenzen als wichtig (im Schnitt 2,3 pro Stunde). Dabei gaben sie 16 von 22 Sequenzen an, die auch der Therapeut und Klient als wichtig bezeichnet hatten. Es gab also 16 "konsensuelle" Momente.

In den 23 Therapiestunden in **Fall 2** wurden insgesamt 57 Sequenzen benannt, vom Therapeut 37 (im Schnitt 1,6 pro Stunde), vom Klienten 40 (im Schnitt 1,7 pro Stunde). Dabei gaben Therapeut und Klient (bei einer Übereinstimmung von 34%) 20 mal die gleiche Sequenz an. 17 dieser "konkordanten" Sequenzen wurden wiederum von mindestens einem der teilnehmenden Beobachter als "bedeutsam" benannt.

In den 10 Stunden in **Fall 3** benannte die Klientin 18 Sequenzen, der Therapeut 19. Dabei wurde jedoch nur 7 mal die gleiche Sequenz angegeben, die Übereinstimmung betrug also nur 23%. 6 dieser Sequenzen wiederum wurden auch von mindestens einem der teilnehmenden Beobachter als wichtig bezeichnet.

Verteilung und Dauer

In den Fällen 1 und 2 traten ca. 75% der "konsensuellen" Momente in der zweiten Hälfte der jeweiligen Therapiestunde auf. Die Verteilung der

---

[1] Im folgenden nenne ich nur die wichtigsten Ergebnisse, die übrigen Daten sind aus dem Anhang zu den einzelnen Fällen ersichtlich.

"konsensuellen" Momente über die beobachteten Therapiestunden hinweg war in Fall 1 und 3 annähernd gleichmäßig, in Fall 2 geschahen sie häufiger ab der 12. Stunde.

Die Zeitdauer der von Therapeuten und Klienten genannten wichtigen "singulären" Sequenzen war im Durchschnitt annähernd gleich, sie schwankte zwischen wenigen Sekunden bis zu 7 Minuten. Durch die Verbindung einzelner Nennungen zu Sinneinheiten nach den oben beschriebenen Kriterien ergab sich besonders bei den "konsensuellen" Momenten eine wesentlich längere Zeitdauer. Sie schwankte zwischen 1 und knapp 15 Minuten, im Durchschnitt in Fall 1 ca. 6 1/2 Minuten, in Fall 2 ca. 5 1/2 Minuten und in Fall 3 fast 4 Minuten.

4.3. Vergleich mit anderen Untersuchungen

Bei zwei von mir bereits zitierten Untersuchungen sind einige Zahlen über Häufigkeiten, Verteilung und Dauer von "bedeutsamen" Momenten angeführt. So geben Elliot & Shapiro (1988) an, daß ihre beiden Klienten in jeder der jeweils 16 Sitzungen zwei bis vier "hilfreiche Momente" angaben. Sie dauerten zwischen 5 und 10 Minuten, passierten meist in der zweiten Hälfte der Sitzung und wurden meist vom Therapeuten ausgelöst.

In der von Fiedler & Rogge (1989) geführten Untersuchung identifizierten Therapeut und Klient getrennt voneinander in 14 Sitzungen 78 "veränderungsrelevante Episoden", der Klient 1,7 und der Therapeut 3,9 pro Sitzung. Dabei ergaben sich 21 "konkordante" Sequenzen (die Übereinstimmung zwischen Therapeut und Klient betrug also 27%), ihre Zeitdauer variierte gewöhnlich zwischen 5 und 15% (bei 60 Minuten wären das zwischen 3 und 15 Min.).

Auch wenn diese Ergebnisse oberflächlich meinen ähnlich sind, wäre ein weiterer Vergleich aufgrund der unterschiedlichen Fragestellungen bzw. Bestimmungsweisen "subjektiv bedeutsamer Momente" jedoch zu spekulativ. Die Tatsache, daß Therapeut und Klient große Unterschiede in der Benennung wichtiger Momente zeigen, wurde immer wieder in der quantiativ- wie qualitativ-orientierten Prozeßforschung festgestellt, jedoch bisher nicht weiter verfolgt (vgl. etwa Schindler, 1991, 176 , bzw. Elliot & Shapiro, 1992, 165). In der qualitativen Auswertung werde ich auf diesen Umstand zurückkommen.

4.4. Nacherinnerungen

Als zusätzliches formales Kriterium zur Bestimmung existentieller Momente in der Psychotherapie hatte ich vermutet, daß sie auch später nacherinnert werden. Deshalb wurden in **Fall 1** insgesamt sieben und in **Fall 2** insgesamt acht Nachinterviews mit den Beteiligten (nach der Beobachtung, nach ca. einem und zwei Jahren) durchgeführt. Allerdings läßt sich aus der einfachen Benennung bestimmter Sequenzen in den verschiedenen Nachinterviews[1] nur ein ober-flächlicher Trend ablesen, da die Nacherinnerungen in ihrer Genauigkeit indivi-duell sehr unterschiedlich waren. (Auf die wichtigeren **qualitativen** Unter-schiede werde ich nach den Fallbeschreibungen eingehen.)

Der Klient aus **Fall 1** benannte insgesamt 16 Sequenzen in wenigstens zwei Nachinterviews, der Klient aus **Fall 2** insgesamt 15, die Therapeuten insgesamt 8 bzw. 16, die Beobachter 10 bzw. 5. In Fall 1 konnten 7 "konsensuelle" Mo-mente (von insgesamt 16) in fast allen Nachinterviews von den Beteiligten z.T. sehr detailliert wiedergegeben werden. In Fall 2 wurden in wenigstens sieben (von insgesamt acht) Nachinterviews 4 "konsensuelle" Momente und jeweils ein "konkordanter" und ein "singulärer" Moment nacherinnert. In **Fall 3** erinner-ten sich Therapeut und Klientin später lediglich an eine "konsensuelle" Se-quenz.

4.5. Zusammenfassung

Für eine erste Auswahl von existentiellen Momenten in der Psychotherapie habe ich als formale Kriterien die übereinstimmende Benennung "subjektiv bedeutsamer Momente" durch Therapeuten, Klienten und Beobachter benannt. Die Auswertung geschah auf der Grundlage von Sinneinheiten, d.h. zeitlich und inhaltlich aufeinanderbezogenen Interaktionssequenzen. Ein zusätzliches Krite-rium war die spätere Nacherinnerung.

Überraschend war für mich dann doch die Tatsache, daß 9 von 10 Sequenzen, die ich später aufgrund qualitativer Prozeßmerkmale als existentielle Momente beschreiben werde, den Kriterien der hier dargestellten rein formalen Auslese entsprachen. Umgekehrt waren existentielle Momente aber auch nicht in allen Sequenzen, die diesen quantitativen Kriterien entsprachen, enthalten. Der Prozeß und die Bedeutung solcher Momente können jedoch durch solche rein quantitativen Vorgehensweisen grundsätzlich nicht nachvollzogen und verstan-den werden.

---

[1] s. Tabelle in Anhang

5. Zur qualitativ-interpretierenden Auswertungsweise

5.1. Die Probleme bei der Auswertung qualitativer Daten

Bei der Auswertung der Interviews war ich mit einer Reihe von Fragen konfrontiert, etwa: Hat der Befragte das gesagt, was er gemeint hat, läßt sich vom gesprochenen Text auf verborgene Muster schließen? Habe ich ihn richtig verstanden und schließlich wiedergegeben? usw. D.h. auf dem Wege von Sagen - Hören - Auswerten gibt es viele Möglichkeiten des Mißverstehens oder auch Verfälschung des "eigentlich Gemeinten". Ich möchte hier nicht weiter auf die verschiedenen erkenntnistheoretischen, sprachpsychologischen, linguistischen Modelle der Textverarbeitung eingehen (vgl. dazu Breuer, 1991, 163ff.), sondern nur meine Vorgehensweise begründen.

Die meisten linguistischen Textanalysen gehen davon aus, daß bei Sprecher, Hörer und im weiteren auch Leser die gleichen Prozesse bei der Produktion und Verarbeitung von Sprechakten ablaufen. Es werden also "ideale" bzw. weitgehend subjektunabhängige Regeln vorausgesetzt, die sich beim Sprechen und Hören realisieren. Abweichungen oder Unterschiede von solchen "idealen Dialogen" werden dann eher als Fehler, Unreliabilität oder Unvalidität bei der Auswertung gesehen. Entgegen dieser "Abbild-Auffassung" verstehe ich jedoch Sprache als ein "Instrument", mit dessen Hilfe Menschen ihre jeweilige Realitäten (re)konstruieren und ihren Austausch mit dem Umfeld organisieren. Nach dieser (konstruktivistischen) Sichtweise kann jedoch ein und dasselbe Wort, z.B. "Mutter", je nach Lebenserfahrung, Kontext und Intention eine andere Bedeutung haben. In der alltäglichen Kommunikation genügt in der Regel das Sprechen und Verstehen von Wörtern, hier "Mutter", in seiner verallgemeinerten, **sozialen Bedeutung**.

Gerade in der Psychotherapie kommt es jedoch auf die **persönliche Bedeutung** an. Hier ist das Wort "Mutter" mit Erinnerungen und Gefühlen verbunden, die es z.T. erst wieder bewußt zu machen gilt. Im Mittelpunkt von Psychotherapie steht also die **gefühlte, "persönliche" Sprache** (vgl. auch Becker 1991). Im Laufe der Therapie müssen Therapeut und Klient erst ein gemeinsam geteiltes Verständnis über solche persönliche Bedeutungen herstellen. So gesehen sind gerade "Mißverständnisse" und häufig folgende Kontaktunterbrechungen Ausgangspunkt für einen therapeutischen Klärungsprozeß wie auch dessen Beforschung (vgl. Elliot & Shapiro, 1992).

Des weiteren habe ich mich auch gegen eine streng systematisierte Auswertungsweise entschieden: Erstens erfordern die bisherigen und sehr verschiedenen Ansätze einen Arbeitsaufwand, der angesichts der Menge meiner Interviewdaten gar nicht realisierbar wäre. Zweitens sind sie nur für die Analyse rein verbaler Interaktionen brauchbar, d.h. gerade die für die Therapie wichtigen nonverbalen Aspekte wie Körperausdruck, Stimmungen usw. werden nicht oder ungenügend erfaßt. Drittens konzentrieren sie sich auf die Inhalte und vernachlässigen die prozessualen und metakommunikativen (Beziehungs-)Aspekte der aufgenommenen Gespräche und der Interviews darüber.[1]

5.2. Geschichten von Geschichten

Statt "linguistischen" oder "analytischen" Vorgehensweisen zu folgen, die meines Erachtens letztlich nur eine Schein-Objektivität erzeugen, beruhen meine Auswertungsschritte auf folgendem Grundgedanken: Jeder Mensch konstruiert entsprechend seiner Lebenserfahrung und im Prinzip jeden Moment (je nach Zuhörer, Stimmung usw.) seine Wirklichkeit immer wieder neu und seine Berichte darüber sind eigentlich sich ständig verändernde "Geschichten".[2] Indem ich über diese Berichte wiederum schreibe, erzähle ich "Geschichten von Geschichten" (vgl. Portele, 1992). In der folgenden Auswertung und Darstellung habe ich versucht, diesen Gedanken konsequent fortzusetzen. Dies entbindet mich natürlich nicht von der Pflicht, in dem Sinne "wissenschaftlich" vorzugehen, daß die Daten systematisch erhoben, sorgfältig zusammengefaßt und für andere nachvollziehbar interpretiert werden. Aber sie befreit mich von solchen "wissenschaftlichen", letztlich jedoch uneinlösbaren Ansprüchen wie Objektivität, Vollständigkeit und Allgemeingültigkeit.

Darüberhinaus haben "Geschichten von Geschichten" folgende Vorteile gegenüber den üblichen wissenschaftlichen Texten zumindest in der Therapieforschung (vgl. auch Portele, 1992, 100ff.):

- Im Mittelpunkt von Geschichten stehen konkrete Menschen, ihre besonderen Eigenarten, ihre persönliche Sprache, ihre Erlebensweisen.

---

[1] Solche Verfahren wären etwa die "qualitative Inhaltsanalyse" nach Mayring, 1991, die "Gesprächsanalyse" nach Nothdurft, 1987, oder kognitionspsychologische Ansätze wie die Struktur-Lege-Technik nach Paetsch & Birkhan, 1987.

[2] Dieser Grundgedanke wird von einigen Therapeuten - besonders solchen mit familiensowie hypnotherapeutischem Hintergrund - sogar als therapeutische Methode eingesetzt. So meinen Anderson und Goolishian (1992, 16): "Veränderung in der Therapie passiert im Dialog durch das Erfinden neuer Geschichten, die neue Handlungsmöglichkeiten eröffnen. Eine neu erzählte Geschichte besitzt die Kraft, Ereignisse in unserem Leben in einem anderen Licht erscheinen zu lassen und sie dadurch zu verändern."

- Geschichten ermöglichen die Beschreibung von Prozessen der wechselseitigen kreativen Anpassung zwischen Menschen und ihrem Umfeld.
- In Geschichten können aktuelle Gefühle, Gedanken, Stimmungen und
sonstige "außerplanmäßige" Ereignisse und deren Integration in die Ge-
samt-Biografie beschrieben werden.
- Geschichten erheben nicht den Anspruch auf allgemeine Wahrheit, aber
sie enthalten Information, die jeder für seine Zwecke nutzen kann.
- Geschichten sprechen Leser eher an, sie sind so auch für andere Ratsu-
chende verfügbar und nützlich.
- Therapieforschung als das Erzählen von "Geschichten über Geschichten"
schließt die bisherige Kluft zwischen Theorie und Praxis der Psychotherapie.

Nicht zuletzt lassen sich auch die existentiellen Momente in der Psychotherapie
am besten in Geschichten beschreiben.

5.3. Die einzelnen Schritte bei der Entwicklung der Geschichten

Bei der üblichen Darstellung qualitativer Forschung tauchen die Originaltexte
aus den Interviews, Aufzeichnugen usw. kaum noch auf. Es werden meist kurze
Zitate oder frei formulierte Textbeispiele wiedergegeben, die die jeweiligen
Schlußfolgerungen eher "illustrieren" sollen. Demgegenüber hatte ich den
Anspruch, daß sich meine Interpretationen und anschließenden Verallgemeine-
rungen auch für andere nachvollziehbar (oder auch kritisierbar) aus dem Mate-
rial selbst ergeben sollten. Deshalb werden im folgenden zwei Falldarstelungen
ausführlich in Form von "Therapiegeschichten" erzählt. Sie bestehen aus einer
Vorgeschichte, den Verdichtungen und Interpretationen der einzelnen beobach-
teten Stunden in ihrem chronologischen Ablauf und einer Nachgeschichte.
Anschließend folgen meine Interpretationen des Gesamtprozesses und der
Nacherinnerungen.

Die Verdichtung der einzelnen Therapiestunden

Zunächst wurden die verschiedenen Videostunden und VINE-Interviews
transskribiert, wobei sich insgesamt ca. 7.000 Seiten ergaben. Die fortschrei-
tende Verdichtung der einzelnen Transskripte von bis zu 50 Seiten zu ca. 5
Seiten erfolgte weniger nach einer vorgegebenen Methode, sondern eher mithilfe meiner persönlichen Intuition und therapeutischen Erfahrung. Dies sah im
wesentlichen so aus, daß ich zunächst bedeutungsvolle und inhaltstragende
Sätze oder Momente suchte, um dann bedeutungsgleiche Sätze bzw. Momente
zu bündeln oder zu streichen. Die bedeutungsvollen Aussagen aus den Nacher-

lebens-Interviews wurden anschließend in die sie betreffenden Video-Textstellen hineinmontiert.

Auf diese Weise entstand schließlich für jede Stunde ein "authentischer" Bericht: der Text beruht zu ca. 80% auf dem Realtext, also auf einer Montage von Video- und Interviewtexten und sonstigen Aufzeichnungen, die restlichen 20% sind textzusammenfassende Sätze oder Bildbeschreibungen. Als Zitate sind deshalb nur ausgewählte (z.T. gekürzte) wörtliche Wiedergaben des Videotextes gekennzeichnet. So wurden auch die Texte lesbar gemacht, jedoch nicht bereinigt und verschönt. Eine ungewöhnliche Wortwahl, ein Fließen im Geschehen oder plötzliche Wechsel und Holprigkeiten, Unverständnis, Langeweile oder auch Spannung beim Lesen spiegeln lediglich den beobachteten Kontaktprozeß und seine Unterbrechungen wider.

Insgesamt sollten die letztlich wiedergegebenen **Verdichtungen der einzelnen Therapiestunden**

- einen Überblick über den Verlauf der gesamten Stunde aus der Perspektive von Therapeut und Klient geben,
- vor allem den Kontaktprozeß und seine Unterbrechungen widerspiegeln,
- über alle wesentlichen Themen informieren,
- alle von Therapeuten und Klienten angegebenen "subjektiv bedeutsamen Momente" in ihren Inhalten und den begleitenden inneren Prozessen enthalten,
- einen Eindruck von den nonverbalen Anteilen der Interaktion und der Stimmung insgesamt vermitteln und schließlich
- die nachfolgenden Schritte der Interpretation und Verallgemeinerung für Außenstehende nachvollziehbar machen.

Die letzten Fassungen der Verdichtungsprotokolle wurden noch einmal durch Anschauen der Videobänder nach den o.a. Aspekten gegenkontrolliert und gegebenenfalls verbessert. Die ersten Transskripte der Videobänder wie die letzten Fassungen der Verdichtungsprotokolle wurden des weiteren von den jeweils betroffenen Therapeuten und Klienten gelesen, gegebenenfalls korrigiert und bestätigt (= kommunikativ validiert).

Die Interpretationen der einzelnen Therapiestunden

In den jeweils anschließenden **Interpretationen** zu den einzelnen Therapiestunden werden die verschiedenen Perspektiven von Therapeuten, Klienten und Beobachtern auf der Grundlage des oben beschriebenen Kontaktprozeßmodell gedeutet. In die Interpretationen gehen außerdem folgende zusätzliche Informationen ein:

- Besonderheiten oder auch einzelne Ereignisse in und um die Therapiestunde, soweit sie für das Verstehen des Therapieprozesses unabdingbar sind, z.B. die allgemeine Atmosphere in der Stunde oder außertherapeutische Ereignisse (Daten aus den Aufzeichnungen des Therapeuten und der teilnehmenden Beobachter sowie aus dem Zwischenfragebogen und dem Forschertagebuch);

- die Rückmeldungen der teilnehmenden und externen Beobachter und
- die Nacherinnerungen zu Sequenzen der jeweiligen Stunde aus allen Nachinterviews nach Abschluß der Beobachtung.

Auf diese Weise wurden die wesentlichen Informationen aus den verschiedenen Datenquellen außerhalb der Beobachtung in einen gemeinsamen Sinnzusammenhang gebracht.

Die Vor- und die Nachgeschichte

Die Therapiegeschichten beginnen mit dem **Lebenslauf, der Anamnese sowie einer Beschreibung** des Klienten durch die Beobachter. Nach der Beschreibung des Therapiegeschehens folgt eine Gesamtbewertung des beobachteten Therapieprozesses aus der Sicht der Beteiligten sowie ein kurzer Nachtrag, wie die Therapie nach Abschluß der Beobachtungen weitergelaufen ist. Auch hier beruht die Darstellung auf einer Verdichtung der Originaltexte aus den verschiedenen Datenquellen wie Lebensfragebogen, den Interviews vor und nach der Beobachtung und Aufzeichnungen des Therapeuten.

Die Interpretation des Gesamtprozesses

Im Anschluß an die beiden Falldarstellungen wird jeweils eine **Interpretation des Gesamtprozesses** während des Beobachtungszeitraums vorgenommen. Hier werden Zusammenhänge zwischen bedeutsamen Ereignissen in den einzelnen Stunden zu vorangegangenen bzw. nachfolgenden hergestellt. Des weiteren werden mögliche Veränderungen in einer Art Vorher-Nachher-Vergleich aufgezeigt und die späteren Nacherinnerungen zusammengestellt. Auch diese Interpretationen wurden von den betroffenen Therapeuten und Klienten kommunikativ validiert.

Die qualitative Bewertung der Nacherinnerungen

Wie beschrieben sind die Nacherinnerungen zu einzelnen Sequenzen bereits in die Interpretationen der jeweiligen Stunden eingegangen. Da diese Sequenzen unterschiedlich genau und intensiv erinnert wurden, geht es in diesem Kapitel um eine **zusammenfassende qualitative** Bewertung solcher Nacherinnerungen.

5.4. Die einzelnen Prozeßmerkmale und die entsprechenden Beobachtungs- und Auswertungskriterien

Die Interpretationen der einzelnen Stunden und des Gesamtprozesses sowie die abschließende qualitative Auswertung richtete sich nach folgenden **Prozeßmerkmalen** und entsprechenden Beobachtungs- und Auswertungskriterien:

- **Kontakt zum Selbst**: der Grad an Erregung, beobachtbar besonders an Körperhaltung, Mimik und Sprachfluß, Ausmaß und Klarheit in der Verbalisierung eigener Körperprozesse und Gefühle, der Sprachausdruck (u.a. Modulation der Stimme, Stereotypie vs. Vielfalt in Wortwahl und Inhalten, einfache vs. komplizierte Grammatik, rationalisierendes Erklären vs. bildhaftes Beschreiben) und die Benennung von Bedürfnissen und Absichten und entsprechende beobachtbare Handlungsimpulse;

- **Kontakt zum Gegenüber**: die Häufigkeit und Intensität des körperlichen (körperliche Hinwendung, Augenkontakt usw.), emotionalen (gezeigte Anteilnahme) und verbalen Aufeinanderbeziehens (persönliche Ansprache, Interesse an Antwort und Rückmeldung, Ausdruck von Verständnis u.ä.);

- **Kontakt zum Umfeld**: der inhaltliche Bezug des Gesprächs zu konkreten Personen und vergangenen oder aktuellen Ereignissen aus dem außertherapeutischen Kontext;

- **Dramaturgie der Sequenz**: Spannungsaufbau und -auflösung, der (un)gebrochene Handlungsfluß, Tempo und Intensität, Verdichtung und Nachvollziehbarkeit des Themas;

- **Lösungen**: (vom Therapeuten) herbeigeführte vs. kreative (spontan entstandene) Lösungen, Ausdruck einer neuen Erkenntnis oder Sichtweise oder auch besonderen Erlebnisses;

- **Nacherinnerungen**: Klarheit und Genauigkeit in der Wiedergabe von Text, Bildern und Gefühlen;

- **nachträgliche Konsequenzen**: der beobachtbare oder berichtete Einfluß auf den weiteren Therapieverlauf sowie auf außertherapeutische Sicht- und Verhaltensweisen;

- **Wirkung auf Außenstehende** (teilnehmende, Fachbeobachter und therapeutische Laien): erhöhte Aufmerksamkeit und Interesse, emotionale Beteiligung, ästhetische Wirkung, Identifikation mit einem der Beteiligten, Erinnerung an eigene Lebensgeschichte sowie eigene Lernerfahrungen.

Bisher gibt es keine verallgemeinerbaren Beobachtungs- und Auswertungskriterien für die vielschichtigen Aspekte von Kontaktprozessen[1]. Ich mußte mich daher auf meine Intuition und therapeutische Erfahrung und die entsprechenden Angaben der am Therapieprozeß Beteiligten und der teilnehmenden und externen Beobachter verlassen.

---

[1] Es gab und gibt immer wieder Versuche, "objektive" Beobachtungskriterien und Meßinstrumente für therapeutisch bedingte Veränderungen im Kontaktverhalten zu entwickeln. Messungen körperlicher Veränderungen (z.b. des Hautwiderstands) erwiesen sich jedoch unzuverlässig, da die beobachteten Veränderungen auf viele Faktoren zurückgeführt werden konnten. Vielversprechender sind die Ansätze, die sich gezielt auf **einzelne** Aspekte des Kontaktverhaltens beziehen. Solche Versuche sind etwa die zu "Stimmqualitäten" (Rice & Kerr, 1986) sowie die Messung muskulärer Veränderungen beim Lächeln (Krause & Lütolf, 1989). Eine solche Trennung in einzelne Wahrnehmungs"kanäle" bleibt jedoch immer künstlich, da zwischenmenschliche Interaktionen, ob in der Realität oder anhand von Ton- und Bildquellen, immer **ganzheitlich** wahrgenommen, verarbeitet und bewertet werden. Durch solche Messungen festgestellte Veränderungen bleiben immer nur vorläufige Indikatoren für mögliche Veränderungen des Gesamtorganismus.

Ein Derwisch zu einem Schüler: „Wir sprechen in Geschichten, wie Sie wissen, und das hat unter anderem den Grund, daß man einer Geschichte wieder und wieder zuhören kann, denn jeder Augenblick ist anders und wird sich nie wiederholen. So wird die Geschichte mit jedem Mal, da Sie sie erneut studieren, einen anderen Sinn enthüllen. Dabei spielt die Stimmung, in der Sie sich befanden, eine Rolle, der Ort, von dem aus Sie die Geschichte betrachten, die Tageszeit - es hängt von vielen Dingen ab. Deshalb gibt es für die Geschichte, die ich Ihnen jetzt erzähle, keine Erklärung. Sie müssen nur aufmerksam zu erhören und sie erforschen, und dann, eines Tages, werden Sie vielleicht verstehen."

(Reishad Feild, 1987, 138)

Teil III

Zwei Therapiegeschichten

"Wie ein Schneeglöckchen am Nordpol"

1. Die Vorgeschichte[1]

Tom, Student der Physik, war 22 Jahre alt, als er sich auf Anraten eines Psychiaters zur Psychotherapie anmeldete. Er litt seit 5 Jahren unter Waschzwang, hatte Schwierigkeiten mit seinem Studium und eine diffuse Angst vor seiner Zukunft. Seine ganze Energie war auf das Studium konzentriert, er wußte wenig mit seiner Freizeit anzufangen und hatte kaum Freunde. Nach drei Vorgesprächen mit Jerry, dem Therapeuten, wurden zunächst 20 Sitzungen einmal wöchentlich vereinbart.

1.1. Toms Lebensgeschichte

Toms Vater war Kalkulator in einer größeren Firma gewesen, der wegen der Arbeit wenig zu Hause war und erst kürzlich pensioniert wurde. Seine jetzige Beziehung zum Vater beschrieb Tom als sehr sachlich-distanziert. Bei den wenigen Auseinandersetzungen, z.B. über Politik, neigte der Vater dazu, stark aufzubrausen und reaktionäre bis rechtsradikale Haltungen auszudrücken. Die Mutter war Hausfrau, Tom beschrieb sie als liebevoll, weil sie auch körperlichen Kontakt zuließ.

Die Familie wohnte in einem Einzelhaus in einem gutbürgerlichen Vorort weitgehend abgeschirmt von der Außenwelt. Besuche von Bekannten und Verwandten waren sehr selten, Freunde existierten überhaupt nicht. Der Urlaub wurde jedes Jahr einmal gemeinsam in einer süddeutschen Pension verbracht. Mit zwanzig Jahren begann Tom Physik zu studieren. Er wohnte weiterhin bei seinen Eltern, die ihn auch gerne möglichst lange zuhause halten wollten. Tom bekam monatlich 200.- DM Taschengeld, was er selbst eigentlich für zu viel hielt.

Aus seiner frühen Kindheit erinnerte sich Tom besonders an die betonte Sauberkeitserziehung und die hohen Leistungsanforderungen. Seine Mutter beklagte sich immer, wenn andere eine bessere Klassenarbeit als er geschrieben hatten. Von klein auf bis zum 16. Lebensjahr organisierte sie für ihn auch ein

---

[1] Der Text der Vorgeschichte beruht auf dem Lebensfragebogen für den Klienten, den Interviews zum Therapiebeginn, den Aufzeichnungen des Therapeuten und der Beobachter.

umfangreiches Freizeitprogramm: u.a. Kinderspielnachmittage, Klavierunterricht und Sportkurse.

Die Schulzeit verlief äußerlich gesehen normal: Vier Jahre Grundschule, zwei Jahre Beobachtungsstufe, vier Jahre Realschule, vier Jahre Aufbaugymnasium. Tom entwickelte jedoch kaum Freundschaften zu anderen Kindern. Er war sehr ängstlich und wurde häufig gehänselt, verlacht, manchmal auch körperlich bedroht. Er war meist Außenseiter in den Klassen und versuchte, diese Position durch gute Leistungen besonders in den naturwissenschaftlichen Fächern auszugleichen. Allerdings waren seine Schulleistungen immer abhängig von der persönlichen Zuwendung durch die einzelnen Lehrer. Er erzählte ausführlich von einer besonders liebevollen Lehrerin, aber auch von einem grausamen Vereinssportlehrer. Tom erinnerte auch nicht , daß ihn seine Eltern in seinen Ängsten und Konflikten in der Schule wirksam unterstützt hatten.

Zum Ende der Schulzeit schloß Tom schließlich doch zwei bis heute bestehende Freundschaften. Die eine war mit einem Mitschüler, der an schwerer Depression erkrankte und deshalb die Schule verließ. Tom fühlte sich seitdem verpflichtet, ihn alle zwei Wochen zu besuchen. Gegen Ende der Schulzeit lernte er einen weiteren Jungen kennen, der schwerhörig ist, den er aber sehr bewunderte wegen seiner sportlichen und praktischen Fähigkeiten, seiner Allgemeinbildung und seiner Unabhängigkeit. Ab ca. dem 13. Lebensjahr spürte Tom Klient erste sexuelle Erregungen, wobei sich seine sexuellen Phantasien auf sporttreibende Jungen bezogen. Auch heute noch fühlt er sich sexuell mehr zu Männern hingezogen, hat bisher aber noch keine realen sexuellen Kontakte erlebt.

1.2. Toms Krankheitsgeschichte

Seinen Waschzwang begründete Tom mit der Angst, andere Menschen mit Würmern bzw. Polioviren anzustecken. Deshalb wusch und bürstete er sich zehn bis fünfzehn mal am Tag die Hände, zusätzlich desinfizierte er häufig seine Kleidung. Würde er dies nicht tun, dann könnte er nach seinem Tode für seine Unsauberkeit bestraft werden. Diese Ängste und sein anschließendes Zwangsverhalten waren während der Semesterferien besonders stark.

Tom führte akribisch mit Jahre zurückliegenden Daten und sehr ausführlich verschiedene mögliche Auslösesituationen für seine Ängste auf: z.B. als er einmal einen Jungen dabei beobachtete, wie der mit einem kotbeschmierten Ball spielte, oder als er zufällig den Spielfilm "...und wieder springe ich über Pfützen" sah, in dem ein Kind vor seinem jähzornigen Vater floh und danach an Kinderlähmung erkrankte.

Auch zu seiner Sauberkeitserziehung stellte er Verbindungen her: da er bis zum vierten Lebensjahr noch nicht "stubenrein" war, wurde er häufig von seiner Mutter ausgeschimpft, wobei er einmal auch einen "Klaps auf den Popo" bekam. Er wurde zum sorgfältigen Waschen angehalten, mit der Begründung "sonst gibts Würmer". Weiterhin begründete er seine Ängste mit Situationen, in denen er sich massiv überfordert und alleingelassen gefühlt hatte, z.B. beim Schwimmunterricht mit einem brutalen Bademeister, eine Kiefernregulierung, überzogene Anforderungen im Deutschunterricht, ein grausamer Mathematiklehrer, Ärger mit Mitschülern usw. Nach solchen Situationen hatte er auch sporadisch an Selbstmord gedacht, besonders wenn daraufhin auch noch seine schulischen Leistungen nachgelassen hatten.

Krankheiten waren immer ein wichtiges Thema für Tom. So konnte er alle psychischen oder somatischen Leiden aus drei Generationen seiner Familiengeschichte aufführen. Der Schularzt stellte bei ihm "motorische Störungen" fest, die ein Neurologe auf eine "Reifungsverzögerung des Gehirns" zurückführte. Tom bekam vier Jahre lang Medikamente, anschließend absolvierte er eine zweijährige Bewegungstherapie. Wegen Lispelns war er auch über ein Jahr bei einer Logopädin in Behandlung.

Mit 16 Jahren begannen die Zwangshandlungen. Es folgte eine (noch andauernde) psychiatrische Behandlung mit zunächst medikamentöser Behandlung. Eine zusätzliche 15- monatige Verhaltenstherapie blieb nach kurzem Erfolg schließlich erfolglos. Tom meinte dazu, den zentralen Problemen wohl ausgewichen zu sein. Als man ihm daraufhin einen Klinikaufenthalt empfahl, lehnte Tom wegen der Trennung von seinen Eltern ab.

Mit der Psychotherapie verband Tom folgende Hoffnungen: die Befürchtung loszuwerden, andere anzustecken; jemanden zu haben, mit dem er ins Kino oder Konzert gehen könnte, mit anderen verreisen zu können, so zu werden wie sein schwerhöriger Freund.

1.3. Die ersten Eindrücke des Therapeuten

Jerry war zuerst richtig erschrocken, wie gefühlslos und wie vom Tonband Tom gleich intimste Angaben aus seinem Leben abspulte. Tom erschien ihm zwar sehr sprachgewandt, aber doch äußerst arm und undifferenziert im gesamten emotionalen und körperlichen Ausdruck. Jerry empfand aber auch Sympathie für Toms Humor und kindliche Schadenfreude und auch Faszination für seine phantasievollen, teils exzentrischen Gedankengänge: weil Tom sich z.B. nicht dem Vorwurf aussetzen wollte, sein Geld aus dem Fenster zu werfen, sammelte er jetzt CD-Platten, um damit später den Kauf eines CD-Players rechtfertigen zu können.

Aufgrund der Lebensgeschichte hatte Jerry den Eindruck, daß Tom wie ein Schoßhündchen und Vorzeigeobjekt der Familie dressiert worden war. Wenn er sich in Toms Lage versetzte, dann spürte er als erstes ungeheure Wut gegen all die Manipulationen und Demütigungen, dann aber auch Erschrecken vor der Schutzlosigkeit und Verletzbarkeit. Jerry spürte dabei den spontanen Wunsch, Tom in seinem heimlichen Streben nach Autonomie und Abgrenzung von der Familie zu unterstützen, und wünschte sich eine vertrauensvolle Beziehung, wie sie Tom zu zweien seiner Lehrer beschrieben hatte. Jerry kannte die Außenseiterrolle und damit verbundene Rückzugs- und Rachegedanken auch aus seiner eigenen Lebensgeschichte. Auch er hatte eine überfürsorgliche Mutter und einen despotischen Vater gehabt und neigte ebenso dazu, sein Selbstwertgefühl über Leistung zu bestimmen.

Als Therapieziele formulierte Jerry, daß Tom lernt, sich in der therapeutischen Beziehung abzugrenzen, sich streiten und dabei vielleicht sogar körperlich "balgen" zu können, zwischen sozial akzeptiertem Ausdruck von Ärger und magisch-aggressiven Phantasien unterscheiden zu können und insgesamt seine zwanghaft zurückgehaltene Lebendigkeit ohne Angst zuzulassen. Außerdem wünschte sich Jerry, daß Tom im Verlauf der Therapie eine größere Selbständigkeit entwickelte, z.B. einen Urlaub ohne Eltern verbringen könnte, neue soziale Kontakte aufnehmen und nicht zuletzt seine Zwangshandlungen reduzieren könnte. Ein Problem für einen erfolgreichen Therapieverlauf sah Jerry in den vielfachen heilpädagogischen, psychologischen und psychiatrischen Behandlungserfahrungen. So war Tom gleich zu Beginn der Gespräche in die Rolle des "gehorsamen Patienten" geschlüpft.

1.4. Wie die Beobachter Tom sehen

Toms Bewegungen und äußerer Ausdruck wirken hölzern und verkrampft. Tom betritt den Therapieraum und begrüßt uns nach einem gleichbleibenden Muster. So hat z.B. das Ausziehen der Schuhe einen fast rituellen Charakter: Er beugt den Oberkörper, die Beine bleiben dabei durchgedrückt, und er löst langsam und sorgfältig seine Schuhbänder, er zieht die Schuhe aus, stellt sie an eine immer gleiche Stelle und richtet sie nocheinmal nebeneinander aus, legt dann die Schuhbänder jeweils eines Schuhes behutsam in den Schuh. Nach einem nochmaligen kontrollierenden Blick schreitet er langsam, oft eine Hand auf dem Rücken, zu seinem Stuhl, um vorsichtig Platz zu nehmen und seine Sitzposition bis zum Erscheinen des Therapeuten unverändert zu halten.

Auch während der Therapiestunde sitzt Tom sehr angespannt und steif. Die wenigen Positionswechsel erfolgen ruckartig, fast roboterhaft. Wenn er spricht, bewegen sich meist nur die Lippen, eine Atmung ist kaum zu erkennen. Der

Blickkontakt zum Therapeuten ist selten und kurz, dabei oft intensiv fixierend. Zumeist aber richtet er seinen Blick auf den Boden.

Seine Berichte von vergangenen Begebenheiten werden minutiös, mit exakten Daten versehen, bei Wiederholungen werden sie nahezu identisch reproduziert. Die Stimme ist monoton und äußerst arm an Modulation. Am Satzende steigt die Stimme jedoch auf eine typische Art und Weise immer wieder an. Seine Grammatik kommt nahezu ohne Verben aus, ähnlich der bekannten Behörden-sprache, aber ohne deren Knappheit. Auffällig sind sowohl in Denkweise als auch in Sprache äußerst komplizierte, in sich logische Erklärungen für sein Verhalten. Subjekte sind hierbei fast immer die anderen, und er bleibt lediglich Objekt. Was er sagt, spricht er irgendwie in den Raum, ohne einen Adressaten zu suchen.

Ein Ausdruck von Empfindungen und Gefühlen ist bei Tom kaum zu beobach-ten. Alle Berichte, selbst grausame Phantasien, werden weitgehend emotionslos vorgetragen. Gefühlsbeschreibungen beschränken sich meist auf die Begriffe angenehm/unangenehm, als wäre er im frühkindlichen Lust/Unlust-Stadium stehengeblieben. Seltene differenziertere Beschreibungen sind fast immer mit einer Einschränkung verbunden (z.B. "unterschwellig traurig"). Die gesamte Vortragsweise wirkt häufig ermüdend, es erfordert viel Anstrengung, Tom inhaltlich zu folgen. Dies nahm oft unsere gesamte Aufmerksamkeit in An-spruch, so daß wir uns sozusagen im kognitiven Raum gefangen fühlten.

2. Von der Probestunde bis zur zwanzigsten Sitzung [1]

Die Probestunde

Tom und Jerry hatten ihre Plätze eingenommen. Die Beobachter warteten im hinteren Teil des Raumes auf das Zeichen, mit der Videoaufnahme beginnen zu können. Tom wurde noch einmal versichert, daß er jederzeit die Beobachtung unterbrechen könne. Jerry sagte noch ein paar Sätze zum Ziel der Untersuchung, die Tom mit der Frage kommentierte: "Dann bin ich also ein Untersuchungsobjekt wie in der Physik?" Die Kamera wurde angestellt.

(1st) <<*Jerry spürte ein schlechtes Gewissen. Natürlich war ihm die Untersuchung wichtig. Aber er hatte doch den Anspruch, daß Tom ihn auch als Subjekt interessierte!* Er widersprach schnell. Er wolle Tom nicht einfach nur als Forschungsobjekt sehen, sondern als Menschen, so wie er selbst auch nicht nur als Psychologe gesehen werden möchte. *Jerry wollte seine akzeptierende und mitfühlende Haltung für Tom ausdrücken, er hoffte auf dessen Bestätigung.* "Möchten Sie folgendes probieren? Mich anzuschauen und sich dabei zu überlegen, da ist ein Mensch, der interessiert sich für mich!" Beide schauten sich eine Sekunde lang an, dann wich Tom jedoch aus: "Jetzt ist das eine ungewohnte Situation, denn bis jetzt habe ich mich nur mit Physik und solchen Dingen beschäftigt und vielleicht bedeutet dies auch eine gewisse Einseitigkeit. Und wenn man jemand nun eine solche Frage stellt, dann ist das eine ungewöhnliche Situation." *Jerry merkte an Toms Reaktion, daß er auf ihn eingeredet hatte, ohne von ihm verstanden zu werden.*>>

---

[1] **Anmerkung zu Zeichen und Abkürzungen in den Verdichtungsprotokollen:** Der Text zwischen den Zeichen **<<** ... **>>** gibt Anfang und Ende der von den Beteiligten genannten wichtigen Momente an (die genauen Daten s. Anhang zu Fall 1). Sie sind mit **Zahlen** in Klammern über die Stunden hinweg durchnumeriert. Die hinzugefügten Abkürzungen bedeuten:

st = vom Therapeuten (= Jerry) als wichtig bezeichnet;
sk = vom Klienten (=Tom) als wichtig bezeichnet;
kd = konkordant, von Therapeut und Klient als wichtig bezeichnet;
kons = konsensuell, zusätzlich von mind. einem der Beobachter als wichtig bezeichnet;
B = nur von Beobachtern benannte Sequenzen;
N = nur in späteren Klienten-Nachinterviews benannte Sequenzen.

In **Anführungszeichen** gesetzte Textstellen geben die wörtliche Rede wider, *kursiv* gedruckte Textstellen beruhen auf Aussagen aus den VINE-Interviews, die an den betreffenden Stellen in den Video-Text hineinmontiert sind.

Im folgenden erzählte Tom, daß sich schon verschiedene Menschen aus unterschiedlichen Motiven für ihn interessiert hatten, sein schwerhöriger Freund und viele Lehrer. "Oder meine Mutter: sie umsorgt mich sehr, damit ich gut leben kann. Wobei ich da schon eine gewisse Gefahr auftauchen sehe, daß sie davor Angst hat, daß sie mich irgendwie verlieren könnte durch ein etwas selbständigeres Leben." Er selbst helfe seinem kranken Freund aus Idealismus, ein Fünkchen Egoismus sei auch dabei, nämlich eine innere Befriedigung, etwas Gutes getan zu haben.

Im weiteren erzählte Tom, daß er die Selbständigkeit seines Freundes bewundere. Er plane nun auch eine erste Reise alleine, jedoch zur Absicherung in die Nähe vom Urlaubsort der Eltern, weil er seine Selbständigkeit nur Schritt für Schritt aufbauen könne. So habe er zu studieren angefangen, ohne Gewaltlösung, und seine ersten Erlebnisse an der Uni seien eine unglaubliche Bereicherung und psychische Erleichterung im Gegensatz zu den vielen sehr autoritären Lehrern an der Schule gewesen.

Jerry hatte den langatmigen Ausführungen bis auf kurze Gegenfragen schweigend zugehört, *er war immer müder geworden.* Schließlich unterbrach er Tom, (2st) <<er höre eine indirekte Forderung, nicht zu viel zu verlangen. Provozierend fügte er schmunzelnd hinzu, ob er autoritär sein solle? Tom schien etwas erschrocken: "Das möchte ich nun auf keinen Fall! Ich glaube, das würden Sie nicht tun, das könnte ja doch in meiner Psyche einigen Schaden anrichten. Ich habe ja schon umfangreichere Erfahrung mit einem Verhaltenstherapeuten gemacht." *Jerry dachte trotzig, er spielt den kleinen Jungen,* und sagte dann bestimmt: "Es stimmt schon, daß ich versuche, nicht jemanden zu überfordern, aber ich fordere ihn, und ich werde auch Sie fordern!">>

Tom wollte am Ende der abgelaufenen Zeit noch kurz seine Ängste bzgl. des geplanten Urlaubs ansprechen. Jerry gab eher widerwillig nach, aber er erinnerte sich, selbst dieses Thema für die Stunde eingeplant zu haben. (3kons) <<Tom beschrieb nun langatmig, welche Vorbereitungen und Sicherheitsvorkehrungen er wegen seines Waschzwanges treffen müsse. Auch seine Mutter sei sehr skeptisch mit der Reise. *Was will er mir damit sagen? überlegte sich Jerry währenddessen und startete schließlich einen Versuchsballon:* "Ihre Mutter scheint Ihnen ja nicht viel zuzutrauen." *Tom war von dieser Feststellung überrascht. So etwas hatte ihn noch nie jemand gefragt, überlegte er. Der Therapeut scheint mir mehr zuzutrauen als meine Mutter. Diesen weiteren Gedanken fand er sehr erleichternd, er spürte, daß jetzt ein Bereich berührt wurde, der mit seinen Problemen sehr stark zu tun hatte.* "Das kann durchaus sein," antwortete Tom, "irgendwie merke ich doch, jetzt bin ich doch in einer relativ stabilen Lage, und da sollte man die Chance eigentlich nutzen."

"Möchten Sie gerne einen Ratschlag von mir?" fragte Jerry. *Er wollte Tom etwas Positives mitgeben, der Meinung der Mutter eine Ermunterung entge-*

*gensetzen. Er war nun mit seinem eigenen Idealvater identifiziert, der Rat-
schläge gibt, ihn ermutigt, aber auch was von ihm abverlangen will.* Jerry
schien nicht zu hören, daß Tom seine Frage verneinte, denn er fuhr fort: "Ich
kann nur hoffen, daß Sie nicht bei jeder kleinen Schwierigkeit aufgeben. Sie
probieren etwas Neues, wo Sie nicht wissen, was rauskommt. Wie bei einem
Experiment: nicht jeder Versuch ist erfolgreich, sonst würde man auch keine
Experimente machen. Auch Sie als Physiker, wenn Sie von vornherein wüßten,
was dabei herauskommt, würden Sie keine Experimente machen."

*Während Jerry redete, fühlte sich Tom deutlich in einem Dilemma: auf der
einen Seite hatte er Angst, fühlte sich darin aber nicht akzeptiert; andererseits
forderte der Psychologe von ihm, Schwierigkeiten auf sich zu nehmen.* "Also
ein merkwürdiges Gefühl ist es natürlich schon," sagte Tom *und dachte bei
sich, daß das eine Manipulation sei, denn ein physikalisches Experiment und
sein Gefühlsbereich, seine Ängste, können doch nicht miteinander verglichen
werden. Er wollte seine Ängste noch mal mit einem Vergleich mit einem AKW-
Unfall richtig deutlich machen:* "Also, und im übrigen, wenn es mal zu einem
Störunfall kommen sollte, dann ist da gleich so eine Sicherheitsvorrichtung
eingebaut." Jerry meinte, daß das auch o.k. sei, wenn es nicht anders ginge, und
beendete die Stunde. *Tom verließ die Stunde mit dem Gefühl, mit seinen Ängsten alleingelassen worden zu sein.*>>

Interpretation[1]

Bereits in dieser Probestunde deuten sich die zentralen Themen und Beziehungsmuster an, die sich in verschiedensten Variationen in den folgenden
Stunden wiederholen werden. Die erste vom Therapeuten als wichtig bezeichnete Sequenz (1st) beginnt mit der Selbstbezeichnung des Klienten als
"Forschungsobjekt". Der Therapeut muß nun mit "Erschrecken" und
"schlechtem Gewissen" feststellen, daß er tatsächlich in seiner Doppelrolle als
Therapeut und Untersuchungsleiter in einem Beziehungsmuster gefangen ist,
das das Selbst- und Weltbild des Klienten bestätigt, nämlich willenloses Objekt
(und meist Opfer) von Autoritäten und äußeren Mächten zu sein. Diesem Di-

---

[1] Die über den Text der Stunden hinausgehenden Angaben stammen aus den Aufzeichnungen
der teilnehmenden und Fremd-Beobachter und folgenden Nachinterviews:
TN0 bzw. KN0 = Nachinterview mit Therapeut bzw. Klient zum Ende des Beobachtungs-
zeitraums
TN1 = Nachinterview mit Therapeut nach 10 Monaten
KN1 = Nachinterview mit Klient nach 10 Monaten
KN2 = Nachinterview mit Klient nach 2 Jahren
B1N = Nachinterview mit Beobachter 1 nach 11 Monaten
B2N = Nachinterview mit Beobachter 2 nach 12 Monaten.

lemma versucht der Therapeut zu entkommen, indem er seine Betroffenheit ausdrückt und ein vorsichtiges Beziehungsangebot macht. Nach einem kurzen spannungsgeladenen (Blick)Moment weicht der Klient dem unpersönlich formulierten Beziehungsangebot ("ein Mensch") auf ebenso unpersönliche Weise ("man") aus. Gleichzeitig bietet er dem Therapeuten eine Erklärung für den Kontaktabbruch an ("Einseitigkeit", "ungewöhnliche Situation"), die diesem die momentane Überforderung klarmacht, aber auch die Möglichkeit weiterer Kontaktangebote nicht ausschließt. Als der Therapeut diese Erklärung schließlich akzeptiert, kann der Klient die gestiegene Anspannung loslassen und im gewohnten Redetonus weitererzählen.

In den folgenden 15 Minuten erzählt er in der für ihn typischen fast bewegungslosen Haltung und monotonen Sprechweise. Dabei kann er die kurzzeitige Irritation seines Weltbildes wieder gerade rücken. Es tauchen die auch für die folgenden Stunden wichtigen Personen auf: der schwerhörige Freund Michael, der ihn zu mehr Selbständigkeit bringen will, die Lehrer, die für ihre eigene Bestätigung gute Leistungen von ihm wollen, und die Mutter, die Angst hat, ihn zu verlieren. Man könnte hinzufügen: der Therapeut, für den er ein guter Klient und ein geeignetes Forschungsobjekt sein soll. Diesem Objektdenken stellt er seine idealisierte Helferrolle für seinen Freund entgegen. Des weiteren nennt er ein Lebensziel, eine größere Selbständigkeit, und sein "rationelles" Veränderungskonzept, nämlich "Schritt für Schritt gute Verhaltensweisen aufzubauen", statt wie bei seinen Lehrern "Gewaltlösungen" ausgesetzt zu sein.

Die nächste wichtige Szene (2st) entwickelt sich, als der Therapeut wieder die aktuelle Beziehung und die Erwartungen des Klienten an ihn anspricht ("nicht autoritär sein"). Der Klient erschrickt und weist diese erste Konfrontation mit einer indirekten Drohung zurück, auf die der Therapeut nun eher provokativ, seinen Ärger aber zurückhaltend, reagiert ("nicht überfordern, aber fordern"). Auch dieses Interaktions- und Beziehungsmuster wird sich in den folgenden Stunden mehrfach wiederholen.

Die nun folgende Szene (3kons) erweist sich als eine Schlüsselszene für die folgenden Stunden. In Folge der vorherigen Szene und wohl auch wegen der abgelaufenen Zeit läßt sich der Therapeut nicht weiter auf die vom Klienten beschriebenen Ängste ein. Vielmehr redet und handelt er auf dem Hintergrund, wie er sich wohl selbst als Junge Ermutigung von seinem eigenen Vater gewünscht hätte. In dieser Rolle verliert er zunehmend Kontakt zu seinem Gegenüber und agiert aus seiner eigenen Geschichte und Betroffenheit heraus. So überhört er, daß der Klient keinen Ratschlag haben wollte, übersieht dessen Verunsicherung und übergeht die innerlich starken ("Manipulation"), aber nach außen zaghaft vorgebrachten Einwände ("merkwürdiges Gefühl") des Klienten. Erst im anschließenden Nachinterview äußert der Klient gegenüber dem teilnehmenden Beobachter offen seine Kritik am Therapeuten: "Bei Ihnen hatte ich noch mal wirklich die Möglichkeit, über meine Ängste sprechen zu können und hier wurde das nicht zurückgewiesen."

Diese letzte Szene (3kons) kann der Klient in allen drei Nachinterviews fast wörtlich wiedergeben. Sie galt später für ihn als Ausnahme in einer "durchweg guten Beziehung": "Da hat es einmal einen kleinen Knacks in der Beziehung gegeben" (KN0).

Die erste Stunde

Tom begann mit einer ausführlichen Begründung, warum er seine Reise gleich nach Ankunft am Zielbahnhof abgebrochen hatte. Schon bei der Reisevorbereitung hatte er seinen Mut verloren. Er war stundenlang damit beschäftigt gewesen, sich und seine Reiseutensilien zu waschen. Die Vorstellung, diesem Zwang in der Jugendherberge nicht folgen zu können wie überhaupt keine Intimsphäre haben zu können, hatte seine Angst verstärkt.

(4kd) <<Jerry wollte genauer wissen, was Tom befürchtet hatte. Die anderen könnten über mich Witze machen, meinte Tom. "Das klingt, daß Sie sich sehr schutzlos fühlen", antwortete Jerry, *er sah nun einen kurzen Blick von Angst und Traurigkeit bei Tom.* Tom bestätigte Jerrys Eindruck, *er spürte, daß Jerry einen zentralen Punkt angesprochen hatte. Er erinnerte sich kurz an verschiedene Erlebnisse mit seinen ehemaligen Klassenkameraden. Jerry hingegen entwickelte das Bild von einem nackten und schutzlosen Baby, das er beschützen und vorsichtig behandeln müsse. Er spürte Traurigkeit und Erschrecken bei dieser Vorstellung hochkommen. Aber er getraute sich nicht, dies alles Tom zu sagen.* Ob er sich nicht vorstellen könne, sich zu wehren, fragte Jerry schließlich. "Mich zu wehren?" fragte Tom erstaunt, "das war immer so ein Punkt, mit dem ich unsäglich Schwierigkeiten hatte." *Er merkte, daß er dem Problem auswich, er hörte Kritik, aber auch einen Anflug von Ermutigung aus Jerrys Frage.*>>

Jerry verlagerte das Gespräch auf Toms Gefühl von Alleinsein und seinem Wunsch nach einer Freundschaft, aber die vorherige Spannung war verflogen. Tom gab schließlich zu, daß er mit seinen Gedanken ganz woanders war. Im folgenden schilderte er ausführlich, wie er sich bei seiner Anfahrt zur Jugendherberge von einem kleinen Mädchen beobachtet gefühlt hatte und daraufhin endgültig beschloß, zu seinen Eltern zu fahren.

(5kons) <<Ziemlich unvermittelt fuhr Tom dann fort: "Na ja und dann war da noch eine Sache, ein Gefühl, das mich veranlaßte, zu sagen, so also nicht " Er schaute Jerry direkt an. *Irgendwie wußte er, daß Jerry damals einen Fehler gemacht hatte, dafür wollte er ihm eins auswischen.* "Sie waren mir da mit dem Argument gekommen, also diese Jugendherbergsreise, das wäre wie ein physikalisches Experiment und bei physikalischen Experimenten wüßte man häufig nicht, wie das Ganze ausgeht, und sonst würde man ja keine physikalischen Experimente machen."

Jerry war hellhörig geworden. Er wollte zuerst widersprechen, nee Junge, das hast Du falsch verstanden. Er ahnte schon, was Tom sagen würde, er würde sich wieder zum willenlosen Opfer machen. Jerry fühlte sich unbehaglich, aber auch leicht verärgert. Er hielt sich jedoch noch zurück, als Tom fortfuhr: "Nur der wesentliche Unterschied dabei ist, also dem Forscher selber kann das ja relativ egal sein, ob ein Experiment nun diese Richtung nimmt oder jene, also er hat dann ja in jedem Fall seine Aufgabe erfüllt. Aber hier also, da waren ja meine Gefühle, also da stand ich ja nun voll dahinter, das heißt also, bei diesem Experiment mit dem Jugendherbergsbesuch da, das würde sich unter Umständen sehr stark auf meine Gefühle auswirken."

Hier dachte sich Tom, daß er das noch mal mit einem, zugegeben, sadistischen Beispiel anschaulich machen wollte: "Das wäre ungefähr so, als wenn man mal die Wärmewirkung von Mikrowellen testen würde, indem man seinen kleinen Finger in den Mikrowellenherd hält." Jerry lachte bei Toms Bild: "Okay, das habe ich aber nicht vorgeschlagen." Dann ernsthafter: "Und ich habe Ihnen sicher nicht die Garantie gegeben, daß Sie da nur angenehme Gefühle haben, das ist klar."

"Nein", bestätigte Tom. *Mist, dachte er, da hat er Dich aber in der Falle. Der ist wie so ein Vertreter, der einen mit allen möglichen Tricks zum Kauf des Staubsaugers überrumpeln will. Aber er wollte dagegenhalten, denn nun fühlte er sich erst recht bestätigt, daß Jerry solche Tricks machte, um ihn zu manipulieren. Er spürte seinen Ärger gegen Jerry, wollte ihm mal richtig die Meinung geigen:* "Mmh. Ja, aber, das so mit diesem physikalischen Experiment und mit dieser Jugendherbergsreise, da wurden also zwei Dinge miteinander in Verbindung gebracht, die schlecht miteinander in Verbindung zu bringen sind, auf der einen Seite ist nämlich die Physik, und auf der anderen Seite die belebte Natur, die Psyche!" *Jerry fand das toll, was Tom sagte. Er war überrascht über dessen Klarheit. Manchmal erschien ihm Tom so technisch im Umgang mit sich selbst. Und nun brachte er plötzlich diese menschliche Seite ein, die belebte Natur. Er war mehr als überrascht, auch irgendwie berührt.*

Tom war jetzt in seinem Element: "und da hab ich mir gedacht, also das ist eine Manipulation, um hier die Therapie nach Möglichkeit voranzubringen, indem ich nämlich diese Reise antreten sollte. Diese Manipulation angesichts der unangenehmen Gefühle, die da hochkamen, ist irgendwo ziemlich niederträchtig, da hab ich nun gesagt, also soo nicht!!" Die letzten Worte hatte Tom mit einer Hand- und Kopfbewegung unterstrichen, dabei schaute er Jerry ganz bewußt an. *Er fühlte sich nun richtig entspannt und hatte eigenartigerweise keine Angst dabei gespürt, das "niederträchtig" gesagt zu haben.*

Kurzes Schweigen. *Jerry war ganz perplex. Er hatte das "niederträchtig" direkt auf sich gemünzt, spürte als ersten Impuls Ärger. Dann aber bewunderte er Tom für seinen Mut. Irgendwo dachte er, hat der ja auch Recht. Er erinnerte sich kurz an die entsprechende Szene der letzten Stunde. Es stimmte, er hatte versucht, Tom rein kognitiv umzupolen. Genau das hat der gespürt, dachte er erneut überrascht, eine Manipulation und jetzt will er mir einen reintun. Noch vor einer halben Stunde hatte sich Tom als schutz- und wehrlos bezeichnet. Jetzt plötzlich sah er eine völlig andere Seite von ihm. Er freute sich über Tom, ja, er war stolz auf ihn. Er hatte kein Bedürfnis mehr, auf den Angriff zurückzuschlagen. Vielmehr nahm er sich vor, Tom zu verstärken, bewußt zu machen, daß er sich abgrenzen kann. Ob ihm das klar ist, daß er genau das mir gegenüber macht?* Er lächelte: "Ich überlege gerade, vielleicht habe ich Sie unterschätzt, wie selbstständig Sie sind!"

Tom erschrak. Da krieg ich den Schwarzen Peter ja postwendend zurück, dachte er. Das bedeutete ja eine Aufforderung, mich doch solchen Situationen zu stellen, obwohl ich wahrscheinlich in Panik geraten würde. Andererseits war es natürlich auch ein Triumph, daß Jerry mir so attestiert, daß ich doch relativ selbständig bin. "Also man kann natürlich in verschiedene Richtung selbständig sein. Mit einem sehr kleinen Energiepotential ..."

Jerry unterbrach lächelnd: "Als wir über die Jugendherberge sprachen, sagten Sie mir noch, Sie könnten sich nicht so gut wehren. Was ich jetzt gerade registriere, ist, daß Sie mir ganz klar sagen: also so nicht! Ich lass mich nicht manipulieren. Ich bin ganz überrascht!" Tom lächelte verlegen zurück. *Für ihn war die Situation noch nicht ganz befriedigend gelöst. Seine Argumente, nämlich daß Jugendherberge und Sitzung etwas Unterschiedliches seien, hatten Jerry offenbar noch nicht überzeugt. Er überlegte, ob er Jerry woanders am Kanthaken kriegen konnte. Denn ein Psychologe, der sollte sich ja nicht durchschauen lassen, wenn er manipuliert, hier war es aber doch aufgeflogen!* "Aber - also na, wenn ich denen in der Jugendherberge meine Meinung sagen wollte, ehem, was ihnen nicht so in den Kram paßt, also dann müßte ich ja damit rechnen, also daß sie ziemlich hemmungslos wieder dagegen sich zu Wehr setzen würden."

Jerry war *enttäuscht. Er spürte, daß Tom wieder auswich.* "Da müßten Sie mit rechnen?" Tom bestätigte. *Jerry wollte Tom argumentativ, mit einem logischen Widerspruch wieder auf ihre Beziehung bringen.* "Ist das ein Naturgesetz, daß die so reagieren? Das hieße ja, daß ich jetzt auch hemmungslos reagiere." "Nein ehem, also ein Naturgesetz in dem Sinne ist es nicht, nur ich muß es einkalkulieren." *Schon wieder eine Manipulation mit diesem Naturgesetz, dachte Tom. Es könnte doch was passieren, das verschweigt Jerry. Und hier hemmungslos zu reagieren, das kann er ja hier nicht, das kann sich so ein Psychologe ja nicht herausnehmen. Jerry will nur von einer möglichen Gefahr ablenken. Ich muß mich jetzt doch sehr konzentrieren. Er dachte angestrengt nach, wie er Jerry am besten in eine Zwickmühle reinkriegen könnte.*

Schließlich sagte er: "Übrigens, also Sie sagten eben, da scheint ja ne Menge in Ihnen zu stecken, wenn Sie sich gegen meine Manipulation wehren und sagen: so nicht! Damit haben Sie ja selbst eingestanden, daß Sie mich manipuliert haben!" Dabei schaute er triumphierend lachend auf. Jerry *war verdutzt, das fand er so verrückt, das war wirklich die Krone von dem Ganzen. Bei dem muß ich wirklich aufpassen, dachte er. Für ihn stimmte der Vorwurf zwar nicht ganz. Aber Tom hatte sich sehr klar abgegrenzt, und dafür empfand er echte Bewunderung.* "Nee, da unterscheide ich noch." Dabei mußte er laut auflachen. *Er windet sich wie ein Aal, dachte Tom, aber wenn er so lacht, dann ist das schon ein Zeichen dafür, daß er in einer ziemlich unangenehmen Situation ist.*

Jerry lachte noch, holte dann tief Luft: "Poh, da bin ich ja in der Bredoullie!" Nun mußte auch Tom laut loslachen. *Wie unter Freunden, dachte er. Und er hatte das Gefühl des Triumphs: er hatte Jerry in eine Zwickmühle bekommen und sich auch für dessen Manipulation gerächt.* Immer noch lachend gestand Jerry: "Ich bin immer überraschter, wie gut Sie sich wehren können. Da muß ich mich richtig aufsetzen. Sie können ganz gut zurückgeben. Sie machen mich fast sprachlos." Beide lachten sich wie befreit an. *Jerry dachte kurz darüber nach, ob er jetzt die Kontrolle über die Situation verliere würde. Aber Toms Lachen, die ganze humorvolle Situation machte es ihm leicht, spontan loszulassen und rein impulsiv zugeben zu können: Du hast mich schachmatt gesetzt! Er fühlte sich damit wohl, es zugegeben zu haben, wie befreit, ein tolles Erlebnis, dachte er.*

Als das Lachen abebbte, fragte Jerry: "Wie ist das für Sie, wenn ich Ihnen das so sage?" Tom lachte noch mal kurz auf: "Na irgendwo ist es natürlich ein Erfolgserlebnis, einfach deshalb, weil ich dachte immer, Argumentieren mit anderen wäre nicht meine Stärke, und jetzt sehe ich, unter bestimmten Voraussetzungen geht es eben doch, darin liegt das Erfolgserlebnis." Beide schwiegen nun eine Weile. *Jerry spürte, wie die Intensität des Kontakts nachließ. Es ist nicht nur ein Erfolg wegen der richtigen Argumentation, dachte er, auch wenn er im Kontakt mit seinem Vater nichts anderes erlebt hat. Hoffentlich vergißt er dieses Erlebnis nicht. >>*

Nach einer längeren Pause meinte Tom (wieder in seiner gewohnten Redeweise), daß ihm das in der gewohnten Umgebung zu Hause sicher nicht so passieren könne. Sein Vater hätte ihm einzutrichtern versucht, daß seine Reise-Idee ein ziemlicher Blödsinn gewesen wäre. Ob er sich denn nicht auch gegen solche offensichtlichen Manipulationen des Vaters wehren könne, fragte Jerry daraufhin. Der käme immer sehr gut mit Gegenargumenten und außerdem ziehe der die Gespräche unsäglich in die Länge, entgegnete Tom. Da sei es für ihn besser, seine Ressourcen zu schonen und ein bißchen Anerkennung zu heucheln. Auf eine entsprechende Frage meinte Tom, daß er sich hier in der Therapie sehr gut fühle, Geborgenheit finde er aber am besten in sich selber, wenn er Aufgaben alleine lösen könne.

Interpretation

Der erste wichtige Moment (4kd) ereignet sich nach 15 Minuten, als der Therapeut genauer auf die Angstphantasien des Klienten eingeht. Der Therapeut kann sich in die vom Klienten beschriebene Situation einfühlen, spürt dessen Angst und Schutzlosigkeit und teilt dies dem Klienten mit. Der fühlt sich verstanden, zeigt Betroffenheit, hat Erinnerungen an frühere Erlebnisse und bestätigt dem Therapeuten, daß dieser einen zentralen Punkt angesprochen habe. Nun wehrt der Therapeut jedoch seine Gefühle, die über die Identifikation mit dem Klienten entstanden sind, ab. Vielleicht aus Angst vor Hilflosigkeit oder Zurückweisung durch den Klienten wechselt der Therapeut nun auf die (kognitive) Ebene möglicher Verhaltensänderungen. Der kurzzeitig entstandene Kontakt ist nun unterbrochen, denn der Klient empfindet diesen Wechsel als Kritik an seinem jetzigen passiven Verhalten und weicht, innerlich bewußt, aus. Die folgenden Versuche des Therapeuten, den Klienten wieder gefühlsmäßig zu erreichen ("Alleinsein"), bleiben erfolglos.

Die nächste wichtige Szene (5kons) wird nach 13 Minuten ziemlich unvermittelt durch den Klienten eingeleitet. Seine begleitenden Gedanken sind von dem Wunsch nach Rache für die Manipulation der letzten Stunde geleitet. Vermutlich will er damit auch seine Enttäuschung über sein mißlungenes Reisevorhaben abwehren. Er ist sich seines Ärgers gegenüber dem Therapeuten bewußt, steckt nach der ersten Zurückweisung seiner Kritik auch nicht auf. Diese scheint ihn vielmehr anzuspornen, er wendet sich dem Therapeuten direkt zu, seine anfänglich allgemeine Kritik wird zunehmend heftiger ("niederträchtig"), die Ansprache energiegeladen und klar prononciert ("so nicht!!"). "Eigenartigerweise" spürte er auch keine Angst vor seinem Gegenüber, vielmehr eine richtige Entspannung.

Hatte sich der Therapeut anfangs noch darüber geärgert, nun die Verantwortung über die mißlungene Reise zugeschoben zu bekommen, so ist er jetzt sichtlich überrascht und sprachlos. Zuvor hatte er den Klienten in der Rolle des "wehrlosen Kleinkindes" und sich selbst in der des "beschützenden Vaters" gesehen. Nun erlebt er eine "völlig andere Seite" des Klienten, seine bisherige Sichtweise von ihm ist auf mehrfache Weise gestört: inhaltlich durch den Hinweis des Klienten auf dessen eigenständige Gefühlswelt, emotional durch die Klarheit und Direktheit des Angriffes und auf der Beziehungsebene durch die Wahrnehmung eines mehr erwachsenen Gegenübers. Der anfängliche Ärger ist Gefühlen von Freude und sogar Stolz über den Klienten gewichen. Humorvoll versucht er nun, dem Klienten die gerade gezeigte Selbständigkeit bewußt zu machen.

Nun ist der Klient überrascht. Zunächst nimmt er die unerwartete Bestätigung an, dann erschreckt ihn jedoch der Gedanke, sich möglicherweise auch in Zukunft angstauslösenden Situationen stellen zu müssen. Er versucht nun, durch allgemeine Überlegungen auszuweichen, wird aber vom Therapeuten unterbrochen. Dieser hält ihn im momentanen Beziehungskonflikt und provoziert ihn durch eine weitere "Manipulation". Der Klient kehrt auch tatsächlich zu seinem ursprünglichen Rachegedanken zurück, denkt angestrengt und konzentriert nach und weist dem Therapeuten schließlich dessen indirektes Eingeständnis einer Manipulation nach.

Der Therapeut stimmt dem Klienten zwar nicht inhaltlich zu, ist aber von dessen intellektueller Kreativität und Beharrlichkeit und der erneut gezeigten Fähigkeit zur Abgrenzung überrascht. Er gibt zu, in eine Zwickmühle gebracht und sprachlos gemacht worden zu sein. Mit diesem spontanen Eingeständnis geht er gleichzeitig das Risiko ein, "die Kontrolle über die Situation zu verlieren" oder vor dem Klienten als "Versager" zu stehen. Es überwiegt jedoch sein Spaß am offenen und spannungsgeladenen, aber auch humorvollen Schlagabtausch, in dem auch kaum Zeit und Raum für eine reflektierte Reaktion bleibt. Sein spontanes lautes Lachen geht schließlich auf den Klienten über, der zunächst nur Schadenfreude und Triumphgefühle empfindet. Beide lachen sich nun in echter Freude an, "wie unter Freunden", so der Klient, und die Spannung im Raum löst sich auf. Die sonst vorherrschende Gestaltung nach den (Selbst)Bildern (hilfreicher Therapeut-Vater vs. schutzloses Kind) ist für einen Moment aufgehoben. Es hat ein existentieller Moment mit einem echten zwischenmenschlichen Kontakt stattgefunden.

In der folgenden Integration spricht der Klient von einer neuen Erfahrung, er hat eine Stärke in sich gespürt und Erfolg gehabt. Einen möglichen Transfer dieser Erfahrung auf außertherapeutische Ereignisse kann er allerdings noch nicht sehen. Immerhin gibt er zu, daß er bei Auseinandersetzungen mit seinem Vater seine Zustimmung lediglich heuchelt.

Die teilnehmenden Beobachter sprechen von der "Bredouille-Szene" als einem Moment "echter Gemeinsamkeit, der auch für sie spürbar war". Ebenso reagierten vier Fremdbeobachter aus verschiedenen Therapieschulen spontan: "als wenn da eine andere Ebene plötzlich drin war, etwas Lockerndes, Lösendes, ihm das zu lassen, daß er diese Stärke haben kann" (Verhaltenstherapeut); "jetzt kriegte das Ganze so was Frisches, so einen ganz individuellen Charakter des Erlebens" (Individualpsychologin); "ich mußte mitlachen, die diebische Freude, die konnte ich gut teilen mit ihm" (Gestalttherapeutin); "eine Freude, daß das Ganze eine Lösung gefunden hat zur Beziehungsklärung, die Stelle war so wichtig wie viele Stunden Therapie" (Psychoanalytiker).

Das Täter-Opfer-Thema wird in den folgenden Stunden eines der zentralen Themen bleiben, ebenso wird der Begriff der "Manipulation" unter direktem oder indirektem Bezug auf diese Szene immer wieder auftauchen. Auch in allen Nachinterviews kann diese Szene von allen Beteiligten fast wörtlich wiedergegeben werden.

In den Nachinterviews betont der Klient immer wieder: "Also, daß ich ihr mal so in die Bredouille gebracht habe, das war wirklich mal ein Triumph" (KN0), "ich hab mich wie im Himmel gefühlt" (KN1). Auch nach zwei Jahren meint er: "Die Schmach über die mißlungene Reise und die Manipulation war von mir gegangen ... der Knacks in der Beziehung war wieder bereinigt" (KN2).

Der Therapeut erinnert sich noch deutlich an seine verschiedenen Gefühle während dieser Szene und das Risiko, dem Klienten seine Überraschung und Sprachlosigkeit zuzugestehen, und das gemeinsame Lachen, mit dem die spannungsgeladene Situation aufgelöst wurde. In dieser Szene war ihm auch bewußt geworden, wie sehr er den Klienten "nicht als Erwachsenen ernstgenommen" hatte (TN1).

Beide teilnehmenden Beobachter erinnern sich, immer noch amüsiert, besonders an das "lachende Gesicht' und den "aktiven, ja kämpferischen Körperausdruck" des Klienten, der so im Gegensatz zu dessen üblichen marionettenhaften Auftreten stand (B2N).

Die zweite Stunde vom (nach einer vierwöchigen Urlaubspause)

Tom erzählte ausführlich von einem erfolgreich abgeschlossenen Physik-Praktikum. (N) <<Vorher hatte er vor allem Angst gehabt, schlechter als seine Praktikumspartnerin zu sein.>> Er wollte nämlich immer mit Leistungen glänzen, die für andere nicht selbstverständlich sind. Ein Gefühl wie Liebe für die anderen habe er noch nicht verspürt, heutzutage sei das Karrieredenken zu hoch im Kurs.

Das Gespräch plätscherte nun schon eine halbe Stunde vor sich hin. *Jerry merkte, wie er immer gefühlsloser wurde. Er ließ Tom erzählen und überlegte immerzu, wo er einhaken könnte.* Tom erzählte nun von einem Ereignis beim Geburtstagskaffee seines Freundes Michael. Dabei hatte sich Tom besonders darüber geärgert, daß sein Freund ständig an seiner Freundin rumnörgelte. (6kd) <<Als sein Freund nun die Freundin wegen der weichen Schlagsahne ausschimpfte, ergriff Tom für sie Partei, indem er eine ironische Bemerkung machte: "Du mußt den Elastizitätsmodul der Sahne etwas vergrößern". Tom hatte die ganze Szene sehr lebendig beschrieben, Jerry konnte sie sich gut vorstellen und mußte mehrfach lachen. *Tom spürte noch einmal seine ganze Schadenfreude gegen seinen Freund, er hatte ihn mit dessen eigener Pedanterie geschlagen und ihm so seine Unvollkommenheit in Physik vor Augen geführt. Er freute sich auch, daß er Jerry zum Lachen gebracht hatte.*>>

Tom begründete sein Verhalten damit, daß ihn Michaels pedantische Haltung geärgert hatte. Er führte kurz noch weitere Beispiele aus seiner Verwandtschaft auf, wo Perfektionismus dazu mißbraucht wurde, andere Leute herabzusetzen. (7st) <<*Jerry spürte, daß er sich nicht wieder durch langatmige Erzählungen von Tom einwickeln lassen wollte, er begann sich über die selbstgerechte Haltung Toms zu ärgern.* Schließlich unterbrach er Tom und wies ihn auf den Widerspruch hin, andere Menschen vor pedantischen Ansprüchen in Schutz nehmen zu wollen, andererseits aber selbst dem Anspruch zu folgen, absolut hygienisch zu sein. *Irgendwie wollte er Tom auf sich selbst zurückbringen, aber er hatte selbst keine klare Vorstellung über die verschiedenen widersprüchlichen Aspekte in Toms Verhalten und wie er sie offensichtlich machen konnte.* Tom gab schließlich zu, daß er auch seinen Freund kleinmachen wollte, wich dann jedoch aus.>>

Jerry hakte noch einmal nach: "Sie können andere in Schutz nehmen. Mich würde freuen, wenn Sie das auch auf sich anwenden." Tom schwieg lange. (8sk) <<Schließlich schlug Jerry ein Rollenspiel vor: "Können Sie sich vorstellen oder ich könnte jetzt einen Stuhl holen: da sitzt der Tom, der darunter leidet, für den Sie auch zu sorgen haben, den Sie vielleicht auch in Schutz nehmen." Tom hatte damit Schwierigkeiten: "Irgendwie sind da gewissermaßen mehrere Persönlichkeiten in einem, die da irgendwie so zusammengelötet sind, ob das nun paßt oder nicht." *Das war etwas völlig Neues für Tom. Ihm wurde*

nun deutlich vor Augen gestellt, daß es zwei grundverschiedene Persönlichkeiten in einem gibt. Er fand aber auch unangenehm, daß jetzt doch mehr in sein Innenleben hereingeleuchtet wurde und Gedanken aufkamen, vor denen er sich sonst eher leichtfertig herumdrückte. Er hatte auch ein gewisses Mitgefühl für den Schutzbedürftigen. Tom wollte sich jedoch nicht weiter auf das Rollenspiel einlassen: "Vielleicht fällt es mir deshalb schwer, weil es mir schwerfällt, mich selbst in Schutz nehmen zu können.">>

Übergangslos erzählte er dann in seiner üblichen monotonen Sprechweise von seiner Lehrerin, wie sie einmal mit ihm "Pfusch" gemacht habe. Er begann, theoretisch zu erläutern, daß er bei Gewaltandrohung eher Schaden riskieren würde, wenn er sich wehre. Schließlich meinte er, daß er mit mangelnder Sauberkeit andere infizieren könnte und das würde sich nach seinem Tode rächen.

(9st) <<Jerry unterbrach erneut Toms Ausführungen, *er wollte zum Schluß der Stunde auf den Waschzwang zurückkommen und ihm die Frage "wie sorge ich für mich?" als Denkaufgabe mitgeben.* "Gut, das sagt der Pedant", unterbrach Jerry und kam auf das Rollenspiel zurück, "was sagt der andere? " "Der sagt dann, ich habe ein Recht darauf, meinen Säuremantel auf der Haut zu schonen. " "Was sagt daraufhin der Pedant?" "Naja, die anderen sind da doch wichtiger." Daraufhin würde der Schutzbedürftige den Mund halten und sich auch nicht mehr durch ein Gefühl zu Wort melden. *Jerry merkte, daß sich Tom auf das Spiel mit den Händen einließ. Er spürte an sich auch Traurigkeit und eine tiefe Resignation.*

Jerrys Stimme wurde weich: "Welche Gefühle könnte er haben?" Auch Toms Stimme wurde weicher: "Ach nun hast Du schon wieder, meinetwegen, ähm, dieses saubergemacht, das hat Dich aber nur unnötig Zeit gekostet. Du bist meinetwegen aus Angst, andere anstecken zu können, da hingegangen, das ist doch ein Verlust für Dich. Diese Gefühle, die könnte er haben."

Jerry *wollte Tom ein Gefühl anbieten, ihm eine Ahnung geben, was dieser andere empfinden könnte:* "Also er macht sich selbst Vorwürfe. Ich wäre verletzt: die anderen sind wichtiger als Du, oder vielleicht ist er wütend." Tom begann zu schmunzeln, bewegte den Kopf abwägend hin und her: "Mmh, das könnte er auch sein." Der Dialog wurde kurz weitergeführt, wobei sich herausstellte, daß keine von beiden Seiten zufrieden war. Jerry schien berührt: "Das klingt ja traurig. Keine Vergnügen, nur Erfüllung von Ansprüchen. Außerdem nicht wichtig sein." "Kann man so sehen!" meinte Tom und kniff seinen Mund zusammen. Die Stimmung war immer drückender geworden, *Jerry machte sich nun Sorgen um Toms Stimmung, aber er konnte ihm im Moment auch keine Lösung anbieten.*>>

Tom fand zum Schluß der Stunde wichtig, sich die verschiedenen Seiten seiner Persönlichkeit anzugucken, die sozusagen "auseinanderdriften". Jerry *fühlte sich unklar und unzufrieden mit sich*, als er den Raum verließ.

Interpretation

Die erste halbe Stunde des Gesprächs über Studienprobleme verläuft schleppend, der Therapeut muß sich nach einer längeren urlaubsbedingten Therapiepause erst wieder an die ermüdende Redeweise des Klienten gewöhnen. Die Stimmung ändert sich, als der Klient schließlich erzählt, wie er seinem Freund eins ausgewischt hat (6kd). Sein Erfolg in der vorherigen Stunde scheint ihm die Sicherheit gegeben zu haben, sich seiner Schadenfreude und Rachegedanken bewußt zu werden und sie auch unbefangen äußern zu können. Der Therapeut wird als "Mitstreiter" gesucht und durch sein Lachen gefunden.

Diese gemeinsame Ebene ändert sich, als der Therapeut den Klienten mit dessen projektiven Anteilen konfrontiert (7st). Allerdings ist er in seinem weiteren Vorgehen unentschieden, er verhält sich eher zögernd und fragend als direkt konfrontierend. Dadurch kann der Klient zwar den aggressiven Anteil seines gezeigten Verhaltens zugeben, einer Konfrontation mit dem selbstzerstörerischen Anteil zunächst jedoch ausweichen.

Die Unklarheit im Therapeuten bleibt auch im folgenden Rollenspiel bestehen. So sind seine Anweisungen halbherzig und ungenau, und er scheint eher seinen eigenen Bildern von der Opferseite im Klienten zu folgen. Das Rollenspiel (8sk) wird vom Klienten nur deshalb als wichtig bezeichnet, weil es für ihn eine neue und ungewohnte Intervention ist. Aber der Gedanke, daß damit nun "mehr in sein Innenleben hineingeleuchtet" werden könnte, ist ihm noch zu unangenehm. Es ist mehr der Beharrlichkeit des Therapeuten zu verdanken, daß der Klient zum Schluß doch noch kurz einen Dialog führt (9st). Der Therapeut spürt die mit dem schutzlos-leidenden Anteil verbundenen Gefühle und versucht den Klienten damit in Kontakt zu bringen, was dieser jedoch abwehrt. Eine resignative Stimmung kommt auf, eine Lösung ist nicht in Sicht. Aus Sorge um die Stimmung des Klienten, vielleicht aber auch aufgrund der eigenen Hilflosigkeit, bricht der Therapeut den Dialog schließlich ab.

Die dritte Stunde

Das neue Semester hatte begonnen und Tom fühlte sich bedrückt. (10st) <<Der Gedanke, die hohen Leistungsanforderungen unbedingt erfüllen zu müssen, sei ihm von der Familie, besonders von seinem Onkel implantiert worden. Dies würde ihm den inneren Rückhalt nehmen. Jerry fand, daß Tom sich damit wie ein "Selbstbedienungsladen" darstellte. Tom stimmte ihm dabei zu, mehr noch, er fühle sich wie ein Strichjunge, der den Drohungen seines Zuhälters ausgeliefert sei. Als er dies gesagt hatte, freute sich Tom, es seinem Onkel mit diesem obzönen Ausdruck zurückgegeben zu haben. *Jerry war jetzt sprachlos, aber auch ein wenig hilflos, wie sich Tom als willenloses Werkzeug von Zuhältern und Manipulateuren darstellte.*>> Er fragte nach, ob Tom sehr ärgerlich auf seinen Onkel sei. Tom bestätigte: "Vollkommen!"

(11kd) <<Jerry schlug vor, daß Tom einen Dialog mit seinem Onkel spielen sollte. *Das war für Tom zunächst eine ungewohnte Aufgabe,* aber schließlich steigerte er sich in seine Wut gegen seinen reaktionären Onkel und seine Law-and-order-Haltung, den er zum Abschluß mit dem Heil-Hitler-Gruß bedachte. *Jerry mußte innerlich lachen, Tom schien von nun an seine Therapie selbst zu gestalten. Während Toms längerer Ansprache erinnerte er sich an seine Wut und Hilflosigkeit in seinen Auseinandersetzungen mit seinem Vater. Aber Toms Empfinden erschien ihm noch tiefer, er spürte einen unheimlichen und kalten Haß, aber auch Ohnmacht und Leere, ohne Gefühl und Persönlichkeit, wie ein Stück Holz.* Tom empfand dagegen eine große Erleichterung und ein tolles Gefühl, endlich mal seinem Onkel all seine Aggressionen entgegengeschleudert zu haben.>>

Jerry überlegte, wie er Toms verbale Agressionen in einen körperlichen Ausdruck bringen konnte. Mehrere Male unterbrach er nun Tom, wenn dessen Angriffe ihm zu abstrus oder konfus erschienen. So ermunterte er Tom mehrfach, seinem Onkel "mal unverpackt" die Meinung zu sagen und ließ bestimmte Sätze wiederholen, woraufhin sich Toms stimmlicher Ausdruck verstärkte. Jerry brach nun das Rollenspiel ab. Tom fühlte sich nun sehr erleichtert, die Situation war ihm "nicht peinlich, aber ungewohnt, weil ich den Leuten normalerweise nichts unverpackt sagen kann."

Auf Vorschlag Jerrys nahm Tom kurz die Rolle seines Onkels an, äußerte dann jedoch den Wunsch, in seiner Rolle noch ein bißchen weitermachen zu können. (12kons) <<Er habe nämlich noch einen Gedanken, den er schon mal häufiger hatte und nur bei Zusicherung von Straffreiheit umsetzen würde. *Er spürte dabei schon Vorfreude, mal wieder eine Aggression äußern zu können, zunächst suchte er noch nach den richtigen Worten, bis er den nötigen Schwung hatte.* Als er beschrieb, daß er die rechte Hand des Onkels ergreifen würde, hielt ihm Jerry eine Hand hin. Tom ergriff nun lächelnd diese ihm angebotene Hand und schnitt ihr mimisch mit einer Kneifzange den Daumen ab. Jerry hatte

zuvor spontan seine Hand hingehalten und war nun über Toms Aktion sichtlich überrascht. Er zog seine Hand zurück und beide mußten laut lachen. *Tom empfand eine große Genugtuung, auch wenn es nur gespielt war. Es war ein erhebendes Gefühl für ihn, sich auch einmal in einem geänderten Verhalten zu sehen. Jerry war aber immer noch erschüttert, kalter Haß gegen den Onkel kam hoch, den er aber nicht zulassen und ausdrücken wollte, weil Tom ihm noch zu zerbrechlich schien. Er verstand ein wenig die Notwendigkeit, sich kalt und eng zu machen.>>*

Jerry wies Tom noch einmal darauf hin, daß er sich offenbar doch nicht alles gefallen ließ. Bei überzogenen Anforderungen würde er sich wohl doch abgrenzen, gab Tom zu. Außerdem habe sich jetzt seine Stimmung gewandelt. Er fühle sich distanzierter zu den Studienanforderungen und könne eine zu anstrengende Vorlesung nun auch später nachholen. Auf Jerrys Vorschlag hin wiederholte Tom den Satz "Ich kann mich wehren". Aber Tom fand sich nicht überzeugend, stimmiger sei für ihn der Satz "Ich habe ein Recht, mich zu wehren!" (B) <<Tom erzählte schließlich zum Ende der Stunde noch einen kurzen Witz über seinen Onkel.>>

Interpretation

Diese Stunde fängt dort an, wo in der letzten Stunde ein Kontaktabbruch zwischen Therapeut und Klient stattgefunden hatte. Zunächst "schockiert" der Klient den Therapeuten mit drastischen Illustrationen seines Selbst- und Weltbildes (10st: "implantierte Gedanken", "Selbstbedienungsladen", "Strichjunge" etc.). Im folgenden sieht sich der Klient in seinem Ärger auf seinen Onkel (als Symbol des Zwangssystems) durch den Therapeuten bestätigt und zum verstärkten Ausdruck seines Ärgers ermutigt. Es folgt ein an Erregung und Intensität ständig steigender Kontaktprozeß, von dem der Therapeut später schmunzelnd feststellt, der Klient habe seine Therapie praktisch alleine gemacht.

Zunächst erhält der Klient durch den Vorschlag des Rollenspiels (11kd) die Erlaubnis, sich auf eine für ihn ungewohnte, aber auch sichere Weise an seinem Onkel zu "rächen" und dabei ein "tolles" Gefühl zu haben. Der Therapeut schwingt gefühlsmäßig und in Erinnerungen an die eigene Lebensgeschichte mit, ohne jedoch mit dem Klienten konfluent zu werden.

Dieser beginnende Spannungsbogen droht abzubrechen, als der Klient in immer abstrusere Gedankengänge und weitschweifiges Reden übergeht. Hier unterbricht der Therapeut mehrfach, refokussiert den Klienten auf den Onkel als "Aggressionsobjekt" und das Rollenspiel im Hier-und-Jetzt, woraufhin sich der Stimm- und Körperausdruck des Klienten wiederum intensiviert. Schließlich ist der Klient so sehr "in Fahrt", daß er sich trotz verschiedener Ablenkungen vom Therapeuten nicht davon abbringen läßt, all seinen Ärger in eine "symbolische Aktion" umzusetzen (12kons). Der Klient schildert selbst in seinen begleitenden Gedanken, wie sich langsam Freude und Erregung in ihm aufbaut. Auch der Therapeut läßt sich spontan und risikobereit in das Geschehen ein und stellt zudem durch die angebotene Hand einen körperlichen Kontakt her. Die Aktion des Daumenabschneidens als überraschender Höhepunkt leitet zugleich auch die Auflösung der aggressiven Spannung ein. Dies geschieht zunächst durch das gemeinsame Lachen, das wiederum den Klienten in seinem Gefühl, mit seiner Aggression akzeptiert zu sein, bestärkt. In der folgenden Integration drückt er ein verändertes Selbstbewußtsein aus, das sich gleich in einem konkreten Vorhaben äußert.

Die teilnehmenden Beobachter waren von der Handlung des Klienten ebenso überrascht und lachten mit. Auch die Fremdbeobachterin empfand Erleichterung nach dieser Sequenz und freute sich über den Körperkontakt und das Vertrauen zwischen Therapeut und Kient.

Später erinnert sich der Klient, daß er in dieser Sequenz "für die damaligen Verhältnisse ziemlich laut und direkt" geworden sei (KN2).

Die vierte Stunde

Tom hatte zum ersten Mal eine Übungsveranstaltung ausfallen lassen, er wollte sich nicht zu sehr anstrengen. Die letzte Stunde hatte ihn noch weiter beschäftigt, aber ihm fehle noch die innere Kraft, sich zum Beispiel gegen seinen Vater mit Gegenargumenten zu wehren. Jerry erinnerte Tom an dessen Wut in der letzten Stunde. Tom fiel dabei ein Ereignis aus der Vorlesung in Theoretischer Mechanik ein. Ein Student hatte wohl aus Protest gegen die schlechten und unverständlichen Erklärungen des Professors einen Luftballon hochsteigen lassen.

(13sk) <<Jerry mußte bei Toms Beschreibung lächeln, dann griff er dessen unverhohlene Schadenfreude auf. Tom fühlte sich wie auf frischer Tat ertappt und betonte gleich, daß nicht er den Luftballon aufgeblasen habe. Jerrys fragte nach, ob das schlimm gewesen wäre. *Die Frage war eine absolute Überraschung für Tom. Vielleicht wäre es doch nicht so schlimm gewesen, wenn ich das gemacht hätte, dachte er, der Gedanke erleichterte ihn, ein sehr schönes Gefühl.* Aber es tatsächlich selbst zu machen, dazu sei er nun doch zu unsicher.>>

Jerry überlegte laut, daß ein solcher Protest durchaus berechtigt sei, und auch Tom meinte schließlich, daß er den Gedanken, mit Luftballons gegen unverständliche Vorlesungen zu protestieren, gar nicht so schlimm finde, in der Umsetzung sei er jedoch noch sehr vorsichtig. Ob Tom nicht auch eine Kritik an ihm habe, fragte Jerry. (B) <<Tom kam lächelnd auf den Manipulationsversuch mit der Jugendherbergsreise zurück, aber aufgrund seiner überdurchschnittlich starken Ängste sei es gar nicht so ohne weiteres möglich, ihn auf "DIN-Format zu stutzen".>> Angst, Kritik geübt zu haben, habe er jetzt nicht, meinte Tom auf Jerrys entsprechende Frage. Erst als Jerry nachhakte, gab Tom zu, daß ihn Jerrys Reaktion auf die Kritik schon interessiere.

(14st) <<Jerry, dachte kurz nach, *er wollte möglichst klar und ehrlich antworten.* "Ich hasse es auch, so manipuliert und normiert und so was zu werden, wenn das jemand mit mir macht. Insofern habe ich mich in Ihre Lage versetzen können und habe dann erstmal so was wie einen Schrecken gekriegt, daß ich das gemacht haben soll. ... Ich muß ehrlich sagen, daß ich es Ihnen nicht so in dieser Schärfe zugetraut habe, wirklich mich gefreut hab, daß Sie sich wehren, also daß Sie mir klar sagen, das will ich nicht." Bei vielen Selbstdarstellungen von Tom habe er sich immer wieder gefragt, ob er wirklich so eine "willenlose Puppe" sei, die alles mit sich machen ließe." *Mit diesem Begriff wollte Jerry Tom provozieren, es war ihm immer noch unbegreiflich, er wollte es nicht akzeptieren, daß Tom sich so wehrlos wie ein Strichjunge sah.* Tom hatte Jerry nickend zugehört, fiel lächelnd ein: "Oder sagen wir: bin ich nur ein lebendiges Stück Knetmasse?>>

Im folgenden verglich sich Tom auch mit einem "Computer auf zwei Beinen", bei dem jedoch nicht alle Regionen des Gehirns von außen angesteuert werden können. (B) <<Es entspann sich eine längere Diskussion, in der Jerry seine Sichtweise von der prinzipiellen Autonomie des Menschen erläuterte.>> Aber Tom schien Jerrys Ausführungen nicht folgen zu können, lediglich bei dem Stichwort, sich aus Angst und Selbstschutz den äußeren Erwartungen entsprechend zu verhalten, hakte er ein. So meinte er z.B., ein Grund für seinen Waschzwang sei die Angst vor Rache, die Ungeheuer an ihm nach seinem Tode ausüben könnten. Die Angst, sich zur Not auch aggressiv zu wehren, sei ihm von seiner Mutter wie auch von seinem Vater wie ein Pawlow'scher Reflex anerzogen worden. (B) <<Zum Beispiel sei er einmal gegen einen Mitschüler wie ein Dampfkessel explodiert, und seine Mutter habe dann vor den möglichen Schmerzensgeldforderungen gewarnt.>>

(15kd) <<Tom war froh, daß er hier in der Therapie jetzt einen länger gehegten Verdacht und damit auch eine scharfe Kritik an seinen Eltern ausdrücken konnte: mit der strikten Ablehnung von Gewalt sei seinem autoaggressivem Verhalten Vorschub geleistet worden. Dies sei auch Grund dafür, daß sich sein Waschzwang so gut bis heute halten konnte. *Tom dachte dabei für sich, daß er jetzt mal den Schritt wagen sollte, auf sein vorrangigstes Problem zu sprechen zu kommen. Jerry wiederum war überrascht, wie Tom von selbst einen Zusammenhang zwischen seinen Eltern und seinem autoaggressiven Verhalten (allein schon der Begriff!) herstellte.* Er nickte nachdenklich, schließlich antwortete er: "Das glaube ich auch." *Tom sah sich durch Jerrys Reaktion in seinen Vermutungen bestätigt, ein schönes Gefühl.*

Jerry wollte aber jetzt am Schluß der Stunde nicht weiter auf Toms Gedanken eingehen. Stattdessen betonte er noch einmal: "Mein Anliegen ist, Ihnen zu sagen, Sie sind nicht mehr ein wehrloses Opfer." Als Erwachsener habe Tom jetzt mehr Möglichkeiten, sich zu wehren. *Jerry hatte dabei das Gefühl, auch etwas von sich mitzuteilen, aus seinem lebensgeschichtlichen Hintergrund. Er wußte nicht, ob er damit bei Tom angekommen war.*>>

Interpretation

Der Klient hat sich zum ersten Mal gegen die Leistungsanforderungen "gewehrt" und eine Vorlesung ausfallen lassen. In der "Luftballon-Szene" (13sk) drückt er auch sein gestiegenes Vertrauen zum Therapeuten aus. Er kann zugeben, daß der Therapeut ihn in seiner heimlichen Schadenfreude ertappt hat und diese zu seiner Überraschung auch noch mit ihm teilt. Auch die Frage nach einer möglichen Kritik kann er lächelnd und "ohne Angst" beantworten, außerdem seien Manipulationen bei ihm "gar nicht so ohne weiteres möglich".

Diese kurzen humorvollen Kontakte bereiten den Boden für eine im wesentlichen ungezwungene und "dichte" Atmosphäre für den Rest der Stunde. Zwar sind keine weiteren eindeutigen emotionsgeladenen Höhepunkte zu verzeichnen, dennoch hat das Gespräch eher den Charakter eines gegenseitigen persönlichen Gedankenaustausches.

Diesen leitet der Therapeut mit der Erläuterung seiner Sichtweise von der prinzipiellen Autonomie des Menschen ein, die er der Sichtweise des Klienten (dem Modell der klassischen Konditionierung) gegenüberstellt (14st). Man spürt, daß der Therapeut bei seinen Erklärungen persönlich engagiert ist und dabei klar und konkret bleibt. Er drückt seine Betroffenheit über bestimmte Selbstbeschreibungen des Klienten aus und seine Freude über Anzeichen von dessen Selbstbehauptungsverhalten. Der Klient hört zwar nur zu, bleibt aber überwiegend im Blickkontakt. Erst als der Klient eine versuchte Provokation des Therapeuten konterkariert und sich eine eher akademische Diskussion entspinnt, läßt die Intensität des Kontakts nach.

Die nächste von beiden als wichtig bezeichnete Sequenz (15kd) beginnt, als der Klient seine Sichtweise von Ursache und Aufrechterhaltung seines Waschzwanges erklärt. Hier äußert er zum ersten Mal eine für seine Empfinden "ziemlich scharfe Kritik" an seinen Eltern und drückt damit auch seine Bereitschaft aus, sein "vorrangigstes Problem" anzugehen. Der Therapeut ist von den Gedanken und auch klaren Formulierungen des Klienten überrascht. Seine eher vage Reaktion interpretiert der Klient als Bestätigung seiner Theorie. Der Therapeut bleibt jedoch auch skeptisch. Er befürchtet, daß der Klient bei seinen Erklärungen und Rechtfertigungen durch vergangene Erfahrungen stehenbleibt. Noch einmal drückt er "sein Anliegen" aus, wobei ihm auch seine eigenen lebensgeschichtlichen Erfahrungen bewußt werden.

Die teilnehmenden Beobachter spüren trotz der zum Teil abstrakten Diskussion "ein verändertes Klima in der Beziehung": Ihnen fällt auf, daß der Therapeut persönliche Eindrücke wiedergibt und immer wieder auf die Beziehung fokussiert. Sie registrieren auch "ein Interesse des Klienten an der Meinung des Therapeuten" und "eine wachsende Bereitschaft, sich vom Therapeuten auch emotional berühren zu lassen". Später erinnert sich der Klient an die Luftballon-Szene und hier besonders an die ihn überraschende Reaktion des Therapeuten (KN0, KN1).

Die fünfte Stunde

Tom berichtete zu Beginn der Stunde, daß er während der letzten Vorlesung äußerst aggressiv gewesen war und dem Professor am liebsten eine runtergehauen hätte. (B) <<Stattdessen habe er jedoch einfach mal den Aufgabenzettel nicht bearbeitet und sich danach ausgesprochen erleichtert gefühlt.>> Jerry fragte nach einem möglichen Zusammenhang zum Waschzwang. Tom sah ihn in seinem Grundprizip, nämlich besser sein zu müssen als die anderen. Dazu habe ihn seine Mutter immer gedrillt. Er habe sie immer gern gehabt und habe das jetzt noch, weil sie ihn bei Schwierigkeiten mit Mitschülern geschützt habe. Aber sie habe allmählich doch dazu geneigt, sein Leben zu beherrschen, z.B. nach seiner Polioimpfung mit der versteckten Drohung, das Haus besonders sauberhalten zu müssen. Mit seinem Waschzwang karikiere er nun sozusagen aus Rache das Verhalten seiner Mutter. Auf Jerrys Nachfrage empfand Tom bei diesen Aussagen jedoch keinen Ärger auf sie.

(16st) <<Jerry bat Tom, sein Lebensziel positiv zu formulieren. Tom antwortete klar und deutlich: "Also, ich beabsichtige mein Leben zu führen. *Jerry war von dieser Formulierung überrascht und auch beeindruckt. Er bat Tom den Satz noch einmal zu wiederholen.* Aber Tom wich aus und erzählte ein Beispiel von fleißigen Arbeitnehmern, die nicht viel mehr als gute Roboter seien. Jerry unterbrach ihn schließlich und bat ihn erneut, den vorherigen Satz zu wiederholen. Tom wiederholte ihn schließlich zögernd. *Jerry wünschte sich, daß Tom seine Energie spürte oder aufstehen und den Satz in die Welt brüllen würde. Aber er wollte ihn auch nicht dazu manipulieren.* Auf seine Nachfrage hin gab Tom zu, den Satz nur mit 50% innerer Beteiligung wiederholt zu haben.>> Jerry äußerte noch einmal, daß Tom ihn beim ersten Aussprechen des Satzes beeindruckt habe. "Was, denken Sie, habe ich in dem Moment gedacht?" fragte er Tom. Tom meinte, daß Jerry ein "Schneeglöckchen" gesehen habe, das "auf einer schneebedeckten Erdscholle am Nordpol" wächst.

(17kons) <<Jerry gab das Bild zurück und fragte: "Könnte man sagen, daß das auch ein Bild für Ihr jetziges Leben ist?" Tom stimmte zu, wurde nachdenklich. Er fand die Unmengen von Schnee um sich herum doch sehr bedrückend. Beide schwiegen. *Jerry malte sich in Gedanken das Bild aus, er sah das Schneeglöckchen, den übermächtigen Schnee ringsherum. Er wurde traurig und spürte ein altes Gefühl von Einsamkeit.* "Sind Sie allein?" fragte er schließlich. Tom war überrascht: "Allein?", dann zögernd: "Doch, ja. Also in diesem Bild, da bin ich allein." Jerry bat Tom, sich das Bild genau vorzustellen. Tom schaute kurz zur Decke, schloß die Augen: "Doch das kann ich mir vorstellen," er schaute Jerry mit großen leuchtenden Augen an, "also, Schneeglöckchen, da wär rund um mich rum noch alles voller Schnee und am Horizont, da taucht so gerade die Sonne auf, so ganz rötlich, und da werden so einige wenige warme Strahlen spürbar." Er blickte wieder auf den Boden. 'Am

Horizont?" fragte Jerry, *er hatte sich selbst mit einem einsamen Schneeglöck-chen identifiziert*, "was ist in der näheren Umgebung von Ihnen als Schneeglöckchen? Ist da nur Schnee?"

Tom überlegte kurz, dann antwortete er lächelnd: "Ähm, na also, das hat jetzt vielleicht nicht so unbedingt mit meiner eigenen Psyche zu tun, aber irgendwo hört dann diese Landscholle auf, da um mich rum, da ist also Wasser, da seh ich jetzt meinetwegen so ein Kajak mit Eskimos rumfahren. Aber die Eskimos, die sehen mich gar nicht." (In diesem Moment klopft es an die Tür, ein teilneh-mender Beobachter öffnet sie, man hört Gemurmel, die Tür wird wieder ge-schlossen, der Beobachter spricht kurz mit Jerry.) Jerry wendet sich wieder Tom zu. "Das waren die Eskimos, die haben uns nicht gesehen, Gott sei Dank." Beide lächelten.

Jerry fuhr fort: "Was denkt so das Schneeglöckchen und was wünscht es sich?" "Das wünscht sich, daß immer ausreichend Sonne da ist, damit es auch nicht mehr erfriert, und denkt sich: Also ich wär jetzt gerne ein sehr, sehr großes Stück südlicher, damit ich eben, also, ein natürliches Leben führen kann, also das nicht durch Kälte bedroht ist." Tom klang dabei traurig und Jerrys Stimme wurde nun weich, als er fragte: "Hat es vielleicht Wünsche oder Sehnsüchte? Also, was ist mit den Eskimos?" Tom lächelte: "Das wünscht sich, daß es von den Eskimos beachtet wird, das Schneeglöckchen, daß es dann ausgegraben wird (er schaute Jerry nun an), dann mit in die Lehmhütte oder Iglo oder in das Zelt mitgenommen wird, wo es dann am warmen Feuer ist. Und dann, also wirklich, einen anheimelnden Platz in der Familie hat."

Jerry fragte weiter: "Was könnte es dafür tun?" Tom lächelte erneut: "Mmh, also das Schneeglöckchen selber, das könnte also üppiger wachsen. Die Eski-mos, die müssen das Schneeglöckchen erst mal sehen, dann bleibt natürlich zu hoffen, daß das Schneeglöckchen nicht gepflückt wird." "Es müßte üppiger wachsen? Können Sie das mal spüren, wie ein Schneeglöckchen so anfängt zu wachsen?" Tom überlegte, dann: "Wenn das Schneeglöckchen ein Stück ge-wachsen ist, dann fühlt es sich nicht so verloren. Bloß dieses Wachsen, weil der Boden doch sehr mager ist, das ist auch ziemlich anstrengend." Beide schwie-gen, Jerry richtete sich auf: "Das ist ein wunderschönes Bild. Ich sah Sie schon ein bißchen wachsen. Wie sähe das körperlich aus?" Tom beschrieb sich als etwas dicker, verzweigter und mit mehr Blüten. "Also kräftiger?" fragte Jerry, "können Sie das im Moment spüren?" Tom antwortete zögernd: "Im Moment kann ich das noch nicht spüren ... naja, also, so'n etwas kräftigeres Gefühl habe ich schon."

Beide waren in Gedanken versunken, schießlich begann Tom: "So, alles in allem, da ist die Sonne noch sehr tief am Horizont, ein vollkommen blauer Himmel, und es ist draußen sehr kalt. Irgendwo ist es eine ziemlich traurige Stimmung." "Werden Sie im Moment auch traurig bei diesem Bild?" fragte

Jerry. Tom bestätigte: "Eine leicht melancholische Stimmung ist es." Jerry nickte: "Für mich auch. Was mich auch berührt: diese Einsamkeit dieser kleinen Pflanze." Beide schwiegen lange, schließlich sagte Jerry: "Ich hab überlegt ... wie könnte ich Ihnen als Schneeglöckchen helfen?" Tom schaute zu Boden, als er antwortete: "Dem Schneeglöckchen, dem müßte geholfen werden, indem es, wie ich schon sagte, ausgegraben und in einen Blumentopf gepflanzt wird, und ähm, ich überleg gerade, wo dann das Schneeglöckchen am besten hinkommt. Diese Umgebung, die darf sicherlich nicht zu fremd sein, aber es muß eine sichere Umgebung sein ..."

Tom weicht mir aus, dachte Jerry. Er wollte sich noch einmal einbringen und unterbrach lächelnd. "Können Sie sich vorstellen, daß ich auch so ein Schneeglöckchen bin, paar Meter weiter?" Tom atmete tief durch, rutschte leicht auf dem Stuhl und schaute dann nachdenklich zur Decke. *Das war für ihn die absolute Überraschung, er stellte es sich vor. Jerry schien ihm allerdings nicht so direkt für sich erreichbar. Aber vielleicht sind die anderen Menschen ja gar nicht so verschieden von mir, überlegte er. Der Gedanke erleichterte ihn, er fühlte sich nicht mehr so einsam.* "Also ich kann mir das durchaus vorstellen (er schaute Jerry kurz an), ich frage mich, ob Michael vielleicht ein Schneeglöckchen sein könnte, aber ich hatte immer das Gefühl, daß er in eine ganz andere Kategorie gehört." *Tom war sich nicht ganz sicher, ausgerechnet von Michael zu sprechen, aber ihm fühlte er sich innerlich am tiefsten verbunden, mehr als mit Jerry.*

"Ist er eine andere Pflanze?" fragte Jerry. *Tom war überrascht, vielleicht hab' ich da die ganze Zeit einen Fehler gemacht, daß ich Michael von vornherein in eine andere Kategorie getan habe. Vielleicht war das ja 'ne falsche Vorstellung von mir gewesen. Offenbar muß ich noch so'n stillschweigendes Prinzip umstürzen, nämlich grundsätzlich anders als meine Mitmenschen zu sein* "Nein," antwortete er dann, "Michael könnte vielleicht jemand von den Eskimos sein, der sich im Gegensatz zu mir bewegen kann." *Er dachte daran, daß Michael zwar nicht grundsätzlich anders war, sich aber doch mit seiner Selbständigkeit und seinen Reisen von ihm unterschied.* "Vielleicht würde er mich als Schneeglöckchen sehen und mich dann eben ausgraben," fuhr Tom fort, "und dann will ich natürlich in meiner Schönheit für ihn da sein, daß er mich als Schneeglöckchen dann immer betrachten kann." *Tom erinnerte sich an seine eigene Hilflosigkei, und er beneidete Michael für dessen Selbständigkeit. Er spürte auch Trotz, weil Michael ihn so wenig sah. Ach, wenn er mich sehen würde, da würd' ich mich sehr drüber freuen. Ich könnte ihm vielleicht 'ne Freude bereiten, einfach nur durch meine Existenz.*

Beide hingen eine Weile ihren Gedanken nach. Jerry fragte nach Toms Traurigkeit, aber Tom war jetzt bei der angenehmen Vorstellung, ausgegraben an einem sicheren Ort zu sein. *Innerlich ärgerte er sich aber noch: er kann mich ausgraben, und ich kann mich nur ausgraben lassen.*>>

Jerry fragte abschließend, ob ein Schneeglöckchen noch andere Überlebensmöglichkeiten hätte. Tom meinte, indem es die Blätter abwirft und die Lebenskraft wieder in der Zwiebel verschwinden läßt, um das nächste Mal wieder aufzutauchen. Jerry wollte nun die Stunde beenden, aber Tom sprach noch die Öffnung der Berliner Mauer als "einen der schönsten Augenblicke in seinem Leben" an: "Leute, wie Du und ich, die lassen sich auch nicht mehr unter Druck setzen, der Dampfkessel, der platzt jetzt auch aus allen Nähten." Jerry nickte: "Das fand ich auch, sozusagen viele Schneeglöckchen, die plötzlich befreit werden". Tom ergänzte: "Das waren so kleine Pflanzen, die haben gleich eine ganze Straßendecke kaputtgemacht!", um dann lächelnd die Stunde abzuschließen: "Zwischen meiner Entwicklung und der Entwicklung in der DDR, da gibt es einen engen Zusammenhang."

Interpretation

Der Klient erzählt zunächst über eine knappe halbe Stunde von seinen aggressiven Phantasien gegenüber einem Professor und seinen Rachegedanken gegenüber seiner Mutter (der Waschzwang als "Karikatur" ihrer Sauberkeits- und Leistungsansprüche). Die Berichte wirken jedoch wie abgespult, ohne sichtbare Erregung oder emotionale Beteiligung. Er schaut den Therapeuten kaum an, weicht wiederholt dessen Versuchen einer Vertiefung der angesprochenen (eigentlich bedeutungsvollen) Inhalte aus. Eine erste Veränderung in diesem monotonen Ablauf tritt erst ein, als der Therapeut den Klienten mit der Bitte, sein Lebensziel positiv zu formulieren, aus dem Konzept bringt (16st). Überrascht von der klaren und energiegeladenen Formulierung hakt der Therapeut nach, unterbricht den Klienten in seinen Ausweichmanövern. Der Klient hat jedoch die kurzzeitige Erregung wieder unterdrückt und kann dies auch eingestehen. Aus der anschließenden Reflektion entwickelt sich eher zufällig eine Sequenz, die von allen Beteiligten als wichtig bezeichnet wird, großen Einfluß auf den weiteren Therapieverlauf hat und in allen Nachinterviews nacherinnert wird.

Die Sequenz (17kons) beginnt damit, daß der Klient das Bild des "Schneeglöckchens in der Eiswüste" vorgibt und die Deutung des Therapeut als ein Bild mit existentieller Bedeutung spontan annimmt. Die folgende Sequenz entwickelt sich in ihren Inhalten und ihrer Intensität eher still, nicht stetig, sondern wellenförmig mit vielen Pausen. In der ersten Welle stellen sich sowohl der Klient wie auch der Therapeut das Schneeglöckchen und sein Umfeld vor, bis sie schließlich in das Bild "einsteigen": sie erfassen die "Einsamkeit", den "übermächtigen" Schnee, aber auch den belebten weiteren Hintergrund.

In der zweiten Welle haben sich beide schon so weit mit dem Schneeglöckchen identifiziert, daß selbst eine massive äußere Störung in das Bild "eingebaut" wird. Hier werden Wünsche und Sehnsüchte in Bezug auf die Umwelt erforscht, wobei der Klient deutlich sein passiv-abhängiges Verhältnis zur Umwelt beschreibt: er wird entweder gar nicht beachtet ("die sehen mich gar nicht") oder sieht sich äußeren, zum Teil bedrohlichen, Einflüssen hilflos ausgesetzt ("gepflückt" bzw. "ausgegraben" werden). Die einzige Veränderungsmöglichkeit sieht er im "Wachsen", aber "das ist auch ziemlich anstrengend". Der Therapeut ist "wirklich berührt" von dem "wunderschönen Bild, "zum ersten Mal habe ich die existentielle Situation gesehen". Er spürt aber auch die damit verbundene Traurigkeit und Hoffnungslosigkeit. Er versucht, dem Klienten ein üppiges Wachstum einzureden, der Klient wehrt aber ab. Der Therapeut merkt, daß er zu viel vom Klienten will und kehrt zu dem Bild zurück, indem er seine Gefühle dazu beschreibt. Nun hat auch der Klient Kontakt zu seinen Gefühlen, er ist "melancholisch", beide sitzen lange überlegend da, es breitet sich tatsächlich eine schwermütige Stimmung aus.

Die dritte Welle beginnt, als der Therapeut sich zunächst zaghaft ("wie kann ich helfen?"), dann aber direkt in das Bild (als "Schneeglöckchen paar Meter weiter") einbringt. Dieses Kontaktangebot ist für ihn sicher auch mit einem emotionalen Risiko der Zurückweisung/Verletzung verbunden. Die Frage ist nun "die absolute Überraschung" für den Klienten, Bewegung kommt in seinen Körper und er stellt es sich kurz vor. Er spürt, daß ihm der Therapeut noch nicht so "innerlich nahe" steht, es bleibt jedoch der Gedanke, daß er vielleicht doch nicht so einsam ist. Schließlich integriert er seinen Freund als Eskimo in das Bild, gleichzeitig ist er sich auch bewußt, daß er den Therapeuten zurückgewiesen hat. Die Intervention des Therapeuten hat eine Wende eingeleitet, die Stimmung des Klienten, aber auch die im Raum, schwenkt um in Freude und Hoffnung.

Mit dem neuen Bild beginnt der Klient eine Lebenshaltung, ein "stillschweigendes Prinzip" umzustürzen, nämlich "grundsätzlich anders als seine Mitmenschen" zu sein. In der Folge wird er sich seines bisherigen passiven und unselbständigen Verhaltens bewußt. Zum Abschluß drückt er schließlich ein deutlich verändertes Selbstbild aus: er vergleicht seinen Wachstumsprozeß mit den revolutionären Veränderungen in der DDR.

Beide teilnehmenden Beobachter wie auch die Fremdbeobachterin registrieren einen "Moment besonderer Nähe" und betonen die "starke kognitive und emotionale Beteiligung" und auch "Rührung" des Therapeuten. Sie entwickeln selbst ähnliche Bilder, spüren ihre eigenen Einsamkeitsgefühle. Sie sind auch erschrocken über die Kontaktlosigkeit und Passiviät im Selbstbild des Klienten und seine starke Angst, in eine unmittelbare Beziehung zu dem Therapeuten zu treten.

Die "Schneeglöckchen-Szene" wird in allen Nachinterviews von allen Beteiligten als ein besonderer Moment nacherinnert. Sie hat den Therapeuten in seiner Sichtweise vom Klienten und in seinem Vorgehen nachhaltig im weiteren Therapieverlauf beeinflußt. So hat sie ihm - in einem für ihn bisher unvorstellbaren Maße - die Unerreichbarkeit und Kontaktlosigkeit, aber auch emotionale Kälte und das geschlossene System des Klienten deutlich gemacht. Er gesteht später ein, daß ihn der "Ausschluß aus der gemeinsamen Welt" auch verletzt hat (TN1).

Noch nach 2 Jahren kann sich der Klient spontan und genau an das überraschende Kontaktangebot des Therapeuten erinnern und an seine Erleichterung, daß er doch nicht alleine war (KN2). Er nennt auch seine Selbstdarstellung als etwas "Zartes, Gebrechliches", "das hatte mich doch traurig gestimmt", und: "Obwohl das doch mehr im Unterbewußten abgelaufen sein könnte, hat mich das später dazu veranlaßt, tatsächlich mal andere Leute anzusprechen." (KN1).

Auch die teilnehmenden Beobachter erinnern sich deutlich an die Szene und ihre eigene innere Beteiligung. Insgesamt fühlten sie sich durch diese Situation dem Klienten und seinen starken Kontaktängsten nähergebracht (B1N, B2N).

Die sechste Stunde

Tom erzählte von einer Diskussion im Familienkreis, bei der abfällige Bemerkungen über Bettler und Schmarotzer gefallen waren. Weil er sich zusätzlich über eine Äußerung des Vaters zum Physikstudium geärgert hatte, hatte er vor Wut eine seiner CD's zerbrochen und sich danach über mehrere Tage ausgesprochen gut gefühlt. Im anschließenden Gepräch erzählte Tom auch von seinen aggressiven Phantasien, die er früher gegen einige Mitschüler gehabt habe.

Jerry lenkte das Gespräch schließlich auf den autoaggressiven Aspekt von Toms Handlungen. Dazu streckte er seine Hände aus und forderte Tom auf, ebenfalls seine Hände zu betrachten, die von dem vielen Waschen rot und rissig waren. Jerry dachte laut über den Zusammenhang von "Hand" und "Handeln" nach und welchen Sinn es für Tom haben könnte, seine Hände zu bestrafen.

(18kons) *<<Dabei hatte er die ganze Zeit Lust verspürt, Toms Hände zu ergreifen und sie wirklich zu spüren. Gleichzeitig hielt ihn aber eine Angst, Tom zu überfordern, und eine gewisse Scheu zurück. Er hoffte auf eine Erlaubnis von Tom, daß er ihm z.B. die Hände entgegenstreckte, aber Tom nahm ihm die Entscheidung nicht ab.* Während Jerry noch über Hände sprach, hatte Tom seine Hände wieder zurückgenommen, eine unbewußte Angelegenheit, wie er auf Jerrys Frage meinte. Beide schwiegen eine Weile, schließlich nahm sich Jerry ein Herz und fragte, wobei er Tom seine rechte Hand entgegenstreckte: "Hätten Sie mal Lust, meine Hand zu nehmen?" Tom lächelte verlegen, *er war sehr überrascht, er empfand die Frage als eine ganz andere Art, die Therapie zu gestalten, als ein Zeichen von Freundlichkeit im sonst unfreundlichen Alltag.* Dabei beugte er sich schnell nach vorne, wobei sein übriger Körper jedoch steif blieb, und ergriff Jerrys Hand.

Jerry legte Toms Hand zwischen seine Hände, *er war überrascht, wie warm und weich sie sich anfühlte, aber auch wie unbeholfen und mechanisch Tom ihm die Hand entgegenhielt. Er spürte, daß dies keine Abwehr war, sondern daß Tom einfach keinen Kontakt zu seinen Händen hatte. Er schien nicht zu merken, was er eigentlich mit seinen Händen tat. Er streckt sie mir wie ein Roboter entgegen, dachte Jerry. Wie wenig Kontakt er doch zu seinem Körper hat!* Er lächelte: "Das ging aber sehr schnell! Sie können ein bißchen entspannen. Ich hab nichts besonderes vor, ich will einfach nur Ihre Hand fühlen." *Tom war erneut überrascht und entspannte ein wenig. Er wurde sich bewußt, daß sein alltägliches Leben von einer unbehaglichen Anspannung geprägt war. Dies war nun eine seltene Erfahrung für ihn.*

Jerry überprüfte sich innerlich noch einmal, es war sehr angenehm, Toms Hand halten zu können. Er hatte sich von seiner ersten Scheu befreit und verspürte nun Lust und Freude, ein wenig mit den Händen zu spielen. Es schien so fremd und neu für Tom zu sein. Er drehte Toms Hand zwischen seinen und betrachtete sie dabei prüfend. Wie verletzt sehen die eigentlich aus?

fragte er sich, er wollte sich das konkrete Symptom genau angucken, es begreifen: "Sie haben ja richtig Schnittwunden." *Tom war ein wenig schockiert, das von einem anderen gesagt zu bekommen, aber es stimmte ja auch!* "Ja, also das kommt eben, wenn man die Hände oft wäscht, so äh, natürlich zieht sich die Haut dann auch etwas zusammen und deshalb ..." Jerry kam einem möglichen Rückzug zuvor: "Sie können Ihre Hand sofort wegnehmen, wenn es Ihnen unangenehm wird." *Tom fand diese Versicherung erleichternd, wie oft fühlte er sich unangenehmen alltäglichen Situationen ausgeliefert.* Jerry hielt noch Toms Hand: "Ist das noch angenehm?" Tom lächelte kurz und bejahte.

Jerry hatte die ganze Zeit einen intensiven Kontakt zwischen den Händen gespürt, so daß Tom selbst kurz in den Hintergrund trat. Die Hände hatten vollen Kontakt, ansonsten empfand er den Kontakt eher distanziert und vorsichtig. Das "Schneeglöckchen-Bild" der letzten Stunde fiel ihm ein. Er empfand Mitleid mit den Händen und suchte nach Wörtern: Hände, Handlungen, handgreiflich. Die Hände sprachen eine andere Sprache, er wollte sie sprechen lassen:

"Wenn Ihre Hand denken könnte. Was würde die jetzt so sagen?" *Tom fand diese Möglichkeit phantastisch, dann könnten mal bestimmte Mißstände offen angesprochen werden.* Er lächelte kurz und schaute abwechselnd auf die Hände und auf Jerry: "Ui, das ist ziemlich übel hier, in diesem Körper eine Hand zu sein. Also, das ist furchtbar, immer mit diesem ätzenden Seifenwasser in Berührung zu kommen. Was hat der bloß?" *Ihm war dabei eine entsprechende Bemerkung seiner Mutter eingefallen und er konnte sich den Effekt auf die Haut richtig vorstellen.* "O.k., ich laß mal meine Hand sprechen ...", dann unterbrach sich Jerry: "Sitzen Sie bequem?" Beide begaben sich in eine bequemere Sitzhaltung, so daß auch die Arme besser abgestützt waren. *Tom war über diese zuvorkommende Frage ganz überrascht, normalerweise dachte er gar nicht an so etwas.*

Jerry hatte es sich während der kurzen Unterbrechung anders überlegt, er wollte Tom selbst antworten lassen. "Was könnte meine Hand antworten?" "Also, diese Hand tut mir leid, die sieht ja so übel zugerichtet aus, äh, im Augenblick ist sie grade notdürftig versorgt worden mit Creme, aber dieser Hand, der muß ja mal richtig geholfen werden. Ähm, also ich möchte, daß sich die Hand, die ja so zerschunden ist, daß die sich mal auf meiner Hand so ausruht." *Tom war von seiner eigenen Aussage ganz betroffen, er verglich es in Gedanken mit der notleidenden Bevölkerung kurz nach Kriegsende.* Jerry zeigte auf Toms Hand: "Und was antwortet sie?" "Äh, ich finde das gut, daß ich jetzt mal, also für 'ne gewisse Zeit im Urlaub bin. Hier während der Therapiestunde kann mir ja nichts passieren. Aber ich fürchte, also, daß es erstmal noch so weitergehen könnte mit dem Händewaschen." Tom antwortete wieder als Jerrys Hand, *wobei er den Mißstand ganz unverblümt beschreiben wollte*: "So, äh, Du kaputte Hand, an Deiner Stelle würde ich etwas optimistischer sein ... und Jerry ist ja 'n Mensch, also der dafür sorgt, äh, also daß andere ihre Hände nicht kaputtmachen."

Toms Betroffenheit hatte jetzt wieder nachgelassen, er empfand jetzt eher wie ein Buchhalter, der plötzlich feststellt, daß seine Firma einen Verlust gemacht hat. Auch Jerry war wieder mehr im Kopf. Er wollte Tom deutlich machen wie passiv er sich verhielt und begann dessen Hand immer fester zu drücken. Doch Tom drückte lediglich die Hoffnung aus, daß diese unangenehme Situation bald beendet sei. *Jerry wollte zunächst nicht wahrhaben, was Tom mit sich machen ließ,* er provozierte weiter: "Sie wird nicht ein bißchen böse? Also ich kann sie ja noch mehr - das ist ja eine Manipulation - noch mehr zusammendrücken." Schließlich gab Tom mit seiner freien Hand doch einen kleinen Klaps auf Jerrys drückende Hand. *Jerry war erleichtert, Tom hatte sich wenigstens ansatzweise gewehrt.*>>

Auf Jerrys Vorschlag hin, begann nun Tom Jerrys Hand fest zu drücken. Tom fand diese Rolle ungewohnt und auch peinlich. Schließlich zog er seine Hand zurück, um dann schließlich nach einer langen Pause festzustellen: "Das Überraschende ist: daß ich also so jetzt mal sehe, so wie äh, äußerst passiv doch meine Rolle bisher gewesen ist." Jerry sprach die verschiedenen Möglichkeiten von Hand-eln an, sich begrüßen, Kontakt aufnehmen, umarmen, aber auch sich körperlich zu wehren. Dabei erzählte Tom, daß er zwar drei Jahre lang im Judoverein gewesen sei, aber nur ein einziges Mal einen Kampf gewonnen habe.

Interpretation

Auch in dieser Stunde dauerte es wieder fast eine halbe Stunde, bis sich nach einem Gespräch über aggressive Phantasien und autoaggressive Handlungen ein von allen Beteiligten als intensiv empfundener Kontaktmoment ergibt (18kons). Dieser wird vom Therapeuten indirekt eingeleitet, indem er zunächst zu seinen eigenen vorgestreckten Händen spricht, woraufhin der Klient prompt seine Hände unter den Armen versteckt. In diesen Momenten spürt der Therapeut deutlich seine Neugierde und Lust zu einem Handkontakt mit dem Klienten und wartet auf ein entsprechendes Signal vom Klienten. Zunächst hält ihn Vorsicht und sicher auch die Erinnerung an die Zurückweisung in der letzten Stunde zurück. Mit dem direkten Kontaktangebot des Therapeuten wird nun ein Prozeß in Gang gesetzt, der sich ähnlich dem der vorherigen Stunde inhaltlich und energetisch in Form von "Wellen" ausbreitet.

Die Sequenz beginnt, als der Therapeut seine "Scheu" aufgibt ("ich habe mir ein Herz genommen") und mit seiner ausgestreckten Hand den Klienten auf eine ihn ungewohnte und überraschende Weise zum Kontakt "einlädt". Das durchaus mit dem Risiko einer Zurückweisung verbundene Kontaktangebot stößt bei dem Klienten auf eine zunächst "äußerliche" Bereitschaft ("Zeichen von Freundlichkeit im ansonsten unfreundlichen Alltag"), aber auch Neugierde ("andere Art von Therapie"). Der Klient "überreicht" mehr aus Überraschung bzw. gewohntem Gehorsam seine Hand, wobei sein übriger Körper jedoch unbeteiligt bleibt.

In den folgenden Minuten geht der Therapeut sehr behutsam vor und vermittelt dem Klienten immer wieder eine mitfühlend-sorgende Haltung ("Sie können sich entspannen", "ich habe nichts besonderes vor, ich will einfach nur Ihre Hand fühlen", "Sie können Ihre Hand sofort wegnehmen, wenn es unangenehm wird"). Der Klient zeigt sich mehrfach über eine solch ungewohnte Zuwendung überrascht. Er kann nun tatsächlich eine ausreichende emotionale Sicherheit gewinnen und sich trotz der ungewohnten körperlichen Nähe sichtlich entspannen. Der Therapeut, genauer gesagt: seine Hände treten nun sehr bewußt in Kontakt mit den Händen des Klienten. Er schaut sie sich genau an, ertastet sie, überprüft dabei seine eigenen Empfindungen und spürt, wie wenig Beziehung der Klient zu seinem Körper hat. Diese Kontaktnahme geht soweit, daß er sich mit den Händen identifiziert oder, wie er später sagt, für einen Moment "nur die Hände da sind" und die dazugehörigen Körper "in den Hintergrund getreten" sind. Als der Therapeut dann seine ehrliche Betroffenheit über den Zustand der Hand ausdrückt, ist der Klient zwar "schockiert", er fühlt sich bzw. seine Hand aber auch erkannt und angenommen, so daß er sie nicht zurückziehen muß.

Es erscheint fast natürlich, daß sich der Klient nach dieser gelungenen Kontaktnahme spontan auf einen Dialog der Hände einläßt. Dabei weicht seine anfängliche Freude, mal "bestimmte Mißstände offen ansprechen" zu können, einer echten Betroffenheit über die Folgen seines Waschzwangs. Diese kurzzeitige Ausweitung des Kontakts auf die Gesamtperson wehrt er jedoch schnell wieder ab ("Buchhalter"), um dann in gewohnter Weise die Verantwortung für eine Behebung des "Verlustes" dem Therapeuten zuzuschieben.

Der Therapeut will diesen Rückzug des Klienten nicht sofort akzeptieren. Seine Haltung wird nun "pädagogisch" und er versucht, den Klienten zu einer aktiven Gegenwehr zu provozieren. Tatsächlich verhält sich der Klient nach einer Weile entsprechend dem Veränderungswunsch des Therapeuten, seine Handlungen bleiben jedoch äußerlich, sind ihm "peinlich". Immerhin hat der Klient im Laufe der Stunde eine überraschende Erkenntnis gewonnen: "Ich sehe, wie äußerst passiv doch meine Rolle bisher gewesen ist."

Die teilnehmenden Beobachter berichten von einem "ersten echten körperlichen Kontakt" zwischen Therapeut und Klient, bei dem sie auch selbst innerlich beteiligt waren. Umso erstaunter sind sie, "wie mechanisch der Klient sich nach der Stunde wieder verabschiedet." Die Fremdbeobachterin sieht "ein wirkliches Fühlen der Autoaggressivität", "der Klient bekommt eine Reihe von neuen Dingen zu verarbeiten, man sieht es seinen Augen an, daß er anfängt zu leben".

Die Szene mit dem Handkontakt findet der Klient "auch im nachhinein noch wichtig, weil ich das Problem mit meinen Händen da so stärker vor Augen sah" und sie mit der Hoffnung verband: "keine Sorge, mein Besitzer, der arbeitet ja schon daran, daß sie sich nicht mehr so oft waschen" (KN1). Auch nach 2 Jahren hat der Klient noch ein genaues Bild, "wie meine Hand in seiner Hand lag" (KN2). Ebenso erinnern sich die teilnehmenden Beobachter an die Szene. Sie hat nach ihrer Einschätzung dazu geführt, daß der Klient "insgesamt auch ein wenig seine Kontrolle abgegeben hat" (B2N).

Auch der Therapeut erinnert sich nach einem Jahr deutlich an seine anfängliche "Scheu", "die ängstlich-überraschte Reaktion" des Klienten auf seine ausge-streckte Hand und an seine "spontane Identifikation mit den zerschundenen Händen". "Der Kontakt hatte einen Moment etwas Intimes ... für Sekunden flossen unsere Hände ineinander ... an diesem Handkontakt lag wohl auch, daß ich die folgenden Stunden behutsam mit ihm blieb" (TN1).

Die siebte Stunde

Jerry hatte ein Stück Knete mitgebracht mit der Idee, Tom mehr seine Hände spüren zu lassen. Tom griff sofort freudig nach der Knete, mit der er in der folgenden Stunde fast unablässig spielte. Zunächst erzählte Tom kurz, daß er in der Cafeteria wegen seiner Pudelmütze ausgelacht worden sei. Außerdem war er in den letzten Tagen mit zwei Kommilitonen und der Mutter im Theater, "eine ungewöhnliche Häufung an Aktivitäten". Zwischendurch machte er immer wieder Bemerkungen zum Kneten, er könne damit gewisse Spannungen abbauen und gar nicht aufhören zu spielen. Seine Persönlichkeit sei ja auch so etwas wie ein Stück soziale Knete, die man in gewissen Grenzen formen könne.

(19kons) <<Jerry unterbrach Tom nur wenig in seinen Erzählungen, *er fühlte sich matt von seiner Erkältung. Er überlegte immer wieder, wo er einhaken könnte, eigentlich aber schaute er Tom ganz fasziniert beim Kneten zu, der wie ein kleines Kind vollkommen in sein Spiel aufging.* Tom fand es schön, mal mit Knetmasse spielen zu können, weil er die ständige Beschäftigung mit mathematischen Formeln in den letzten Wochen doch ziemlich abstoßend fand. Jerry bemerkte, daß Tom bei der Erwähnung des Professors kräftiger zudrückte. Tom schmunzelte und begann nun gezielt und intensiv an einer kleinen Figur zu arbeiten. *Er wollte jetzt mal richtig seine Aggressionen gegen den Physik-Prof loslassen, richtig frech sein.* Schließlich hielt er ganz stolz und laut lachend die Figur zu Jerry und zur Kamera hoch: "So, man könnte sagen, jetzt hab ich 'n Prof geknetet."

Jerry lachte: "Und was ist das, eine kleine Skulptur?" *Tom war enttäuscht, daß Jerry die Figur nicht gleich erkannt hatte:* "Also erkennt man das nicht, was das ist?" fragte er etwas vorwurfsvoll und hielt immer noch die Figur hoch. "Nee, dann erzähl'n Sie mal", meinte Jerry amüsiert. *Da soll er aber doch selber draufkommen, dachte Tom, es war ihm aber auch unangenehm, den entsprechenden Körperteil direkt zu bezeichnen:* "Also das ist im Grunde 'ne ganz alltägliche Sache ... das hier soll jetzt meinetwegen der Prof für Theoretische Mechanik sein." Bei diesen Worten schlug er nun ganz demonstrativ mit der flachen linken Hand mehrere Male auf die Figur. *Dabei stellte er sich so richtig vor, wie er dem Professor im Hörsaal auf das entsprechende Körperteil hauen würde. Das müßte Jerry doch jetzt erkennen!*

Jerry war nun verlegen und sprachlos. Jetzt macht der ein Rätselspiel mit mir, dachte er. Was soll das sein, ein sexuelles Symbol? Er spürte, daß er gar nicht auf Toms Ebene war, der spielerischen, kindlichen, so wie er sie auch von seiner kleinen Tochter kannte, wenn sie ihm stolz ein Bild zeigte, dessen Inhalt er nicht gleich erkannte. Es fiel ihm schwer, umzuschalten, es war ihm fast peinlich, sich auf diese Kindebene einzulassen. "Hm. Würden Sie Ihm eins ... was? An den Kopf geben?" fragte er schließlich unsicher.

Tom wurde nun ärgerlich und kam sich allmählich ein bißchen dumm vor.
Jetzt muß der das doch mal kapieren, dachte er. "Beachten Sie doch mal die
Lage im Raum." "Die Lage im Raum?" "Ja, in natura." "Ah ja, jetzt versteh ich,
ja." *Jerry war froh und erleichtert, daß er endlich begriffen hatte. Er war
berührt und erstaunt, wie unschuldig und bedenkenlos dieser junge Mann sich
in die kindliche Rolle begab. Es fiel ihm immer noch schwer, Tom darin anzunehmen.*

"Ja, ich glaub, Sie haben das nun voll erkannt," sagte Tom lachend. *Tom war
sehr erleichtert. Er hatte sich über eine Skulptur verständlich gemacht, die
auch noch frech und komisch war, ohne seine Absicht direkt ausdrücken zu
müssen.* "Also wenn Sie an diesen Prof denken, sehen Sie ihn als einen Hintern,
dem Sie eins draufgeben," faßte Jerry zusammen. Nun lachten beide laut und
anhaltend. *Tom freute sich, daß Jerry genau seine Gedanken ausgesprochen
hatte.*

Tom hatte Spaß an dem Spiel gefunden, er begann eine neue Figur zu kneten.
Mal sehen, dachte er, wie gut Jerry mein Innenleben kennt. Tom arbeitete
ernst und konzentriert mehrere Minuten lang, Jerry schaute ihm amüsiert zu.
Tom kommentierte immer wieder kurz den Fortgang beim Kneten. Diesmal war
es eine menschliche Figur. Schließlich fragte er: "Können Sie so erahnen, was
das sein könnte? Was ich da so reingedrückt habe?" Jerry übernahm die Figur
und drehte sie prüfend in der Hand: "Ich denke, das äh, ja Mann oder Frau
erkennt man nicht, gut ein Mensch, und ... das ist wohl ´n Gürtel oder Hosen-
träger?" *Schade, dachte Tom, daß Jerry nicht eine Person mit Rucksack erkennt. Ihm war jetzt ausgesprochen wichtig, daß Jerry seinen Freund Michael
erriet, fast wichtiger als die Skulptur. Er nahm Jerry wieder die Figur aus der
Hand und besserte sie nach. Dabei dachte er bewundernd an seinen Freund,
der im Gegensatz zu ihm alleine mit Rucksack verreisen konnte.*

Er überreichte Jerry schließlich wieder die Figur, der riet schließlich richtig:
"Mit Rucksack!" "Genau!" *Tom war erleichtert, Jerry war der Beantwortung
der Frage schon wesentlich näher gekommen.* "Haben Sie 'ne Idee, wen ich da
geknetet haben könnte?" Jerry holte tief Luft und riet: "Ich nehm mal an: Sie mit
Rucksack." *Das fand nun Tom absurd. Im Sommer hatte sich ja gezeigt, daß
es ihm unmöglich war, selber solche Touren zu unternehmen. Diese Zumutung
von Jerry konnte natürlich auch schmeichelhaft sein, aber:* "Ein bißchen näher
an der Realität war ich schon, also 'ne Person mit Rucksack ist es schon."
"Aber Sie nicht." Jerry hielt die Figur noch in der Hand, schließlich wandte er
sich zu den teilnehmenden Beobachtern um: "Hat einer von Euch 'n Rucksack?
Einer von denen?" Tom verneinte *entsetzt. Fragt er jetzt absichtlich daneben?
fragte er sich. So viel bedeuteten ihm die beiden nun auch nicht. Er wollte
Jerry auf die Sprünge helfen:* "Also von wem hab ich bisher oft gesprochen?"

Jerry dachte nach, Tom wartete ganz gespannt, schließlich: "Der Michael?" "Ja, genau!" *Das war ein sehr schönes Gefühl für Tom. Jerry hatte damit auch gezeigt, wie genau er mein Innenleben kennt.* Beide lachten, Tom nahm Jerry die Figur aus der Hand und zeigte sie stolz in die Kamera. *Jerry war noch überrascht, wie stark Tom angenommen hatte, daß er sofort den Freund erkennen würde. Ihm fiel wieder das Schneeglöckchen-Bild ein, Michael schien wirklich sehr wichtig für Tom zu sein, der einzige Freund. Er beobachtete auch, wie zärtlich Tom die Figur in der Hand hielt. Diese Mischung aus dem kindlichen Spielen und dieser Zärtlichkeit berührte ihn.*>>

Jerry ließ Tom einen Dialog mit seinem Freund spielen, (B) <<der anscheinend nicht wußte, wie sehr Tom unter seinem Waschzwang litt und eine Therapie machte.>> Tom verfiel dabei jedoch immer mehr in seinen alten Redetonus und begründete sein Leiden mit dem Stress der vergangenen Jahre. Jerry unterbrach ihn schließlich und fragte Tom, wie sich seine Hände anfühlten. Insgesamt sei er viel entspannter, antwortete er, wobei er immer wieder liebevoll die Figur in seinen Händen anschaute. An seinen Freund zu denken, mache ihn aber auch melancholisch, denn erstens habe der selbst viele Schwierigkeiten und zweitens käme er sich bei ihm im Moment unwichtig vor, weil der nun eine Freundin habe. Zum Schluß der Stunde erinnerte sich Tom noch einmal lachend an den Professoren-Hintern. Jerry schlug ihm daraufhin vor, ein Stück Knete mit in die Vorlesung zu nehmen.

Interpretation

Der Therapeut ist zunächst überrascht, wie begierig der Klient das mitgebrachte Stück Knete übernimmt und durch die fortwährende Beschäftigung damit immer mehr die Gestalt eines spielenden Kindes annimmt. Während er weitgehend emotionslos über Erlebnisse an der Universität und neue soziale Kontakte berichtet, entwickeln seine Hände eine immer lebhaftere Eigenaktivität, wobei Farbe, Form und Konsistenz der Knete erfaßt und auch laut kommentiert werden. Außerdem findet der Klient es "einfach schön" und auch "entspannend", mal mit Knetmasse spielen zu dürfen. Der Therapeut schaut fasziniert und auch sprachlos zu, er scheint sich gar nicht zu getrauen, mit "erwachsenen" Fragen den Klienten in dessen intensivem Spiel zu stören.

Die für alle Beteiligten wichtige Sequenz (19kons) beginnt durch eine kurze Bemerkung des Therapeuten, mit der er den Klienten auf dessen verstärkten Händedruck bei der Erwähnung eines Professors aufmerksam macht. Als hätte er nur auf die Herstellung eines solchen "Zusammenhangs zwischen Kopf und Händen" gewartet, beginnt der Klient nun gezielt und mit wachsender Begeisterung an einer Figur zu arbeiten. War er vorher in Sprache, Mimik und Körperhaltung wie gewohnt starr und kontrolliert, so geht nun die Lebendigkeit in den gesamten Körperausdruck über. Der Klient "verwandelt" sich sozusagen über das Spiel in einen lebhaften und "frechen Jungen", der Spaß und Stolz dabei empfindet, den Erwachsenen eins auszuwischen.

Diesmal geht die Kontaktaufnahme vom Klienten aus, er läßt den Therapeuten raten, und es ist ihm wichtig, daß dieser die Lösung findet. Dieser Aufforderung zum Mitspielen kann der Therapeut nur schwer nachkommen, es ist ihm auch wegen der Beobachtungssituation "peinlich", sich auf die kindliche Ebene des Klienten zu begeben. Auf eine schon komische Weise sind plötzlich die Rollen vertauscht: im Gegensatz zur letzten Stunde ist es diesmal der Therapeut, der sich auf die Erlebensweise des Klienten einlassen soll, der sich unsicher und verlegen zeigt und sich dabei anspannt, und der den Ärger abbekommt, weil er nicht gleich versteht. Das gemeinsame Lachen hat für die Teilnehmer einen verschiedenen Hintergrund: der Therapeut kann sich von seiner spannungsgeladenen Verlegenheit befreien; der Klient freut sich, daß er den Therapeut zum Mitspielen animieren und ihm dabei gleichzeitig die vermiedene Formulierung der aggressiven Gedanken unterschieben konnte ("Auf den Hintern hauen"). Selbst die teilnehmenden Beobachter lachen bei der Auflösung dieser witzigen Situation laut mit.

Im Gefühl der Bestätigung durch alle Anwesenden beginnt der Klient nun gleich, mit Hingabe eine neue Figur zu kneten. Durch die begleitende Kommentierung bezieht er laufend seine Zuschauer in den Herstellungsprozeß ein. Die Spannung im Raum ist groß, als er sein Ratespiel mit dem Therapeuten beginnt. Zum ersten Mal in der Therapie ist dabei sein Handeln direkt auf die Person des Therapeuten bezogen: "mal sehen, wie gut er mein Innenleben kennt." Sein ungeduldiges Drängen macht deutlich, daß er dem Therapeuten auf diesem verschlüsselten Wege bisher geheimgehaltene Gedanken und Gefühle anvertrauen will. Der Therapeut läßt sich diesmal ernsthaft auf das Spiel ein, er strengt sich an und sorgt mit seinen falschen Antworten ungewollt für weitere Spannung im Raum. Als er endlich die richtige Lösung gefunden hat, entsteht für einen Moment ein echter, persönlicher zwischenmenschlicher Kontakt: beide teilen laut lachend eine gemeinsame Freude und Erleichterung.

Diesmal war es der Klient, der es, wenn auch auf ungewöhnliche Weise, "riskiert" hat, etwas von seinem Inneren zu offenbaren. Der Therapeut wiederum hat sich überraschen und berühren lassen. Dabei hat er andere, die kindlich-spielerischen und die zärtlich-liebevollen Seiten des Klienten gesehen und ihn darin angenommen. Beim anschließenden Versuch des Therapeuten, die Gefühle des Klienten zu seinem Freund weiter zu erforschen, weicht der Klient jedoch in seine übliche Haltung aus: die Nichtbeachtung durch den Freund macht ihn "melancholisch". Demgegenüber getraut er sich mit zunehmendem Spaß, seine aggressiven Phantasien zu zeigen. Dafür hat der Klient ein Ziel (konkrete Personen) und eine, auch den Therapeuten ansprechende, Form (Spiel und

Witz) gefunden, die in den folgenden Stunden immer wieder auftauchen werden.

Die teilnehmenden Beobachter berichten davon, daß der Klient schon bei der Begrüßung "ganz gelöst" und "irgendwie offener für seine Umgebung" wirkte. Beim Spiel des Klienten waren sie "ganz fasziniert" von seiner "Begeisterungsfähigkeit", seiner "Unbefangenheit, wie er uns seine Figuren zeigte" und seinem "Stolz dabei". Die Fremdbeobachterin hat sich bei der Professoren-Figur "köstlich amüsiert", war "berührt vom liebevollen Umgang" mit der Figur des Freundes und "genoß das gemeinsame befreiende Lachen."

Die "Knet-Szene" wird von allen Beteiligten in allen Interviews gut erinnert. Dabei führt der Klient "sein intensiveres Empfinden von Ärger" vor allem auf diese Szene zurück (KN0). Er hat später in Vorlesungen "immer mal wieder mit Schadenfreude dran gedacht" (KN1) und muß noch nach zwei Jahren darüber lachen. Wichtig war für ihn auch, daß der Therapeut seine Schadenfreude zuließ (KN2). Außerdem verbindet er mit dieser Stunde "schöne und traurige Gefühle", "als ich so merkte, ich bin tatsächlich fähig, solche liebevollen Gefühle zu zeigen, da ist ja doch was ganz Kostbares in mir drin, was doch ziemlich verschüttet worden ist" (KN1).

Der Therapeut betont später, daß er mit dieser Szene vom Klienten "die kreativen, phantasievollen Seiten kennen und schätzen gelernt" hat. Diese Erfahrung "machte es mir leichter, die sadistischen Seiten auszuhalten" (TN1). Die Beobachter erinnern sich ihrer "Mitfreude bei den Rätselaufgaben" und sehen "eine Veränderung des sonst über-kontrollierten Verhaltens", "er hat sich ganz dem Moment hingegeben" (B2N).

Die achte Stunde

Jerry begann die Stunde mit einem spontanen Experiment. Er setzte sich ganz dicht an Tom heran. Der lachte erschreckt auf, die räumliche Nähe würde ihn auf die Dauer stören. Schließlich rückte Tom ein wenig mit seinem Stuhl zurück, Jerry rückte nach. Beide lachten schließlich. "Wir könnten so mehrere Runden durch den Raum drehen", meinte Tom, "dann müßte ich mir was anderes einfallen lassen, vielleicht aufstehen."

(20kons) *<<Der Gedanke, dieses Spiel mit Tom fortzusetzen, machte Jerry unheimlich Spaß. Er wollte auch testen, ab wann Tom sich wehren würde:* "Was mir auffällt, Sie geben mir sehr viel Macht. Ich gehe vorwärts und Sie weichen immer aus: Gut, wir haben jetzt weggucken, ausweichen. Was gab es sonst noch für Möglichkeiten, wenn Ihnen jemand zu sehr auf die Pelle rückt?" Tom schaute zu Boden, überlegte, dann: "Ja also, die theoretische Antwort lautet, sich wehren. Dann bleibt die praktische Frage: wie?" "Wie könnte das aussehen?" "Dazu fällt mir im Moment nichts ein. Übrigens, dieses Mikrophon ... " Jerry unterbrach: "Nicht ablenken. Das ist auch eine Methode ... Ich könnte Sie tatsächlich mal in die Ecke treiben."

Tom erschrak, spürte die Anspannung im Magen. Und wenn er mich in die Ecke getrieben hat, wie soll ich mich dann verhalten? Was hat Jerry dann überhaupt weiter mit mir vor? "Das wäre vielleicht von Interesse für mich. So sehr unangenehm kanns ja nicht werden", meinte Tom unsicher. Auf Jerrys Vorschlag setzte sich Tom in die Ecke des Raumes, Jerry rückte ganz dicht an ihn ran. Tom klammerte sich fest an seinen Stuhl. *Was wird er jetzt wohl machen, dachte er, ich werde mich doch jetzt nicht wehren müssen? Dieser Gedanke beschämte ihn.*

Jerry fragte Tom nach weiteren, nichttheoretischen Abwehrmöglichkeiten. Er gab zu, daß die Situation jetzt auch für ihn spannend geworden war. *Noch nicht mal mehr weggucken kann ich, dachte Tom. Ihm fiel nichts ein, Jerry zu bremsen. Im Gegensatz zum Physik-Studium war dies hier ein wirkliches Problem. Seine einzige Ausflucht war das Vertrauen, daß ihm hier in der Therapiestunde nichts Schlimmes passieren konnte.* "Naja, ich kann ja auch ganz einfach so bleiben, denn Sie können mich ja nicht gegen die Wand drücken." "Und wenn ...?" hakte Jerry nach. *Mit der Antwort ist er wohl immer noch nicht zufrieden, dachte Tom, er überlegte sich eine theoretische Erklärung, eher ein Ratespiel:* "Ziemlich sinnlos. Denn wenn ich nachher wirklich an die Wand gedrückt bin, dann sind Sie heute abend, vom Fachbereich Physik aus gesehen, noch ein Haus weiter!" *Bei dem Gedanken an das vertraute Gebäude fühlte er sich wieder sicherer.* Jerry lachte: "Das habe ich nicht verstanden." "Das Untersuchungsgefängnis!"

Jerry war verblüfft. Phantasierte Tom einen Schlag, daß er bis dahin fliegen würde? Jerry bekam komische Phantasien: wenn der jetzt tritt, wenn der jetzt ausflippt. Jerry spürte seine Anspannung, es reichte nun auch für ihn, doch wie konnte er die Situation auflösen? Tom hoffte, nun Jerry endgültig abblok-ken zu können: "Wenn Sie mich gegen die Wand drücken, daß da wirklich nur noch ein roter Fleck mit den Knochenresten übrigbleibt." "Dann?" "Und wenn dann der Hausmeister hier reinkommt ..." "Der wird nicht kommen." *Tom erschrak, vielleicht würde ein solcher Mord niemandem auffallen und Jerry würde ungeschoren davonkommen, wie die Mitschüler, die ihn in der Schule geärgert hatten.* Jerry unterbrach nun das Spiel: "Na so schlimm mein ich es nicht. Ich will ganz einfach wissen, welche praktische Möglichkeit es gibt, sich zu wehren." "Wenn Sie handgreiflich werden würden, dann würde ich mich natürlich auch zur Wehr setzen. Ich möchte es nur nicht unbedingt ausprobie-ren. Irgendwie hat das für mich einen obzönen Beigeschmack, so unanstän-dig.">>

Jerry wies Tom nun darauf hin, daß er nicht einmal mehr Abstand erbeten bzw. geforbert habe. Tom war erstaunt, er ginge davon aus, daß andere dann nicht bereit wären, zurückzurutschen. "Ich bin noch nicht mal auf die Idee überhaupt gekommen, dem anderen das zu sagen! Es ist doch erstaunlich, auf was für eine einfache Sache ich nicht gekommen bin. Na also, dann kann ich ja mal sagen: Also Jerry, rutschen Sie bitte ein Stück zurück!" Jerry ließ ihn das drei mal wiederholen, bis er sich wirklich zurücksetzte. Tom meinte nun, daß er "dankbar" sei, daß Jerry ihn "auf schädliche Grundeinstellungen" und auf ande-re Möglichkeiten der Gegenwehr aufmerksam gemacht habe. Er sei auf ihn auch noch "etwas böse", in "diese unangenehme Situation" gebracht worden zu sein, das "negative Gefühl überwiegt das positive". Jerry gestand ihm zu, daß er Tom unvorbereitet bedrängt habe, aber dies geschehe sehr häufig in der Reali-tät. Dann deutete er noch einmal ein Aufrücken an, aber diesmal verbat sich Tom das sofort. Beide mußten lachen.

Nach längerem Schweigen faßte Jerry noch einmal die von Tom gezeigten Möglichkeiten der Abgrenzung zusammen. Was denn an körperlicher Abwehr obzön sei, fragte er. Tom erzählte, daß er beim Judo nur Mißerfolge gehabt habe, und das sei peinlich und demütigend für ihn gewesen. Sich körperlich zu wehren, sei wie sich entkleiden. (B) <<Dazu fiel Tom nun ein Traum ein, den er im folgenden erzählte. Darin habe er splitternackt in einer Schlange vor einem Bankschalter gestanden. Jerry bat Tom, den Traum zu spielen, worauf der sofort begeistert einging: Tom genießt es, in der Bank Aufsehen zu erregen. Als eine ältere, häßliche Bankangestellte ihn zurechtweisen will, weist er sie barsch zurück, weil sie ihn geduzt hat. Andere Personen in der Bank kann Tom nicht identifizieren.>>

Jerry brach schließlich die Traumarbeit ab und fragte nach möglichen Parallelen in Toms Alltag. Tom sah sie eher allgemein in den hohen Leistungsanforderungen durch seine Mutter. Dagegen würde er gerne mal anecken. (N) <<Mit Begeisterung schilderte er nun seine Phantasien, wie er eine Tüte Vollmilch in der Schalterhalle einer Bank oder über den Teppich zu Hause auskippen würde. Für jemanden, der den Krieg miterlebt hatte, wäre das natürlich ein unglaublicher Stich ins Herz.>> Tom erzählte ein weiteres Beispiel, wie er sich beim Kauf einer CD mal über eine unfreundliche Kassierein geärgert hatte. Aber mit seiner Idee, eine Tüte Milch in den Rinnstein zu gießen, hätte er leider nicht die Richtige getroffen. Zwar hätte er sich auch verbal wehren können, aber das tatsächlich auszudrücken, habe er noch Hemmungen.

Jerry fragte Tom nun nach einer möglichen Botschaft durch den Traum. Tom konzentrierte sich: "Wenn ich mich ungewöhnlich verhalte, ganz einfach, weil ich nicht anders kann, ähm dann also hab ich sehr wohl das Recht, mich zu verteidigen." Dann hielt er eine kleine Ansprache an seine Familie, in der er sie für den Leistungsdruck kritisierte. (B) <<Er gab zu, daß er das seinen Eltern nie so deutlich sagen würde, aber: "Jetzt dreh ich sozusagen den Spieß mal um. Also ich räche mich jetzt sozusagen dafür, daß ich früher insbesondere von meinem Vater niederdiskutiert worden bin." Sein Unterbewußtsein wehre sich auch dagegen, daß ihm bei jeder verlorenen Diskussion suggeriert worden sei, kein Recht zu haben. Außerdem habe er dabei Schuldgefühle verinnerlichen müssen, die sich nun in seiner Angst, andere anzustecken, ausdrückten. "Das ist meine Theorie."

Auf Jerrys Nachfrage fand Tom seine Gegenwehr beim Stühlerücken nicht so befriedigend, weil die Reaktion vorgeschlagen worden sei. Aber in seinem Traum habe er "jemandem die Meinung" gesagt. Außerdem sei die Erkenntnis ein Gewinn, daß er mit dem Waschzwang seine Rache ausdrücke.

Interpretation

In dieser Stunde übernimmt der Therapeut gleich zu Beginn der Stunde die Initiative mit einem spontanen Experiment. Bei dem Stühle-Rücken (20kons) werden auf ebenso spielerische wie drastische Weise das vom Klienten verfolgte "Tabu des Bewirkens" (Quindt, 1988) und die damit verbundenen Ausweichmanöver offensichtlich. Die Szene beginnt als ein mit Lachen begleitetes Spiel, in dem der Therapeut immer wieder die "passiven" Ablenkungsmanöver des Klienten deutlich macht und ihn zu einem "aktiven" Abwehrverhalten provozieren will. Die Handlung wird zunehmend ernst und spannungsgeladen, bis der Klient sich einer echten Bedrohungssituation ausgesetzt fühlt. Lediglich ein allgemeines Vertrauen in das therapeutische Setting gibt ihm etwas Sicherheit.

An den beobachtbaren Reaktionen und besonders den begleitenden Gedanken und Gefühlen des Klienten läßt sich nun geradezu "lehrbuchartig" die typische ("zwangsneurotische") Kontaktunterbrechung des Klienten aufzeigen: eine als unangenehm empfundene (körperliche) Nähe löst Anspannung bis hin zur Verkrampfung aus; dem ersten Erschrecken folgt ein Wegschauen und Wegrücken bis schließlich die körperliche Aktivität in eine Art "Angststarre" eingefroren wird; mit dem Gefühl des Ausgeliefertseins und der Ausweglosigkeit entwickeln sich magische Phantasien. Der Impuls bzw. Gedanke an eine aktive Gegenwehr ist mit Angst und Scham besetzt und wird sofort abgewehrt. Dies käme einer körperlichen oder gar gewalttätigen Auseinandersetzung gleich, die als "unanständig" bzw. "obzön" empfunden wird.

Therapeut und Klient sitzen sich nun eine Weile sehr nah gegenüber. Schließlich wird die Anspannung auch für den Therapeuten unerträglich, durch die Thematisierung gewalttätiger Auseinandersetzungen sogar bedrohlich. Es wird ihm bewußt, daß der Klient nicht in der Lage ist, von sich aus eine angemessene Lösung zu finden. So ist es nun der Therapeut, der die Auflösung der explosiven Spannung einleitet, indem er dem Klienten "einfache" verbale Möglichkeiten der Abgrenzung nahelegt (etwa eine Bitte oder Forderung).

Der Klient muß überrascht eingestehen, daß er nicht von sich aus auf diese "einfachen Sachen" gekommen ist. Er ist dem Therapeuten "dankbar" für diese Lehre und setzt sie auch gleich um. Sein Körper wird sozusagen "wiederbelebt", er spürt seinen Ärger über die Bedrängung und äußert ihn gegenüber dem Therapeuten. Das folgende Üben von Abgrenzung hat wieder einen spielerischen Charakter, der Klient kann schließlich den Therapeuten klar und bestimmt zu einem Rückzug auffordern. Die verbliebene Spannung wird im anschließenden gemeinsamen Lachen aufgelöst. Die Freude über den erlebten Erfolg ist jedoch nicht ungeteilt. Der Klient ist auch noch "etwas böse" über die unvorbereitete Konfrontation und außerdem unzufrieden, daß er nicht selbst die Lösung des Konflikts gefunden hat.

Im späteren Verlauf gibt der Klient eine mögliche Erklärung für sein passives Verhalten: er geht generell von der Vorstellung (und damit sicher auch lebensgeschichtlichen Erfahrung) aus, daß seine verbalen Abgrenzungsversuche gar nicht erst beachtet werden; zusätzlich hat er seine früheren Mißerfolge einer körperlichen Abwehr als "peinlich" und "demütigend" erlebt, sie kamen einer Entkleidung und Bloßstellung gleich.

Das ungewohnt hohe Erregungsniveau gleich zu Beginn der Stunde mag erklären, daß der Klient bei der folgenden Traumarbeit zwar spielerisch seine aggressiven und z.T. sexuellen Phantasien darstellt, sich auf eine weitere Vertiefung jedoch nicht einläßt. Immerhin zeigt sich im Spiel und dessen anschließender Auswertung, daß sich seine Denk- und Verhaltensmuster modifiziert haben: er ist sich zunehmend der Zusammenhänge zwischen seiner Symptomatik und Familiengeschichte bewußt und läßt deutlich Gedanken und Handlungsimpulse zu einer aktiven Abgrenzung zu.

Die teilnehmenden Beobachter haben im Stühlerücken einen "spielerischen Machtkampf" gesehen, bei dem beide aktiv und engagiert beteiligt waren und den sie selbst mit Spaß und Spannung verfolgten. Sie registrieren außerdem, daß der Therapeut im Vergleich zur letzten Stunde gleich zu Beginn selbst die Initiative ergreift, dadurch weniger vorsichtig und zögerlich wirkt. Auch die Fremdbeobachterin (Individualpsychologin) hat diese Szene mit Spannung verfolgt, fragt sich allerdings, ' ob der Klient das im Moment verkraften konnte". In zwei späteren Stunden nach dem Beobachtungszeitraum reagierte der Klient bei ähnlichen Konfrontationen sofort und drohend mit verbalen Abgrenzungen und abwehrenden Handbewegungen, wobei er sich mit Schmunzeln an diese achte Stunde erinnerte.

Der Klient erinnert diese Szene später als eine der wenigen, die für ihn bedrohlich waren (KN0). In der Nacherinnerung nach zwei Jahren wird sie als "ein unsanfter Gag" bezeichnet, aber auch lachend nacherzählt. "Komisch" und "makaber" findet er im nachhinein seine Phantasie vom "roten Fleck an der Wand", wichtig aber auch den Hinweis, sich verbal abzugrenzen (KN2).

Der Therapeut erinnert sich später, wie "überrascht und auch erschüttert" er über die Passivität des Klienten war, wie er ihn wie "ein hypnotisiertes Kaninchen" wahrgenommen hatte und schließlich abbrach, weil er selbst "es nicht mehr aushalten konnte" (TN1). Auch die beiden teilnehmenden Beobachter erinnern nach einem Jahr den Ablauf dieser Sequenz.

Die neunte Stunde

Tom begann die Stunde damit, daß er ausführlich von einem Erlebnis mit einer Kommilitonin erzählte. Tom ärgerte sich immer, wenn sich andere "Luxusartikel" anschafften, und nun hatte die sich ein teures Mountain-Bike zugelegt.

(21sk) <<Nachdem beide nun eine Vorlesung verlassen hatten, gingen sie gemeinsam zum Fahrradständer, um dann festzustellen, daß das Vorderrad gestohlen worden war. Tom mußte bei der Schilderung dieser Situation immer wieder laut loslachen. *Er spürte überrascht, wie die Gefühle mit ihm durchgingen. Er war ganz kurz davor, Tränen zu lachen, das wäre ihm aber doch peinlich gewesen.* "Irgendwie hat das sowas, obwohl das natürlich sehr ärgerlich ist für die Person selber, hat das für mich doch ... irgendwie was Urkomisches an sich." *Tom konnte sich kaum noch halten vor Lachen. Hoffentlich hört das gleich auf, dachte er.*

Nachdem Tom sich wieder gefangen hatte, wandte er sich Jerry zu: "Hm. Naja, und jetzt haben Sie mal so eine meiner schwärzesten Seiten meines Charakters kennengelernt, daß ich auch Schadenfreude haben kann. *Tom wollte damit einen möglichen schlechten Eindruck bei Jerry ausbügeln. Denn ein schlechtes Gewissen hatte er schon dabei, es war ihm peinlich, solch niederträchtige Gedanken zu haben.*>>

Tom meinte, schon sehr lange nicht mehr so gelacht zu haben, obwohl ihm die Frau natürlich auch leid tat. (B, N) <<Er gab auf Jerrys Nachfrage zu, daß er auch neidisch sei. Aber er würde sich lieber ein Rad mit 5-Gangschaltung wünschen, das sei mehr sexy, ein stärkeres Phallussymbol.>> Jerry hakte bei dem Stichwort "Sex" nach. Daraufhin erzählte Tom, daß Sport für ihn einen sexuellen Beigeschmack habe, der Anblick von sporttreibenden Männern mit nacktem Oberkörper würde ihn erregen. Die Sache mit dem Mountain-Bike habe aber auch was mit seinem Sadismus zu tun, nämlich den Menschen etwas Schlechtes zu wünschen.

Beide unterhielten sich dann über Toms Sadismus und Schadenfreude. Jerry formulierte eine Hypothese, nach der Tom eigentlich erfolgreiche und lustbetonte Menschen mit Infektionen bestrafen wolle, sich dann aber aus schlechtem Gewissen selber bestrafe. Tom schien diesen Ausführungen nicht folgen zu können. Er meinte nur, daß es leichter für ihn wäre, sich gegen Repräsentanten der Leistungsgesellschaft zu wehren als gegen seine Mutter. Jerry fragte nach, wie gut Tom erfolgreiche Menschen ertragen könne. Tom gab zu, gegen solche Menschen ziemliche Aggressionen zu empfinden und sie absägen zu wollen.

(22kons) <<Jerry wies Tom auf den Widerspruch hin, daß er sich einerseits gegen die Leistungsgesellschaft wehre, sich andererseits aber nach deren Prinzipien verhalte. Tom widersprach zunächst, *aber insgeheim fühlte er sich doch*

*wie eine Marionette des Leistungsdenkens, gegen das er aber nicht ankam.
Ihm fiel die Diagnose von einem ärztlichen Attest ein.* Ganz ernst entgegnete
er: "Naja ich hab ja auch 'ne schizoid-anankastische Persönlichkeitsstruktur."
"Was heißt das?" fragte Jerry. "Also schizoid, das heißt gespalten, ähm und
anankastisch das heißt in sich zerrissen." *Er war froh und zufrieden, eine
Begründung für sein Verhalten gefunden zu haben.*

*Jerry war zunehmend über Toms ausweichendes Verhalten ärgerlich gewor-
den, jetzt sah er die Gelegenheit, Tom zu fordern:* "O.K. Und damit sagen Sie
was?" fragte er, "daß Sie nicht dafür verantwortlich sind?" *Tom war überrascht, daß sich Jerry mit seiner Erklärung für das widersprüchliche Verhalten nicht zufrieden gab. Er spürte einen Vorwurf von Jerry, den er aber nicht
als kränkend empfand, im Gegensatz zu dem seines Vaters und auch seines
Psychiaters, die einmal geargwöhnt hatten, daß sein Waschzwang in Wirklichkeit nur etwas Vorgeschobenes sei. Er fühlte sich nun eher ertappt, denn er
wußte, daß er sich letztlich mit der Diagnose nicht aus der Verantwortung
ziehen konnte.* "Ja, also in gewisser Weise wird das durchaus zum Ausdruck
gebracht. Unterschwellig wollte ich wohl diese Provokation also an Ihnen
abgleiten lassen." Er lachte verlegen. "Ist Ihnen das gelungen?" hakte Jerry
nach. "Ja also, jetzt, indem Sie mich darauf aufmerksam machen, daß der Trick
durchschaut ist, ist es mir natürlich doch nicht gelungen. Wobei ich Ihnen nichts
Böses wollte.">>

Jerry versuchte Tom zu erklären, daß der seine Rachewünsche unterdrücke und
gegen sich selbst richte. Tom gab zu, daß er in einen großen Konflikt käme,
wenn er mehr Verantwortung für sein Verhalten übernehmen und den Waschzwang aufgeben würde. Einerseits wäre das gut für seine Haut und er hätte
mehr Zeit für andere Dinge, andererseits bliebe die Befürchtung bestehen,
andere anzustecken. Allerdings könne er sich vorstellen, durch die Selbstschä-
digung und Minderung seiner Leistungsfähigkeit indirekt Rache an seiner Mutter auszuüben. Zum Abschluß fragte Jerry, ob Tom wegen der provozierenden
Infragestellung der Diagnose böse sei. Der zeigte sich jedoch dankbar, auf die
Verantwortung sich selbst gegenüber hingewiesen worden zu sein, "in meiner
Erziehung kam das bisher immer ziemlich schlecht rüber".

Interpretation

Eine für den Klienten wichtige Situation ist zunächst sein Bericht vom
"gestohlenen Vorderrad" (21sk). Der Klient ist selbst überrascht über seine
unverhohlene Schadenfreude, so gelacht habe er schon lange nicht mehr.
Gleichzeitig ist er sich des sadistischen Charakters seiner Freude bewußt,
wobei seine Offenheit von einem wachsenden Vertrauen zum Therapeuten
zeugt: "Jetzt haben Sie mal so eine meiner schwärzesten Seiten meines Charakters gesehen." Genau darin wird er jedoch vom Therapeuten nicht bestätigt.

Dieser ist vielmehr genervt bzw. betroffen über die gezeigte Schadenfreude des Klienten, die er offensichtlich nicht teilen kann. Statt seine Haltung direkt auszudrücken, versucht er nun den Klienten mit dessen "Täterseite" zu konfrontieren. Damit verstärkt er jedoch dessen "schlechtes Gewissen" und Furcht, "einen schlechten Eindruck" zu hinterlassen. Der Klient scheint die Ablehnung des Therapeuten zu spüren und weicht konsequenterweise in den folgenden 45 Minuten in allgemeine und emotionslos vorgetragene Beschreibungen und Erklärungen seiner sexuellen und aggressiven Phantasien aus.

Der Therapeut wiederum ist über diese Abwehr schließlich so verärgert und frustriert, daß er den Klienten direkt konfrontiert (22kons). Der Klient versucht zunächst, die Provokation mit einer offiziellen Diagnose "an sich abgleiten zu lassen". Umso überraschter ist er, als der Therapeut die Diagnose nicht als Entschuldigung für sein Verhalten gelten läßt. Im Gegensatz zu ähnlichen früheren Erfahrungen mit seinem Vater und seinem Psychiater kränkt ihn dieser "Vorwurf" jedoch nicht. Er kann dem Therapeuten gegenüber zugeben, daß dieser seinen "Trick" durchschaut habe. Er muß eingestehen, daß er durchaus verantwortlich für sein Verhalten ist. Sein zentrales Denkmuster, sich in der Opferrolle zu beschreiben und zu bestätigen, ist erschüttert.

Auf der anderen Seite hat der Therapeut das Gefühl, sich erfolgreich "gerächt" und eine "Grenze gezogen" zu haben. Statt wie bisher vorsichtig und "väterlich" auf den Klienten zu reagieren (und ihn damit in seiner Opferrolle zu bestätigen), hat er nun auch seinen Ärger über die aggressiv-abwehrenden und manipulativen Seiten des Klienten zugelassen. Es ist ein spielerischer und auch mit Lachen begleiteter "Machtkampf" entstanden, bei dem sich beide gegenseitig mehr als "erwachsene" Gegenüber wahrgenommen haben. Im abschließenden Gespräch kann sich der Klient nun wieder auf sein problematisches Verhalten und die Befürchtungen einlassen, die ihn bisher an einem mehr selbstverantwortlichen Handeln hindern.

Die teilnehmenden Beobachter betonen das gewachsene Vertrauen des Klienten zum Therapeuten. Außerdem registrieren sie, ebenso wie die Fremdbeobachterin, den Ärger des Therapeuten und sein aggressives Vorgehen gegen die passive Opferrolle des Klienten.

Die Szene vom "gestohlenen Vorderrad" wird vom Klienten vor allem wegen seines "wahnsinnigen" Lachens in allen Nachinterviews genannt. Es sei auch eine der wenigen Situationen gewesen, wo er den Therapeuten durch die Thematisierung von Sexualität bewußt abgelenkt habe (KN0).

Die zehnte Stunde

Tom ging es nicht gut. (N1, B)) <<In einer der letzten Klausuren hatten andere besser als er abgeschnitten. Er hatte so viel Zeit in seinem Leben für Mathematik und Physik verwandt, und plötzlich kamen ihm dann solche "Krauter" in die Quere.>> Das hatte sein Selbstwertgefühl doch sehr gestört. Zusätzlich deprimierte ihn, daß er für andere wohl nur "farbige Luft" sei. (N2) <<So war er mit drei Kommilitonen nach der Vorlesung in die Mensa gegangen. Obwohl er die ganze Zeit, allerdings schweigend, am Tisch gesessen hatte, war einer von den dreien aufgestanden, um ihn zu suchen. Jerry wies Tom daraufhin, daß er immerhin gesucht worden war.>>

Jerry fragte nach, wie weit Toms Selbstbewußtsein von Leistung abhinge. Für Tom ging es nicht nur darum, der Beste zu sein, sondern auch, sich an den anderen zu rächen, indem er z.B. den Notenspiegel in der Klasse anhob. Er sähe nun aber auch Parallelen zwischen dem Leistungsdruck und dem Waschzwang. Wenn er nun aber auch noch für die anderen nur "farbige Luft" sei, würde er an Selbstmord denken. Ob Tom nur aufgrund guter Leistungen für andere Menschen interessant sei und ob es nicht auch andere Kriterien für ein stabiles Selbstbewußtsein gäbe, fragte Jerry. Tom meinte dazu, daß er gerne einmal mit den Kommilitonen ins Theater gehen würde. Bis zum Tage zuvor hätte er die Befürchtung gehabt, aufgrund schlechter Leistung bei ihnen in "Ungnade" gefallen zu sein. Gerade habe er aber die Idee, daß das nicht so sein müßte.

(23kons) <<Jerry bat Tom, sich vorzustellen, ein anderer würde ihn um Hilfe bei einer Aufgabe bitten, weil es ihm in der Woche nicht gutgegangen sei. *Tom stellte sich die Situation als ein Telefongespräch vor.* Er würde mit dem anderen Mitleid empfinden und ihm spontan seine Hilfe anbieten, meinte Tom. Jerry wies Tom darauf hin, daß die anderen doch auch so auf ihn reagieren könnten. *Dieser Hinweis überraschte Tom, er stellte sich diese Möglichkeit vor, eine sehr schöne Vorstellung.* Er erzählte kurz, wie überrascht er war, als sein Freund ihn wegen des Abbruchs der Reise nicht kritisiert, sondern vielmehr Verständnis dafür ausgedrückt hatte. *Da hat sich womöglich eine falsche Einstellung bei mir verfestigt, dachte Tom.* "Also, irgendwie erinnert mich das 'n bißchen an die Quantenphysik, die Art und Weise, wie man an was rangeht, also an ein Experiment rangeht, das allein bestimmt schon wesentlich den Ausgang des Experiments," meinte Tom schließlich lachend und Jerry lachte mit. *Jerry war überrascht und sehr erfreut über diese eigenständige und klare Formulierung von Tom. Tom hatte eine Erkenntnis ausgedrückt, die auch für ihn sehr wichtig war. Wenn Tom diese Sicht beibehielte, dachte er, wäre schon ein Therapieziel erreicht.>>*

Tom schien begeistert, nun könne er eher andere anrufen für einen Kinobesuch, sich vielleicht sogar auch in Mathematik helfen lassen. Jerry bestätigte Tom in diesen Gedanken und fragte dann, ob Tom sich vorstellen könnte, was andere noch an ihm mögen könnten außer seiner fachlichen Leistungen. Tom fielen seine Hilfsbereitschaft, Bescheidenheit, eventuell sein Aussehen und seine Ideen für gemeinsame Unternehmungen ein.

(24st) *Jerry zögerte. Ob er ihm wirklich eine persönliche Rückmeldung geben solle? Wie sehe ich ihn als Mit-Mensch und nicht nur Therapeuten?* Er gab *sich einen kleinen Schubs, dann fiel es ihm leicht, gleich die richtigen Worte zu finden, er fühlte sich ganz ehrlich und authentisch:* "Zwei Sachen fallen mir noch so spontan ein, Ihren Humor, der manchmal skuril ist, zugegeben, wo ich einfach lachen muß, auf was für Ideen Sie kommen, und auch Ihre Phantasie, Sie haben ganz tolle Bilder, mit denen Sie viel erfassen und Ihre Gefühle ausdrücken." Tom hatte aufmerksam zugehört, dann: "Also, was mich jetzt unglaublich überrascht, daß ich von jemandem geschätzt werde, wegen meines Humors, naja und wegen meiner Phantasie. Also das hör ich sehr gern." "Nur manchmal machts mir auch Angst, wenn Sie so grausame Phantasien haben," fügte Jerry hinzu. "Hm, daran hab ich auch gerade gedacht," meinte Tom. *Jerry hatte bei den Worten "skuril" und "grausam" kurz gezögert, aber Toms Bereitschaft, seine Worte anzunehmen, hatten es ihm leichtgemacht. Er wollte Tom damit auch vermitteln, daß er manchmal über ihn lacht, ohne ihn auszulachen. Toms Reaktion zeigte ihm, daß er zwischen seinen wunderschönen, aber auch grausamen Phantasien und der Realität unterscheiden konnte, nicht völlig davon beherrscht war.* >>

Jerry fragte zum Abschluß nach Toms Befinden im Vergleich zu Beginn der Stunde. (B) <<"Also jetzt gehts mir doch schon bedeutend besser als vorhin," meinte Tom, "es ist doch gut, einfach mal zu sehen, daß ich doch andere Möglichkeiten habe, mein Leben zu gestalten, als ich bisher noch angenommen hatte. Und daß diese Möglichkeiten auch wesentlich schöner sind.">>

Interpretation

In dieser Stunde wird noch einmal deutlich, wie ausgeprägt der Klient sein Selbstwertgefühl und seine Beziehung zum Umfeld über Leistung definiert. Er hat bei einer Klausur schlechter als erwartet abgeschnitten und ist prompt in einer tiefen Krise. Zusätzlich wird ihm seine soziale Isolation bewußt, die ihn an Selbstmord denken läßt.

Die erste für alle Beteiligten wichtige Situation (23kons) entsteht durch ein kurzes Rollenspiel. Dabei entwickelt der Klient die neue, überraschende und schöne Vorstellung, bei Mißerfolgen auch Hilfe erwarten zu können. Seine momentane Stimmung verbessert sich schlagartig und er stellt seine bisherige Abhängigkeit vom Leistungsdenken grundsätzlich infrage. Der Therapeut ist zunächst eher kognitiv dabei, das Rollenspiel ist für ihn nur eine "typische therapeutische Intervention". Überrascht und hoch erfreut ist er dann jedoch, als der Klient spontan eine Sichtweise formuliert, die nach Überzeugung des Therapeuten wesentlich zu einem Therapieerfolg führt. Er scheint fast stolz auf den Klienten zu sein und seine Freude überträgt sich auf den Klienten. Geradezu mit Begeisterung, die bis zum Schluß anhält, sieht der Klient nun "neue und schönere Möglichkeiten, mein Leben zu gestalten".

Im folgenden kommt es zu einer weiteren, für den Therapeuten wichtigen Situation (24st), als er dem Klienten eine persönliche Rückmeldung gibt. Er zögert zunächst, aber dann fällt es ihm leicht, spontan und ehrlich und auch mit Wärme seine Eindrücke vom Klienten wiederzugeben. Der Klient hört sehr aufmerksam zu, ist "unglaublich überrascht" und freut sich. Dabei nimmt er vorbehaltlos selbst die "kritischen" Beschreibungen an. Allerdings wehrt er auch den persönlichen Kontakt zum Therapeuten ab (z.B. von "jemandem" geschätzt werden).

Die teilnehmenden Beobachter und die Fremdbeobachterin merken an, daß der Kontakt überwiegend auf der kognitiven, bzw. "intellektuellen" Ebene beschränkt bleibt und atmosphärisch eine "merkbar größere Distanz" im Vergleich zu den Stunden zuvor vorherrscht.

Im Nachinterview nach dem Beobachtungszeitraum fand der Klient besonders wichtig, daß "es auch etwas Gutes gäbe außerhalb des Studiums, nämlich mein Humor". Außerdem sei für ihn die Vorstellung neu gewesen, "daß mir auch jemand helfen könne, nur weil man mich mag" (KN0). Des weiteren erinnert der Klient in allen Nachinterviews sein Mensa-Erlebnis, in einigen auch die schlechte Klausur.

Die elfte Stunde (nach einer dreiwöchigen Pause)

Tom erzählte, daß er sich die letzten Wochen psychisch doch sehr schlecht gefühlt habe. Schuld daran waren die höheren Leistungsanforderungen an der Uni. Außerdem sei ihm bewußt geworden, wie isoliert er in den letzten Jahren gelebt habe. (N) <<Eine Ausnahme war jedoch ein Treffen mit Kommilitonen einige Tage zuvor. Dies sei auf seine Initiative hin entstanden, man habe sich nicht über Physik, sondern über Politik unterhalten. Es hatte ihn sehr erleichtert, daß andere über diese Gesellschaft ähnlich kritisch waren wie er. Er habe dabei auch erzählt, daß er in letzter Zeit kaum Freizeitaktivitäten verfolgt habe, weil er sich um seinen kranken Freund kümmern mußte. Auf Jerrys Nachfrage gab er schließlich zu, daß er damit auch seine eigenen gesundheitlichen Probleme andeuten wollte.>>

(25kd) <<Nebenbei erzählte Tom dann noch von einem ehemaligen Klassen-kameraden, den er an der Uni mit einer Zigarette im Mund gesehen hatte. Diesen hatte er früher wegen dessen guten schulischen und sportlichen Leistungen sehr beneidet. Spielerisch und mit Schadenfreude spielte Tom diesen Mann nach, der ihm nun durch die Zigarette nicht mehr so perfekt, ja "angegammmelt", erschien. *Allerdings spürte er durch Jerrys Reaktion, daß er durch seine vorschnellen Gedanken auch mögliche Kontakte abwürgte und ihm in Wirklichkeit damit etwas entgehen könnte.*>>

Jerry wies Tom auf sein ständiges Vergleichen hin, Tom entgegnete, daß er ungern mit anderen Kontakt aufnähme, weil er sich sonst wegen seiner Unvoll-kommenheit blamieren könnte. (B) <<Den Gedanken Jerrys, daß er sich im Gegenteil vielleicht für besser als die anderen hielte, wies Tom jedoch unter Hinweis auf seinen Waschzwang zurück.>> Jerry bestätigte Tom dann noch einmal für seine Initiative, sich mit anderen Menschen zu treffen. Tom meinte dazu: "Also äh, als ich dieses Gespräch geführt hatte, da hab ich mir gesagt, das war wohl, was die vergangenen 10 Jahre angeht, eins meiner entscheidenden Gespräche." Er wollte dies auch weiterhin versuchen.

Jerry fragte nach, warum Tom seinen kranken Freund als Vorwand vorgeschoben hatte. Tom erklärte weitschweifig, daß viele seiner Verwandten kein Verständnis für Menschen in der DDR oder viele Penner aufbringen würden, die ohne eigenes Verschulden große Probleme hätten. Sein großer Fehler im vergangenen Jahr sei gewesen, dem Leistungsdruck gerecht zu werden, auch wenn er ihm innerlich gegen den Strich ging. Im übrigen sei er aufgrund verschiedener schulischer Erfahrungen zu dem Schluß gekommen, seine Ängste und Schwachstellen möglichst zu verbergen und auch keine Hilfe zu erwarten, da ihm sowieso keiner hätte helfen könnte.

(26st) <<Jerry fragte nach, inwieweit Tom von der Therapie Hilfe erwarte. Tom meinte, daß es ihm im Moment schwierig erscheint, seine Probleme mit Jerry

lösen zu können. Es sei ihm auch peinlich, dies Jerry zu sagen. *Jerry hatte nun zwiespältige Gefühle, denn er hörte zweierlei heraus: die Hilflosigkeit von "mir geht es so dreckig" und "mir kann keiner helfen und Sie auch nicht". Er fragte sich kurz: Ist die Therapie bisher gut verlaufen? Hätte ich mich mehr auf den Waschzwang konzentrieren müssen usw.? Andererseits wurde Jerry auch mißtrauisch, ob Tom ihn in seiner Qualifikation als Psychologe angreifen wollte.* Tom meinte schließlich lächelnd, daß Jerry sicher einfachere Fälle lösen könne. Er wolle Jerrys Qualifikation nicht in Frage stellen, aber er sei nun mal ein besonders verwickelter Fall, bei dem sich Hilfe als sehr schwierig gestalten werde.>>

Jerry drückte seine zwiespältigen Gedanken aus. Tom gab zu, damit gesagt zu haben, daß der Klempner die leckgeschlagenen Rohre nicht dichtmachen könne, das sei momentan seine ziemlich ehrliche Einstellung. Wie ihm denn ein möglicher Super-Therapeut helfen könnte, fragte Jerry zurück. Wenn er wüßte, daß er andere Menschen nicht anstecken könne, antwortete Tom, oder wenn er seinen Glauben an Gott zurückfände und deswegen nicht nach dem Tode von Ungeheuern aufgefressen werden würde. Jerry hakte nach, wie Tom überzeugt werden könnte. Durch eine mikroskopische Untersuchung der Virenkonzentration in seiner Wohnung, antwortete Tom. Was er wohl als Untersuchungsergebnis erwarte, fragte Jerry nach. Wahrscheinlich seien nicht mehr Viren in seiner Wohnung als anderswo, antwortete Tom, er brauche jedoch die Gewißheit.

(27st) <<Schließlich meinte Tom, eine wesentliche Hilfe könnte eine Kombination aus einem Virologen und einem Bekannten sein, mit dem er regelmäßig seine Freizeit verbringen könnte. *Da hat er mich vollkommen ausgeschlossen, dachte Jerry.*>>

(28kons) <<"Das ist ja auch so 'n Vollkommenheitsanspruch", sagte Jerry, "ich bin ein ganz schwieriger Klient, da brauch ich schon einen Gott, der mir helfen kann!" Tom gab zu, damit auszudrücken, daß er "schon eine ganz besondere Eigenschaft" habe, die ihn "wirklich von allen anderen Menschen unterscheidet, die vielleicht nur 10 unter 5 Milliarden Menschen haben." *Jerry war nun wirklich ärgerlich über Toms Bemühen, ihn außen vorzulassen. Was denkst Du, wieviel Zwangskranke es gibt? dachte er. Er wollte Tom nun provozieren, ihn direkt zu kritisieren.* "Sie sagen, was wir bis jetzt gemacht haben, hat mir nicht geholfen." *Tom spürte Jerrys Ärger, er hatte zwar Jerrys Qualifikation angekratzt, aber nicht grundlegend in Zweifel ziehen wollen. Er wollte Jerry beschwichtigen:* "Also bis jetzt also hat's mir nur insoweit geholfen, als daß nicht alle Sicherungen rausgeflogen sind ... eine Krisenintervention."

Tom redete hastig weiter, daß er bisher seinem Zwang und den damit verbundenen Gewissenskonflikten ausgewichen sei, aber Jerry unterbrach: "Weichen Sie jetzt auch aus? Einem Konflikt?" *Jerrys Impuls war nun, Tom richtig*

anzubrüllen. Er überlegte, wie er zum Schluß der Stunde die Konfliktsituation
so offenlegen konnte, daß er Tom damit gehenlassen konnte. Tom lachte auf:
"Ja, also, ähm, als Hintergedanke allerdings befürchte ich keinen ernsthaften
Konflikt zwischen uns beiden." *Hier in der Therapie, da kann er ja nicht böse*
auf mich werden, dachte er erschrocken, denn vor Konflikten hatte er sehr,
sehr große Angst. "Ich kann mir das ganz einfach so schlecht vorstellen," fügte
er hinzu. "Das ist was anderes," sagte Jerry, "ich sehe einen. Vielleicht lassen
wir es dabei erst mal stehen. Also im Sinne von: Sie haben mir nicht geholfen."
Tom spürte jedoch so eine Triebkraft, noch einmal aus dem Rahmen zu fallen,
andererseits aber auch die Situation zu entschärfen: "Ja. Oder sagen wir so:
Ich will ja nicht unhöflich sein. Die Hilfe, die mir hier entgegengebracht wurde,
die war mir bei der Lösung meiner Probleme noch nicht dienlich, also eher eine
Krisenintervention." Jerry nickte nachdenklich: "Das ist wichtig für mich, das
zu wissen. Und wie Sie sehen, falle ich auch nicht um, auch wenn Sie mich
kritisieren."

Interpretation

Dies ist die erste Stunde nach einer dreiwöchigen Weihnachtspause. In dieser
überwiegend vorlesungsfreien Zeit scheint sich der Klient viele Gedanken über
seine Lebenssituation gemacht zu haben, die ihn depressiv und hoffnungslos
erscheinen lassen. Ihm ist bewußt geworden, wie sehr er vom Leistungsdenken
beherrscht und sozial isoliert ist. So herrscht zwar noch seine Schadenfreude
vor, als er einen früher beneideten Klassenkameraden abwerten kann (25 kd).
Gleichzeitig spürt er aber, auch durch die Reaktion des Therapeuten, daß er
damit soziale Kontakte verhindert. Er drückt ein deutliches Interesse an neuen
sozialen Kontakten aus. So war ein von ihm initiiertes Treffen mit drei Kommili-
tonenes eins der "wichtigsten Ereignisse der letzten 10 Jahre", eine Ausnahme
in seiner jetzigen Situation. Gleichzeitig ist er sich aber auch seiner Ängste und
auch Unfähigkeiten bewußt, soziale Kontakte einzuleiten und zu pflegen: z.B.
die Angst, unfähig, uninteressant zu sein und sich zu blamieren, für seine Probleme Unverständnis oder gar Vorwürfe zu ernten.

Die zunehmend resignative Stimmung gipfelt schließlich nach einer dreiviertel
Stunde in der Aussage des Klienten, daß keiner ihm helfen könne, auch nicht
der Therapeut. In den nun folgenden wichtigen Situationen (26 und 27st) reagiert der Therapeut zunächst mit Selbstzweifeln, um dann aber auch den versteckten Angriff zu spüren und zu thematisieren. Diese Absicht will der Klient
natürlich nicht zugeben. Er reagiert mit verschiedenen Ausweichmanövern, bis
der Therapeut schließlich einen Gegenangriff ("Vollkommenheitsanspruch")
startet (28kons). In diesem Moment verändert sich die zuvor gedrückte Atmosphere, der Dialog und die Bewegungen werden lebhafter. Der Klient ist
sich bewußt, daß ihm der Therapeut "ordentlich auf den Fersen" ist. Aufgrund

seiner generellen Angst vor Konflikten versucht er nun geschickt, den Therapeuten argumentativ zu beschwichtigen. Dennoch ist er sich in der Beziehung auch sicher genug, um sich teilweise auf eine Auseinandersetzung einzulassen. Er zeigt seine narzißtischen Impulse ("eine besondere Eigenschaft, die mich von allen anderen Menschen unterscheidet"), aber auch seine Freude, nun "ein bißchen aus dem Rahmen zu fallen". In der Wortwahl bewußt gekünstelt ("ich will ja nicht unhöflich sein, aber ..."), greift er den Therapeuten an und hat Spaß daran, ihn erfolgreich "angekratzt" zu haben. Der Therapeut ist nun in seinem anfänglichen Mißtrauen bestätigt und verärgert. Er könnte "platzen" und würde gerne den Konflikt mit dem Klienten durcharbeiten, wenn nicht die Stunde zu Ende wäre.

Die teilnehmenden Beobachter stellen zunächst im Vergleich zu den vorherigen Stunden eine größere Distanz zwischen Therapeut und Klient fest und führen dies auf die längere Therapiepause zurück. Des weiteren hatten sie sich gewundert, daß der Therapeut erst so spät und dann zurückhaltend auf die Angriffe des Klienten einging. Sie sahen bei diesem viel Schadenfreude, dem Therapeuten eins ausgewischt zu haben. Sie registrieren aber auch, ebenso wie die Fremdbeobachterin die geringe Angst des Klienten, den Therapeuten zu kritisieren und werten dies als gestiegenes Vertrauen in die therapeutische Beziehung.

Sowohl die teilnehmenden Beobachter wie der Klient erinnern später eher vage die (ungelöste) Konfliktsituation. Der Therapeut habe "ziemlich resigniert" ausgesehen, meint der Klient zu der Stunde (KN1). Außerdem erinnert er seine Schadenfreude gegenüber seinem ehemaligen Klassenkameraden (KN1,2).

Die zwölfte Stunde

Jerry hatte Jonglierbälle mit aufgemalten Gesichtern mitgebracht. Tom ergriff einen, der ihn an "friedliche Träume" erinnerte. Zunächst sprachen beide den Konflikt der letzten Stunde an, dem Tom aber deutlich auswich, indem er ihn als seinen eigenen innneren bezeichnete. Als Weg von Veränderung stelle er sich vor, daß er durch erfolgreiche Problemlösungen in anderen Bereichen seine Schuldgefühle beiseite schieben oder gar auflösen könne. Jerry hakte noch mal nach, ob Tom böse auf ihn sei. Tom stritt dies ab, aber er habe sehr wohl starke Rachephantasien gegen Meeresverschmutzer oder bestimmte Schüler aus seinen früheren Klassen. (B) <<Schließlich führte er aber doch noch mal seinen Ärger gegen Jerry wegen der abgebrochenen Reise an. Ihm sei wie einem Pawlow'schen Hund signalisiert worden, daß Selbständigkeit mit Unannehmlichkeiten in höchstem Maße verbunden seien. Er hätte sich gegen die erlernte Reflexnormierung in der Schule eine bessere Gegenkonditionierung gewünscht wie etwa den Rat, neue soziale Kontakte zu suchen.>>

(29sk) <<Jerry stellte schließlich frustriert fest: "Irgendwo komme ich nicht an Sie ran!" *Tom wurde jetzt bewußt, wie sehr er sich gegen Jerry abschirmte, wovor, wußte er auch nicht genau.* Jerry wechselte schließlich das Thema auf Toms Ängste vor Polioviren. Tom schilderte noch einmal einen Film, in dem ein Kind an Kinderlähmung erkrankt war, und die Krankheit seiner Tante. In beiden Fällen waren die Erkrankten zuvor ungehorsam gegen ihre Eltern gewesen. *Toms empfand bei seinen Beschreibungen noch einmal seine Betroffenheit über die Erkrankten, sein unangenehmstes Gefühl dieser Stunde.*>>

Jerry fragte noch mal nach, warum Tom glaube, daß ausgerechnet er andere mit Polioviren anstecken könne. Tom gab an, daß er nach seiner eigenen Schluckimpfung vielleicht nicht genügend auf Sauberkeit geachtet habe. Deshalb wische er heute noch seine Kleider und Bettwäsche mehrfach ab, weil sie Krankheitserreger oder Spermien von seiner häufigen Selbstbefriedigung enthalten könnten. Dieser Drang käme auch daher, daß er noch mit 4 Jahren nicht stubenrein war und dafür auch einmal von seiner Mutter "einen Klaps auf den Popo" bekommen hatte.

(30kons) <<*Jerry war angesichts Toms Ausweichmanövern immer ungeduldiger geworden. Bei dem Stichwort "Mutter" meinte er bei Tom eine Veränderung zu registrieren.* Tom gab zu, daß er seine Mutter zwar sehr gerne habe, daß sie aber über seinen Seelenzustand am liebsten allein das Sagen haben wolle. Dabei beschrieb er den Jonglierball in seiner Hand als ein schlafendes Baby. *Er stellte sich als ein hilfloses, schützenswertes Baby im Kinderwagen vor.* Einige Wesenszüge seines jetzigen Verhaltens ähnelten dem eines Babys, meinte er, so die Tatsache, daß er von seiner Mutter immer umsorgt werde und sich nicht gegen sie durchsetzen könne bzw. im Kontakt mit anderen auch nicht eigeninitiativ sei.

Jerry hakte nach, ob Tom damit ausdrücke, nicht für sein Verhalten verantwortlich sein zu müssen. *Tom dachte bei sich, daß die Parallele auch nicht ganz stimme, schließlich übernehme er im Physikstudium auch Verantwortung.* Ein bißchen sei er schon gewachsen, meinte er, so sei er nun eher imstande, andere von sich aus anzusprechen. *Dabei spürte er jedoch seine Zweifel, ob diese Entwicklung so weitergehen würde. Er erinnerte sich an das Schneeglöckchen, das zwar auch wachsen konnte, aber doch in einer ziemlich feindlichen Umgebung lebte.>>*

Zum Schluß gab sich Tom etwas hoffnungsvoller, daß sich sein Zustand durch die Therapie ändern könne. Vielleicht sei es auch so, daß er sich mit der Identifikation mit einem Baby der Verantwortung entziehe. Jerry war mit der Stunde sichtlich unzufrieden. Tom sei kein Baby, betonte er noch einmal, und er wollte ihn auch nicht so behandeln oder konditionieren.

Interpretation

Über eine halbe Stunde lang versucht der Therapeut, den Konflikt der letzten Stunde wieder aufzugreifen, bis er schließlich frustriert aufgibt. Die erste, für den Klienten wichtige Szene entsteht, als er sich an seine zwei Erfahrungen mit Polioviren erinnert (29sk). Die aufkommende Erregung kann er jedoch erfolgreich abwehren, indem er weiteren Nachfragen ausweicht.

Der Therapeut ist zunehmend frustriert und ungeduldig, erst als das Gespräch auf die Sauberkeitserziehung durch die Mutter kommt, entsteht für einige Minuten wieder eine kurze Spannung (30kons). Der Klient konstatiert, daß bei ihm "viele Parallelen zum Verhalten eines Babys bestehen." Selbst auf verstärkte Provokationen reagiert der Klient sehr zurückhaltend, innerlich in dem Bild des "einsamen Schneeglöckchens" (s. 5. Stunde) gefangen. Nach der Stunde ist der Therapeut frustriert, ärgerlich, auch rat- und hilflos. Er kann eigentlich keine kontaktintensive Stelle bezeichnen. Der Klient scheint wieder in sein altes Weltbild zurückgefallen zu sein, "Schneeglöckchen", "Pawlov'scher Hund", "Baby". Auch die teilnehmenden Beobachter konstatieren seit nunmehr zwei Stunden einen inneren Rückzug des Klienten.

Die letztgenannte Szene wird von allen Beteiligten einschließlich Fremdbeobachterin nur deshalb als wichtig bezeichnet, weil sie sich inhaltlich etwas von dem insgesamt kontakt- und spannungsarmen Stundenverlauf abhob. In keiner der Nachbefragungen werden Szenen dieser Stunde erinnert.

Die dreizehnte Stunde

Am Wochenende vor dieser Stunde hatte sich Jerry verschiedene Gedanken zur Therapie mit Tom aufgeschrieben. Er spürte Hilflosigkeit und Ärger gegen Tom. Einerseits wollte der den Waschzwang loswerden, andererseits schilderte er sich als hoffnungslosen Fall. Anscheinend wollte sich Tom weiter zu Hause rundum versorgen lassen und dabei den Waschzwang in Kauf nehmen. Wie könnte er ihn erreichen, ohne seinen Widerstand gegen ihn zu verstärken? Schließlich entwickelte er eine grobe Strategie, die er in der kommenden Stunde verfolgen wollte.

Tom erzählte zu Beginn der Stunde von einer für alle Seminarteilnehmer mißratenen Klausur. Außerdem berichtete er, daß er sich bei der Vorstellung, ein Baby konditionieren zu können, wohl gefühlt habe. Dabei hatte er sich auch über Jerrys gegenteilige Meinung geärgert. (B) <<Jerry hatte bisher meist geschwiegen, aber nun wollte er von seinen Gedanken und Gefühlen zu den letzten beiden Stunden erzählen. Er sei frustriert und ärgerlich gewesen. Nach den ersten guten zehn Stunden habe er keinen Kontakt mehr zu Tom gehabt und ob dies mit der verstärkten Beschäftigung mit dem Waschzwang zu tun habe. Er habe jetzt das Gefühl, hier säßen zwei Erwachsene vor einem Problemkind, das man nicht habe verändern können und dem man nun aus Hilflosigkeit sogar mit Stromstößen drohe.>>

Auf Vorschlag Jerrys setzten sich nun beide auf den Boden, um sich (beide) in die Situation des Problemkindes im Alter von vier bis sechs Jahren hineinzuversetzen. (N) <<Jerry begann damit, daß er als Flüchtlingskind auch eine Außenseiterposition gehabt habe.>> Tom erzählte jetzt von mehreren Ereignissen aus seiner Kindheit, bei denen er sich ungerecht behandelt oder überfordert gefühlt habe. So sei er ausgelacht worden, weil er Angst vor bestimmten Turnübungen hatte. Als Kind hatte er sich häufig gefragt: was kann ich dafür, daß ich anders bin? Auf Jerrys Nachfrage berichtete Tom von seinen zahlreichen Rachephantasien gegen die Erwachsenen.

(31st) <<So habe er sich als Jugendlicher, aber auch in den letzten Tagen, überlegt, alle Menschen, die ihm Übles antaten, systematisch zu erschießen bzw. zu vergasen. *Jerry spürte auch seine alte kindliche Wut und bemerkte an sich, daß er aus dieser Perspektive als Kind eher Toms Gewaltphantasien akzeptieren konnte, während er vorher in der Rolle des Therapeuten Tom häufiger bei deren Schilderung unterbrochen hatte.* Jerry meinte, daß er als Kind und Jugendlicher auch solche Gedanken gehabt habe. Auf seine Nachfrage bezeichnete es Tom als erleichternd, mal ungefährdet seine Mordgedanken ausdrücken zu können.>>

Jerry beschrieb einige seiner Gefühle wie Wut, Traurigkeit und Einsamkeit als Außenseiter-Kind. Tom bestätigte, ähnliche Gefühle gehabt zu haben, allerdings sei er im Moment zu entspannt, um eines der Gefühle aktuell zu spüren. Jerry faßte schließlich noch einmal zusammen, wie Tom als Kind und Jugendlicher die Außenseiterrolle verarbeitet hatte: mit Rachephantasien, durch bessere Leistungen und durch exzentrische Verhaltensweisen. Tom bestätigte, daß er sein Anderssein häufiger extra betont habe, so sei er demonstrativ von Klassenfesten ferngeblieben.

(32sk) <<Gegen Anpassertum verspüre er eine ausgesprochene Abneigung, meinte Tom. Mit viel Spaß begann er nun einen Firmenchef zu karikieren, der am Montagmorgen durch die Firma schlurft und seine Sekretärinnen zur Sau macht. *Tom empfand sein spontanes Rollenspiel befreiend, er spürte dabei all seine Wut gegen die Obrigkeit und seine Impulse, sie auf das schwerste körperlich zu mißhandeln. Jerry war überrascht über diesen plötzlichen Wechsel Toms von der Opfer- zur Täterseite. Er fand es aber auch erschreckend, wie perfekt Tom diese Rolle spielte.* "Sie können den Chef aber gut spielen, meinte er schließlich etwas ironisch. Tom lächelte, *er fühlte sich in seinen schauspielerischen Talenten bestätigt.*>>

Jerry lenkte die Aufmerksamkeit noch einmal auf die Kinderrolle. "Was würden Sie am liebsten den Erwachsenen sagen," fragte er, "die uns verändern, manipulieren, bestrafen, kommandieren, die uns ständig sagen, wir sind nicht richtig?" Tom beschrieb nun mehrere Möglichkeiten, wie er am liebsten seine grausamen Lehrer bestraft hätte, die Autos beschädigen, Stinkbomben werfen usw.

(33kons) <<Jerry ermunterte Tom, all seinen Lehrern, Professoren, Psychologen und seinem Vater die Meinung zu sagen. Tom begann nun den imaginierten Personen zu erklären, daß er wenig selbständig und motiviert sei, um alle Anforderungen zu erfüllen. Jerry unterbrach mit dem Hinweis, daß ein Kind so nicht reden würde. Tom begann nun zögernd, dann mit immer mehr Freude und Ausdruck: "Physik finde ich zur Zeit doof ... und der Professor, der ist so doof! Also, äh, also manchmal denk ich: Sie sind 'n richtiges Arschloch! Aber das darf man wieder nicht mal sagen, dann komm ich sofort ins Gefängnis." Beide lachten laut. *Jerry konnte das gut mitempfinden und empfand in seinem kindlichen Protest viel Spaß, zu schimpfen, trotzig zu sein, die Erwachsenen einfach nur "doof" zu finden.*

Beide schwiegen einen Moment lächelnd, schließlich meinte Tom: "Mit solchen Begriffen kann man Probleme irgendwie viel präziser definieren, also äh, z.B. was Theoretische Mechanik anbelangt, so find ich so den Hamilton-Formalismus oder Kanonische Transformationen ganz einfach doof!' Tom lachte laut mit Jerry, *er genoß es, den Lehrern, die so viel Wert auf präzise Formulierungen legten und sich bis in letzte Details verloren, mit ganz einfachen und klaren Sätzen eins auswischen zu können.* Wenn er diese Gebiete als zu abstrakt und sich nicht als genügend motiviert bezeichne, dann sei er schon angepaßt, meinte Tom. "Aber wenn ich sage: also diese Formalismen, die sind ganz einfach doof und schwachsinnig! Also äh, dann hab ich das Gefühl, in bin das wenigstens selber, der das sagt." *Jerry war von Toms Ausdruckstärke und Klarheit beeindruckt. Er hatte sogar das Gefühl, etwas Neues für sich erfahren zu haben, so klar mitzuerleben, wie ein Kind mit seiner Empörung einen eigenen und starken Standpunkt gegenüber der erwachsenen Vernunft einnehmen kann. Diese Erkenntnis überraschte ihn und machte ihn nachdenklich, ein eigenes Thema tauchte in ihm auf: wie weit nehme ich mein inneres Kind ernst?*

Beide schwiegen eine Weile, immer noch lächelnd, dann fügte Tom hinzu: "Und irgendwie ist es natürlich auch also ne Stärke, das so sagen zu können, weil ich mich da dann mal wirklich von äh also solchen Zwängen diesmal wirklich lösen konnte.">>

Den verschiedenen, auch gewaltsamen Veränderungsversuchen durch die Erwachsenen, würde das Kind in Tom begegnen: "Nee, also mich werdet Ihr nicht zur Vernunft kriegen. Denn was für mich doof ist, da könnt Ihr mit mir machen, was Ihr wollt, ich find das dann immer noch doof!" Jerry lachte mit, er sprach kurz an, daß das Kind aber auch Anerkennung wolle, unterbrach sich dann aber und beendete das Rollenspiel. Tom zeigte sich betroffen von der Erkenntnis, daß er seinem inneren Kind den Waschzwang nicht gewaltsam austreiben konnte. Aber seine Abwehr gegen Theoretische Mechanik so ausgesprochen zu haben, sei eine selten dagewesene Befriedigung gewesen.

In seinen Aufzeichnungen nach der Stunde bemerkte der Therapeut selbstkritisch, daß er offensichtlich zuviel vom Klienten wollte und wohl deshalb auch die Stunde um 20 Minuten überzog. Dennoch hatte er das Gefühl, mehr vom Klienten verstanden zu haben, ihn insbesondere in dessen Gewaltphantasien und kindlichen Abwehrhaltung eher akzeptieren zu können. Das Wichtigste für ihn war jedoch, gegen Ende der Stunde wieder einen intensiven Kontakt zwischem ihm und dem Klienten gespürt zu haben.

Interpretation

Nach den frustrierenden Erfahrungen der letzten beiden Stunden verfolgt der Therapeut nun einen vorgefertigten Plan. Danach sollen sich beide in die Rolle von "Außenseiterkindern" begeben. Der Klient folgt auch zunächst wie ein gehorsamer Schüler den Vorschlägen des Therapeuten, Gefühle gegenüber den dominierenden Erwachsenen wahrzunehmen und auszudrücken. Über dreißig Minuten verläuft der Prozeß jedoch schleppend, mühsam und auch zeitweise verwirrend durch die Rollendiffusion des Therapeuten (Erwachsener, Therapeut, Mit-Kind).

Der erste für den Therapeuten wichtige Moment entsteht, als der Klient sich mal "ungefährdet" von seinen Mord- und Gewaltphantasien "erleichtern" kann (31st). Im Gegensatz zu vorherigen Stunden fällt es dem Therapeuten aus der bewußt eingenommenen Kinderperspektive leichter, diese Phantasien des Klienten zu akzeptieren. Der Klient fühlt sich nun sicher genug, er geht spontan und mit Begeisterung am Spiel in die Rolle eines Chefs, der seine sadistischen Impulse gegenüber Untergebenen ausläßt (32sk). Auch wenn der Therapeut dieses Spiel ziemlich schnell abbricht und die Aufmerksamkeit wieder auf die Kinderrollen lenkt, so scheinen diese beiden Momente emotional und energetisch den folgenden Höhepunkt vorbereitet zu haben.

Voraussetzung für die folgende, für alle Beteiligten wichtigste Szene (33kons), scheint zu sein, daß auch der Therapeut für einen Moment voll mit seinem eigenen inneren Kind identifiziert ist (und darüber sogar die Zeit vergißt). So kann er den Klienten darin unterstützen, den "Erwachsenen" selbstbewußt gegenüberzutreten. Beide scheinen sich nun im folgenden Prozeß mit zunehmendem Spaß gegenseitig zu ermuntern und anzustacheln, den Erwachsenen "mal richtig die Meinung zu sagen". Dabei wird sich der Klient seiner "Anpassung" an die erwachsenen An- (bzw. Über-) forderungen bewußt. Statt wie bisher in eine passive Rolle bzw. in sadistische Phantasien zu verfallen, entwickelt er nun ein Gefühl von Selbstbestimmung und Stärke ("das bin wenigstens ich selber, der das sagt"). Der Therapeut ist wiederum von der Ausdrucksstärke und Klarheit des Klienten überrascht und beeindruckt, er hat sogar das Gefühl, auch für sich "etwas Neues" erlebt zu haben, was ihn auch länger beschäftigen wird.

Das neu erlangte Selbstbewußtsein erlebt der Klient nicht nur in seiner kindlichen Rolle, sondern er drückt es auch immer wieder in der begleitenden und abschließenden Reflektion aus. Die Freude und der Stolz, einen eigenen und vor allem berechtigten Standpunkt entwickelt zu haben, überwiegt sogar die bisher dominierende Schadenfreude, den Erwachsenen "eins ausgewischt" zu haben ("mal wirklich von Zwängen gelöst"). Betroffen macht ihn aber auch die neue Erkenntnis, daß ihm der Waschzwang nicht gewaltsam bzw. gegen seinen Willen ausgetrieben werden kann.

Alle Beobachter betonen die anfängliche Angestrengtheit. Sie registrieren, daß der Therapeut offensichtlich einen Plan verfolgt. Sie empfinden ihn anfangs eher "manipulierend" und den Klienten "gehorsam folgend". Umso überraschter und auch erfreut sind sie, daß es gegen Ende der Stunde dennoch zu einem echten Kontakt kommt, bei dem der Klient sich nach ihrem Eindruck spontan emotional einläßt und "eine wichtige Erfahrung" macht. Diese letztgenannte Szene (33kons) wird von allen Beteiligten in allen Nachinterviews detailliert erinnert.

So führt der Klient später sein intensiveres Empfinden von Ärger auf diese Sequenz (zusammen mit der "Knetszene" in der 7. Stunde) zurück. Noch nach einem bzw. zwei Jahren erinnert sich der Klient noch lachend an Einzelheiten des Dialogs: "Physik ist doof! Das hatte ich so richtig rausgeschleudert, da war ich mal richtig ehrlich" (KN2).

Auch der Therapeut erinnert sich später an diese Stunde, an seine Vorüberlegungen, den schleppenden Beginn und schließlich an die für ihn "überraschende und auch lehrreiche" Wende: "Seine kategorische Verweigerung erschien mir konsequenter und abgrenzender als meine Wut. Ich hätte vorher dazu noch viele Worte verloren." (TN1). Wichtig war für ihn und für den weiteren Therapieverlauf, daß der Klient in dieser Szene sich wieder emotional in das Therapiegeschehen eingab.

In der Nacherinnerung der teilnehmenden Beobachter hat der Klient "ein Stück Eigenes gefunden" und dabei im Gegensatz zu seinem vorherigen kontrollierenden und intellektuellen Verhalten einen "unkontrollierten, kindlichen und direkten Gefühlsausdruck" gezeigt (B2N). Beide erinnern ihre eigene Freude in dieser Sequenz und die "befreite Atmosphere" nach dem anfangs angestrengten und direktiven Vorgehen des Therapeuten.

Die vierzehnte Stunde

Jerry hatte eine Uhr mit eingebautem Thermometer mitgebracht, die sich Tom interessiert anschaute und dann während der Stunde in der Hand behielt, um gelegentlich seine innere Temperatur zu benennen. Tom berichtete zunächst von einer bestandenen Klausur. Dann erzählte er, daß er nach den letzten Stunden auch frustriert und wütend gewesen sei, weil er sich als komplizierten Wasserrohrbruch bezeichnet hatte, den man nicht reparieren könnte. Außerdem hätte ihm Jerry auch leidgetan. Lächelnd gab er zu, eine harte Nuß für Psychologen sein zu wollen. Leute, die zuviel von ihm forderten, sollten sich die Zähne an ihm ausbeißen, meinte er dann, dies sei seine Rache, so wie er sie nach der ersten Stunde durchgeführt habe. Insgesamt könnte er Jerry vielleicht so sehr frustrieren, daß dieser sogar an Selbstmord denken könnte.

Jerry bemerkte, daß Tom sich gut gegen fremde Forderungen wehren könne, aber keine eigenen Forderungen stelle. (B) <<Tom fand diese Vorstellung beklemmend, denn seine Forderungen könnten andere verärgern oder zur Weißglut bringen.>> Nachdem er dazu noch kurz eine entsprechende Begebenheit aus seiner Schulzeit erzählt hatte, bemerkte Tom schließlich: "Eben ist das Gespräch doch so im Sande verlaufen, indem ich nur das durchgekaut habe, was mir eigentlich schon ziemlich klar war." Jerry wechselte nun das Thema auf den Waschzwang und die damit verbundenen Schuldgefühle, prompt stieg Toms innere Temperatur auf 100 "Grad Jerry" an.

(34kons) <<"Jetzt rückt so der Gedanke in greifbare Nähe, was würde passieren, wenn ich mir nicht so oft die Hände waschen würde. Vor dem Gedanken weich ich nämlich aus," gab Tom zu. *Er wußte, daß ein gelegentlicher Triumph über Jerry nur ein Ausweichen vor seinen Problemen war. Er war stolz auf sich, daß er nun einen Gedanken ausgesprochen hatte, den er bisher nicht weiter zu verfolgen gewagt hatte. Jerry war über diesen plötzlichen Wechsel überrascht. Er konnte noch nicht nachvollziehen, wie Tom dahin gekommen war, aber er wollte ihn weitermachen lassen.* "Können wir machen, das wär der nächste Schritt. Sie machen ja schon 'ne Eigentherapie. Also was würde dann passieren?" sagte er lächelnd. *Tom freute sich sehr über diese Ermunterung. Jerry hatte ihm damit auch das Gefühl gegeben, selbst mehr zur Lösung seiner Probleme beizutragen, als er bisher für möglich gehalten hatte. Tom kam es nun selbst abstrakt und fern vor, daß er einen Selbstmord von Jerry in Erwägung gezogen hatte. Er hatte das Gefühl einen toten Punkt überwunden zu haben, wenn er nun seine Gedanken über die möglichen Konsequenzen ausdrückte.*

Zunächst führte Tom umständlich seine Bedenken aus, daß er andere infizieren könnte und eine spätere Rache befürchte. Aber, "dann kommen da Einwände wie: aber ich hab doch auch 'n Recht darauf, also mich selber zu schützen, mir nicht so oft die Hände zu waschen. Im übrigen sollen die sich doch selber impfen lassen!" *Tom hatte immer den Wunsch gehabt, das mal so sagen zu dürfen. Und er hatte damit etwas ausgesprochen, was er lange vermißt hatte, die Fähigkeit, für das eigene Wohl zu sorgen. Sich dieses Recht zuzubilligen, gab ihm Hoffnung, ein Gefühl, den Stein der Weisen gefunden zu haben. Jerry war über Toms Sätze überrascht und erfreut, denn er erinnerte sich noch gut an Toms Haltung aus den ersten Stunden wie "die anderen sind wichtiger".*

Als Tom noch gesellschaftspolitische Argumente einbringen wollte, unterbrach ihn Jerry, das sei zu abstrakt. *Tom fand diesen Hinweis angenehm, denn er hatte sich schon häufiger in den letzten Jahren gedacht, immer in so einer Art Elfenbeinturm zu leben.* "Also ich hab das Recht, mich nicht selbst kaputt zu machen," faßte Jerry zusammen, *aber er wollte auch noch den Aspekt verstärken, daß die anderen auch für sich sorgen könnten.* Selbst wenn Tom ihn ärgern oder anstecken wolle, führte Jerry aus, läge es immer noch an den anderen, ob dies tatsächlich geschehen würde bzw. sich davor zu schützen. So würde er sicher nicht aus Frust über Tom Selbstmord begehen. *Diese Denkweise empfand Tom für sich als völlig neu, sie entlastete ihn.* Tom gab zu, daß seine größten Gewissensbedenken darin bestanden hatten, seine Rücksichtnahme gegenüber anderen einzuschränken.>>

Beide sprachen noch kurz über diesen Aspekt, nach mehreren langen Pausen sprach Tom schließlich den Gedanken an, was mit den frei werdenden Energien geschehen könnte, die er bisher auf das Händewaschen verwandt hatte.

(35st) <<Jerry vermutete zunächst aggressive Energien, aber Tom meinte, daß er in erster Linie positive Energie damit abführen würde, z.B. häufiger ins Theater oder Kino zu gehen oder sich politisch zu engagieren. *Jerry war über diese Wendung überrascht, er mißtraute dem zunächst, denn vorher hatten sie im wesentlichen darüber gesprochen, was Tom anderen antun konnte oder wollte.* Er unterbrach Tom in seinen Ausführungen, das ginge ihm zu schnell. Dann dachte er laut nach, daß Tom neben den aggressiven sicher auch positive Energien abhielte, um Kontakt mit der Welt aufzunehmen. "Genau, darum geht es mir nämlich wesentlich. Kontakt mit der Welt!" unterbrach Tom und lächelte. *Jerry war überrascht, richtig gerührt, aber er wollte es immer noch nicht ganz glauben: ob Tom nicht nur redete, sondern es auch empfand?* Er bat Tom, den Satz zu wiederholen und dabei auf seine "innere Temperatur" zu achten. Tom wiederholte lächelnd: "Mir geht das darum, den Kontakt zur Welt wieder herzustellen. Das ist jetzt ein angenehmes Ansteigen der Temperatur. Die Temperatur, die ist jetzt auf 120 Grad Jerry." Beide lachten, dann bat Jerry Tom, den Satz zunächst an die teilnehmenden Beobachter und dann an ihn als Teil der Welt zu richten. Er solle jedoch vorher genau überlegen, er müsse es nicht machen.

Jerry schaute Tom genau an, als dieser den Satz mit offenem Blick an jeden einzelnen richtete. *Jerry erinnerte sich der verschiedenen Male, die Tom bisher seine Kontaktangebote abgewehrt hatte. Er wollte auf keinen Fall, daß Tom ihm zuliebe diese Sätze sagte. Nun hatte er sich von Tom wirklich einmal angeschaut gefühlt.* Tom berichtete danach, daß seine Temperatur gestiegen sei und daß etwas an ihn zurückginge, was er lange entbehrt habe. *Auf Jerry wirkte er jetzt scheu, sogar etwas benommen. Tom schien auch überhaupt keine Antwort "der Welt" zu erwarten, und wenn, dann eine negative. Jerry spürte den Impuls, Tom zu beschützen, nachdem dieser sich nun schon einmal vorgewagt hatte.* "Möchten Sie 'ne Antwort von der Welt?" fragte Jerry schließlich. Tom lehnte sich zurück und verschränkte die Arme vor der Brust. Das sei völlig unbewußt, sagte er und lachte, als Jerry ihn drauf ansprach.>>

Jerry mußte mehrfach nachhaken, bis Tom zugab, daß ihn eine Antwort interessiere. Jerry erzählte dann, daß ihn Toms Ansprache sehr berührt und gefreut habe und: "Ich hatte das Gefühl, da haben Sie von dem Schneeglöckchen schon mal ein Stück Eis weggeschmolzen." Tom erwiderte, daß ihn jetzt doch eine melancholische Stimmung überkomme, seine innere Temperatur sei nun 122 Grad, aber: "Das ist doch eine sehr schöne Sache, wenn ich sehe, daß ein Stück Eis weggeschmolzen ist." Jerry ermunterte Tom zum Schluß noch einmal zu weiteren neuen sozialen Kontakten. *Als Jerry den Raum verließ, ahnte er, daß Tom diese Szene nicht als wichtigste angeben würde, weil er wahrscheinlich die hohe Erregung erst mal unterdrücken mußte.*

Interpretation

Nach den letzten Stunden ist wieder eine deutlich Annäherung in der Beziehung zu beobachten. Der Klient kommt zunächst von sich aus auf den noch ungelösten Konflikt aus der vorletzten Stunde zurück. Er ist offensichtlich um "Wiedergutmachung" bemüht, gibt zu, daß er für den Therapeuten eine 'harte Nuß" sein wollte und daß dessen Frust ihm leidgetan habe. Mit "ziemlicher Wut und Frustration" ist ihm bewußt geworden, wie er sich mit seiner Selbstdarstellung als "äußerst schwieriger Fall" in eine Sackgasse begeben hat. Es ist schon erstaunlich, mit welcher Offenheit er nun dem Therapeuten begegnet, sogar Zuneigung zeigt, indem er z.B. die Einheiten seiner "inneren" Temperatur mit dem Namen des Therapeuten bezeichnet. Er gibt bereitwillig Auskunft über seinen jeweiligen inneren Erregungszustand, schließlich stellt er sogar selbst fest, daß das Gespräch im Sande zu verlaufen droht. Zur Überraschung des Therapeuten scheint sich der Klient nun fest vorgenommen zu haben, an seinem eigentlichen Problem weiterzuarbeiten und dabei sogar kurzfristig unangenehme Gefühle in Kauf zu nehmen ("denn grundsätzlich ist das nicht gut, wenn ich ein Problem wegschiebe").

Nach 40 Minuten dieser "Aufwärmphase" leitet der Klient eine von allen Beteiligten als wichtig empfundenen Sequenz (34kons) ein, indem er von sich aus seine bisher zurückgehaltenen Schuldgefühle (andere anzustecken) anspricht.

Der Therapeut überläßt zunächst überrascht dem Klienten die Initiative und bestärkt ihn in seinem Vorhaben ("Sie machen ja schon eine Eigentherapie"). Für den Klienten ist es zunächst entlastend, seine Schuldgefühle erst einmal auszusprechen. Zusätzlich erhält er dann vom Therapeuten die Bestätigung für seinen geheimen Gedanken, daß "ich ein Recht habe, für mein Wohl zu sorgen" und die anderen gefälligst für sich selbst sorgen könnten. Der Klient hat sich nun einen lange gehegten Wunsch erfüllt, er ist hoffnungsvoll und glücklich, "den Stein der Weisen gefunden zu haben". Er ist dem Therapeuten sogar dankbar, als dieser ihn zweimal unterbricht, wenn die Ausführungen ihm zu abstrakt und weltfremd werden. Der Therapeut seinerseits ist überrascht und höchst erfreut über die "Fortschritte" des Klienten. Er begleitet den Klienten in dessen Gedankengängen, ohne jedoch selbst darin emotional involviert zu sein. Selbst seine folgenden eher theoretischen Ausführungen nimmt der Klient dankbar an, er erlebt sie als neu, aber auch entlastend.

Wenige Minuten später leitet der Klient die nächste wichtige Sequenz (35st) ein und überrascht den Therapeuten zunächst mit konkreten Vorstellungen, wie er seine freiwerdenden Energien einsetzen würde. Der Therapeut, spontan berührt, aber zunächst noch mißtrauisch, greift einen Satz des Klienten auf ("Mir geht es darum, den Kontakt mit der Welt wieder herzustellen") und läßt in mehrfach wiederholen bzw. an die Beobachter, dann an sich selbst richten. Die Stimmung im Raum ist zunächst atemlos gespannt, sie wird mit den Sätzen des Klienten und seiner intensiven und klaren Ausstrahlung jedoch immer leichter. Therapeut und Klient lachen sich mehrmals an, besonders wenn der Klient immer wieder seinen gestiegenen Erregungszustand mit "Jerry-Graden" angibt. So oft war der Therapeut in den letzten Stunden ausgegrenzt und zurückgewiesen worden, nun fühlte er sich vom Klienten offen angeschaut und direkt angesprochen. Die hohe innere Erregung empfindet der Klient als angenehm, dann äußert er den bemerkenswerten Satz: "Ich merke, daß etwas wieder an mich zurückgeht, was ich lange lange entbehrt habe."

Der Klient scheint sich gar nicht recht bewußt zu sein, wie offen und vorbehaltlos er sich in diesem Moment an die "Welt" gewandt hat. Der Therapeut spürt dies, nach seinem Gefühl hat der Klient sich weit vorgewagt. Er fragt behutsam, ob der Klient eine "Antwort von der Welt" wünsche. In diesem Moment wechselt der Klient wieder in einen anderen Zustand, er weicht fast schon erschrocken zurück, verschränkt die Arme, "vielleicht möchte ich ja doch alleine die Welt sein". Er scheint gar nicht mit einer Wirkung auf seine Öffnung gerechnet zu haben, vielleicht befürchtet er auch eine Zurückweisung. Der Therapeut muß mehrfach nachhaken, bis der Klient vorsichtig sein "Interesse" an einer Reaktion äußert. Der Therapeut gibt schließlich sehr behutsam seine Rückmeldung. Er beschreibt seinen Eindruck von einer Veränderung beim Klienten, indem er das "Schneeglöckchen-Bild" aus der 5. Stunde wieder aufgreift. Der Klient nimmt das Bild an, er drückt Hoffnung aus, weil "ein Stück Eis" geschmolzen ist. Seine innere Erregung ist wieder auf dem Höchststand, er beschreibt sich als "melancholisch", aber auch froh.

Die teilnehmenden Beobachter registrieren von Beginn an ein starkes Interesse des Klienten, "offensiver an seine Themen heranzugehen". Sie bemerken bei ihm wie auch beim Therapeuten eine "große Bereitschaft, sich zu begegnen ... sich aufeinander einzulassen, aktiv und klar abgegrenzt aufeinander zuzugehen." Auch sie fühlten sich "wirklich gemeint", als der Klient sie ansprach, waren gefangen von der Intensität der letztgenannten Sequenz. Auch der Fremdbeobachter schreibt, daß er in diesen Momenten "gerührt" war.

Überraschend scheint zunächst, daß der Klient in allen Nachbefragungen keine Angaben zur letztgenannten Sequenz macht. Wahrscheinlich ist er spontan einem Impuls des Therapeuten gefolgt und erlebt dabei eine so weite Öffnung und hohe Erregung, die er noch nicht in sein Gesamterleben integrieren kann und deshalb im nachhinein abwehren muß. Dieser Erklärung stimmen auch die teilnehmenden Beobachter zu. Sie haben den Eindruck, daß sich der Klient in der Nachbefragung auf die Ausgangssequenz (34kons) "zurückzieht".

Demgegenüber erinnern sich der Therapeut wie auch die teilnehmenden Beobachter noch nach einem Jahr ausführlich an die letzte Sequenz. Für den Therapeuten war dabei wichtig, daß der Klient den Satz "ehrlich und vor allem angstfrei" wiederholt hatte, er hatte nach der Stunde den Eindruck, "ein Etappenziel" in der Psychotherapie erreicht zu haben (TN0). Die teilnehmenden Beobachter erinnern sich, wie "überrascht" sie waren, zu "welch intensivem Kontakt" der Klient fähig war, "als würde plötzlich ein Roboter von Herzen sprechen" (B1N). Beide hatten "Resonanz" gespürt, ihnen war dabei noch einmal bewußt geworden und es machte sie "traurig, in was für einer Welt er lebt" (B2N).

Die fünfzehnte Stunde

Tom begann die Stunde damit, daß es in seinem Inneren stark brodele, er fühlte sich den Professoren und dem Leistungsdruck hoffnungslos ausgeliefert. Über eine halbe Stunde schienen beide aneinander vorbeizureden. Jerry erinnerte ihn an die letzte Stunde, aber Tom meinte: "Ich habe allerdings die ganz große Befürchtung, daß ich nicht die Kraft aufbringen kann, mich gegen meine Zweifel zu wehren." Seine Angst, jemand im Himmel könnte sich an ihm rächen, wenn er jemanden angesteckt haben sollte, sei zu groß. Da sich dies auch erst im späteren Leben herausstellen würde, könne man jetzt nichts dagegen machen.

(36kons) <<*Jerry verzweifelte fast, er konnte Tom nicht erreichen. Toms Glaubenssystem erschien ihm geschlossen, grausam und hoffnungslos, mit einem strafenden Gott, egal, wie Tom handelte. Jerry sah seine einzige Chance darin, diesem Glauben eine andere Weltauffassung entgegenzusetzen. Ihm fielen Stellen aus der Bibel ein, von einem barmherzigen und vergebenden Gott.* Seine Phantasien seien sehr unbarmherzig, sagte Jerry schließlich zu Tom. Er sei sehr unbarmherzig mit sich selbst, es erinnere ihn an Märtyrer, die sich auspeitschten. *Tom war über diese Wendung überrascht, er fand es gut, daß ihm seine verfestigte Phantasie mal so deutlich gemacht wurde.* Er hoffe, daß ihn im nächsten Leben nichts Schlimmes erwarte, antwortete Tom, *aber er war verwirrt und fühlte sich unbehaglich. Wird das in diesem Leben überhaupt noch was mit mir? Und wenn es nichts wird, was erwartet mich dann im nächsten Leben? fragte er sich innerlich.*

Jerry merkte, daß er sich auf diese Gedankenwelt nicht einlassen wollte, es wurde ihm auch immer wirrer und komplizierter. Er spürte Hoffnungslosigkeit und Ärger: guck mal was Du Dir antust, mein Gott, Junge! "Ich denke, Sie sind sehr unbarmherzig mit sich. Und das finde ich schlimm. Und wenn Sie so ein Modell haben von jemand, der im Himmel Minuspunkte sammelt, was soll der mit dieser Unbarmherzigkeit machen?" fragte er schließlich. *Tom schwieg lange, schien in sich versunken und auch traurig zu sein.* Jerry fragte, worüber er nachdenke. "Irgendwie ist das ja so ein ziemlicher Widerspruch, anderen gegenüber will ich keine Gewalt antun, aber mir scheine ich wirklich äußerste Gewalt anzutun," antwortete Tom.>>

(37st) *Jerry spürte eine sumpfige Atmosphere, er wollte sich nicht in Toms Depression und völlige Abgeschnittenheit reinziehen lassen.* Er zweifele an den edlen Motiven, sagte er schließlich, vielmehr klinge es für ihn wie: "Ich schlage Sie und sage gleichzeitig: das mache ich nur, weil ich Sie gerne hab. Glauben Sie, daß ich Sie dann gerne hab?" "Nein," antwortete Tom, "aber das kommt mir so bekannt vor." So habe er sich bei seinem Vater über zu hohe Anforderungen in der Schule beklagt, aber der habe die nur gutgeheißen. "Und sowas habe ich ganz ganz oft erlebt. Jemand wollte nur das Beste für mich, und was rausgekommen ist, das war was ganz Fürchterliches, immer," fügte er hinzu. *Jerry war überrascht, wie bereitwillig Tom von dieser Glaubensebene wegging und seinen Vater ins Spiel brachte.* Genau dies habe er sich auch beim Lesen des Lebenslaufes gedacht, bestätigte Jerry.>>

Jerry fragte schließlich, ob Tom sich jetzt als Erwachsener nicht besser gegen diese Heuchelei wehren könne, statt sich selber zu schädigen. Er wisse nicht, ob er die Kraft dazu habe, meinte Tom, aber er hoffe, daß man dagegen an therapieren könne. So könne man den Gegenzweifel verstärken, denn: "es wäre ja fürchterlich, wenn ich mich zugrunde richten würde". Vielleicht habe er ja auch Pluspunkte beim lieben Gott gesammelt, als er den Prof aus Knete gehauen habe, meinte er lachend. Er verließ die Stunde mit 105 Grad, halb in Hoffnung, halb in Zweifel. Auch Jerry verließ die Stunde mit gemischten Gefühlen, er spürte Toms Angst, Verzweiflung und Hoffnungslosigkeit und merkte, wie er sich gegen seine eigene Hilflosigkeit wehrte.

Interpretation
Die "Aufbruchstimmung" der vergangenen Stunde ist nun in ihr Gegenteil umgeschlagen. Der Klient ist in eine Stimmung voll grundlegender Zweifel verfallen, die auf "logischem" Wege unwiderlegbar sind (z.B. Strafe nach dem Leben). Der Therapeut versucht über eine halbe Stunde lang gegen diese Zweifel zu argumentieren, freilich ohne Erfolg.

Die erste für alle Beteiligten wichtige Situation (36kons) entsteht, als der Therapeut schließlich seine Betroffenheit und auch Ärger ausdrückt und den Klienten mit der "Unbarmherzigkeit" seines Glaubenssystems konfrontiert. Der Klient ist überrascht und betroffen, er spürt seine Verzweiflung, als er die drastische Beschreibung seiner "verfestigten Phantasie" durch den Therapeuten übernimmt ("es war gut, so was mal gesagt zu bekommen"). Dieser kurze Kontakt wird jedoch bald unterbrochen, der Therapeut spürt zunehmend ein Gefühl eigener Hilflosigkeit. Statt auf die Verzweiflung des Klienten weiter einzugehen, weicht er wieder auf eine rationale Ebene aus.

Die nächste für den Therapeuten wichtige Situation (37st) entsteht durch einen Vergleich, mit dem der Therapeut den Klienten in "einen logischen Widerspruch" bringen will ("jemanden aus Liebe schlagen"). Der Klient bestätigt diesen Widerspruch als elementare lebensgeschichtliche Erfahrung und eine entsprechende Vermutung des Therapeuten. Dieser scheint vor allem aber auch froh darüber zu sein, daß der Klient sich auf einen Themenwechsel von "magischen" Phantasien auf reale bzw. lebensgeschichtliche Erfahrungen eingelassen hat. Damit ist auch ein Stimmungswechsel verbunden, der Klient findet über Humor eine gewisse Distanz zur Ausweglosigkeit seiner Phantasien und er drückt wieder eine gewisse Hoffnung auf einen Therapieerfolg aus.

In seinen Aufzeichnungen beschreibt der Therapeut diese Stunde als "Wechselbad der Gefühle", in dem er sich befand und vor allem gegen sein Gefühl von Hilflosigkeit ankämpfen mußte. Die Beobachter haben während der ersten halben Stunde das Gefühl, daß Therapeut und Klient "aneinander vorbeireden". Sie registrieren einen kurzzeitigen Wechsel in dem ansonsten "ohne große innere Beteiligung" geführten Gespräch, als der Therapeut sein unmittelbares Gefühl mitteilt und damit den Klienten für einen kurzen Moment erreicht."

Die sechzehnte Stunde

Jerry hatte im Laufe der Woche und in einer Supervisionsstunde nach einer Neubestimmung in seinem Verhältnis zu Tom gesucht. Dabei hatte er für sich festgestellt, daß er sich zu sehr angestrengte, etwas Gutes für Tom tun zu wollen, genauso wie die anderen Psychologen vor ihm. Er wollte weg von dieser väterlichen Sorgehaltung und seinen - gutgemeinten - Vorstellungen, wie Tom sein könnte und sollte. Außerdem erschienen ihm seine Bemühungen zunehmend vergeblich und frustrierend. Statt ihn verändern zu wollen, wollte er viel mehr nachspüren, wer oder was nach Toms Vorstellungen im Moment helfen könnte.

Tom begann damit, daß es ihm wegen des guten Wetters und der günstigen Sternzeichen besser ginge und er sich auf zwei Prüfungen vorbereite. Jerry fragte nach, ob er auch selbst etwas für die bessere Stimmung getan habe. Tom bestätigte dies, und zwar habe er seit Jahren mal wieder aus Lust und als Entschädigung ein paar Kinderdetektiv-Romane gelesen. Jerry kannte diese Romane noch aus seiner Jugend und fragte, was Tom daran begeistert hatte. Tom meinte, daß er natürlich auch mehr auf die psychologische Seite achte. So sei er am stärksten von dem Selbstbewußtsein eines der Jungen im Roman beeindruckt. Am ehesten identifiziere er sich aber mit dem Mädchen aus der Kindergruppe, das in ihrer Ängstlichkeit von den anderen akzeptiert werden würde. (B) <<Einen Nutzen dieser Ängstlichkeit für die Gruppe sah Tom darin, auf Gefahren hinzuweisen, die die anderen nicht sehen.>>

(38kd) <<Tom fragte verwundert, warum sich Jerry so für die Romane interessiere. Er finde es gut, daß Tom etwas für sein Wohlbefinden tue. Spontan fügte Jerry hinzu, er dürfe gar nicht laut sagen, daß er auch noch manchmal in Comic-Hefte schaue. *Jerry war es peinlich, das zugeben zu müssen. Tom überlegte, ob Jerry ihn damit kritisierte. Aber dann dachte er, daß Jerry das wohl zu streng sähe, es sei doch menschlich, sich mal so gehen lassen zu können.* "Natürlich ist da auch Trotz besonders gegenüber meinen humanistischen Deutschlehrern," fügte Tom hinzu. Unvermittelt stand er auf und karikierte in Haltung und Redeweise die engstirnigen und arroganten Deutschlehrer, die sich gegen das Lesen von Trivialliteratur und Groschenheften aufregten. *Es machte ihm viel Spaß, die Verfechter solcher schöngeistigen, aber im Grund nutzlosen Literaten auf die Schippe zu nehmen. Jerry war über diese spontane Einlage Toms überrascht, konnte die Inhalte zwar gut nachvollziehen, empfand sie aber als Ablenkung.>>*

Jerry kam wieder auf die Romane zurück. Er war als Jugendlicher besonders darüber begeistert, daß die Kinder die Fälle besser lösen konnten als die Erwachsenen. Tom meinte, daß ihn das auch immer wieder belustigt habe, besonders als sie einmal einen Physiker mit erfundenen Formeln hinters Licht führten.

Jerry griff nun Toms häufige Bemerkung "Ich möchte jetzt nicht ausschweifen" auf und fragte, ob Tom hier ein Verbot sehe. (B) <<Tom antwortete schmunzelnd, daß er die Therapie nicht unnötig verwässern wolle, aber offensichtlich würde Jerry es ihm nicht übel nehmen, wenn er dazu neige.>> Jerry hakte nach, ob Tom schon mal bewußt verwässert habe, um von einem Thema abzulenken. Tom gab zu, dies halbbewußt, z.B. bei seiner Kritik in der ersten Stunde und bei der Diskussion über Pawlow'sche Hunde getan zu haben. Allerdings hätte er dabei auch Agressionen loswerden wollen.

Tom wechselte nun das Thema auf sein eigentliches Hauptproblem. Er hätte es im letzten Jahr eigentlich verdient, mehr Sachen mit anderen Menschen machen zu können. Im Moment müsse er jedoch seine ganze Freizeit mit Physik verbringen, und das könne er am besten, wenn er erstmal unabhängig von anderen, und vielleicht besseren, sei. Allerdings müsse er aufpassen, daß diese Isolation nicht chronisch werde. Da er jetzt aber Probleme in Physik habe, könne er sich keinem richtig anvertrauen. Deshalb lese er jetzt diese Kinderromane als Entschädigung, dort fühle er sich verstanden. Jerry hakte nach, ob Tom sich von ihm verstanden fühle. "Manchmal hab ich das Gefühl, als wenn so irgendwie, äh, die Tragweite meiner Probleme noch nicht so voll erfaßt wird," antwortete Tom zögernd.

(39st) <<"Wie kann ich Ihnen helfen?" fragte Jerry, *jedoch mehr sich selbst als Tom. Er dachte daran, was er sich für diese Stunde vorgenommen hatte. Es machte ihn traurig, Tom nicht erreichen zu können und zu sehen, wie dieser immer noch Trost und Unterstützung eher in Kinderbüchern statt bei anderen Menschen suchte. Kann ich das alles Tom sagen, wo er doch so viel Hilfe von mir erwartet, fragte er sich* und fügte schließlich sehr nachdenklich hinzu: "Ich weiß es auch nicht, ich bin im Moment 'n bißchen durcheinander, auch 'n bißchen ratlos. Das hat zu tun mit der Tragweite Ihres Problems und dem Manipulationsvorwurf. Ich für mich möchte Sie nicht verändern, aber ich möchte Sie verstehen! Wie klingt das?"

"Also irgendwie klingt das doch sehr tröstlich für mich, daß da jemand das Interesse hat, mich mal wirklich so sehen zu wollen, wie ich bin!" antwortete Tom. *Jerry hatte nun den Eindruck, daß ein wenig von seiner Haltung bei Tom angekommen war, "Interesse" und "Trost" hätte er sich in einer ähnlich verzweifelten Lage auch gewünscht. Aber er bezweifelte, daß Tom damit auch sein Kontaktangebot angenommen hatte. Er fragte nach, ob Tom ihm das* glaube. Tom glaubte ihn, denn diese Ratlosigkeit sei ja auch bedrückend für Jerry und deshalb würde er sicher mehr von einem Menschen wissen wollen, mit dem er sich intensiv unterhalte, ohne ihn wirklich zu kennen. *Jerry sah seine Zweifel bestätigt, aber zumindest war es für ihn sehr wichtig gewesen, seine Haltung noch einmal explizit ausgedrückt zu haben.* >>

Zum Schluß bestätigte er Tom in dessen Wunsch, mit seinem Freund ins Kino zu gehen, und empfahl ihm den Film "Der Club der toten Dichter".

Interpretation

Aufgrund der Erfahrungen besonders der letzten Stunde bemüht sich der Therapeut um eine Neubestimmung seiner Beziehung zum Klienten. Er ist sich seiner starken Veränderungswünsche bewußt geworden, mit denen er beim Klienten immer wieder scheitern mußte, die ihn aber auch blind für Toms momentanes Befinden machten. Diese Entwicklung scheint auch dem Gefühl des Klienten zu entsprechen, ohne daß er sich dessen wahrscheinlich bewußt ist. So identifiziert er sich in den Romanen mit einem Mädchen, das "in seinen Ängsten von anderen akzeptiert wird", später spricht er davon, daß "die Tragweite seiner Probleme noch nicht so voll erfaßt" werde.

Das Bemühen des Therapeuten um eine eher absichtslose, begleitende und akzeptierende Haltung wird vom Klienten "verwundert" registriert. Er hätte bei der Schilderung seiner Freizeitaktivitäten wohl eher eine Kritik im Sinne eines Ausweichens erwartet. Er nutzt auch gleich diesen Freiraum, um mit einer kleinen schauspielerischen Einlage seine Schadenfreude gegenüber Lehrern auszudrücken (38kd). Dieser kurze humorvolle Moment wird jedoch vom Therapeuten bald unterbrochen, weniger aus dem Gefühl der Ablenkung als aus seiner eigenen Schwierigkeit, sich auf eine "kindliche" Ebene einzulassen. Die spontane Selbstöffnung des Therapeuten wird vom Klienten sehr wohl registriert, er kann sich nun seinerseits auf das metakommunikative Thema der "Verwässerung" einlassen, um schließlich von sich aus wieder auf eines seiner "Hauptprobleme", die fehlenden sozialen Kontakte, zurückzukommen.

Ausgehend von der indirekten Kritik des Klienten am Therapeuten (s.o.) entwickelt sich die nächste wichtige Szene (39st). Der Therapeut drückt seine Eindrücke und Gefühle zum momentanen Stand der therapeutischen Beziehung aus und macht ein Kontaktangebot, indem er explizit sein Interesse am Klienten ausdrückt. Der Klient reagiert auf dessen inhaltlichen Aspekt ("Interesse", "Trost"), bleibt jedoch beim Beziehungsaspekt unpersönlich und passiv ("jemand"). Er kann zwar die "Ratlosigkeit" und "Bedrückung" des Therapeuten nachvollziehen, versteht sie jedoch als dessen alleiniges Problem. Der Therapeut ist froh, wenigstens für sich eine neue Standortbestimmung gefunden und auch formuliert zu haben. Dies ermöglicht ihm auch, die offensichtliche Zurückweisung einzukalkulieren und zu akzeptieren.

Die teilnehmenden Beobachtern registrieren in dieser Stunde eher allgemein, daß "der Therapeut vermehrt bereit gewesen ist, sich unmittelbar mitzuteilen, ohne dabei eine bestimmte Absicht zu verfolgen". Sie sehen darin einen "direkten Zusammenhang mit der Bereitschaft des Klienten, sich zu öffnen". Der Fremdbeobachter hat besonders in der letztgenannten Sequenz den Eindruck, daß der Klient "in seinen Bedürfnissen angenommen" wird. Der Klient wie auch die teilnehmenden Beobachter erinnern später, jedoch eher allgemein, die "Freude" bzw. "Unbefangenheit" in der Szene mit den Kinderromanen.

Die siebzehnte Stunde

(B) <<Jerry betrat den Raum etwas verspätet. Tom bemerkte dazu lächelnd, er habe schon befürchtet, Jerry sei von dem starken Wind draußen weggeweht worden.>> "Die Erwachsenen, mit denen ich zu tun hatte, sind oft engstirnig," begann Tom dann. So habe sein Vater ihn nie unterstützt, wenn er sich in der Schule überfordert oder bedroht gefühlt hatte. Jerry unterbrach Tom jetzt häufiger, wenn er zu langatmigen Erzählungen aus der Vergangenheit überging. Jerry dachte laut nach: ein Junge, der mit so wenig Schutz aufwächst, wird später viel Angst und wenig Vertrauen in die Menschen haben. Wie es Tom dann geschafft habe, trotzdem zu überleben. Eine Möglichkeit wäre Selbstmord gewesen, er habe sich dann aber ganz einfach von den Freunden distanziert wie heute auch. So sei seine Vertrauensbasis auch zu seinem Freund angeknackst, weil der ihn nicht von der Jugendherbergsreise abgehalten habe. Alleine zu sein, sei psychisch leichter für ihn, da keiner Anforderungen an ihn stellen könne wie z.B. die Professoren. Jerry wandte ein, daß es ja vielleicht Kommilitonen gäbe, denen es ähnlich erginge.

Übergangslos erzählte Tom, wie unsozial sein Vater, eigentlich ein Nazi, die Mieter seines Hauses behandle. Jerry unterbrach wieder und fragte, wie sozial Tom andere und sich selbst behandle. Tom gab zu, manchmal ähnlich zu denken wie sein Vater. Aber sein Vater falle komischerweise auch manchmal ins andere Extrem und schenke ihm einen Braunbären (50 DM-Schein). Auf Jerrys Nachfrage mußte er zugeben, daß das auch keine wirkliche Hilfe sei, denn an Geld sei er auch nicht interessiert. Von einem idealen Vater wünsche er sich, daß er ihm eine innere Sicherung einbaue, die ihn vom Waschzwang abhalte.

(40sk) Jerry unterbrach erneut und fragte Tom, ob er nie wegen der fehlenden Hilfe traurig gewesen sei. Tom verneinte, er habe sich damit abgefunden, diese auch nie mehr zu bekommen. Er habe resigniert, gab Tom dann zu. *Er hatte sich dabei seine Lebenssituation nach dem Tod seiner Eltern vorgestellt, er spürte nun ein wenig seine Trauer und Resignation.* Auch Jerry schien nun betroffen, er atmete laut aus und fragte weicher: "Keine Hoffnung mehr? Auf Hilfe von ihren Eltern oder anderen?"

Tom sah nun Jerry ratlos und resignierend vor einer großen, senkrechten Felswand stehen, die er vor sich runtergelassen hatte. Er war sich bewußt, daß er Jerry da stehen ließ, er spürte seinen Ärger gegen alle, auch Jerry, die bisher an ihm rummanipuliert hatten. Andererseits hatte Jerry ihn auf einen Punkt gestoßen, über den er wohl allzu leichtfertig hinwegging. Jerry mit nein zu antworten, würde ja auch in meinem Gefühl ein Loch hinterlassen, dachte er. Ihm fiel plötzlich sein Freund Michael ein und er stellte sich vor, wie der in seiner Wohnung saß. Tom lehnte sich schließlich im Stuhl zurück: "Also da hab ich diese Hoffnung also doch," sagte er schließlich. *Er war Jerry dankbar, daß er durch die Nachfragen auf die Ausnahmen aufmerksam wurde. Jerry war zunächst überrascht, woher Tom seine Hoffnung genommen hatte.* Er merkte an, daß Tom seine Sitzposition verändert hatte. Tom gab zu, daß er gerade überlegt hatte, seinen Freund mal wieder anzurufen, obwohl seine Eltern sicher dagegen wären. Tom erinnerte sich, daß sein Vater mal seine Bedenken gegenüber Michael ausgedrückt hatte. Aber jetzt wollte er sich doch mal gegen die Manipulationsversuche wehren und die Sache mal selber in die Hand nehmen. Jerry freute sich und bestätigte Tom in seinem Vorhaben.>>

Tom überlegte nun, seinem Freund zu erzählen, wie schlimm dieses Semester für ihn gewesen sei. Aber er habe Angst, der könne es weitererzählen und ihn damit blamieren. Jerry meinte, vielleicht könne er aber auch mehr Hilfe bekommen. Tom erzählte nun, daß er während der Schulzeit mehreren Leuten Nachhilfe in Physik gegeben hätte. Jerry zweifelte an, daß Tom dies nur aus Hilfsbereitschaft getan habe, sondern auch, um sein Können vor anderen zu beweisen.

(41st) <<Tom gab nun zu, daß das auch ein Braunbär im Sinne eines Tricks war. Daß Jerry ihn nun durchschaut habe, sei für ihn jedoch nicht unangenehm, es gäbe ihm ein Gefühl von Sicherheit und sei außerdem ein Zeichen für Jerrys Können. Beide mußten nun laut lachen. Jerry fragte, ob Tom mit seinem Lob wieder einen Braunbären gestartet hatte, damit er nicht weiterbohre. "Also zu 90% war's ehrlich gemeint, und zu 10% wars tatsächlich Braunbär," antwortete Tom lachend. *Jerry hatte Spaß und freute sich über Toms ehrliche Antwort. Jetzt schien eine ausreichende Vertrauensbasis zwischen ihnen zu bestehen, um ihn eher zu konfrontieren und damit auch als Erwachsenen ernster zu nehmen. Er empfand auch Bewunderung für Toms Tricks und seine verschmitzte Offenheit, diese zuzugeben.*>>

Zum Schluß fragte Jerry, ob Tom schon im "Club der toten Dichter" gewesen sei. Wenn er seinen Freund anrufe, wolle er ihm diesen Film vorschlagen, antwortete Tom.

Interpretation

Die in der letzten Stunde erkennbare Tendenz zu einem klar abgegrenzten, aber stärkeren Einlassen auf die Beziehung und die Problematik setzt sich in dieser Stunde fort. Der Therapeut begleitet den Klienten mit Verständnis und Anteilnahme in dessen Gedankengängen. Selbst wenn er den Klienten unterbricht, wenn dieser z.B. zu sehr in die Vergangenheit abschweift, erklärt er dies ("was heißt das für Sie heute?"). So entsteht ein kooperativer und fortschreitender Erkenntnisprozeß beim Klienten, bei dem dieser sich in seinen begleitenden Gedanken mehrfach direkt und auch dankbar auf den Therapeuten bezieht. So sieht der Klient nun deutlich, daß er bei seinem Vater wirkliche Geborgenheit vermißte und sein Rückzug aus sozialen Kontakten einem Selbstschutz diente.

Die erste, für den Klienten wichtige, Situation (40sk) entsteht nun dadurch, daß der Therapeut die mit der sozialen Isolation verbundenen Gefühle anspricht und angesichts der Hoffnungslosigkeit deutlich seine Betroffenheit zeigt. Der Klient spürt nun auch Trauer und Resignation, zusätzlich wird er sich seiner aktiven Kontaktabwehr auch gegenüber dem Therapeuten bewußt. Über den Umweg, daß eine erneute Zurückweisung des Therapeuten auch in ihm "ein Loch hinterlassen" würde, entsteht spontan eine neue Hoffnung. Er äußert schließlich das Bedürfnis, sich aktiv und trotz der Widerstände der Eltern um eine Kontaktaufnahme zu seinem Freund zu bemühen.

Im Vergleich zu früheren Stunden sind hier mehrere deutliche Veränderungen festzustellen: 1. der Klient findet spontan und selbst einen Ausweg aus seiner Resignation; 2. er befindet sich gegenüber seinem Freund nicht mehr in der passiven Opferrolle, sondern wird selbst initiativ und formuliert einen realistischen Plan; 3. er ist bereit, sich gegen die (eher phantasierten) Widerstände der Eltern durchzusetzen. Zusätzlich wird auch eine veränderte Beziehung zum Therapeuten deutlich. Er benutzt seinen Freund nicht mehr, um einen Kontaktwunsch des Therapeuten abzuwehren, sondern erkennt deren je eigene Bedeutung für sich an. Entsprechend fühlt sich der Therapeut auch nicht zurückgewiesen. Da sich die Veränderung im wesentlichen durch innere Prozesse im Klienten vollzieht, ist er zunächst überrascht, dann aber auch hocherfreut über diese Entwicklung.

Die nächste, für den Therapeuten wichtige, Szene (41st) ist bezeichnend für das gewachsene Vertrauen in die therapeutische Beziehung wie auch für die zunehmend lockere und auch humorvolle Stimmung dieser Stunde. Der Klient kann lachend zugeben, daß er 'durchschaut" wurde. Er hat nun ein "Gefühl von Sicherheit" und Vertrauen in die Kompetenz des Therapeuten. Der Therapeut zeigt seine Freude, drückt aber auch seine Skepsis aus, auf die der Klient wiederum ehrlich reagiert. Beide sprechen also, sich aufeinander beziehend, offen aus, was gegenwärtig ist und teilen gemeinsam lachend ihre Freude.

Die teilnehmenden Beobachter betonen die "lockere und entspannte Atmosphere" dieser Stunde, wobei sie bei der letztgenannten Szene sogar mitlachen mußten.

Die achtzehnte Stunde

Tom hatte sich mit seinem Freund verabredet und war außerdem von einer Kommilitonin zum Theater eingeladen worden. Er war "dankbar, aus der Reserve gelockt" worden zu sein. Jerry wies darauf hin, daß Tom noch zu sehr auf die Initiative anderer warte. Er habe fast den Eindruck, daß Tom "nicht erwachsen werden" wolle, wobei er sich selbst häufig in die Rolle des "Ersatzvaters" gedrängt fühle. Tom bestätigte diesen Eindruck, er habe sein Eigeninteresse verloren, weil er früher so viel "dressiert worden" sei. Zusammen mit dem Waschzwang ersetzten diese "Macken" wahrscheinlich die an sich notwendige "Konfrontation mit Vorgesetzten".

(42st) *<<Jerry fühlte sich bei Toms folgenden langatmigen Begründungen immer unbehaglicher. Tom hatte bei ihm immer wieder eine Sorgehaltung und auch schlechtes Gewissen ausgelöst, woraufhin er initiativ geworden war, Ratschläge gab, um dann wieder von Tom abgewiesen oder frustriert zu werden.* Schließlich sagte er: "Ich überleg gerade, wohin Sie mich jetzt manipulieren." Tom stritt dies überrascht ab, gab aber zu, daß er sich in Jerrys Position auch ratlos fühlen würde.>>

Jerry schlug ein Rollenspiel vor, in dem Tom in eine Konfrontation mit einer Autorität gehen sollte. (43sk) <<Tom simulierte daraufhin ein Telefongespräch mit einem ehemaligen Lehrer, dem er von seiner geplanten Jugendherbergsreise berichtet hatte. Weil der ihn nun nicht daran gehindert habe, sei der auch schuld, daß er beinahe aus dem 19. Stockwerk des Physikgebäudes direkt in den Himmel gesprungen wäre. *Tom hatte es genossen, den Beschwichtigungsversuchen des Lehrers mit diesem brutalen Vergleich zu begegnen und ihm damit einen ordentlichen Schrecken zu versetzen. Er war richtig zornig geworden.*>>

Jerry brach das Rollenspiel ab, Tom hatte wiederum andere für sein Handeln verantwortlich gemacht. Ob er keine eigenen Wünsche und Ziele habe, fragte er Tom. "Ich bin sozusagen ein Apfelbaum," sagte Tom, "und ich will später mal schöne rotbäckige Äpfel pflücken." Jerry entgegenete dem provozierend, daß Tom bisher als Pflanze sich lieber unter der Erde verstecke und dies mit seinen vielen Geschichten aus der Vergangenheit begründe. Er frage sich, wie und warum Tom sich am Wachsen hindere. (44st) <<Tom fand diese Vorstellung "ziemlich komisch", "ich glaube, sowas nennt man wohl indirekten Selbstmord!" *Jerrys erste Reaktion war wiederum ein schlechtes Gewissen. Dann aber wurde er richtig wütend über Tom, er verstand dies als versteckte Drohung. Wenn er nun aber seinen Ärger zeigen würde, könnte Tom ihm wieder die Schuld- oder Täterrolle zuschieben. Ein perfektes System, das ihn hilflos und vorsichtig machte.*>>

(B) <<Jerry wies Tom auf dessen angespannte Sitzhaltung hin, wobei Tom sich zusätzlich am Stuhl festhielt oder die Hände hinter dem Rücken oder unter den Oberschenkeln versteckte.>> Er bat Tom, sich mal bewußt im Stuhl ganz klein und starr zu machen. Tom folgte dem Vorschlag und preßte sich, von Jerry verstärkt, immer weiter in den Stuhl hinein, was Tom schließlich sehr anstrengend und unnatürlich fand. "Haben Sie gemerkt, wieviel Kraft es kostet, sich so klein zu machen?" fragte Jerry nach der Übung, "und jetzt haben Sie sich sogar ausgebreitet." Jerry fragte nach Möglichkeiten für Tom zu wachsen, den Kopf doch mal rauszustrecken. Vielleicht sollte er seinem Lehrer wirklich mal seine Meinung sagen, vielleicht doch mal mit anderen anecken, meinte Tom.

Auf Jerrys Nachfrage bezeichnete sich Tom als nachdenklicher als sonst, jetzt werde ja doch etwas von ihm verlangt. Jerry entgegnete Tom daraufhin, daß er sich für sein Wachstum selbst verantwortlich fühlen müsse. Dies sei auch eine innere Entscheidung, bei der er Tom helfen, die er aber nicht für ihn treffen oder bei ihm herbeimanipulieren könne.

Als Tom direkt nach der Stunde zu seinem allgemeinen Eindruck befragt wurde, meinte er, daß sie sich sehr von anderen unterschied. Hatte Jerry sonst anerkannt, wenn er andere, z.B. Professoren, für sein Nicht-Wachsen verantwortlich machte, so war er nun auf seine Eigenverantwortung gestoßen worden. Außerdem sollte er nun selbst eine Entscheidung treffen. Obwohl er dieser Entwicklung mit seinem Verstand zustimmte, hatte er kein so gutes Gefühl wie sonst. Es war ihm klar, daß er nicht so weiter machen könne wie bisher, aber wie sollte er sich nun weiter verhalten?

Jerry war nach dieser Stunde noch einmal klar geworden, wie "hilflos, ratlos und ärgerlich" er sich häufig gefühlt hatte, wenn er die Verantwortung für Tom übernahm. "Wie hat er das bloß bei mir geschafft?" fragte er sich selbstkritisch.

Interpretation

In dieser Stunde steht deutlich das Bestreben des Therapeuten, sich aus der Beschützerrolle zu lösen, im Vordergrund. Er sieht und behandelt den Klienten nun verstärkt als erwachsenes Gegenüber, der für seine Entwicklung selbst verantwortlich ist. Immer wieder konfrontiert er den Klienten mit dessen Opferhaltung und den damit verbundenen Konsequenzen. In den beiden von ihm als wichtig bezeichneten Sequenzen reagiert der Therapeut zunächst nachdenklich (42st), dann mit großem, jedoch zurückgehaltenen, Ärger (44st) auf die manipulative Macht des Klienten, andere für seine Lebensgestaltung verantwortlich zu machen.

Der Klient kann zugestehen, daß er sich durch diese Haltung Auseinandersetzungen entzieht. Bereitwillig läßt er sich auch auf eine gespielte Auseinandersetzung mit einem Lehrer ein, mit dem er noch heute Kontakt hat (43sk). Im Gegensatz zu vorherigen ähnlichen Rollenspielen spürt er echten Zorn, seine sadistischen Impulse haben von Beginn an einen realen Anlaß und ein konkretes Objekt. Statt sich wie so oft vorher in magisch anmutenden Gewaltphantasien zu verlieren, ist er sich nun sehr wohl bewußt, daß er dem Lehrer mit seiner Selbstmorddrohung "eins auswischen" bzw. unter Druck setzen kann.

Zum Schluß der Stunde betont der Therapeut noch forcierter die Eigenverantwortlichkeit des Klienten für sein "Wachstum" bzw. dessen Behinderung. Hintergrund dieser erneuten Abgrenzung mag sein zuvor zurückgehaltener Ärger sein und die Erkenntnis, daß er sich häufiger und in ähnlicher Weise wie der Lehrer hat unter Druck setzen bzw. in eine Helferrolle drängen lassen. Dabei scheint er jedoch nicht zu bemerken, daß der Klient die Forderung nach Eigenverantwortlichkeit zwar intellektuell einsieht, sich in Ermangelung an Handlungsalternativen aber emotional überfordert fühlt.

In den Nachbefragungen wird das Lehrergespräch nur sporadisch und allgemein erinnert.

Die neunzehnte Stunde

Tom hatte seinen Freund Michael besucht und sich außerdem mehrfach bemüht, eine ehemalige Klassenkameradin telefonisch zu erreichen. (B) <<Nach der letzten Stunde hatte er weiter darüber nachgedacht, wie er sich selbst am Wachstum hindere. Vielleicht könne man am wirkungsvollsten seinem Waschzwang beikommen, wenn er sich von seinen Erfahrungen und Visionen von Gewalt löse und Auseinandersetzungen eingehe. Normalerweise habe er Anforderungen unhinterfragt befolgt statt sich dagegen zu wehren.>>

Jerry unterbrach Tom und forderte ihn auf, fünf Liegestütze zu machen. Tom zögerte, das wäre ihm peinlich vor der Kamera, außerdem könne er den Fußboden infizieren. Jerry bot an, seine Jacke drunter zu legen und die Kamera auszumachen. Nun zeigte sich Tom bereit, woraufhin Jerry sagte: "Hätte ich bloß zehn gesagt. Oder fünfzig!" Tom lachte nun laut: "Also wirklich, so habe ich ja bestimmte Aufgaben noch nicht betrachtet, nämlich die Sache erstmal zu hinterfragen." Jerry forderte ihn dazu auf und Tom überlegte nun laut, daß Liegestütze anstrengend seien und keine keine nachhaltige Wirkung für den Kreislauf hätten. Jerry unterbrach erneut, er wundere sich, warum Tom nicht direkt diese sinnlose Forderung ablehne. Tom lachte: "Also daß man auf so was Einfaches nicht kommt. Ich bin es von meiner Erziehung her überhaupt nicht gewohnt zu hinterfragen. Das ist jetzt ein angenehmes Gefühl, weil das meinen Handlungsspielraum schon mal ziemlich beträchtlich erweitert hat."

Jerry erklärte Tom nun, was er mit diesem Experiment beabsichtigt hatte. Offensichtlich glaube Tom, alle Anforderungen erfüllen zu müssen, um dann andere bei einem Mißerfolg verantwortlich zu machen und, wie in der letzten Stunde, mit Selbstmord zu drohen. (B) <<Jerry fuhr fort, daß er zwar für seine Forderungen nach Liegestützen verantwortlich sei. Aber Tom sei dafür verantwortlich, wenn er dieser Forderung unhinterfragt nachkomme.>> Tom war überrascht: "Das hört sich ziemlich selbstverständlich an, aber für mich ist das eine ungewöhnliche Betrachtungsweise." Schließlich hätten ihm die Lehrer immer Gehorsam und Leistungsbereitschaft eingeschärft. Jerry wies Tom daraufhin, daß er nun mehr Verhaltensmöglichkeiten als in seiner Kindheit habe. Ob Tom sich nun manipuliert fühle, fragte er dann. Tom verneinte. Er gab zu, sich auch früher wenigstens innerlich gegen Anweisungen von Erwachsenen gewehrt zu haben, wenn er sie als sinnlos oder als "Fremdkörper im Magen" empfunden hatte, z.B. die Haltung seines Vaters: "Was mich nicht tötet, das härtet mich ab."

Jerry kam auf seinen früheren Ratschlag, die Jugendherbergsreise zu unternehmen, zurück. Tom meinte, es sei eine ungewöhnliche Vorstellung für ihn, daß er auch das Recht habe, solche Forderungen zurückweisen zu können, selbst wenn sie so subtil gestellt werden: "Dieses Denken ist für mich neu." Jerry griff noch einmal den Wachstumsgedanken auf. Wie sich Tom nun Selbständigkeit

realistisch vorstelle, fragte er. Tom antwortete: "Also ganz einfach, ich muß ..."
Er stockte: "Komisch, jetzt habe ich einen Satz mit "ich muß" begonnen". Er
lachte und fuhr fort: "Ich will Leute kennenlernen, die mir auf behutsame Weise
helfen, meine Schwächen zu überwinden. Aber ich neige dazu, auf andere zu
warten." Jerry antwortete: "Das klingt so nach manipuliert werden wollen."
Tom lächelte: "Jetzt kommt mir das komisch vor, daß ich in meinem Leben
richtig dressiert worden bin wie ein Meerschweinchen, daß gewisse Bereiche
meiner Persönlichkeit schlichtweg lahmgelegt worden sind."

(45kons) <<Jerry atmete tief durch: "Lassen Sie sich heute dressieren wie ein
Meerschweinchen?" Tom gab zu, daß er Aufträge zwar erfülle, aber zumindest
innerlich eine Oppositionshaltung entstehen würde. Dieses Innere interessiere
ihn, meinte Tom, und dort sähe er mehr Stärken und Widerstand, als Tom
selbst sehen und zeigen würde. Er sei kein, hier stimmte Tom lachend ein,
"Meerschweinchen". Tom wollte nun kurz eine Anekdote erzählen. So habe er
einmal ein Mädchen aus seiner Klasse bewundert, die sich gegen einen unsinni-
gen Auftrag eines Lehrers gewehrt habe mit: "Aber ich bin doch nicht Ihr Jim-
my!" *Ich hätte diesen Mut nicht aufgebracht, überlegte Tom, aber nun konnte
er sich mit dem Mädchen identifizieren und ein Triumphgefühl spüren.*

Er hätte wohl damals nicht widersprochen, meinte Tom. Was er denn heute tun
würde, fragte Jerry. Tom beschrieb nun eine Situation, in der ein Professor ihn
bitten würde, ein Stück Papier aufzuheben. *Während er sich diese Situation
bildlich vorstellte, verspürte er spontan seinen Ärger.* Er würde antworten:
"Ich habe das schließlich nicht hingeworfen. Weswegen soll ich das aufsam-
meln? Bloß weil die Stadt kein Geld hat und die Putzfrauen nicht bezahlen
kann?" *Er fühlte sich nun etwas wohler, weil ihm Argumente einfielen.* Jerry
*schüttelte leicht den Kopf. Tom rechtfertigte sich immerhin. Aber ob Tom den
nächsten Schritt wagen würde, sich direkt gegenüber dem Prof abzugrenzen?
Er wollte antesten, wieweit Tom sich seines inneren Widerstandes bewußt
werde und* fragte: "Oder weil der Prof einfach was ...?" *Tom war über diesen
Anstoß überrascht. Ihm wurde nun bewußt, daß er sich mit seinem Argumentieren immer noch unterwürfig verhielt.* "Ja, da habe ich mich also wieder ...
also dann sage ich: Ich bin hierhergekommen, etwas zulernen! Da können Sie
nicht erwarten, daß ich Ihre Sonderwünsche befolge!" *Er fühlte sich etwas
ungut bei dieser scharfen und für ihn ungewohnten Erwiderung, weil er sich
die Situation konkret vorgestellt hatte. Andererseits war er froh und stolz, dem
Professor mal einen Widerstand entgegengesetzt zu haben, womit der sicher
nicht gerechnet hatte. Außerdem wußte er, daß andere Menschen sich so
äußerten, wenn etwas von ihnen gefordert wurde. Jerry hatte das Spiel Spaß
gemacht. Er freute sich, daß Tom sich seiner Unterwürfigkeit, aber auch
seiner heimlichen Abwehr bewußt wurde.* >>

Zum Schluß der Stunde drohte Jerry schmunzelnd für die nächste Stunde 20 Liegestütze an. Tom entgegnete lachend, daß er sich dann sehr wohl an diese Stunde erinnern werde.

Jerry war noch im Nachinterview in bester Stimmung. Die Stunde war für ihn in einer lockeren und humorvollen Atmosphere abgelaufen, es war leichte Arbeit gewesen. Ihm war aufgefallen, wie häufig Tom das Wort "ungewöhnlich" gebrauchte. Er müsse auch noch ein Auge auf Toms Angst haben, sich direkt gegen Autoritäten zu wehren bzw. allgemein, selbständig zu werden. Da traue Tom sich noch zu wenig zu, sei einfach ungeübt. Das werde er mit ihm noch üben müssen, auch gegen ihn als Therapeuten.

Interpretation

In dieser Stunde werden die Themen der vergangenen Stunde weiter verfolgt, wobei der Kontaktprozeß jedoch geradliniger und dichter verläuft. Der Therapeut unterbricht den Klienten sehr früh in dessen theoretischen Ausführungen und macht eine provozierende, aber auch humorvolle Intervention ("Machen Sie mal fünf Liegestütze"). In dem folgenden Prozeß lernt der Klient nun eine konkrete Verhaltensalternative, die seinen "Handlungsspielraum beträchtlich erweitert hat".

In seinen folgenden Erklärungen zu "Abgrenzung" und "Eigenverantwortlichkeit" bezieht sich der Therapeut direkt auf den Klienten, die Beziehung zwischen ihnen und konkrete Situationen der vergangenen Stunden. Der Klient bezeichnet die Sichtweise des Therapeuten mehrfach als "ungewohnt", "ungewöhnlich" oder "neu", aber er nimmt sie auf, bringt seine Erfahrungen dazu ein. Er entdeckt, daß er viele Anforderungen von Erwachsenen "als Fremdkörper im Magen" empfunden hat. Er habe sie dann zwar erfüllt, sich ihnen "aber wenigstens innerlich" widersetzt. Im weiteren Verlauf bemerkt er sogar selbst und mit Schmunzeln, daß er einen Satz mit "ich muß" begonnen hat.

Aus diesem lebendigen Gespräch in einer lockeren Atmosphäre entwickelt sich die für alle Beteiligten wichtigste Situation (45kons). Als der Klient sich wie "gewohnt" in der Vergangenheit bewegt und als "dressiertes Meerschweinchen" bezeichnet, unterbricht ihn der Therapeut. Er richtet die Aufmerksamkeit auf die Gegenwart, drückt in Form einer Ich-Mitteilung sein Interesse aus und gibt ein positives Bild vom Klienten vor. Beide lachen sich an, und von nun an entwickelt der Klient seinen Prozeß fast von selbst, lediglich von zwei kurzen Interventionen des Therapeuten unterstützt.

Zunächst schildert er eine Begebenheit aus der Schulzeit, wobei er sich jetzt mit einem opponierenden Verhalten identifizieren kann. Dann leitet er selbst ein Rollenspiel ein, das sich auf seinen jetzigen Alltag bezieht. Der folgende Prozeß verdeutlicht geradezu modellhaft seine neuen Erfahrungen: zunächst spürt er spontan Ärger gegen eine Anforderung, aber auch seine Angst, sich offen zu widersetzen; er beginnt mit ausweichendem Verhalten, aber eine kurze offene Frage des Therapeuten genügt, daß er sich seiner "Unterwürfigkeit" bewußt wird; nun grenzt er sich, zunächst mit "ungutem Gefühl" bzw. Aufregung, klar und deutlich ab; er freut sich schließlich über seinen Erfolg, wobei er sein Verhalten als eine häufige und selbstverständliche Verhaltensweise bei anderen Menschen erkennt; am Ende der Stunde überträgt er diese Erfahrung auf eine andere Situation.

Der Klient hat während dieser Situation häufig Blickkontakt mit dem Therapeuten. Dieser verfolgt den Prozeß des Klienten aufmerksam und engagiert, er freut sich über den Klienten und mit ihm. Am Ende bleibt er jedoch auch klar abgegrenzt und realistisch, er sieht noch die Angst und Unerfahrenheit des Klienten zu einem solchen selbstbewußten Verhalten in Alltagssituationen.

Auch die teilnehmenden Beobachter betonen die lockere Atmosphere dieser Stunde. Der Fremdbeobachter registriert eine stetig wachsende Annäherung zwischen Therapeut und Klient im Verlaufe der Stunde. In der letztgenannten Sequenz habe er ein "liebevolles Gefühl" zu beiden und zur Situation gehabt.

Die zwanzigste Stunde

Tom kam erstmalig 10 Minuten zu spät, er habe seinen Regenschirm noch desinfizieren müssen. Jerry ging nicht weiter auf diese ungewöhnliche Begründung ein und fragte nach Toms Gedanken zur letzten Stunde. Tom fand es von sich merkwürdig, sich der Aufforderung nach Liegestützen nicht widersetzt zu haben, dies käme einem "sehr starken Persönlichkeitsverlust" gleich. Er habe zwar psychische Widerstände in sich gespürt, insgesamt jedoch die Fähigkeit verloren, offenen Widerstand zu wagen. Jerry hakte nach, ob dies auch für die Therapie gelte. Tom gab schließlich zu, daß er ein bißchen ärgerlich auf Jerry und enttäuscht sei, weil er immer noch sein Problem habe. Was denn passieren würde, wenn er sich richtig ärgere, fragte Jerry. In solchen Situationen habe er CD's zerbrochen oder Seiten aus seinem Mathematikbuch gerissen, antwortete Tom. Jerry faßte zusammen, daß Tom seine Möglichkeiten der Gegenwehr auf aggressive Phantasien und selbstschädigendes Verhalten beschränke. Ob er denn auch Kritik an ihm äußern würde? Tom gab zu, dabei Hemmungen zu haben. Aber er würde eventuell auch herbe Kritik äußern, wenn ihm etwas sehr gegen den Strich ginge, fügte er lachend hinzu.

(46sk) <<"Ich glaube auch gar nicht, daß Sie so schwach sind", sagte Jerry. *Tom war über Jerrys Vertrauen in seine Fähigkeiten überrascht. Derart aufgemuntert* schilderte er nun eine Phantasie, die er gerade hatte. Wenn ein Professor ihn kritisieren würde, dann würde er eine Melodie summen. Er begann nun, die Nationalhymne der DDR zu pfeifen *und stellte sich dabei mit großer Schadenfreude vor, wie der Professor und Jerry in dessen Rolle wie auch andere ältere Leute nun ausflippen würden und sich stundenlang nicht beruhigen könnten. Jerry war von Toms spontaner Vorführung überrascht worden, er verstand nicht gleich, was Tom damit meinte. Da er auch keine Lust hatte, sich auf Toms Ratespiel einzulassen, fragte er nach.* "Das war der Anfang der Nationalhymne der DDR," sagte Tom, "damit würde ich zu ihm sagen: Sie sind vom Verhalten her ein Stalinist." *Tom war enttäuscht, daß Jerry seine Absicht nicht gleich erkannt hatte und kam sich nun ziemlich blöd vor.*

Jerry fand Toms Weg zwar kreativ, aber gleichzeitig war dieser damit aus der Beziehung zu ihm rausgegangen. Er war nun eher genervt, er verspürte auch immer weniger Lust, sich auf irgendwelche Lehrer oder irgendwelche Vergangenheit einzulassen. Tom habe seinen Widerstand wieder nur indirekt und dazu sehr unverständlich ausgedrückt hätte, meinte er kurz. *Tom war von dieser Rückmeldung überrascht. Jerry hatte ihm vor Augen geführt, daß er zwar zur Kritik fähig sei, sich aber um jeden Preis drücke, diese offen auszusprechen. Er merkte nun, wie sehr er noch in seinem alten Weltbild lebte, wie gehemmt und angepaßt er war. Andererseits wollte er auch nicht zu rebellisch sein oder andere verletzen.* >>

Was solle man auch anderes von ihm, in einem stalinistischen System großgeworden, erwarten, meinte Tom schließlich. Außerdem sei eine direkte Kritik eine aufregende Sache und unangenehm, weil er harsche Antworten bekommen könnte, wie zum Beispiel von seinem ehemaligen Lehrer. Jerry schlug dazu ein Rollenspiel vor, ihn interessiere auch, was passiere, wenn Tom mal seine Aufregung zulassen würde. Tom begann auch gleich einen Dialog mit seinem Lehrer mit einem Vergleich von Mathematikvorlesungen und stalinistischen Systemen.

Jerry unterbrach, ob Tom Aufregung verspüre, was Tom verneinte. Jerry bat Tom, den Lehrer mal direkt anzusprechen. Er setzte sich nun Tom gegenüber mit dem Hinweis, er sei nun eine Mischung aus ihm selbst und dem Lehrer. Tom redete sich nun langsam in Fahrt, wobei ihn Jerry mehrfach durch kurze provozierende Bemerkungen anstachelte. Er habe ihn nicht von der Reise abgehalten, damit sozusagen zugelassen, einen LSD-Trip einzuwerfen, warf Tom ihm vor. Nun wüßte er, wie unangenehm selbständiges Handeln sei, da könne er sich gleich mit Schlafmitteln vergiften. Jerry übernahm kurz Toms Rolle und wiederholte etwas überspitzt Toms Vorwürfe. Tom versuchte in der Rolle des Lehrers zunächst zu beschwichtigen, schließlich wurde er ärgerlich. So mit ihm zu reden, sei ein Unding, außerdem müsse er die Vorwürfe als eine ganz schlimme Nötigung zurückweisen.

(47kons) <<Beide wechselten wieder die Stühle, bei beiden war nun eine steigende Erregung zu spüren, sie redeten schneller und lauter, unterbrachen sich auch häufig. *Jerry spürte, daß er nun zunehmend wütender wurde gegen Toms absolute Selbstbeschneidung, er wollte sich jetzt mal nicht zurückhalten.* "Aber meine Forderungen waren, daß Sie selbständig werden! Daß Sie alleine verreisen können. Daß Sie vielleicht selbständig denken können!" Tom stutzte, diesen Gedanken fand er nun doch nicht angenehm, er widersprach: "Doch, das kann ich jetzt aber!" Jerry unterbrach: "Ich hindere Sie doch daran, verführe Sie. Sie verlangen doch von mir, daß ich Ihnen eine Hundeleine anlege." Für kurze Zeit herrschte Schweigen. *Jetzt war ich doch sehr hart und provozierend, überlegte Jerry, aber Tom schien das nichts auszumachen, lediglich beim Denken hatte er Widerspruch gezeigt.*

Schließlich begann Tom zunächst stockend, dann immer flüssiger: "Naja, ich weiß, daß ich mit meinem Denken fürchterlichen Schiffbruch erlitten habe. Aber Ihr Ratschlag zur Reise war praktisch dasselbe, wie LSD einzunehmen." Bei dem folgenden Schlagabtausch meinte Tom, daß er nun wegen seiner Angst nie mehr alleine in Urlaub fahren könne und nach dem Tod seiner Eltern in eine psychosomatische Klinik umziehen werde. "Wo Sie weiter betreut werden?" fragte Jerry ironisch, "und weiter unselbständig gehalten werden können?" Nun wurde auch Tom lauter: "Also, äh, das gibt ja zwei Arten von Selbständigkeit. Also weil man mich mal zur Welt gebracht hat, kann ich verlangen, daß die anderen mich ernähren, und ähm, daß ich nur solche Arbeiten ausführe, die mir innerlich nicht zuwider laufen! Mein Leben lang!"

Nun schien Jerry wirklich sauer zu sein: "Gut, Ihr Leben lang, ja wir körnens machen: Legen Sie sich hin und ich füttere Sie mit Alete!" Tom stutzte und lachte kurz auf, schließlich sprach er sehr erregt und energisch mit den Armen rudernd: "Meine Art von Selbständigkeit, die sieht so: Alle Forderungen, die von außen an mich rangekommen, die werden weggeschoben. Nun stell ich die Forderungen. Ich habe das Recht darauf, also bis zu meinem Tode also in einem komfortablen Haus zu wohnen! Und ähm, da regelmäßig also äh, mit Essen versorgt zu werden und Beatles-Platten zu hören und die Physik zu lernen! Aber selbstverständlich immer so, daß es erträglich bleibt!" *Jerry spürte seine Erregung. Er freute sich, daß Tom sich so engagiert auf das Wortgefecht einließ, es machte ihm auch Spaß.* "Da haben Sie 'n Recht drauf?" fragte er. "Und wer sorgt dafür, wer bezahlt das Haus, oder wer bezahlt das Essen?" "Das ist mir egal!" rief Tom zurück. "Ich wurde auch nicht gefragt, ob ich zur Welt kommen wollte oder nicht!" Jerry atmete bei diesen Worten tief durch, wurde ruhiger und schlug einen Rollentausch vor.

In Toms Rolle wiederholte er nun dessen Forderungen. Tom, nun in Jerrys Rolle, richtete sich empört auf: "Also das ist ja wohl ne ganz große Unverschämtheit! Ich will mir nicht solche Schmarotzer ernähren! Sie sind dazu fähig, sich selber zu versorgen, verdammt noch mal! Vor 50 Jahren wären Sie ins KZ gekommen!" Jerry unterbrach laut: "Wenn Sie mich schon haben wollten, bitte schön, dann können Sie auch Ihr Leben lang dafür sorgen, daß ich hier leben kann!" Schließlich fuhr er eindringlich fort: "Sie haben ein Leben lang dafür zu büßen, daß ich hier lebe, hier bin!" Tom war nun wütend. "Verdammt noch mal, ich hab Ihnen aber nicht die Schwierigkeiten eingebrockt! Wenn nun alle das so machen würden, dann würde das hier schlimmer aussehen als in der DDR!" Jerry wiederholte seinen (Toms) Versorgungsanspruch. Er würde sogar gerne in eine Klinik gehen, als Tom ihm dies androhte. Tom schien nun hilflos empört: "Aber, hören Sie mal, so äh, das geht nicht an, ähm, daß Sie so auf Kosten ähm des Steuerzahlers leben!"

Jerry hielt inne und spürte nach, wie er sich in Toms Rolle fühlte. Er kam sich völlig gefesselt, nackt und wehrlos vor und eine ohnmächtige Wut gegen eine übermächtige Mutter kam hervor. Schließlich wiederholte er sehr eindringlich "Sie haben mich auf die Welt gebracht, und Sie haben dafür Ihr Leben lang zu bezahlen und zu büßen, was Sie mir alles angetan haben!" *Jerry war selbst überrascht, wie dieser Satz plötzlich aus ihm hervorkam. Dieses Rachegefühl und diese absolute Verweigerung hatte er noch nie an sich erlebt.* Tom schwieg, er schien betroffen, schließlich versuchte er es mit gutem Zureden: "Das ist doch viel schöner, wenn Sie lernen würden, mal selbständig zu werden! Aber geben Sie sich doch endlich mal 'n Ruck, daß Sie sich ändern!" "Nee, kann ich doch nicht und will auch nicht, warum denn? Ist doch Ihre Schuld. Ich bin doch psychisch krank, ich hab doch keine Persönlichkeit."

Tom mußte nun laut lachen, er schien seine eigenen Worte wiedererkannt zu haben. "Aber sie haben doch sehr wohl eine Persönlichkeit, wenn Sie mir bis jetzt so hartnäckig getrotzt haben," sagte er schließlich, "und wenn Sie diese Persönlichkeit mal in Ihren Dienst stellen würden, und in unseren zugleich?" *Diesen Einwand fand Jerry interessant, aber er wollte noch seinen heimlichen Triumph auskosten.* "Die Persönlichkeit, die behalt ich für mich. Die kriegt keiner. Sie haben zu büßen!" *Jerry schmunzelte, er merkte, daß er sich in Toms Position viel spontaner und wohler fühlte als in seiner eigenen. Und es machte ihm Spaß, Tom dermaßen auflaufen zu lassen. Er spürte die Macht in dieser völligen Verweigerung und den Triumph, Tom zunehmend hilfloser zu sehen.*

Tom wurde nun lauter: "Aber verdammt noch mal, wenn Sie mal endlich über Ihren Schatten springen würden! Dann würde das, was am Ende rauskommen würde, dann würde das doch wesentlich schöner sein als das, was Ihnen jetzt so bevorsteht! So den ganzen lieben langen Tag sich in einer psychosomatischen Klinik aufzuhalten!" Jerry *registrierte erstaunt, aber auch amüsiert Toms erwachsene Argumentation. Aber er wollte noch nicht nachgeben, er merkte, wie er neben seiner Verweigerung Tom noch einen reinzimmern konnte.* Eindringlich schaute er Tom an und sagte dann laut und betont: "Wie würden Sie sich verhalten, wenn Sie alle Menschen hassen würden? Und denen nur Böses und Rache wünschen?" Tom war nun sehr erregt: "Also ich würde mich wahrscheinlich im Gegensatz zu Ihnen noch zusammennehmen. Wenn ich nur noch 'n Rest von ethischem Gefühl habe!" Jerry schlug vor, wieder die Rollen zu wechseln, *er hatte nun das Gefühl, daß sie beide gleich stark waren.*>>

Tom war nun ruhiger, dann begann er wieder damit, daß die verordnete Selbständigkeit eine unerfüllbare Forderung sei. Jerry widersprach, Selbständigkeit verordnen zu wollen: "Wozu? Leb ich Ihr Leben?" fragte er. "Wer lebt Sie? So unselbständig, wie Sie sind? Ihre Mutter?" Tom wurde nachdenklich: "Also bis jetzt haben so ziemlich alle mein Leben geführt, außer mir selbst." Jerry wiederholte nachdenklich Toms Satz, er glaube nicht, daß sich Tom damit wohl fühle. Dann brach er das Rollenspiel ab und fragte nach Toms Erregung. Tom gab zu, erregt gewesen zu sein, er fand es aber auch unangenehm, weil es doch "ein ziemlich scharfes Wortgefecht" gewesen wäre. Jerry lächelte, ihm habe das Rollenspiel Spaß gemacht.

Interpretation

Der Klient wird sich zunehmend seiner inneren Verhaltensdynamik bewußt, die er nun als "Persönlichkeitsverlust" empfindet. Dabei spürt er zwar innerlich "psychische Widerstände", wobei er jedoch im Verhalten noch in magisch-aggressive Phantasien bzw. autoaggressive Handlungen ausweicht. Diese Dynamik wird noch einmal in der ersten als wichtig bezeichneten Szene (46sk) deutlich. Auf die wiederholten Versuche des Therapeuten, versuchsweise mögliche Konflikte in der therapeutischen Beziehung offen auszutragen, weicht der Klient immer wieder geschickt und schließlich mit einer kleinen schauspielerischen Einlage aus. In der Hoffnung, daß der Therapeut sich mit einem Professor identifiziert, bringt der Klient eine ebenso ungewöhnliche wie auch indirekte und unklare Kritik hervor. Wie schon bei ähnlichen Aktionen (etwa in der Knet-Szene der 7. Stunde) verspürt er zunächst Schadenfreude und Befriedigung bei der Phantasie, ältere Menschen "auf die Palme gebracht" zu haben. Umso enttäuschter und überraschter ist er nun, daß der Therapeut sich nicht mehr auf solche Spiele einläßt. Indem er sich direkt auf den Therapeuten bezieht, drückt er nun klar die Selbsterkenntnis aus, wie "gehemmt" und "angepaßt" er sich verhalte und noch in seinem "alten Weltbild" lebe.

Der Therapeut reagiert nun zunehmend direkter auf die verschiedenen Ausweichmanöver des Klienten, wie aber auch der Klient eher bereit ist, Erregung zuzulassen. Im schützenden und stützenden Rahmen eines Rollenspiels, bei dem beide abwechselnd beide Rollen einnehmen, entwickelt sich zum ersten Mal ein offener, spannungsgeladener und mitreißender "Schlagabtausch" zwischen Therapeut und Klient (47kons). Dabei scheint sich dieser Prozeß nach dem ersten Rollentausch zu verselbständigen. Es wird nicht mehr "gespielt", sondern spontan und aufrichtig, laut und bewegungsreich, mitunter aggressiv oder auch lustvoll, aufeinander reagiert. Beide Akteure schaukeln sich nun in ihrer Erregung und emotionalen Beteiligung gegenseitig hoch. Der Therapeut will sich "mal nicht zurückhalten". Auch der Klient grenzt sich in einer bisher nicht gezeigten aggressiven oder auch ironischen Form von typischen Vorgehensweisen des Therapeuten ab (so karikiert z.B. dessen pädagogisches, auf Einsicht abhebendes Verhalten).

In der Entwicklung der Inhalte werden nacheinander die zentralen Konflikte und neurotischen Verarbeitungsmuster des Klienten deutlich. Zu Beginn macht der Klient auf gewohnte Weise den Lehrer/Therapeuten für seine Probleme verantwortlich und weist in erpresserischer Manier ("Nötigung") jegliche Form von Eigenverantwortlichkeit zurück. In der folgenden Auseinandersetzung identifiziert er sich nacheinander mit seinen widerstreitenden Persönlichkeitsanteilen. Er gibt ihnen Stimme und Ausdruck und macht sie damit offensichtlich und bewußt(er). Es ist ihm anzusehen, daß er sich in der Spiegelung durch den Therapeuten wiedererkennt, etwa in seinem Rückzug hinter die Rolle des psychisch Kranken und noch stärker bei den tiefen Rachegefühlen gegenüber der Mutter. So erlebt er sich sowohl in der ("underdog")Position des trotzig-verweigernden Kindes wie in der ("top-dog")Position der autoritär-fordernden

Eltern. Auch wenn sich diese verschiedenen Persönlichkeitsanteile noch unversöhnlich gegenüberstehen, deuten sich gelegentlich doch auch Möglichkeiten zu deren Integration an: so behauptet er seine Fähigkeit zum eigenständigen Denken und erwähnt "ethische Gefühle", spricht von einer "realistischen" Einschätzung seiner momentanen Selbständigkeit und fordert deren "behutsame" Förderung ein.

Auch der Therapeut macht eine neue, für ihn ungewöhnliche Erfahrung. In der Rolle des Klienten entstehen bei ihm Gefühle und entweichen ihm Sätze, die ihm bisher fremd waren. So bemerkt er an sich eine sadistische Lust und Befriedigung, sich jeglichem Kontaktversuch zu verweigern. Noch deutlicher erlebt er ein intensives Rachegefühl besonders gegen die Mutter ("sie soll ein Leben lang büßen"). Auf diese Weise erfährt der Therapeut am eigenen Leibe entscheidende emotionale Hintergründe des Klientenverhaltens und kann somit dessen Erleben und Sichtweisen besser verstehen. Insgesamt scheint sich hier ein Phänomen ereignet zu haben, das über Identifikation oder Empathie hinausgeht, und zwar eine "Umfassung" im Buber'schen Sinne. Demnach hat der Therapeut, sich seiner selbst bewußt bleibend, eine (unbewußte) existentielle Grundhaltung des Klienten ausgedrückt und ihn somit verwirklicht. Mit dem Psychoanalytiker Th. Reik könnte dieses Ereignis auch als eine "direkte Begegnung zwischen zwei Unbewußten" bezeichnet werden.

Eine abschließende Integration und Reflektion dieser außergewöhnlichen Erfahrungen konnte in dieser Stunde nicht mehr geleistet werden. Dies mag auch ein Grund dafür sein, daß der Klient diese Sequenz im Nachinterview nicht vorgespielt haben wollte, obwohl er sie "als fast noch wichtiger" als die erste (46sk) bezeichnete. Im Nachinterview nach dem Beobachtungszeitraum, also kurz nach dieser Stunde, begründet er dies noch einmal: "Das war ja nun eine der semantisch schwierigsten Stellen in der Therapie überhaupt, und mir war der Gedanke daran so unangenehm, das noch einmal Satz für Satz durchzugehen." Wahrscheinlich ist dies, so auch die Einschätzung der teilnehmenden Beobachter, Ausdruck seiner symptomatischen Erregungsabwehr: danach kann der Klient in der Stunde zwar eine hohe Erregung kurzfristig zulassen, was er am Ende der Stunde auch positiv bewertet; nach der Stunde bzw. im außertherapeutischen Kontext muß dieses noch ungewohnte hohe Erregungsniveau jedoch noch abgewehrt werden (vgl. ähnliches in der Stunde 14).

Die teilnehmenden Beobachter registrieren beim Rollenspiel "eine beidseitige aufrichtige und rückhaltlose Kommunikation". Es war für sie eins der "kontaktintensivsten Erlebnisse" dieser Therapie, das sie selbst "gebannt" miterlebten. Die Fremdbeobachterin berichtet, daß sie "aufgeregt das spannende Wortgefecht verfolgt" habe. Da sie auch ein Videoband von der 10. Stunde gesehen hat, spricht sie auch von einer "völligen Veränderung in der Ausdrucksstärke" des Klienten und einer "großen Offenheit und Lebendigkeit" in der therapeutischen Beziehung.

Das Rollenspiel (47kons) wird in allen Nachinterviews von allen Beteiligten nacherinnert. Im Nachinterview nach dem Beobachtungszeitraum, also kurz nach dieser Stunde, ärgert sich der Klient noch über die "Alete"-Bemerkung des Therapeuten. Diesen Vergleich findet er "brutal", "er behandelt mich dann ja gewissermaßen wie ein Mündel, das geistig nicht zurechnungsfähig ist ... als wir da saßen und uns ausschimpften, da ist es mir zu dicht geworden" (KN0). Noch nach ein und zwei Jahren ärgert sich der Klient über den "Alete-Vergleich". Als noch wichtiger bewertet er nun jedoch, daß der Therapeut ihn in seiner Rolle gut "abblocken" bzw. "abperlen lassen" konnte: "Da war ich richtig geknickt. Im Grunde wollte ich ihn ja erreichen mit meinen Worten und das habe ich nicht geschafft" (KN2).

Der Therapeut führt später das Rollenspiel aus dieser Stunde dafür an, jetzt mehr den erwachsenen Anteil des Klienten anzusprechen (TN0). Er erinnert auch nach einem Jahr seinen Ärger über die Versorgungsansprüche des Klienten und an zwei Sätze, "die sozusagen aus mir herausplatzten" (Alete, büßen). Sie erscheinen ihm noch jetzt als fremd, "ich fühlte einen solchen Hass, eine abgrundtiefe Verachtung, die mir heute noch gruselig vorkommen." Er habe dabei den Klienten mehr "in dieser Verweigerungshaltung verstanden, es war nicht mehr nur neurotische Abwehr, sondern er konnte und durfte keinen Kontakt zulassen" (TN1).

Auch die teilnehmenden Beobachter erinnern sich später detailliert an wichtige Sätze des Rollenspiels und die "provozierende und dabei sehr kontaktvolle" Auseinandersetzung. "Es hat ihn berührt, und das hat ihn dazu gebracht, sich damit zu beschäftigen" (B1N). In ihrer Erinnerung waren sie selbst "irgendwie im Spiel drin", "gespannt wie sich das entwickelt", mußten "spontan schmunzeln" bei den Konfrontationen. Insgesamt war es für sie "ein "Höhepunkt" im Beobachtungszeitraum und "ein gelungener Abschied" (B2N).

3. Die Nachgeschichte[1]

3.1. Die Einschätzung des Klienten zum bisherigen Therapieverlauf

Tom wurde vier Wochen danach zu den ersten 20 Stunden befragt. Seine anfängliche Hoffnung, eine "Beseitigung" seines Waschzwangs, hatte sich nicht erfüllt. "Da hat sich bei mir so ein leichtes Gefühl der Ernüchterung eingestellt", aber eine Veränderung würde "wohl noch 5 Jahre" dauern. Veränderungen sah er besonders in seinem emotionalen Erleben: "Ich empfinde mehr Ärger auf meine Mitmenschen, kann diesen Ärger aber nicht ausdrücken. Ich nehme an, daß ich jetzt eher intensiver empfinde." Dies sei "etwas Positives", denn so könne er sich besser gegen zu hohe Leistungserwartungen abgrenzen: "Das Studium ist nicht das einzige, was zählt."

Die Stunden waren für Tom "immer ein ganz schönes Erlebnis" und Jerry war für ihn "im letzten halben Jahr derjenige, zu dem ich am aufgeschlossensten sprechen konnte." Er hatte "nicht so eine Ehrfurcht vor ihm wie vor einem Arzt, fast wie eine freundschaftliche Beziehung." Er mochte Jerrys "sehr warmherzige verbindliche Art", und daß "er mich so akzeptiert hatte, auch mit meinen Witzen." Wichtig war für ihn, daß Jerry ihn "aufzumuntern" versuchte, "wenn mich mal der Streß allzu sehr drückte." So fand er Jerrys Rückmeldung wichtig, "daß es an mir auch etwas Gutes gäbe außerhalb des Studiums, nämlich mein Humor." So könnte er, auch ohne Leistung zu erbringen, von anderen Hilfe bekommen oder gar gemocht werden.

Als Ausnahmen in dieser "durchweg guten Beziehung" nannte Tom den "Manipulationsversuch" in der Probestunde: "Da hatte das einmal einen kleinen Knacks in der Beziehung gegeben", aber durch die gelungene "Rache" in der nächsten Stunde "war die Beziehung wieder gut." Außerdem ärgerte er sich noch über die "Alete"-Bemerkung des Therapeuten in der zwanzigsten Stunde. In dieser Stunde sei es ihm "zu dicht" geworden, ebenso wie in der achten Stunde, als Jerry ihn mit dem Stuhl in die Ecke gedrängt hatte. "Aber das Gefühl ausweichen zu müssen, das habe ich eigentlich nicht gehabt." Manchmal habe er auch den Therapeuten mit einem Witz erfolgreich abgelenkt, so in der neunten und in der zwanzigsten Stunde.

Als Ziele für die kommenden 20 Stunden nannte Tom, sich selbst "mehr anzuerkennen, dies auch als ein Mittel, um den Waschzwang loszuwerden." Er will lernen, besser mit dem Studium fertig zu werden und mehr Selbständigkeit zu

---

[1] Der Text beruht auf den Interviews nach dem Beobachtungszeitraum (KN0 bzw. TN0) sowie den Aufzeichungen des Therapeuten.

erreichen, "dies heißt vor allem im Denken". Im "Zeitraum von 10 Jahren" würde er "vielleicht von zu Hause wegziehen, aber nicht allzu weit weg."

3.2. Die Einschätzung des Therapeuten zum bisherigen Therapieverlauf

Zu Beginn der Therapie, meinte Jerry selbstkritisch, war er wohl "zu optimistisch", "weil mir einfach das ganze Ausmaß seines Zwanges nicht so deutlich war." Er wollte zunächst einfach nicht wahrhaben, wie ein Mensch "körperlich und geistig dermaßen eingesperrt und zusammengedrückt" sein konnte. Tom erschien ihm wie eine "Gummipuppe mit eingebautem Tonband", ohne Regung und Bewegung. Er selbst fühlte sich aus Toms Schneeglöckchen-Welt "ausgeschlossen, nicht bewußt ausgegrenzt, sondern einfach unerreichbar". Als Gestalttherapeut fand er es anfangs ungewohnt und schwierig, "erst eine ganze Menge Vorarbeit machen zu müssen, bevor überhaupt mit Gefühlen gearbeitet werden kann."

Die Gestaltung der therapeutischen Beziehung war für Jerry immer eine "Gratwanderung" zwischen Gewährenlassen und Herausfordern. Dabei habe er Tom "in den ersten Stunden ziemlich schonend behandelt, wie einen kleinen verletzten Jungen." Um nicht gleich "in die Reihe KZ-Wächter, Stalinist oder Manipulator" eingeordnet zu werden, habe er vielleicht die Tendenz gehabt, "das beste für ihn tun zu wollen, wie seine Mutter und die ganzen anderen Psychologen auch." Jerry fand es im nachhinein auch wichtig, daß er sich erst einmal auf Toms gewohnte Interaktionsmuster eingelassen, sie "zwar hin und wieder ein bißchen gestört, aber nicht zu sehr verunsichert" hatte. Schließlich hatte er das Ausmaß von Toms "innerer Situation" kennengelernt und konnte nun auch besser dessen Denken und Handeln nachvollziehen. Nach seinem Eindruck war auch für Tom eine Beziehung entstanden, wo "er durchaus wahrnimmt, daß ich ihn nicht verletzen will, ihm was Böses will, sondern daß er das wirklich auch als Herausforderung begreift, die ihm nützen kann."

Mittlerweile nähme er Tom ernster, meinte Jerry, er sähe "nicht nur den Kindteil", sondern "spreche auch immer mehr den Erwachsenen in ihm an." Er traue Tom nun mehr zu, "sich wehren können", weise ihn verstärkt auf dessen Manipulationen hin und wolle ihn "auch in nächster Zeit häufiger provozieren, fordern, konfrontieren". Daneben äußerte Jerry auch offen seine Sympathie und Bewunderung für Tom. Er erinnerte sich gerne an "die kleinen schönen Erlebnisse" mit ihm, seine "tollen Bilder" und "Überraschungen für die er immer gut ist", und die "ganze Kreativität in seinen Widerstandsformen", über die sie auch gemeinsam lachen konnten.

Nach Jerrys Einschätzung zeigte Tom "im Prinzip noch" die gleichen Muster der Kontaktunterbrechung, aber er beschrieb auch Anzeichen beginnender Veränderung. So erlebte er Tom nun "sehr viel lebhafter, auch sehr differenzierter im Gesichtsausdruck, in der Stimme, in der Gestik". Er hatte das Gefühl, daß Tom ihn mehr als Person wahrnahm und sich in seinen Berichten auf ihn als konkretes Gegenüber bezog. Des weiteren registrierte Jerry Veränderungen vor allem im Ausdruck der aggressiven Impulse und Phantasien. Sie waren nicht mehr so "magisch-phantastisch", womit ihn Tom anfangs auch "geschockt" hatte. Nunmehr würde Tom seine Wut formulieren und gegen die betreffenden Personen, wenn auch nur spielerisch, richten. Auf Veränderungen im Zwangsverhalten angesprochen, meinte Jerry: "Also, es hat sich noch nicht auf das Symptom selbst ausgewirkt, aber ich glaube schon, daß sich was im Hintergrund verändert hat." So sähe Tom mehr die Hintergründe seines Waschzwangs, die energetische Funktion, den Aspekt der Selbstbestrafung, die familiären Zusammenhänge.

Für die folgenden Stunden nahm sich Jerry vor, bei aufkommender Erregung von Tom mehr "nachzuhaken", um sie mit bestimmten Gefühlen und Probehandlungen verbinden zu können. So hoffte er, daß sich Tom auch mal "körperlich ausagieren" könnte. Den Waschzwang wollte er zwar weiterhin beobachten und ihn auch als Gradmesser nehmen, aber "nicht direkt zum Thema machen". Natürlich machte er sich auch "Sorgen, wenn ich mir so seinen Nacken ansehe, wie malträtiert die Haut ist. Und da ist auch der Wunsch, ihn davon befreien zu wollen, aber ich will da nicht so ein Drängen daraus machen." Unter Hinweis auf andere klinische Berichte wüßte er auch nicht, ob Tom den Waschzwang "gänzlich ablegen" könnte. Er sei für Tom "im Moment die einzige Möglichkeit, überstarke Erregung abzureagieren". Wenn er nun in der Therapie lernen könnte, die Erregung "auf andere Weise loszuwerden, meinetwegen auf ein Kissen zu hauen oder so", dann hoffe er, daß sich der Waschzwang "reduziert oder überflüssig" wird: "Also meine Hoffnung ist, daß er in vielen Situationen Verhaltensalternativen hat."

3.3. Der Therapieverlauf nach Abschluß der Beobachtungen

Nach den Beobachtungen fanden noch 38 weitere Sitzungen im Zeitraum von 15 Monaten statt, bevor die Therapie vom Therapeuten aus beruflichen Gründen abgebrochen werden mußte.

In den ersten drei Monaten getraute sich Tom immer mehr. So beschrieb er in einer Sitzung peinlich berührt, aber detailliert, sein Waschzwangverhalten. Er wusch sich ca. zehn mal am Tag die Hände und wischte zusätzlich ein oder zweimal, nach dem Onanieren häufiger, die Kleidung mit einem feuchten Lappen ab. Der Vorgang selbst erfolgte wie im Rausch, dabei und kurz darauf setzte ein Moment körperlicher Entspannung ein, schließlich folgten verstärkte Versagens- und Schuldgefühle. In zwei weiteren Sitzungen erzählte Tom von seinen sexuellen Phantasien. Er fühlte sich zu Jungen bzw. Männern und besonders zu seinem Freund Michael hingezogen. Eine höchst lustvolle Vorstellung war für ihn, "einem nackten Hintern einen Klaps zu verpassen". Sexuelle Erfahrungen mit Partnern hatte er aber bisher nicht gemacht. Er hatte auch noch nie seine Eltern nackt gesehen und vermied Plätze, an denen er selbst nackt gesehen werden könnte (Duschen, Sauna etc.).

Einmal schickte er einen langen Brief mit beigefügter Skizze an Jerry. Darin beschrieb er, daß er vor drei Jahren beim Joggen gesehen zu haben glaubte, wie jemand zusammengebrochen war (nach der Schilderung war es eher unwahrscheinlich). Er befürchtete nun, sich wegen unterlassener Hilfeleistung schuldig gemacht zu haben. Er getraute sich auch nicht, Jerry persönlich von dieser "Leiche im Keller" zu berichten. Des weiteren hatte er einen langen Brief an seinen Lehrer geschrieben, in dem er diesen für seinen Waschzwang verantwortlich machte. Der Brief wurde nicht beantwortet, wobei Jerry weitere Briefe anregte, die jedoch nicht abschicken sollte.

Nach einer langen Sommerpause hatte die Intensität und Häufigkeit des Waschzwangs wieder zugenommen. Tom war eine Zeit lang enttäuscht von Jerry und ohne Hoffnung für den weiteren Therapieverlauf. Er wollte lieber bei seinem Waschzwang und seinem Glauben bleiben, als "Kontakt mit der grausamen Realität" haben. Dieser Zusammenhang war immer wieder nach längeren Pausen bzw. während der Semesterferien zu beobachten.

Dann wurde die Therapie jedoch intensiver. Tom begann, seine sadistischen Impulse körperlich auszudrücken: er schlug auf Kissen ein, zerfetzte Papier und drückte dabei seinen ganzen Haß gegen alle Frauen, schließlich auch gegen seine Mutter aus. Jedes Mal danach empfand er eine große Genugtuung und Entspannung. Schließlich ließ sich Tom auch einmal auf einen "Ringkampf" mit Jerry ein, der sofort homosexuelle Phantasien auslöste. Es war ihm zunehmend weniger peinlich, ein Gefühl zu zeigen und über "schmutzige Sachen" zu sprechen, was er bei seinen Eltern nie erlebt hatte. Zur gleichen Zeit stieg seine Körper-Selbstwahrnehmung. Er empfand sich nun "steif" und "unbeweglich", worauf Jerry verschiedentlich und mit Erfolg einfache Körper- und Entspannungsübungen einsetzte.

Nach drei intensiven Monaten folgte wieder eine Resignationsphase. Es waren Semesterferien und Tom hatte Vordiplomprüfungen, die er schließlich mit Bravour bestand. In den folgenden zwei Monaten, also ein Jahr nach der Beobachtung, wurden die wichtigsten Themen, Sexualität und Haß/Sadismus, weiterhin vertieft. Daneben entwickelte Tom wieder ein verstärktes Bedürfnis nach neuen sozialen Kontakten, er überlegte sogar, zusätzlich Psychologie zu studieren. Den Kontakt zu Michael hatte er aus "Eifersucht" auf dessen Freundin stark eingeschränkt. Dafür hatte er aber einen neuen Freund gewonnen, dem er Nachhilfeunterricht in Mathematik gab. Schließlich nahm Tom an einer auf 10 Treffen begrenzte Selbsterfahrungsgruppe mit Männern teil, die Jerry leitete. Er traf sich mit einem Teilnehmer auch außerhalb der Gruppe.

In der Abschlußauswertung faßte Tom noch einmal seine Veränderungen während der Therapiezeit zusammen:

- Er habe durch die bestandene Prüfung mehr Selbstvertrauen, empfinde mehr Freude und beginne, sich etwas zu gönnen (Konsum, Freizeitaktivitäten). "Außerdem ist Physik Beruf, und Beruf und Persönlichkeit sollte man trennen."
- Er wolle der "Vereinnahmungstendenz der Mutter entgegenwirken", ihr endlich mal sagen, sie solle vor Eintritt in sein Zimmer anklopfen.
- Er wolle endlich mal mit einem Freund wegfahren und wünsche sich bald "eine kleine Wohnung".
- Er habe mehr soziale Kontakte, erkenne auch, daß andere etwas können, was er nicht kann, z.B. Tischtennis und Computer; für ihn seien jetzt "nur noch 50% der Menschen Schleimscheißer".
- Er hat nicht mehr den Drang, seine Wäsche abzuwischen und: "Ich bin jetzt so weit, daß ich sage, ich kann den Waschzwang von mir aus abbauen." Außerdem überlegt er, mit einem Pfarrer über seine Schuldgefühle zu sprechen.

Jerry hatte bei dieser Aufzählung den Eindruck, daß manches davon für einige Zeit noch Wunschvorstellung bleiben würde. Sicher wollte Tom ihn auch nicht enttäuschen. Dennoch hatte sich Tom in vielen Bereichen sichtlich verändert. Jerry fiel es nicht leicht, von Tom und der gemeinsamen Zeit Abschied zu nehmen.

4. Interpretation des Gesamtprozesses

Einleitung

Zu Beginn einer Therapie verfügt der Therapeut lediglich über einige Informationen aus der Lebens- und Krankheitsgeschichte des Klienten. Er hat erste Eindrücke, bildet aufgrund seiner Erfahrungen mit ähnlichen Klienten Vorannahmen usw. Auch der Klient rückt nicht gleich mit seiner gesamten Problematik heraus, zum Teil wird sie ihm auch erst während des Therapieverlaufs bewußt. So läßt sich die individuelle Sicht- und Erlebensweise des Klienten, die individuelle Ausprägung der symptomatischen Verhaltensweisen usw. erst nach mehreren Stunden gegenseitigen Kennenlernens erfassen und verstehen.

Gerade zu Beginn einer Therapie zeigen sich jedoch "typische", d.h. häufig wiederkehrende und ähnliche Kontaktunterbrechungen und "neurotische Reaktionsmuster". Sie werden zunächst nur für kurze Momente aufgehoben, auf die wiederum ein "Rückfall" in die gewohnten Gestaltungsmuster folgt. Gleichzeitig verändern sie sich jedoch, wenn auch geringfügig, von Stunde zu Stunde. Hier ergibt sich nun das Problem der Beschreibung lebendiger Austauschprozesse. Deshalb skizziere ich zunächst die Sicht- und Erlebensweisen des Klienten, von denen ich annehme, daß sie während der ersten 20 Stunden als typische Art der Kontaktunterbrechung bzw. als neurotische Reaktionsmuster relativ beständig bleiben. Danach fasse ich Aussagen und Beobachtungen zusammen, aus denen sich erste Veränderungen erschließen lassen.

Zuvor möchte ich noch kurz auf bisherige klinische Erfahrungen zur Zwangsneurose eingehen. Deren allgemeine Beschreibungen entsprechen im wesentlichen der Symptomatik des hier beschriebenen Klienten. Sie sagen freilich wenig über das spezifische Vorgehen mit diesem Klienten aus, der zudem über reichlich therapeutische (psychiatrische und verhaltenstherapeutische) Vorerfahrungen verfügte.

4.1. Exkurs: Zur Zwangsneurose aus klinischer Sicht

Der Klient leidet nach den Kategorien der klassischen Diagnostik unter einer "Zwangsneurose" bzw. "anankastischen Persönlichkeitsstruktur". Die Zwangsneurose ist eine vergleichsweise seltene Form der neurotischen Erkrankungen, die dennoch (wohl aufgrund ihres eindrucksvollen Krankheitsbildes) in der

Literatur relativ genau beschrieben und epidemeologisch untersucht worden ist. Danach besteht das zentrale Symptom "in einem Gefühl subjektiven Zwanges, bestimmte Vorstellungen haben, bestimmte Gedanken denken und bestimmte Handlungen tun zu müssen. Dieses Zwangsgefühl ist trotz voller Einsicht in seine Unsinnigkeit nicht unterdrückbar" (Hoffmann & Hochapfel, 1992, 127). Falls diese Impulse zurückgehalten werden, so entsteht unmittelbare Unruhe bis Panik, so daß schließlich doch den Handlungen nachgegeben wird.

Im Familienmilieu von Zwangsneurotikern wird eine Häufung von zwanghaften oder zwangsneurotischen Personen festgestellt. "Insgesamt bestehen strenge, rigide, legalistische, sachbezogene, teilweise aggressive und auch willkürliche Entwicklungsbedingungen. Spontaneität, Eigenwille, lebhafte Motorik und Aggressivität müssen früh unterdrückt und mit Angst und Schuldgefühlen abgewehrt werden. Der äußere Zwang wird so zu einem inneren. Statt eines Autonomiegefühls entstehen im Kind Scham und Zweifel (Hoffmann & Hochapfel, 133f.). Es bleibt in dem Konflikt zwischen bedingungslosem Gehorsam und ohnmächtiger Wut stecken. An die Stelle eines selbst-bewußten und -bestimmten Handelns tritt nun die formale Übererfüllung der rigiden Verhaltensnormen. D.h., das Symptom des Zwanges kann als ein Art Balanceakt zwischen der "Hypermoralität des Gewissens" (Hoffmann & Hochapfel) und den antisozialen und anal-erotischen Impulsen (Beschmutzen, Rebellieren, Zerstören, Quälen etc.) betrachtet werden (vgl. Quint, 1988, 23). Jede Störung dieser Balance wird peinlichst vermieden oder sofort behoben, löst sie doch eine enorme Angst aus, und kann im Extremfall eine psychotische Krise in Gang setzen. Das Zwangsverhalten entwickelt sich so zu einem sich selbst stabilisierenden dauerhaften Kompromiß, der sich als äußerst therapieresistent erweisen kann.

Als **typische Symptome** der Zwangsneurose werden meist genannt:

a) Denkstörungen formaler wie auch inhaltlicher Art, z.B. unablässiges Grübeln, Weitschweifigkeit und ein alles dominierender Zweifel;

b) magisches Erleben, etwa die Vorstellung, daß die Unterbrechung von Zwangshandlungen zu Katastrophen führt;

c) weitgehende Unterdrückung von Erregung und Emotionen; aufkommende Impulse, besonders sexueller und aggressiver Art, werden durch deren Isolierung, Ungeschehenmachen, Intellektualisierung o.ä. abgewehrt;

d) Handlungsstörungen in Form eines "Tabus der Bewirkung" (Quindt), d.h. Handlungen werden nicht als Ausdruck eines eigenen Willens, sondern als "konditionierte Reaktion" auf äußere Einflüsse betrachtet;

e) daraus folgernd eine "Autonomie-Beweisnot", d.h. "der Zwangskranke ist an einen Zustand fixiert, in dem er dagegen sein, opponieren, rebellieren will, ohne es bewußt und offenkundig zu können" (Quindt, 1988, 30);

f) Schuldgefühle in Folge des latenten Aufbegehrens, wobei sich die Schuldgefühle jedoch fast ausschließlich auf phantasierte, nicht aber realisierte
Impulse und gar tatsächliche Verfehlungen beziehen;

g) narzißtische Besetzung in der perfektionierten, "sakrosankten" Normerfül-
lung (Quindt) wie auch im versteckten Oppositionsverhalten;

h) häufig überdurchschnittliche Intelligenz und ausgeprägtes Leistungsverhal-
ten, dem die Unfähigkeit, das Zwangsverhalten zu erklären und zu unterdrücken, entgegensteht; dieser Widerspruch macht meist die größte Verzweiflung aus;

i) besondere sexuelle Dispositionen, meist homosexueller oder sado-maso-
chistischer Art.

Die Vorschläge für eine erfolgversprechende Arbeit mit Zwangskranken variieren je nach Therapieschulen-Zugehörigkeit, wobei Einigkeit darüber besteht,
daß die Zwangsneurose "unter allen Neurosen das therapeutisch unbefriedi-
gendste Problem" darstellt (Hoffmann & Hochapfel, 1992, 136). Langschnittun-
tersuchungen haben jedoch entgegen früherer Annahmen eine deutlich bessere
Prognose ergeben.

Aus **verhaltenstherapeutischer Sicht** werden für die Zwangsneurose vor
allem Konfrontationsverfahren (z.B. viele Gegenstände mit Staub, Schmutz
berühren, ohne dazwischen Waschrituale durchzuführen) in Verbindung mit
kognitiven Verfahren empfohlen. Nach Reinecker (1993, 101) bestehen bei
diesem Vorgehen durchschnittliche Besserungschancen zwischen 50 und 80%
Er weist aber auch auf die hohe Aggressivität, Rigidität und Feindseligkeit
dieser Klientengruppe hin. Daher ist "die Schaffung einer tragfähigen Interaktion (...) gerade bei der Behandlung von Zwangspatienten eine unverzichtbare
Voraussetzung für das Gelingen der Therapie" (a.a.O., 60).

Aus **psychoanalytischer Sicht** gibt Quindt (1988) u.a. folgende Hinweise: a)
Die Klienten sollten vor allem in ihrem affektiven und emotionalen Ausdruck -
auch über körperliche Berührung - unterstützt werden. Ein rein kognitives bzw.
einsichts-orientiertes Vorgehen läßt wenig Erfolg erwarten. b) Die Arbeit sollte
auf das Hier-und-Jetzt statt Vergangenheit/Kindheit fokussiert sein. c) Um das
"Tabu der Bewirkung" infragezustellen, sollte durch angemessene Anregung
und auch Konfrontation das Bewußtsein für eigeniniatives Handeln gefördert
und bestärkt werden; die Klienten neigen gerade zu Beginn einer Therapie
dazu, dem Therapeuten alle Aktivität und Verantwortung zuzuschieben. d) Die
Klienten sollten darin unterstützt werden, ihr Zwangsverhalten genau zu beschreiben und begleitende Gedanken, Affekte und Handlungsimpulse, besonders die sadistischen und aggressiven, auszudrücken.

4.2. Symptomatische Sicht- und Erlebensweisen des Klienten[1]

Selbst-Beschreibungen und Angaben zur Psychogenese

Die Sicht- und Erlebensweisen des Klienten sind von einem rigiden Täter-Opfer-Schema geprägt. Er selbst ist "schutz- und wehrloses" Objekt ("Knetmasse", "Strichjunge" usw.), "manipuliert" und "dressiert" von "engstirnigen" Erwachsenen, den Eltern, Lehrern, Professoren wie überhaupt einem "stalinistischen" (Leistungs)System, sogar unter der Kontrolle von "Ungeheuern im Himmel". Diese Opferhaltung gilt auch in der Wahrnehmung von Hilfsangeboten aus dem sozialen Umfeld sowie den verschiedenen pädagogischen, psychologischen und medizinischen Maßnahmen in der Kindheit: "Sowas habe ich ganz ganz oft erlebt: Jemand wollte nur das Beste für mich und was rausgekommen ist, das war was ganz fürchterliches, immer" (15). Nach den ersten 20 Therapiestunden faßt er zusammen: "Bis jetzt haben so ziemlich alle mein Leben geführt, außer mir selbst" (20).

Die Ansätze des Klienten von Selbstbehauptung, Widerstand oder gar aggressiver Gegenwehr waren und sind mit vielfachen Ängsten und Schuldgefühlen verbunden. Schon der Gedanke, offen Kritik zu äußern, ist für ihn "beklemmend", er könnte die anderen "verärgern oder zur Weißglut bringen" (14). Er hat weder die Erfahrung noch sieht er eine Möglichkeit für sich, sich mal gegen seinen Vater (1) oder seine Mutter (12) durchzusetzen: "ich bin es von meiner Erziehung her überhaupt nicht gewohnt, zu hinterfragen" (19). Dies gilt auch für seine Erfahrungen außerhalb der Familie. Der Gedanke an eine körperliche Auseinandersetzung ist mit Angst vor Schaden (2) und "peinlichen und demütigenden" Niederlagen (6) verbunden. Nunmehr ist es für ihn eine "obzöne" Vorstellung, es ist "wie sich entkleiden" (8).

In seinem Verhältnis zur Mutter sieht er sich zum Teil noch heute wie "ein hilfloses und schützenswertes Baby" (12). Sie umsorgt ihn, "aus Angst, daß sie mich verlieren könnte durch ein selbständigeres Leben" (1). Sie will "am liebsten allein das Sagen über meinen Seelenzustand haben" (12). Sein Vater wiederum, "eigentlich ein Nazi", habe ihn nie unterstützt, wenn er sich "in der Schule überfordert oder bedroht gefühlt" hatte (17). Die wichtigsten Verhaltensnormen in der Familie waren Gehorsam, besondere Sauberkeit und vor allem Leistung. So habe ihn die Mutter darin "gedrillt, besser sein zu müssen als die anderen" (5), der Vater die hohen Anforderungen in der Schule "nur gutgeheißen" (15). Auch im weiteren Familienkreis und schließlich in der Schule wurde ihm "Gehorsam und Leistungsbereitschaft eingeschärft" (19), und

---

[1] Die Zahlen in Klammern geben die jeweilige Zahl der Stunde/ Sequenz an, aus denen das Zitat entnommen ist.

noch heute fühlt er sich "den Professoren und dem Leistungsdruck hoffnungslos ausgeliefert" (15).

Die Berichte des Klienten bestätigen die klinischen Erfahrungen zum Familienmilieu bei Zwangsneurotikern. Der Klient hat kaum Möglichkeiten gehabt, ein eigenverantwortlich handelndes "Ich" bzw. stabile Ich- und Persönlichkeitsfunktionen zu entwickeln. Schon früh wurde seine Entwicklung zu Autonomie gestört und damit eine zwangsneurotische, aber auch stark narzißtische Symptomatik begünstigt. Da das Selbstwertgefühl extrem von den introjizierten Verhaltenserwartungen abhängig ist, sind diese unbedingt zu erfüllen. Die Gefahr eines möglichen Versagens (und damit verbundene Gefühle wie Hilflosigkeit, Enttäuschung, Trauer) löst extreme Ängste aus. Zu ihrer Abwehr entwickelte der Klient ein umfassendes (und sich selbstbestätigendes) System von neurotischen Reaktionsbildungen.

Anmerkungen zur Funktion der Symptomatik

Es gibt schon frühe Anzeichen einer unterbrochenen Autonomie-Entwicklung beim Klienten. Aufgrund einer "Reifeverzögerung" ist er jahrelang in ärztlicher und psychologischer Behandlung. Im Laufe der Therapie erwähnt der Klient mehrfach (u.a. 15), daß er mit 4 Jahren noch nicht "stubenrein" war und deswegen von der Mutter einen Klaps auf den Hintern bekam (Interessanterweise wirkt die Vorstellung eines Klaps auf einen Kinderpopo später sexuell höchst erregend auf ihn).

Immer wieder beschreibt der Klient, wie er in seiner Kindheit bis jetzt als junger Erwachsener (scheinbar) widerspruchslos die rigiden Verhaltenserwartungen seiner Eltern befolgt. Innerhalb der Familie gibt er sich bescheiden, stellt keine übermäßigen Taschengeldforderungen, vermeidet seiner Mutter Sorgen zu machen. Er ist gehorsam, "heuchelt" zur Not in Diskussionen mit seinem Vater (1) oder im Familienkreis (3) Zustimmung. Wenn er sich doch mal zu sehr ärgert, geht er in sein Zimmer, um mit gewissem Genuß seine eigenen CD's zu zerbrechen. Vor allem erfüllt er die an ihn gestellten Leistungserwartungen und mit dem Waschzwang sozusagen "überplanmäßig" die Anforderungen an Sauberkeit.

Insgesamt verharrt er in der Rolle des unselbständigen, ängstlichen und "unschuldigen" Kindes, das für seine Taten nicht verantwortlich gemacht werden kann (vgl. das "Tabu der Bewirkung" i.S. Quindts). Darüberhinaus haben nach seinem Anspruch "lebenslang" die Familie, danach Lehrer, Ärzte usw. bis hin zum Staat für seinen Unterhalt und Wohlbefinden sorgen (20). Um seine "Kind-Rolle" aufrechtzuerhalten, werden Kontakte außerhalb der Familie weitgehend vermieden, denn "alleine zu sein, ist psychisch leichter für mich, weil da keiner Anforderungen an mich stellen kann" (17). Er lebt nun wie "ein Schneeglöckchen auf einer schneebedeckten Erdscholle am Nordpol" (5) und sucht bei Problemen Entschädigung und Verständnis in Kinderromanen (16). Seine einzigen Freunde sind, wie er immer wieder betont, "schwerbehindert", also schwächer. Wenn er bei Anforderungen, die an ihn als Erwachsenen gestellt werden, versagt, wird die Verantwortung dafür auf die Außenwelt geschoben. So sind die Professoren "schuld" an seinen Leistungsproblemen, der Freund, der Therapeut und ein Lehrer "schuld" an der gescheiterten Reise. Zur Not droht er indirekt mit Selbstmord (1, 18), um die Umwelt in eine "elterliche Verantwortung" zu zwingen.

Mit dem sozialen Rückzug werden einerseits die introjizierten Verhaltensnormen aufrechterhalten, können nicht an der außerfamilialen Realität überprüft werden. Zum anderen fehlen natürlich auch neue Lernerfahrungen zu einem durchaus gewünschten selbständigen Handeln (1). Damit schließt sich der Kreis: Die neurotische Abwehr im Sinne eines "Nicht-Wollens" wird ein "Nicht-Können", er ist in der Außenwelt tatsächlich weitgehend hilflos und überfordert, seine Versagensängste sind realistisch.

Die Funktion des Waschzwangs

Die Einnahme der "Kind-Rolle" erfordert von dem mittlerweile erwachsenen Klienten enorme Anpassungs- und Verdrängungsleistungen. Vor allem aggressive und sexuelle Impulse müssen verdrängt bzw. können nur indirekt ausgedrückt werden: über Witze, Träume, Phantasien oder autoaggressives Verhalten. Der Waschzwang erscheint dabei als eine Art "Überschuß-Reaktion", der folgende Funktionen erfüllt:

- er führt nach zu viel angestauter Erregung körperlich zu einer Entladung und anschließenden Entspannung;
- er wird durchaus als lustvoll bzw. mit viel Schadenfreude erlebt, wie überhaupt die "Sabotage an den eigenen Introjekten ... natürlich mit heimlicher Lust verbunden" ist (Dreitzel, 1992, 176);
- er ist sozusagen eine "Reinwaschung" von gleichzeitig aufkommenden Schuld- und Schamgefühlen (so wäscht sich der Klient besonders intensiv nach dem Onanieren, 12);
- er erscheint durch die schmerzhafte Behandlung des Körpers als eine "gerechte Strafe" bei verbotenen Regungen (s.o. "Klaps auf den Popo");
- er stützt die narzißtischen Phantasien des Klienten, weil er nun "eine ganz besondere Eigenschaft" hat, die ihn "wirklich von allen anderen Menschen unterscheidet" (11) und so zu einer "harten Nuß für Psychologen" (14) macht.

Letztlich dient auch der Waschzwang dazu, das oben beschriebene Selbstbild, seine Stellung im Familiensystem und im Umfeld aufrechtzuerhalten. Gleichzeitig wird, und das macht auch den besonderen Leidensdruck aus, die Erregungsangst verstärkt. Bei all seinen Versuchen, sich und die Umwelt zu kontrollieren, muß der Klient erkennen, daß er sich selbst nicht unter Kontrolle hat.

4.3. Veränderungen während des Beobachtungszeitraums

Das vorherrschende Symptom, der Waschzwang, bleibt in diesen ersten zwanzig Stunden im Hintergrund. Vielmehr werden gleich zu Beginn die umfassenden Kontaktstörungen des Klienten deutlich, die die Inhalte und den Ablauf der folgenden Stunden bestimmen werden. Hier haben die Entwicklung der "persönlichen Gleichung zwischen Therapeut und Patient" (Strupp) und dabei einige "existentielle Momente' eine besondere Bedeutung. Zur vereinfachten Beschreibung habe ich die Entwicklung der therapeutischen Beziehung in drei Phasen geordnet.

4.3.1. Die Entwicklung der therapeutischen Beziehung (Kontakt zum Gegenüber)

Die Phase der Orientierung (Probestunde bis 7. Stunde)

Schon in der "Probestunde" wird deutlich, wie der Klient sich, seine Beziehung zum Therapeuten und die Situation entsprechend dem oben beschriebenen Selbst- und Weltbild gestaltet und erlebt. Es entsteht eine Beziehungsstruktur, die sich als Beziehung zwischen hilfsbedürftiger/schutzsuchender Sohn und helfender/schutzgebender (Ideal)Vater umschreiben läßt. Erste vorsichtige Kontaktangebote sowie kleinere Konfrontationen von seiten des Therapeuten, die dieses System stören und zu erhöhter Erregung führen, blockt der Klient sofort ab (0, 1, 2). Entweder weicht er mit Anekdoten aus seiner Lebensgeschichte aus oder er wehrt solche "Anforderungen" mit indirekten Drohungen ("Schaden an meiner Seele", 0) ab.

Aber auch der Therapeut hält sich zurück, schont ihn und ist auch hilflos Es fällt ihm schwer, sich auf die offensichtliche Bewegungs- und Gefühlslosigkeit des Klienten einzustellen. Zudem befürchtet er, vom Klienten "in die Reihe KZ-Wächter, Stalinist oder Manipulator" (TN0) eingeordnet und damit abgelehnt zu werden. Auf dem Hintergrund seiner eigenen Lebenserfahrungen begibt er sich über eine weitgehende Identifikation mit den "Kind-Anteilen" des Klienten in die Rolle des "Idealvaters". So schützt er sich vor seinen eigenen Gefühlen des Erschreckens und der Ohnmacht. Damit erkennt er aber auch den Klienten in dem an, wie er sich gemäß seinem Weltbild fühlt: ein Kind, das sich den

Anforderungen und Bedrohungen der Umwelt "schutz- und wehrlos" ausgesetzt fühlt. In den folgenden Stunden überläßt der Therapeut dem Klienten weitgehend die Initiative und den Raum.

Für den Klienten ist die entscheidende Erfahrung, die er später immer wieder hervorhebt, der "Triumph" in der 1. Stunde (1/5kons). Nach bewährtem Muster hat er die Verantwortung für das Scheitern seiner Reise auf den Therapeuten geschoben und seine "Schmach" getilgt. Wichtiger für die weitere Entwicklung der therapeutischen Beziehung ist jedoch seine Erfahrung, zum ersten Mal gegen eine männliche Autorität "gesiegt" zu haben. Er hat sich für die folgenden Stunden einen Schonraum erkämpft, in dem er nun aggressive und analerotische Phantasien mit-teilen, die entsprechende Erregung zulassen und körperlich und verbal ausdrücken kann (7/19kons). Der Therapeut unterstützt ihn dabei solidarisch gegen Familienmitglieder und Professoren, wie er sich auch bei den gegen ihn gerichteten Aggressionen zunächst zurückhält.

Einzelne intensive Kontaktmomente zwischen beiden entstehen auch, wenn der Klient seine einsamen und schutzbedürftigen Seiten spürt und der Therapeut seine Anteilnahme zeigt (5/17kons, 6/18kons), des weiteren, wenn der Klient seine kindlich-spielerischen, humorvollen und phantasiereichen Seiten zeigt und darin vom Therapeuten bestätigt wird (7/19kons). Solche Momente bewußten persönlichen (mimischen, sprachlichen etc.) Aufeinanderbeziehens und mit hohem Erregungsniveau können jedoch nur für kurze Zeit aufrechterhalten werden.

Bis auf diese wenigen Momente interagieren beide Beteiligten in dieser Anfangsphase jedoch noch auf dem Hintergrund eigener Bilder vom jeweiligen Anderen. Die teilnehmenden Beobachter empfinden "sowohl den Therapeuten wie auch den Klienten als sehr zurückgenommen und auffallend vorsichtig, ja defensiv." Auch der Therapeut bewertet seine anfängliche Haltung im nachhinein als "schonend", was sich für ihn jedoch als beziehungsfördernd erwies (TN0).

Die Phase des gegenseitigen Abtastens (8. - 15. Stunde)

Ab der 8. Stunde löst sich der Therapeut zunehmend aus der gewährenden und schonenden Haltung. Er differenziert und thematisiert verstärkt die jeweilige Kind- bzw. Erwachsenenebene (13). Er bringt sich mehr mit seinen Gedanken und Gefühlen ein und konfrontiert den Klient häufiger mit dessen passiv-abwehrenden (8/20kons) und passiv-aggressiven Anteilen (9/22kons, 11/28kons).

Der Klient spürt, daß der Therapeut ihn nicht mehr vorbehaltlos unterstützt, ihn vielleicht sogar in seinen "schwärzesten" (schadenfreudigen und sadistischen) Seiten ablehnt (9). In den folgenden Stunden reagiert er ambivalent. Einerseits

236

weicht er häufiger aus oder macht den Therapeuten für die fehlende Beseitung seines Leidens verantwortlich (11, 12). Andererseits drückt er dabei indirekt auch sein wachsendes Vertrauen in die Beziehung aus. Er gibt seinen Ärger zu, riskiert sogar einen Konflikt (11) und kann auch seine Ausweichmanöver zugeben (9). In den Interviews nach den Stunden bezieht er sich zunehmend auf den Therapeuten bzw. wird sich bewußt, daß er sich vor ihm "abschirmt" (12).

Die Beobachter registrieren in dieser Phase häufiger Distanz und Kontaktabbrüche. Es wird viel aneinander vorbeigeredet, Therapeut wie Klient drücken in mehreren Stunden Hoffnungslosigkeit und Resignation aus. Deutlich ist jedoch auf beiden Seiten das Bemühen, wieder "zusammenzukommen". Der Therapeut plant ein entsprechendes Rollenspiel, aus dem sich dann spontan wieder ein kurzer Begegnungsmoment ergibt (13). In dieser Phase beginnt der Klient auch, neue soziale Kontakte anzustreben (14).

Die Phase der Kontaktnahme (16. - 20. Stunde)

Diese Phase wird durch eine Selbstöffnung des Therapeuten eingeleitet: "Ich will sie nicht verändern, ich will Sie verstehen" (16/39st). In den folgenden Stunden sieht und behandelt er den Klienten nun verstärkt als erwachsenes Gegenüber, der für seine Entwicklung selbst verantwortlich ist (18, Nachinterview). Er bringt sich als persönliches Gegenüber ein, unterbricht sofort bei offensichtlichen Ablenkungsmanövern und spielt engagiert und konfrontativ in Rollenspielen mit (19, 20). In der letzten wichtigen Szene (20/47kons) erkennt er schließlich die existentielle Grundhaltung des Klienten in einer Art "Umfassung" im Buberschen Sinne.

Der Klient wiederum grenzt den Therapeuten nicht mehr wie zu Beginn aus, sondern bezieht sich in seinen veränderten Verhaltens- und Denkweisen direkt auf ihn. Er erkennt den Therapeuten als Person mit spezifischem Denken, Fühlen und Verhalten, das er mögen aber auch ablehnen kann. Er wird manchmal frech ohne versteckte Aggressionen, läßt sich spontan und mit Freude auf humorvolle Auseinandersetzungen (17/41st) oder ein "scharfes Wortgefecht" (20/47kons) ein. Kurze Andeutungen des Therapeuten genügen, um sich seiner Kontaktunterbrechungen bewußt zu werden und den eingeleiteten Prozeß selbständig weiterzuentwickeln (19/45kons). Er beginnt, sich mit der Sichtweise des Therapeuten auseinanderzusetzen, es ist eine "fast freundschaftliche Beziehung" entstanden. Auch wenn er im nachhinein über die fehlende Veränderung seines Waschzwangs 'ein bißchen enttäuscht" ist, so waren die Stunden für ihn "immer ein schönes Erlebnis" (Nachbefragung).

Teilnehmende wie Fremdbeobachter registrieren in der letzten Stunde "eine beidseitige aufrichtige und rückhaltlose Kommunikation", eine "große Offenheit und Lebendigkeit" in der therapeutischen Beziehung (20).

4.3.2. Veränderungen im Kontakt zum Selbst

Die verstärkte Selbstwahrnehmung körperlicher Prozesse

Der Klient beginnt, seinen Körper mehr wahrzunehmen. Er registriert mit Bedauern den fehlenden Kontakt zum eigenen Körper, "wie ein Buchhalter, der plötzlich feststellt, daß seine Firma einen Verlust gemacht hat" (6/18kons). Er ärgert sich über seine - im wahrsten Sinne des Wortes - "lähmende" Angst bei körperlichen Auseinandersetzungen (8/20kons, 19). Schließlich macht er sich allgemein Sorgen um sein körperliches Wohlergehen, "es wäre ja fürchterlich, wenn ich mich zugrunde richten würde" (15).

Auch wenn nach wie vor eine latent hohe Erregungsangst besteht, so kann der Klient doch in einzelnen Situationen Erregung zulassen, aufkommende Gefühle spüren und auch körperlich ausdrücken. Die wichtigsten Kontaktsituationen entstehen durch Rollenspiele, die einerseits seinem Bedürfnis nach "Spielen" und Selbstdarstellung entgegenkommen, andererseits ihn "in Bewegung" bringen. Die Nachbefragungen zu diesen Situationen zeigen, daß er sich dabei durchaus seiner Gefühle von Freude (1/5kons, 7/19kons, 13/33kons), Traurigkeit (5/17, 7/19kons) und immer wieder seines Ärgers bewußt ist bzw. wird. Er hat nun differenziertere Worte zur Beschreibung seiner Gefühle als das anfängliche "angenehm-unangenehm", wie überhaupt sein sprachlicher Ausdruck klarer und lebendiger geworden ist. War der Ausdruck von Ärger anfangs noch ungerichtet und magisch oder idelogisch verbrämt, so ist er später fokussierter und gegen konkrete Personen gerichtet. In der abschließenden Befragung (KN0) betont der Klient denn auch, daß er "jetzt intensiver empfinden" könne. Er erlebte Freude und Spaß in den Auseinandersetzungen und spürt nun vor allem seinen Ärger. Gefühle von Schmerz und Traurigkeit werden jedoch nach wie vor abgewehrt.

Die teilnehmenden Beobachter stellen zum Abschluß der Beobachtung fest, daß der Klient "etwas weniger hölzern und nicht mehr so angespannt" wirkt, auch sein "Eingangsritual" habe sich gelockert. Er sei zum Schluß "manchmal spontan, d.h. relativ unkontrolliert und mitunter sogar spitzbübisch-charmant" gewesen und "insgesamt klarer, energievoller, lebendiger und nicht zuletzt aktiver" geworden.

Die veränderte Sichtweise des Symptoms

Auch wenn der Klient sein zwanghaftes Verhalten beibehält, so entwickelt er doch eine größere Bewußtheit über dessen Zusammenhänge. Die pauschale Schuldzuschreibung auf die elterlichen Erziehungspraktiken (4) weicht zunehmend einem Eingeständnis von "halbbewußter" Abwehr elterlicher Vorstellungen: er will damit die Reinlichkeitsvorstellungen der Mutter "karikieren", sich für die Niederlagen beim Vater rächen (8) und gegen den Leistungsdruck opponieren (10). Schließlich sieht er den Waschzwang als Ersatzhandlung "für die an sich notwendige Konfrontation mit Vorgesetzten" (18).

Zwar herrscht noch eine verdinglichte Vorstellung vom Waschzwang als eine Art Fehlschaltung im Gehirn vor, von der ihn andere zu befreien haben (1, 11/27st, 17). Daneben entwickelt sich jedoch allmählich ein Bewußtsein für seine eigene Verantwortlichkeit. Besonders im Handkontakt mit dem Therapeuten (6/18kons) spürt der Klient die Konsequenzen seiner "Autoaggression", er ist besorgt und beschämt und sieht die Sorge des Therapeuten. Seinen starken Schuldgefühlen (9, 14) und Zweifeln (11, 15) stellt er nun sein Recht auf Selbstschutz (14) und "Gegenzweifel" (15) gegenüber.

In der abschließenden Befragung äußert der Klient gerade zum Symptom veränderte Zielvorstellungen für die weitere Therapie. Er hat erkannt, daß 1. eine Veränderung für ihn langwierig und schwierig sein wird, daß 2. aufgrund der verschiedenen psychischen Funktionen des Waschzwangs zuvor bestimmte Bedingungen für seine Überwindung geschaffen werden müssen und daß 3. er selbst dafür verantwortlich ist: "Ich will lernen, mich selbst mehr anzuerkennen, dies auch als ein Mittel, um den Waschzwang loszuwerden "(KN0).

4.3.3. Veränderung im Kontakt zum Umfeld

Veränderungen im Täter-Opfer-Schema

Aufbauend auf das Erfolgserlebnis der 1. Stunde (1/5kons) wagt der Klient eine zunehmend offenere Opposition gegen die vermeintlichen "Täter", den Freund (2), den Onkel (3), den Professor (4, 7) und schließlich gegen seine Eltern (4), vor allem seine Mutter: "Jetzt drehe ich sozusagen den Spieß einmal um ... ich räche mich" (8). Indem er versuchsweise die Täter-Rolle einnimmt, beginnt er, sich von den introjizierten rigiden Verhaltensnormen abzugrenzen. Schließlich riskiert er zum ersten Mal offene Kritik am Therapeuten (11, 12), auch wenn er im folgenden die Austragung des Konflikts vermeidet, was allerdings vom Therapeuten auch nicht forciert wird. Fiel er anfangs bei einer massiven Konfrontation noch in eine Art Angststarre (8/20kons), kann er später einer Konfrontation des Therapeuten ruhiger begegnen (19) oder sich sogar auf ein "hitziges Wortgefecht" einlassen (20/47kons).

Immer wieder thematisiert er, "wie äußerst passiv mein Leben bisher doch gewesen ist" (5/17kons, ähnlich 6/18/kons, 8/20kons). Dienen solche Aussagen zunächst der Rechtfertigung und Abwehr von Eigenverantwortlichkeit, so ist später deutliche Betroffenheit dabei zu erkennen. Er erkennt, wie grausam und selbstzerstörerisch seine Phantasien sind (15), und daß seine passiv-aggressive Kontaktabwehr gegenüber dem Therapeuten "auch ein Loch in ihm" zurückläßt (17). Schließlich kommt es ihm "komisch" vor, ein "dressiertes Meerschweinchen" (19) zu sein. Betroffen stellt er "einen sehr starken Persönlichkeitsverlust" an sich fest und läßt sich mit seiner Versorgungsmentalität konfrontieren (20). Parallel zu diesem Prozeß formuliert er erste Ich-Aussagen, zunächst verhalten etwa bei "Ich habe ein Recht, mich zu wehren" (3) oder "Ich beabsichtige, mein Leben zu führen" (5/16st), dann selbstbewußter: "Das bin wenigstens ich selber" (13/33kons) oder "Ich will Kontakt zur Welt" (14/35st).

Bis auf die Differenzierung, daß er im Studium durchaus selbstverantwortlich handelt (12/30kons), bleibt es jedoch noch bei solchen ersten Einsichten. Der Umsetzung in eigenverantwortliches Handeln (18), in "offenen Widerstand" (20) steht noch eine erhebliche emotionale und intentionale Unsicherheit gegenüber. Immerhin setzt er sich ab der 15. Stunde häufiger mit dem Gedanken auseinander, wie er "sich selbst am Wachstum hindert" (18). Er ist offen und interessiert für neue "ungewohnte" Sicht- und Denkweisen, die ihm der Therapeut in Erklärungen wie in Rollenspielen anbietet (19) bzw. bemerkt selbst, "wie sehr er noch in seinem alten Weltbild lebt" (20/46sk). Diese beginnende kognitive Umorientierung zeigt sich schließlich im abschließenden Interview. Nunmehr ist als neues (Therapie)Ziel "eine größere Selbständigkeit im Denken" hinzugekommen. Hier deutet sich der Wunsch nach Erwachsenwerden, der Beginn einer Ich-Entwicklung an (KN0).

Veränderungen im Leistungsdenken

Das extreme Leistungsdenken ist und bleibt eines der wichtigsten handlungsbestimmenden Introjekte. Viele seiner aggressiven Gedanken und Probehandlungen betreffen seine Professoren, von denen er sich überfordert fühlt (besonders 7/19kons und 13/33kons). Zunächst setzt er seinen Protest auch in die Tat um, eine "Zäsur" im bisherigen Leben (5): er schwänzt zum ersten Mal eine Vorlesung (4), macht keine Hausaufgaben (5) und entdeckt mit Erleichterung, daß andere ähnlich denken/handeln. Später gibt er dem inneren Leistungsdruck zwar wieder nach, aber er ist sich seines Leidens daran bewußter. Er stellt seine Einstellung infrage, "aufgrund schlechter Leistung in Ungnade fallen" zu können (10/23kons). In den letzten Stunden stellt er immer wieder einen Zusammenhang zwischen Leistungsdruck und fehlendem körperlichen Wohlergehen und mangelnden sozialen Aktivitäten her.

In der abschließenden Befragung zeigt sich schließlich, daß sich seine überhöhten Leistungsansprüche relativiert haben und letztlich realistischer werden. Er wünscht sich eine "größere Arbeitszufriedenheit, will zwar "gründlicher studieren" (altes Muster), aber das Studium auch "nicht mehr in Windeseile durchziehen" (Veränderung). Ebenso will er später "nicht unbedingt viel Geld verdienen", aber mit der Tätigkeit sich "verbunden fühlen" (KN0).

Neue soziale Kontakte

Während der Klient zusammen mit dem Therapeuten sein Bild vom Schneeglöckchen (5/17kons) entwickelt, sieht und spürt er vielleicht zum ersten Male seine Einsamkeit. Im Laufe dieser Sequenz muß er "ein stillschweigendes Prinzip umstürzen: ich bin anders als meine Mitmenschen." Diese Erfahrung ermöglicht es ihm, seine "innere Verbundenheit" (5/17kons) und schließlich auch zärtlich-erotische Zuneigung (7/19kon) zu seinem Freund zu erkennen, den er bisher nur beneiden (überhöhen) bzw. abwerten konnte. Er kann auch zum Therapeuten kurzzeitig einen echten körperlichen Kontakt (6/18kons) zulassen.

Immer häufiger stellt er seine Denkweise, sich zu anderen Menschen über Leistung zu definieren, in Frage bzw. erkennt, wie er durch leistungsbezogene Abwertung sozialen Kontakt verhindert (11). Parallel dazu wächst sein Bedürfnis nach sozialen Aktivitäten und neuen Kontakten. Er berichtet von einer "ungewöhnlichen Häufung" von Theaterbesuchen (7), initiiert ein Treffen mit Kommilitonen ("eins meiner entscheidenden Gespräche in den vergangenen 10 Jahren", 11) und trifft Verabredungen (18, 19). Er ärgert sich nun auch, wenn er sich von Kommilitonen nicht genug beachtet fühlt (10) und bemerkt selbstkritisch, daß er noch zu häufig darauf warte, "von anderen aus der Reserve gelockt zu werden" (18).

Schließlich entwickelt der Klient zum ersten Mal auch eine positive Vorstellung für den Moment, in dem er seinen Waschzwang aufgeben würde. Er könne dann seine Energien auch auf "positive Weise abführen" und formuliert dann für einen Moment voller Intensität den Vorsatz: "Mir geht es darum, den Kontakt zur Welt wiederherzustellen" (14/35st). Dies wird nun zu seinem "Hauptproblem", er müsse aufpassen, daß seine Isolation nicht chronisch wird" (16). Der Klient selbst äußert das Gefühl, daß um ihn (als Schneeglöckchen) "ein Stück Eis weggeschmolzen" ist (14).

4.4. Zusammenfassung

Die Aufzählung der einzelnen Veränderungen sollte nicht den Eindruck erwecken, daß sich beim Klienten ein kontinuierlicher und linear ansteigender Erkenntnis- und Veränderungsprozeß verzeichnen läßt. Nach wie vor herrschten nach Beendigung des Beobachtungszeitraum, teilweise sogar noch nach weiteren 1 1/2 Jahren Psychotherapie, die anfangs beschriebenen symptomatischen

Denk- und Erlebensweisen beim Klienten vor. Dies war auch die Einschätzung des Therapeuten in der abschließenden Befragung (TN0) und nach den allgemeinen klinischen Erfahrungen nicht anders zu erwarten. Der hier vorgestellte Therapieprozeß weist vielmehr einen spiralförmigen Ablauf auf, es gab viele Auf-und-Ab's, Vor-und Zurück's.

Gelegentlich zog sich der Klient nach besonders intensiven Kontaktmomenten erst einmal wieder auf seine gewohnten Verhaltensweisen zurück (z.B. nach der 14. und der 20. Stunde). Dennoch machte er neue Erfahrungen, die das sich selbst bestätigende System seiner neurotischen Reaktionsbildungen zwar "störten", aber auch noch nicht stark genug waren, um es zu verändern. Die prinzipielle Fähigkeit des Klienten zu einem kreativen und befriedigenden Kontakt zu sich, zu Mitmenschen und zum weiteren Umfeld, und die Möglichkeit weiterer Veränderungen zeigen sich vor allem in den wenigen "existentiellen Momenten", auf die ich später noch einmal genauer eingehen werde.

5. Die Nacherinnerungen zu subjektiv bedeutsamen Momenten

Therapeut, Klient und teilnehmende Beobachter haben in den verschiedenen Nachinterviews insgesamt 26 Sequenzen aus den beobachteten Therapiesitzungen benannt.[1] Zum Teil wurden auch Sequenzen erinnert, die direkt nach den Stunden nicht als "subjektiv bedeutsam" benannt worden waren. Die wesentlichen Aussagen aus diesen Nacherinnerungen habe ich bereits in den Interpretationen zu den einzelnen Stunden zitiert. Hier geht es nun um eine Zusammenstellung und qualitative Bewertung der Nacherinnerungen zu den Sequenzen, die besonders deutlich und meist auch von allen Teilnehmern erinnert wurden.[2]

5.1. Die Nacherinnerungen des Klienten

Der Klient erinnert insgesamt 23 Sequenzen in den verschiedenen Nachbefragungen, wobei er noch nach 2 Jahren eine erstaunlich präzise Erinnerung von 9 Sequenzen hat.[3] Er kann die zentralen Sätze (fast) wörtlich wiedergeben und Bilder von der jeweiligen Situation hervorrufen, z.B. (aus KN2): "Ich sehe noch das verlegene Grinsen, jetzt bin ich aber in der Bredouille" (1/5kons) oder "Ich komme mir vor wie ein Schneeglöckchen in einer unvorstellbar großen Schneelandschaft und das kommt sich wahnsinnig verloren vor, und da hatte er gesagt: Könnten sie sich vorstellen, daß ich auch so ein Schneeglöckchen bin?" (5/17kons). Diese Sequenzen sind auch "zu 95% spontan entstanden" (KN1), wobei ihn die Reaktionen des Therapeuten sehr überrascht haben.

Ebenso kann er die dabei erlebten Gefühle "abgeschwächt" wiederempfinden: "Zusammenfassend, was diese Situationen erinnerungswürdig macht, das ist, daß sie mit starken Gefühlen verbunden sind... außerdem, daß ich mich in der

---

[1] Im Anhang findet sich eine Übersicht über die Nennungen in den Nachinterviews

[2] In den Nachbefragungen unmittelbar nach der Beobachtung (TN0 bzw. KN0) wurde leider nicht explizit zu Nacherinnerungen von den wichtigen Sequenzen gefragt. Dabei führen jedoch sowohl der Klient wie der Therapeut verschiedene Sequenzen zur Illustration ihrer Bewertung des Therapieverlaufs an. Diese werden hier als "nacherinnert" aufgeführt. Dabei gehe ich davon aus, daß zumindest die Momente, die beide in den späteren Nachinterviews detailliert erinnern, bei einer entsprechenden Fragestellung auch in der ersten Nachbefragung erinnert worden wären. Auf eine Befragung des Therapeuten und der teilnehmenden Beobachter nach zwei Jahren wurde aus methodischen Gründen verzichtet (s. Teil II, Kap. 2.5).

[3] Dies sind die Sequenzen 0/3kons, 1/5kons, 5/17kons, 6/18kons, 7/19kons, 8/20kons, 9/21sk, 13/33kons und 20/47kons.

Therapiestunde so geben konnte, wie ich mich in vielen Situationen nicht geben konnte" (KN2): seine Angst vor der Reise (0/3kons), während des Hand-Kontakts (6/18kons) und des Stühle-Rückens (8/20kons), seine "Erleichterung" und Triumphgefühle "wie im Himmel" (1/5kons), seine Einsamkeit und auch Trauer (5/17kons, 7/19kons), und ganz besonders seine Wut und Schadenfreude gegen einen Professor (7/19kons, 13/33kons), eine Kommilitonin (9/21sk) und den Therapeuten (20/47kons).

Dabei hat er aber auch neue Seiten an sich (wieder)entdeckt (aus KN1): seine "kreativen" und "humorvollen" Seiten (7/19kons); seine Traurigkeit über das Alleinsein (5/17kons), die Sorge um seine Hände (6/18kons), seine zärtlichen und liebevollen Gefühle (7/19kons) und das Ausmaß seiner Schadenfreude (9/21sk). Schließlich betont der Klient die Bedeutung des Therapeuten in diesen Szenen: "Wichtig am Therapeuten war, daß er mir richtig zugehört hat, die meisten anderen wiegeln ab", "mit der Wut und der Schadenfreude, daß ich so ein Verständnis von einem Zuhörer hatte, das war für mich schon was neues, die Sicherheit hatte ich nur bei ihm" (KN1). Er konnte seine "Aggressionen abbauen" (KN1), "brauchte" ihn, um seine "Schadenfreude auszuleben" und auch, "wenn diese kreativen Seiten drankamen" (KN2).

Als bedeutungsvoll für den weiteren Therapieverlauf bewertet der Klient im nachhinein seine erfolgreiche Auseinandersetzung mit dem Therapeuten in den ersten beiden Stunden (0/3kons und 1/5kons). Daß einzelne Sequenzen einen "spürbaren" Einfluß auf sein Alltagshandeln gehabt hätten, erinnert der Klient nicht. Allerdings ist ihm "immer mal wieder, wenn ich an den Professor dachte ... auch dieser Hintern eingefallen", das Schneeglöckchen-Bild "hat mich dazu veranlaßt, tatsächlich mal andere Leute anzusprechen", und die Handszene "war im nachhinein auch noch wichtig" (KN1).

Insgesamt bilden diese Therapieerfahrungen wohl eher einen Erfahrungsschatz an neu erlebten Gefühlen und ungewohnten Sichtweisen, der sozusagen "neben" dem alltäglichen Leben entstanden ist: "Diese Szenen waren herausragend im Gegensatz zum Studium, eine echte Abwechslung, Sachen, die mich persönlich was angehen, Situationen, an denen ich innerlich teilgenommen habe" (KN1). Hier spricht der Klient vor allem Veränderungen in seinem emotionalen Erleben an, das er von Nachbefragung zu Nachbefragung - wohl auch auf dem Hintergrund der nach der Beobachtung fortlaufenden Therapie - zunehmend differenzierter beschreibt und mit nacherinnerten wichtigen Sequenzen in Beziehung setzt. Eine herausragende Bedeutung hat dabei sein intensiveres Empfinden von Ärger, mit dem er sich zunächst nur äußerlich (gegen Professoren und Kommilitonen), zunehmend aber auch durch eine veränderte innere Einstellung gegen zu hohe Leistungsansprüche abgrenzt. Im Nachinterview nach einem Jahr erwähnt er auch neue soziale Kontakte und "geheime Wünsche im Unterbewußten", die er im weiteren Therapieverlauf ans Tageslicht holen möchte. Nach 2 Jahren deutet er zwei Sequenzen so: "als ich aktiv was getan hatte, da wurde die Angst geringer" (6/18kons und 8/20kons)."

Von den übrigen, jedoch weniger intensiv bzw. häufig nacherinnerten Sequenzen, betreffen allein 9 den Ausdruck seines Ärgers. Des weiteren erinnert sich der Klient an verschiedene Erfahrungen im Studium bzw. mit Kommilitonen während des Beobachtungszeitraums. In einzelnen Sitzungen (2, 10, 11) hatte er zwar davon berichtet, sie waren jedoch nicht Inhalt "subjektiv bedeutsamer" Sequenzen.

5.2. Die Nacherinnerungen des Therapeuten

Der Therapeut erinnert insgesamt 11 Sequenzen, davon 8 sehr detailliert in Ablauf, Bildern, Schlüsselsätzen und eigenen Gefühlen. Sie betreffen alle Verhaltensbereiche des Klienten, in denen der Therapeut nach Abschluß der Beobachtungen am ehesten Veränderungen sieht: im Ausdruck von Wut und im persönlichen Kontakt. Von den vielfachen Situationen mit aggressiven Phantasien des Klienten erinnert der Therapeut besonders die, in denen er selbst direkt beteiligt war, entweder als Auslöser/Objekt (1/5kons, 8/20kons, 20/47kons) oder als "Mitspieler" (7/19kons, 13/33kons). Drei weitere deutlich nacherinnerte Sequenzen hatten den persönlichen Kontakt zwischen ihm und dem Klienten zum Inhalt: die Schneeglöckchen-Szene (5/17kons), der Hand-Kontakt (6/18kons) und die Sequenz, in der der Klient seinen Wunsch nach "Kontakt zur Welt" ausdrückt (14/35st).

Befragt, warum er gerade diese Sequenzen so deutlich nacherinnere, meint der Therapeut, daß er dabei besonders "engagiert", "berührt" war oder "einfach laut mitlachen" mußte (1/5kons oder 7/19kons). Alle seien sie "mehr oder weniger spontan entstanden" und der Klient habe ihn mit Reaktionen überrascht, die er "ganz einfach nicht erwartet oder ihm zugetraut" hätte (TN1). Als Beispiel nennt er die kreativen und humorvollen Seiten, aber auch die grausamen Phantasien und die innere und äußere Vereinsamung. In diesen Episoden wirkte der Klient auf ihn "wie ein anderer Mensch", wobei er "Freude" oder gar "Bewunderung nach einem gelungenen Kontakt" empfand (TN1). Außerdem habe er dabei "die existentielle Situation des Klienten besser verstanden" (TN0) und "wesentliche Aspekte seiner Persönlichkeit bzw. seiner Beziehung zur Umwelt" (TN1) kennengelernt.

Von mehreren dieser Sequenzen erinnert er das spontane Überwinden einer "Unsicherheit", "Scheu" oder "Risikos", dem Klienten ein Kontaktangebot zu machen (etwa bei 5/17kons oder 6/18kons) oder ein Satz "platzte" einfach aus ihm heraus (20/47kons). Wichtig war für ihn auch, daß er in diesen Sequenzen die rationale Kontrolle abgegeben hatte und sich ganz auf den Prozeß einließ: "für einige Sekunden flossen unsere Hände ineinander, mein Kopf war leer" (6/18kons) oder er war ganz in der "Konzentration auf die Gestaltung der Knete" oder im Schneeglöckchen-Bild "gefangen" (TN1). In wenigstens drei dieser Sequenzen fühlte er sich auch deutlich an seine eigene Lebensgeschichte erinnert (5/17kons, 13/33kons und 20/47kons).

Alle oben genannten Szenen haben nach seiner Einschätzung auch einen Einfluß auf den weiteren Therapieverlauf bis weit nach der Beobachtung gehabt: so wurden "Manipulation" (1/5kons) oder "Schneeglöckchen" (5/17kons) bedeutungsvolle Begriffe. Bei späteren spielerischen körperlichen Auseinandersetzungen schwang die Erinnerung an die Handkontakt- und Stuhl-Szenen mit (6/18kons bzw. 8/20kons). Nicht zuletzt meint der Therapeut, neue persönliche und auch therapeutische Erfahrungen gesammelt zu haben, so seine Schwierigkeiten, "sich auf eine kindliche Ebene einzulassen" oder die "Bedeutung von Humor in der Therapie" (TN1).

5.3. Die Nacherinnerungen der teilnehmenden Beobachter

Beide Beobachter nennen im wesentlichen die gleichen Sequenzen wie der Therapeut und haben detaillierte Erinnerungen an Ablauf, Schlüsselsätze und eigene Gefühle. Bei dem ersten Beobachter (und Interviewer des Klienten) ist im nachhinein deutlich eine Identifikation mit dem Klienten zu spüren (B1N): so erinnert er sich an seine Freude, als der Klient den Therapeuten "in die Defensive gebracht" hatte (1/5kons), daß er selbst "in den eigenen Einsamkeitsgefühlen berührt" war (5/17kons, 13/33kons), die Furcht des Klienten beim Handkontakt (6/18kons) gespürt hatte, sich sehr angesprochen fühlte in der "Kontakt zur Welt"-Sequenz (14/35st: "so als würde ein Roboter plötzlich von Herzen sprechen") und daß er den Klienten "trotzig und doch auch auseinandersetzungsfreudig" im Kontakt mit dem Therapeuten gesehen hatte (20/47kons).

Auch der zweite Beobachter erinnert zu den von ihm genannten Szenen (B2N): "Da war ich auch emotional beteiligt, da war ich überrascht, war amüsiert oder betroffen. Und bei einigen Szenen, so Eiswüste, auch so erschrocken, die Welt in der er lebt." Gelegentlich fühlte er sich auch an Ereignisse seiner eigenen Lebensgeschichte erinnert. Als gemeinsame Qualitäten dieser Szenen nennt er :

- "daß was Überraschendes passiert ist, eben nicht so Reaktionsmuster oder Sachen, die in den Stunden vorher waren";
- dann "ein besonderer Kontakt" zwischen Therapeut und Klient, "daß sie sich richtig angeguckt haben" und "so in der Art, wie sie miteinander ge-

redet haben", "aber auch so'ne Bereitschaft, so nochmal hinzugucken, so aus der gewohnten Denkform rauszukommen";
- "Spontaneität, daß da in diesen Szenen irgendwas aus dem Kontakt heraus entstanden ist, über das Geplante hinaus, oder nicht geplant";
- ein "höheres Energieniveau, also diese Momente waren dichter als andere", mit mehr Erregung, "seine Backen so gerötet, und wenn er lachte, blitzten seine Augen oder er wirkte wirklich traurig, das war nicht mehr so statisch wie in vielen Stunden";
- auch den Therapeuten erinnert er "aufgeregter, bewegte sich mehr". Er hat "so die Therapeutenrolle verlassen und ist dann auch so im Spiel aufgegangen". Er schien ihm "so ganz in dem Moment, ohne Hintergrund', hat sich "von ihm berühren lassen in dem Moment."

5.4. Zusammenfassung

Im quantitativen Vergleich hat der Klient deutlich die meisten Nacherinnerungen an Therapiesequenzen. Vor allem erinnert er sich an mehr Sequenzen, in denen er seine Wut ausdrücken konnte, sowie an außertherapeutische Ereignisse während des Beobachtungszeitraums. Eine Sequenz (14/35st) wird nur vom Therapeuten und beiden Beobachtern deutlich nacherinnert. Demgegenüber werden zwei Sequenzen zwar vom Klienten und den Beobachtern, jedoch nicht vom Therapeuten genannt: sein Konflikt mit dem Klienten (11/28kons) und eine Äußerung über eigene kindliche Verhaltensweisen (16/38kd). Diese hat wohl der Therapeut wegen seiner 'hilflosen" bzw. "peinlichen" Gefühle in diesen Situationen verdrängt.

Abgesehen von diesen Unterschieden gibt es jedoch eine **hohe Übereinstimmung bei sieben Sequenzen**.[1] Diese waren von allen Beteiligten als wichtig angegeben worden, werden in fast allen Nachinterviews genannt und in Text, Bildern und entsprechenden Gefühlen detailliert erinnert.

Aus den Aussagen der Nachinterviews ergeben sich weiterhin eine Reihe von **Prozeßmerkmalen**, die besonders diese sieben Sequenzen **erinnerungswürdig** machen.

---

[1] Dies sind die Sequenzen 1/5kons, 5/17kons, 6/18kons, 7/19kons, 8/20kons, 13/33kons und 20/47kons.

Für den **Klienten** sind dies:
- "spontan entstanden",
- vom Therapeuten "überrascht",
- "starke Gefühle",
- neue, "verschüttete Seiten" an sich kennengelernt,
- "Erleichterung", "Aggressionen abbauen",
- "herausragende Erfahrung", "echte Abwechslung" zum Alltag,
- der Therapeut hat im Gegensatz zu anderen "richtig zugehört",
- "Sicherheit" und "Verständnis" "nur bei ihm",
- bedeutungsvoll für den weiteren Therapieverlauf,
- veränderte Einstellung besonders gegenüber Leistungserwartungen,
- "immer wieder dran gedacht", "im nachhinein noch wichtig".

Für den **Therapeuten** sind es:
- "spontan entstanden",
- "vom Klienten "überrascht",
- war selbst emotional "besonders engagiert" oder "berührt",
- "neue" und "wesentliche Aspekte der Persönlichkeit" des Klienten kennengelernt,
- "die existentielle Situation des Klienten besser verstanden",
- "Unsicherheit", "Scheu" oder Gefühl von "Risiko",
- ganz im Prozeß "gefangen", Abgabe der rationalen Kontrolle,
- "Freude oder gar Bewunderung nach einem gelungenen Kontakt",
- Konsequenzen für Therapieverlauf,
- Erinnerungen an eigene Lebensgeschichte,
- neue persönliche und berufliche Erfahrungen.

Für die **Beobachter** sind es folgende Prozeßmerkmale:
- etwas "Überraschendes", "Spontaneität", "nicht-geplantes",
- "höheres Energieniveau" "mehr Erregung",
- selbst "emotional beteiligt",
- Therapeut hat seine "Rolle verlassen", hat "sich berühren lassen", "ganz im Moment ohne Hintergrund",
- Identifikation mit dem Klienten,
- an eigene Lebensgeschichte erinnert.

"Du sollst die Widerstände aus mir herausbohren!"

1. Die Vorgeschichte[1]

Jan war 26 Jahre alt und studierte Rechtswissenschaften im 10. Semester, ohne bisher eine Zwischenprüfung geschafft zu haben. Karl, den Therapeuten, hatte er zunächst als Leiter eines Wochenend-Seminars über Studienschwierigkeiten kennengelernt. Jan hatte beeindruckt, daß Karl sehr eindringlich nachfragen konnte, ihn nicht so leicht ausweichen ließ. Er wollte deshalb eine Psychotherapie bei Karl beginnen, zumal seine Analyse nach 95 Stunden als "unfruchtbar" abgebrochen worden war.

Als Therapieanlässe gab Jan einen "ungebremsten Sammel- und Wichstrieb", große Schwierigkeiten, seinen Alltag einschließlich des Studiums zu bewältigen, heftige Auseinandersetzungen mit seinen Eltern sowie fehlende soziale Kontakte besonders zu Frauen an. Nach zwei Vorgesprächen sowie einer Probestunde mit teilnehmenden Beobachtern wurden zunächst 20 Stunden bei gleichzeitiger Teilnahme an der Untersuchung vereinbart.

1.1. Jans Lebensgeschichte

Jans Vater hatte sich bis in eine Führungsposition eines Industriekonzerns hinaufgearbeitet, seine Mutter blieb Hausfrau. Jan hat noch eine sieben Jahre jüngere Schwester. Im Laufe der beruflichen Karriere des Vaters zog die Familie mehrfach in verschiedene Städte um, davon für drei Jahre nach Brasilien als Jan 10 Jahre alt war. Die Eltern hatten keine engen Kontakte zu anderen Menschen, und sie achteten peinlich darauf, daß nach außen alles perfekt erschien. Alles mußte vorherbestimmbar und berechenbar sein: Urlaube wurden generalstabsmäßig geplant, jeder Gegenstand im Haus mußte seinen festen Platz haben, Ordnung ging über alles.

Seinen Vater sah Jan während der Kindheit wenig. Dagegen wurde er von der Mutter überfürsorglich behütet, sie hielt ihn auch weitestgehend von anderen Kindern "niedrigen Standes" fern. Seine frühe Kindheit und hier besonders die Reinlichkeitserziehung erlebte Jan als "strenges Regiment", "unter dem Denk-

---

[1] Der Text der Vorgeschichte beruht auf den Aufzeichnungen des Therapeuten, dem Lebensfragebogen für den Klienten, den Interviews zum Therapiebeginn und Aufzeichnungen der Beobachter.

mantel von Harmonie zählte nur Leistung und Gehorsam". Auf emotionale Bedürfnisse wurde nur abwehrend (Vater) oder verächtlich machend (Mutter) reagiert. Körperlichen Kontakt zu den Eltern empfand Jan immer ziemlich unangenehm und zwanghaft. Ab seinem zehnten Lebensjahr galt er nur noch als der "Störenfried" in der Familie, der häufig auch körperlich bestraft wurde: "An mir mußte ständig erzogen und korrigiert werden, auch andere Leute wurden dazu aufgefordert, es war immer selbstverständlich, daß ich, so wie ich bin, nicht in Ordnung war."

Während einer kurzen Kindergartenzeit und der gesamten Schulzeit entwickelte Jan nur wenige freundschaftliche Beziehungen zu den Mitschülern. Er hatte immer die Rolle eines Außenseiters oder auch Sonderlings, der verprügelt, ausgelacht, nicht ernst genommen wurde. Wenn er von seinen Problemen zu Hause erzählte, wurde er auf seine eigene Schuld verwiesen oder mit "Patentrezepten überschüttet": "Irgendwann habe ich von meinen Problemen nichts mehr erzählt, sondern alles in mich hineingefressen."

Jan erbrachte immer durchschnittliche bis gute Schulleistungen und schaffte problemlos alle Versetzungen bis zum Abitur. Er verpflichtete sich danach für zwei Jahre bei der Bundeswehr, um schließlich sein Studium am Heimatort zu beginnen. Nachdem die Konflikte im Elternhaus immer mehr eskalierten, finanzierte der Vater ihm ein Ein-Zimmer-Apartement. Dennoch ißt und übernachtet Jan zu Therapiebeginn noch überwiegend im Elternhaus. Lediglich nach größeren Auseinandersetzungen zieht er für einige Tage in seine Wohnung, die er bis heute noch nicht eingerichtet hat.

Seit drei Jahren besucht Jan kaum noch Lehrveranstaltungen. Er verschweigt dies jedoch vor seinen Eltern, auch um seinen Lebensunterhalt nicht zu gefährden. Seine jetzigen sozialen Kontakte beschränken sich auf eine relativ regelmäßige Teilnahme an einem Reitkurs und einer kirchlich getragenen, wöchentlichen Selbsterfahrungsgruppe sowie zwei entfernt wohnende Freunde aus der Schul- bzw. Bundeswehr-Zeit.

1.2. Jans Krankheitsgeschichte[1]

Aus der frühen Kindheit erinnert Jan besonders eine Phimose-Operation, nach der er ans Bett gefesselt aufwachte, aber von der Mutter nicht befreit wurde. In der Schule fiel er schon früh durch unkontrollierte Körperbewegungen und ungewöhnliche Verhaltensrituale auf, weswegen ihn die MitschülerInnen immer aufzogen. Zwischen dem 10. und 16. Lebensjahr hatte Jan "regelmäßig wieder-

---

[1] Die meisten Angaben zur aktuellen Symptomatik macht der Klient erst im Laufe der im folgenden beschriebenen Therapiestunden.

kehrende, wahnsinnig starke Kopfschmerzen." Für die Eltern waren dies "Spannungskopfschmerzen" aufgrund Schlafmangels, sie schickten ihn dann früh zu Bett.

Während der Pubertät gewann Jan die felsenfeste Überzeugung, von Frauen sexuell abgelehnt zu werden. Er begann, Mädchen heimlich zu beobachten oder nachzuschleichen sowie häufig zu onanieren (auf den Schultoiletten, auf dem Nachhauseweg usw.). Diese Verhaltensweisen verstärkten sich seit dem schrittweisen Auszug aus dem Elternhaus in auffälliger und erschreckender Weise:

Er durchstöbert nächtelang Altpapiersammlungen nach "Wichsvorlagen". Fast täglich onaniert er sechs bis acht Stunden lang, bis er vor Erschöpfung lange schläft. Dieses Verhalten beschreibt er wie eine Sucht. Es erfolgt zwanghaft, nach gelegentlichen Pausen von zwei bis drei Tagen spürt er Entzugserscheinungen, außerdem empfindet er kaum noch Befriedigung. Wenn er Frauen mit voyeuristischen Absichten verfolgt, fühlt er sich "wie ein Zoobesucher, der sich Tiere im Käfig anschaut. Ich möchte die Tiere aber so wahnsinnig gern mal anfassen und streicheln, leider sind sie wild, hinter Gittern."

Seine zunehmenden körperlichen Beschwerden (Antriebslosigkeit, Kreislaufprobleme, Verdauungsbeschwerden) führt er auf seinen Lebenswandel zurück. Deshalb kommt er auch zu den meisten Verabredungen, einschließlich den Therapiestunden, gar nicht oder zu spät, was wiederum der häufigste Anlaß für Streit mit den Eltern ist. Zwischendurch grübelt er viel, was er endlich verändern müßte (im Studium, Wohnungseinrichtung usw.). Das Ein-Zimmer-Apartement ist verwahrlost, seine Grundfläche ist zu 50% und bis fast an die Decke mit Zeitungen zugestellt, so daß gerade noch ein Bett und ein Stuhl hineinpassen.

Vor drei Jahren begann Jan, sich ärztliche und psychotherapeutische Hilfe zu holen: Er nimmt unregelmäßig Neuroleptika ein, die ihm bei drei Besuchen bei einem Psychiater verschrieben wurden; er besucht seitdem relativ regelmäßig eine Selbsterfahrungsgruppe in einem Beratungs- und Seelsorgezentrum; er absolvierte 95 Stunden "tiefenpsychologisch fundierte Psychotherapie" bei einer Psychoanalytikerin, die aufgrund einer "ungelösten Mutter-Übertragung" abgebrochen wurde; schließlich brach er nach 8 Sitzungen eine Verhaltenstherapie ab.

Jan bezeichnet seinen Lebenswandel als "völlig irreal", er sei eine "Witzfigur", seinen Problemen völlig hilflos ausgeliefert. Therapieziele kann er nur sehr allgemein nennen: "Sexualität ausleben, beruflich erfolgreich und unabhängig von Eltern sein, Freunde haben." Vorstellungen über Zwischenschritte, eigene Veränderungsmöglichkeiten o.ä. hat er keine. Von Karl erwartet er, daß intensiv nachgefragt und "gebohrt" wird. Er befürchtet zwar, daß es ihm schon nach kurzer Zeit "seelisch sehr dreckig" gehen könnte, aber "nur so wird sich etwas bei mir ändern".

1.3. Die ersten Eindrücke des Therapeuten

Karls erster Eindruck (auf dem Seminar) von Jan war der einer "nervigen Sabbeltasche", der seine Kontaktangst mit "Psychogeblubber" überspielte. Was der Klient als "Nachbohren" bezeichnete, war für ihn als persönliche und ehrliche Rückmeldung gemeint: "Er ist wahrscheinlich gewohnt, daß Leute ihm nicht die Wahrheit sagen oder veräppelt wird." Jans Not und dringendes Bitten bewog ihn dann, die Therapie mit ihm zu beginnen. Nach den ersten vier Stunden beschrieb Karl seinen Klienten als "harte Nuß für meine Verhältnisse". Er verstand nun, warum Jan bisher keine Therapiefortschritte gemacht hatte: "Er läßt keine Kontaktmomente oder Versuche der Differenzierung seiner Sichtweise zu. Er ist ein Alles-oder-Nichts-Typ. Wenn doch etwas passiert, ist es am Ende der Stunde wieder völlig vergessen oder wird abgewertet."

Karl las mit Erschrecken und Mitgefühl Jans Lebensgeschichte. Er sah in ihm das "absolut einsame und verlassene Kind": "Herausragend ist für mich, daß er nicht gewürdigt worden ist, daß er gedemütigt worden ist ... das Fehlen von Liebe und Sexualität kommt mir vor wie eine ganz große Entbehrung in seinem Leben." Für Karl ließen sich daraus alle Probleme Jans ableiten: seine "Wahnsinnsangst vor Frauen" als Folge einer problematischen Mutter-Beziehung, seine Leistungsverweigerung und asozialer Lebenswandel als Protest gegen das Elternhaus. Karls klinische Diagnose für Jans Probleme ist die einer "schweren narzißtischen Persönlichkeitsstörung mit begleitender Zwangsproblematik".

Karl sah auch Parallelen von Jans und seiner eigenen Lebensgeschichte: das einsame Kind, ein überwiegend abwesender autoritärer Vater, eine eher zwanghafte und emotional distanzierte Mutter, die Überbetonung von Leistung und Erfolg in der Familie und entsprechende Erfahrungen von Leistungsverweigerung, die Angst und Scheu vor Mädchen in der Frühphase der Pubertät. Er hatte daher das Gefühl, die Probleme des Klienten nachvollziehen zu können. Einzelne "Verrücktheiten", z.T. groteske Gedankengänge oder das Zuspätkommen störten ihn nicht, sie faszinierten ihn eher als "Marotten".

Für die ersten 20 Stunden wünschte sich Karl, daß Jan einen vertrauensvollen Kontakt zu ihm herstellen und vielleicht auch einmal entspannen könnte. Außerdem hoffte er, daß Jan mit seiner verfahrenen Lebenssituation besser zurecht käme, sich vielleicht für den naheliegenden Abbruch des Studiums entscheiden könnte, ein paar ganz normale soziale Kontakte vielleicht auch zu einer Frau herstellen und mehr Abstand zu seinen Eltern gewinnen würde.

Die ihm von Jan zugeschriebene Funktion als "Operateur, der wie beim Obst die faulen Stellen herausschneidet", lehnte Karl strikt ab. Er wollte Jan vielmehr die Erfahrung eines persönlichen Kontakts ermöglichen und darüber dessen Kontakt zu den verschütteten Gefühlen herstellen. Seine Funktion sah er eher als die eines "älteren Bruders", der Jan im Kampf gegen seine Eltern unterstützte und für die Kontaktaufnahme zu Frauen "auch mal ganz platt ein paar Tips gibt". Jan habe sehr wenig Erfahrung im Austausch mit Gefühlen, das beängstige oder verwirre ihn. Jan sei auch sehr leicht zu kränken, deshalb sei es ganz besonders wichtig, ehrlich zu sein. Für sein therapeutisches Vorgehen nahm sich Karl vor, Jan eher bei dessen endlosen Reden zu unterbrechen, direkte Fragen zu stellen, Experimente und Rollenspiele vorzuschlagen und auch im körperlichen Kontakt mit Jan zu experimentieren.

1.4. Wie die Beobachter Jan sehen

Jan hat nachlässig gepflegte schulterlange Haare, die zu einem Zopf zusammengebunden sind, seine Kleidung ist meist schmuddelig. Er ist groß, hat einen kräftigen Oberkörper mit hochgezogenen Schultern, aber dünne Beine und weiche kraftlose Hände. Er erscheint wenig geerdet, in seiner hüpfenden Gangart huscht er wie getrieben an anderen vorbei, als wolle er nicht auffallen.

Jan kommt meist zu spät. Wenn er den Raum betritt, verbreitet er eine hektische Atmosphere, wirkt fahrig, unter einem beständigen Druck, die Wechsel im Bewegungsablauf erfolgen abrupt. Dies setzt sich fort, wenn er sich hinsetzt. Abwechselnd oder auch gleichzeitig zappelt er auf dem Stuhl hin und her, wippt unablässig mit den Beinen, fummelt an den Hosen oder Jackenärmeln, knetet oder kratzt sich an Händen oder Unterarmen, streicht sich über Haare oder Gesicht und zwinkert häufig stark mit den Augen. Wenn er auf diese Bewegungen aufmerksam gemacht wird, hält er sich abrupt fest: dabei klemmt er die Hände zwischen oder unter die Oberschenkel, die Beine umklammern die Stuhlbeine, er zieht den Kopf noch mehr zwischen die Schultern oder er streckt sich von den Beinen bis zum Kopf weit über den Stuhl, die Hände hinter den Kopf verschränkt. Es gibt keinen Moment, in dem er wirklich präsent erscheint oder gar entspannt.

Jan redet viel und schnell, seine Stimme ist laut und durchdringend mit wenig Pausen und Modulation, wie ein tosender Wasserfall. Dabei schaut er meist zur Seite oder auf den Boden, direkter Augenkontakt wird ganz selten aufgenommen, und wenn, dann ist er mißtrauisch fixierend oder höhnisch lauernd. Man hat selten das Gefühl, zu ihm durchzudringen, Fragen müssen häufig in großer Lautstärke mehrfach wiederholt werden. Entweder er baut seine Antworten in den Wasserfall ein oder er unterbricht sich abrupt, wobei er sich wie oben beschrieben festhält, um bei der ersten Gelegenheit wieder loszuplatzen.

Seine Ausführungen sind arm an emotionalen Beschreibungen, aber sehr wort- und bildreich, wobei die gleiche Information in verschiedenen Versionen mehrfach wiederholt wird. In seine Sätze sind häufig extreme Gegensätze eingebat: "immer - nie", "ich - alle anderen" usw. Die alles überschattende Emotion ist Ärger. Jan scheint jeden Moment explodieren zu können, so daß man sich als Gegenüber unwillkürlich anspannt bzw. auf Distanz hält. Häufig ist er noch nach den Therapiestunden unter großer Ladung, so daß es schwierig ist, ihn auf die Beantwortung der Interviewfragen zu fokussieren. Dabei wiederholt er meist genau die gleichen Gedankengänge, wie er sie bereits zuvor in der Therapiestunde geäußert hat.

2. Von der ersten bis zur dreiundzwanzigsten Stunde[1]

Die erste Stunde

Jan war 20 Minuten zu spät gekommen. Dies sei ein Dauerproblem, begann er sofort, er habe sein Leben wohl so eingerichtet, daß er ständig zu spät kam. Dabei wippte er stark mit den Beinen, an den Händen und im Gesicht waren vielfache zuckende Bewegungen zu beobachten. Mit immer lauter und aggressiver werdender Stimme klagte er über sein Aussehen, das Studium, den chaotischen Zustand seiner Wohnung und überhaupt: "Immer der gleiche Mist. Ich nehme mir was vor und tue es nicht! Nehme ich mir viel vor, dann tue ich gar nichts, nehme ich mir wenig vor, dann tue ich das bißchen auch nicht!"

Karl gelang es kaum, Jans Redefluß zu unterbrechen. Was er sich denn für heute vorgenommen habe, fragte er schließlich schon etwas genervt. Jan wollte über seine Probleme reden, "aber wahrscheinlich wird in der Therapiestunde auch wieder nichts rauskommen." Seine Angst vor Kontrollverlust würde ihn sicher wieder davor bewahren, daß er wirklich mal aus sich herauskomme Karl solle ihn mal richtig treffen, in ihn hineinbohren, damit diese Ängste, die ganze Scheiße, mal aus ihm herauskäme. Karl fragte etwas schockiert nach, ob Jan das wirklich wolle und ob er ihn dabei mal anschauen könne. Jan griff diese Frage auf, um eine weitere Selbstanklage vorzubringen. Er sei so verklemmt und verschüchtert, da sei es doch ganz klar, daß keiner mit ihm reden wolle, er würde wahrscheinlich bei solch einem Gegenüber auch ausrasten.

Karl wies Jan nun auf dessen beständig wippende Beine hin. Jan lächelte verlegen und unterbrach kurz das Wippen. Wenn seine Probleme gelöst wären, dann brauche er auch diese Nervositätssachen nicht mehr. Dann würde er sich immer realistische Sachen vornehmen und auch der Kontakt zu Frauen würde klappen Es sei ihm peinlich zuzugeben, daß er bisher, bis auf einen Besuch im Bordell, keine sexuellen Dinge erlebt habe. Er fühle sich deshalb minderwertig und werde sicher niemals eine Beziehung zu einer Frau haben. Schon in der Schule galt er als Idiot, alle Mädchen hätten ihn wie Luft behandelt. Als Karl ihn zwischendurch aufforderte, Augenkontakt aufzunehmen, wehrte Jan ab. Es sei ihm peinlich, dieses alles zu erzählen, aber vielleicht würde er sich daran gewöhnen. Als Karl Jans Bericht zusammenfaßte mit "Niemand will mich", stimmte Jan zu, er schien für einen Moment betroffen. Dann wippte er jedoch

[1] Zeichen und Abkürzungen in Verdichtungsprotokollen s. Anmerkung zu Beginn der 1. Therapiegeschichte.

wieder verstärkt mit den Beinen und meinte resigniert, daß sich durch das Reden ja doch nichts ändern würde.

(1kons) <<Karl schlug vor, daß sich beide im Raum bewegten, da Jan ganz schön geladen auf ihn wirke. Jan holte sich ein Kissen aus der Ecke des Raumes, kauerte sich schließlich darauf auf den Boden und stülpte den Stuhl über den Kopf, so daß er nur noch zwischen Rückenlehne und Sitzfläche hervorschauen konnte. *Er war genervt, wollte von allem nichts mehr wissen. Ob ich nun in meine Wohnung gehe, zu meinen Eltern oder in die Therapie, da kommt sowieso nichts bei raus, dachte er. Ich bau mir jetzt eine Hütte mit einem kleinen Loch, wo ich rausgucken kann.* Karl lachte überrascht auf und setzte sich wieder auf seinen Stuhl. *Er fand das Bild zunächst witzig. Dann bemerkte er entsetzt, in welche harte und unangenehme Situation sich Jan begab.*

"Schützt Du Dich? Vor mir?" rief er Jan zu. "Vor dem ganzen Schwachsinn, daß ich immer vor jeder Therapie, oder was ich auch machen muß, den gleichen Quatsch wiedererzähle und es kommt nichts dabei heraus. *Jan war genervt und ärgerlich. Die wollen alle was von mir und das schaffe ich eh nicht. Sollen die mich doch in Ruhe lassen, es hat doch alles keinen Sinn!* Er redete nun immer lauter und schneller: "Du sollst diesen Widerstand, den sollst Du in mir kaputtmachen! So daß ich ein normaler Mensch werde, der an gleichen Dingen interessiert ist wie andere normale Menschen auch!" "Und dafür soll ich jetzt sorgen?" rief Karl nun auch *verärgert zurück. Er konnte diese Selbstanklagen und Jammerei kaum noch ertragen.* "Soll ich Dich vielleicht an die Hand nehmen und sagen, jetzt machst Du das und das?" *Ihn erinnerte das an die ungeduldigen Wünsche seines kleinen Sohnes nach der Flasche oder ähnlichem. Er merkte, wie seine Stimme bei diesem Bild für einen Moment weicher wurde.*

Aber Jan fuhr noch lauter und aggressiver fort: "Nein, das ist ja nicht so, daß ich nicht wüßte, was ich tun müßte. Du sollst diese Saboteure in mir und diese Widerstände, irgendwie diese unschönen Stellen oder dieses, was nicht paßt, nicht funktioniert, das sollst Du aus mir herausbohren, daß es herauskommt, und daß ich es mal herausschreie und das es dann weg ist und daß ich diese Ängste oder was dann da drin steckt, daß ich das mal bewältige!!" *Karl war nun erschrocken über diese gewalttätige Sprache und diesen Selbsthass.* "Klingt aggressiv, nicht? Herausbohren, so wie: faules Fleisch herausschneiden." "Ja, das ist so wie faules Fleisch in mir, das muß mal raus." "Oh Gott!" seufzte Karl, "aber ich bin kein Chirurg! *Er wollte gleich zu Anfang klarstellen: so gehts nicht, so mache ich es nicht, ich bohre nicht oder ich schneide kein faules Fleisch heraus. Da ist ja noch ein großes Stück Arbeit vor mir, dachte er.>>*

Karl schlug ein Rollenspiel vor. Er spielte den Antreiber, der den "Saboteur" zum Aufstehen, Aufräumen usw. aufforderte, schließlich mit der "Frau des

Lebens" zu locken versuchte. Aber Jan widerstand dem, er habe doch alle Freiheiten, könne endlich ausspannen und lesen und habe endlich seine Ruhe vor der ständig nervenden Mutter. Karl gab schließlich seine Bemühungen auf und brach das Rollenspiel ab. Jan wiederholte nun erneut laut und ärgerlich all seine Selbstvorwürfe: "Warum kann ich nicht so sein wie die anderen? Motivation, Erfolg haben, Selbstbewußtsein. Wieso klappt das bei mir so alles nicht?" Karl versuchte mehrmals vergeblich, Jans Redefluß zu unterbrechen.

(2sk) <<*Karl wollte nun gegen Ende der Stunde mal probieren, ob Jan einen Augenkontakt riskieren würde.* "Ich schlag Dir was vor, nach jedem Satz machst Du eine kurze Pause und guckst mich an, als Experiment, ja?" Jan versuchte es. *Er fühlte sich irgendwie verpflichtet. Das ist alles so wichtig, jetzt muß ich auch was draus machen, dachte er.* "Da wird natürlich jeder Satz sehr bedeutsam," meinte er schließlich, er spüre ein seltsames Interesse bei Karl. *Er sah ein eindringliches Gesicht und setzte das Smalltalk-Gesicht seiner ehemaligen Analytikerin daneben.* "Seltsam?" fragte Karl nach. "Du holst aus allem was heraus, was ich sage," antwortete Jan lächelnd, "jedenfalls sehr ungewohnt für mich.">>

Bei der Analytikerin habe er immer die wichtigsten Sachen unerwähnt gelassen. Jan gab nun zu, daß er wegen stundenlangen Onanierens zu spät gekommen war. Eigentlich hätte er nun eine Strafe verdient, eine Form von Zwangsarbeit wie Toilettenputzen. Karl wies Jan daraufhin, daß er stark mit den Augen zwinkerte. Jan fand dieses Angucken-Müssen furchtbar. Karls Stimme klänge ja ganz freundlich, aber sein Gesicht sei so wild und eindringlich, als ob er sich davor verantworten müßte. "Aber ich denke, es ist das beste, wenn ich das weiter so mache, also Dich wirklich weiter so angucke, bis ich Dich in mich hereinlasse." Auf Karls Frage, ob Jan sein Interesse spüre, meinte dieser: ' So ganz leise dringt das noch so durch."

Karl war noch nach der Stunde erschüttert über Jans Selbstverachtung. In den folgenden Tagen dachte er noch an dessen vielsagende Körpersprache und überlegte, ob und wie er damit arbeiten könnte.

Jan war noch nach der Stunde sehr geladen. Er hätte noch so viel erzählen können. Er hatte große Angst vor einem Mißerfolg der Therapie und appellierte auch an die Beobachter: "Ich kann das nicht mehr aushalten! Ihr müßt mir unbedingt helfen." Als er sich per Video die "Stuhlszene" noch einmal anschaute, reagierte er erschrocken und peinlich berührt: "Liebe Güte, da mache ich wieder so einen Scheiß, da spiele ich wieder den Clown, so etwas vollkommen Lächerliches zu machen, schlimm das zu sehen." Er nahm das Videoband mit nach Hause, schaute es sich jedoch nur zur Hälfte an. Er konnte es nicht ertragen, sich so zu sehen. Ansonsten hatte er wohl alle seine Probleme angesprochen, ihm war auch der "Saboteurmechanismus" noch einmal bewußt geworden. Er hatte auch öfter an den Wunsch gedacht, daß Karl "faules Fleisch" aus ihm herausschneiden sollte.

Interpretation[1]

Bereits in dieser ersten Stunde spricht der Klient seine wesentlichen Problembereiche an. Gleichzeitig wird ein grundlegendes Interaktionsmuster zwischen Therapeut und Klient deutlich, das in den folgenden Stunden nur in wenigen, dann aber meist als wichtig empfundenen, Momenten unterbrochen wird. Der Klient steht unter einem enormen inneren Druck, der sich körperlich in zahlreichen, von ihm kaum kontrollierbaren Körperbewegungen äußert. Sein vorherrschendes Gefühl ist ein unbändiger Zorn, dessen er sich gelegentlich bewußt wird. Diesen hat er intuitiv erfaßt, er äußert seine große "Angst vor Kontrollverlust" wie er gleichzeitig auch den Wunsch hat, "mal richtig explodieren zu können". Die ihm einzig mögliche Druckentladung erfolgt über einen Redeschwall voller aggressiver Selbstanklagen und (später) Anklagen gegen die "anderen" auf der Grundlage rigider ideologischer Denksysteme.

Verknüpft ist diese Entladung mit "magischen" Veränderungswünschen an den Therapeuten, wobei freilich alle Veränderungsvorschläge seitens des Therapeuten aggressiv oder resignativ zurückgewiesen bzw. "sabotiert" werden. Bei dieser Entladung ist der Klient nicht im Kontakt mit dem Therapeuten, er schaut ihn nicht an, reagiert kaum auf Fragen, hört einfach nicht zu usw. Auf diese Abwehr reagiert der Therapeut in der Regel mit mehrfachen Nachfragen bzw. Unterbrechungen, bis er schließlich resigniert oder hilflos aufgibt oder in dem Gefühl der Nicht-Beachtung selbst ärgerlich wird und z.T. laut oder erregt interveniert.

In dieser Stunde gelingt es dem Therapeuten in der ersten halben Stunde nur dreimal, den beständigen Redefluß des Klienten für eine Sekunde zu unterbrechen: zweimal, indem er die körperlichen Aktivitäten des Klienten anspricht, und einmal, als er eine empathische Rückmeldung auf die Berichte des Klienten

---

[1] Die über den Text der Stunden und der VINE-Interviews hinausgehenden Angaben stammen aus den Zwischenfragebögen, den Aufzeichnungen der teilnehmenden und Fachbeobachter und folgenden Nachinterviews (die genauen Daten s. Anhang):

TN0 = Nachinterview mit Therapeut zum Ende des Beobachtungszeitraums
KN0 = Nachinterview mit Klient zum Ende des Beobachtungszeitraums
BN0 = Nachinterview mit Beobachterin (B2) zum Ende des Beobachtungszeitraums
TN1 und KN1= Nachinterview mit Therapeut und Klient nach 14 Monaten
BN1 = Nachinterview mit Beobachterin (B2) nach 15 Monaten
TN2 = Nachinterview mit Therapeut nach 32 Monaten
KN2 = Nachinterview mit Klient nach 32 Monaten

gibt. Eine erste Abweichung von dem oben beschriebenen typischen Interaktionsmuster erfolgt, als der Therapeut plötzlich die Sitzpositionen verändert und ein Rollenspiel beginnt (1kons).

Diese "Stuhlszene" gibt ein sehr plastisches und erschreckendes Bild vom "Zwangskorsett" rigider Verhaltenserwartungen, in dem der Klient gefangen ist. Erst durch die Video-Rückmeldung wird ihm selbst augenfällig, in welcher Situation er sich befindet. Als der Therapeut die Rolle des "Antreibers" übernimmt, wird zusätzlich deutlich, daß der Klient nur noch in einer passiv-aggressiven Verweigerungshaltung verharren kann und jeglichen Kontakt mit dem Umfeld verweigert. Der Therapeut ist seinerseits schockiert über diese Selbstdarstellung des Klienten. Auf sein indirektes Beziehungsangebot ("Schützt Du Dich vor mir?") reagiert der Klient mit allgemeinen Anklagen und dem Gefühl der Aussichtslosigkeit auch in der Therapie. Nun wird auch für den Therapeuten die Situation unerträglich, er wird zunächst ironisch-ärgerlich, um sich dann für einen Moment, über die Vorstellung seines Sohnes, zu beruhigen. Die nun folgende aggressiv herangetragene Anforderung an ihn ("Du sollst ... herausbohren") widerspricht nicht nur seinem Selbstverständnis als Therapeut, ihm wird mit Entsetzen das ganze Ausmaß der Problematik des Klienten und möglicher Schwierigkeiten im weiteren Therapieverlauf bewußt. Auch die teilnehmenden Beobachter verspüren bei dieser Szene Schrecken, Ekel aber auch Mitleid mit dem Klienten.

Das folgende Rollenspiel verdeutlicht lediglich noch einmal den unversöhnlichen Gegensatz zwischen den aggressiv-fordernden und passiv-abwehrenden Persönlichkeitsanteilen des Klienten. Die nächste, für den Klienten, wichtige Szene (2sk) entsteht, als der Therapeut wieder den Redefluß des Klienten stoppen kann, indem er den Klienten zum Augenkontakt auffordert, also auf die Beziehungsebene wechselt. Die Atmosphere entspannt sich, als der Klient, zunächst aus Pflichtgefühl, dann aber ängstlich-aufmerksam und wahrscheinlich zum ersten Mal bewußt den Therapeuten anschaut. Seine anfängliche Furcht vor einem eindringenden und strafenden Blick weicht dem Eindruck eines interessierten Blickes. Dieser kurze Moment schafft schon so viel Vertrauen, daß er dem Therapeuten von seinem Onaniezwang erzählt, etwas, was er in den bisherigen Therapien verschwiegen hat. Er hat sogar die Hoffnung, den Therapeuten auf die Dauer in sich "hereinlassen" zu können. Auch die Beobachterin fand diese Szene bedeutsam, sie sah Unsicherheit und Scham beim Klienten, aber auch eine unterstützende Haltung beim Therapeuten.

Klient wie Therapeut erinnern sich nach Abschluß der Beobachtungen (KN0 bzw. TN0) nur vage an die "Stuhlszene" und das folgende Rollenspiel mit dem "Saboteur".

Die zweite Stunde

Jan war wieder zu spät gekommen, er kaute noch auf einem Brötchen, gab sich lustlos. Karl fragte nach dem System hinter den Verspätungen. Jan wußte keine Antwort, bei der Analytikerin war er auch 2 Jahre lang zu spät gekommen. Dabei hatte er seine Hände in die Hosentaschen gesteckt. Als Karl ihn darauf ansprach, nahm er sie wieder raus. Er bemerkte, daß er seit Urzeiten ganz kribbelig sei, immer mit den Händen rumspielen oder mit den Beinen wippen würde. Das wollten ihm seine Eltern immer austreiben. Karl meinte nur, daß er das nicht wolle.

Jan wollte nun über Therapie reden und warum er nicht erkenne, was wirklich wichtig für ihn sei. Durch seine bisherigen Therapieerfahrungen sei es ihm zwar leichter gefallen, Kontakte herzustellen, aber: "Es hat sich nichts radikal bei mir geändert, ich bin nicht der Mensch geworden, der ich seit ewigen Zeiten sein möchte, der sich eben in seiner Haut wohlfühlt. Ich sehe, daß mir das was bringt hier, aber es ist nicht der Stein der Weisen." Karl hielt die Suche danach nur für einen kindlichen Glauben. Das Gespräch wurde nun durch mehrere lange Pausen unterbrochen, bis Jan von seinen kleinen Veränderungen erzählte. So habe er beim Ehemaligentreffen mit seiner Schulklasse ganz normal reden können.

Schließlich unterbrach Karl und fragte nach Jans momentanen Wünschen an ihn. Jan wünschte sich mehr Rückmeldung über das wirklich Wichtige. Anscheinend arbeite er massiv daran, die zentralen Punkte wegzudrängen und die Nebenprobleme immer in den Vordergrund zu stellen. Wenn er etwas erzähle, denke er insgeheim über etwas anderes nach, fuhr er fort. Auf Karls Nachfrage gab er nun zu, vorher an eine von ihm verehrte Mitschülerin gedacht zu haben.

(3sk) <<Karl fragte nach, worüber Jan jetzt auf keinen Fall sprechen wolle. Jan zögerte, dann: "Da ist eine ganz kleine Sache. Aber darüber rede ich nicht!" *Er lächelte und war erleichtert über seinen eindeutigen Beschluß.* Karl lachte laut. *Er empfand die Situation als Spiel mit einem trotzigen Jungen, der sich interessant machen möchte. Dann wurde er doch neugierig und überlegte, wie er Jan erreichen könne.* "Oder wir reden darüber, was Dich hindert." Jan lehnte sich zurück und verneinte erneut. *Schon häufiger hatte er in früheren Therapiestunden drüber nachgedacht. Heute war es jedoch das erste Mal, daß er unmittelbar vor der Entscheidung gestanden hatte.* Allein und ohne Kamera würde er es ja erzählen, nur habe er bisher noch kein einziges Mal mit einem anderen Menschen darüber gesprochen, fügte Jan hinzu. *Vielleicht macht er es tatsächlich, dachte Karl nun beruhigt, und merkt dann, daß es doch nicht so entsetzlich oder peinlich ist.*>>

Es sei eine reine Gedankensache und habe nichts mit seinen sonstigen Problemen zu tun, begründete Jan weiter. Er wollte erst einmal mit einem Freund darüber sprechen. Karl lachte über diesen Eiertanz und beugte sich vor: (4st) <<"Ja, paß auf, wenn Du hier auch eine doppelte Buchführung hast, dann werden wir uns lange im Kreise herumdrehen." *Er beobachtete, wie Jan dabei in sich zusammensank. Plötzlich sah er Jans kleines zartes, sehr schutzbedürftiges Ich vor sich, das er nie zeigen konnte. Karl war berührt, er kannte diesen Zustand von sich. Seine Stimme wurde leiser und weicher:* "Ich meine, für Dich ist es so etwas wie eine Strategie gewesen, die einmal sehr wichtig war. Mein Eindruck ist, da ist so ein kleines privates Leben, das ständig parallel läuft zu dem, was Du sagst." "Ja, ja, das ist wahr," murmelte Jan vor sich hin. Karl rückte nun dichter an Jan heran: "Aber, was spricht dagegen, das öffentlich zu machen?" *Er wollte einfach nur wissen, wie es denn jetzt war, mit ihm darüber zu reden.*

Jan schwieg lange, schließlich sagte er eher traurig: "Weil es nicht nicht anerkannt wurde, dieses kleine Leben. Es wird heruntergeputzt, und es wird nicht toleriert, daß ich sowas hab. Das ist inzwischen auch so peinlich geworden, das private kleine Leben." Hast Du das Gefühl auch bei mir?" fragte Karl weich. "Nein, nicht so stark," meinte Jan. Karl lehnte sich lächelnd zurück: "Das freut mich, daß es nicht so stark ist wie bei anderen." Jan schaute kurz auf. "Stimmt, ist nicht so stark wie bei anderen." *Karl war sich ganz sicher: er ist damals in seinen Gefühlen und kindlichen Äußerungen rundrum niedergemacht worden. Dabei hatte Jan eins gelernt: das dürfen andere nicht sehen. Karl hatte das Gefühl, etwas wichtiges über Jan gelernt zu haben und dabei einmal richtig zu ihm durchgestoßen zu sein. Und er freute sich, daß Jan zu ihm Vertrauen faßte, auch wenn es ihm schrecklich schwer fiel.>>*

Zum Schluß betonte Jan noch einmal, daß es kein großartiges, schreckliches Erlebnis sei. Er ärgerte sich auch, daß er so blockiert war. Aber nun sei wichtiger, das Semester zu planen und endlich richtig zu studieren.

Für Jan war die Stunde bis auf die von ihm benannte wichtige Szene "son gleichbleibender Fluß von wichtig und unwichtig immer abwechselnd". Auch dieses Mal war es für ihn "fast unerträglich", sich im Video zu sehen, "wie ich nervös bin, wie ich mit den Augen blinzele, wie ich da rumzuckele und zappele, wie ich sitze, es ist grauenvoll und ich finde mich dann fürchterlich, mich häßlich." Karl hatte den Eindruck, daß Jan noch gar nicht die Regeln kannte, "wie hier Therapie abläuft." Tage später, nach einer eigenen Fortbildung, dachte er häufiger an Jan als "einem emotional verhungerten Kind" und: "Ich muß aufpassen, daß er mich nicht durch sein Erzählen einlullt. Ich glaube, es ist gut, mehr von mir zu zeigen, meine Gefühle, Empfindungen mitzuteilen. Er hat ja keine Ahnung, wie das ist."

Interpretation

Auch die beiden Beobachter sprechen von einem eher langweiligen Ablauf der Stunde, der erst zum Schluß an Spannung gewinnt. Über eine halbe Stunde werden verschiedene Themen angesprochen, beide verhalten sich abwartend, bis offensichtlich wird, daß der Klient über das "eigentlich Wichtige" nicht sprechen will (3sk). In den begleitenden Gedanken wird jedoch deutlich, daß der Klient noch nie so nah dran war, über sein "Geheimnis" zu sprechen. Sein "halbes Angebot", in einer anderen Situation bzw. später darüber sprechen zu wollen, entschärft einen aufkommenden Konflikt und die offensichtliche Enttäuschung des Therapeuten. Diese Situation wird vom Klienten auch später erinnert (KN0).

Die darauffolgende für den Therapeuten und die Beobachter wichtige Szene (4st) entsteht, als der Therapeut seine bis dahin distanzierte und auch ironische Haltung aufgibt. Er nimmt den Klienten in seiner hilflosen und verzweifelten Lage an. Er bedrängt und kritisiert ihn nicht, sondern läßt sich berühren und gewinnt über die Erinnerung an eigene ähnliche Erfahrungen einen Eindruck vom inneren Zustand des Klienten. Der Klient spürt dieses Angenommensein und drückt auch ein gewachsenes Vertrauen zum Therapeuten aus. Auch die Beobachter spüren in diesem Moment, daß "etwas zwischen den beiden passiert", sie selbst spüren "Traurigkeit", fühlen sich von dem "kleinen verzweifelten Jungen" angesprochen.

Die dritte Stunde

Diesmal kam Jan 25 Minuten zu spät. Karl unterbrach ihn bei seinen Ausreden und fragte nach dem Sinn des Zuspätkommens. Bei der Analytikerin habe er damit immer gleich ein Thema gehabt, meinte Jan.

(5sk) <<Damit vermied er, ihr gegenüber zu sitzen und nicht so richtig zu wissen, was er erzählen sollte. Verlegen fügte Jan hinzu: "So hilflos ist das irgendwie." *In diesem Moment war Jan plötzlich klar, daß sein Zuspätkommen etwas mit Hilflosigkeit zu tun hatte.* Karl hakte nach, ob Jan sich auch jetzt hilflos fühle und wie das sei. "Das ist etwas absolut Beschissenes, hilflos zu sein. Da habe ich lieber viele andere schwere Probleme!" *Das kam vom Herzen! dachte Karl, er wußte, daß er das auch gerne vermied. Er war nun neugierig, wie es weiterging.* Jan überlegte lange. *Wie kann ich das jetzt rüberbringen? Am liebsten wäre er jetzt rausgegangen und einmal um das Haus gelaufen, um eine Antwort zu finden und dann wiederzukommen.* Schließlich sagte er: "Es ist einfach absolut verpönt, wenn ich so unter den Leuten hilflos bin." Als Karl feststellte, daß er es jetzt eingestanden habe, schwieg Jan eine Weile, dann: "Ja, ich weiß nicht, jetzt bin ich irgendwie bloßgestellt." *Karl spürte Ungeduld, er wollte Jan jetzt nicht wieder mit allgemeinen Geschichten entwischen lassen.* Er hakte nach, was das bedeute. Jan schwieg lange. *Wie soll ich das beschreiben, überlegte er verzweifelt. Andererseits hatte er den Eindruck, daß es für ihn typisch war, in solchen Situationen zu sein.*>>

Karl schlug nun ein Rollenspiel vor, bei dem sich Therapeut und Klient über Hilflosigkeit unterhalten. Er begann auch damit, aber schließlich wollte sich Jan doch nicht darauf einlassen. Er wirkte noch hilflos und kratzte sich stark an den Armen. Karl bat Jan nun, Augenkontakt zu ihm aufzunehmen und dabei zu nicht zu reden. Es folgte ein längeres Schweigen, bei dem Jan jedoch nur kurz aufschaute. Schließlich meinte er, daß er nur hilfloser werde und dabei die Phantasie habe, daß Karl all das Kaputte in ihm durchschaue. Als Karl nachhakte, fügte er hinzu: "Dann bin ich ausgeliefert, in erster Linie meiner Mutter und auch dem Vater und dann den Mitschülern." Karl fragte nach einem Beispiel. "Meine Mutter springt in jede Wunde, in jeden Fehler rein. Wenn ich zu lange schlafe, dann wird mir das kräftig vorgehalten: Du kommst nie zu was." Ähnlich sei es bei seinen Mitschülern gewesen, da war er die Witzperson, mit der man alles machen konnte, er sei ein Nichts, eine Null gewesen. Karl wollte nun keine Geschichten hören und fragte Jan etwas ungeduldig, ob er dabei ärgerlich, traurig oder verzweifelt gewesen sei. Jan meinte nur, er könne es nur schwer beschreiben.

(6sk) <<*Karl fühlte sich nun etwas hilflos. Vielleicht kann er hier eine ähnliche Situation aus seinem Leben erinnern und die damals unterdrückten Gefühle ausdrücken, überlegte er.* Schließlich bat er Jan, mal mit seinen Eltern in einen Dialog über ihre ständigen Ermahnungen zu treten. *Jan war über diesen*

Wechsel zu seinen Eltern überrascht. Er war bisher nicht auf die Idee gekommen, daß es dabei Parallelen zwischen seinen Mitschüler und seinen Eltern gab. Schließlich meinte er, seine Eltern würden ihn bei so etwas gar nicht wahr- oder ernstnehmen. *Ja, dachte Karl, das muß allerdings beschissen für Dich gewesen sein. Dich haben sie ausgenutzt, als kleines Kind. Dich haben sie vorgeführt, gedemütigt.>>*

Jan erzählte nun als Beispiel, daß er letzte Woche von seinem Vater aus dem Bett gezerrt worden war. Auf Karls Vorschlag spielten beide diese Szene kurz nach. Aber Jan wehrte dabei nur genervt ab. Er fand es blöd, so behandelt zu werden, sei auch zu abgestumpft, daß es ihm nahegehen würde. Manchmal würde er aber auch ausflippen. Außerdem konnte er seinen Vater ja verstehen, denn was solle auch aus ihm werden, wenn er den ganzen Tag verschlafe. Als Karl nach Jans Wünschen an seine Eltern fragte, meinte dieser schließlich: "Bei meinen Eltern hat so ziemlich nichts Zweck. Das einzige, was Zweck hat, ist, daß ich mich mal davon löse und dann einfach weg bin." Voraussetzung wäre allerdings dazu eine finanzielle Absicherung und eine fertige Wohnung.

(7st) *<<Karl fühlte sich zunehmend hilfloser. Jan hatte es anscheinend nichts ausgemacht, aus dem Bett gezerrt zu werden. Er wußte von sich, daß er früher in solchen Momenten starr geworden war, sich nicht mehr wahrgenommen hatte. Aber bei Jan schien das ein Dauerzustand zu sein, es war nicht leicht, ein Gefühl bei ihm hervorzulocken. Ich kann aufgreifen und machen, was ich will, dachte er, immer wenn ich was antippe, Zack, ist er weg. Bätsch! Mich kriegst Du nicht! Mit diesen Spielchen wollte er Jan nun mal konfrontieren, so wie er es in seiner eigenen Therapie als überraschend, aber auch gut erfahren hatte.* Eher ironisch stellte Karl fest: "Das klingt, als ob Du eigentlich überhaupt keine besonderen Probleme hast." Schließlich fragte er: "Warum bist Du hier?"

Jan hustete und kratzte sich am Arm, er fühlte sich wieder hilflos. Karl wollte nun die Stunde beenden. Jan sollte sich mit dieser Frage in der kommenden Woche beschäftigen. Jan war nun empört: "Damit soll ich mich beschäftigen? Was ich hier von Dir will?" Karl wies ihn darauf hin, daß es ein Vorschlag gewesen sei. *Auch er war nun ärgerlich: verdammt nochmal, jetzt sieht er das wieder als Pflicht, als Aufgabe, und wird es unterlaufen. Wie kann ich es erreichen, daß er überhaupt etwas annimmt, ohne automatisch Abwehr beziehen zu müssen?* "Diese Stunde habe ich die Erfahrung gemacht, immer wenn ich nachgefaßt habe, dann war das alles kein Problem," fügte er hinzu.

"Ja, das ist ja eben die Frage. Ob das echt war, oder ob das eben die Fassade von mir war," entgegnete Jan nun. *Das war endlich mal was ehrliches von Jan, dachte Karl. Wenn er von Fassade sprach, dann hieß das im Klartext: Ja, ich hab gelogen. Ich hab Dir was vorgemacht. Er bedauerte nun, daß die Stunde schon zu Ende war, aber er wollte Jan noch wenigstens etwas zum Kauen mitgeben. Mal sehen, was er daraus macht.* "Du hast die Entscheidung, ob Du hier das Echte oder die Fassade zeigst," sagte er dann und beendete die Stunde.>>

Jan war nach der Stunde aufgeräumt und ganz zufrieden mit sich. Nur bei Rollenspielen kam er sich immer lächerlich vor, da er sich nur schwer in die Rolle anderer versetzen konnte. Auch Karl war wegen des Abschlusses zufrieden. Als er sich die Hilflosigkeits-Szene noch einmal anschaute, erkannte er betroffen Jans Qual und inneren Kampf. Vielleicht sollte er Jan doch einmal in dessen Bemühen bestätigen und auch seine Solidarität mit dem gedemütigten und ausgenutzten inneren Kind zeigen, statt ihn nur zu konfrontieren.

Interpretation

Der vorsichtige Kontakt der letzten Stunde zwischen Therapeut und Klient setzt sich zunächst fort. Der Therapeut hält anfangs seinen Ärger über das wiederholte Zuspätkommen zurück und fragt stattdessen eher rational nach den Hintergründen. Der Klient geht ernsthaft auf die Frage ein und befindet sich bald in einem Zustand von Hilflosigkeit, die sich für ihn überraschend als ein zentrales Thema herausstellt (5sk). Statt ihn jedoch hier empathisch zu begleiten, schlägt der Therapeut ein Rollenspiel vor, das den Klienten im Moment überfordert. Diese Intervention des Therapeuten scheint eher eine Vermeidung seiner eingestandenen eigenen Hilflosigkeit zu sein.

Diese Kontaktunterbrechung bleibt bestehen, bis der Therapeut die Eltern des Klienten einbringt (6sk). Durch diesen für den Klienten überraschenden Wechsel ist wieder ein gemeinsamer Bezugspunkt bzw. Gegner gefunden. Der Therapeut kann mit dem Kind im Klienten mitempfinden und sieht in der Auseinandersetzung mit den Eltern einen Ausweg aus der Hilflosigkeit. Auch der Klient ist nun nicht mehr hilflos, ohne sich freilich auf die für ihn zu bedrohliche Auseinandersetzung einlassen zu wollen. Indem der Therapeut im folgenden die Rolle des Vaters übernimmt, setzen wieder seine üblichen Abwehrformen der Abstumpfung und passiv-aggressiven Zurückweisung ein.

Nun ist auch der Therapeut wieder hilflos, er bezieht die Abwehr des Klienten auf sich persönlich und wird ärgerlich (7st). Mit der Konfrontation "Warum bist Du hier?", die auch die Beobachter als "hart" und "ungeduldig" empfinden, treibt er den Klienten für kurze Zeit wieder in die Hilflosigkeit. Dieser wehrt sich dann jedoch und im Ärger finden beide wieder für einen Moment Kontakt zueinander. Der Therapeut gibt dem Klienten eine plausible Erklärung für seinen Ärger. Der Klient wiederum stellt sich die Frage, was an seinem Verhalten "echt oder Fassade" ist. Dabei muß jedoch bezweifelt werden, daß dem Klienten im vorherigen Ablauf dieser Unterschied bewußt war. Der Therapeut empfindet dieses Zugeständnis als "endlich mal was ehrliches", der ihn seinen

Ärger, den er seit der verspäteten Ankunft des Klienten angesammelt hat, vergessen läßt. Erst in der Nachbetrachtung wird ihm bewußt, wie wenig Mitgefühl er dem Klienten in dessen Hilflosigkeit entgegengebracht hat.

Die vierte Stunde

Jan entschuldigte sein erneutes Zuspätkommen um 20 Minuten mit einem Streit mit seinen Eltern. Karl war verärgert, er unterbrach Jan mehrmals in dessen langen Anklagen gegen die Eltern und gegen sich selbst. Schließlich legte sich Jan lang auf den Rücken auf den Boden. Für ihn sei es die beste Position, von unangenehmen Dingen zu sprechen.

(8sk) <<Spontan legte sich Karl gemütlich neben ihn, *ohne zu wissen, worauf das Gespräch hinauslaufen würde. Er wollte nicht von oben herab zu Jan reden, hoffte vielmehr, durch die Nähe Vertrauen herzustellen oder ihn auch mal zu berühren.* "Ich sitze in der Wohnung und putze, und die anderen haben eine Frau ... ," begann Jan zögernd. *Er fand es gut, daß sich Karl neben ihn gelegt hatte, ein bißchen zu nahe war es schon, was er allerdings nicht sagte.* "Was wäre denn, wenn Du Dir wirklich freinehmen würdest, mmh?" unterbrach Karl. "Das wäre irgendwie bedrohlich," antwortete Jan, "ich glaube, daß ich die Kontrolle über mich verlieren werde." Eine richtige Vorstellung davon hatte er jedoch nicht. Als Karl nachhakte, meinte er: "Ich würde rauslaufen und zu irgendwelchen schönen Frauen gehen."

"Kennst Du eine, die Dir gefällt?" fragte Karl ruhig und interessiert, *er hatte nun plötzlich ein Gefühl wie unter Freunden, die am Strand liegen und plaudern,* "erzähl doch mal ein bißchen was über die." "Was soll ich denn jetzt sagen?" fragte Jan unsicher, *er war über diese direkte Frage verwundert, sogar geschockt. Jetzt war es soweit, jetzt mußte er etwas konkretes von sich preisgeben.* "Was Dir so an ihr gefällt. Wie sie aussieht, wie sie heißt, wie sie sich bewegt," meinte Karl. "Wie sie heißt, weiß ich leider nicht," begann Jan. Er schaute Karl nun an und betonte dann: "Ich finde, daß sie sehr gut aussieht!"

Karl wollte mehr dazu wissen, aber Jan blockte jetzt ab: "Na irgendwie ist das mir zu blöd, das hier alles zu erzählen." *Die Fragen hatten Jan gänzlich unvorbereitet getroffen. Sonst wurde er in Therapien immer ermahnt, etwas über sich zu erzählen und nicht auf andere auszuweichen. Und nun wurde er plötzlich aufgefordert, direkt über eine Person zu reden, die er kannte und bewunderte.* So etwas sei er von einem Therapeuten noch nie gefragt worden, meinte er dann, es sei ihm auch unangenehm, die Fragen zu beantworten. *Jan freute sich zwar auch über Karls Interesse, gleichzeitig war er noch geschockt. Er merkte, daß er nun ausgewichen war.*

Karl wunderte sich, was für Jan peinlich war. Vielleicht würde er Jan auch von sich erzählen, wenn er fragen würde. Als er dann meinte, Jan habe vielleicht noch nie mit anderen Männern darüber geredet, widersprach Jan. Warum es dann nicht mit ihm ginge oder ob er jetzt wieder ein bißchen bockig sei, fragte Karl. Zögernd gab Jan nach: "Nun, ich kann Dir ja ein bißchen was erzählen.>>

Jan bewunderte die Frau nun seit drei Jahren. Sie studierte dasselbe Fach und war auch schon einmal durch eine Prüfung gefallen. Er war bisher jedoch noch nicht an sie herangekommen, weil sie immer mit Freundinnen zusammen war. Mehr wollte Jan nicht erzählen, er schämte sich, vor anderen über ihr Aussehen zu sprechen. Stattdessen wollte er mehr über Karls Interesse wissen. Karl vermutete, daß Jan wohl noch nie mit einer Frau geschlafen habe. (N) <<Jan stritt dies sofort ab. Er erinnerte an seinen Bordellbesuch. Die Prostituierte hatte ihn wohl auch gut gefunden, denn der Scheck wurde nie eingelöst. Karl glaubte ihm das nicht.>>

Karl wollte nun mehr über Jans Verhältnis zu Frauen wissen. Jan sprach von einer tiefen und diffusen Angst. Er würde auch nie eine Freundin seinen Eltern vorstellen, die würden nur alles verderben. Als er nun wieder auf seine Verehrte zurückkommen wollte, unterbrach ihn Karl: "Ich möchte nicht, daß Du so hin und her springst. Meine Vermutung ist, wenn es Dir ein bißchen brenzlig wird, fällt Dir immer was Neues ein." Jan gab ihm recht und kam auf seine Eltern zurück. Die sollten nichts über sein Sexualleben wissen, die würden es nur in den Dreck ziehen oder lächerlich machen. Für seine Eltern war alles, was mit Lust oder Begeisterung zu tun hatte, höchst gefährlich. Das mußte bei ihm immer eingedämmt werden.

(9kons) <<Jan richtete sich nun wieder auf und setzte sich schwer auf seinen Stuhl, unsicher auf den Boden schauend. Karl setzte sich ihm gegenüber, seine Stimme klang weich: "Das kommt bei mir sehr trostlos an, finde ich. Wenn ich mir so vorstelle, der kleine Jan kommt an, ganz begeistert, und darauf gibt es gar keine oder nur eine negative Reaktion. Bist Du traurig?" *Er hatte dabei an seinen Sohn gedacht, wie der reinstürmt und ganz begeistert etwas zeigen will. Dabei hatte er sich voll mit dem Kind identifiziert, das von der Mutter eine kalte Dusche kriegt, etwa: Ich hab jetzt keine Zeit! Was soll das überhaupt?*

"Ja," sagte Karl noch bedrückt, "ich möchte meine Eltern irgendwie dafür bestrafen, für das, was sie all die Jahre lang mit mir gemacht haben. Umbringen müßte ich sie, abstechen, abstechen und in Stücke schlagen!" *Karl war überrascht. Er war noch in dem Gefühl des kleinen Jungen, zurückgewiesen und verlassen worden zu sein. Er hatte sogar überlegt, Jan tröstend in den Arm zu nehmen. Karls Sätze ernüchterten ihn etwas, er selbst war nicht wütend, aber er konnte auch Jans Wechsel zur Wut und Rachsucht verstehen.* Jan fuhr nun etwas lauter fort: "In der Realität werde ich es wohl so machen: Ich breche jeden Kontakt völlig ab, völlig total!" *Jetzt fängt er wieder mit seiner Litanei an, befürchtete Karl. Aber er war nun fest entschlossen, Jan nicht wieder in die Resignation weggehen zu lassen.* "Willst Du das mal ausprobieren, wie das ist, in Stücke zu hauen, also nicht wirklich?" fragte er.

Karl stellte etwas überrascht fest: Er scheint ja zu wollen! Dann überlegte er gleich, ob noch genügend Zeit verblieb, und wie er das arrangieren könnte.

Ihm fiel eine Szene aus einer anderen Therapie ein, in der ein Klient seine Großmutter zerstückelt hatte. Er war gespannt, was jetzt kommen würde, vielleicht eine ähnliche Schlächterei. Er stapelte drei große Kissen auf den Boden und warf Jan einen gepolsterten Schlagstock zu. Jan war von der "Waffe" fasziniert, er fühlte sich gleich richtig mordlustig, seine Eltern umzubringen.

Zuerst sortierte er zwei Kissen aus, eins für die Mutter, eins für den Vater. Nach kurzem Zögern legte er dann den "Vater" auf einen Stuhl, holte mit beiden Armen weit aus und stach und schlug mit voller Kraft und laut keuchend mehrmals zu. Anschließend fegte er das Kissen vom Stuhl und trampelte fast eine Minute lang darauf herum. Er war überzeugt, daß sein Vater jetzt tot war. Überrascht und amüsiert registrierte Karl, wie Jan zwischen Vater und Mutter differenzierte. Ja gut, dachte er, jetzt kommt die Energie mal etwas raus, jetzt spürt er sie mal. Innerlich hatte er jedoch ziemlichen Abstand zu dem Geschehen.

Als Jan zum nächsten Kissen griff, rief Karl ihm laut zu: "Gebrauch Deine Stimme!" Jan keuchte "Da gibts nicht viel zu sagen!" Er wiederholte nun eine halbe Minute lang die gleiche Schlagprozedur. Als er auf seine Mutter einschlug, spürte er, daß für sie nicht mehr genug Hass übrig war. Aber er wußte, sie hätte schon vorher angefangen zu kreischen. Da brauchte er sie nicht mehr mit voller Kraft umzubringen, da reichte die halbe Kraft. Zum Schluß trat Jan noch einmal nach den Kissen, gab den Schlagstock ab und setzte sich schwer atmend auf seinen Stuhl: "Jetzt müßte ich sie eigentlich noch zerstükkeln, so daß nur noch Knochen übrig sind. Die Knochen werden dann kleingemahlen und verbrannt und dann sind sie total weg, nichts mehr davon übrig." Auch Karl setzte sich nun: "Totschlagen reicht nicht, was?" Er war froh, daß Jan das mal gemacht hatte, statt wie sonst lange rumzueiern. Er war überzeugt, daß die Wut noch lange nicht zu Ende war.>>

Jan fühlte sich jetzt ganz gut, aber seine Wut war noch längst nicht vorbei. Nach längerem Schweigen meinte er dann: "Das ist ja, was ich manchmal befürchte, daß ich, wenn ich mit einer Frau etwas hätte, daß ich da auch irgendwie ausflippen würde." Karl fragte nach, ob er jetzt die Kontrolle verloren hätte. "Nicht ganz, es war nicht so realistisch," antwortete Jan, "ich hätte am liebsten das Blut spritzen sehen". Man solle doch für die Therapie Wachspuppen gefüllt mit künstlichem Blut produzieren. Karl lachte, Jan habe ja ganz schön blutrünstige Gedanken.

Jan fühlte sich nach der Stunde erleichtert. Seine Eltern hatte er sich jedoch noch nicht intensiv genug vorstellen können. In den folgenden Tagen dachte er nicht mehr über diese Stunde nach. Karl war nach der Stunde froh, daß Jan endlich mal aus sich rausgekommen war. Er war nun zuversichtlicher für den weiteren Therapieverlauf.

Interpretation

In dieser Stunde wird der übliche Zirkel von gegenseitigen Vorwürfen und anschließendem Ärger bzw. Resignation auf überraschende Weise unterbrochen (8sk). Durch die liegende Position und körperliche Nähe entsteht eine "leise und zarte Stimmung" und ein Bild von Intimität, bei dem "zwei Männer am Strand liegen und über Frauen schnacken" (so die teilnehmende Beobachterin).

Auch wenn (oder gerade weil) der Klient über die Direktheit des Therapeuten völlig überrascht ist und die körperliche Nähe ihm zunächst unangenehm erscheint, so läßt er sich doch auf das folgende Gespräch mit einer bisher nicht gezeigten Offenheit ein. Statt wie bisher allgemein über sein Verhältnis zu Frauen zu lamentieren, spürt und zeigt er nun am Beispiel einer konkreten Frau seine Ängste und Schamgefühle, kann seine Phantasien und auch einfach Unwissenheit zugeben. Dabei erkennt er auch den Therapeuten als Gegenüber, indem er direkt mit ihm kommuniziert und ihn von anderen abgrenzt. Der Therapeut wiederum stellt von Beginn an eine (auch körperlich) gleiche Position her, sucht Vertrauen und Nähe des Klienten und ist offen für die weitere Entwicklung. Auch wenn ihn die Peinlichkeit des Klienten zunächst verwundert, so begegnet er ruhig dessen Ängsten und würde sogar persönliche Erfahrungen berichten. Beide teilnehmenden Beobachter spüren ein "echtes, ja freundschaftliches Interesse".

Diese Sequenz wird von allen Beteiligten in allen Nachinterviews detailliert erinnert. Für den Klienten hatte sie eine herausragende und nachhaltige Wirkung: "In dem Augenblick, da war er total wie ein Freund von mir, der sich jetzt dafür interessiert, wie mein Frauengeschmack beschaffen ist. Das fand ich ganz außergewöhnlich und und völlig neuartig und also auch eine hohe Aufwertung meiner eigenen Person ... Karl hat auch nicht das Element des Resignativen ... da war auch etwas Reales und Hoffnungsvolles" drin (KN0). Noch nach zwei Jahren meint er: "Da war ich nahe, da fühlte ich mich verstanden und sehr ernstgenommen von ihm. Das hat auch noch bis heute Nachwirkungen, weil ich dieses ganze Frauenthema weiter ausbauen möchte in der Therapie" (KN2). Auch der Therapeut spricht später noch von einem Gefühl der "Solidarität", er konnte "mitfühlen mit der Einsamkeit", "ich hatte das Gefühl, ich bin bei ihm und er reagiert auf mich. Das war ein echtes Gespräch" (TN0).

Daß die "Männer-Szene" direkt nach der Stunde nur vom Klienten und der Beobachterin als wichtig benannt wurde, lag sicherlich daran, daß die nachfolgende Szene (9kons) einfach lauter und spektakulärer war. Sie beginnt mit einer persönlichen Rückmeldung, mit der der Therapeut auf die vom Klienten beschriebene Atmosphere im Elternhaus reagiert. Er ist berührt und identifiziert mit dem zurückgewiesenen Kind. Statt der von ihm erwarteten Gefühle von Trauer und Schmerz kommen beim Klienten jedoch die ungeheuer starken Haß-

und Rachegefühle hoch. Der Therapeut kann diese Gefühle zwar rational verstehen, sie innerlich jedoch nicht nachvollziehen. Die teilnehmenden Beobachter empfinden ihn "ein wenig zu kühl und dirigistisch". Auch sie sind zwar beeindruckt von dieser Szene, jedoch nicht überrascht oder innerlich beteiligt. Im Nachgespräch meint der Therapeut dazu, daß er solche starken Haßgefühle zwar aus seinen therapeutischen Erfahrungen kennt. In seiner eigenen Lebensgeschichte hätten jedoch die Gefühle von Mangel und Enttäuschung im Vordergrund gestanden.

Dennoch hat der Klient genug Vertrauen in die Situation und den Therapeuten um für einen Moment seine Angst vor Kontrollverlust zurückzustellen. Im folgenden Prozeß entwickelt er für sich, jedoch ohne Kontakt zu den anderen Beteiligten, einen energiereichen und differenzierten Ausdruck seiner ungeheuren Wut gegen seine Eltern.

Alle Beteiligten können sich in allen Nacherinterviews genau an den Ablauf dieser Szene erinnern. Dabei bestätigt sich jedoch der unmittelbare Eindruck, daß der Klient sich in dieser Szene zwar energetisch entladen, jedoch durch den fehlenden Kontakt zum Therapeuten keine wirklich neue Erfahrung gemacht hat. So beschreibt er später diese Szene als "so eine Art Übung oder symbolischen Akt", bei dem er "stark gefühlsmäßig" beteiligt war und "viele Phantasien" hatte (KN0). In späteren Interviews ist keine emotionale Beteiligung mehr zu spüren: "Das würde ich heute nicht mehr machen" (KN2). Auch der Therapeut äußert im nachhinein Zweifel: "Es schien mir eher so gemacht, obwohl das für ihn schon ein großer Schritt war" (TN2). Für die Beobachter ist im nachhinein am wichtigsten, daß der Klient "zum ersten Mal ein bißchen aus sich herausgekommen ist" (BN0).

Die fünfte Stunde

Karl hatte vor dem Haus gewartet, als Jan endlich mit 45 Minuten Verspätung kam. *Karl wollte wenigstens noch kurz mit Jan sprechen. Ihm fiel auf, wie steif und mit hochgezogenen Schultern Jan vor ihm die Treppe raufging.* Jan begann sogleich mit Selbstanklagen, er fühlte sich wie ein begossener Pudel.

(10kons) <<Karl war verletzt und verärgert, weil Jan auch jetzt nicht Kontakt zu ihm aufnahm. Er sah Jan wie einen kleinen Jungen vor sich, der erwartete, geschlagen zu werden. Ob sich Jan klar darüber war, was er bei anderen anrichtete? Er unterbrach Jan: "Ist es dir egal, ob du mich verletzt, oder was ist dein Gefühl dazu?" "Mein Gefühl ist so, daß ich da immer wieder so reinrutsche," begann Jan, aber Karl unterbrach erneut, *er wollte keine jammerigen Entschuldigen hören:* "Du antwortest auf meine Frage gar nicht." Jan hob resigniert seine Schultern, sah schweigend auf den Boden. *Wie soll ich das erklären? dachte er. Er fühlte sich ja selbst hilflos seinem eigenen Verhalten gegenüber. Er machte solche Sachen wie unter einem Zwang, er konnte das gar nicht, höchstens in Extremsituationen oder unter starkem Druck. Karl müßte das als Psychotherapeut doch besser verstehen oder erklären können, was er an sich selbst nicht verstand.*

Vielleicht war die Frage schon zu weit, dachte Karl, er machte einen neuen Versuch: "Also muß ich das in Kauf nehmen, bei Dir?" *Nun will er unbedingt etwas Gefühlsmäßiges aus mir herauskitzeln, dachte Jan, aber er konnte es ihm nicht geben. Da war einfach nur die Hilflosigkeit gegenüber der Situation und dem eigenen Verhalten.* "Also ich würde es eigentlich nicht wollen," antwortete er schließlich, "aber ich kann mir irgendetwas Großartiges ausdenken, um das zu verhindern. Also irgendwie, ich weiß es auch nicht ..." Er brach hilflos ab, schaute in sich zusammengesunken auf den Boden. Karl wurde nun ungeduldig und ärgerlich: "Noch ein mal die Frage, wie geht es Dir denn damit? Ich bin verletzt, ich bin verärgert. Tut es dir leid, oder läßt es dich kalt, oder was immer?" "Das einzige, was mir dazu einfällt, sind meine Mechanismen, mit denen ich zu spät komme," antwortete Karl. "Du weißt gar nicht genau, wie Du das mir gegenüber empfindest?" *Jan war nun etwas erleichtert. Karl schien verstanden zu haben, was in ihm vorging, jetzt mußte er nicht noch stundenlang irgendetwas erklären. Auch Karl fühlte sich nun hilflos.>>*

Jan erklärte weitschweifig, wie sein Fahrrad auf dem Weg hierhin kaputtgegangen war. Ob er damit für sein häufiges Zuspätkommen nicht verantwortlich sei, fragte Karl etwas ironisch. "Das will ich nicht sagen," antwortete Jan, "nur das läuft sehr unbewußt ab, so daß es mir immer erst viel später auffällt. Alles, was ich bewußt mache, spielt im Grunde fast schon keine Rolle mehr. Das einzige, was mir dann einfällt, ist eben, zu spät kommen, das sollte man nicht. Und wenn Du da verletzt bist, ist noch ärgerlicher, da muß ich mir was ausdenken, irgendwelche Antimechanismen."

Karl fragte nach Situationen, in denen Jan pünktlich gewesen war. Beim Reiten sei er nur deshalb pünktlich gewesen, meinte Jan, weil er totalen Ärger bekommen habe und dazu Geld verlor. Und bei der Bundeswehr hätte er fürchterlichen Terror und Disziplinararrest bekommen, nur deswegen hätte es auch irgendwie geklappt. Im Prinzip sei er also schon in der Lage, pünktlich zu sein: "Aber wirklich nur dann, wenn ich ganz brutal Ärger bekomme und auch mich selber bestrafe." Karl wurde ironisch: "Auf das Unbewußte kann man ja viel abschieben. Wenn nicht meine Verletzung und mein Ärger hochgestiegen wäre, dann hätte ich Dir ja auch gratulieren können zum neuen Rekord. Verstehst Du meine Ironie eigentlich?" fügte er hinzu. Jan lächelte. Er freute sich sogar ein wenig, denn wenn jemand so ironisch damit umging, dann war es doch o.k. für ihn.

Karl wollte nun das Gespäch beenden, ihm ginge es jetzt besser. Jan war darüber erstaunt, denn er habe doch gar nicht schuldbewußt geheult oder fertig am Boden gelegen. Nun wurde Karl energisch: "Das ist ein Irrtum! Denkst Du, das erwarte ich? Willst Du wissen, was mir hilft? Daß ich Dir das sage und ausdrücke, was ich fühle, und daß zumindest darüber ein bißchen Kontakt mit Dir besteht. Kannst Du das verstehen?"

(11st) <<Jan verstand das nicht recht: "Ich denke immer, viele Sachen, die man fühlt, sollte man besser für sich behalten. Die große Masse der Erfolgsmenschen ..." Aber Karl unterbrach: "Das sagst Du auf wie einen gelernten Spruch! Weißt Du was? Das macht Dich einsam!" *Diese Haltung Jans kannte er. Genauso habe ich das auch gemacht in meinem Leben, dachte er. Der kann gar nichts anderes als eine Phantasiewelt entwickeln, er hat gar keinen richtigen Kontakt zur Welt. Karl fühlte sich auch nicht ernstgenommen. Er hätte eher sagen sollen, daß ihm diese Phrasendrescherei wie ein seelenloses Tonband vorkomme. Er wollte es nicht mehr hören, es war eher verletzend.*

Doch Jan zuckte nur mit den Achseln, lächelte ein wenig und spulte weiter ab "Was kann ich dafür, daß alle solche Supertypen sind. Ich mach nicht sehr viel, ich bin ein sehr passiver Mensch, schon seit vielen Jahren." *Karl dachte an seine Vergangenheit und sah Zweifel und Kampf bei Jan. Aber auch eine Form von Triumph: "Seht her, ihr kriegt mich nicht. Niemand kriegt mich. Ich kann nichts dafür." Nun war für ihn ein Punkt erreicht, wo er merkte: Ich kann es nicht mehr hören, dieses Jammern und immer die anderen Leute.* Er stand auf, um das Gespräch zu beenden. "Wenn ich eine richtig harte Bestrafung zu erwarten hätte, dann wäre ich auf jeden Fall stärker motiviert, pünktlich zu sein," meinte Jan, er saß noch. "Das klingt fast so, als ob Du das möchtest," antwortete Karl, "aber dazu habe ich keine Lust." *Er war sauer. Das klang so masochistisch: Bitte, bestraf mich. Eigentlich hätte er sagen können: Du spinnst wohl, ich bin doch nicht Dein Papa oder sonstwer. Eigentlich ein guter Punkt, um daran zu arbeiten, aber jetzt hatte er keine Lust mehr.*>>

Jan hatte nach der Therapiestunde das Gefühl, noch mal einigermaßen gut weggekommen zu sein. Er hatte eine Sanktion oder gar die Drohung mit Therapieabbruch befürchtet. In den folgenden Tagen nahm er sich fest vor, pünktlich zu kommen. Er wollte auf jeden Fall vermeiden, daß seine Verspätungen nun Dauerthema und seine eigentlichen Probleme gar nicht ausführlicher behandelt werden. Unmittelbar nach der Stunde und auch in den folgenden Tagen war Karl froh, daß er ehrlich seine Gefühle mitgeteilt hatte. Vielleicht würde das Jans Tendenz, eine Vater-Sohn- oder Vorgesetzten-Untergebenen-Beziehung herzustellen, verändern.

Interpretation

Ihm Gegensatz zu den vorherigen Stunden zeigt der Therapeut dieses Mal deutlich seine Verärgerung und Verletzung über die ständigen Verspätungen des Klienten (10kons). (Da auch die Beobachter warten mußten, spricht er ihnen aus der Seele). Er läßt sich auch nicht durch die für alle sichtbare schuldbewußte Haltung und die üblichen Selbstbezichtungen ablenken. Er hakt so lange nach, bis seine emotionale Betroffenheit den Klienten für einen Moment erreicht. Der Klient wird sich seiner ganzen Hilflosigkeit angesichts seines eigenen Verhaltens bewußt und fühlt sich darin auch vom Therapeuten verstanden. Allerdings ist nun auch der Therapeut hilflos, der kurze Kontakt wird abgebrochen.

Beide überspringen nun ihre Gefühle von Hilflosigkeit: der Klient verfällt wieder in seine üblichen Erklärungen, der Therapeut wird zunehmend ärgerlich und ironisch. Indem er jedoch dem Klienten nun Absicht unterstellt und eine Vorwurfshaltung einnimmt, ist das bekannte Angriff-Verteidigungs-Muster wiederhergestellt. In der nun folgenden für den Therapeuten wichtigen Situation (11st) wird noch einmal dessen Kränkung deutlich. Diese hat nach seinen Aussagen im Nachgespräch in doppeltem Sinne einen lebensgeschichtlichen Hintergrund: es war immer wieder schmerzhaft für ihn, in seinem Wunsch nach Kontakt zurückgewiesen zu werden, wie er umgekehrt die Erfahrung kennt, sich gegen andere abzuschotten und dabei auch triumphale Gefühle zu empfinden. Gleichzeitig wird an der Überraschung des Klienten deutlich, wie wenig dieser eine ehrliche und emotionale Resonanz auf sein Verhalten erwartet oder gar kennt. Ihm bleibt nur der Rückzug in seine Phantasiewelt, wobei Kontaktangebote der Außenwelt nur noch als Anforderungen gesehen werden, auf die er erst bei Androhung einer "richtig harten Bestrafung" reagieren muß.

Die auch nachträgliche Bedeutung des ersten Kontaktmomentes (10kons) zeigt sich in den Nachinterviews aller Beteiligten. So erinnert der Klient nach Abschluß der Beobachtungen (KN0) genau den Ablauf und seine Gefühle in den ersten Minuten, besonders die Frage "Muß ich das in Kauf nehmen?": "In dem Augenblick war ganz furchtbar mein Gewissen irgendwie gefragt: Darf ich das jemandem antun oder ist das nicht eine abfällige Behandlung einer für Dich bedeutsamen Person?" Noch nach zwei Jahren (KN2) erinnert er, daß ihn dieses "Schlüsselerlebnis" "bewegt" hat, weil der Therapeut im Gegensatz zur Analytikerin sein Zuspätkommen "sehr ernstgenommen" habe. Allerdings habe er auch "bis heute keine befriedigende Antwort gefunden".

Auch der Therapeut hat in den Nachinterviews noch einzelne Bilder von den ersten Minuten dieser Stunde. Er erinnert, daß er besonders verärgert gewesen war und es persönlich genommen hatte. Ähnlich erinnert es die Beobachterin nach einem Jahr.

Die sechste Stunde

Jan erschien pünktlich, so sei es mit ihm, wenn man Druck mache. Beide trafen nun eine Abmachung, nach der jeder für ein Zuspätkommen 10.- DM in eine gemeinsame Kasse für ein Abendessen einzahlen sollte. Jan beklagte sich im folgenden, daß mit seinem Studium überhaupt nichts mit ihm klappe. Karl unterbrach ihn nach einigen Minuten, er vermutete, daß Jan eigentlich keine Lust zum Studium habe. Jan war überrascht, den Gedanken hatte er auch schon gehabt. Beide lächelten sich an.

(12st) <<Karl fragte nach, was Jan überhaupt mal Spaß gemacht habe. Jan erzählte nun ausführlich, wie er als Zwölfjähriger tolle U-Boote aus Duplosteinen konstruiert hatte, die sogar schwimmen und tauchen konnten. *Karl dachte an ähnliche Spiele seiner beiden Jungen. Er spürte eine Verbindung zu Jan und freute sich, ihn mal in einer anderen als der üblichen klagenden Stimmung zu erleben. Er erinnerte sich an dessen Biografie, die Kindheit in Brasilien, ein Außenseiterkind, zu Hause entfremdet und sonst sicher viel allein.* Karl fragte immer wieder interessiert nach und Jan erzählte mit wachsender Begeisterung. Karl bemerkte schließlich, daß Jan zu den Beobachtern rüberschaute. Ihm sei wichtig, daß die alles mitschrieben, sagte Jan. Auf Karls Nachfrage gab er zu: "Damals war das eine tolle Sache, und jetzt bin ich noch immer stolz drauf.">>

Karl fragte nun, was Jan am Studium Spaß mache. Jan antwortete allgemein mit "Aneignung von Drumherumwissen", aber er könne einfach nicht sein Studium organisieren. Schließlich richtete er seinen wachsenden Ärger auf Karl: "Du hättest bohren sollen, mich eiskalt festnageln. Ich brauche eine Art brutale Psychotherapie." Auf Karls Vorschlag spielte Jan einen "brutalen Therapeuten", der seinen Klienten unter anderem mit "hoffnungsloser Fall" abkanzelte, der eh nur "Schwachsinn" produziere. Karl brach das Rollenspiel bald ab und fragte, woher Jan die Sprüche kenne. "Von 10 bis zu meinem Abi habe ich das von meiner Mutter ständig gehört," sagte Jan ärgerlich, sonst habe sie gar nichts mit ihm anfangen können.

(13st) <<Für ihn sei wichtig zu hören, daß Jan als Kind wohl ganz geschickt war und Phantasie hatte, sagte nun Karl zusammenfassend, "und ich höre, daß das Deine Eltern, besonders Deine Mutter, nicht die Bohne interessiert hat." Jan bestätigte dies. *Karl sah Jan nun eins der seltenen Male direkt berührt, traurig und auch trotzig. Mann oh Mann, dachte er, das muß ja beschissen gewesen sein, als Kind alle naselang abgebügelt zu werden.* "Du siehst ein bißchen traurig aus," fuhr er fort. "Ich stell mir das ganz hart vor, wenn ich sehe, wie oft meine Kinder reinstürzen: Papa, guck mal ..." "Total egal. Total wurscht," unterbrach Jan und hob mehrfach resigniert Arme und Schultern,

"kann man alles in den Müll der Geschichte werfen und da kann es liegen bleiben, völlig unwichtig und überholt."

"Jan! Das glaube ich nicht!" sagte Karl nun sehr eindringlich. *Jetzt war für ihn der Zeitpunkt gekommen zu erklären, was für ihn Therapie ist. Nicht wegwerfen oder faules Fleisch herausschneiden.* "Weißt Du, das ist ein Kernpunkt, die Auseinandersetzung mit Deiner Mutter zum Beispiel," sagte Karl bestimmt. Jan reagierte nun höhnisch, ob Karl sich solch einen Kernpunkt vorgenommen habe und was das überhaupt mit seinen heutigen Problem zu tun habe. *Karl war nun unsicher, ob er nicht zu belehrend war.* "Ich kann und will es Dir nicht vorschreiben", meinte er nun ruhiger, "ich wollte Dir nur sagen, das ist ein wichtiges Prinzip in der Therapie, mit solchen Gefühlen in Kontakt zu kommen und sich damit noch mal auseinanderzusetzen." *Er war froh, das endlich mal klar gesagt zu haben. Er wußte aber auch aus eigener Erfahrung, wie unendlich schwer dies manchmal war.*>>

Jan erzählte nun, daß das Abitur für seine Eltern immer eine unausgesprochene Selbstverständlichkeit gewesen sei, sonst würde er laut seiner Mutter als Straßenfeger enden. Erst später habe er entdeckt, daß es auch Berufe dazwischen gäbe. Seine Mutter sei ein Drachen und sein Vater habe immer nur Geschichten erzählt und den Mund gehalten, wenn er ihn gebraucht hätte. (B) <<"Ich zählte gar nicht, auch heute: was ich selber als Individuum tue, das interessiert die nicht, es geht meinen Eltern nur um das Bild, was sie sich machen, daß ihre Vorstellungen stimmig sind! Das ist so abstrus, so komisch, das kann doch eigentlich gar nicht wahr sein!">> Karl fragte, wie die Eltern die Wahl des Studienfachs beeinflußt hätten. Zunächst wollte Jan Politologie studieren, habe sich dann aber wegen der Bedenken seines Vaters für Jura entschieden.

(14sk) <<Karl wollte nun die Stunde beenden, worauf Jan sauer wurde: "Peng! Das ist alles Peng. Wir haben die Stunde gelabert. Wenn in der Stunde mal so richtig was aus mir herausgekommen wäre. Heulend auf dem Boden liegen und irgendetwas wäre mir hochgekommen, dann wär' das irgendwie sehr toll gewesen. Aber so, alles nur für die Mülltonne der Geschichte! *Jan war richtig ärgerlich, schon wieder war nichts passiert. Noch mal den ganzen Quatsch rausgelabert, was ihm schon längst klar war. Irgendwann müßte doch mal so richtig dieser ganze Frust aus der Vergangenheit und dieser ganze Haufen Scheiße aus ihm rauskommen. Nun hatte er ihn wieder rausgeholt und ausgebreitet und jetzt mußte er den ganzen Scheiß wieder auffegen.*

Karl war überrascht, wie aufgebracht Jan plötzlich war, aber auch etwas fassungslos: fand Jan die Stunde wirklich völlig sinnlos? Er wollte sich den Vorwurf nicht reinziehen. "Wie soll denn was hochkommen, wenn Du es in die Mülltonne tust?" fragte Karl, worauf Jan nur mit den Schultern zuckte. "Darüber denk' mal nach! Jetzt zum Beispiel kommt dir einiges hoch." 'Jetzt? Weil ich sage: Peng? Oder was?" fragte Jan, *überrascht, daß Karl das so*

wichtig nahm, was er selbst nicht als so wichtig angenommen hatte. "Ja. Traurigkeit. Nur das zählt nicht, mmh?" fragte Karl. *Ein letzter Versuch, dachte
Karl, ihm zu zeigen, daß doch einiges hochkommt.*

*Seit ich Therapie mache, ist alles sehr zäh, dachte Jan. Überhaupt, seit ich bei
meinen Eltern ausgezogen bin, klappte nichts mehr.* "Das ist alles so ein Haufen Scheiße, wie so ein Rucksack voll Scheiße, den ich dauernd mit mir rum-
trage. Aber ich bin gezwungen diesen Rucksack rumzutragen," meinte er. *Karl
suchte nach einem runden Schluß, aber er fand keinen.* "Aber wir fangen an,
ihn auszupacken," sagte er nur und stand auf. *Er hatte sich kurz den Rucksack
vorgestellt, voller Scheiße. Aber er wollte jetzt einfach mit dem ganzen Müll
nichts mehr zu tun haben.* >>

*Jan war nach der Stunde noch genervt, aber im Laufe der Woche fand er doch
einige Themen wichtig. Er nahm sich fest vor, pünktlich zu sein, denn er wollte
noch viel mehr erzählen, damit Karl ihm dann Parallelen und Zusammenhänge klarmachen könnte. Für Karl war der Kontakt zu Jan zum ersten Male
nicht so belastet und verkrampft gewesen, Jan hatte ihn viel besser anschauen
können. Ärgerlich war für ihn nur, daß Jan diese Stimmung zum Ende der
Stunde wieder kaputtmachte. Im Laufe der folgenden Woche kämpfte er gegen
das Gefühl: "Da ist so ziemlich alles umsonst." Wenigstens schien sich Jan
von ihm nicht mehr kritisiert zu fühlen.*

Interpretation

Die erste wichtige Situation (12st) entsteht, als sich der Klient von seinen
Selbstanklagen ablenken läßt und lächelnd einen geheimen Gedanken zugeben
kann (keine Lust zum Studium). Ermuntert durch den Therapeuten berichtet er
nun ausführlich über glückliche Kindheitserfahrungen. Der Therapeut zeigt,
vermittelt durch die Erinnerung an seine beiden Söhne, echtes Interesse und
auch Freude über Jans Erfolge. Es entsteht eine leichte, lockere Atmosphere,
wobei der Klient tatsächlich seinen kindlichen Stolz kurz nacherleben kann und
auch die Beobachter mit einbezogen werden.

Als der Klient dann das Desinteresse seiner Eltern an seinen kindlichen Spielen
beklagt, hat sich der Therapeut mit dem zurückgewiesenen Kind identifiziert
und drückt nun dessen Gefühle aus (13st). Im Nachgespräch äußert er deutliche
Parallelen zu seiner eigenen Kindheit: "Es zählten letztlich nur die Leistungen in
der Schule ... Aber nicht so die spontane, pure Freude." Der Klient reagiert mit
strikter Abwehr solcher Gefühle, seiner Vergangenheit überhaupt. Auch dies
kennt der Therapeut von sich: "Ich hab' ungern zu meiner Vergangenheit gestanden. Ich wollte nicht mehr hingucken."

Eindringlich, aus seiner Betroffenheit wie auch aus dem Wissen seiner Eigent-
therapie heraus, formuliert er nun sein Verständnis von Therapie. Der erhoffte

Effekt, Einsicht oder Aufmunterung zu bewirken, verkehrt sich ins Gegenteil. Die Perspektive, sich mit der schmerzhaften Vergangenheit auseinandersetzen zu müssen, mobilisiert die gesamte Abwehr des Klienten (14sk). Der Therapeut ist noch aufgrund seiner inneren Bilder positiv gestimmt. Umso mehr muß es ihn überraschen, daß der Klient nun seine ganze Wut über seine Mißerfolge einschließlich derer in seinen bisherigen Therapien entlädt. Das Selbstbild des stolzen Schiffebauers zu Beginn der Stunde hat sich in das eines "Rucksacks voll Scheiße" gewandelt.

Der Therapeut erinnert sich später an die Duplo-Schiffe: "Da war ich bewegt. Aber das war sozusagen wertlos, habe ihn nicht erreicht" (TN0).

Die siebte Stunde

Jan kam pünktlich und begann gleich damit, daß die letzte Stunde zu viel gelabert worden sei. Eine halbe Stunde lang beschrieb er nun seine Situation, wobei er immer lauter und erregter wurde: Es sei scheißegal, was seine Eltern gemacht hätten, er wolle endlich seine Arbeits- und sexuellen Störungen loswerden. Er befinde sich im Stillstand, sein ganzes Leben ginge nicht weiter und die Therapie solle ihn endlich zum Funktionieren bringen. Auf seine Beziehung zu Karl angesprochen, meinte er, daß die Gefühlsfragen schwierig für ihn seien, er käme gefühlslos wie bei einer Pflichterfüllung.

(15sk) <<*Jan war nun richtig ärgerlich, sein ganzer äußerer und innerer Zustand kam ihm hoch*: "Das, das zerreißt mich von innen, von oben nach unten, das ist wie Säure, die mich von innen zerfrißt." Er müsse endlich was tun, sich irgendwie auch mal an seinen Eltern rächen oder Zwangsarbeiten leisten: "Egal, was ich machen muß, es kann so nicht weitergehen!" Beide schwiegen nun eine Weile. *Karl war erleichtert, daß Jan endlich mal ein bißchen lebendig wurde. Jans starke Bilder, sein Haßausbruch vor allem auf sich selbst, hatten ihn betroffen aber auch ratlos gemacht. Er spürte Jans Verzweiflung, fühlte mit ihm. Wie konnte er das aufgreifen, ohne Jan zu erschrecken, so daß gleich die Klappe fiel? Er war unsicher, ob Jan seine Beschreibung der Gefühle akzeptieren würde, deshalb formulierte er vorsichtig, einschränkend:* "Kann ich sagen, Du bist verzweifelt?" Jan schwieg eine Weile, schien sich etwas zu beruhigen. *Karl hatte ihm ein Stichwort gegeben. Es war vielleicht nicht der optimale Ausdruck, aber es hat auf jeden Fall etwas mit Verzweiflung zu tun.* "In gewisser Weise bin ich auch verzweifelt, ja! Aber vor allem ärgerlich auf mich selber," antwortete er schließlich.>>

Jan klagte nun weiter, seit der Schulzeit würde nichts mehr klappen, und verlangte erneut, die Therapie solle ihn zum Funktionieren bringen. Karl fragte nach, warum er keine Lehre mache. Er wolle sich im Beruf nichts von anderen vorschreiben lassen, reagierte Jan empört, schließlich habe er ein immenses Wissen über alle Gebiete in der Welt, könne sich mit Professoren über Philosophie unterhalten und sei in manchen Dingen anderen haushoch überlegen. Karl gab sich nun ratlos, das Gespräch sei wieder an den Anfang zurückgekehrt.

(16sk) <<Jan fragte erstaunt, ob das nicht wichtig gewesen sei, was er in den letzten Minuten erzählt habe. "Wichtig für wen?" fragte Karl zurück. *Jan schien von ihm eine endgültige Lösung seiner Probleme zu erwarten, eine Art magisches oder kindliches Denken.* Jan meine wohl, daß ein Therapeut genügend Informationen vom Klienten sammeln müsse, um dann zu sagen, was zu tun sei. "Ich habe aber keinen Behandlungsplan für Dich," fügte er bestimmt zu. *Jan fühlte sich nun alleine gelassen. Er sollte zwar irgendwelche Gefühle erfahren, aber es würde nichts mit ihm gemacht werden. Das ist jetzt wieder*

das härteste Brot, dachte er, ich muß mir mein Programm und alles selber machen. "Das ist schlecht," meinte er resigniert.>>

Jan hatte nun das Gefühl, hier seine Pflicht zu erfüllen und zu arbeiten, aber nichts dafür zu kriegen. (17kd) <<*Das ist fast wie eine Beleidigung, dieses ewig gleiche Lamento, dachte Karl. Er wollte zum Schluß noch einmal klar sagen, was Jan von der Therapie nicht erwarten konnte. Vielleicht würde es in ihm ein bißchen weiterarbeiten:* "Ich hab' heute das Gefühl, Du spulst hier Geschichten ab, die Du Dir tagelang und nächtelang selber erzählst. Und da wird sich auch nichts ändern, solange Du nicht bereit bist, diese Geschichten auf andere Weise zu folgen. Du erzählst sie mir sozusagen gebetsmühlenartig vor. So mauerst Du Dir Deine Welt zurecht und wunderst Dich, wenn Du irgendwo dagegen ballerst! Das ist jetzt mein Schlußwort!" Damit stand Karl lächelnd auf.

Jan hatte zwischendurch kurz aufgelacht, nun blieb er noch eine Weile konsterniert sitzen. *Alles, was ihm bedeutsam, wichtig und logisch durchdacht vorkam, war nun für jemand anders wie eine Gebetsmühle. Merkwürdig, das hatte er noch nie vorher so gesehen. Ihm war gar nicht bewußt gewesen, daß er sich von Stunde zu Stunde wörtlich wiederholte, wohl so eingegraben in seinen Geschichten war. So etwas hatte seine Analytikerin ihm nie gesagt und er hatte immer gehofft, durch Nachdenken und neue Gesichtspunkte durch den Therapeuten so nach und nach seinen Problemen auf die Spur zu kommen. Jan war nun auch ein bißchen erleichtert: wenn seine Geschichten nun als Gebetsmühlengeschichten identifiziert waren, konnte ja etwas anderes aus ihm rauskommen.>>*

Jan ging es nach der Stunde besser, ihm war etwas klar geworden. In der darauf folgenden Woche ertappte er sich mehrfach dabei, wie er sich wieder Gebetsmühlengeschichten für die nächste Therapiestunde zurechtlegte. Demgegenüber war Karl nach der Stunde ratlos und ein wenig traurig, er wußte nicht wie es weitergehen sollte. Als er Tage später das Interview mit Jan las, war er wieder zuversichtlicher. Er war überrascht, daß sich Jan doch gelegentlich aus der Distanz betrachten konnte.

Interpretation

Die Abwehrhaltung des Klienten aus der vergangenen Stunde setzt sich zunächst nahtlos fort. Der Therapeut hält sich lange zurück, bis sich der Klient in eine ohnmächtige Wut hineingesteigert hat und in einem drastischen Bild seinen gegenwärtigen inneren und äußeren Zustand beschreibt (15sk). Die vorsichtige Intervention des Therapeuten bringt ihn schließlich auf den Punkt: er redet nicht mehr nur über seine verzweifelte Lage, er *ist* verzweifelt, und dies ist spürbar für den Therapeuten wie für den Beobachter.

Seine kurze emotionale Beteiligung drückt der Therapeut jedoch nicht aus. Er hält sich weiterhin zurück, wahrscheinlich, um seine eigene zunehmende Ratlosigkeit zu vermeiden. Somit hat er tatsächlich keinen "Behandlungsplan" für den Klienten (16sk). Der Klient fühlt sich nun seiner letzten Hoffnung beraubt und vom Therapeuten zurückgewiesen, folgerichtig betrachtet er die Treffen nur noch als "Pflichterfüllung". Im Nachinterview drückt der Therapeut deutlich seine Ratlosigkeit aus: "Wie Beton, er weiß nicht, ob er gerne oder ungerne kommt, was er im Moment empfindet, und offenbar spürt er nicht, wenn tatsächlich einmal was in ihm passiert." Im nachhinein wird ihm auch klar, wie "hart" er sich von den Anforderungen des Klienten abgegrenzt hat, ohne ihm zu sagen, was er für machbar hielt.

In der abschließenden Szene (17kd) gibt der Therapeut schließlich seine Zurückhaltung auf und drückt seine Frustration über "das ewig gleiche Lamento" und seinen ganzen Ärger über die "beleidigende" Kontaktabwehr aus. Mit dieser Energie sowie seiner persönlichen, ehrlichen und deutlichen Beschreibung des bisherigen Kontaktprozesses ("gebetsmühlenartige Geschichten") stößt er schließlich durch den "Beton" des Klienten. Der Klient erkennt nun ein Gegenüber im Gegensatz zu vorherigen Therapieerfahrungen. Dabei gewinnt er auch eine neue Erkenntnis und nicht zuletzt schöpft er neue Hoffnung.

Therapeut wie Klient erinnern sich später vor allem an den Begriff "Gebetsmühle". So erinnert der Klient, daß er sich in dem Moment "verunsichert und irgendwie entlarvt" gefühlt habe, aber auch "plötzlich was umgesprungen" sei. Seitdem geschieht es "so immer mal wieder, daß ich merke oder stutzig werde: aha, was ich jetzt stundenlang gedacht hab oder so, könnte wie eine stundenlange Gebetsmühle sein, die ich mir selber vorerzählt hab ... bis zu diesem Zeitpunkt wär ich nie auf die Idee gekommen" (KN0). Nach der Erinnerung des Therapeuten hatte es schon eine Weile in ihm "gegärt". Das Wort "gebetsmühlenartig" sei dann aus ihm "herausgeplatzt" und habe zu seiner Überraschung auch gesessen.

Die achte Stunde

Jan begann damit, daß er häufig an die "Gebetsmühle" gedacht hatte, fuhr dann aber wieder mit verschiedenen Selbstanklagen fort mit dem Fazit: "Ich bin in großen Teilen unveränderbar, eine Art seelisch querschnittsgelähmt."

(18sk) <<*Karl suchte einen Weg, Jans Gebetsmühle zu durchbrechen.* "Nehmen wir an, ich wäre ein Wunderheiler. Was würde dann passieren?" *fragte er. Jan war zunächst unangenehm berührt, er wußte nie eine Antwort auf eine solch konkrete Frage, am ehesten das Passiv-bleiben. Dann fiel ihm ein, daß er ja bei Wundern bleiben könnte.* "Dann würdest Du mich befreien von meinen Neurosen, mit denen ich Sexualität vermeide," antwortete er. Karl forderte ihn auf, darüber zu phantasieren. Dann würde er sich nicht so bescheuert finden und mit einer attraktiven Frau im Bett liegen. Außerdem würde er sich mit einer Wahnsinnsenergie daran machen, seinen Lebens-Saustall auszumisten.

Karl befürchtete nun, Jan würde nun weitere Forderungen seiner Eltern auflisten, und unterbrach: "Wir waren gerade bei den Frauen, was würdest Du mit denen machen? Das ist, glaube ich, interessanter." *Jan hätte gerne über sich als Superaktiven weitergesponnen, aber das hatte Karl nun abgeschnitten. Er wurde nun verlegen und wehrte ärgerlich ab:* "Das ist doch irgendwie so blödsinnig. In fünf Tagen ist Leistungskontrollklausur und wir unterhalten uns über Frauen!" Karl wies Jan daraufhin, daß er sich beim Thema Sexualität stoppte. Jan fühlte sich ertappt: "Das ist ein Punkt, an dem ich sehr häufig stoppe," gab er zu.>>

Karl hakte nun nach, was Jan zum Beispiel bei einem Treffen mit der von ihm verehrten Studentin erzählen würde. Jan fiel nichts ein, er hatte auch Angst, daß andere sich über ihn lustig machen. (19sk) <<Als Jan kurz stoppte und vor sich hin lächelte, hakte Karl nach. Jan gestand nun, daß er wieder bei einer Prostituierten gewesen war. Diesmal war es jedoch nicht so toll gewesen, weil er Erektionsschwierigkeiten hatte. *Jan war froh, das erzählt zu haben. Ihm war das vorher immer wieder durch den Kopf gegangen, er konnte es nur noch schwer zurückhalten.* >> Karl kam es so vor, als habe Jan wie ein kleiner Junge von seinem neuesten Streich erzählt. Vielleicht sei es ein Streich gegen seine Eltern gewesen, meinte Jan, aber denen würde er es sicher nicht erzählen.

(20st) <<Karl kam noch einmal auf die Studentin zurück: "Kannst Du Dir vorstellen, daß Du ihr sagst, daß Du sie gerne magst?" *Er wollte jetzt mal nicht locker lassen.* So offen sicher nicht, meinte Jan. Karl wollte es genauer wissen. Jan schwieg lange, rutschte verlegen auf dem Stuhl, dann: "Ich könnte ihr ja davon erzählen, daß ich sie seit `86 verehre." Aber das sei sicher uncool, sie würde ihn auslachen. *Wie aufregend das Thema für ihn ist, stellte Karl fest, aber vielleicht könnte er über solche Phantasien aus seinen festgefügten Mau-*

ern kommen. Er erinnerte sich aber auch seiner eigenen Angst als 13-jährigem, lächerlich gemacht zu werden.

Karl schlug seinen Satz erneut vor, worauf Jan nach längerer Pause meinte, er würde vielleicht sagen, daß er sie ganz toll finde. Karl forderte Jan nun zweimal auf, diesen Satz mal laut auszuprobieren. Jan lächelte vor sich hin, wippte kurz mit den Beinen, streckte sich dann. Karl *sah Jan langsam wieder in seine Ängste und Zweifel absacken. Er schwankte zwischen Aufgeben und dem Impuls, Jan Mut zu machen, ihn anzuspornen, vielleicht sogar aus einem väterlichen Standpunkt von seinen eigenen Erfahrungen mit Frauen zu sprechen. Er* setzte nach: "Das ist aufregend, nicht? Sag ihn mir mal!" Karl lehnte sich zurück, *vielleicht saß er zu dicht bei Jan. Er spürte Jans Angst, über eine Klippe zu springen, er kannte sie aus der eigenen Therapie. Jetzt war endlich mal eine Situation, in der Jan die Erfahrung machen konnte, daß es doch geht, statt immer nur rumzujammern.* "Will ich aber nicht," sagte Jan schließlich.

Nach längerem Schweigen beugte sich Jan wieder nach vorne: "Irgendwie mache ich mich damit doch lächerlich!" *Schade, dachte Karl, jetzt verschwindet er wieder in seinem Bau. Na gut, sagte er sich dann, er ist auch schon weit genug gegangen und ich war ja schon sehr zupackend. Vielleicht probier ich es ein anderes Mal wieder.>>*

Jan verfiel wieder in seinen üblichen selbstanklagenden Redetonus. Mit 14, 15 Jahren habe sich in seinen Kopf eingegraben, daß Sexualität für ihn nicht zu haben sei. Deshalb hatte er sich lange einen Orgasmus verboten, um dann schließlich onaniersüchtig zu werden. Karl unterbrach: "Du erzählst diese Geschichte wieder, wo es aufregend wird." Dabei sei die Angst vor Aufregung und Blamage doch eine ganz normale Geschichte, die auch vorüberginge.

(21st) <<Karl erzählte nun, wie er einmal als Jugendlicher beim Gespräch mit einem Mädchen vor Aufregung einfach den Telefonhörer aufgelegt habe. *Er konnte sich noch detailliert an diese Situation erinnern und seinen Ärger danach.* "Solche Sachen gehen vorüber," wiederholte Karl schließlich, aber Jan reagierte nur genervt. "Das hätte ich nicht sagen sollen," bedauerte Karl, "ich wollte Dir eigentlich ein Stück Hoffnung machen. *Schade, Jan hatte ihn falsch verstanden, er wollte ihn einfach trösten, sagen, komm mal, so was ist überwindbar.>>*

Karl war nach dieser Stunde wieder zuversichtlicher, vielleicht würde Jan nicht mehr nur auf seine Unzulänglichkeiten starren. Auch Jan ging es mit dieser Stunde besser als mit den meisten zuvor. Er fand gut, daß Karl ihn darin gestoppt hatte, seine ganzen Probleme auszuwälzen. Neu und aufschlußreich war für ihn die Erkenntnis, daß er sich bei aufkommender Errregung offensichtlich bedroht fühlte und er dann lieber an all die unbewältigten Pro-

bleme dachte. In den folgenden Tagen schöpfte er neue Hoffnung, daß es tatsächlich mal mit einer Frau klappen könnte.

Interpretation

Auffällig für die Beobachter ist die "freundschaftliche Atmosphere" über die gesamte Stunde, bei der der Therapeut "geduldig" ist und der Klient "tatsächlich zuhören kann". Am Schluß begrüßt es der Klient gar, daß der Therapeut ihn häufiger in seiner "Gebetsmühle" unterbrochen hat. Mit dem übergreifenden Thema "Frauen" wird ein aktuelles Problem des Klienten behandelt, das weit weniger seine Widerstände und vor allem keine Wut auslöst und bei dem beide auch schon eine gemeinsame schöne Erfahrung gemacht haben (s. 4. Stunde). Zudem ist sich der Therapeut bei diesem Thema in der "Rolle des Erfahrenen" sicher und gleichzeitig der damit verbundenen Angst- und Schamgefühle in Erinnerung seiner eigenen Lebensgeschichte bewußt. So kann er locker, auch humorvoll und vor allem zielsicher den Klienten bei der Entwicklung dieses Themas begleiten und die Grenzen des Klienten respektieren.

Die folgenden vier als wichtig bezeichneten Szenen scheinen aufeinander aufzubauen. In der ersten Situation (18sk) gelingt es dem Therapeuten zunächst, über eine Phantasie, dann über eine lockere persönliche Mitteilung ("das ist, glaube ich, interessanter"), den Klienten auf das Thema "Frauen" zu fokussieren. Dabei gewinnt der Klient die neue Erkenntnis, daß er bei diesem aufregenden Thema häufiger ablenkt. In der folgenden Situation (19sk) drückt der Klient sein gewachsenes Vertrauen aus, indem er dem Therapeuten ein Geheimnis anvertraut, das dieser auch mit Humor integriert.

In der folgenden Szene (20st) kann der Klient für einen Moment seine Aufregung zulassen und sich konkrete erste Sätze der Ansprache vorstellen. Der Therapeut begleitet ihn vorsichtig, fast liebevoll, und sieht trotz des Abbruchs den Fortschritt für den Klienten. Auch für den Klienten ist diese Erfahrung immerhin so bedeutungsvoll, daß er eine neue Hoffnung schöpft. Wie freundschaftlich, fast familiär die Stimmung mittlerweile geworden ist, zeigt sich schließlich in der letzten wichtigen Situation (21st), in der der Therapeut zum ersten Mal ein Erlebnis aus seiner eigenen Geschichte erzählt. Dabei scheint er jedoch mittlerweile zu sehr mit seiner Rolle des ("guten") Vaters identifiziert zu sein. Der Klient wehrt sich deutlich, aber ohne auszufallen, gegen diese Veränderung auf der Beziehungsebene, er möchte nicht wie ein Kind darüber "hinweggetröstet" werden.

Die neunte Stunde

Jan erschien abgehetzt mit 25 Minuten Verspätung. Er hatte die ganze Nacht gelesen und gewichst. Das müsse man ihm austreiben, denn viele aus seinem Umfeld würden seinen Lebensstil kritisieren.

(22sk) <<Karl fragte nach, ob Jan sich von ihm kritisiert fühlte. Jan verneinte, fügte dann ärgerlich hinzu: "Das geht doch keinen was an! Da hat doch keiner das Recht, mich für etwas zu kritisieren, was einzig und allein in meinen Lebensbereich fällt." *Er war ärgerlich und fand es mal richtig befreiend, sich bei Karl über die anderen aufzuregen.*>>

Jan wippte nun stark mit den Beinen. Auf Karls Aufforderung hin gingen nun beide durch den Raum. Er müsse durch die Beine Nervosität ablassen, meinte Jan, aber das sei noch harmlos. (23kons) <<Während beide durch den Raum gingen, demonstrierte Jan ausführlich, welche typischen Körperhaltungen und -bewegungen er als Schüler eingenommen hatte. Nacheinander oder gleichzeitig rieb er nun stark mit den Händen an den Innenseiten der Oberschenkel, verdrehte sein Hemd zu einem Knäuel und steckte es unter die Achselhöhlen, verdrehte die Haare hinter die Ohren, bohrte in der Nase, wippte stark mit den Beinen und schaukelte mit dem Oberkörper und kaute an den Fingernägeln. Schließlich machte er noch seine typische Gangart vor: die Arme eng an den Körper gepresst hüpfte er steif und aufrecht durch den Raum. Es fehlte nur noch ein Anorak mit Kapuze, die er immer aufgehabt habe. *Jan fand es ungewöhnlich und irgendwie ganz witzig, daß Karl sich für seine Zappeleien interessierte. Er spürte dabei auch die verschiedenen Seiten in sich, die so Gegensätzliches machen und das auch von ihm verlangen.*

Karl hatte Jan zwischendurch mehrfach ermuntert weiterzumachen, eventuell auch zu übertreiben. *Er wollte jetzt keine Diskussionen, er verfolgte zunächst interessiert, dann immer erschreckter, schließlich entsetzt Jans Bewegungen. Ihm fiel ein ehemaliger Mitschüler mit ähnlichem Verhalten ein, den er und die anderen Schüler immer gehänselt hatten. Jan war wohl der Clown gewesen, dachte er, und dann noch dieser Kunstgang, er hat sich ja wirklich zum Affen gemacht in der Schule. Ist das denn niemandem, keinem Lehrer oder so, aufgefallen? Jan wirkte auf ihn total verkrampft und zwanghaft, offensichtlich unter ungeheurem Druck. Karl war nun absolut erschreckt: Das kann doch wohl nicht wahr sein, dagegen ist er jetzt ja noch halbwegs normal. Er hatte nun zum ersten Mal das Gefühl, daß Jan wirklich kaputt war, viel schlimmer dran, als er es sich das beim ersten Mal vorgestellt hatte. Karl fühlte sich nun etwas distanziert, er wollte erstmal kapieren, was Jan da vorgemacht hatte.*

Beide setzten sich wieder auf die Stühle. Er sei eben total nervös und verklemmt gewesen, meinte Jan, "wie so ein Gnom oder Zwangsarbeiter, der das machen muß, der dazu verurteilt ist, immer so zu machen." *Karl fand diese Begriffe sehr stark und durchaus zutreffend. Jan schien sich überraschender-*

weise auch darüber bewußt zu sein, nur war er abgeschnitten von seinen Gefühlen.>>

Jan fügte nun noch hinzu und demonstrierte es gleich, daß er auch noch ständig am Reißverschluß seiner Hose rumgefummelt und als Kind stundenlang wie eine Kröte gequackt habe. Für einzelne Bewegungen habe er sogar eine Begründung gehabt, nur für das Zucken der Beine nicht.

(24kons) *<<Karl wollte ausprobieren, wie Jan auf Berührung reagierte. Vielleicht würde Jan über eine Energetisierung Kontakt zu seinen Gefühlen bekommen.* Er stand auf und stützte sich eine halbe Minute lang mit aller Kraft auf Jans wippende Beine. *Er registrierte, daß Jans Oberschenkel knallhart waren, völlig nach innen angespannt. Das Wippen schien die einzige Möglichkeit zu sein, um Dampf abzulassen.* Schließlich fragte er: "Kann man nicht stoppen?" Jan zuckte nur mit den Achseln: "Es geht immer weiter. Die müßtest Du schon in Beton eingießen." *Er fand es witzig und irgendwie ganz gut, daß Karl so aktiv geworden war, wobei ihm jedoch der Sinn davon nicht klar war.>>*

Karl forderte ihn nun auf zu trampeln, aber Jan wehrte ab. Er fand das witzlos und anstrengend, bei diesem stundenlangen Experimentieren käme doch nichts raus. Er wollte nun vom entsetzlichen Zustand seiner Wohnung erzählen, aber Karl unterbrach. Das kenne er nun von jeder Stunde, ihn interessiere mehr der Teil von Jan, der nicht aufstehen wolle.

(25sk) *<<Der müsse dazu aufgefordert werden, meinte Karl.* "Mach mal zehn Kniebeugen!" befahl Karl plötzlich. Jan widersprach sofort: "Werde ich überhaupt nicht machen." Karl wiederholte nun mehrfach seine Aufforderung, er wisse, was gut für Jan sei, schließlich versuchte er Jan vom Stuhl zu ziehen. Aber Jan widersetzte sich standhaft allen Bemühungen, er wisse selber, was für ihn gut sei. *Das mache ich auf keinen Fall, dachte er zunächst, so ein Blödsinn, der will mich nur auf die Probe stellen.* Schließlich rief Karl: "Sei ein guter Klient!" "Nein!" "Doch!" Nein! Laß mich in Ruhe!" *Jan merkte, daß er nun doch etwas unsicher wurde, hoffentlich bestraft der mich nicht oder bricht die Therapie ab.>>*

Karl brach schließlich das Spiel ab. Er erkenne einen beschwichtigenden und einen trotzigen Teil bei Jan. Jan bestätigte, er habe einen "Regierungssprecher" und einen "Saboteur' in sich, sozusagen eine Persönlichkeitsspaltung: "Es wäre gut, wenn diese widerstrebenden Teile zusammen passen würden." Er hatte ein Buch von Tilmann Moser gelesen und glaubte nun, daß ihm "der innere Kern" fehle.

(26st) *<<Eigentlich war die Zeit vorüber, aber das fand Karl nun spannend. Möglicherweise vertrat Jan nun eine ähnliche Vorstellung von "Heilung" wie er selbst.* Deshalb fragte er: "Hast Du eine Idee, wie die widerstrebenden Teile zusammenkommen sollen?" Jan überlegte länger, dann: "Da müßte so eine

übergeordnete Instanz sein, so eine Art Integrationskraft, die die verschiedenen Teile integriert. Der Regierungssprecher für die Arbeit, der Saboteur für das Ausruhen, eine Autorität, die mir, als Persönlichkeit, was befiehlt." *Karl registrierte, daß Jan diesmal wirklich nachdachte. Er wollte sich mit seinen Einwänden zurückhalten* und fragte neugierig: "So eine Art Mikroprozessor, der genau wüßte, was ich will. Irgendwie fehlt bei mir was, was andere Menschen haben," fuhr Jan fort.

Karl kam sich nun ein wenig wie ein Detektiv vor, der eine Spur verfolgte: "Wie soll so eine Autorität aussehen? Oder gibt es jemanden, von dem Du Dir was sagen läßt?" *Karl war nun echt neugierig, hoffentlich bricht er nicht ab. Es muß doch jemanden geben, dachte er, ein Ideal.* Jan zögerte, streckte sich nach hinten und gähnte. Schließlich meinte er: "So eine Frau wie Carla, zum Beispiel, die könnte solch eine Autorität sein." *Karl war überrascht, aha, von einer Frau läßt er sich was sagen, aber eine, die ihm nicht so nahe war. Er fühlte sich nun besonders vorsichtig und offen zu Karl, ja liebevoll. Und er war gespannt, vielleicht konnte er noch mehr von Carla erfahren.* Jan erklärte, daß Carla eine von ihm verehrte Mitschülerin war: "Sie war keine Autorität für mich, aber bei der konnte ich mir vorstellen, daß diese verschiedenen widerstrebenden Kräfte vereinigt sind. Sie wußte, was sie wollte und war damit zufrieden." Auf Karls Nachfrage gab er zu, daß sie so eine Art Vorbild für ihn war. *Das reicht erst mal für den Moment, dachte Karl.* >>

Interpretation

In der ersten wichtigen Szene (22sk) wird deutlich, wieviel Vertrauen der Klient mittlerweile zum Therapeuten gefaßt hat. Noch im Nachgespräch betont er, "daß ich da also auch keine Kritik oder Aberziehungsversuche von Karl zu befürchten habe ... und das beruhigt mich irgendwo." Bereitwillig, gar vertrauensselig, und voller Freude über das Interesse des Therapeuten demonstriert er nun sein Verhalten aus der Kindheit (23kons). Er "spielt wie ein ahnungsloses Kind" (so die Beobachterin) einen "Gnom", wobei er jedoch keinerlei Kontakt zu den Gefühlen dieses tragischen Wesens oder gar zu den Reaktionen der Umwelt hat. Überrascht und zunehmend entsetzter registrieren der Therapeut (wie auch die teilnehmenden Beobachter) eine neue Seite am Klienten: "Jan ist wirklich kaputt!"

Statt seine starken Gefühle auszudrücken, zieht sich der Therapeut zunächst zurück, um dann eine körpertherapeutische Intervention einzusetzen, die eher diagnostisch und "technisch" wirkt (24kons). (Der Therapeut hatte die Woche zuvor eine körpertherapeutische Fortbildung.) In dieser für alle Beteiligten wichtigen Sequenz wird noch einmal deutlich, wie abgespalten sich der Klient von seinen körperlichen Aktivitäten empfindet. Entsprechend begegnet er der Intervention des Therapeuten mit Unverständnis, er ist auch nach dem Eindruck der Beobachter schlicht überfordert. Zunächst amüsiert-passiv, dann ärgerlich-aktiv, blockt er die Bemühungen des Therapeuten ab (25sk). An seiner ängstlichen Reaktion wird jedoch auch die gewachsene Bedeutung des Therapeuten deutlich.

Die letzte wichtige Szene (26st) beginnt mit einer bemerkenswerten Selbsteinschätzung des Klienten. Er spricht von sich widerstreitenden Persönlichkeitsanteilen und einem fehlenden "inneren Kern" und bestätigt damit auch den Eindruck, den der Therapeut vom Ausmaß des Leidens in der ersten Szene gewonnen hat. Die ungewöhnliche Offenheit und das gewachsene Vertrauen des Klienten wird nun durch den Therapeuten bestätigt. Er ist so gespannt auf die weiteren Gedankengänge des Klienten, daß er bewußt die Stunde überzieht und ihn neugierig und auch "liebevoll" begleitet. Der Klient fühlt sich ernstgenommen, "denkt wirklich nach" und überrascht den Therapeuten mit einem Geheimnis. Nur das Ende der Stunde unterbricht diesen Kontakt.

Insgesamt haben die Beobachter von der Stunde den Eindruck, daß der Klient "interessiert, engagiert und experimentierfreudig" ist. Auch der Therapeut meint: "Er redet anders, denkt wirklich nach, räsonniert nicht rum." Andererseits denkt er noch weiter mit Schrecken an den "Klassenclown". "Wir haben zwar Parallelen in der Geschichte, aber da ist er weiter weggerückt von mir. ... Heute hab ich zum ersten Mal gedacht, krank." Nur der Klient erinnert sich später noch an einzelne Bilder dieser Szene (KN1).

Die zehnte Stunde

Jan kam mit 25 Minuten Verspätung. Er begann mit seinen Gedanken zum Zusammenhang zwischen "Sexualität und daß ich nicht funktioniere". Karl unterbrach ihn kaum. So setzte Jan fort, daß er seinen Körper eigentlich ablehne und Sexualität mit ihm etwas Schmutziges wäre. Er müßte schon die Frauen hinters Licht führen, wenn er Sexualität mit ihnen haben wollte. Deshalb hatte er schon früh überlegt, ins Kloster zu gehen. Schließlich erzählte Jan, daß er schon im Alter von 3 Jahren überzeugt war, "eine Art gottähnliches Wesen" zu sein, ein Zentrum des Kosmos mit der Aufgabe, die totale Erkennntis zu gewinnen. "Die Welt gab es nur, damit sie mir zur Kurzweil und Belustigung dient. Die Eltern waren dazu da, um mich zu versorgen, zu beschützen, mir alles zu verschaffen." Jan erinnerte sich auch an den "schwersten Schock", als er entdeckte, daß seine Eltern den gleichen Nachnamen hatten.

Nach nun zehn Minuten fragte Karl, warum Jan das alles erzähle. "Weil sich das bis heute fortsetzt", antwortete Jan, "damit bin ich geboren worden, das ist meine Bestimmung, irgendwann mal ein titanisches geistiges Werk zu verfassen!" Als Jan nun zum ersten Mal aufschaute, fragte Karl, ob Jan eine Reaktion wolle. Jede Reaktion darauf sei eigentlich belanglos, sein Vorhaben unantastbar, vielleicht sei es auch nur eine bahnbrechende Veröffentlichung von 10 Seiten, meinte er lächelnd und streckte sich im Stuhl.

(27sk) <<*Karl zögerte einen Moment. Seine spontane Reaktion war: Du tickst ja nicht ganz richtig, Du schaffst ja nicht mal dieses lächerliche Jura-Studium! Er war ärgerlich, dachte aber gleichzeitig, daß sich Jan dann abgebügelt fühlen würde. Und wenn er ehrlich war, hatte er früher auch mal diesen oder jenen hochfliegenden Plan.* Also sagte er nur nachdenklich: "Ich fürchte, daß Du Dir gar keine Gedanken darüber machst, was davon realistisch ist." *Jan war überrascht, daß Karl überhaupt auf seine Gedanken einging. Als er es mal gegenüber seiner Analytikerin angedeutet hatte, hatte die das gleich abgetan.*

Karl fragte erneut, etwas schärfer: "Willst Du mit mir abklopfen, was davon realistisch ist?" *Nun habe ich jemandem einen großen Teil meiner genialen gedanklichen Kathedrale zu Erkennen gegeben, jetzt muß ich aufpassen, dachte er erschrocken. Vielleicht ist Karl tatsächlich in der Lage, mich mit Argumenten in die Zwickmühle zu bringen! Gleichzeitig reizte es ihn, mit Karl mal an einem Tisch zu sitzen und das Ganze anhand einer Checkliste realistisch abzuschätzen.* "Es gibt da so einige Leute, die haben ihre dicken Wälzer verfaßt und die sind nie richtig gelesen worden," begann er schließlich zögernd. *Karl war hin und her gerissen zwischen Nachsicht und Ärger. Er war aber auch neugierig, wie Jan die vielen Widersprüche zukleistern wollte.* "Stimmt," unterbrach ihn Karl, "aber Du hast keinen dicken Wälzer geschrieben, oder?"

Jan fühlte sich nun unverstanden, denn um Erfolg oder Berühmtheit ging es ihm eigentlich nicht, sondern um die Theorie an sich. Er war nun unsicher, ob er sich auf ein weiteres Gespräch darüber einlassen sollte. Er versuchte auszuweichen und fragte Karl, ob dieses Gespräch mit Therapie zu tun habe. Karl lachte und gab die Frage zurück. *Ihm war wichtig, daß Jan die Entscheidung selber traf. Jan überlegte nun fieberhaft, dann fielen ihm einige positive Argumente ein. So entschied er schließlich für sich: OK, ein bißchen Abklopfer können wir machen.* Zögernd begann er, daß seit seinem sechzehnten Lebensjahr alles auf dieses Ziel bezogen war, alles, was er gemacht, gelesen, getan und gedacht habe.>>

Jan erzählte, daß er z.B. in der Schule ein vielgelobtes Referat über Marxismus gehalten habe. Sein Jura-Studium sei auch ein Einstieg, um zur großen Gesamttheorie zu kommen. (28sk) <<*Während Jan erzählte, schwankte Karl immer noch zwischen Verständnis für kindliche Träumereien und Ärger über Jans Arroganz und Ausblendung jeglicher Realität. Er überlegte, wie er Jan damit konfrontieren konnte, ohne daß der sich gleich zurückzog.* Schließlich meinte er: "Weißt Du, was mir wieder auffällt: Das Ziel ist so hoch, daß jeder Schritt, den Du machst, ganz unbedeutend erscheint. Und da habe ich was gegen." Jan lächelte unsicher: "Ja, dann müßte ein Schritt, der bedeutend erscheint zu diesem Ziel, der müßte ja gleich so riesengroß sein, daß ich ihn nicht mehr machen könnte". *Er fühlte sich ein wenig entlarvt. Sein hohes, heiliges Ziel ist eigentlich nur ein Apparat, um mich selbst zur Untätigkeit zu bringen, überlegte er. Jeder noch so kleine Schritt ist gemessen an meinem riesigen Ziel ganz unbedeutend. Gleichzeitig hatte er Angst: Wenn er mir die Theorie wegnimmt, dann bin ich entlarvt und klein, dann erweist sich meine bisherige Lebensführung als sinnlos, als nutzlos. Er erwartete nun den üblichen Rat: Gib Deine Studien auf, geh zum Arbeitsamt, laß Dich umschulen zum Ich-weiß-nicht-was.*>>

Aber Karl fragte nur, wie sich Jan seinen Mißerfolg im Studium erkläre. Er habe gute Diskussionen mit einigen Professoren gehabt, entgegnete Jan, aber er könne nicht so stupide lernen wie die anderen, das sei der Nachteil seiner Genialität. Karl bemerkte dazu, daß Marx in Jans Alter schon viel geschrieben habe, und fragte, wem Jan etwas beweisen müsse. "Der ganzen Welt, daß ich ja doch was kann," antwortete Jan, "ich halte mich für minderwertig, ich habe keine Ausstrahlung. Ich muß das deshalb kompensieren mit einer wahnsinnigen geistigen Leistung."

(29st) <<"Hat das schon mal jemand zu Dir gesagt: Du kannst nichts!?" fragte Karl. "Ja, einmal war mein Zeugnis mal nicht so gut. Da sind wir in Urlaub gefahren und meine Mutter hat mit mir zusammen in einem Hotelzimmer geschlafen. Und da hat sie mir vor dem Einschlafen sozusagen mal so richtig alles erzählt. Daß ich eine Niete bin und wie unfähig ich bin und daß man das doch alles so gut sehen würde!" Jan hatte die letzten Wörter sehr betont ausgesprochen. Er habe bei seinen Eltern unter einem unglaublichen, aber unausgesprochenen Leistungsdruck gestanden, fügte er hinzu. *Karl fühlte sich vorher schon ein wenig erschlagen, die Stunde war vorbei, aber nun war er plötzlich hellhörig geworden. Scheiße, das sagst Du, wo die Zeit überzogen ist, dachte er. Er liegt mit der Mutter im Bett und sie flüstert ihm zu, er sei eine Niete!? Das ist ja augenfällig, seine sexuellen Schwierigkeiten und seine Angst zu versagen. Und die direkten Parallelen zwischen dem Druck, unter den er sich jetzt selbst setzt, und dem Druck, dem er damals ausgesetzt war. Aber er war nun zu überrascht und müde, er müßte das später noch mal aufgreifen.>>*

Jan sah insgesamt jedoch keinen Zusammenhang zwischen seinen Eltern und seinen hochfliegenden Plänen oder seinen Problemen. Die Verwirklichung seines Zieles wäre sicher einfacher, wenn er Multimillionär wäre und sich eine Haushälterin und einen Sekretär für die Lebensorganisation leisten könnte.

(30st) <<Als Karl gerade den Raum verlassen wollte, bemerkte Jan: "Das ist das erste Mal, daß ich meine Gedanken von einem gottähnlichen Wesen anderen erzählt habe." *Karl fühlte sich nun ein wenig schuldig. Er war gar nicht auf die Idee gekommen, daß Jan ihm sozusagen ein Geständnis gemacht hatte. Hoffentlich hab ich da nicht eine Tür zugeschlagen, dachte er.>>*

Interpretation

Die für den Klienten wichtigen Szenen (27sk und 28sk) betreffen die Eröffnung seiner geheimsten Gedanken. Direkt nach der Stunde und auch in den folgenden Tagen ist er froh und zufrieden: "Ich habe diese Sache mal klar und nicht nur andeutungsweise angesprochen, die ich schon sehr lange in meinem Inneren mit mir herumtrage ... Dadurch wird Karl statt eines Feld- Wald- und Wiesentherapeuten so nach und nach zu einer sehr wichtigen Vertrauensperson, die Beobachter im Prinzip auch."

Indem der Therapeut die "hochfliegenden Pläne" (in Erinnerung an eigene jugendliche Größenphantasien) nicht gleich ablehnt, sondern auf deren Verwirklichung abhebt, fördert er die Bereitschaft des Klienten zum Dialog über seine geheimsten Gedanken (27sk). Wie dieser im Nachgespräch eingesteht, hat er eigentlich erwartet, daß sich die Anwesenden über ihn "kaputtlachen". Umso überraschter ist er, daß der Therapeut auf ihn eingeht. Nun ist er ist zum ersten Mal in der Situation und auch bereit dazu, seine Phantasien auf ihren Realitätsgehalt abklopfen zu lassen. Im folgenden (28sk) äußert der Klient in den begleitenden Gedanken überraschend klar die psychische Funktion seiner Größenphantasien. Sie geben ihm Existenzberechtigung und Lebenssinn, sind aber gleichzeitig "ein Apparat, um sich selbst zur Untätigkeit zu bringen". Die Angst, was passiert, "wenn er mir die Theorie wegnimmt", wird somit als eine existentielle Bedrohung erlebt, der der Klient ausweichen muß.

Der Therapeut ist noch nach der Stunde "fassungslos" über die "geradezu phantastische Diskrepanz zwischen Anspruch und Wirklichkeit: Der ist wirklich irre!" Andererseits ist er "aber auch erstaunt, wie unbekümmert und wie naiv er diese Phantasien vor mir ausbreitete." Während der Stunde hat er sichtlich Mühe, seine spontanen Reaktionen zurückzuhalten, er ist "ratlos", "hin und hergerissen", fühlt sich zwischendurch "aufgesogen", möchte den Klienten aber auch nicht vor den Kopf stoßen. Indem er vorsichtig gegen den Größenwahn des Klienten argumentiert, ermöglicht er zwar dessen Selbstöffnung, erkennt jedoch nicht die oben beschriebene psychische Funktion der Größenphantasien an.

Das Erlebnis des Klienten mit seiner Mutter (29st) bietet ihm eine Erklärung und schafft wieder mehr Verständnis für den Klienten. Doch erst am Schluß der Stunde (30st) muß er erkennen, wie bedeutsam das "Geständnis" für den Klienten gewesen ist. Für die nächsten Stunden nimmt er sich vor, ein "ehrlicher Partner für seine schrägen Gedanken und Gefühle" zu sein. Der Beobachter berichtet von sich, daß er während der Stunde immer ärgerlicher wurde und "erst ganz am Schluß die Einsamkeit und Verzweiflung in der Grandiosität" sah, der Klient ihm aber auch "fremd" war.

In späteren Nachinterviews erinnern sich sowohl der Therapeut (TN1,2) wie auch der Klient (KN1,2) an den Vergleich mit Marx und die Frage, wie realistisch das Vorhaben des Klienten sei.

Die elfte Stunde

(31sk) <<Jan war wieder zu spät gekommen. Er solle nächstes Mal sein Buß-geld bezahlen, sonst brauche er gar nicht mehr zu kommen, drohte ihm Karl.>> Jan rechtfertigte seine Verspätung wieder mit seinen Nachtaktivitäten, seiner unaufgeräumten Wohnung usw., aber Karl unterbrach:

(32st) <<"Ich bin nicht Dein Kontrolleur, dem Du erklären mußt, warum Du es wieder nicht geschafft hast." Jan war überrascht: "Ich habe das eigentlich im-mer nur so kennengelernt, daß der eine Mensch den anderen immer kontrol-liert." *Karl war froh, sich mal klar ausgedrückt zu haben. Überrascht stellte er fest, daß Jans gedankliches Laufrad für einen Moment stehen blieb. Er fühlte sich nun Jan wieder näher.*>> Jan erklärte nun, daß zu Hause alles kontrolliert worden sei, überhaupt sei die ganze Gesellschaft und das ganze Leben eine "Zwangsdurchsetzungs-Maschinerie".

(33kons) <<Karl *wurde immer ärgerlicher*, er hielt dies für allgemeine Sprü-che. *Jan war frustriert, er hatte sich gerade so richtig in Fahrt geredet und war nun abrupt gestoppt worden.* Er widersprach: "Ich ärgere mich fürchterlich darüber. Die Menschen sind so geil nach Macht, Konsum und Materiellem, da ist nicht viel daran zu ändern." *Nun macht sich Jan zum guten Menschen, dachte Karl, wo er sich doch nichts sehnlicher wünscht als Geld und Macht.* "Und bei Dir?" fragte er verärgert zurück. *Das fand Jan nun sehr gefährlich, darüber durfte nicht so viel nachgedacht werden, wie weit er selbst in diesem System steckte.* "Ich habe nur hehre geistige Ziele. Das habe ich letztes Mal alles erzählt," antwortete er. "Ich habe keinerlei Möglichkeiten, allzuviel Geld und Macht zu erlangen," fügte er nun, unsicher geworden, hinzu.>> Jan ärgerte, daß Karl seine Theorien abtat. Er wollte sich auf jeden Fall diesem System verweigern. Es ärgerte ihn dabei nur, daß er vom Geld seines Vaters leben mußte.

(34kd) <<Karl hielt Jan plötzlich seine Hand hin. Statt fortwährend an seinen Händen zu zupfen, solle er dies mal mit Karls Hand machen. Etwas widerwillig ließ sich Jan darauf ein, sagte dabei noch ein paar Sätze zu seinen Eltern, um seine Hand dann wieder zurückzuziehen. Auf sein Erleben dabei angesprochen, meinte Jan, daß Karls Hand im Vergleich zu seinen Händen mehr Falten habe und sich wachsartig anfühle. *Er fragte sich immer noch erstaunt, warum Karl auf die Hände eingegangen war. Insgesamt hielt er es jedoch für besser, wenn das alles ganz streng nur im sprachlichen Bereich bleiben würde, immer schön in körperlicher Distanz wie bei seiner Analytikerin. Auch für Karl war dies eine wichtige Erfahrung. Jan schien überhaupt kein Gespür und keine Sprache für körperliche Berührung zu haben. Mein Gott, dachte er, er hat sich völlig taub gemacht, er ist praktisch wie tot.* Karl fragte, ob Jan sich pieke, um sich zu spüren. Jan antwortete, indem er seine Analytikerin zitierte: "Ich ona-nier so viel, um mich zu spüren, alles ist von meiner Angst vor Kontrollverlust

bestimmt." Aber er müsse nun mal bei wichtigen Themen immer an sich rumfummeln, und die Analytikertheorien würden ihm dabei auch nicht helfen.>>

Jan setzte nun seine allgemeine Kritik am kapitalistischen System und der Rolle seiner Eltern als dessen Stütze fort. Karl versuchte mehrfach, ihn dabei zu unterbrechen, bis Jan schließlich ärgerlich wurde: "Du tust es so ab wie Gequassel. Das sind wichtige Selbstverständnisfragen, Identitätsfragen." Aber er müsse sich wohl damit abfinden, in jeder Art von Therapie nur zum Teil verstanden zu werden. Karl fragte nach, was sich denn Jan von ihm wünsche. "Die Haßgedanken müssen tiefer erforscht werden," entgegnete Jan. (B) <<Dem stimmte Karl nun zu, nur habe er keine Lust zu einer Systemanalyse, und er wolle auch nicht mit Jan darüber kämpfen, sondern ehrlich mit ihm sein.>> Ob Jan bereit sei, zu erforschen, wie er diesen Haß ausdrücken könne statt nur darüber zu reden. "Wenn Du nicht alles abtust, was ich sage," antwortete Jan abschließend. Er wollte sich überlegen, wie er Karl nächstes Mal alles besser verdeutlichen könne.

Interpretation

Thema zu Beginn der Stunde ist wieder die ständige Verspätung. Der Therapeut erinnert an die Bußgeldabmachung und droht mit Abbruch, was den Klienten beeindruckt (31sk). Umgekehrt ist der Therapeut froh, seinen Ärger klar ausgedrückt und damit den Klienten auch erreicht zu haben (32st). Ansonsten hat sich der Klient offensichtlich vorgenommen, die in der letzten Stunde angedeutete (Gesellschafts-)Theorie weiter auszuführen. Es entwickelt sich ein verbaler Schlagabtausch (33kons), in dem beide immer ärgerlicher werden und bis zum Schluß hin kein Dialog zustande kommt. Die Aussagen der Nachgespräche deuten eine gegenseitige Vater-Sohn-Übertragung an: Der Therapeut erinnert sich an ähnliche fruchtlose politische Diskussionen mit seinem Vater als "eine Möglichkeit, seinen Haß und seinen Widerstand gegen die Eltern auszudrücken." Der Klient ist noch im nachhinein frustriert: "Bisher habe ich mit anderen Menschen immer nur Teilaspekte meiner Theorien diskutiert und bin damit häufig auf Ablehnung gestoßen. Aber jetzt will ich endlich mal alles preisgeben. Wie kann ich meine ganzen Gedanken nächstes Mal besser aufziehen, damit Karl das versteht?" Die Diskussion beherrscht den Gesamteindruck aller Beteiligten von dieser Stunde. Auch die Beobachter sind "gelangweilt bis genervt von den Reden des Klienten", stellen enttäuscht eine "deutliche Kontaktunterbrechung" fest.

Für einen kurzen Moment wird dieser "Rückschritt" in alte Interaktionsmuster durch eine überraschende Intervention des Therapeuten unterbrochen (34kd). Sein Kontaktangebot auf der körperlichen Ebene wird vom Klienten nach einem kurzen "Mitmachen" jedoch strikt zurückgewiesen. Immerhin gewinnt der

Therapeut für sich die erschreckende Erkenntnis, wie gefühllos, "praktisch wie tot", sich der Klient anfühlt. Diese Szene wird in Zusammenhang mit einem weiteren, allerdings viel kontaktintensiveren, Handkontakt nacherinnert (s. 17. Stunde).

Die zwölfte Stunde

Jan kam pünktlich und zahlte sein "Bußgeld". Er war verärgert über Karls Drohung mit Therapieabbruch, Therapeuten würden sein Denken eben nicht verstehen. Sein Wichsen bezeichnete er als seine Form des Protests gegen die Eltern. Lieber würde er einen totalen Krach heraufbeschwören, aber er brauche nun mal deren Geld. Außerdem sei die Welt ungerecht, die anderen hätten es viel leichter als er. Karl schlug vor, daß Jan "eine Rede an die Glückspilze dieser Welt" hielte, aber Jan ließ sich nicht richtig darauf ein. Schließlich meinte Karl ärgerlich:"Ich bin es langsam leid, Dir Vorschläge zu machen. Jedes Mal, wenn es brenzlig wird, brichst Du ab!" "Eine solche Art Therapie ist zu gefährlich", antwortete Jan, "da kommen Dinge hoch, die nicht gedacht werden dürfen."

(35kons) <<Karl hakte nach. Jan wurde ruhiger, überlegte, schließlich meinte er: "Zum Beispiel, daß in meiner Zuneigung zu Carla insgeheim auch Abneigung oder Neid stecken könnte. Das darf doch nicht sein." *Jetzt wird's interessant, dachte Karl, das ist mal kein vorgekauter Gedanke. Er wollte den heruntergebeteten Weisheiten aus Jans Familie etwas aus seiner Lebenserfahrung entgegensetzen und widersprach:* "Nach meinem Bild von Beziehungen stimmt das nicht," sagte er bestimmt. "Also ganz insgeheim habe ich mir auch so was gedacht," stimmte Jan nachdenklich zu, "aber wenn, dann muß es streng unter den Teppich gekehrt werden. Auf jeden Fall widerspricht das ganz ganz eklatant allem, was ich über Beziehungen oder so gelernt habe." *Karl kannte diesen Widerspruch sehr gut. Er wußte, wie schwer es Jan fiel, sich seine Wut gegen seine Mutter einzugestehen, aber wollte dranbleiben.* Auf seine Beziehungserfahrungen angesprochen leierte Jan nun in einem ironisierenden Ton runter: "Bei meinen Eltern muß alles harmoonisch sein, alle Konflikte müssen unter den Teppich gekehrt werden." Jan mußte laut lachen, als Karl seinen Tonfall imitierte.

"Du fängst an zu leiern, so als ob Du das schon hunderttausendmal gehört hast," bemerkte Karl. Jan schaute erst schweigend auf den Boden, dann rief er plötzlich sichtlich erregt: "Ich hab das ja auch schon hunderttausendmal gehört! Natürlich von meinen Eltern, von wem sonst?! Was meinst Du, wie wichtig das meinen Eltern ist, daß da immer alles harmonisch, da dürfen keine Agressionen, Emotionen hochkommen!!" *Der Ausbruch kam für Karl völlig unvermittelt, und er spürte Ärger, daß Jan dazu keine Stellung nahm.* "Ja und, haben Sie recht?" rief er zurück. Nun explodierte Jan, er sprang mit dem Stuhl hoch und schrie zurück: "So ist das nun mal bei denen!!" *Karls Frage war ihm so schokkierend blödsinnig vorgekommen, das war nur noch provozierend. Er war wütend auf Karl, aber seine Hauptwut betraf seine Situation, der er sich völlig ausgeliefert fühlte, wie jemand, der gleich in die Gaskammer sollte und dann noch gefragt wird: Ja haben die Nazis jetzt recht mit dem, was sie machen?*

Am liebsten würde er den Boden und die Decke wegdrücken, und die Wände am besten auch noch gleichzeitig, also so richtig, Krawumm, die Welt um sich zerbrechen lassen.

Karl war nun ebenfalls sehr erregt, er setzte noch einmal nach: "Ja, und haben Sie Recht?" Jan schien nun in seinem Stuhl zusammenzufallen und schaute schweigend zu Boden. *Wie die Streitereien bei meinen Eltern, dachte er. Da platzt mir der Kragen, ich brülle sie eine Minute an und erkenne im gleichen Augenblick: ein völlig sinnloser Zwergenaufstand. Ob ich nun freundlich oder knallhart rede, lang und breit erkläre oder kurz und knapp, es macht keinen Unterschied, es ist ein Kampf gegen eine Betonwand, völlig sinnlos.*

Karl hob Jans Brille auf und wiederholte nun ruhiger seine Frage. *Blöd, dachte er, jetzt war einmal Kontakt dagewesen. Ob er Angst vor seiner eigenen Wut bekommen hat, oder war es ihm peinlich?* fragte er sich. Als Jan nicht antwortete, beugte er sich vor und schnippte mit den Fingern: "Jan, bist Du noch da?" Jan verneinte leise. *Karl war sich nicht sicher, ob Jan traurig war. Er hätte gerne eine Reaktion von ihm gehabt, jetzt, wo Jan endlich mal aus seiner emotionslosen Haltung herausgekommen war.* "Komm zurück!" bat er. "Das ist alles unter den Teppich gekehrt," antwortete Jan schließlich leise. *Am liebsten wäre er weggegangen, um irgendetwas Angenehmes zu machen, ein Buch lesen oder ins Kino gehen. Aber jetzt konnte er sich nur noch innerlich zurückziehen, wie früher.*

Nach längerem Schweigen begann Jan, von der Atmosphere im Elternhaus zu erzählen: "Sie haben mir nicht Scheiße erzählt, sondern vorgelebt. Immer Friede, Freude, Eierkuchen, jeder hat eine Funktion, eine echte Emotion ist verboten. Und ich häng da drin, weil ich von denen Geld bekomm." Als Karl dies in Frage stellte, wurde Jan wieder ärgerlich, schließlich könne sein Vater auch nicht gegen die Regeln in seiner Firma verstoßen. "Und Du machst es ihm nach!" setzte Karl nach. Nun explodierte Jan erneut: "Das ist der Scheideweg. Entweder man macht es so oder man macht es nicht. Dann werde ich ein, weiß ich nicht was, ein Sozialhilfeempfänger. Aber der hat wenigstens seine Sexualität ausgelebt." Er setzte sich wieder. *Völlig unwichtig, ob andere das können oder nicht, dachte er. Mein Vater macht es so, und das ist das einzige, was letztendlich zählt. Und ich kann mich immer nur entweder total gegen ihn oder total mit ihm identifizieren. Und wenn ich total gegen ihn bin, dann bin ich auch zum Krebsen verdammt. Das sollte Karl mal endlich begreifen!*

Karl befürchtete nun wieder Litaneien über Großkonzerne, er spürte seinen Ärger und wollte ihn auch nicht zurückhalten. "Glaubst Du den Quatsch wirklich?" setzte er nach. Jan schrie los: "So ist es!! Ich habs erlebt! Da stecke ich drin!" *Für mich gibt es nichts anderes, dachte Jan, entweder totaler Trotz oder totale Bravheit.* Karl beugte sich nach vorne: "Ja, das glaub ich, daß Du es so erlebt hast. Deswegen muß es nicht zwangsläufig so sein, wie Du es mir erzählst." *Treffer, dachte er, jetzt ist es endlich mal in sein Bewußtsein gedrungen, daß sein Glaubenssystem nicht das alleinige und absolute ist. Ihm gefiel diese Auseinandersetzung, und er war sich klar, daß er im Moment aus der üblichen distanzierten Haltung raus war. Er wollte mal einfach den Weg weitergehen, den Jan in seinen Gedanken und Gefühlen nicht zu gehen wagte.*

Doch Jan fiel wieder in sich zusammen, leise sagte er: "Da gibts keinen Weg raus." *Karl registrierte Jans erneuten Rückzug. Ok, dachte er, jetzt kann er sich mal einen Moment ausruhen, das war sicher extrem aufregend und bedrohlich für Jan.* Jan streckte sich in seinem Stuhl und sagte schließlich nach längerem Überlegen: "Wenn ich überlege, dieses Denken oder dieses System wegzuwerfen, wenn ich das ernsthaft in Erwägung ziehe, dann bekomme ich furchtbare Angst." Karl entspannte sich, *da klang Jan ehrlich, er war neugierig, wollte mehr von dieser Angst hören.* >>

Aber Jan wich auf seine sexuellen Schwierigkeiten aus, bis ihn Karl wieder unterbrach und fragte, warum Jan ihn und nicht seinen Vater angebrüllt habe. (36st) <<"Hä, hä. Weißt Du, wie mein Vater reagiert, wenn man ihm das vorhält," meinte Jan hämisch. "Dann wird er zu einer Art Stein, so eine Art Autisten. Das ist wahr!" Dabei stand er auf, spielte und kommentierte nun das Verhalten seines Vaters: "Dann kann er nicht mehr nach links oder rechts gucken und er muß immer sofort was machen, irgendwas räumt er dann rum und singt Truderidera, Truderidera, Truderidera ... als ob er irgendwie in Trance wäre oder so." *Genau wie Du, dachte Karl, sein Vater und er waren absolut identisch in den Bewegungen und in den Reaktionen. Zuerst fand er Jans Show witzig, aber dann tat er ihm leid. Solch ein Vater, dachte Karl empört, das ist ja ein seltenes Arschloch, der macht sich ja nicht einmal die Mühe, irgendwas zu erklären, stellt sich taub. Am liebsten hätte er Jan zugerufen: Guck mal, Mensch, das ist doch ne Riesenschweinerei, die da mit Dir angestellt wurde!* >>

Als Karl vorsichtig auf die Ähnlichkeit zwischen Jan und seinem Vater hinwies, antwortete Jan: "Davon muß ich mich fernhalten, vielleicht vor meiner Angst, genauso zu werden wie er." Zum Schluß fügte er jedoch hinzu: "Wenn ich wirklich in Erwägung ziehe, das ganze System wegzuwerfen, dann werde ich von Angst und Unsicherheit gepackt. Dann wird alle Lebensgrundlage entfernt!" Karl wollte ihn beruhigen: "Wir wollen nicht das ganze Gebäude auf einmal abreißen, aber Du mußt Dich auch entscheiden."

Im Nachgespräch war Jan sichtlich stolz und entspannt: "Ich habe mal so richtig was rausgelassen! Wie mein Systemhaß so plötzlich auf meine Mutter und meinen Vater umgeschlagen ist, da habe ich so manche Sachen so plötzlich erkannt und auch so richtig rausgebrüllt. Dazu war auch nötig, daß Karl mich provoziert hat." Die Videoaufnahme bezeichnet er als "Musterbeispiel für Therapie", die man im Fernsehen bringen müßte.

Auch Karl war nach der Stunde sehr zufrieden und optimistisch. Er wollte Jan wie heute weiter fordern. Schließlich hatte Jan dies schon als Motiv für seine Therapeutenwahl angegeben, er suchte und brauchte ein Gegenüber für seine Wut. Sein emotionales Engagement erklärte Karl mit deutlichen Bezügen zu seiner eigenen Lebensgeschichte. Er kannte das starke Harmoniestreben, "Konflikte gab es nicht, oder sie wurden argumentativ und sachlich entschieden. Wenn es mal emotional wurde, wurde mein Mutter erst wütend, brach manchmal in Tränen aus und verschwand. Mein Vater hat's auch nur bis zu einem gewissen Zeitpunkt ausgehalten. Dann hat er die Diskussion für beendet erklärt und verschwand. Ähnlich wie bei Jans Vater, das hat mich hilflos gemacht."

Interpretation

In dieser Stunde wird das übliche Interaktionsmuster auf eine alle Beteiligten überraschende, geradezu explosive Weise, unterbrochen. Es entwickelt sich eine der kontaktintensivsten Sequenzen im bisherigen Therapieverlauf (35kons). Zunächst vorsichtig, dann durch provokative Interventionen des Therapeuten immer mehr angestachelt, übt der Klient massive Kritik an den herrschenden Verhaltensnormen im Elternhaus. Unvermittelt und überraschend für alle Anwesenden explodiert er schließlich. Er verläßt für einen Moment im wahrsten Sinne des Wortes sein körperliches und geistiges Zwangskorsett. Im Unterschied zum Wutausbruch der 4. Stunde ist diese Szene keine "Übung". In seiner ohnmächtigen Wut entlädt er sich nicht nur energetisch, sondern er bleibt auch in der Kritik seiner Eltern realistisch und fokussiert. Dabei ist er sich seines Gegenübers bewußt, er kann zwischen seinen Eltern und dem Therapeuten differenzieren. Zwar ist er wütend über ihn, aber sozusagen nur, weil er ihm "Recht geben" muß.

Auch im Therapeutenverhalten läßt sich ein wesentlicher Unterschied zur Wut in der 4. Stunde aufzeigen. Diesmal ist der Therapeut inhaltlich, emotional und körperlich-energetisch beteiligt, er kann den Klienten spontan in dessen Prozeß unterstützen. Dieser Kontakt bleibt auch bestehen, als der Klient zwischendurch in die Hoffnungslosigkeit ("Zwergenaufstand") zurückfällt. Der Therapeut kann die Situation des Klienten aus eigener Lebenserfahrung nachvollziehen. Er fühlt dessen Hilflosigkeit und verdrängte Traurigkeit, drückt sein Mitgefühl aus und kann so den inneren Rückzug des Klienten auffangen.

In einem erneuten Wutausbruch beschreibt der Klient sehr drastisch die gegensätzlichen inneren Kräfte bzw. Positionen: er sieht und erlebt sich zwischen zwei Lebensalternativen ("entweder totaler Trotz oder totale Bravheit"), die beide einer Selbstaufgabe gleichkommen. Hier ist der Therapeut wirklich empört, er stellt sich auf die Seite des Klienten und greift mit all seinem Ärger dieses einengende Glaubenssystem an. Dabei riskiert er einen nachhaltigen

Rückzug des Klienten in tiefste Resignation wie auch aus der therapeutischen Beziehung. Für einen Moment scheint dies auch zu geschehen. Am Ende zeigt sich jedoch, daß der Klient ernsthaft über die Konsequenzen nachgedacht hat. Unverblümt und ehrlich kann er seine "furchtbare Angst" zugeben. Er hat sich für einen Moment an der Grenze bewegt, seinen üblichen Denk- und Erlebensrahmen verlassen. Auch der Therapeut hat eine neue Erfahrung gemacht, er ist wieder optimistisch neugierig auf ihn.

Beide Beobachter sind zunächst erschrocken über die Heftigkeit des Ausbruchs. Den weiteren Ablauf erleben sie "wie in einem spannenden Film", "aufregend, sehr dicht, direkt", sie empfinden Sympathie für den Klienten und "verstehen jetzt vieles". Den Therapeuten erleben sie anfangs "väterlich", dabei "läßt er nicht locker, provoziert", dann ist er "mit viel Willen und Engagement dabei". Für beide ist der Klient "so da wie noch nie", beide hoffen, daß er dort weitermacht.

Die nachfolgende wichtige Szene (36st) ist sozusagen eine Fortsetzung und Vertiefung der vorherigen Sequenz. Hier gibt der Klient einen anschaulichen und bestürzenden Eindruck von der Atmosphere im Elternhaus. Indem der Klient Haltung und Gestus seines Vaters annimmt, wird die Zurückweisung des Sohnes in seinen Bedürfnissen nach Bestätigung und Anerkennung sichtbar und fühlbar. In der spontanen Identifikation mit dem Sohn spürt der Therapeut an sich selbst die zuvor gezeigte Wut, er kann sie (wie auch die Beobachter) verstehen und nachempfinden. In beiden Szenen hat der Klient nun erste Schritte der Abgrenzung vom Elternhaus gemacht: mit seiner berechtigten und vom Therapeuten bestätigten Wut überwindet er das Gefühl der Ohnmacht, und mit dem Lächerlichmachen des Vaterverhaltens löst er sich aus der "totalen" Identifikation mit ihm. Bei diesen Schritten hat er im Therapeuten einen echten und mitfühlenden Bündnispartner gefunden.

Der plötzliche Wutausbruch wird in allen Nachinterviews von allen Beteiligten nacherinnert. Vorherrschend sind dabei klare Bilderinnerungen ("mit dem Stuhl hochgesprungen"), während der Wortlaut jedoch mit ähnlichen späteren Szenen vermischt wird. So erinnert der Klient später, daß er "wie eine Rakete" hochging, "wie eine Bombe explodierte". Voraussetzung dazu war für ihn im nachhinein, daß der Therapeut "sehr stark contra gegeben hat. Wenn er nicht so schlagfertig gewesen wäre oder mehr versucht hätte zu relativieren, dann wäre ich nicht so erregt worden, wir hätten dann mehr Allgemeinplätze ausgetauscht." Wichtig waren für ihn auch das Setting der Untersuchung ("wie eine Bühne, da durfte ich so richtig was loslassen", "eindrucksvoll, sich danach noch mal auf Video zu sehen"), wobei er aber in der Situation selbst die "Beobachter völlig vergessen" hatte. Er hatte auch später an diese Therapieszene gedacht, wenn er sich auf der Arbeit oder bei den Eltern maßlos geärgert hatte (KN1). Auch nach zwei Jahren betont er die Bedeutung des Therapeuten: "Da hate ich prinzipiell die Verhaltensweisen meiner Eltern gebilligt ... Da hat er sich stark engagiert und seine Positionen verteidigt. Das fand ich richtig von ihm, daß er das machte, ein anderer hätte vielleicht versucht, das abzuwiegeln oder zu relativieren in der Situation" (KN2).

Auch der Therapeut erinnert später, wie der Klient "wie eine "Bombe" hochging. Die Ausbrüche waren "weder geplant noch erahnt" von ihm, sie geschahen "ohne sichtbaren Übergang". Er erinnert sich, "wie elektrisiert" gewesen zu sein, verblüfft, erfreut und erregt, er konnte ihn "vollständig" sehen. Er habe in den Momenten nicht therapeutisch gedacht, vielmehr spontan "als Mensch" reagiert. Die Erfahrungen des Klienten "nahmen mir den Atem, da konnte ich nur aufstehen und schreien". Wichtig war für ihn im nachhinein auch, daß der Klient die Erlaubnis spürte, "auch mal wütend zu sein". Das wirkte "befreiend nach all den abgespulten emotionslosen Geschichten, die mich manchmal bis zur Weißglut getrieben haben, in denen ich mich vom Kontakt ausgeschlossen fühlte". Er erinnert auch, die Beobachtungssituation völlig vergessen zu haben (TN0). Auch noch später erinnert der Therapeut: "Da war ich auch erregt: Komm jetzt wollen wir es mal auf den Punkt bringen! Da war ich voll dabei."

Die Beobachterin erinnert deutlich ihren ersten Schrecken, als der Klient "plötzlich mit dem Stuhl hochgehüpft" ist. "Das sind gleichzeitig Situationen, mit denen ich mich auch schon eher identifizieren konnte, mit seiner Wut und Verzweiflung ... wo ich Anteile von mir kenne, so Angst, das Alte ist weg und was ist denn dann? Das habe ich bei ihm halt ganz extrem gesehen, daß dann wirklich nichts ist, ein Loch. Ich hatte so ein Bild vor mir wirklich" (BN0). Noch nach einem Jahr erinnert sie, daß "ich irgendwo so ein Kichern hatte, weil es so absurd war, und auf der anderen Seite ich auch irgendwo erschüttert war, also wie schrecklich das sein muß oder wie eng so sein Weltbild da ist, was für eine Panik oder Angst er auch haben muß" (BN1).

Die dreizehnte Stunde

Nach einer sechswöchigen Urlaubspause traf man sich wieder. Jan war pünktlich erschienen und begann zugleich, von seinen Erkenntnissen der letzten Wochen zu erzählen. Er war nun sicher, sich von den Eltern lösen zu müssen, außerdem hatte er sich ohne Wissen der Eltern exmatrikuliert. Jan redete sehr schnell und ging auf keine von Karls Nachfragen ein.

(37st) <<*Karl verspürte immer weniger Lust zuzuhören. Jan kam ihm so autistisch vor, weit weg von ihm. Das war sicher kein böser Wille von Jan, er merkte es einfach nicht.* Karl unterbrach nun mehrmals, bis er schließlich ärgerlich rief: "Du sitzt hier in Dich zusammengesunken in Deiner Welt und hier könnte auch ein Baumstamm stehen!" *Er wollte sich nicht weiter verarschen lassen, fühlte sich aber auch hilflos.* Doch Jan schaute nur kurz auf und meinte dann: "Ja, Du kannst mir auch nicht helfen.">>

Karl bat ihn, Blickkontakt aufzunehmen. Jan schaute auch kurz auf, um dann aber über eine halbe Stunde lang monologartig in seinen Gedanken fortzufahren: Er sei geboren worden, um zu funktionieren, dafür sei auch die Psychotherapie da. Als Karl einwandte, daß er sich in der letzten Stunde doch gewehrt habe, meinte Jan: "Wirklich gute totalitäre Systeme lassen sich nicht beseitigen!" Hitler und Stalin wären nur nicht schlau genug gewesen, da sei Orwell besser. Schließlich erzählte Jan seinen Wunschtraum, ein perfekter Herrscher zu werden. Da aber bei ihm nichts mehr klappen würde, wäre er nun gerne in einem Arbeitslager.

(38sk) <<Im folgenden beschrieb er nun ausführlich, wie er sich Therapie in einem "Studentenarbeitslager" vorstellte: "Da gibt es eine strengstens kontrollierte Verhaltenstherapie. Da geschieht nichts auf Vertrauensbasis, sondern alles wird an ein Überwachungspersonal weitergegeben und dann kontrolliert." Karl ließ Jan das Szenario eines Studentenarbeitslagers weiter ausmalen. *Jan war ganz glücklich, daß Karl ihn so schnell verstand. Er stellte sich das Lager so richtig plastisch vor, sein Zimmer darin, wie er mit dem Therapeuten die Berichte durchsprechen würde usw. Er war ganz erfüllt von dieser Vorstellung und wünschte sich eigentlich, in so etwas hineinzukommen. Karl hatte amüsiert mitgespielt. Gleichzeitig dachte er aber auch: Mein lieber Mann, er identifiziert sich mit dem Unterdrücker und er braucht jemanden, der ihn zwingt.*>>

Karl fragte schließlich nach Jans Beurteilung des jetzigen Therapieablaufs. "Ich komme nur aus Pflichtbewußtsein," antwortete Jan, "ich muß die mir gebotenen Möglichkeiten voll ausschöpfen".

(39kons) <<Karl *war nun endgültig erschüttert*: "Weißt Du, daß ich gar kein Interesse habe, Dich zu kontrollieren." Jan wippte wieder stark mit den Beinen und entgegnete: "Ja, aber Du hast doch eine Vorstellung, mich sozusagen

anders werden zu lassen, also irgendwie auch was aus Deinem Therapeutenstolz zu machen. Freud hat ja gesagt: Arbeits- und Liebesfähigkeit. Vielleicht willst Du mich ja liebesfähig machen." *Karl stöhnte innerlich. Jan konnte sich unter Kontakt nichts anderes vorstellen als Kontrollieren oder Kontrolliertwerden. Ihm jetzt die Ziele der Gestalttherapie zu erklären, hätte überhaupt keinen Zweck.* "Kannst Du Dir vorstellen, daß ich nichts aus Dir machen will?" entgegnete er laut. Aber Jan setzte nun mehrfach nach. Er bezweifelte, daß Karl keine Therapieziele hatte.

Himmel-Arsch, dachte Karl, wie oft muß ich das wiederholen. Er merkte, daß Jan etwas aus ihm herauskitzeln wollte, aber er war nun trotzig: "Natürlich habe ich Vorstellungen und Ziele, aber nicht in dem Sinne, daß ich was aus Dir machen möchte," entgegnete er schließlich. "Mmmhh, Du willst nichts aus mir machen? Ist es Dir egal, was aus mir wird?" fragte Jan jetzt. Karl lachte auf: "Nein, so ist es nicht. Die Gleichung setzt Du. Du kannst entscheiden, verstehst Du, ich nehme Anteil an Dir, ohne Dir Deinen Weg vorschreiben zu wollen." *Himmel noch mal, dachte er, so nicht mit mir, ich habe Dein Spiel durchschaut.*

Jan gab nun auf, schaute auf den Boden und meinte leise, daß er seit dem Abi alle seine Entscheidungen selber getroffen habe. Karl glaubte ihm das nicht. *Jan war überrascht. Ein neuer Gedanke kam ihm: Könnte es sein, daß nicht alles auf freien Entscheidungen basierte?* "Deine Eltern haben sich sicherlich was gewünscht, worauf Du keinen Einfluß hattest," antwortete Karl. "Die haben sich nichts gewünscht," rief Jan ärgerlich, "das war völlige Selbstverständlichkeit, die haben sich das noch nicht einmal unausgesprochen gewünscht, das war die Selbstverständlichkeit schlechthin!" *Ihm wurde in diesem Moment bewußt, wie sehr seine Eltern immer Anforderungen an ihn gestellt haben. Für sie war total selbstverständlich, daß er irgendwann einmal einen akademischen Abschluß haben würde, wie es auch völlig selbstverständlich war, daß ein schulisches Versagen das Allerschlimmste ist, was einem passieren konnte.* "Es war klar, daß ich es von mir aus wollen müßte," fügte er nun erregt hinzu. "Du sollst wollen! Wie Orwell," meinte Karl betont. "Ich sollte wollen, ja!" bestätigte Jan, *er fand gut, daß Karl diese Worte gefunden hatte.* Karl bat Jan, über die Paradoxie dieser Forderung mal nachzudenken, und beendete die Stunde.>>

Noch im Nachgespräch phantasierte Jan weiter ganz begeistert über sein "Studentenarbeitslager". Karl hingegen war in den folgenden Tagen ratlos, wie er mit Jans Macht- und Unterdrückungsgeilheit weiter arbeiten sollte.

Interpretation

Die intensive Auseinandersetzung der letzten Stunde hat beim Klienten weitergearbeitet, er hat erste praktische Konsequenzen gezogen. Allerdings spult er wieder seine Monologe ohne jegliche Bezugnahme zu den Anwesenden ab. Der

Therapeut, wie auch beide Beobachter, fühlen sich ausgeschlossen, mißachtet. Selbst eine massive Intervention des Therapeuten (37st) läßt den Klienten nicht innehalten. Er ist sogar "glücklich", daß der Therapeut schließlich bei seinen Phantasiegebäuden mitspinnt (38sk). Dabei gibt der Klient einen ebenso freimütigen wie erschreckenden Einblick in sein rigides Weltbild. In dem Gefühl der Mißachtung seiner Person kann der Therapeut jedoch weder den Klienten noch dessen Vorstellungen ernstnehmen. Er wird ironisch und hält sein Entsetzen zurück.

Dieses Nebeneinander wird erst ganz zum Schluß der Stunde aufgehoben, als der Therapeut sich erfolgreich gegen alle Instrumentalisierungsversuche des Klienten wehrt und überraschend das Gespräch auf die Eltern lenkt (39kons). Der Klient erkennt, daß er einem System "totaler Selbstverständlichkeitserwartungen" ausgesetzt war: "Ich sollte wollen!" Allerdings bleibt es bei diesem eher vagen Gedanken und einem ungerichteten Ärger. Die Herstellung einer Verbindung zur fehlenden Ich-Identität oder auch zur Aufgabe des, ihn offensichtlich überfordernden, Studiums bleibt aus.

Der Therapeut erinnert später die Phantasien vom Arbeitslager: "Atemnot hab ich gekriegt. Ich wurde ärgerlich, wie er sich selbst und vor allem auch mich ohnmächtig machte. Das hat mich richtig fertig gemacht" (TN0). Der Klient erwähnt diese Phantasie nach 2 Jahren mit dem Zusatz, daß "Karl natürlich nicht wollte, daß ich das mache" (KN2).

Die vierzehnte Stunde

Jan kam 20 Minuten zu spät, fahrig, genervt, unausgeschlafen. Er setzte gleich mit seinen Überlegungen über sinnvolle Therapie fort. Dabei wich er Karls Argumenten immer wieder mit Selbstanklagen aus: "Ich habe so eine psychische Realitätsferne. In dem Moment, in dem ich rumwichse, verdränge ich die Realität oder erkenne sie nicht an. Ich baue mir eine Traumwelt, in der es diese Realität nicht gibt."

(40kons) <<*Karl stellte sich Jans Vater vor, in grauem Anzug, Fassonschnitt usw., der diese Sprüche runterbetet. Er war angeekelt, ratlos und auch wütend. Am liebsten hätte er Jan gesagt: Ist doch Schwachsinn, Du plapperst den Kram nach, den Dir Dein Alter vorgelabert hat. Hör doch endlich auf damit!* Karl seufzte: "Die Traumwelten soll ich Dir nehmen?" "Richtig, diese Traumwelten sollst Du mir nehmen!" bestätigte Jan heftig. *Oh Gott, dachte Karl, die einzige Zuflucht, die er noch hat, sind seine Phantasie und Träume, und jetzt verlangt er von mir, daß ich ihm die austreibe und ihn realitätstüchtiger mache. Diesen Gedanke fand Karl nun absolut pervers, er tat ihm auch richtig weh. Diese Art von Druck und dieses Weltbild waren so freudlos, wie konnte man so einen Schwachsinn nur verteidigen. Es kam ihm auch von früher bekannt vor, der Druck, Klassenbester zu sein, und er erinnerte sich, wie absolut öde das war.*

Karl schien nahe dran zu platzen: "Mir sträuben sich die Haare. Ich weiß nicht, ob ich lachen oder weinen soll jetzt. Was Du von mir möchtest, ist eine vollständige Gedankenkontrolle, denn anders ginge das ja gar nicht. Das kann ich nicht und will ich nicht!" Jan wippte nun stark mit den Beinen und entgegnete: "Du mußt mir diese Traumwelten jetzt nicht so brutal wegnehmen, sondern Du müßtest mich dahin führen, daß ich sozusagen selber von diesen Traumwelten lasse ..." *Verdammt nochmal, dachte Karl, wenn Du das alles wirklich willst, dann mußt Du Dich töten, abtöten. Er wollte nicht mehr argumentieren, sein Ärger und Ekel platzten aus ihm heraus:* "Ich sehe es genau umgekehrt. Deine Träume sind Dein einziger Rettungsanker. Sonst wärst Du tot!"

Jan war geschockt, einen Moment dachte er an wirkliches Sterben. Dann war er verwirrt, denn bisher hatte er immer gedacht: wenn ich diese Traumwelten behalte, dann bin ich irgendwann tot, weil ich dann nämlich nicht mitkriege, wenn mein Haus brennt oder ähnliches passiert; wenn ich aber in der Realität wirklich voll drin bin, dann bin ich vorsichtig und kann dann schnell noch was machen. Heftig fragte er zurück: "Wieso das denn?" Nun etwas weniger erregt, meinte Karl: "Ohne Träume wärst Du tot! Eine Maschine!"

Das ist ja noch was anderes, Maschine zu sein, dachte Jan, sein Erschrecken ließ nach. Nach einer kurzen Pause begann er wieder über die anderen zu reden, die diese Traumwelten ja offensichtlich nicht oder nur in ganz schwachem Maße haben. "Ich hab sie!" rief Karl wieder erregter. "Gut, Du hast sie," beharrte Jan, "aber viele andere, leistungsfähige Menschen haben sie eben nicht." *Das ist wirklich zum Lachen, dachte Karl, so absurd. Wie er mich jetzt einstuft? Als einer von den Versagern? Er hatte den starken Impuls, Jan zu schütteln. Guck doch mal endlich hin, wie es ist. Hör Dich doch mal um bei anderen Leuten.* Karl lachte laut auf: "Wer hat Dir diesen Quatsch erzählt, eigentlich?" In diesem Moment rief einer der teilnehmenden Beobachter spontan in den Raum: "Frag mich doch mal!" Jan schaute kurz überrascht zu ihm rüber. "Aber es ist doch einfach so, wenn man sich mit Leuten unterhält," meinte er nun etwas weniger sicher. "Ich bin nicht so," sagte Karl, dann zeigte er auf die teilnehmenden Beobachter, "die sind nicht so, also schon mindestens drei." *Karl war auch überrascht, aber ganz froh, daß sich der Beobachter eingemischt hatte. Er merkte, daß er seinen Ärger losgeworden war, nun wollte er Jan aber auch nicht zu sehr in die Enge treiben.>>*

In ruhigerem Ton fuhr Karl nun fort: "Deine inneren Eltern funktionieren hervorragend. Etwas zu tun aus Lust oder Leidenschaft gibts für Dich nicht.' (B) <<Nach einem kurzen Gespräch darüber meinte Jan schließlich nach längerem Schweigen leise: "Ich habe zu nichts Lust, seit vielen vielen Jahren, keinen Bock zu irgendwas." "Wenn ich mich dauernd zwingen müßte, dann hätte ich auch zu nichts Lust," erklärte Karl.>> Jan schwieg länger. Schließlich meinte er, es sei verwerflich, zu nichts Lust zu haben und sich gehen zu lassen und zu sagen, was man denkt. Für Karl war jedoch genau dies ein Therapieziel, sich mit diesen sogenannten verwerflichen Seiten zu beschäftigen.

(41st) <<"Das ist uninteressant für andere und veranlaßt sie höchstens zum Naserümpfen," meinte Jan. "Mich nicht! Im Gegenteil, mich würde vor allem interessieren, wenn Du mal sagst, was Du denkst, wenn Du zu nichts Lust hast oder was Du noch nicht gesagt hast," entgegnete Karl. Mehrfach mußte Karl nun nachfragen, schließlich gab Jan verärgert zu: "Ich kann mir nicht vorstellen, daß Du Dich tatsächlich damit beschäftigen willst." Karl *überlegte, daß für Jan wirkliches Interesse an seiner Person anscheinend unvorstellbar war.* "Ich kann Dir nur erklären, daß ich es tun möchte, meinte er dann. *Gleichzeitig überlegte er, ob ehrlicherweise hinzufügen sollte, daß ihn einige Seiten von Jan auch entsetzten, daß ihn aber auch diese Seiten mehr interessierten als seine Theorien. Er ließ jedoch davon ab, weil es sicher zu viel Stoff für den Moment wäre.>>* Er erklärte Jan noch einmal, daß er ihn erreichen wolle. Aber der zuckte dazu nur noch mit den Schultern.

Im Nachgespräch fühlte sich Jan doch von Karl angenommen und ganz gut verstanden. Er erwartete nun für die folgenden Stunden noch mehr solcher Schocks, da er von Grund auf durchgeschockt werden müßte. Zu den Traumwelten meinte er nun, man sollte sie wenigstens ein bißchen kleiner halten als die Realität. Karl fand im nachhinein wichtig, daß er ehrlich war: "Ich muß auch mal meinen Ärger loslassen, sonst kann ich eben keine Sympathie für ihn empfinden." Er nahm sich vor, mit Jan einmal ein intensives Gespräch über Wertsysteme und die Konsequenzen zu führen. Solange Jan auch intellektuell voll hinter der elterlichen Unterdrückung stand, konnte er auf weitergehende Angebote gar nicht reagieren.

Interpretation

Der Klient beginnt mit einer durchaus selbstkritischen und zutreffenden Selbstanalyse, indem er seinen Onanierzwang und damit verbundene Phantasien als Flucht aus der Realität beschreibt. Ohne auf die Inhalte und die Funktion der "Traumwelten" weiter einzugehen, reagiert der Therapeut auf die Forderung, diese auslöschen zu sollen (40kons). Dabei kommt sicherlich sein aus der vorherigen Stunde verbliebener Ärger und Entsetzen zum Ausbruch. Es entsteht eine Gegenübertragungssituation, in der er sich mit dem Klienten (=Sohn) identifiziert und gegen das rigide Weltbild und die starken (Über-Ich-)Ansprüche (= Vater) opponiert. Diese verletzen ihn, ekeln ihn an, er ist "nahe dran zu platzen". Er erkennt die Traumwelten als "einzigen Rettungsanker" des Klienten, dessen Kappung einer Selbstvernichtung gleichkäme. Ein weiterer Hintergrund dieser starken Intervention des Therapeuten, das wird auch im Nachinterview deutlich, sind "alte Gefühle" aus seiner eigenen Lebensgeschichte: seine Abneigung gegen das "Papa-Denken" von "Selbstdisziplin" und "wenn Du Erfolg haben willst ..." usw.

Der Klient ist von der vehementen Reaktion des Therapeuten sichtlich überrascht, sogar geschockt, sein Weltbild ist plötzlich auf den Kopf gestellt. Auch seine letzten argumentativen Rettungsversuche scheitern, als der Therapeut seine Rolle verläßt und sich als konkretes Gegenmodell einbringt. Wie emotions- und spannungsgeladen dieser Prozeß verlaufen ist, zeigt sich auch an der spontanen Einmischung des Beobachters. Dieser massive Druck bewirkt nun endlich, daß der Klient für einen Moment seine Vorstellungswelt verläßt und sein Umfeld im Hier und Jetzt überhaupt registriert. Er scheint erschüttert, ist verwirrt und auch sprachlos. Der Therapeut erkennt, daß der Klient nun seine Unterstützung braucht. Klar und ruhig bietet er dem Klienten eine persönliche Rückmeldung ("ich hätte auch keine Lust") an, die dieser auch annehmen kann. Die Atmosphere im Raum entspannt sich.

In der folgenden wichtigen Szene (41st) muß der Therapeut wieder mehrfach nachhaken, bis der Klient sich wieder auf die Beziehungsebene einläßt. Seine Skepsis, daß sich der Therapeut für seine "verwerflichen Seiten" interessieren könnte, ist berechtigt. So meint der Therapeut im Nachgespräch: "Ich muß überlegen, wie ich mein Interesse und meine Sympathie für ihn erhalte. Das ist ziemlich an der Grenze." Beide wollen mehr Kontakt zueinander, gleichzeitig zeigt sich aber auch, wie brüchig er im Moment ist.

Die Beobachter beschreiben die Stunde als "aufregend und spannend". Sie haben das Gefühl, "es spitzt sich etwas zu, der Klient ist fast am Ende seiner Gebetsmühle, sich mit letzter Kraft an seinen absurden Ideen festhaltend". Den Therapeuten empfinden sie als "klar und emotional beteiligt". Sein Ärger sei nicht "feindselig", entspringe "eher aus verzweifeltem Anrennen gegen eine Mauer".

Sowohl der Therapeut wie der Klient erinnern in allen Nachinterviews den Satz "Ohne Träume wärst Du tot!" (40kons). Dabei erinnert der Klient seine "totale Unsicherheit, also auch Sprachlosigkeit. Da war ich wie vor den Kopf geschlagen, da haut einer wirklich mit einem Schlag wieder meine Grunddogmen meines Denkens um" (KN0). Der Therapeut erinnert zusätzlich: "Es kam aus mir herausgeplatzt, das war keine reflektierte Antwort. Ich weiß auch, daß Träume mich immer gerettet haben in meiner Kindheit" (TN0). Auch später erinnern sie sich an den "Schock" (KN1) bzw. das "Entsetzen" (TN1).

Die fünfzehnte Stunde

Jan hatte von einem Professor geträumt, der ihn durch Vollkornbrot heilt, und von erfolgreichen Aufreißversuchen in einer Diskothek.

(42kons) <<Auf Karls Frage war er bereit, dazu eine Traumarbeit zu machen. Dann meinte er: "Ihr werdet das vielleicht nicht so ganz verstehen." Karl fragte erstaunt nach, warum Jan alle Anwesenden einbeziehe. "Ja, das ist so mein Tick. Wenn ich jetzt was erzähle, dann ist das was Großartiges und das müssen dann alle verstehen!" Jan betonte den letzten Satz auf Karls Nachfrage noch zweimal, wollte dann aber mit dem Traum beginnen.

Das ist vielleicht eine Fährte, dachte Karl. Er hatte ein Bild, wie Jan als kleines Kind vielleicht ungelenk und ungestüm kam und etwas erzählen wollte, seine Mutter ihn jedoch abblitzen ließ. Er unterbrach Jan: "Offensichtlich befürchtest Du, daß man Dich nicht versteht. Wie kommt das?" Jan lehnte sich entspannt zurück. *Er freute sich, daß Karl etwas verstand, was allgemein auf sein Leben und seine Art zutraf.* Er überlegte lange, dann antwortete er: "Ich denke, weil die bösen Erfahrungen, die ich gemacht habe, wirklich so einzigartig sind. Die haben andere Leute nicht gemacht, und deswegen verstehen sie nicht, was ich sage." *Dieses Gefühl hatte Jan häufig, und damit erklärte er sich auch, daß er sich nicht einfach kurz und knapp anderen mitteilen konnte, sondern eben alles sehr genau erläutern mußte.*

Karl war etwas verärgert über Jans elitären Anspruch. Und damit trickst Du Dich selber aus, überlegte er dann, produzierst mit Deiner Einzigartigkeit Einsamkeit und leidest darunter. Aber mit dieser Rückmeldung würde er Jan nur verschrecken. Stattdessen fragte er nach Jans Gefühlen dabei. Jan spielte nun an seinen Händen und antwortete immer schneller redend: "Ja, dann bin ich so hilflos, weil ich das einfach nicht vermitteln kann. Die anderen geben sich zwar Mühe, aber sie verstehen es eben nicht, und dann verlieren sie irgendwann die Lust daran und mißachten mich." So habe es z.B. keinen in der Schule interessiert, was er in Brasilien erlebt hatte. Insgesamt fühlte er sich von seinen Mitschülern, seiner Analytikerin und seiner Therapiegruppe unverstanden. Daraus schloß er, daß sich die Masse eben nur für das Outfit interessierte und er von seiner seelischen Konstruktion her nicht in die heutige Zeit paßte: "Mir bleibt nur die Wahl zwischen Einzelgänger oder Anpassen. ">>

Karl bat ihn, etwas von Brasilien zu erzählen. Jan berichtete nun von seiner Schulzeit dort und dem Kulturschock nach seiner Rückkehr. Nach zehn Minuten fragte Karl, ob Jan sich jetzt verstanden fühle. "Nur zum Teil," meinte Jan, "ich hätte mir mehr sachliche Nachfragen gewünscht." Aber die damaligen Erfahrungen hätten leider keine Bedeutung in der Gegenwart. (B) <<"In gewisser Hinsicht warst Du Experte, das hättest Du gerne mal ausgespielt?" meinte Karl lächelnd, um dann hinzuzufügen: "Ich glaube, Du bist eine Menge nicht losgeworden." "Ja, unheimlich viel nicht losgeworden," antwortete Jan resigniert.>> Seine Eltern hätten seine Gedanken immer blödsinnig gefunden. "Die leben in einem sich ständig selbst rechtgebenden System. Da kann ich sagen, was ich will. Sie sind nicht in der Lage, mich als realen Menschen aufzufassen. Das beste ist Mund halten."

Jan schimpfte nun immer lauter über seine Eltern, man müßte sie schütteln und gegen die Wand klatschen. "Ich habe mit einer verrückten Mutter und z.T. verrückten Vater zusammengelebt", meinte er dann, "das war so absurd und grotesk, im Zwischenbereich zwischen Irrealität und Realität." Mit der Therapie werde ihm das immer deutlicher, aber er könne sich noch nicht für eine Reaktion drauf entscheiden. Als Karl fragte, was er sich von seinen Eltern wünsche, meinte Jan: "Wenn mein Vater sagen würde: Mir ist klargeworden, wie wir Dich unter Druck gesetzt haben, oder: ich stehe zu Dir, ob Studium oder nicht." (B) <<Karl schlug dazu ein Rollenspiel vor, aber Jan lehnte ab, das wäre geheuchelt: "Klartext ist, daß meine Eltern sich nie ändern werden."

Karl fragte nun, was Jan mit seinem Haß auf seine Eltern mache. Jan antwortete, daß er sich häufig deren Tod gewünscht hätte. Am liebsten würde er aber Bücher schreiben, Reden halten, in Talkshows auftreten, um mit Zwang und Einsicht Familienverhältnisse zu verhindern, in denen Menschen zu Krüppeln gemacht werden. Karl unterbrach Jan nach einer Weile: "Ich hatte Dich gefragt, wohin mit Deinem Haß, daraufhin entwickelst Du eine Weltverbesserungsmethode. Das ist die beste Möglichkeit, den Haß am Leben zu erhalten!" Jan war verärgert, er sah darin eine Aufforderung, seine Vorstellungen abzulegen. Er konnte jetzt auch keinen konkreten Haß mehr empfinden. "Weil Du Dich innerlich abgetötet hast," meinte Karl mehr zu sich als zu Jan.

Jan fiel es nach dieser konturlosen Stunde schwer, überhaupt eine wichtige Stelle zu benennen. Auch für Karl war die Sitzung vorbeigeplätschert: "Wenn ich nicht aufpasse, neutralisiert er mich, macht alles keimfrei und langweilig." Seine Passivität und Schonhaltung führte er andeutungsweise auf momentane private Schwierigkeiten zurück. Noch Tage nach dieser Stunde fühlte er sich unklar mit Jan, er hatte keine übergeordnete Strategie mehr, spürte nur eine untergründige Wut.

Interpretation

Alle Anwesenden haben Schwierigkeiten, in dieser Stunde überhaupt eine wichtige Szene zu benennen. Auf diesem schwachen Hintergrund hebt sich nur eine Szene zu Beginn der Stunde hervor (42kons). Hier unterbricht der Therapeut zur Überraschung der Anwesenden den Klienten in seinen Erzählungen, indem er einer eigenen Assoziation folgt. Der Klient fühlt sich nun von ihm verstanden und liefert auch gleich mit der "Einzigartigkeit" seiner Erfahrungen und dem prinzipiellen Desinteresse der anderen daran eine Begründung für seinen Rededrang. Hier bricht der Therapeut nun den kurzen Kontakt ab. Statt dem Klienten ehrlich rückzumelden, wie es ihm als Gegenüber bei dessen Rededrang geht, "schont" er ihn. Damit wird im Grunde jedoch die vom Therapeuten phantasierte und vom Klienten bestätigte Kindheitserfahrung wiederholt. So bleibt das folgende Gespräch auf einer Konversationsebene, trotz seiner bedeutungsvollen Inhalte (Haß auf die Eltern) ohne Kontakt zu den entsprechenden Gefühlen und ohne Bezug zwischen Therapeut und Klient.

Die sechzehnte Stunde

Jan hatte sich einen Klappstuhl mitgebracht und saß schon vor der Stunde vor dem Therapieraum, um noch schnell seinen Fragebogen auszufüllen. Die Stunde selbst begann er damit, daß er heute über seine Sexualität sprechen wollte. Die Gelegenheit sei auch günstig, weil die Beobachterin nicht kommen konnte. Karl unterbrach ihn. Er hatte es befremdlich gefunden, daß Jan vor der Stunde wortlos an ihm vorbeigerauscht war. "Ich will Dir damit zeigen, wie Du wirkst auf andere Menschen."

(43kd) <<Jan schaute auf den Boden, schwieg einen Moment, dann: "Wie es Dir oder irgendwelchen anderen im Kontakt mit mir geht, das interessiert mich gar nicht." Karl fragte überrascht nach. Jan streckte sich lang: "Ich interessiere mich für mich und das, was ich endlich erreichen will, und nicht dafür, wie es irgendjemand anders im Kontakt mit mir geht. Ja!" "Die anderen interessieren Dich nicht? Ganz schön rücksichtslos, finde ich," stellte Karl nun echt empört fest. Auch Jan war nun wütend. Er wollte etwas Bestimmtes erzählen und nicht die Stunde über Kontakt zu anderen verlabern. "Hier sitzt eine Person, Jan! Oder soll ich hier ein Tonband hinstellen, für das, was Du erzählst?" rief Karl wütend. *Der glaubt wohl, ich müsse alles ertragen, nur weil ich Therapeut bin! Vieles ja, aber nicht alles! Karl war nun echt sauer, er fühlte sich einfach nicht respektiert. Kein Wunder, dachte er, wenn Du so mit anderen Leuten umspringst, dann wird keiner Lust haben, mit Dir Kontakt zu halten.*

Jan schwieg eine Minute lang. *Er war enttäuscht und sauer. Er hatte sich so fest vorgenommen, mal seine Gedanken der letzten Woche auszusprechen. Diese Stunde wird wieder nichts bringen, nur Druck und Schwarzes-Schaf-Sein, dachte er und beschloß, gar nichts mehr zu sagen. Sollen die da um mich rum machen, was sie wollen. Das ist mir völlig egal.* Karl setzte sich während der Schweigeminute zurück und dachte nach. *Jetzt zieht er sich zurück, wie er es als Kind gemacht hat.* Er überlegte, wie er mit seinen Kindern umging, wenn sie bockig waren. *Ich war schon sehr direkt und scharf war, dachte er, das kann ich nicht endlos weitertreiben, sonst zieht er sich noch mehr zurück oder platzt.* Karl mußte zweimal in ruhigem Ton nachfragen, bis Jan antwortete: "Wenn ich noch weiter mit diesem Thema da belämmert werde, dann werde ich mich noch weiter zurückziehen und sage nichts mehr.">>

Im folgenden erzählte Jan, daß er in seinem Leben schon genügend Kritik und Zurechtweisungen erlebt hatte. Seine Mutter erzählte ihm seit seinem zehnten Lebensjahr ständig, täglich: "Du solltest Dich was schämen! Du bist undankbar! Kritik war grundsätzlich mit einer moralischen Herabwürdigung verbunden. Meine Schwester ist auf diese Art nie fertig gemacht worden! Das sieht keiner! Das kann ich auch keinem Menschen begreiflich machen!" schloß er ab.

Karl erklärte nun, daß Jan über diese Erfahrungen zwar nicht sprechen wolle, sie aber dennoch auf alle anderen Menschen übertrug. (B) <<Jan meinte dazu: "Ich habe meine tiefste innere Überzeugung, daß das richtig war, wie meine Eltern mit mir umgegangen sind." "Willst Du behaupten, daß die Methoden Deiner Eltern erfolgreich waren?" fragte Karl zurück, "entweder waren die Methoden falsch oder Du bist kein Versager. Wie wirst Du mit dem Widerspruch fertig?" "Ich war voller schlechter Gedanken, irgendwie mußte mit mir so umgegangen werden," antwortete Jan.>>

(44kons) <<Jan redete mittlerweile viel lauter: "Meine Eltern haben mir nie positiv gesagt: So und so wünschen wir das. Das Positive mußte ich mir immer selber zusammenreimen. Es war immer nur das negative formuliert: wenn das und das passiert, dann ist die Katastrophe total!" Karl unterbrach: "War das in Ordnung?" Jan wollte weiter über seine Eltern erzählen, aber Karl unterbrach immer wieder und wiederholte dreimal und immer dringlicher seine Frage. *Jan wurde nun furchtbar wütend. Immer wieder diese dumme Frage. Die konnte man nicht beantworten, das war so wie: gibt es Gott oder gibt es Gott nicht? Er beschloß blitzartig, jetzt brüll ich hier, jetzt reichts aber, jetzt muß ich ihm mal klarmachen, wo es eigentlich lang geht.* Urplötzlich schoß er mit dem Stuhl hoch und schrie Karl an: "Diese Frage gibt es nicht, ob das in Ordnung ist oder ob das nicht in Ordnung ist!"

Karl wich überrascht mit dem Stuhl zurück. *Jetzt kommt Leben in die Bude, dachte er, immer noch besser die Wut direkt abzukriegen, als sie nur unterschwellig zu spüren, das hatte ihn schon ganz fummelig gemacht. Er spürte eine angenehme Spannung, dabei bleibe ich jetzt, das lasse ich mir nicht wieder entgleiten.* "Doch. Gibt es doch. Ich stelle sie Dir doch!" rief er zurück. Jan geriet außer sich, schlug mit den Händen um sich: "Nein, die gibt es nicht, die Frage!" *Karl mußte beinahe lachen, das war so absurd, er stellte die Frage doch! Er wollte nicht lockerlassen, auch wenn es ein bißchen gehässig war: So, jetzt hab ich Dich aber.* "Doch. Du hörst es doch," sagte Karl dann etwas ruhiger.

Auch Jan wurde ruhiger, sackte etwas im Stuhl zusammen: "Die Frage kann man nicht stellen, die kann man nicht beantworten, die gibt es für mich nicht." Nach einer kurzen Atempause schrie er wieder los, wild mit den Armen rudernd: " Es war so, es war so, es war so!!! Daneben gab es nichts, daneben wird es nie etwas geben! Ich hoffe, Du verstehst das!!" *Das mußte noch dazu, dachte er. Endlich habe ich das mal klargemacht.* "Nein!" meinte Karl nur trocken. Jan *fühlte sich nun in einer Sackgasse, hilflos, sprachlos, ätzend. Ihm fiel nichts mehr gegen Karl ein. Vielleicht ist ihm gar nichts klar geworden, vielleicht brauchte ich auch den Ausbruch für mich selber, dachte er. Diese Frage "War das in Ordnung oder war das nicht in Ordnung?" hatte er sich selbst schon oft gestellt, sie war nicht beantwortbar.*

Karl zögerte. Ich kann hier nicht so ausrasten, dachte er, ich muß die Über-
sicht bewahren. "Was macht es Dir so schwer, ganz offensichtliche Fehler und
Mißstände zu kritisieren?" fragte er dann ruhig. "Irgendwie war es in Ordnung
und es war nicht in Ordnung," antwortete Jan, "es war beides: ich habe darunter
gelitten und ich hatte meine Sicherheit." >>

Karl hielt Jan jetzt für alt, stark und intelligent genug, um den Schwindel zu
durchschauen und sich von seinen Eltern innerlich und vielleicht auch materiell
zu lösen. Jan bezweifelte dies jedoch.

Karl war nach der Stunde froh, daß es nicht wieder zu einer Laberstunde
gekommen war. Er war aber auch unsicher, ob Jan seinen Ärger verstanden
hatte und wollte ihn das nächste Mal darauf ansprechen. Jan wiederum wie-
derum hatte Karl als hart empfunden und war noch ärgerlich auf ihn. Er
fühlte sich in einer Sackgasse und fand es merkwürdig, daß alles wieder auf
seine Eltern und besonders auf seine Mutter hinauslief. Er würde wohl noch
einiges durchstehen müssen.

Interpretation

Gleich zu Beginn wird der Konflikt der letzten Stunde fortgesetzt (43kd). Der
Klient möchte etwas wichtiges erzählen und wird wütend über die Unterbrechung des Therapeuten. Der Therapeut wiederum ist gekränkt, weil er sich als
Gegenüber "einfach nicht respektiert" fühlt. So deutlich wie nie versucht jeder
den anderen auf seine Gesprächsebene (Inhalts- vs. Beziehungsaspekt) zu
bringen, ohne daß es jedoch zu einem Austausch darüber kommt. Der Therapeut erkennt zwar, daß der Klient die Beziehungsebene strikt vermeidet, und
registriert selbstkritisch seinen "direkten und scharfen" Ton. Diesen Einsichten
folgt jedoch kein Entgegenkommen, vielmehr gibt er eher der Drohung des
Klienten nach völligem Rückzug nach.

Dennoch läßt sich der Klient in ein Gespräch über den lebensgeschichtlichen
Hintergrund seiner Kontaktabwehr verwickeln. Dabei kritisiert er zwar scharf
das Erziehungsverhalten seiner Eltern, um es ebenso klar als "richtige Behandlung" zu verteidigen. Diesen offensichtlichen Widerspruch greift nun der Therapeut auf und spitzt ihn zu (44kons). Dazu meint er im Nachgespräch: "Ich
vermute, daß er eine ungeheure Wut gegen seine Eltern hat und die versucht er,
mit aller Gewalt unterm Deckel zu halten. Und er wird wütend, wenn ich diesen
Punkt berühre. Er scheißt mich genauso zusammen, wie seine Mutter oder sein
Vater das mit ihm getan haben. Ja, und da hab ich beschlossen, da laß ich nicht
locker." Gleichzeitig scheint er aber auch ein "reinigendes Gewitter" provozieren zu wollen. Über die Wut bekommt er wieder ein Gefühl zu sich ('eine
angenehme Spannung") und zum Klienten. Dabei zeigt sich deutlich auch sein
aufgestauter Ärger über all die bisherigen Zurückweisungen: er wird "gehässig"
und beschäftigt sich noch im Nachgespräch mit der "offenen Frage für mich als

Therapeut", ob er nicht mal "völlig ausrasten" könne. Über seinen persönlichen Hintergrund meint er dazu im Nachgespräch: "Es dauert immer lange, bis ich diesen Punkt erreicht habe, aber dann genieß ich ihn meistens. Mit meinen Eltern ging das nie, sie sind meistens weggegangen."

Indem der Therapeut seinem eigenen Prozeß folgt, hat er jedoch wenig Kontakt zum Klienten, er zeigt kaum Verständnis für dessen Verzweiflung, kann sie nicht nachempfinden. Dies spürt der Klient, es verstärkt sein anfängliches Gefühl von "Druck und Schwarzes-Schaf-Sein". Durch die Provokationen in die Enge getrieben, platzt er los. Der Therapeut ist nun "Gegner", dem er etwas "klarmachen" muß. Dabei ist sein Ausbruch "Diese Frage gibt es nicht!" ebenso absurd wie Ausdruck seiner ganzen hilflosen Verzweiflung. Für einen Moment scheint seine Fassade aufgebrochen, er wird sich seiner ganzen inneren Zerrissenheit bewußt und kann seinen Grundkonflikt klar ausdrücken: "Es war beides: Ich habe drunter gelitten und ich hatte meine Sicherheit." Die Wut gegen die Eltern und die Angst vor einem selbständigen Leben halten sich psychisch und energetisch die Waage und machen ihn so entscheidungsunfähig.

Die Atmosphere im Raum entspannt sich, die "untergründige Wut" ist zum Vorschein gekommen. Der völlige Kontaktabbruch zwischen Therapeut und Klient aus der letzten Stunde und zu Beginn dieser Stunde scheint nun ein wenig aufgehoben. Der Beobachter empfand diese Szene "spannend und lebhaft". Er war auch erschrocken bei dem plötzlichen Ausbruch des Klienten und fand den Therapeuten "mutig", daß er "nicht locker ließ".

Die Nacherinnerungen von Therapeut und Klient bestehen im wesentlichen aus Bildern vom explosionsartigen Ausbruch. Die Erinnerung an den Wortlaut vermischt sich jedoch mit dem des ersten echten Wutausbruchs in der 12. Stunde.

Die siebzehnte Stunde

Jan wollte nun endlich mal seine sexuellen Probleme ansprechen, auch wenn ihm die Anwesenheit einer Frau peinlich war. Karl ließ ihn erzählen. Im folgenden beschrieb Jan ausführlich sein zwanghaftes Onanieren, das er fast täglich sechs bis acht Stunden betrieb. Außerdem suchte er häufig nachts Altpapiersammlungen nach Magazinen und Sexheften ab. Abschließend bemerkte Jan, daß er "sozusagen hauptberuflich ein Wichser" sei, er käme sich dabei selbst "abstrus und lebensuntüchtig" vor. In der Therapie wollte er nun herausfinden, warum er niemals den Absprung zu einer anderen Art von Sexualität geschafft hatte. Karl nannte als eine mögliche Ursache Jans Kontaktschwierigkeiten mit Frauen. Jan widersprach zunächst, diese Entwicklung sei in ihm programmiert gewesen, aber Karl kam wieder auf das Thema Frauen zurück. Jan gab nun zu, daß er überhaupt nicht wisse, wie er z.B. die von ihm verehrte Studentin ansprechen könnte. Dabei knetete er stark an seinen Händen, den Blick zu Boden gerichtet.

(45kons) <<Karl rückte mit dem Stuhl dicht an Jan heran. *Er wollte ihm bei dem Thema Frauen ein wenig näher sein, einen anderen Zugang zu ihm gewinnen:* "Ich finde das spannend mit den Händen. Benutz mal meine!" bat er Jan. *Er merkte an seiner indirekten Frage, daß er unsicher war und sich vor einer Abfuhr schützen wollte.* Jan schaute überrascht auf, *er fand Jans Vorschlag erstaunlich, aber auch irgendwie wichtig und gut:* "Soll ich wieder Deine Hände kneten?" Karl wiederholte seinen Vorschlag, worauf Jan lächelte und schließlich die ihm angebotene Hand an den Fingerspitzen berührte "Das haben wir schon mal gemacht. Ich werde sie jetzt mal irgendwie mit meinen vergleichen." *Er merkte, daß er nur oberflächlich antwortete. Eigentlich hoffte er, von sich besser erzählen zu können, wenn er an Karls Händen rumspielte. Dieses Mal wollte er sie wirklich anfassen, irgendwie wurde das, was er erzählen wollte, nun gefühlsmäßig wichtiger.*

Karl sah Jans Lächeln *und freute sich darüber.* Er kam auf die angesprochene Studentin zurück: "Wie kannst Du sie ansprechen?" Jan lachte verlegen auf, wippte mit den Beinen: "Ja, mir fällt da überhaupt nichts ein." *Er versuchte, sich die Situation vorzustellen, aber es fielen ihm nur Banalitäten ein. Das würde die Frau auch gleich erkennen und ihn für einen oberflächlichen Blödmann halten.* Karl fragte, ob sie zusammen etwas überlegen sollten, aber Jan unterbrach: "Nein, ich halte es für wichtig, daß ich wie leergefegt bin und daß mir nichts einfällt im Moment." Karl fragte nach und Jan redete nun lauter und schneller: "Ich sehe sie zwar vor mir, aber ich hab überhaupt keine Idee, worauf ich sie ansprechen könnte, was ich machen könnte, ich bin total leer."

Karl wollte wissen, wie sich das anfühle. "Ja, irgendwie bewegungslos betoniert. Also körperlich betoniert, geistig betoniert, alles steht still, fest irgendwie," antwortete Jan, "ich sitz hier, kann mich zwar bewegen, aber das Bewegen hat keinen Zweck, das ändert nichts. Und im Geist seh ich ihr Bild vor mir, dazu fällt mir nichts weiter ein. Ich kann es zwar auslöschen das Bild, an was anderes denken, ich kann es auch wieder herrufen das Bild, aber es tut sich nichts, ist alles Beton." *Das waren eben seine Alternativen, dachte Jan: verharren in dieser unbefriedigenden Situation, aus der nichts herauskommt und eben auslöschen und schnell an etwas anderes denken.*

Karl war erstaunt, wie genau Jan seinen Zustand beschrieb und diesmal keine Allgemeinheiten und Plattheiten von sich gab. "Beton? Stillstand?" fragte er. "Ja, klarer Stillstand. Es geht nicht vor und nicht zurück," antwortete Jan. Karl bat Jan, einen Moment dabei zu bleiben, beide schwiegen lange. *Jan spürte, wie ihm das Ganze sehr nahe ging. Und daß er auch an einem Punkt in der Therapie war, wo alles Aufgesetzte von ihm abfallen konnte, etwas wirklich Wichtiges aus ihm herauskam. Er fühlte sich nun ganz hilflos, hätte sich am liebsten zusammengeklammert, ganz klein gemacht.* "Merkst Du, wie Du atmest?" unterbrach Karl schließlich das Schweigen. *Jan wurde sich des flachen Atmens bewußt, er versuchte, etwas stärker zu atmen.* "Mmh, ganz schön anstrengend das Atmen, obwohl ich ganz normal atme," bemerkte er, er hielt nun Karls Hände ganz fest umklammert.

Karl hatte nun das Gefühl von Nähe und Vertrautheit zu Jan. Er erinnerte sich an Jans Bemerkung, daß es ihm peinlich sei, in Anwesenheit anderer, vor allem der Beobachterin, über seine Sexualität zu sprechen. Er verspürte den Wunsch, ganz eng zusammenzurücken und die Beobachter mal auszuschließen. Er bat Jan, das innere Bild zu beschreiben. "Total hilflos wie der Ochs vorm Berg," antwortete Jan, "das Bild sagt: Du bist unfähig was zu machen, einfach plump, an mir ist nichts wirklich echt." Karl fragte nach, ob ihm das jemand mal gesagt hatte. Carla, seine verehrte Schulkameradin, hatte ihm mal ähnliches gesagt, die anderen Mädchen hätten sich gar nicht erst auf ihn eingelassen. "Das steckt in mir drin, von Wesen, Seele, Ausstrahlung ist nichts," fügte Jan schließlich leise und traurig hinzu und ließ Karls Hand los.>>

Als Karl fragte, ob schon mal jemand auf Jan stolz gewesen sei, meinte der nur: "Mein Vater war mal stolz wegen eines guten Zeugnisses oder einer Leistung, aber keiner war auf mich als Person stolz, nur weil ich da war." Er sei eben anders als die anderen, wie ein Schwarzer unter Weißen, das sei seine Natur und ihm selbst ein Rätsel seit der Hälfte seines Lebens. Wenn er wüßte, woher das kommt, dann könnte er vielleicht etwas verändern. Karl verglich diesen Wunsch nach einer Lösung mit einem Kriminalratespiel, woraufhin Jan seine Eltern und vielleicht auch die sexualfeindliche Großmutter als Tatverdächtige bezeichnete.

(46st) <<Jan spielte wieder mit seinen Händen, ihm war etwas eingefallen, worüber er lächelte: "Wenn ich mich mit meiner Mutter gestritten hab, dann hat die manchmal so gesagt, ich hätte ja Kuhaugen, so blöd, wie ich sie anglotzen

würde." "Ist das lustig?" fragte Karl und beugte sich vor. *Guck mal, hier hast Du doch die Erklärung, dachte er. Er hatte sich mit Jan identifiziert und war empört über dessen Mutter.* Jan wich zurück und lachte: "Das ist schon grotesk, das ist wie in einem Karikaturfilm, wie bei Loriot oder Otto. Man kann es einfach nicht mehr ernst nehmen." *Karl ärgerte Jans Art, sich selbst nicht ernst zunehmen:* "Ja, für Dich war es ernst oder war Deine Kindheit ein Ottofilm?" fragte er. *Er hoffte, daß Jans Stimmung kippen würde in Gefühle von Wut oder Trauer.* Aber Jan lachte nur weiter: "Ja, manchmal denke ich, es war ein Ottofilm." *Karl fand das zwar nicht lustig, aber er verstand auch, daß Jan diesen Fluchtpunkt brauchte.>>*

Jan erzählte, daß seine Mutter ihm noch mehr solcher Wahnsinns-Dinge gesagt hatte, "das Inhaltliche war nebensächlich, es war ein Schlagabtausch unter der Gürtellinie." "Jetzt sind wir schon eine Spur weiter," bemerkte Karl, "die erste Frau in Deinem Leben sagt Dir, daß Du Kuhaugen hast." Mit dem Vorschlag, damit weiterzumachen, schloß er die Stunde ab.

Nach der Stunde freute sich Jan noch, sich zu Beginn der Stunde mit seinem Thema durchgesetzt zu haben. Beim Betrachten des Videos wurde ihm noch einmal bewußt, wie starr er da saß, tatsächlich wie Beton. Beim Handkontakt hatte er das Gefühl, daß Karl mitbekommen hatte, wie wichtig und schwierig die Situation für ihn war. Er könne eben nicht gleich losheulen, sei vielmehr steif und angespannt. In dieser Situation wollte er auch, daß Karl zu ihm hielt und das nicht so überging.

Karl sah sich im Nachgespräch in seiner Vorüberlegung bestätigt, in dieser Stunde mit Jan geduldiger zu sein, bis der Eisblock sozusagen wie von selbst schmilzt. Er hoffte, daß sie jetzt vielleicht anders miteinander reden könnten. Nach dem Handkontakt wußte er nun, daß Jan überhaupt kein Gefühl für körperliche Nähe und Distanz hatte. Er hat wohl als Kind keine Intimsphäre gekannt.

Interpretation

Zum ersten Mal beschreibt der Klient offen und trotz aufkommender Scham das erschreckende Ausmaß seines Zwangsverhaltens. Der Therapeut hat sich vorgenommen, geduldiger zu sein, und hält sich auffallend zurück. Als das Gespräch nach einer halben Stunde wieder in allgemeinen Erklärungen zu versanden droht, leitet der Therapeut auf überraschende Weise einen intensiven Kontaktmoment ein (45kons). Zunächst wechselt er das Gespräch auf eine konkrete Problemsituation. Dann greift er die offensichtliche körperliche Erregung des Klienten auf und stellt zu ihm spontan eine körperliche Nähe her, mit der er eine innere Verbundenheit zum Klienten ausdrücken will. Der erschreckende Bericht des Klienten scheint einen väterlich-sorgenden Impuls bei ihm ausgelöst zu haben: so erzählt er im Nachgespräch, daß er manchmal so mit seinem Sohn redet, "wenn ich ihm was dringlich sagen will."

Deutlich wird auch seine Befürchtung, in der spontanen körperlichen Zuwendung zurückgewiesen zu werden. Seine Geduld und Risikobereitschaft wird jedoch belohnt. Der Klient ist völlig überrascht, aber auch erfreut, er scheint die ihm wohlgesonnene Haltung des Therapeuten zu spüren. Er stellt selbst den Zusammenhang zu einer ähnlichen Situation her (s. 11. Stunde). Doch im Gegensatz zu jener Situation greift er nicht mechanisch nach der ihm angebotenen Hand. Vielmehr nimmt er sie ganz bewußt als Angebot des Mitgefühls und der Unterstützung an. Über die körperliche Berührung entwickelt sich Schritt für Schritt ein immer tiefer gehender Kontakt zwischen beiden Personen. Im Gefühl von "Nähe und Vertrautheit" kann nun der Therapeut empathisch den inneren Prozess des Klienten anleiten und unterstützen. Umgekehrt kann der Klient, "an einer sicheren Hand geführt", das stark angstbesetzte Gefühl der "Leere und des Stillstands" spüren, "wo alles Aufgesetzte von ihm abfallen konnte, etwas wirklich Wichtiges aus ihm herauskam." Er kann seine ganze Hilflosigkeit und Bedürftigkeit zulassen und sie wird erwidert: seinem Impuls, "sich ganz klein zu machen" entspricht der komplementäre Impuls des Therapeuten, "ganz eng zusammenzurücken" und ihn vor der Außenwelt (besonders der anwesenden Frau) zu schützen.

In den Minuten des Handkontakts hat sich eine Atmosphere von dichter und leiser Intensität im Raum verbreitet. Die Beobachter empfinden den Handkontakt "entspannend" und "liebevoll". Den Therapeuten beschreiben sie mit "raumlassend" und "kontaktsuchend", den Klienten mit "weich" und "eine kindliche Freude ausstrahlend".

Auch wenn der Klient den Handkontakt schließlich abbricht und mehrfach in seine Resignation zurückzufallen droht, bleibt die Stimmung im weiteren Verlauf locker ("Kriminalratespiel") und entspannt. Der intensive Kontakt scheint dem Klienten genügend Sicherheit gegeben zu haben, das sicher am meisten angstbesetzte Thema, seine Beziehung zur Mutter, von sich aus anzugehen (46st). Der Therapeut kann spontan die vom Klienten auf die Witzebene verschobene Wut gegen die Mutter empfinden. Er akzeptiert schließlich, daß der Klient diese Wut noch nicht zulassen kann, auch sein Ärger über den Klienten ist Ausdruck seiner Parteinahme für ihn.

Die Inhalte der Handkontakt-Szene werden in den Nacherinnerungen aller Beteiligten mit dem ähnlichen "Männergespräch" in der vierten Stunde vermischt, zu deren Bedeutsamkeit auch die körperliche Nähe beitrug. Daneben hat der Handkontakt als körperliche Berührung in allen Nachinterviews eine eher eigenständige Bedeutung. So betont der Klient in allen Nachinterviews, wie "seltsam", "ungewöhnlich" und auch "erstaunlich" diese "neue Erfahrung" für ihn war, "daß er zu sowas bereit ist, daß er mir seine Hände zur Verfügung stellt" (KN0). Der Therapeut erinnert sich, daß er "einfach mal vorgerückt" war: "Das war eine nahe Situation, die mir zunächst nicht so bedeutend (weil nur körperlich) erschien" (TN0). Auch später hat er deutliche Erinnerungen an die Verlegenheit und Überraschung des Klienten, aber auch: "Für mich war es erst gemischt. Meine Befürchtung war, daß er ruppig ist, das war nicht so" (TN2). Auch die Beobachterin erinnert, daß der Klient dabei "völlig verlegen" war (BN0).

Die achtzehnte Stunde

Jan kam wieder mal zu spät, er wirkte hektisch und zerfahren. Er begann gleich damit, was seine Mutter ihm noch alles vorgeworfen hatte: Kuhaugen, Blödheit, Einsichtsunwilligkeit und: "Dem Jan hat man in den Kopf geschissen". (B) <<Lächelnd fügte er hinzu, daß er sich wie eine Figur in Schweinchen-Dick- oder Tom-und-Jerry-Filmen gefühlt hätte.>> Als Karl ihn nach seinen Gefühlen dazu befragte, meinte Jan nur, daß er als Kind seinen Körper ganz weghaben wollte und auch jetzt nichts besonderes spüre. Er schaute kurz zu den Beobachtern. Die sollten alles genau mitschreiben, durch die Veröffentlichung seiner Biografie würde sein Leben als bedeutsam und einzigartig gelten, er könnte als große Person verehrt werden. Karl meinte dazu, daß Jan jetzt wieder wie als Kind die Realitätsebenen vertausche, um sich die Misere erträglicher zu machen. Gegen eine fremde Person hätte er sich sicher gewehrt, meinte Jan, aber seine Mutter habe sicher auch Recht gehabt. Karl atmete tief durch: "Ich bin fassungslos, wie sehr Du verteidigst, daß Deine Mutter eine Berechtigung hatte, Dir solche Sachen zu sagen."

(47sk) <<Karl schlug ein Rollenspiel vor. Jan spielte nun seine Mutter und Karl den Vater eines anderen Kindes. *Jan nahm sofort das Verhalten seiner Mutter an. Er fand es witzig und auch grotesk, sie zu spielen, wie sie herumwirbelt zu Hause, wie sie spricht und lacht, ihre ständigen Redensarten von sich gibt.* "Sie wollten mir was von ihrem mißratenen Sohn erzählen?" fragte Jans Mutter. "Ich haben keinen mißratenen Sohn! Im Gegenteil!" entgegnete Karl. "Sie haben keinen mißratenen Sohn??" fragte sie ungläubig zurück. *Jan war total überrascht. Er selbst würde es ja vielleicht noch glauben, aber seine Mutter garantiert nicht. Die könnte sich das gar nicht vorstellen, daß es Leute gibt, die kein mißratenes Kind haben.* "Aber ein bißchen Schwierigkeit hat man doch immer mit einem Kind," fuhr Jans Mutter fort, "die machen doch viel Arbeit und Ärger und Sorgen." Karl widersprach, aber sie fuhr fort: "Sie werden es schon noch erleben, wenn Ihre Kinder dann älter werden, welchen Ärger es mit Kindern macht. Ich glaube nicht, daß ich das noch mal machen wollte." *Jan war selbst überrascht, wie gut er doch seine Mutter spielen konnte, ihre Dauerredensarten und Glaubenssätze wiedergeben konnte.*

Karl sprach nun die Mutter direkt an: "Also Ihr Sohn, der hat in der Therapie haarsträubende Dinge erzählt." "Haarsträubende Dinge?" entgegnete die Mutter pikiert, "das kann ich mir nicht vorstellen. Ich hab immer so für ihn gesorgt und immer auf gutes Essen und saubere Kleidung geachtet und daß er rechtzeitig in die Schule gekommen ist und sein Pausenbrot, das war immer sehr gut. Dann hab ich soviel für ihn gewaschen und saubergemacht. Er hat eigentlich keinen Grund, sich zu beklagen." *Jan erinnerte sich, wie sie diese Litanei ständig erzählte, die Aufzählung von Arbeiten und wie undankbar er jetzt sei. Er hatte richtigen Spaß an dem Rollenspiel.*

"Der beklagt sich aber, daß sie z.B. gesagt haben, er hätte Kuhaugen," setzte Karl nach. "Ja, die hat er doch auch, wenn er da so blöd und uneinsichtig ist," ereiferte sie sich nur. "Sie sollen ihm sogar gesagt haben: Dir hat jemand ins Gehirn geschissen," fuhr Karl fort. *Wahrscheinlich würde sie das erstmal abstreiten, dachte Jan, aber dann doch sagen*: "Ja, manchmal hat dem einer ins Gehirn geschissen. Was der mir schon für Ansichten erzählt hat!" "Ja, redet man so mit Kindern oder mit anderen Menschen?" fragte Karl. Sie würde es anderen vielleicht nicht so direkt sagen, meinte sie dann, aber dem Therapeuten ihres Sohnes muß auch einer ins Gehirn geschissen haben: "Was der dem für Blödsinn erzählt, und wie der ihn gegen uns Eltern aufhetzt! Dabei haben wir uns so viel abgearbeitet." Jan lachte laut und streckte sich. *Er fühlte sich in ihrer Rolle sehr wohl, wie in einer guten Haut.>>*

Karl brach das Rollenspiel ab und Jan gab zu, daß es für ihn witzig war, das Groteske von früher nachzuspielen. "Kannst Du sagen, was Du vermißt hast?" fragte Karl. "Warum mußt Du so schwere Fragen stellen?" fragte Jan ärgerlich zurück, nach einer längeren Pause meinte er schließlich: "Also, was ich nie bekommen habe, ist Interesse an dem, was von mir kam." Als Karl nachhakte, schwieg er lange, mehr fiel ihm nicht ein. Karl verglich daraufhin Jans Verhältnis zu seiner Kindheit mit einem Zimmer, zu dem niemand Zutritt hat, selbst Jan habe den Schlüssel schon verlegt. Jan wurde ärgerlich: "Du stellst so blöde Fragen, da kann ich gar nicht so viel mit anfangen." Beide stritten sich nun eine Weile, ob sich Jan nun nicht erinnern könnte oder einfach nicht wollte.

(48kons) <<*Karl wurde immer ärgerlicher, er hatte das Gefühl ständig abgeblockt zu werden*: "Wenn ich die eine Tür aufmache, sagst Du: Nee, nee. Und wenn ich die andere Tür aufmache, ist es auch so." Auch Jan war nun sauer: "Was denn für Türen? Ich kann da nichts vermissen bei meiner Mutter, da weiß ich nichts," rief er laut. *Diese blöden Fragen, was vermißt Du? und: was hättest Du ihr sagen können? Da könnte er kotzen, wenn er diese Fragen hören mußte und dann auch noch darüber nachdenken sollte. Er wußte keine Antwort! Am liebsten wäre er abgehauen, ihm war das alles zuwider.*

"Aber was macht Dich so ärgerlich an dieser Frage?" *Wenn ich sage rot, dann sagt er schwarz, dachte Karl. Er hätte auch ausrasten können, aber was nützte es, höchstwahrscheinlich war das bei ihm zu Hause auch so abgelaufen.* "Ja, weil ich mich da wieder an Sachen ranmachen muß, die ich abgeschlossen hab!" schrie Jan. *Er merkte, wie ihm durch solche Fragen wieder alles hochkam, woran er sich bis vor wenigen Jahren gar nicht erinnern konnte.* "Es ist nicht abgeschlossen!" antwortete Karl bestimmt. "Doch, das ist abgeschlossen. Über meine Mutter mache ich mir keine Gedanken mehr!" erwiderte Jan. Er hatte kurz zu den Beobachtern rübergeschaut und lächelte unsicher. *Er kam sich nun auch blöd vor, von allen Seiten kriegte er Widerspruch zu hören.*

Karl stand auf: "Gut, Du hast gewonnen!" *Er hatte den Kanal voll. Jetzt laß ich Dich mal ins Leere laufen, dachte er.* "Nee, nicht gewonnen!" rief ihm Jan nach, "die kann meinetwegen abkratzen." *Wie konnte er klarmachen, daß das mit der Mutter unangenehm und verletzend war, aber daß er das emotional abgeschlossen hatte? Er fühlte sich nun nicht ernst genommen, einfach sitzen gelassen.* > >

Karl verließ frustriert den Raum. Er wußte nicht mehr, was er noch tun sollte. Wenn er Jan ließ, spulte der seine Kopfgeburten herunter. Wenn er an solchen Punkte eingriff, wehrt er das ab. Wenn er die Abwehr reflektieren wollte, empfand Jan es als Angriff. Und wenn ich meinen Ärger zeige, dann wird er nur noch trotziger. Er wird wohl nicht über seine Kindheit reden wollen.

Interpretation

In dieser Stunde wird noch einmal deutlich, wie der Klient die Kränkungen und Verletzungen seiner Kindheit verdrängt (hat): er macht sich empfindungslos, karikiert das elterliche Verhalten bis ins Groteske und flüchtet in Größenphantasien. Der stärkste Abwehrmechanismus zeigt sich jedoch in der Identifikation mit der Mutter gegen den "mißratenen Sohn" (47sk). Es ist augenfällig, wie lebendig und selbstsicher sich der Klient in der "Haut" seiner Mutter und ihren Glaubenssätzen fühlt. Erst beim Betrachten des Videos wird er sich seiner Identifikation vollständig bewußt. Er ist ganz "fasziniert" davon, "wie ich dann meine Mutter spielen soll und dann auch gleich bin."

Der Therapeut vertritt im Rollenspiel zunächst allgemein, schließlich offen parteiergreifend für den "mißratenen Sohn" eine Gegenposition zur Mutter. Deren Selbstgefälligkeit scheint mehrfach ins Wanken zu geraten, als der Therapeut überzeugend widerspricht. Der Klient ist überrascht, daß es eine andere Sichtweise von Kindern geben kann, und hat damit die Möglichkeit, sich von der (inneren) Mutter abzugrenzen. Dem Therapeuten ist jedoch nicht bewußt, daß der Klient sich während des Rollenspiels vollständig in der Rolle der Mutter befunden hat (dies erfährt er erst später durch das Nachgespräch mit dem Klienten). Er scheint nach wie vor "fassungslos", wie sehr der Klient das Verhalten der Mutter verteidigt, ohne die psychische Funktion dieser Identifikation anzuerkennen.

Statt also weiterhin "Verbündeter" des Klienten gegen die Mutter zu bleiben und vielleicht sein eigenes Entsetzen über deren verachtende Haltung auszudrücken, will er den Klienten zu einer eindeutigen Stellungnahme gegen seine Mutter drängen. Es wird schnell deutlich, daß sich der Klient weder mit der Rolle des Kindes identifizieren noch Kritik an der Mutter üben kann und will. Er befürchtet, daß "durch solche Fragen wieder alles hochkommt." Der Therapeut wiederum bezieht dieses Abwehrverhalten auf sich, er kritisiert den Klienten und provoziert damit eine lautstarke Auseinandersetzung, die in einem völligen Kontaktabbruch endet (48kons).

Die Beobachter registrieren in dieser Szene einen Kampf, der auf beiden Seiten mit "Ärger, Verzweiflung und Hilflosigkeit" geführt wird. Anhand des Videos erkennt dann der Therapeut, daß wohl "eine Wiederaufführung des alten Dramas" stattfand: "Die Eltern und ich auch, die es besser wissen wollen, Vorschläge machen, wie seine Schwierigkeiten zu lösen sind, und dann der Kampf, nach dem sie schließlich aufstehen ... Ich darf nichts von ihm wollen, das ist völlig aussichtslos, da muß ich mich verabschieden von jeglichem Ehrgeiz."

Das Rollenspiel (47sk) wird vom Klienten in allen Nachinterviews genau erinnert. Dabei betont er immer wieder zwei Aspekte, die für ihn wichtig waren. Zum einen habe er erkannt, "wie selbstverständlich diese ganze Denkweise und auch Redeweise meiner Mutter mir über die Lippen kommen oder ich das alles verinnerlicht habe" (KN0). Zum anderen erinnert er besonders, daß der Therapeut "fassungslos" über die Vorwürfe der Mutter war: "Das fand ich sehr bewegend, daß da jemand so emotional auf einen solchen Ausdruck reagiert hat ... früher wäre ich nie auf die Idee gekommen, solche Bemerkungen als Anlaß zu sehen, mein Verhältnis zu meinen Eltern oder zu irgendeinem anderen Menschen überhaupt komplett neu zu überdenken ... diese andere Sichtweise hat mich in Streitsituationen mit meiner Mutter gelassener gemacht" (KN1).

Der Therapeut spürt noch später "die unglaubliche Verachtung in den Vorwürfen der Mutter". Da er sie inzwischen kennengelernt hat, meint er: "Manchmal spielt er nicht, sondern ist seine Mutter" (TN1).

Die neunzehnte Stunde (nach vier Wochen)

Jan hatte sich während der Urlaubspause häufiger eine Therapiestunde gewünscht, dennoch kam er eine halbe Stunde zu spät. Er entschuldigte sich wieder wortreich mit Selbstanklagen und wollte dann unbedingt ein kürzliches Erlebnis loswerden. Er war zusammen mit einem Freund in eine andere Stadt gefahren: In der Einkaufspassage hatte ihn ein attraktives Mädchen angelächelt, das er prompt am Abend in einer Kneipe wiedertraf. Leider war sie in Begleitung: "Als ich merkte, daß da nichts zu machen war, habe ich mich wahnsinnig geärgert, daß ich nichts hinkriege." Karl fragte, ob er sie wenigstens angelächelt hätte. Doch Jan fühlte sich in solchen Situationen wie ein 16jähriger, der im Kaufhaus was geklaut hat. (B) <<Er befürchtete einen bestimmten Blick, den er von Frauen kannte und sich nicht erklären konnte, vielleicht eine Reaktion wie: "Dieses miese Schwein, dieser widerliche Nichtsnutz, so einer wagt es, eine tolle Frau wie mich zu begehren!">>

Karl bat Jan, die Kneipenszene mal vorzuspielen. Jan stand auf, schlich sich an der Frau am Tisch vorbei und warf ihr einen verstohlenen Blick zu. Karl hatte den Eindruck von einem observierenden Geheimagenten: "Wenn Du die Geschichte von vornherein so angehst, wird sich kein Kontakt ergeben. Also mußt Du gucken, wie Du praktisch erfolgreicher agieren kannst und langfristig hängt es sicherlich mit der ersten Frau Deines Lebens zusammen, mit der Mama."

(49kons) <<Jan rutschte auf seinem Stuhl, *er ärgerte sich, denn solche Vorschläge kannte er zur Genüge: Trau dir doch mal was zu, sprich sie doch einfach an usw.:* "Wie ich praktisch erfolgreicher agieren kann. Das ist doch blöd!" "Das ist blöd?" fragte Karl überrascht und setzte sich ein wenig zurück. *Er verstand nun Jans Angst vor einer Blamage. Durch die Zurechtweisung spürte er zum ersten Mal in dieser Stunde Kontakt zwischen sich und Jan.* Jan sprudelte nun deutlich verärgert los: "Soll ich etwa daher gehen und vor den Mackern, die da sitzen, sagen: Hallo Du, Dich möchte ich gerne kennenlernen. Soll ich mich zur Lächerlichkeit aller preisgeben? Du bist mir ein Witzvogel!"

Karl mußte über diesen Angriff lachen, *aber besser diese Art von Kontakt als gar keinen.* "Diese blöden Vorschläge: Du mußt an Deiner praktischen Vorgehensweise was ändern. Das ist doch einfach nicht realistisch," fuhr Jan noch höchst verärgert fort, "ich kann mich ja jetzt nicht dem Spott der ganzen Welt ausliefern!" *Dabei fühlte er sich absolut im Recht und es tat ihm gut, Karl mal richtig auszuschimpfen.*

Karl schaltete nun innerlich ab, wieder eine der üblichen Verteidigungsreden. Jetzt hat er das wieder als Anforderung verstanden, dachte er, wie komme ich da jetzt raus? Ihm fielen Jans Schulerlebnisse ein und sein Sohn, der im Moment Ärger mit seinen Schulkameraden hatte. "Ich glaube, daß es Dir bisher so ergangen ist, aber ich glaube nicht, daß es zwangsläufig so in jeder Situation passieren wird," versuchte Karl zu erklären.

Jan beruhigte sich, *sein Ausbruch war vorbei, jetzt konnte er nur noch klar die Karten auf den Tisch legen.* Leise sagte er dann: "Ach, jeder, der ein bißchen plietsch ist, der erkennt doch auf den ersten Blick, daß ich für Liebesaffären oder romantische Geschichten oder Sexbeziehungen einfach nicht brauchbar bin." *Dabei ist er doch kein absolut häßlicher Vogel, dachte Karl, aber dagegen hab ich ja schon paarmal erfolglos gearbeitet.* Er unterbrach Jan: "Wenn Du startest mit: ich bin minderwertig und alle werden mich verspotten, dann ist es natürlich zwangsläufig oder konsequent, nach Hause zu gehen und zu wichsen!" *Wie Recht er damit hat, dachte Jan nur, genau das hab ich an dem Abend gemacht. Er fühlte sich schlecht und allein, war wieder auf seine eigene Minderwertigkeit, auf seine Wichswelt, reduziert.>>*

Nach einem langen Schweigen sprach Karl noch einmal die Konsequenzen aus Jans Weltbild an, worauf Jan bestätigte: "Wer so einen wie mich akzeptiert, der ist selber nichts wert. Genau so ist es! Spätestens, wenn ich mit einer Frau ins Bett gehe, dann wird herauskommen, daß ich nicht sexuell bin."

Jan blieb noch nach der Stunde resigniert und völlig in sich zurückgezogen sitzen. Erst die Videosequenz, in der er Karl ausschimpfte, munterte ihn wieder etwas auf: "Das ist genau meine Mutter, also besser könnte ich gar nicht meine Mutter sein."

Karl war nach der Stunde zufrieden. Er hatte sich vorgenommen, nicht die Struktur der letzten Stunde zu wiederholen, sondern mehr zu gucken, was aktuell anlag. Er hoffte nun, daß Jan sich ein Stück von ihm verstanden fühlte. Vielleicht könnte man zusammen beim Thema Frauen weitergucken. Als vielversprechend für den weiteren Prozeß empfand er auch die Jans Selbsterkenntnis, daß er wieder in die Rolle seiner Mutter gefallen war.

Interpretation

Der Therapeut läßt dem Klienten dieses Mal viel Raum zu Beginn der Stunde So entsteht eine lockere Atmosphere, in der der Klient sein Erlebnis loswerden kann und es sogar auf Vorschlag des Therapeuten szenisch darstellt. Die vor allen Beteiligten als wichtig bezeichnete Szene (49kons) beginnt, als sich der Klient vehement gegen die Ratschläge des Therapeuten wehrt. Der Therapeut nimmt die Kritik mit Humor an, er kann sich die beschriebene Situation und die Angst des Klienten vorstellen, er spürt "zum ersten Mal Kontakt" zu ihm. Im Nachgespräch bekennt er, daß er diese Angst und Schüchternheit aus der eigenen Pubertät kennt und statt Ratschlägen auch eher einen "Erfahrungsaustausch" gesucht habe. Die Beobachter registrieren eher "verwundert", wie "ruhig und gelassen" der Therapeut vorgeht und bei der

Angriffen des Klienten "nicht gleich zurückschießt". So entsteht für eine kurzen Moment eine "intensive, teilweise spielerische Atmosphere". Der Klient kann den Therapeuten "mal richtig ausschimpfen" und sich dabei "absolut im Recht" fühlen und wird, wenn auch unausgesprochen, vom Therapeuten bestätigt.

Indem der Therapeut sein Mitempfinden jedoch nicht mitteilt, verliert der Klient zunehmend Kontakt zu ihm. Er wertet die fortgesetzten Erklärungen nun als "eine der üblichen Verteidigungsreden". Beide haben den Kontakt zur Angst und damit zueinander verloren: Der Therapeut wechselt wieder auf die väterliche und rationale Ebene, woraufhin der Klient in seine resignative Haltung zurückfällt und darin trotz gutgemeinter Erklärungen des Therapeuten bis zum Schluß steckenbleibt.

Der Therapeut hat in allen Nachinterviews klare Bilder von der kurzen szenischen Darstellung, sie hat ihm die Kontaktangst des Klienten gegenüber Frauen deutlich vor Augen geführt. Der Klient erinnert sich wiederum nur vage dran, daß er den Therapeuten mal ausgeschimpft und sich danach als seine Mutter erkannt hat.

Die zwanzigste Stunde

Jan kam wieder zu spät, angespannt und genervt, am liebsten hätte er gleich losgebrüllt. Grund war, daß er auf Vermittlung seines Vaters mit einem Professor über seine Studienprobleme gesprochen hatte. Trotz der vereinbarten Verschwiegenheit über das Gespräch hatten seine Eltern dann doch erfahren, daß er gar nicht mehr studierte. Sie waren beleidigt und seine Schwester hatte sich wie "Mama Zwei" aufgeführt.

(50st) <<Karl *wollte den endlosen Zirkel des Lamentierens unterbrechen und Jan ein wenig aus der Reserve locken.* Er fragte zweimal nach Jans Meinung zur Familie. Jan war sauer: "Ich habe die Schnauze voll von meinen Eltern, das ist ein Kampf gegen Windmühlen." Noch ärgerlicher setzte er fort: "Ich hab die Schnauze voll davon, daß ich immer von der ganzen Psychotherapie nur hängengelassen werde gegenüber meinen Eltern und meiner Familie." "Ich laß Dich hängen?" fragte Karl erstaunt. "Alle Psychotherapeuten machen das! Du gibst immer nur schlaue Ratschläge." Karl widersprach, drückte dann aber sein Verständnis dafür aus, daß Jan erstmal Dampf abgelassen hatte. Statt nun aber einen Schritt weiterzugehen, zum Beispiel bisher unausgesprochene Dinge anzusprechen, würde Jan lieber in einer "ohnmächtig renitenten Haltung" verharren. "Ja, was bleibt mir denn anderes übrig!?" erwiderte Jan verärgert.

Karl versuchte zu beruhigen und erklärte: "Ich kann Dich verstehen, es ist schwer gegen Deine Eltern anders zu handeln, aber grundsätzlich besteht die Möglichkeit." Jan verstand ihn nicht, bis Karl nachfragte, was für ihn das Wichtigste im Moment sei. "Das Wichtigste ist mein Ärger und daß ich endlich, endlich, endlich mal gegenüber meinen Eltern nicht mehr die Position des Schwächeren und Abhängigen, sondern auch mal die des Stärkeren haben möchte!" rief Jan verärgert. Karl *lehnte sich zurück, er distanzierte sich innerlich, wollte sich jetzt nicht einwickeln lassen,* meinte nur: "Ja, Du starrst auf Deine Eltern, aber wie wär's, wenn Du Dich änderst, vielleicht ändern sie sich auch ein bißchen.">>

Karl schlug ein Rollenspiel vor, aber Jan wehrte heftig ab. Er erzählte von dem Gespräch mit seiner Schwester im Elternhaus. Dort war er wegen des Wichsens wieder mal zu spät und wie ein Penner aufgetaucht.

(51sk) <<"Letztendlich hat meine Schwester ja Recht," begann Jan nun laut und gestenreich auf sich loszuschimpfen. *Während er nun den Standpunkt des Rechtschaffenen einnahm, fühlte er sich zunehmend wohl und absolut im Recht.* "Warum bin ich eigentlich nicht so wie die anderen Menschen, die auf ihr Aussehen achten. Warum ist es für mich wichtiger, da noch zu wichsen an dem Morgen!" *Jan dachte dabei immer wieder an Carla und seine Schwester, die hatten den Bogen raus, während er seinen negativen Eigenschaften ohnmächtig ausgeliefert war. Er erinnerte sich dabei an diesen Morgen, ihm hatten tolle Frauen im Kopf herumgespukt und überhaupt: irgendwas zu machen, sich in die Realität des Tages zu werfen, ohne vorher zu wichsen, war ätzend. Jan wollte Karl endlich mal klar machen, daß bei ihm so einiges nicht in Ordnung war. Er hatte manchmal das Gefühl, daß er entgegen jeglicher Vernunft bei anderen wie ein Penner oder ein Haufen Scheiße wirken wollte, ohne daß ihm bewußt war, was dahinter steckte.*

Jan führte dann noch laut und erregt sein gescheitertes Studium an und beendete schließlich seine Rede mit: "Von daher hat sie ja irgendwo auch recht. Hast Du das verstanden, was ich da gesagt hab?" "Jawohl!" antwortete Karl nur. *Er hatte sich das alles schweigend angehört. Für ihn war ganz offensichtlich, daß Jan wieder mal die Position seiner Mutter eingenommen hatte. Und er sabotierte sie, indem er wichste. Er überlegte, ob er dies Jan sagen sollte, aber es erschien ihm zwecklos, solange er noch rumtobte.>>*

Karl erinnerte Jan nun an die letzte Stunde. Jan bestritt jedoch, als seine Mutter gesprochen zu haben. "Woher kommt dann Dein Ärger?" fragte Karl. "Daß es in all den Jahren mir nicht gelungen ist, mich umzupolen," erwiderte Jan wieder laut und fügte hinzu: "Ich ärgere mich wahnsinnig über dieses blöde nutzlose Therapeutisieren." Karl bat Jan, mal den Therapeuten zu spielen. (B) <<Jan würde dann den Klienten an die Hand nehmen und immer auf die Finger klopfen. Dann würde er sagen: "Da ist ein Stück Scheiße in Dir und das verursacht das alles. Das müssen wir herausfinden und kaputtmachen wie einen Nierenstein!">> Karl brach das Rollenspiel ab: "Ich weiß nicht, ob ich lachen oder weinen soll. Das mache ich nicht. Ich habe keine Ausbildung als Folterknecht oder ähnliches." Er erinnerte Jan daran, daß der Begriff "Scheiße im Kopf" von seiner Mutter stammte: "Mir scheint, Du glaubst das, was Deine Mutter gesagt hat, jetzt braucht nur noch einer die Scheiße aus Deinem Kopf zu holen und dann ist alles gut." "Dann nenn mir doch mal ein anderes Denkmodell," erwiderte Jan. Aber Karl wollte jetzt nicht theoretisch werden. Stattdessen sprach er Jans große Wut an, die zeige, daß was nicht stimmt. Das herauszufinden, könnte jedoch auch unangenehm werden für Jan.

Jan war noch nach der Stunde völlig frustriert. Je länger die Therapie ging, desto mehr fühlte er sich hängen gelassen. Auch die Beobachter registrierten eine große Distanz. Sie hatten das Gefühl, daß sich etwas zuspitzte und fragten sich, ob Jan die Therapie wohl weitermachte. Karl war zunächst froh, nicht in seinem Ärger hängengeblieben zu sein. An ein paar Punkten hatte er Jans Ärger verstanden. Beim Betrachten des Videos erkannte er aber auch, daß er auf Jans Hilflosigkeit und Bedürftigkeit nicht eingegangen war.

Interpretation

Die Situation im Elternhaus ist für den Klienten unerträglich geworden. Er hat "die Schnauze voll" von seinen Eltern, von Therapien, überhaupt von allem

(50st). Der Therapeut läßt ihm den nötigen Raum, die verzweifelte Wut rauszulassen. Darum bemüht, sich selbst davon nicht "einwickeln" zu lassen, kann er ihm aber auch nicht die notwendige Unterstützung geben. Im Nachgespräch erinnert er sich, daß er selbst seine Bedürftigkeit "nicht so gerne zugeben mag. Mein Therapeut war so, daß er die Verantwortung mir überließ und ich wünsche mir eigentlich nichts sehnlicheres, als daß er sie mal übernehmen würde."

Mit dem Gefühl, in seiner Wut alleine zu sein, kann sich der Klient auch nicht auf die vorgeschlagene Auseinandersetzung mit der Familie einlassen. Stattdessen identifiziert er sich unbewußt mit dem "Standpunkt des Rechtschaffenen" und erfüllt sich damit seinen größten Wunsch, "endlich mal die Position des Stärkeren zu haben" (51sk). So braucht er seine Ohnmacht und Verzweiflung nicht mehr zu spüren und kann auch den Therapeuten für die mangelnde Bewältigung seiner Probleme verantwortlich machen.

Der Therapeut spürt, daß er nun behandelt wird, wie der Klient behandelt worden ist. Allerdings sieht er auch keine Möglichkeit, diese Dynamik bewußt zu machen, er bleibt emotional distanziert und ist bemüht, nicht in die "Fallen' des Klienten zu laufen. Enttäuscht ist er lediglich darüber, daß der Klient in seine alten Vorstellungen von Psychotherapie zurückfällt.

Die einundzwanzigste Stunde

Jan hatte begonnen, seine Wohnung aufzuräumen. Er begründete seinen Aktivitätsdrang damit, daß das Wichsen in letzter Zeit äußerst unbefriedigend geworden war. Als er seine schlechte körperliche Verfassung weiter beschreiben wollte, unterbrach ihn Karl: "Das hast Du schon oft gemacht." Jan war beleidigt, er wollte alles genauestens und detailliert schildern, damit für seinen Gehirnkrebs eine richtige Diagnose und Therapie gemacht werden könnte. Beide stritten nun erneut über realistische Erwartungen an Psychotherapie.

(52sk) <<*Jan fühlte sich hilflos, unverstanden und abgelehnt.* Nach einer langen Pause sagte er schließlich sehr betont: "Ich möchte jemand, der erstens mir erklärt, warum ich einige Jahre meines Lebens verkehrt war, zweitens, mich sozusagen von der Schuld freispricht, daß ich die vergangenen Jahre so verkehrt war, und der mir, drittens, dann auch sagt, wie ich richtig werden kann. Vor allem brauche ich jemanden, der mich mit Sicherheit von dieser Schuld freisprechen kann oder aber mir sagt, ich muß sie tragen, und dann muß ich sie wieder abtragen durch Wiedergutmachung in meinem eigenen Leben!" *Karl fühlte sich ratlos und auch ein Stück verzweifelt. Er wollte sich jetzt nicht auch noch auf Schuldgefühle einlassen, sie erschienen ihm so abstrus.*>>

"Ich finde nicht, daß Du schuldig bist. Ich spreche Dich von vornherein frei," meinte Karl schließlich nach einem kurzen Dialog über Schuld und Vergebung. Er verstehe, daß Jan eine beschissene Kindheit gehabt habe und das Wichsen aus Protest eine ganz sinnvolle Reaktionsweise war: "Aber diese Zeit ist vorüber, Du hast ein paar mehr Möglichkeiten als ein Kind. Ich möchte nicht, daß Du auf dieser Stufe stehenbleibst," erklärte Karl und verglich seine Funktion mit der eines Entwicklungshelfers. Jan widersprach sofort: "Ich bin kein Entwicklungsland! Ich will von heute auf morgen ein Industriestaat sein!"

Karl erwähnte ein Buch über einen blinden französischen Widerstandskämpfer, der überlebte, weil er die schlimmen Umstände erst mal akzeptierte, statt passiv auf ein Wunder zu warten. Aber Jan fand es nur zum Kotzen, sich mit seiner Vergangenheit abfinden zu müssen. Er kam auf sein Bedürfnis nach Absolution zurück. Karl war verärgert, genau das hatte er vorher zu erklären versucht, aber Jan blieb skeptisch: "Na ja, aber hätte ich nicht früher Anstrengungen machen müssen?"

(53kons) <<*Karl wurde nun ungeduldig,* fast beschwörend meinte er dann: "Guck mal, Du kannst noch lange mit Deinem Schicksal hadern, was Du damals nicht gemacht hast. Und während Du haderst, vergißt Du, was du jetzt machen könntest!" "Es geht ja nicht um das, was ich objektiv erreicht hab, sondern es geht um die Anstrengung oder den Willen, was ich zu Tage gebracht hab," rief Jan *ärgerlich. Das ist ein Riesenunterschied, den Karl offensichtlich nicht begreifen will, dachte er. Er fühlte sich nun abgelehnt und fragte sich, ob er noch weitermachen solle.*

Karl war durch diese Argumentation verwirrt, sie kam ihm verquer und absurd vor. Vielleicht kann ich ihm auf einer anderen Ebene seine Widersprüche deutlich machen, dachte er. Er unterbrach Jan: "Also warst Du ein Schlaffi. Dann streng Dich jetzt an!" "Das kann man wohl sagen, daß ich das war. Ich hab es mir zum Teil zu leicht gemacht," bestätigte Jan prompt. Was ihm die Erkenntnis bringe und wozu Jan ihn brauche, setzte Karl nach. "Du sollst mich mal darüber aufklären, warum ich diese sexuellen Schwierigkeiten so hab." *Karl war nun stinkig, jetzt ging das Ganze von vorne los. Er hätte jetzt einen Stuhl in die Ecke feuern oder einfach den Raum verlassen können.*

Beide schwiegen kurz, dann fragte Jan lächelnd: "Hältst Du es eigentlich auch für einen Irrtum, daß ich sage, ich betrachte mein Leben als eine Aufgabe, die mir gestellt ist und daß ich mit meinem Leben in der Schuld oder in der Verantwortung vor dem Rest der Menschheit stehe?" *Karl war erschrocken, diese Einstellung war nicht nur fatal, sie kam ihm auch wie Sendungsbewußtsein vor. Der ist ja wirklich nicht mehr weit weg von einer Psychose, dachte er und überlegte genau, wie er antworten sollte.* "Nee, Irrtum? Ich halte das für eine Lebensauffassung, die Dich kaputtmacht. Das ist meine Meinung dazu." "Ich sage meine Meinung: Das Leben ist eine mir gestellte Aufgabe. Ich hab mir ja auch nicht aussuchen können, ob ich leben wollte. Ich bin ja nicht gefragt worden, he Du, willst Du auf die Welt kommen oder nicht," erwiderte Jan.

Karl wollte dem von Jan vorgeschlagenen Weg nicht weiter folgen. Mit lautem Lächeln bestritt Jan, jemals einen bestimmten Weg beabsichtigt zu haben, er sei einfach so gekommen und habe so gemacht, ohne tiefer nachzudenken. *Karl fand das gar nicht witzig. Er freut sich, daß er mich boykottiert, dachte er bei Jans Lächeln. Ich lasse mich doch nicht für dumm verkaufen, kein Wort glaube ich Dir nach Deinen ganzen Therapieerfahrungen. Er nimmt mich nicht ernst und sich selbst auch nicht. Am liebsten hätte er Jan eine runtergehauen.* Ironisch meinte er dann: "Tja, das ist ja schon viele Male fehlgeschlagen, nicht? Ich schlag Dir nun einen anderen Weg vor."

Jan wippte mit den Füßen, spielte mit seinem Armband und meinte schließlich schulterzuckend: "Ja, nur, ich weiß irgendwie noch nicht, wie ich den Weg, den Du mir da vorschlägst, praktisch umsetzen soll. Mir fällt da immer nur ein. Dir Dinge von mir zu berichten und zu hoffen, daß Du was machst mit mir, mit mir zusammen natürlich. Was anderes fällt mir dazu einfach nicht ein! Außer, mich hier hinzusetzen und zu schweigen oder über belangloses Zeug zu reden." *Sicher ist er hilflos, dachte Karl, aber im Moment sicher nicht. Richtig rotzig fand er ihn, wie er den Vernünftigen mimt und sich völlig abschottet. Und ich strampele mich ab! Er merkte, wie Ärger hochstieg:* "Wir machen Schluß jetzt,

und Du kannst es Dir noch mal durch den Kopf gehen lassen. Ich meine es ganz ernst, wenn es auf dieser Stufe stehen bleibt, brechen wir die Therapie ab."
Jan explodierte: "Das ist eine Drohung! Und dann eine Aufforderung an mich: Ändere Dich! Und ich weiß nicht richtig, wie ich mich genau ändern soll. Also, bin sozusagen hilflos und dann ist es eine Drohung und zwar eine üble." *Was anderes fällt Dir nicht ein dazu, dachte Karl wütend. Er wußte nicht, ob er die Therapie wirklich abbrechen wollte, aber er wollte Druck ausüben.* Jan schimpfte noch einen Moment, *aber Karl hörte nicht mehr zu. Schluß jetzt mit dem Gelaber, dachte er, wenn ich ihn schon sehe da, selbstgerecht, bloß raus!* "Ach ja, von mir aus kannst Du das als Drohung ansehen," meinte er seufzend, "lies Dir alle Protokolle durch, versuch herauszufinden, was ich möchte, sonst war die nächste Stunde die letzte Stunde!" Karl verließ den Raum, während Jan noch zu den Beobachtern über Karls Drohung weiterschimpfte.>>

Die Beobachter empfanden den Verlauf zunehmend chaotischer, Jan und Karl redeten auf zwei völlig verschiedenen Ebenen. Beide waren von der Drohung mit Therapieabbruch überrascht und erschrocken, sie sahen Karl hilflos und resigniert und Jan einfach baff und völlig überfordert. Jan selbst fühlte sich völlig unverstanden und mit seinem Problem alleingelassen. Schon zu Beginn der Stunde hatte er das Gefühl gehabt, daß alle gegen ihn eingestellt waren. Während des Nachgesprächs war er noch sehr erregt, danach wirkte er nur noch mutlos und verzweifelt.

Karl war nach einer Therapiestunde noch nie so aufgebracht wie nach dieser, er hatte noch zwei Stunden Bauchschmerzen. Und er war zutiefst getroffen: Zweimal Supervision geholt, jegliche Phantasie und Kreativität, alles was er sich vorstellen konnte, hatte er ausprobiert und das nützte nichts. So mache ich nicht weiter! Im Nachgespräch werden ihm aber auch seine (Gegen-)Übertragungsanteile deutlich: "Ich weiß noch, ich selbst konnte mich so herrlich ungerecht behandelt fühlen, und so selbstgerecht wie er war ich auch. Bei meinem Vater wußte ich, welchen Knopf ich drücken konnte, um ihn aus der emotionalen Reserve zu locken. Vordergründig ging es um Inhalte, aber in Wirklichkeit ging es um Beziehung, daß ich mal ein ehrliches Wort höre, daß er seine eigene Fehlbarkeit eingesteht." In der folgenden Stunde wollte er Jan eine aggressive Auseinandersetzung ermöglichen. Für ihn stand die unendliche Wut im Vordergrund, die Jan zu Hause wahrscheinlich nicht ausagieren durfte bzw. wo er im Vater auch keinen Widerpart hatte.

Interpretation

Das aktuelle Zerwürfnis mit seinen Eltern bei gleichzeitig ausbleibender psychischer und physischer Entlastung durch die Zwangshandlungen haben das fragile innere Gleichgewicht des Klienten offenbar empfindlich gestört. Zusätzlich deutete sich schon in der vergangenen Stunde ein Scheitern der Psychotherapie als einzig verbliebener Rettungsanker an. Der Unwille und die Ungeduld des Therapeuten, seinen Ausführungen zum wiederholten Male zuzuhören, bestärken ihn im Gefühl, von allen "unverstanden und abgelehnt" zu werden (52sk). Er bricht nun den Kontakt zum Therapeuten vollständig ab und flüchtet sich in ein magische Vorstellungswelt: "Ich brauche jemanden, der mich mit Sicherheit von dieser Schuld freispricht."

Der Therapeut, eher "ratlos und auch ein Stück verzweifelt", versucht den Klienten auf verschiedene Weise argumentativ zu erreichen. Das Gespräch wird jedoch immer verworrener bzw. dreht sich im Kreise. Der Klient ist über Argumente nicht mehr erreichbar. Er scheint zunehmend in seinen magischen Vorstellungen gefangen zu sein, seinen Wünschen nach Ungeschehen-Machen der Vergangenheit bzw. Absolution und sofortiger Heilung, seiner mystischen Vorstellung von "Leben in der Verantwortung vor dem Rest der Menschheit" wie auch der Aussage, die als Kernsatz seiner Opferhaltung und narzißtischen Kränkung bezeichnet werden kann: "Ich habe mir auch nicht aussuchen können, ob ich leben wollte." Wichtiger als die einzelnen Inhalte ist jedoch die Funktion dieses Zustandes für den Klienten: er ist sicher, unangreifbar, unwiederlegbar.

Es bleibt zunächst unklar, ob der Klient diese Position in der folgenden wichtigen Szene (53kons) bewußt gegenüber dem Therapeuten ausspielt. Der Therapeut reagiert abwechselnd "beschwörend" und verärgert, dann verwirrt und erschrocken: "Der ist ja wirklich nicht mehr weit weg von einer Psychose." Mit dem Wechsel auf das "Reizthema" vieler vergangener Stunden kann der Klient jedoch nun die Stärke seiner Position voll ausspielen. Nicht ohne Süffisanz macht er dem Therapeuten die Vergeblichkeit all seiner Bemühungen deutlich. Tatsächlich scheint der Therapeut nun in seinem Selbstverständnis getroffen. Er kann sich und dem Klienten seine "Fehlbarkeit" nicht eingestehen (wie er im Nachgespräch erkennt) und droht stattdessen mit Therapieabbruch.

Mit dieser Reaktion scheint der Klient jedoch nicht gerechnet zu haben. Er erlebt die Drohung als unterlassene Hilfeleistung, wahrscheinlich auch als eine Wiederholung seiner Erfahrung im Elternhaus. Nach seiner ersten Wut erkennt er auch die Bedrohung, seinen letzten Rettungsanker endgültig zu verlieren. Der Therapieprozeß befindet sich offensichtlich in einer Sackgasse.

Im Nachinterview nach dem Beobachtungszeitraum erinnert sich der Therapeut nur allgemein, der Klient außerdem, "daß ich also sofort gesagt habe: das ist eine Drohung. Das fand ich gut von mir" (KN0). Später erinnert er sich nur noch vage an "diesen Streit, wo ich an dieser Therapie gezweifelt hab und wo ich nicht mehr wußte, ob er der richtige Therapeut für mich ist" (KN2). Die Beobachterin erinnert später ihre eigene Überraschung über das wütende Aufstehen des Therapeuten: "Ja, war völlig geplättet, ja so verlegen und hilflos, auch überfordert damit. Und er hat mir in dem Moment auch leid getan" (BN0).

Die zweiundzwanzigste Stunde

Jan war zum vorherigen Termin nicht erschienen, entschuldigte sich dann aber telefonisch und bat weitermachen zu können. Karl schlug als Beginn der Sitzung eine Körperübung als Teil eines Behandlungsplanes vor. Jan sollte ihn mit aller Kraft und einem lauten "Nein" wegdrücken. Sie probierten es, aber Karl brach die Übung bald ab. Er bemerkte, daß Jan nur einen Teil seiner Kraft eingesetzt hatte. Jan fand die Übung lächerlich, er sei eben ein Fall für die Psychiatrie. Er blätterte in den vor ihm liegenden Protokollen. Beim Lesen war ihm aufgefallen, daß er immer dasselbe erzählte und die Stunden ihm wie Rededuelle vorkamen.

Unter Hinweis auf die Übung fragte Karl, auf was sich Jan überhaupt einlassen wollte. "Auf Therapiestunden, wo ganz viel herauskommt, wo ich am Ende wie ein ganz neuer Mensch hier herausmarschiere, und der ganze Tag ein Glanztag in meinem ganzen Leben ist," antwortete Jan. Dieses Gefühl hatte er manchmal nach Stunden bei der Analytikerin, aber dann änderte sich doch nichts. Er würde seine Geschichte niemals akzeptieren und im Moment lebe er nur auf Sparflamme, sozusagen provisorisch, um alles für das noch kommende eigentliche Leben aufzuheben.

(54st) <<"Was muß passieren, damit Du Dich für einen Übergang entschließt, vom provisorischen zum eigentlichen Leben?" fragte Karl. Jan schaute nachdenklich zu Boden, zuckte mit den Schultern. *Das erste Mal, daß er nicht blockt, sondern eine Antwort sucht, dachte Karl.* "Ich glaube, daß ich das provisorische Leben vor dem eigentlichen Leben deswegen vorzieh, weil ich vor dem eigentlichen Leben etwas Angst hab," antwortete Jan zögernd, "mir fehlt vielleicht noch eine Eigenschaft, eine besondere Art von innerer Sicherheit, um das eigentliche Leben leben zu können." "Ja, das versteh ich gut," antwortete Karl mit weicher Stimme. *Er spürte Mitgefühl für Jan.* Dann fragte er: "Und wie willst Du die kriegen?" "Keine Ahnung," meinte Jan nach einer Pause. *Karl war fast auf dem Sprung, ihm wieder ein bißchen näher zu kommen. Er hoffte sehr, daß Jan sich von ihm verstanden fühlte. Er wollte ihm ein wirkliches Angebot machen:* "Kann ich sie Dir geben?" Jan zuckte mit den Schultern: "Vielleicht hat das was mit meinen Eltern zu tun.">>

Jan hatte sich kürzlich mit einem Freund unterhalten, der Karls Eindruck bestätigte: "Ich gebe meinen Eltern Macht über mich. Ich habe deren Weltbild und Lebensauffassung voll und ganz geschluckt. Nun versuche ich das mit Händen und Füßen festzuhalten."

(55kons) <<"Ich habe das Bild von Gänsen, denen was in den Rachen gesteckt und runtergestopft worden ist," meinte Karl. Jan richtete sich auf und lächelte: "Mastgans, genau!" Dabei spielte er mimisch den Stopfvorgang nach *und stellte sich dabei bildlich als Stopfgans vor.* "Vor allen Dingen meine Mutter, die hat mich so massiv damit bombardiert, so daß ich keine Zeit hatte, das zu verdauen," fuhr er fort. *Karl war über diese masochistische Freude unangenehm berührt. Für ihn wäre das eine ernste oder traurige oder schreckliche Situation, aber keine lustige.* "Ja, dann mußt Du hier alles wieder auskotzen, das ist anstrengend, schmerzhaft, mit allerlei Gefühlen verbunden." *Völlig blödsinnig, dachte Jan, einer Gans zu sagen, sie solle das wieder auskotzen.* Er lächelte breit: "Eine Gans, die kann ihre Leber auch nicht mehr auskotzen. Ich habe jetzt eine Fettleber, das ist nicht mehr zu ändern!"

Scheiße, dachte Karl, wie komme ich da wieder raus aus diesem Bild? Du drehst mir auch wirklich alles im Munde um, daß Du da wieder nichts so tun brauchst. "Also, Du willst nichts auskotzen?" fragte er. Jan lachte laut los, schüttelte den Kopf und betonte mehrfach laut: "Das ist zu spät!" *Er war irgendwie amüsiert. Natürlich war es beschissen, so eine Stopfgans zu sein, aber jetzt müssen sie eben sehen, was sie mit mir anfangen, Karl, meine Eltern, alle, die mit mir zu tun haben.* Auch Karl lachte nun, allerdings verunsichert: "Zu spät? Dann bist Du ja unheilbar krank!" *Einerseits fand er toll, mit wieviel Talent und Raffinesse es Jan immer wieder schaffte, sich als Opfer zu kreieren. Andererseits fragte er sich, ob Jan tatsächlich nicht klar war, daß bei einer Fettleber nichts mehr hilft außer Schlachten.* Er beugte sich nach vorne und tippte Jan ans Knie: "Ja, was willst Du dann hier? Oder freust Du Dich jetzt, daß Du mich reingelegt hast?"

Jan hörte auf zu lachen: "Nee, ich habe Dich nicht reingelegt. Es ist ganz klar, daß es zu spät ist, ich kann nichts mehr auskotzen. Meine Eltern wollten so einen <u>nicht</u> haben, den haben sie jetzt!" *Er fühlte sich wohl: die haben einen kleinen Bubi bekommen, und dann mußte er vollgestopft werden mit ihrem Bild, bis zum Überdruß. Und wenn er dann hätte kotzen können, dann wurde er gescheucht, bis er nicht mehr dazu kam zu kotzen.* Karl wurde nun ernst: "Tja, wenn Du dabei bleibst, dann ist Therapie überflüssig. Bei Gänsen mit Fettleber bleibt nur noch der Schlachthof!" *Damit hat er ja irgendwo recht, dachte Jan, er fühlte sich ein wenig auf den Punkt gebracht. Was will ich dann eigentlich hier? Ich kann ja eigentlich so ganz gut zurecht kommen als vollgestopfte Gans und jetzt einfach rausgehen aus der Therapie. Doch dann lachte er wieder:* "Ja, jetzt sehen meine Eltern mal, was sie von mir haben "

"Das ist eine traurige Form von Rache," erwiderte Karl. Jan prustete laut los "Ja, es ist doch völlig egal, welche Form von Rache ich noch nehme, völlig schnurzifurzi!!" *Völlig egal, wie traurig oder wie beschissen die Form der Rache, die ich noch wähle, dachte er, Hauptsache, es ist noch sowas wie Rache. Was soll ich denn sonst tun? Was soll mir denn noch passieren, wenn ich sowieso verdammt bin? Er fühlte sich stark bei diesen Gedanken.* Karl verstand ihn nicht: "Das ist ohnmächtige Hilflosigkeit, was Du hier demonstrierst. Guckt mal, was Ihr aus mir gemacht habt! Willst Du sie damit bestrafen?" "Ja natürlich! Ja!" rief Karl, "das muß ihnen so aufgehen, bis sie damit eingehen." *Karls Einwand kam ihm völlig unpassend vor. Ich bin am Ende, es ist aus mit mir und ich nehme jede Rache, die sich mir noch bietet! Er fühlte sich stark mit dieser Vorstellung und von gelöster Heiterkeit und Leichtigkeit. Rache ist süß!*

In dem Maße, in dem Jan über seinen Ärger seine Energie und Stimme wiedergewonnen hatte, ging es Karl besser mit ihm. Sie waren nun an einem wichtigen Punkt, wo er nachsetzen wollte: "Fahre nach Hause und sage, ich habe schon 5 Therapien hinter mir, das hilft alles nichts, das habt Ihr mit mir gemacht!" "Das nützt doch nichts! Was kümmert es meine Eltern, wieviele Therapien ich mache," entgegnete Jan, nun schrie er los: "Sie müssen erleben, daß mein Leben nichts als eine einzige große Scheiße verläuft!!! *Anscheinend war das Karl immer noch nicht ganz klar geworden, dachte er.* "Das müssen sie vorgeführt bekommen, bis zum Tage ihres Todes! Verstehst Du das nicht? Es geht nicht um 5 oder 500 abgebrochene Therapien!" *Natürlich ist mir das klar, dachte Karl, aber er wollte Jan noch weiter kitzeln:* "Nein, das verstehe ich nicht!" "Es darf um alles in der Welt nicht passieren, daß meine Eltern im nachhinein Recht bekommen. Sobald ich in irgendeiner Form Erfolg habe, gebe ich ihnen Recht. Dann können sie nämlich sagen: Na siehst Du. Jetzt bist Du ja endlich zur Vernunft gekommen, so wie wir das wollten, also haben wir doch Recht gehabt!"

"Das ist die perfekte Falle, in der Du sitzt!?" meinte Karl. *Eine Falle für uns beide, dachte er, das ist doch klar, daß für uns beide die Therapie nichts bringen kann. Das ist so himmelschreiend auffällig, warum kapiert er das nicht?* "Das ist doch völlig wurscht," meinte Jan resigniert, *ihm war das völlig gleichgültig, ob perfekte oder nicht perfekte Falle. Da komme ich sowieso nicht mehr raus!* "Das ist nicht völlig wurscht!" entgegnete Karl nun lauter, "Du verlangst von mir, daß ich Wunder vollbringen soll und Dich heilen, aber gleichzeitig bedeutet das doch, daß Du Dir eingestehen mußt, daß Deine Eltern Recht haben! Himmel, geht das in Deinen Kopf rein?" Jan war nun völlig außer sich: "Das ist sowieso alles verloren für mich!! Ich bin sowas wie wie ein giftiger Fisch, ja!!! Ich bin schon tot, nur wer mich dann frißt, der muß an mir noch sterben!" *Er fühlte sich wie ein giftiger Fisch, am liebsten hätte er sich auf dem Boden zusammengekrümmt, so, und nun freßt mich mal! Und dann würde er sich mit seiner Seele oder Geist angucken, wie sie sich in Qualen winden und an ihm krepieren.* "Tot?" fragte Karl, "ja, geh nach Hause und leg Dich sterben! " *Er hatte gezögert, das zu sagen. Denn damit würde er seine Eltern am meisten strafen. Nun war auch er wütend und ungeduldig, wieso begreift er diesen Widerspruch nicht?*

Jan beruhigte sich etwas und erzählte nun Beispiele aus dem Kleinkrieg mit seiner Mutter. Bis heute würde sie ungefragt in sein Zimmer gehen und seine

Magazine zerreißen und demonstrativ hinlegen. Wenn er sie dann wütend darauf ansprach, wies sie alles von sich: sie hätte gerade ein schönes Essen gekocht und er würde stänkern. Seine persönlichen Rechte hätten sie nie interessiert, schloß Jan seine Rede ab. Karl *wollte Jans Gejammer um seine Mutter nicht mehr hören, er probierte einen kontrollierten Wutausbruch*: "Mensch, zieh doch aus!!! Hau ab von zu Hause!! Aber erzähl mir nicht diesen Scheiß!." "Ja, das kann ich doch nicht. Ich habe nicht Platz für alle meine Sachen in meiner Wohnung," entgegnete Jan, nun kleinlaut. "Mensch, schmeiß die weg!" erwiderte Karl und stand auf. *Er hatte keine Lust, sich auf eine weitere Diskussion einzulassen, es schien ihm auch ein guter Zeitpunkt, die Stunde zu beenden.* Jan schüttelte verdattert den Kopf: "Ich kann doch nicht meine Sachen wegschmeißen?!" >>

Nach der Stunde fühlte sich Jan ein bißchen befreit. Auch Karl war zufrieden, Jan wirkte auf ihn ein Stück verändert. Er sah sich auch in seiner These bestätigt, daß es mit Jan gut lief, wenn er wütend werden durfte. Auch die Beobachter sahen einen Fortschritt, Jan hatte sich sich selbst auf den Punkt gebracht, war sehr im Kontakt mit der Rächer-Position. Sie hatten aber auch Zweifel, ob Karl ihn darin ganz verstand.

Interpretation

Die Drohung mit Therapieabbruch scheint ein "heilsamer Schock" gewesen zu sein. Bei beiden ist ein deutliches Bemühen zu erkennen, wieder aufeinander zuzugehen, ein erneutes "Rededuell" zu vermeiden. Zu Beginn der Stunde werden zwar die wesentlichen konfliktträchtigen Inhalte des bisherigen Therapieprozesses wiederholt ("Sabotage" der therapeutischen Angebote, "magische" Veränderungswünsche). Der Klient kann jedoch selbstkritisch seine Wiederholungen zugeben, ebenso bleibt der Therapeut abgegrenzt: er geht nicht in die "Falle", sich gegen die an ihn gestellten Veränderungserwartungen wehren zu müssen. Stattdessen greift er das vom Klienten beschriebene Dilemma ("provisorisches" vs. "eigentliches Leben") auf und gibt die Verantwortung für dessen Auflösung an den Klienten zurück (54st). Der Klient kann nun seine Angst, seinen Mangel an "innerer Sicherheit" und seine Ratlosigkeit ansprechen. Der Therapeut versteht ihn darin, empfindet mit und macht schließlich, wenn auch vorsichtig und indirekt, "ein wirkliches Angebot".

Der Klient nimmt das Beziehungsangebot des Therapeuten zwar nicht direkt an, aber es scheint ihn zu einer inneren Auseinandersetzung mit seinen Eltern zu ermutigen. Er greift das Bild des Therapeuten auf ("Mastgans"), woraus fast wie von selbst eine klare Gestalt seiner existentiellen Situation entsteht (55kons). Der Therapeut ist zunächst überrascht und erschrocken, wie sehr sich der Klient mit seinem spontanen Bild mit all seinen Konsequenzen ("Fettleber",

"Schlachthof") identifiziert. Seine Einwände, sein Nicht-Glauben-Wollen, scheinen den Klienten eher anzuspornen.

Anhand des Bildes entwickelt nun der Klient Schritt für Schritt und dabei sehr klar und bewußt ein grauenhaftes Szenario seines inneren Zustandes wie seines gesamten Lebens. Er erkennt, wie er mit Introjekten "vollgestopft" worden ist, ohne sie "verdauen" zu können. Er drückt sehr deutlich seine Wut gegen diese Behandlung aus, seinen Tötungswunsch gegen seine Eltern und er beschreibt sehr klar "die perfekte Falle", in der er sich befindet. Damit wird der Hintersinn seiner Symptomatik nachvollziehbar. Solange er materiell und psychisch im System der Eltern gefangen ist, kann die ihm einzig möglich erscheinende Form von Selbstbehauptung nur in indirekter "Rache" bestehen. Mit seiner "Fettleber", d.h. einer Lebensweise entgegen jegliche kleinbürgerlichen Vorstellungen, führt er die Allmacht und die Veränderungsbemühungen seiner Eltern, des Therapeuten und aller, "die mit mir zu tun haben", ad absurdum: "Die wollten so einen nicht haben, genau so einen haben sie jetzt!"

Auch wenn sich der Klient der selbstzerstörerischen Konsequenzen sehr wohl bewußt ist, so kann er sich im Laufe dieser Sequenz klar von seinen Eltern abgrenzen. Statt wie in den Stunden zuvor in Resignation oder Selbstanklagen zu verfallen, drückt er nun ein Gefühl von Eigenständigkeit, Kraft und sogar Freude aus, die auch der Therapeut und die Beobachter spüren. Beim Betrachten dieser Videosequenz ist der Klient von sich selbst beeindruckt, er findet sich "recht glaubwürdig" und meint dann: "Vor paar Stunden habe ich plötzlich gesagt: da bin ich meine Mutter. Und jetzt ist das ist ganz anders, das bin ich! Das ist schön."

Statt den Klienten nun in dieser deutlichen und kraftvollen Abgrenzung von seinen Eltern als Ausdruck eines eigenen "Ich" weiter zu bestärken, wechselt der Therapeut nun wieder auf die Beziehungsebene, der Rachewunsch wird "eine Falle für uns beide". Nach einer Konfrontation ("Hau ab von zu Hause!") kippt der Klient wieder in eine klagende Resignation. Im Nachgespräch wird deutlich, daß der Therapeut zwar das "Gefühl von Rache" und "die Angst vor dem Neuen, Ungewohnten" gut von sich kennt, "aber mich aufzuopfern, so weit bin ich nie gegangen ... davon halt ich nichts."

Sowohl der Therapeut wie der Klient erinnern sich deutlich in allen Nachinterviews an die "Mastgans"-Szene. Der Klient erinnert sich an den Stopfvorgang mit der Konsequenz: "Ich bin sowieso letztendlich tot, aber ich kann noch giftig sein und beobachte mit Schadenfreude, wie sich andere an mir vergiften" (KN0). Der Therapeut erinnert diese Szene als "Selbstläufer" und sein Entsetzen über diesen "Selbsthaß": "Ich wußte nicht so recht, was ich damit machen sollte" (TN0). Noch 2 Jahre später meint er: "Irgendwas habe ich da versäumt, ich hätte es spielen sollen ... Da war ich entsetzt, eine Situation, wo das Grauen aus seiner Geschichte für mich deutlich wurde" (TN2).

Die dreiundzwanzigste Stunde

Jan erschien stolz in einer Postuniform. Er hatte einen Halbtags-Aushilfsjob angenommen, weil sein Vater das Taschengeld zusammengestrichen hatte. Karl wollte wissen, ob dies der erste Schritt der Loslösung vom Elternhaus war. Aber Jan wollte weiterhin täglich bei ihnen essen, das sei immer noch bequemer und billiger. Außerdem kämpfte er noch darum, daß sie sich ihm gegenüber ändern, wegzugehen bedeute Flucht und Feigheit. Karl unterbrach Jan mehrfach in seinen verschiedenen Begründungen, besser wäre doch, "sich selbst zu verändern, statt zu warten, daß sie sich ändern".

Karl schlug ein Rollenspiel zu einem Streit vor, den Jan am Morgen mit seinem Vater gehabt hatte. Er spielte nun den Vater, der seinen Sohn Unfähigkeit und Aufsässigkeit vorwarf. Zum Schluß versuchte er Jan vom Stuhl zu ziehen, um ihn aus der Wohnung zu werfen. Es entstand eine spielerische Rangelei, während der der "Vater" weiter schimpfte: "Verdien endlich Dein eigenes Geld! Du treibst Dich rum! usw."

(56sk) <<Jan hatte bisher kaum mit Worten reagiert, nun hielt er seinen "Vater" in einer Ecke festgedrückt und meinte: "Ich halte Dich solange in der Ecke, bis Du brav bist!" *Er fand das alles witzig, er wollte auch nicht viel aufschauen, sonst hätte er erkannt, daß es Karl und nicht sein Vater war und wahrscheinlich einen Lachanfall bekommen. Aber körperlich war es auch sehr seltsam und dubios, da jemanden in der Ecke festzuhalten. Das war unangenehm, er wollte nicht so eng in Kontakt mit jemandem stehen, besonders jetzt mit seinem Therapeuten. Aber er war entschlossen, seinen "Vater" zur Not bis zum Ende der Stunde festzuhalten, bis er ihm zugestanden hatte, sein Frühstück in Ruhe beenden zu können.*

Beide schimpften noch eine Weile weiter, wobei sie sich immer wieder gegenseitig zurückschoben: "Du bist lebensuntüchtig!" "Ich halte Dich, bis Du solche idiotischen Vorwürfe läßt!" "Ich seh doch, Du treibst Dich rum, bist ja nicht mal mehr Student! Komm, und nun setz Dich wieder hin und sei vernünftig.' "Nein, Du bleibst da in der Ecke, bis Du damit aufhörst! Ich lasse mir mein Brötchen und meinen Kaffee nicht verderben!" Beide rangelten noch eine Weile, bis der "Vater" aufgab und ihn das Frühstück beenden ließ. *Karl hatte der ganze Kampf Spaß gemacht. Er hatte dabei an die Spiele mit seinen Sohn gedacht und dessen Jubel, wenn er den Vater besiegt hatte. Das hat ihm sein Vater sicher nie gegönnt, dachte er. Er gab ihm den Sieg gerne, auch wenn er sich gewünscht hatte, daß Jan mehr explodierte.*>>

Jan streckte sich weit im Stuhl und rieb immer wieder seine Augen. Er fand das Spielchen witzig, außerdem habe Karl seinen Vater exakt und genial nachgespielt. Nur hätte sein Vater mit Polizei und Rechtsanwalt gedoht, sich aber nie körperlich eingelassen: "Das wäre abwegig, er ist der große Boss, er behandelt alle Menschen, die um ihn rum sind, wie seine Mitarbeiter." Karl unterbrach: "Hast Du in der Situation etwas erleben können, was Du anders machen könntest nächstes Mal?" Für Jan war es ein Teilerfolg, daß er vor einem weiteren Gespräch seinen Kaffee austrinken konnte. "Was wäre denn ein richtiger Erfolg?" hakte Karl nach. Jan schaute auf den Boden, spielte dabei mit den Händen und überlegte fast eine Minute lang.

(57kons) <<"Ja also, wenn er mal so eine Einstellung haben könnte wie: Mein Sohn, der macht das schon und da kann ich sozusagen schon drin vertrauen, daß der das macht." *Karl war überrascht, wie klar Jan seinen Wunsch formulieren konnte.* Er fragte nach und Jan verstärkte: "Ja! Daß er nicht sagt, wenn Du willst, dann schaffst Du es, sondern daß er sagt: Ich glaube, Du schaffst es, ohne daß ich eine Vorleistung oder was erbracht hätte. Das wäre eine totale Änderung, also das wäre mal was völlig Neues." *Karl spürte, daß das übliche Gerede, diese Hülle, nicht mehr zwischen ihnen stand. Intuitiv wünschte er sich, daß Jan mehr Kontakt zu diesem Bedürfnis nach Anerkennung bekam.* Er stand auf und bot Jan seinen Stuhl an: "Kannst Du Dir vorstellen, daß Du Dir als Dein Vater diesen Satz sagst: Jan, ich habe Vertrauen zu Dir! Du schaffst das schon?"

Jan setzte sich auf Karls Stuhl, weigerte sich jedoch mehrfach, einen solchen Satz zu sich zu sagen. Karl ließ sie wieder die Stühle tauschen, Jan wippte nun stark mit den Beinen: "Ich möchte es mir nicht sagen. Solange ich nicht wirklich tiefgreifende Anlässe biete, um mir diesen Satz sagen zu können, darf mir auch keiner diesen Satz sagen. Und wenn das einer sagt, dann ist es irgendwie so Sülze, um mich zu ..." Karl unterbrach: "Mmh, Vertrauen basiert nicht auf Leistung."

Bisher war Jan ganz ruhig geblieben, doch jetzt rastete er urplötzlich aus. Ohne weiter nachzudenken sprang er mit dem Stuhl hoch und brüllte los: "Vertrauen basiert auf Leistung!!! Vertrauen basiert auf Leistung!!! Und wer keine Leistung erbracht hat ...!" Der Ausbruch traf Karl unerwartet, laut rief er zurück: "Du spinnst!" Jan haute auf die Stuhllehne, dann auf seine Hand und schrie weiter: "Der muß was auf jeden Finger kriegen. Voher kennt er kein Vertrauen!" Karl beugte sich vor und rief dazwischen: "Du bist ja schlimmer als Dein Vater, ein Sadist!"

Jan spürte Gelüste, auf Karl loszugehen. Dem mußte jetzt mal was klargemacht werden, dachte er, jetzt muß er von Grund auf neu umgepolt werden, ab ins Lager, bis er das akzeptiert. Wie kann er es wagen, diesen Satz anzuzweifeln, das ist ein ewig gültiger Satz und der mußte jetzt knallhart durchgepeitscht werden. Er beugte sich nach vorne, haute mit beiden Fäusten immer wieder auf die Knie und schrie Karl an: "Dann bin ich eben schlimmer! Vertrauen basiert auf Leistung. Auf gar nichts anderem, nur auf Leistung, ausschließlich auf Leistung basiert Vertrauen!" Karl brüllte nun ebenso laut zurück:

"Nein!!" "Doch!!" "Stimmt nicht!!" "Das stimmt!!" Mindestens zehnmal noch ging es so hin und her, wobei beide zeitweise aufstanden.

In diesen Augenblicken sah Jan rot: so eine Unverschämtheit, so ein Wahnsinn, einfach zu behaupten, dieser grundsätzliche Satz stimmt nicht. Wenn da einer reinsticht, dann kann ich so wütend werden, daß mein Kopf platzt wie eine Bombe! Auch Karl war wirklich wütend: was für ein Schwachsinn! Was für ein entsetzlicher Glaubenssatz! Mit dem Ja-Nein-Duell (das letzte Stunde nicht geklappt hatte) begann er jedoch auch, die Situation zu genießen. Er spürte nun eine klammheimliche Freude, Jan nach all dem Gerede endlich mal aus der Reserve gelockt zu haben.

Beide setzten sich schließlich wieder, schimpften noch etwas weiter, bis Karl nach einer Atempause und etwas ruhiger meinte: "Du bist ein Spinner! Du plapperst nach, was Dein Vater Dir vorgesagt hat, ohne ein Stück darüber nachzudenken!" *Das ist völlig aberwitzig, dachte Jan, das hat mir mein Vater nie erzählt, das ist ein eigener Satz. Aber irgendwie war seine Wut verflogen, vielleicht doch, weil sein Vater wieder ins Spiel kam.* "Darüber denke ich seit fast 20 Jahren nach!!" erwiderte er. Beide stritten nun noch eine Weile, über Sinn und Unsinn dieses Satzes und ob er nicht doch eher ein Grundsatz der Eltern war. "Woher kommt Deine Wut?" fragte Karl schließlich. "Unglaublich ist, daß Du versuchst, mir diese Sätze auszureden oder zu widerlegen," meinte Jan. "Wieso ist das unglaublich? War das ein Angriff von mir?" fragte Karl zurück und stand auf. *Die Zeit war schon überzogen, und er wollte Jan noch was zum Kauen mitgeben. Jan schaute ihm überrascht nach.>>*

Jan fühlte sich nach der Stunde erschöpft, aber auch entstresst. Auch Karl war etwas erledigt, aber ganz angenehm überrascht und für die Zukunft optimistisch. Ähnlich empfanden die Beobachter.

Interpretation

Der Klient hat einen ersten Schritt zur materiellen Selbständigkeit unternommen. Angeleitet durch den Therapeuten, der wechselweise die Rolle des Vaters bzw. des Sohnes übernimmt, setzt der Klient nun seine innere Abgrenzung von seinem Elternhaus fort.

Die erste wichtige Szene (56sk) beginnt, als der Therapeut sich weigert, dem Klienten einen Ratschlag zu geben und stattdessen ein Rollenspiel initiiert. Durch den konkreten Bezug zu einem aktuellen Konflikt gewinnt der folgende spielerische Kampf im Gegensatz zu der ähnlichen Körperübung der vergangenen Stunde eine reale Bedeutung für den Klienten. Dabei ist er sich des spielerischen Charakters und seiner Vater-Übertragung sehr wohl bewußt, andererseits wird das "Spiel" durch die "exakte und geniale" Wiedergabe seines Vaters eine echte Herausforderung für ihn. Dabei ist deutlich seine Unsicherheit,

Unbeholfenheit und auch Abneigung gegen eine körperliche Auseinandersetzung zu erkennen. Dem steht jedoch eine fast trotzige Entschlossenheit und ein entsprechend kraftvoller körperlicher Einsatz gegenüber, seinem Vater endlich einmal ein Zugeständnis abzuringen. Wichtiger als sein "Teilerfolg" war für ihn wohl die völlig neue Erfahrung, sich in einer körperlichen Auseinandersetzung zu spüren.

Auch der Therapeut hat offensichtlich Spaß an seiner Rolle. Zunächst scheint er seinen anfänglichen Ärger gegen den Klienten auszuagieren (so auch der Eindruck eines Beobachters). Mit der zunehmenden Verlagerung von der verbalen auf die körperliche Auseinandersetzung gewinnt der Kampf für ihn jedoch den Charakter einer spielerischen Rangelei ähnlich der mit seinen Söhnen. Der gemeinsame Spaß beim Rollenspiel hat Beziehung geschaffen und die Atmosphere energetisiert. Damit ist der Boden für die folgende, von allen Beteiligten als wichtig empfundene, Szene (57kons) geschaffen. Sie beginnt, als der Klient überraschend klar und eindringlich seine Sehnsucht nach vorbehaltloser Anerkennung durch seinen Vater ausdrückt. Doch die spontane Unterstützung für den zurückgewiesenen Sohn geht auf eine überraschende Weise nach hinten los: der Klient nimmt nun die Rolle des (inneren) Vaters ein, dessen extremen (Leistungs)Ansprüchen nun der Therapeut in der Position des Sohnes ausgesetzt ist.

Ohne es vorher zu ahnen, hat der Therapeut eine Grundüberzeugung des Klienten angezweifelt ("Vertrauen beruht auf Leistung"), die gewissermaßen das extreme Gegenteil zu dem "vergifteten Fisch" der vergangenen Stunde darstellt. Diese unversöhnlich gegenüberstehenden Pole im Klienten mögen die ungeheure Aufladung und explosionsartige Entladung des Klienten erklären. Therapeut wie Beobachter erleben zunächst einen "Riesenschreck" und sind dann zunehmend "entsetzt", mit welcher Brutalität der Klient sein "Dogma" durchzusetzen versucht. Dem Therapeuten bleibt "keine Zeit, über eine Strategie nachzudenken" (Nachgespräch). Er verteidigt spontan und ebenso verbissen seine Position, bis sich beide nun mit echter Wut gegenüberstehen. Es entwickelt sich ein Wortgefecht, das die Beobachterin an einen "Stierkampf" erinnert.

Über diesen Kontakt in der Wut empfindet der Therapeut schließlich "klammheimliche Freude". Er hat seine therapeutische "Schonhaltung" für einen Moment aufgeben können, ist seinen aufgestauten Ärger losgeworden und hat den Klienten "nach all dem Gerede endlich mal aus der Reserve gelockt". Dennoch verliert er nicht die Kontrolle, er stellt im richtigen Moment einen Bezug zum Vater des Klienten her.

Indem der Therapeut sich mit all seiner Wut und Erschrecken zeigt, hat aber auch der Klient endlich ein ebenbürtiges Gegenüber gefunden. Dieser Kontakt und die Dynamik dieser Szene erlaubt es ihm, sich in seinen unterdrückten Gefühlen angenommen zu fühlen. (Er kann "sein Innerstes nach außen kehren", wie der Therapeut im Nachgespräch vermutet.) Er kann die Deutung des Therapeuten annehmen, sie beruhigt ihn und er beschäftigt sich noch nach der Stunde damit: "Das ist ein Satz, der jetzt so ausgesprochen ist und der vorher so eine starke Grundannahme in meinem Denken war, daß er gar nicht ausformuliert wurde. ... Jetzt ist mir klargeworden, daß es möglich ist zu denken, daß unter Umständen man sogar vertrauen könnte, ohne daß Leistung immer mit im Spiel ist, von daher war es was ganz Neues. Da kann man weitermachen." Anschließend zeigt sich auch, wie wichtig der Therapeut für ihn geworden ist. Er macht sich Sorgen, daß der Therapeut "ein negatives Bild von mir bekommt" und denken könnte, daß er "viel schlimmer als sein Vater" sei.

Klient wie Therapeut erinnern sich im Nachinterview eher vage an den Körperkontakt im Vater-Sohn-Spiel. Sehr viel deutlicher ist in allen Nacherinnerungen die Auseinandersetzung um den Satz "Vertrauen basiert auf Leistung". Nach zwei Jahren meint der Klient dazu: "Da war ich felsenfest von meinen Vorstellungen überzeugt ... da war ich so wild ... das ist alles eine andere Welt geworden heute" (KN2). Zusätzlich erinnert sich der Therapeut in allen Nachinterviews: "Eigentlich wollte ich ihm nur in aller Ruhe etwas sagen und da ist er wieder ausgerastet. Ich war zuerst einmal überrascht, auch wieder elektrisiert ... und dann hab ich zurückgeschrien, kontrolliert, also ich war mir meines Ärgers auch bewußt" (TN0). Auch später erinnert er besonders: "Ich war sauer, weil er diesen Terror verteidigt hat" (TN2). Auch die Beobachterin hat sowohl nach einem wie nach zwei Jahren deutliche Bild- und Worterinnerungen: "Vertrauen basiert auf Leistung, das war auch so ein Gesetz. Und Karl hatte relativ harmlos gesagt, daß er das nicht so sieht. Da ist Jan so hochgegangen wie eine Rakete' (BN0).

3. Die Nachgeschichte[1]

3.1. Die Gesamteinschätzungen zum bisherigen Therapieverlauf

Karl und Jan wurden sechs Wochen nach den Beobachtungen getrennt voneinander interviewt. Über die z.T. detaillierte Erinnerung an einzelne Sequenzen hinaus fiel Jan eine Gesamtbeurteilung des bisherigen Therapieverlaufs schwer. Er konnte die Stunden auch nicht mehr so auseinanderhalten. Insgesamt war für ihn die erste Zeit noch "irgendwie bedeutsam", darauf folgte "so eine eintönige Laberzeit", die Stimmung der letzten (beobachteten) Stunden bezeichnete er schließlich als "diffus". Am ehesten konnte er sich noch an seine heftigen emotionalen Ausbrüche erinnern, wobei wichtig für ihn gewesen war, daß Karl stark contra gegeben hatte. Dabei hatte er sich "wie vor den Kopf gestoßen" gefühlt, weil er erkennen mußte, daß es jenseits seiner eigenen Denkweise noch total andere Anschauungsweisen der Realität gab. Diese Erfahrungen waren neu für ihn, weil ähnliche Diskussionen mit seinen Eltern niemals so spontan und direkt waren: "Da durften bestimmte Dinge niemals berührt oder gefühlt werden, damit jedem um Gottes Willen seine Denkweise und sein eigenes Gespinst gelassen wurde." An Karl fand er auch wichtig, besonders in den Gesprächen über Frauen, daß er nicht dieses Element des Resignativen hatte und daß tatsächlich was draus werden konnte. Insgesamt war er jedoch enttäuscht, daß sich an seiner Lebensweise noch nichts großartiges geändert hatte, er schien auch skeptisch für den weiteren Therapieverlauf.

Auch Karl wußte nicht, ob es noch weitere zwanzig Stunden werden. Jan hatte sich als ein weitaus härterer Brocken erwiesen, als er zu Anfang gedacht hatte. Am schwierigsten hatte er Jans permanente Boykotthaltung und die fehlende emotionale Resonanz empfunden. Jans autistische Haltung und Abspulen von Gedankengängen hätten ihn manchmal zur Weißglut treiben können. Besonders Jans Vorstellungen von Therapie nach KZ-Muster fand er atemraubend. Es machte ihn häufig ratlos, wenn Jan das Verhalten seiner Eltern auch noch verteidigte nach der Devise: "Lobet Eure Folterknechte!"

Am ehesten hatte er einen Draht zu Jan über die Wut: "Nur wenn ich mich aufrege oder er sich, dann gibts Kontakt. Das ist für mich ganz schön, weil ich mich mal gerne aufrege." Manchmal sei er auch bewegt gewesen, als Jan z.B. von seinen Duplo-Schiffen erzählte. Aber solche Rückmeldungen seien wertlos bei Jan wie ein nicht abgeschickter Liebesbrief. Weiche Gefühle würde er

---

[1] Der Text beruht auf den verschiedenen Nachinterviews sowie den Aufzeichnungen des Therapeuten.

mittlerweile eher zurückhalten, auch aus Angst vor Verletzung durch Jans Härte und Mißachtung. Insgesamt hielt Karl ein technisches Vorgehen bei Jan für "sinnlos": "Er will mich als Person sehen. Ich erreiche ihn nur, wenn ich selbst eine Einheit von Gefühlen und Gedanken bin." So ausgeprägt hatte Karl es bei anderen Klienten noch nicht erlebt.

Karl nannte aber auch Veränderungen bei Jan: "Zu Anfang hat er oft versucht, mich als Ascheimer zu benutzen. Das passiert im Moment deutlich weniger. Wenn er redet, ist er beteiligter und wir haben mehr Kontakt, wenn auch nicht immer sehr tiefgreifend. Sein Leierton ist weitgehend verschwunden." Auch seine eigene Sichtweise von Jan hatte sich verändert: "Ich bin nicht so schok-kiert und frustriert wie in der Anfangsphase der Therapie. Je mehr ich von ihm erfahre, desto mehr kann ich die Angst, Panik sehen, wenn ihm seine Abwehr-mechanismen entzogen werden." Ein Erfolg für ihn war, daß er Jans Wut "herausgekitzelt" hatte: "Ich halte mich nicht mehr so zurück mit meinen Gefüh-len. Ich ermutige, ja provoziere ihn zu Wutausbrüchen."

Über Jans Beziehung zu ihm meinte Karl abschließend: "Ich weiß nicht, wie er zu mir steht, d.h. er sagt nie etwas darüber. Ein gewisses Vertrauen - für ihn vielleicht sehr viel - hat er zu mir. Ich bin eher etwas abwartend, um nicht frustriert zu werden. Das schließt Engagement während der Therapie - z.B. wütend zu werden - nicht aus." Für den weiteren Therapieverlauf nahm er sich vor, "an den Punkten, an denen er abblockt, ein Stück weiterzugehen, ihn dabei zu unterstützen und zu erreichen, daß er die Unterstützung als solche wahr-nimmt - und nicht als Bedrohung." Eine aufdeckende Arbeit sei im Moment nur sehr begrenzt möglich.

3.2. Der Therapieverlauf nach Abschluß der Beobachtungen

Die Therapie wurde und wird noch bis heute in der Privatpraxis des Therapeu-ten fortgesetzt. Im ersten Jahr nach dem Beobachtungszeitraum wurden zu-nächst die Themen der ersten 23 Stunden vertieft. Hinzu kamen die anfänglich großen Probleme am Arbeitsplatz, meist bedingt durch Verspätungen und unentschuldigtes Fehlen und folgenden Ärger mit den Vorgesetzten. Obwohl er die Therapie nun privat zahlte, behielt er seine Unzuverlässigkeit bei, d.h. er fehlte in den folgenden eineinhalb Jahren ca. 50% der möglichen Zeit durch Verspätungen oder gelegentliches Nichterscheinen. Trotz dieser eingeschränk-ten Rahmenbedingungen war und blieb Karl für ihn der wichtigste und in vielen Bereichen einzige Ansprechpartner.

Nach einem halben Jahr zog Jan nach wiederholten schweren Auseinanderset-zungen aus dem Haus seiner Eltern aus. Er begann, sich zunehmend selbst zu versorgen, seine Wäsche selbst zu waschen usw. Zwar hatte er nach wie vor längere "Wichsphasen", die er aber mit seiner Berufstätigkeit "koordinieren" konnte. Als augenfälligste Veränderung in diesem Jahr bezeichnete Jan seine veränderte Haltung in Streitsituationen mit seiner Familie oder am Arbeitsplatz. Statt wie früher alles ernstzunehmen und gleich aufzubegehren, sei er nun "abwartend" oder auch "gleichgültig". Durch die Arbeit habe er auch gemerkt, daß er doch "ziemlich leistungsfähig" sei und sogar noch andere Sachen nebenher schaffe. Neue soziale Kontakte waren jedoch nicht entstanden.

Nach einem weiteren halben Jahr zog sich Jan jedoch immer mehr zurück und verwahrloste zusehends. Jan erschien unregelmäßiger zu den vereinbarten Terminen, der Kontakt zu den Eltern bestand nur noch sporadisch. Sein "einziger fester Halt" blieb die Halbtagsbeschäftigung bei der Post. Schließlich begann er verstärkt wahnhafte Ideen zu entwickeln: so vermutete er zunächst an sich Prostatakrebs, sah seine verehrte Freundin in einem Pornomagazin abgebildet und fühlte sich schließlich auch im Therapieraum belauscht. Karl drängte nun auf eine stationäre Behandlung, die Jan jedoch ablehnte.

Ende Dezember 1992 erlebte Jan mehrere paranoid-psychotische Episoden, nach denen er sich schließlich als psychiatrischer Notfall für 20 Tage in stationäre Behandlung begab. Kurz nach der ersten Entlassung setzten sich die psychotischen Episoden fort, er wurde wieder in die Psychiatrie eingewiesen. Dort sprang er in Folge eines akuten Anfalls von Verfolgungswahn aus dem Fenster und erlitt schwere Verletzungen (Schäden an der Wirbelsäule, Knochenbrüche an Armen und Beinen). Es folgten drei Monate Krankenhausaufenthalt (Chirurgie und Rehabilitation), während der ihn Karl besuchte. Nach dem Krankenhausaufenthalt zog Jan wieder in das Elternhaus ein. Seine Mutter versorgte ihn zwar, machte jedoch ständig ihre Unzufriedenheit mit dem Sohn deutlich. Zum Vater, der inzwischen in Rente gegangen war, entwickelte Jan jedoch ein "sehr gutes Verhältnis" mit vielen Gesprächen, gemeinsamen Unternehmungen usw.

Nach einem halben Jahr konnte Jan wieder, unter Zuhilfenahme von Medikamenten, leichte Arbeiten bei der Post verrichten. Zu diesem Zeitpunkt setzte er auch seine Psychotherapie bei Karl fort. Im Nachinterview nach nunmehr 32 Monaten meinte Jan: "Diese Psychose hat tief eingeschnitten wie sonst noch gar nichts in meinem Leben." Einerseits hatte er nun die "Befürchtung, jemand geworden zu sein, der den Rest seines Lebens in so einer Lethargie verbringt, mit seinen verpaßten Chancen hadert, mit dem verkorksten Leben, der sich in seine Vorstellungen und Phantasien zurückzieht und medikamentös ruhiggestellt und ausgeglichen ist und so sein Leben fristet." Andererseits berichtete er nun: "Meine ganzen Zwangsvorstellungen und Zwangshandlungen sind nach der Psychose ziemlich stark zurückgegangen. Der Größte zu werden wie Marx oder Freud, das habe ich abgelegt. Wichsen geht zwar wieder, aber nicht so zwanghaft und nicht stundenlang, Zeitungsammeln mache ich auch nicht mehr."

Der Krankenhausaufenthalt hatte auch seine Beziehung zu Karl verändert, er sprach nun von "dem besten Therapeuten, den ich bisher hatte". Auch Karl war Jans Schicksal sehr nahe gegangen, der Fenstersprung und Jans Verletzungen hatten ihm selbst weh getan. Er unterstützte Jan in dessen Bemühungen um eine körperliche Rehabilitation, aber auch in der Wiederaufnahme des Studiums und sozialer Kontakte. Nach weiteren drei Monaten verschärften sich jedoch die Konflikte im Elternhaus, woraufhin Jan wieder verstärkt die alten symptomatischen Verhaltensweisen entwickelte. Schließlich kaufte ihm sein Vater eine Eigentumswohnung. Als Jan kurz vor Unterzeichnung des Kaufvertrages erfährt, daß der Verkäufer zufällig genau den gleichen Namen wie er trägt, tritt wieder eine psychotische Episode auf. Er verschwindet für zwei Tage, weist sich dann jedoch selbst in eine psychiatrische Einrichtung ein, in der er sich zwei Wochen lang aufhält.

Nach seiner Rückkehr stabilisiert sich zumindest Jans äußere Situation. Er erscheint pünktlich und regelmäßig zu den Therapiesitzungen, zieht in seine Wohnung ein, arbeitet wieder und nimmt sogar wieder sein Studium auf.

4. Interpretation des Gesamtprozesses

Einleitung

Bei der Interpretation des beobachteten Therapieprozesses zwischen Jan und Karl werde ich ähnlich vorgehen wie schon nach der ersten Therapiegeschichte. Allerdings zeigt sich hier noch deutlicher, daß ein Therapieprozeß in den seltensten Fällen einen gradlinigen Verlauf hat. Die Einteilung in Phasen und die Darstellung der (wenigen) Veränderungen in einer Art "Vorher-Nachher"-Vergleich ist eher ein Versuch, das komplexe Geschehen zu ordnen.

4.1. Exkurs: Zur narzißtischen Persönlichkeitsstörung aus klinischer Sicht

Das Krankheitsbild der narzißtischen Persönlichkeitsstörung ist besonders von Vertretern der psychoanalytischen Entwicklungspsychologie (Objektbeziehungs-, Selbst- und Entwicklungspsychologie), etwa Kohut (1979), beschrieben worden. Nach diesen Theorien wird diese Krankheit weniger als eine psychologische (neurotische) Abwehr, sondern vielmehr als eine lebensnotwendige Selbsterhaltungsstrategie verstanden. Der Schlüssel zu ihrem Verständnis wird in einer "narzißtischen Kränkung" im Stadium der Wiederannäherung bei der Autonomie-Entwicklung des Kleinkindes gesehen (ca. 22. bis 30. Monat). Dabei lautet die Botschaft an die sich entwickelnde Persönlichkeit: "Sei nicht, wer Du bist, sei der, den ich brauche. Der Du bist, enttäuscht mich, bedroht mich, ärgert mich, überreizt mich. Sei, was ich will, und ich werde Dich lieben" (Johnson, 1988, 54). In Folge dieser Erfahrung vergräbt der Narzißt den Ausdruck seines "wahren Selbst" und ersetzt es durch ein hochentwikkeltes, kompensatorisches "falsches Selbst", er bleibt in einer Polarität Grandiosität vs. Wertlosigkeit gefangen.

Insgesamt ergibt sich sowohl theoretisch als auch diagnostisch kein klar abgrenzbares Krankheitsbild. Die meisten Beschreibungen narzißtischer Persönlichkeitsstörungen betreffen Verhaltensweisen, mit denen das "falsche Selbst" aufrechterhalten wird: Vollkommenheitsanspruch, Grandiosität und Allmachtsgefühle, Statusdenken, extreme Anspruchshaltung, Manipulation und Verobjektivierung der Umwelt. Dem stehen Gefühle von Kränkung und "narzißtischer" Wut gegenüber, sowie Scham, Hilflosigkeit, Selbstabwertung, Isolierung, Antriebschwäche und Panik bis hin zur Spaltung des Selbst (vgl. Johnson, 1988). Die narzißtische Persönlichkeitsstörung tritt selten in "reiner"

Form auf, sie ist meist mit anderen, dabei sehr verschiedenen Krankheitsbildern verbunden, etwa Depression, Sucht- und Zwangsverhalten bis hin zu Borderline-Strukturen (vgl. Johnson, 1988).

Als globale therapeutische Ziele beim narzißtischen Klienten nennt Johnson (1988, 85): "(1) die Kompensation für das Erleben der Wirklichkeit abzubauen, seien sie nun ichgerecht oder ichwidrig, (2) dem Patienten beim Erleben der schmerzhaften, aber wahren verschütteten Realitäten seines Selbst zu helfen und anzuleiten und (3) die Entdeckung und Entwicklung seines wahren Selbst zu unterstützen und zu stärken." Da diese Klienten in der Regel intellektuell gewandt, aber emotional und körperlich verarmt sind, sind vor allem letztere Aspekte des Erlebens zu fördern. Je nach Schwere der Störung werden zunächst unterstützende, dann aber auch aufdeckende und erlebensaktivierende Interventionen empfohlen. Dabei hat der Therapeut mit starken Gegenübertragungsreaktionen und heftigen Gefühlsausbrüchen zu rechnen.

4.2. Symptomatische Sicht- und Erlebensweisen des Klienten[1]

Selbstbeschreibungen und Angaben zur Psychogenese

Der Klient zeigt immer wieder die in der Literatur beschriebenen charakteristischen Merkmale einer narzißtischen Persönlichkeitsstörung. Er scheint in einem unüberbrückbaren Gegensatz von Grandiosität versus Wertlosigkeit gefangen. In fast jeder Stunde erfolgen heftige Selbstanklagen wie "minderwertig" (1), "eine Witzperson, ein Nichts, eine Null" (3), "abstrus und lebensuntüchtig" (17). Andererseits gibt er Stück für Stück Einblick in seine grandiose Innenwelt: der Wunschtraum, "ein perfekter Herrscher" zu werden (13), die Überzeugung, "eine Art gottähnliches Wesen zu sein, ein Zentrum des Kosmos mit der Aufgabe, die totale Erkenntnis zu gewinnen" (10) und schließlich Mittelpunkt ausschweifender sexueller Aktivitäten zu sein. Aus diesen Bildern leitet er auch eine enorme Anspruchshaltung an sich selbst, den Therapeuten, an die Eltern, sogar an die Beobachter (18) ab.

Die Überprüfung und Modifizierung dieses "falschen Selbst" an der Realität wird strikt abgewiesen. Er flüchtet in seine Größenphantasien und "Wichswelt" (19/49kons), macht sich nach außen weitgehend empfindungslos und vermeidet Kontakt, plant und grübelt, verharrt dann jedoch in Tatenlosigkeit (1). Wird das "falsche Selbst" angekratzt, dann treten Gefühle der "absoluten Hilflosigkeit" (3), der Angst "bloßgestellt und ausgeliefert zu sein, in erster Linie meiner

---

[1] Die Zahlen in Klammern geben die Zahl der jeweiligen Stunden/Sequenzen an, aus denen das Zitat entnommen ist.

Mutter und auch dem Vater" (3), sowie der Leere und Bewegungslosigkeit auf: "körperlich betoniert, geistig betoniert, alles steht still, fest irgendwie" (17). Dabei ist sich der Klient durchaus seiner Spaltung zwischen dem "provisorischen und eigentlichen Leben" (22/54st) bewußt. Er spricht davon, daß ihm "der innere Kern" fehle (9/26st), "von Wesen, Seele, Ausstrahlung ist nichts" (17): "Ich fühle mich minderwertig, ich muß das deshalb kompensieren mit einer wahnsinnigen geistigen Leistung" (10).

Auch die Aussagen des Klienten zum Elternhaus bestätigen die klinischen Erfahrungen. Die Werte Ordnung, Leistung, Status und das Bild der "harmonischen Familie" bestimmten das Familienmilieu, "alles, was mit Lust oder Begeisterung zu tun hatte, (ist) höchst gefährlich gewesen, das mußte immer eingedämmt werden" (4). Kindliche aggressive oder sexuelle Impulse müssen schon früh unterdrückt worden sein: "Als Kind wollte ich meinen Körper ganz weghaben" (18). Eine Intimsphäre wurde ihm nicht zugestanden, noch heute kontrolliert die Mutter das Zimmer und die Post des Klienten. Körperkontakt zu den Eltern fand selten statt und erfolgte "zwanghaft". Liebe wurde als ausreichende materielle Versorgung definiert (18), Bestätigung gab es nur gelegentlich für gute Zeugnisse. Ausgleichende Erfahrungen durch andere Menschen, besonders auch Altersgenossen, wurden durch die Fixierung auf die Kernfamilie weitgehend verhindert. An die Stelle von Eigenaktivität und Selbständigkeit traten Zwang und Kontrolle: "Spaß ist nicht, was einen zum Erfolg bringt. Nur, wenn man sich überwindet, zwingt" mit der Folge: "Ich habe zu nichts Lust, seit vielen vielen Jahren, keinen Bock zu irgendwas" (14).

Im Verlauf der Stunden wird das Ausmaß der Demütigungen und Kränkungen deutlich, die der Klient erfahren haben muß: "Das kleine Leben wurde heruntergeputzt und nicht toleriert" (2). Seit dem zehnten Lebensjahr hört er "ständig, täglich: Du solltest Dich was schämen! Du bist undankbar! (16)". Vor allem von seiner Mutter wurde er immer wieder als "hoffnungsloser Fall" (6), als "Niete" (10) mit "Kuhaugen" (18), als "mißratener Sohn (18/47sk), "dem man in den Kopf geschissen habe" (17/46st), abgekanzelt. Liebevolle Unterstützung oder Ermutigung bei Enttäuschungen hat er nicht kennengelernt: "Das Positive mußte ich mir immer selber zusammenreimen. Es war immer nur das negative formuliert. Kritik war grundsätzlich mit einer moralischen Herabwürdigung verbunden" (16). Sehr genau beschreibt der Klient den Kern einer narzißtischen Kränkung: "Ich zählte gar nicht, auch heute: was ich selber als Individuum tue, das interessiert die nicht, es geht meinen Eltern nur um das Bild, was sie sich machen, daß ihre Vorstellungen stimmig sind!" (6).

Die Folge solcher frühkindlichen und bis heute anhaltenden Kränkungen sind ein geringes Selbstwertgefühl, eine weitgehende Unselbständigkeit und die Unfähigkeit mit Enttäuschungen umzugehen. Jede Eigenaktivität wird durch die Angst vor Erfolglosigkeit und weiteren Demütigungen blockiert: "Ich habe unter meinen Eltern gelitten und ich hatte meine Sicherheit" (16/44kons). An die Stelle eines Selbst-Bewußtseins tritt eine fragile Balance zwischen völliger Übernahme der elterlichen Vorstellungen und deren indirekter Abwehr durch die symptomatischen Verhaltensweisen: "Ich kann mich immer nur entweder total gegen (den Vater) oder total mit ihm identifizieren. Und wenn ich total gegen ihn bin, dann bin ich auch zum Krebsen verdammt" (12/35kons). So ist es auch "seine tiefste Überzeugung, daß das richtig war, wie meine Eltern mit mir umgegangen sind" (16).

Ein Infragestellen der elterlichen Normen löst entweder ungeheure Wut ("Diese Frage gibt es nicht!" 16/44kons) oder panische Angst aus: "Wenn ich überlege dieses Denken oder dieses System wegzuwerfen oder aufzugeben, wenn ich das ernsthaft in Erwägung ziehe, dann bekomme ich furchtbare Angst" (12) Stattdessen richtet der Klient die erlebte Verachtung nun gegen sich selbst "Wer so einen wie mich akzeptiert, der ist selber nichts wert" (19/49kons). Er übernimmt sogar Haltung und Tonfall seiner Mutter (18), wenn er über sich sagt: "Dieses miese Schwein, dieser widerliche Nichtsnutz, so einer wagt es eine tolle Frau wie mich zu begehren!" (19)

Das Bild des Klienten von menschlichen Beziehungen ist von den Polen "Macht versus Unterwerfung" und bei Frauen von "Vergötterung versus Verachtung' geprägt. Entsprechend wird jede Beziehung, auch die zum Therapeuten und der Beobachtern gestaltet, ein Austausch auf gleichberechtigter Basis kann gar nicht stattfinden: "Ich habe das eigentlich immer nur so kennengelernt, daß der eine Mensch den anderen immer kontrolliert. Überhaupt ist die ganze Gesellschaft und das ganze Leben eine Zwangsdurchsetzungs-Maschinerie" (11/32st) Veränderungen kann sich der Klient nur durch äußere Zwänge ("Studentenarbeitslager", 13/38k) oder durch gewaltsame Beeinflussung vorstellen: "Du sollst die Widerstände aus mir herausbohren!" (1/1kons), 'mich eiskalt festnageln, ich brauche eine Art brutale Psychotherapie" (6). Dem steht die Erlösungsphantasie gegenüber: "Eine wirkliche Wende wäre die Beziehung zu einer tollen Frau, aber das passiert ja nicht" (22).

Anmerkungen zur Funktion der Symptomatik

Es ist offensichtlich, daß der Klient mit seinen Verspätungen, seiner Leistungsverweigerung, seiner zunehmenden Verwahrlosung und seinem Sammel- und Wichszwang die elterlichen Normen auf eine erschütternde, aber auch groteske Weise "sabotiert" und ad absurdum führt ("Ich bin hauptberuflich ein Wichser". 17). Der Motor dieses Verhaltens sind seine enorme Wut und Rachegefühle gegen seine Eltern: "Ich möchte meine Eltern irgendwie dafür bestrafen, für das, was sie all die Jahre lang mit mir gemacht haben, umbringen müßte ich sie, abstechen, abstechen und in Stücke schlagen" (4/9kons). Er möchte ihnen gegenüber "endlich, endlich mal nicht mehr die Position des Schwächeren und

Abhängigen, sondern auch mal die des Stärkeren haben" (20). Indem er seine Eltern und alle, die mit ihm zu tun haben, mit seinem Verhalten vorführt, sie in all ihren Veränderungsbemühungen ohnmächtig und hilflos macht, gewinnt er auch tatsächlich Stärke und Macht über sie: "Meine Eltern wollten so einen nicht haben, den haben sie jetzt!" Wenn er schon "tot" sei, dann sollten wenigstens auch die anderen an ihm zugrundegehen (22/55kons).

Diese Identifikation mit der Rolle des "starken Opfers" erlaubt aber auch keinen Ausweg, sie erweist sich als "perfekte Falle": "Es darf um alles in der Welt nicht passieren, daß meine Eltern im nachhinein Recht bekommen. Sobald ich in irgendeiner Form Erfolg habe, gibt das ihnen Recht, weil sie dann nämlich sagen können: Na siehst Du. Jetzt bist Du ja endlich zur Vernunft gekommen, so wie wir das wollten, also haben wir doch Recht gehabt! (22/55kons)". Freilich verläuft diese Dynamik zumindest zu Beginn der Therapie weitgehend unbewußt. Der Klient fühlt sich hilflos seinem eigenen Verhalten gegenüber, "wie so ein Gnom oder Zwangsarbeiter, der das machen muß, der dazu verurteilt ist, immer so zu machen" (9/23kons), er ist höchsten unter Androhung von "fürchterlichem Terror und Disziplinararrest" (5) für einen Moment zu stoppen.

Das Verharren in der Über- und Gegenidentifikations"falle" mit den Eltern gelingt dem Klienten nur noch durch eine weitgehende Abschottung gegen jeglichen Kontakt nach außen und Flucht in seine Traumwelten: "In dem Moment, in dem ich rumwichse, verdränge ich die Realität oder erkenne sie nicht an" (14) und: "Ich onanier so viel, um mich zu spüren" (11/34kd). Onanieren, Grübeln und seine "geistigen Kathedralen" bilden so seine Überlebensstrategie. Wenn ihm die weggenommen werden, "dann bin ich entlarvt und klein, dann erweist sich meine bisherige Lebensführung als sinnlos, als nutzlos" (10/28sk).

4.3. Veränderungen während des Beobachtungszeitraums

Die Schwere der narzißtischen Persönlichkeitsstörung und das Ausmaß der symptomatischen Verhaltensweisen wird erst nach und nach im Laufe der ersten 23 Stunden deutlich. Insgesamt lassen sich auch kaum überdauernde Veränderungen aufzeigen bzw. sie bleiben oberflächlich und bruchstückhaft. Es sind eher einzelne Episoden im Therapieverlauf, in denen der Klient von seinen üblichen Verhaltensmustern abweicht.

4.3.1. Die Entwicklung der therapeutischen Beziehung (Kontakt zum Gegenüber)

Die Phase der Orientierung (1. bis 10. Stunde)

Schon in der ersten Stunde (1/1kons) ergibt sich ein anschauliches Bild für das charakteristische Interaktionsmuster zwischen Therapeut und Klient in den folgenden Stunden. Der Klient sitzt eingezwängt in ein Gerüst von rigiden Überzeugungen und Weltsichten, mit dem er sich von der Außenwelt abschirmt und das er mit allen Mitteln gegen mögliche Angriffe verteidigen muß. Hinzu kommt die feste Überzeugung, daß ihm nur mit "Zwangsmaßnahmen" beizukommen sei, was wiederum seine Abwehr- und "Sabotage"haltung verstärkt. So entlädt sich der Klient über einen Redeschwall voller aggressiver Selbstanklagen und (später) Anklagen gegen die "anderen", ohne die verschiedenen Interventionen des Therapeuten überhaupt wahrzunehmen. Er stellt kaum Blickkontakt oder sprachlichen Bezug zum Therapeuten her, und wenn, dann bricht er ihn gleich mit resignativen Bewertungen, passiv-abwehrenden aber auch aggressiven Zurückweisungen ab. Eine äußere Form seiner "Sabotage" vor Kontakt ist sein beständiges Zuspätkommen.

Auf diese Abwehrhaltung reagiert der Therapeut zunächst mit Unterbrechungen des Redeschwalls bzw. mehrfachen Wiederholungen seiner Fragen, bis er schließlich resigniert-hilflos oder ironisch-ärgerlich aufgibt. Dies gilt umsomehr, als der Klient auf verständnisvolle oder mitfühlende Kontaktangebote des Therapeuten besonders abweisend, gar verletzend reagiert (6). Es entsteht eine Dynamik zwischen einem unfähigen/uneinsichtigen/widerspenstigen "Sohn" und einem harten/fordernden/strafenden "Vater". Diese Beziehungsstruktur wird zunächst nur einmal in einem "Gespräch wie unter Freunden" durchbrochen (4/8sk). Ab der 5. Stunde reagiert der Therapeut zunehmend direkter auf die offensichtliche Nicht-Beachtung. Er "platzt" schließlich mit seinem Ärger über die Verspätungen (5/10/kons), über das ewig gleiche, "gebetsmühlenartige" Lamentieren (7/17kd) und an ihn gestellte "Wunderheiler"-Erwartungen heraus.

Erst durch diese massiven Interventionen scheint der Therapeut zum Klienten durchdringen zu können. Der Klient wiederum sieht sich in seiner Erwartung bestätigt, daß man "hart" mit ihm umgehen muß. Der Zirkel des "Anrennens" seitens des Therapeuten und "Mauerns" seitens des Klienten scheint schließlich gegen Ende dieser Phase durchbrochen. Beginnend mit einem freundschaftlichen Gespräch über Frauen (8/20st, ähnlich 4/8sk) offenbart der Klient nun in den folgenden Stunden bisher zurückgehaltene geheimste Gedanken und Phantasien. Der Therapeut wiederum kann nun geduldiger und gelassener sein und geht zur Überraschung des Klienten auf dessen Größenphantasien ein (10).

Die Phase des gegenseitigen Abtastens (11. bis 21. Stunde)

Diese Phase ist von großen Auseinandersetzungen und gelegentlichen Momenten der Wiederannäherung gekennzeichnet. Zunächst entsteht wieder die o.a. konfliktreiche Vater-Sohn-Beziehung, nur daß diesmal die Konflikte in wechselseitigen Besetzungen offen ausgetragen werden. Es wird die extreme Spaltung zwischen der Innen- und der Außenwelt des Klienten deutlich: in der Rolle des Sohnes zieht er sich bei wachsendem Druck des Therapeuten trotzig und aggressiv-abwehrend in seine narzißtische Welt zurück; sobald die elterlichen Verhaltensweisen und totalitäre Weltsicht infragestellt werden, werden diese mit ungeheurer Aggressivität verteidigt ("er scheißt mich genauso zusammen, wie seine Mutter oder sein Vater das mit ihm gemacht haben", so der Therapeut, 16).

Der Therapeut wiederum ist entsetzt über die phantastischen Vorstellungen des Klienten, ist auch zunehmend ratlos und verärgert bei den offensichtlichen Zurückweisungen und auch Provokationen des Klienten. Sein Interesse und seine Sympathie für ihn sind schließlich "ziemlich an der Grenze" (14). Im Gegensatz zum Vater des Klienten weicht er jedoch einer Auseinandersetzung nicht aus. Vielmehr provoziert er nun geradezu Situationen (12/35kons, 14/40kons, 16/44kons), in denen der Klient endlich mal "explodieren" kann, was der Therapeut als "reinigendes Gewitter" (16) empfindet.

Wiederum beginnend mit einem Männer-Gespräch über Frauen (17/45kons) wird die Verstrickung im Vater-Sohn-Konflikt für eine Weile verlassen. Über die beginnende Abgrenzung gegen die Mutter (18/47kons) findet der Klient wieder Kontakt zum Therapeuten. Diese Entwicklung wird jedoch durch eine vierwöchige Pause abgebrochen. Der Klient fällt in die gewohnte Boykotthaltung zurück. Dies will der Therapeut jedoch nicht mehr hinnehmen und stellt die Fortsetzung der Therapie infrage (21/53kons).

Die Phase der Kontaktnahme (22. und 23. Stunde)

Durch die Drohung mit Therapieabbruch wird der Klient zu einer Entscheidung gezwungen. Tatsächlich ist danach auf beiden Seiten eine kooperative Haltung zu erkennen. Der Klient kann nun eher zwischen seinen Eltern und dem Therapeuten differenzieren, er sucht und findet im Therapeuten einen "Probe-Gegner" für die beginnende Auseinandersetzung mit seinen Eltern. Der Therapeut wiederum unterstützt ihn in dessen Ausbrüchen von Wut. Hier fühlt er sich am stärksten als Gegenüber wahrgenommen im Gegensatz zur üblichen "permanenten Boykotthaltung": "Das war für mich befreiend, weil er aus dieser emotionslosen Haltung herauskam ... ich möchte ihn eigentlich auch anders erreichen, aber das schaffe ich bisher kaum" (TN0).

Neben all seiner Skepsis und seinem Ärger zeigt der Therapeut nun auch deutlich mehr Verständnis für das Schicksal des Klienten, für seine Verletzungen durch die Eltern, seine absolute Außenseiterrolle in der Schule und seinen Rückzug in eine grandiose Innenwelt. "Ich bin aber nicht so schockiert wie in der Anfangsphase der Therapie. Je mehr ich von ihm erfahre, desto mehr kann ich die Angst, Panik sehen, wenn ihm seine Abwehrmechanismen entzogen werden" (TN0).

Dennoch bleibt die Beziehung bis auf wenige Momente (23/56sk und 23/57kons) distanziert. Es entsteht kein stabiles Wir-Gefühl, bei dem beide an einem Strang ziehen. Die Integration der Kontaktmomente findet meist in den folgenden Nachinterviews statt. Der Klient ist gemessen an seinen Heilserwartungen nach wie vor enttäuscht, er fühlt sich auch in den Stunden häufig nicht verstanden. Der Therapeut wiederum hält sich nach all den Zurückweisungen und Enttäuschungen mit mitfühlenden, "weichen" Kontaktangeboten zurück. Seine anfängliche Identifikation mit dem "zurückgewiesenen" Kind weicht einem professionellen Denken: "Der ist ja wirklich nicht mehr weit von einer Psychose!" (21/53/kons). Damit schützt er sich auch gegen seine eigenen Ohnmachtsgefühle, was er dem Klienten auch nicht offen zugestehen mag. Konsequenterweise sind beide sehr vorsichtig in der abschließenden Einschätzung der Beziehung und des weiteren Therapieverlaufs.

4.3.2. Veränderungen im motorischen und emotionalen Ausdruck (Kontakt zum Selbst)

Die Spaltung in grandiose und selbstverachtende Persönlichkeitsanteile spiegelt sich auch in der körperlichen Erscheinung des Klienten wider. Er beschreibt sich als "verklemmt', "verschüchtert", "Idiot" usw. und verbreitet nach außen den Eindruck einer 'wandelnden Zeitbombe" (TN0). Gleich zu Beginn äußert der Klient sein geheimes Bedürfnis, aber auch seine ungeheure "Angst vor einem Kontrollverlust" (1). Unter einem Muskelpanzer "hart wie Beton" (7, 17) hat sich eine ungeheure Menge ungerichteter und kaum kontrollierbarer aggressiver Energie gestaut. Er zittert, zuckt, wippt beständig und scheint jeden Moment explodieren zu können. Durch die Video-Rückmeldungen (besonders nach der 1. und der 9. Stunde) verstärkt sich das Bewußtsein des Klienten für die Wirkung seiner körperlichen Erscheinung auf die Außenwelt.

Eine gewisse körperliche Entspannung ist nur nach solchen Sequenzen zu beobachten, in denen der Klient einen kurzzeitigen bewußten Kontakt zu seinen Gefühlen zuließ. Dies betrifft die Episoden, in denen er seine Hilflosigkeit und Verlegenheit gegenüber Frauen ausdrückt und dabei auch körperliche Nähe bzw. Berührung durch den Therapeuten zulassen kann (4/8sk, 17/45kons). Zum anderen sind es die Sequenzen, in denen seine enorme Wut zunächst eher "herausplatzt" (4/9kons, 12/35kons), dann jedoch zunehmend bewußter ausgedrückt wird (16/44kons, 22/55kons, 23/57kons). Diese Erfahrungen, "mal so richtig was rausgelassen" (12/35kons) zu haben, scheinen den Klienten gegen Ende des Beobachtungszeitraums ein wenig vom inneren und äußeren Druck zu entlasten. So haben die Beobachter, aber auch der Therapeut, den Eindruck: "Wenn er redet, ist er beteiligter und wir haben mehr Kontakt, wenn auch nicht immer sehr tiefgreifend. Sein Leierton ist weitgehend verschwunden" (TN0).

Bis auf eine weitere Sequenz, in der er mit dem Therapeuten spielerisch rangelt (23/56sk), vermeidet er jeglichen Körperkontakt bzw. nimmt ihn "widerwillig" hin (9). Gegen Ende der Beobachtungen beginnt der Klient auch die Angst vor der Ablösung vom Elternhaus zu spüren. Zu Gefühlen der Trauer und des Schmerzes über die Verletzungen in seiner Kindheit hat er nach wie vor keinen Kontakt. Insgesamt ist ihm der Zusammenhang zwischen körperlichen und psychischen Vorgängen nur in Ansätzen bewußt.

4.3.3. Veränderungen im Kontakt zum Umfeld

Veränderungen in der Selbst- und Weltsicht

Der Klient sieht sich nach wie vor in ein "totalitäres System" von Verhaltensvorschriften eingebunden, mit denen er sich völlig identifiziert, die er aber gleichzeitig mit seiner Lebensweise ad absurdum führt. Er hat sich scheinbar damit abgefunden, "provisorisch" zu leben und dabei vom "eigentlichen Leben" zu träumen (22). Seine Abwehrhaltung, sich mit den lebensgeschichtlichen Hintergründen seiner Symptomatik auseinanderzusetzen und damit die Eigenverantwortung für eine Veränderung zu übernehmen, ist nach wie vor groß: "Ich werde niemals meine Geschichte akzeptieren!" (22). Dennoch sind daneben Erschütterungen in seiner Selbst- und Weltsicht zu registrieren.

So gibt er zum ersten Mal einem anderen Menschen Einblick in seine grandiose Innenwelt (10, 13) und riskiert damit deren Überprüfung an der Realität. Schritt für Schritt erkennt er auch seine Überidentifikation zunächst mit seinem Vater (12, 16), dann mit seiner Mutter (18, 19). So kann er sich zumindest intellektuell die verheerenden Wirkungen der verschiedenen Kränkungen in seiner Kindheit vorstellen, indem der Therapeut andere Sichtweisen über elterliche Normen entgegenstellt (18). Er beschäftigt sich nun wirklich mit den Anstößen des Therapeuten, unterhält sich mit einem Freund, um schließlich zu resümieren: "Ich gebe meinen Eltern Macht über mich. Ich habe deren Weltbild voll und ganz geschluckt. Nun versuche ich das mit Händen und Füßen zu festzuhalten" (22/55kons). In den letzten beiden beobachteten Stunden formuliert er weitgehend unbewußte, aber überaus wirksame Verhaltensprinzipien, die "so einmal ausgesprochen" auch geändert werden können (23/57kons).

Veränderungen in der Lebenssituation

Während des beobachteten Therapiezeitraums nimmt der Klient wichtige Veränderungen in seiner Lebenssituation vor: er exmatrikuliert sich von der Universität (12) und nimmt schließlich eine Halbtagsstelle bei der Post an, wo er auch in den kommenden Jahren beschäftigt bleibt. Der Einfluß des Therapiegeschehens auf diese Entscheidungen ist schwer einzuschätzen, der wichtigste Anlaß werden wohl die beständigen Streitereien im Elternhaus gewesen sein. Der Klient hat damit einen ersten konkreten Schritt zur Ablösung vom Elternhaus getan, auch wenn er sich materiell weiter von ihnen versorgen läßt und sich dort noch viel aufhält. Wichtiger ist jedoch, daß er sich von seinen grandiosen (Berufs)Plänen ein wenig verabschiedet hat, sich nun an feste Strukturen und Zeitpläne anpassen muß und eigenständig erlangte Erfolge aufweisen kann, auch wenn er damit sicherlich nicht die hochgesteckten Leistungsziele seiner Eltern erfüllen wird.

4.4. Zusammenfassung

Wie nach den klinischen Erfahrungen mit narzißtischen Persönlichkeitsstörungen nicht anders zu erwarten, haben sich nach diesen ersten 23 Stunden nur einzelne, geringe therapeutisch bedingte Veränderungen eingestellt. Die narzißtische Kernproblematik blieb weitgehend unberührt. In seiner starken Übertragung der familialen Machtstrukturen auf die therapeutische Beziehung konnte sich der Klient nur in wenigen Momenten für die zahllosen Kontaktangebote des Therapeuten öffnen. Umgekehrt ließ sich der Therapeut immer wieder in die Machtspiele mit dem Klienten einspinnen. Ein Grund mag seine mangelnde Erfahrung mit solchen Klienten sein, ein anderer eine Neigung zur Gegenübertragung aufgrund seiner eigenen Familiengeschichte mit ähnlichen, wenn auch nicht so extrem ausgeprägten, Beziehungsstrukturen.

Die bestehende und sich weiter verschärfende Verstrickung des Klienten im Elternhaus erweist sich in der Folgezeit als zu mächtig, als daß das therapeutische Setting und die nichtgefestigte therapeutische Beziehung ein ausreichendes Gegengewicht darstellen kann. Es bestätigt sich leider später, was der Klient ("Ich bin ein Fall für die Psychiatrie", 22) wie auch der Therapeut ("Der ist ja wirklich nicht mehr weit weg von einer Psychose", 21) schon vorher andeuteten. Je mehr die Ablösung vom Elternhaus unausweichlich und von den Eltern auch forciert wird, umso mehr versagen die symptomatischen Selbsterhaltungstrategien des Klienten. Der Zusammenbruch des "falschen Selbst" führt ihn in eine psychotische Krise, wobei der Therapeut jedoch weiterhin die wichtigste Bezugsperson bleiben wird.

5. Die Nacherinnerungen zu subjektiv bedeutsamen Momenten

Therapeut, Klient und teilnehmende Beobachterin haben in den späterer Nachinterviews insgesamt 23 Sequenzen benannt.[1] Aus den Nacherinnerunger zu einzelnen Sequenzen wurde bereits in den Interpretationen der jeweiliger Therapiestunden zitiert. Hier geht es nun um eine qualitative Bewertung der Güte und Häufigkeit dieser Nacherinnerungen.

5.1. Die Nacherinnerungen des Klienten

Der Klient nennt insgesamt 22 Sequenzen, davon 11 in allen Nachbefragungen Die intensivsten Erinnerungen von Bildern, zentralen Sätzen und Gefühlen ha er noch von den Wutausbrüchen gegen den Therapeuten (12/35kons. 16/44kons, 23/57kons) und die Eltern (4/9kons, 22/55kons), also all den Situationen, "in denen ich ausgeflippt bin" (KN1). Dabei betont er im Nachinterview nach 2 Jahren, also nach seiner psychotischen Krise, daß er seine Wut unc seine Größenphantasien abgelegt habe: "Ich bin heute ganz anders geworden' (KN2).

Deutliche Erinnerungen von Bildern und Gefühlen hat er weiterhin von der "Männergesprächen" über Frauen (4/8sk und 17/45kons). Bis auf einzelne zentrale Sätze wird allerdings der Wortlaut beider Situationen miteinander vermischt, während der Handkontakt mit dem Therapeuten (17/45kons) zusammen mit dem einer anderen Sequenz (11/34kd) genannt wird.

Weiterhin nennt der Klient in fast allen Nachinterviews bestimmte Schlüssel-sätze bzw. -wörter: die Frage des Therapeuten in bezug auf die ständigen Verspätungen "Muß ich das in Kauf nehmen?" (5/10kons), das Therapeutenwor: "Gebetsmühle" (7/17kd) sowie dessen Ausruf "Ohne Träume wärst Du tot!" (14/40kons). Dabei erinnert er zwar nicht den weiteren Gesprächszusammenhang, schreibt ihnen jedoch eine große Bedeutung für eine veränderte Denkweise zu (etwa zu 14/40: "da haut einer wirklich mit einem Schlag wieder meine Grunddogmen meines Lebens um", KN0).

In allen Nachgesprächen erinnert sich der Klient auch ausführlich an den "Dialog der Mütter" (18/47sk) und die Erkenntnis bei der Videovorführung, wie sehr er die Sätze seiner Mutter verinnerlicht habe. Von drei weiteren Sequenzen erinnert er einzelne Bilder und starke Gefühle: seine Wut über die Drohung

---

[1] s. Anhang: Nennungen in Nachinterviews zu Fall 2.

mit Therapieabbruch (21/53kons), seine Angst, seine Größenphantasien offenzulegen (10/27sk) und seine Freude nach der Rangelei mit dem Therapeuten (23/56sk). Die übrigen in den Nachgesprächen angesprochenen Sequenzen werden nur sehr vage erinnert.

In den verschiedenen Nachbefragungen nennt der Klient eine Reihe von **Prozeßmerkmalen**, die bestimmte Sequenzen für ihn besonders erinnerungswürdig machen:

- In der Erinnerung an diese Episoden erwähnt der Klient immer wieder, daß ihn eine bestimmte Frage bzw. Reaktion des Therapeuten "überrascht", "total verblüfft" habe oder daß er "schlagartig wie vor den Kopf gestoßen war" (KN0);
- in Gesprächen mit den Eltern und auch mit den Freunden ist "niemals so was Spontanes" aufgetreten (KN0);
- "also diese sehr starke Erregung führt dazu, daß ich mich an solche Situationen erinnere ... an die Stunden, wo wir uns einfach unterhalten haben, an die erinnere ich mich nicht mehr so stark" (KN1);
- "Situationen, bei denen ich ausgeflippt bin" (KN1), "erschrocken", "verunsichert und irgendwie entlarvt auch" war, "große Schadenfreude spürte" (KN0); "es war mir eindrucksvoll, daß ich einmal diese Situationen selber durchlebt hab, gebrüllt hab und so, und das unmittelbar danach, eine Viertelstunde später, noch mal so auf Video gesehen hab ... wie ich mich auch selber erlebt hab" (KN1);
- "Wenn es denn aber so war, wenn ich explodiert bin, dann waren die Beobachter nicht mehr da" (KN1);
- daß der Therapeut in den Explosionsszenen "so schlagfertig war ... und stark contra gegeben hat", in den Männergesprächen "war er total wie ein Freund von mir ... eine hohe Aufwertung meiner Person ... er hat nicht dieses Element des Resignativen, da war was Reales und Hoffnungsvolles drin"; im Dialog der Mütter konnte er "sich ja wirklich da hineinversetzen ... und dann sagt er das so aus voller Inbrunst heraus"; "daß er mir seine Hände zur Verfügung stellt ... das war einfach ungewöhnlich und erstaunlich" (KN0), "sehr bewegend, daß da jemand so emotional ... reagiert" (KN1);
- "In diesen Situationen habe ich etwas sehr wichtiges rübergebracht oder etwas sehr gut von mir vermittelt, was ich noch nie jemandem so von mir erklärt hab oder gesagt hab. Also ich habe sehr gut mich verständlich machen können ... und dann habe ich das Gefühl gehabt, das ist jetzt auch richtig auf der anderen Seite angekommen, man hat verstanden, worum es mir geht, was meine Probleme damit sind" (KN1);
- "Umspringsituationen", "das Besondere an diesen Momenten ist eigentlich ... die entstehen so praktisch aus einer Eigendynamik heraus ... und ir-

gendwann kommt es dann so, daß schlagartig ich also wie vor den Kopf
gestoßen bin, das ist, wie wenn ein riesiger Vorhang aufreißt .... dann erkenne ich, daß es noch jenseits meiner eigenen Denkweise noch total andere Denkweisen und Anschauungsweisen der Realität gibt" (KN0).
"Situationen, in denen ich danach etwas sehr anders oder sehr neues sehe"
(KN1);

- "sehr oft noch daran erinnert", in den Männergesprächen "war ich nahe, da
  fühlte ich mich verstanden, nur deswegen habe ich auch später häufig das
  Frauenthema angeschnitten" (KN1), "das hat auch noch bis heute Nachwirkungen, weil ich dieses ganze Frauenthema weiter ausbauen möchte in
  der Therapie bei ihm" (KN2);
- "es ist mehr so, daß bestimmte Ereignisse sich mir eingeprägt haben, eine
  Veränderung in meinem Denken oder so hervorgerufen haben und diese
  Veränderungen dann dazu geführt haben, daß ich mich in neuen Situationen
  nen außerhalb der Therapie halt dann anders verhalt", die Wutsituationen
  nahm er "als Denkhilfe oder als Erinnerungsstütze", deshalb habe er bei
  Konflikten mit den Eltern, der Schwester und auf der Arbeitsstelle "eine
  etwas gleichgültigere Haltung" eingenommen und "eher abgewartet und
  überlegt, statt gleich contra zu geben"; den Mütter-Dialog, "dieses ganz
  kleine Gespräch nehme ich als Anlaß, um irgendwie mein Verhältnis zu
  meiner Mutter oder zu meinem Vater oder zu irgendeinem anderen Menschen überhaupt komplett neu zu überdenken, das hätte ich früher niemals" (KN1).

5.2. Die Nacherinnerungen des Therapeuten

Der Therapeut erinnert insgesamt 20 Sequenzen, davon 11 in allen Nachinterviews. Auch der Therapeut hat die intensivsten Erinnerungen an die Wutausbrüche des Klienten gegen ihn (12/35kons, 16/44kons, 23/57kons) sowie gegen
die Eltern (4/9kons und 22/55kons). Er nennt die zentralen Sätze und inhaltlichen und energetischen Ablaufmuster, hat deutliche Bilder und erinnert seine
eigenen Gefühle. Das wichtigste Moment bei den erstgenannten Sequenzen
war, daß er seine Zurückhaltung aufgab: "Ich war ja schon genervt, hab das
aber weggedrückt und das ergab mir dann die Möglichkeit, auch mal wütend zu
werden. Und ihm die Erlaubnis, die nachträgliche, daß man ruhig mal wütend
sein darf, mich anschreien darf" (TN0).

Bei den zwei Wutszenen gegen die Eltern war er zwar "erschrocken" bzw.
"entsetzt" über die "Verachtung" bzw. den "Selbsthaß" des Klienten, hielt sich
jedoch weitgehend zurück: "ich habe es laufen lassen" bzw. "irgendwas habe
ich da versäumt" (TN2). Mehrfach nennt er auch die Größenphantasien

(10/27sk) und "Psycho-KZ"-Vorstellungen des Klienten (13/38sk). Er erinnert sich noch gut seiner Gefühle, ohne allerdings Bilder von diesen Stunden zu haben: "Ich wurde ärgerlich ... daß er sich und vor allem auch mich ohnmächtig macht ... das hat mich richtig fertiggemacht" (KNO). Aber auch in diesen Situationen hielt er sich zurück: "Ich glaube, ich habe nicht besonders deutlich reagiert, aber die fand ich atemberaubend" (TN0).

Weiterhin nennt der Therapeut in fast allen Nachinterviews die gleichen Schlüsselsätze bzw. -worte wie der Klient, ohne sich genauer an Bilder oder Ablauf zu erinnern: "Muß ich das in Kauf nehmen?" (5/10kons), "Gebetsmühle" (7/17kd) sowie "Traumwelten" (14/40kons). Bei allen drei Situationen habe es schon länger bei ihm "gegärt", bis diese Bemerkungen aus ihm "herausgeplatzt" seien (TN0).

Der Therapeut erinnert auch einige (der wenigen) Momente, wo er "bewegt" war und seine Anteilnahme deutlich machte (Duplo-Boote, 6/12st; die Beschimpfungen der Mutter, 18/47sk). Dafür erhielt er jedoch keine Resonanz vom Klienten, "das war sozusagen wertlos ... wie ein nicht abgeschickter Liebesbrief" (TN0). Seine allgemeine Zurückhaltung mit "weichen" Kontaktangeboten ist aber auch Ausdruck seiner "Angst verletzt zu werden": "Er ist ja eine wandelnde Zeitbombe ... also seine Härte, da habe ich einfach Schiß vor" (TN0). Ambivalent sind daher auch seine späteren Erinnerungen an die beiden Handkontaktszenen (11/34kd und 17/45kons), die er ebenso wie der Klient aus dem Kontext losgelöst erinnert: "Er war vorsichtig mit mir, das war meine Befürchtung, daß er ruppig ist, das war nicht so" (TN2).

Auf diesem Hintergrund gewinnen die "Männergespräche über Frauen" (4/8sk und 17/45kons) auch in der Erinnerung des Therapeuten eine besondere Bedeutung. Er erinnert gut Teile des Dialogs, die besondere Atmosphere und sein "Gefühl, von Solidarität, wir zwei Männer reden über Frauen ... das hätte auch genauso gut in einer Kneipe geführt werden können" (TN0). Im Zusammenhang mit diesen Männer-Gesprächen erinnert der Therapeut auch das Kneipen-Rollenspiel (19/49kons). Seine Erinnerungen an die Männergespräche verblassen jedoch in den späteren Nachinterviews. Er sei "wirklich interessiert" gewesen, aber sie waren für ihn wohl nicht so "bedeutungsvoll" wie für den Klienten (TN2).

Insgesamt nennt der Therapeut folgende erinnerungsfördernde **Prozeßmerkmale**:

- überraschende Wirkung von spontanen Bemerkungen (z.B. "Gebetsmühle") oder "normalen" Fragen, z.B. "Haben Sie Recht?" (12/35kons) oder "Wie sieht sie aus?" (4/8sk); "nicht geplante und nicht geahnte" Reaktionen des Klienten, "sehr plötzlich ... ohne sichtbaren

Übergang (TN0); "immer, wenn ich was Ungewöhnliches gesagt habe, ihn überrascht habe, dann war immer was los" (TN2);

- wenn er selbst "in Zuständen starker Erregung" war, "wie elektrisiert", ein "Kribbeln" und eine "Spannung" verspürte, "eine Zeitlang hat es bei mir gegärt, ... dann herausgeplatzt" (TN0), "da war ich erregt ... voll dabei" (KN2);
- "wo ich emotional reagiert hab", "bewegt", "sauer", "entsetzt", "fassungslos", "verletzt" (KN2); "gegenseitiger Kontakt fand nur dann statt, wenn wir beide emotional bewegt waren, wenn es nur einer war, war es sozusagen erstmal für die Katz" (TN0);
- "da hab ich sozusagen den Kern des Problems erwischt" (TN0); "Situationen, wo das Grauen aus seiner Geschichte für mich deutlich wurde, wo mir und vielleicht auch ihm deutlich wurde, wieviel Angst und Anspannung da war" (KN2); (in den Männergesprächen) hat er die "Einsamkeit", "Verzweiflung" und "Angst" des Klienten gesehen (TN0); "Situationen, wo er mir sein Weltbild erläutert hat", "ich war so frappiert von den Größenphantasien und solchen Geschichten, also die außergewöhnlich sind" (TN1);
- "ich versteh so manches nicht. Seine Rechtfertigungen nicht und seine Sprüche dazu nicht. Äh, die sind mir irgendwie unbegreiflich. Aber die Wut, wenn ich die spüre, da bin ich mit ihm einig, da hab ich 'n Draht zu ihm, da hat er mein volles Einverständnis" (TN0); da konnte er "die Verachtung nachempfinden" (TN1); (in den Männergesprächen) "ein Stück mitfühlen mit seiner Einsamkeit ... ein Gefühl von Solidarität ... ich hatte das Gefühl, ich bin bei ihm und er reagiert auf mich. Das war ein echtes Gespräch in dem Sinne. Wenn ich was sagte, ist er sofort darauf eingegangen, das ist nicht die Regel bei ihm ... er fühlte sich, glaube ich, in seiner Not verstanden" (TN0);
- "Übereinstimmung von Denken, Fühlen und Handeln", "das war nicht irgendwie therapeutisch runtergespult, sondern das ist das, was ich denke und fühle. Nur dann erreich' ich ihn, wenn ich selbst dabei bin, wenn er mich spürt" (TN0); er hat "einfach gelassen, da hab ich nicht mehr viel drüber nachgedacht, da hab ich einfach zurückgeschrien. Da war mir nicht klar, ob das nun richtig ist oder passend... das einzige, was ich im Hinterkopf hatte bei den Wutsituationen, ich darf ihn nicht niederschreien" (TN1); die Gespräche über Frauen wurden mit einem Gefühl von Solidarität geführt;
- "Präsenz" (TN2), "ganz da, hier jetzt im Moment und nicht in Gedanken irgendwo", den Klienten "vollständig gesehen", auch der Klient war "wirklich sehr präsent ... das ist auch typisch, es war immer Augenkontakt in solchen Situationen" (TN0);

- "in den Momenten habe ich zum Teil oder auch völlig die Situation oder die Beobachter vergessen" (TN1), "als ob die Welt um Dich herum verschwimmt, also nicht mehr existent ist, nur er und ich sind in dem Moment da" (TN0);
- "da habe ich ihn erreicht ... obwohl er mir da nicht so viel zurückgegeben hat ... das ist hart für mich, mit allen weichen Kontaktangeboten fühle ich mich wie in der Wüste", "also seine Härte, da habe ich Schiß vor" (TN0), "meine Befürchtung, daß er ruppig ist, das war nicht so" (TN2);
- danach war es "für mich befreiend, wenn er mal aus dieser emotionslosen Haltung herauskam", "endlich einmal Resonanz" erfahren; "es freut mich auch, ich weiß jetzt nicht, ob das sadistisch ist: ich möchte ihn eigentlich anders erreichen, aber das schaff ich bisher kaum. Aber wütend machen kann ich ihn inzwischen. Und dann wenigstens das. Dann lebt er mal" (TN0);
- auch später "immer wieder Thema" (KN2); "ich halte nicht mehr so zurück mit meinen Gefühlen ... so für Techniken ist er nicht ansprechbar, ich glaub, dafür hat er ein untergründiges Gespür ... ich erreiche ihn nur, wenn ich selbst eine Einheit von Gefühlen und Gedanken bin ... er will mich als Person sehen ... Ja, über Unterstützung läßt sich Kontakt zu ihm herzustellen" (TN0);
- "für mich ist es besonders schwierig, weil ich so wenig Resonanz kriege. Das ist bei anderen Klienten bei weitem nicht so ausgeprägt"; diese "atemberaubenden Phantasien ... die nahmen mir den Atem, dacht ich, Du kannst nur aufstehen und schreien ... das wäre 'ne echte spontane Reaktion gewesen ... die habe ich mir geschenkt, weil, ich weiß nicht, ich habe nie einen Therapeuten erlebt, der so reagiert hat", es bleibt eine "offene Frage", wieweit er einem Klienten seine Wut zeigen darf (TN0).

5.3. Die Nacherinnerungen der teilnehmenden Beobachterin[1]

Die teilnehmende Beobachterin nennt in den Nachinterviews nach dem Beobachtungszeitraum (BN0) und nach einem Jahr (BN1) insgesamt 9 Sequenzen. Im folgenden gehe ich nur auf die Sequenzen ein, die sie deutlich erinnert.

Die intensivsten Erinnerungen an Dialoge, Bilder, Atmosphere und eigene Gefühle hat sie von den Explosions-Szenen (12/35kons und 23/57kons) und den Männergesprächen über Frauen (4/8sk und 17/45kons). Ebenso erinnert sich die teilnehmende Beobachterin an den Wutausbruch gegen die Eltern

---

[1] Der zweite teilnehmende Beobachter war ich als Untersuchungsleiter.

(4/9kons), aber "da war es nicht so plötzlich, sondern es hatte sich bis dahin entwickelt ... da habe ich mich nicht beteiligt gefühlt" (BN0). "Ich hatte auch das Gefühl, ... daß das für ihn auch so ein Spiel war. Da war er nicht so ganz dabei, so spontan" (BN1).

Auf die Frage, warum diese Sequenzen für sie erinnerungswürdig waren, nennt die teilnehmende Beobachterin folgende **Prozeßmerkmale**:

- "überraschend", " das war spannend ... da war ich automatisch da" (BN0), "daß da plötzlich so viel Power war ... die Energie war eine andere, die hat mich auch anders erreicht" (BN1);
- "diese plötzlichen Wutausbrüche, also wenn ich dann erstmal zusammen-zucke und erschrecke ... und wo die beiden sich da über Frauen unterhiel-ten ... das sind alles Situationen, wo ich gefühlsmäßig auch mehr da war oder präsent war als sonst ... während ich sonst häufig das Gefühl hatte, das ist ein Gewürge und Gezerre und da war auch irgendwie nichts los" (BN0), "daß ich gefühlsmäßig so was wie Resonanz gespürt habe, daß er auch mich erreicht hat, obwohl ich ja nur zugeguckt habe" (BN1);
- "hab auch vergessen, ... daß ich eine Aufgabe zu erfüllen hab und daß ich da als Beobachterin sitz, ... war also selber in dem Moment da. Das denke ich, macht sie so besonders, daß ich sie erinnere" (BN1);
- den Therapeuten hat sie im Gegensatz zu sonst "als zugewandt .... wirk-lich interessiert empfunden ... als engagiert, so als hieße das: so jetzt geht es los, oder als Möglichkeit, Kontakt aufzunehmen, also daß er sozusagen einen Energieschub gekriegt hat, da zu sein" (BN1); in den Männergesprä-chen war "Kontakt ... so leise und zart. Ich fand das total schön ... und da hatte ich so ein Gefühl so, naja, da sind die beiden aufgehoben, Jan ist da aufgehoben, und ich kann das irgendwie sehen, und ich habe mich drüber gefreut für ihn" (BN0);
- "daß ich mehr Klarheit kriegte für die Zusammenhänge und seine Proble-me", "ich habe was von Jan gesehen, ... irgendwo erschüttert, also wie schrecklich das sein muß oder wie eng so sein Weltbild ist, was für Panik oder Angst er auch haben muß" (BN1);
- das waren "Situationen, mit denen ich mich auch schon eher identifizieren konnte, also mit seiner Wut und so was Verzweifeltes ... das konnte ich gut nachvollziehen, da habe ich mich auch beteiligt gefühlt ... wo ich An-teile von kenne, von mir, so Angst, das Alte ist weg und was ist denn dann, dann ist erstmal nichts, also vor diesem Loch. Das habe ich bei ihm halt ganz extrem gesehen, daß dann wirklich nichts ist. Ich hatte so ein Bild vor mir wirklich"; die Männer-Gespräche konnte sie "ganz liebevoll betrachten, so ganz warme Gefühle dazu. Und sonst fühlte ich mich eher neutralisiert" (BN0);

- "ich bin ja zum Beispiel als Frau nicht oft in der Lage, ein Gespräch unter Männern in dem Sinne anzuhören ... aber da war etwas, was mich neugierig gemacht hat und wo ich was Neues für mich gesehen hab" (BN1);
- sie kann sich vorstellen, daß der Klient "vielleicht ein Gefühl kriegt: ja, es gibt andere Möglichkeiten, als das, was ich immer gemacht habe, und auch was anderes, als ich mir vorstellen konnte. Das heißt ja nicht, daß er in Zukunft so reagiert ... aber daß er nicht mehr so in diesem alten Muster gefangen ist ... also das ist meine Vorstellung von solchen Momenten und auch hinterher mein Gefühl" (BN0).

5.4. Zusammenfassung

In den Nacherinnerungen werden sieben Sequenzen, die Wutausbrüche des Klienten sowie die Männergespräche über Frauen zum Inhalt haben, am deutlichsten nacherinnert.[1] Außerdem benennen Therapeut und Klient häufig bestimmte Schlüsselwörter (z.B. "Gebetsmühle") ohne deren Kontext im Stundenverlauf. Des weiteren erinnern sie noch einige wenige Szenen, die jeweils für einen von beiden wichtig waren.

Aus den Aussagen der Nachinterviews ergeben sich eine Reihe von **erinnerungsfördernden Prozeßmerkmalen**.

Beim **Klienten** sind dies:
- "überrascht", "total verblüfft",
- sonst "niemals so was Spontanes",
- "starke Erregung",
- Verschwimmen des Hintergrunds
- starke Gefühle und "eindrucksvoll", sich damit noch mal auf Video zu sehen,
- "Beobachter nicht mehr da",
- Therapeut "wie ein Freund", hatte "etwas Reales und Hoffnungsvolles", konnte sich "hineinversetzen",
- hat sich verständlich machen können und wurde verstanden,
- "Umspringsituationen", in denen sich "aus einer Eigendynamik" heraus "etwas sehr anderes oder sehr neues" ergibt,

---

[1] Dies betrifft die Sequenzen 12/35kons, 23/57kons und 16/44kons (Wutausbrüche gegen den Therapeuten, bei der letztgenannten Sequenz war die Beobachterin nicht anwesend) bzw. 4/9kons und 22/55kons (Wutausbrüche gegen die Eltern; die zweite erinnert die Beobachterin nicht) sowie 4/8sk und 17/45kons (Männergespräche über Frauen).

- "sehr oft noch daran erinnert", Konsequenzen für Therapieverlauf,
- "als Denkhilfe oder als Erinnerungsstütze" für Haltungen und Konflikte im Alltag.

Beim **Therapeuten** sind es:
- "überrascht", "nicht geplant und nicht geahnt", "sehr plötzlich",
- "in Zuständen starker Erregung", "wie elektrisiert",
- "wenn beide emotional bewegt waren",
- "den Kern des Problems erwischt", "wo das Grauen aus seiner Geschichte mir deutlich wurde",
- "ein echtes Gespräch", "nachempfinden", "mitfühlen" können, er fühlte sich "in seiner Not verstanden",
- "Übereinstimmung von Denken, Fühlen und Handeln", "nicht therapeutisch runtergespult", "nicht mehr viel drüber nachgedacht",
- beide "wirklich sehr präsent", "vollständig gesehen", "immer Augenkontakt",
- "nur er und ich sind in dem Moment da",
- "Schiß", "Befürchtungen",
- "befreiend", Gefühle von Freude und Genugtuung danach,
- Konsequenzen für weiteren Therapieprozeß,
- "offene" Fragen an das therapeutische Selbstverständnis.

Die **teilnehmende Beobachterin** nennt folgende Prozeßmerkmale:
- "überraschend", "spannend", "plötzlich andere Energie",
- "Resonanz gespürt", "gefühlsmäßig mehr da", "präsent",
- "vergessen, daß ich als Beobachterin da sitz",
- ein besonderer "Kontakt", "da sind die beiden aufgehoben", der Therapeut war "wirklich interessiert", "engagiert",
- "mehr Klarheit" für "Zusammenhänge und Probleme" des Klienten,
- konnte sich mit dem Klienten "identifizieren", entdeckte "eigene Anteile",
- "was mich neugierig gemacht hat", "wo ich was Neues für mich gesehen habe",
- sieht bzw. glaubt an Veränderungen beim Klienten.

"Die Tatsache, daß die Gestalt spezifische und meßbare psychische Eigenheiten hat, ist von immenser Bedeutung, denn sie verschafft ein *autonomes Kriterium für die Tiefe und Wirklichkeit der Erfahrung* ... Von höchster Bedeutung ist hier, daß *die Vollendung einer starken Gestalt selbst die Heilung ist; denn die Art des Kontaktes ist nicht nur ein Anzeichen für schöpferische Integration von Erfahrung, sondern vielmehr die schöpferische Integration der Erfahrung selbst.*" (Perls, Hefferline & Goodman, 1981, 14; Hervorhebung im Original)

Teil IV

Der Kontaktprozeß zwischen Therapeut und Klient und existentielle Momente in der Psychotherapie

Einleitendes zur Auswertung

In der folgenden Auswertung werde ich auf das Therapieprozeß-Modell zurückgreifen, mit dem ich den idealtypischen Ablauf einer therapeutischen Sitzung beschrieben habe. Danach entwickelt sich aus dem therapeutischen Gespräch langsam eine "Figur" bzw. "Gestalt", die, unterstützt durch die Interventionen des Therapeuten, ihrer "Vollendung" entgegenstrebt: Spannung, Erregung und Aufmerksamkeit erhöhen sich, das zunächst unbestimmte Gefühl wird klarer, das Thema kristallisiert sich, der Dialog wird lebendiger, geht evtl. in körperliche Aktivität über und erzeugt spontane Anteilnahme des Gegenübers Dieser Prozeß kann natürlich jederzeit durch die symptomatischen Verhaltensweisen und Reaktionsmuster des Klienten, aber auch durch den Therapeuten unterbrochen werden: Erregung, Spannung, Interesse usw. gehen wieder zurück, so daß die "Gestalt" sozusagen "zusammenfällt". Allgemein verstehe ich hier also unter "Gestalt" die momentane Qualität des Kontaktgeschehens, je nachdem, wie die "Bedürfnisse und Energien des Organismus ebenso wie die geeigneten Möglichkeiten der Umwelt ... aufgenommen und vereinigt sind" (PHG, 13).

In meiner Untersuchung ging ich davon aus, daß die sich entfaltende Gestalt als "subjektiv bedeutsamer Moment" wahrgenommen wird, wo also wenigstens einer der Beteiligten "besonders aufmerksam, innerlich beteiligt war oder eine innere Erregung oder ein starkes Gefühl bemerkte" (damit setzte ich auch voraus, daß der Bericht in diesem Moment auch inhaltlich bedeutsam war bzw. wurde). Am Beispiel der zuvor beschriebenen Fallgeschichten zeigt sich nun, daß sich alle von den Beteiligten benannten subjektiv bedeutsamen Momente in **vier Ereignisgruppen** entsprechend ihrer weiteren Prozessierung einordnen lassen:[1]

1. Ereignisse mit **"angedeuteten"** Gestalten,

2. Ereignisse mit **"schwachen"** Gestalten,

3. Ereignisse mit **"starken"** Gestalten und schließlich

4. Ereignisse mit **"vollendeten"** Gestalten, die gleichzeitig auch **"existentielle Momente"** enthalten.

Diese Ereignisgruppen lassen sich anhand **quantitativer und qualitativer Prozeßmerkmale** voneinander unterscheiden und abgrenzen.

---

[1] Eine Übersicht über die Einordnung aller subjektiv bedeutsamen Momente in diese Ereignisgruppen findet sich Anhang.

Die **quantitativen** Unterschiede zeigen sich in der
- Häufigkeit und Zeitdauer,
- Übereinstimmung der Benennungen durch die Beteiligten,
- Häufigkeit der Benennungen in den Nachbefragungen.

Allerdings können die aufgezeigten quantitativen Unterschiede nur erste Anhaltspunkte für die Einteilung in die verschiedenen Ereignisgruppen geben. So ist z.b. häufig schon **vor** dem Zeitpunkt, den die Beteiligten als Beginn einer wichtigen Sequenz angeben, eine erhöhte Erregung, eine Fokussierung des Thema o.ä. zu beobachten. Auch sagt die reine Nennung von Sequenzen in den Nacherinnerungen erst mal nichts über deren Qualität und nachträgliche Bedeutung aus.

Wichtiger zur Einteilung in die verschiedenen Ereignisgruppen sind daher die **qualitativen** Unterschiede, die aus den Aussagen der am Therapieprozeß Beteiligten und den Kommentaren von Fach- und Fremdbeobachtern ermittelt wurden. Dabei wurde nach folgenden Prozeßmerkmalen ausgewertet (die entsprechenden Beobachtungs- und Auswertungskriterien, s. Teil II, Kap. 5.4.):

- Kontakt zum Selbst;
- Kontakt zum Gegenüber;
- Kontakt zum Umfeld;
- Dramaturgie der Sequenz;
- Lösungen;
- Nacherinnerungen;
- nachträgliche Konsequenzen;
- Wirkung auf Außenstehende.

Dabei ist zu beachten, daß die jeweilige qualitative Ausprägung dieser Prozeßmerkmale nicht unabhängig voneinander betrachtet werden kann. Vielmehr **bedingen und verstärken** sie sich gegenseitig, so wie sich der letztliche Gesamteindruck einer guten Geschichte aus einem Zusammenfließen und -passen von Inhalt, Spannungsaufbau und Stilmitteln ergibt.

Im folgenden werden die einzelnen Ereignisgruppen und ihre Unterschiede anhand von Beispielen beschrieben. Dabei werde ich ausführlich auf die Prozeßmerkmale **existentieller Momente in der Psychotherapie** eingehen. Zusätzlich werden auch die Erfahrungen aus den Fällen 3 und 5, also aus einer abgebrochenen und einer abgeschlossenen Therapie, integriert und die Ergebnisse mit ähnlichen Untersuchungen und sonstigen Therapieberichten verglichen.

1. Vom Vorkontakt zur Kontaktnahme

1.1. Ereignisse mit "angedeuteten" Gestalten

Häufigkeiten und Beispiele

Aus der ersten Therapiegeschichte mit insgesamt 47 von Therapeut und Klient benannten Episoden sind dieser Ereignisgruppe 17 Sequenzen zuzuordnen. 13 davon wurden nur vom Therapeuten benannt, nur 3 dieser Sequenzen wurden auch von den Fremdbeobachtern als bedeutsam bezeichnet.

So erzählt der Klient, daß ihm die hohen Leistungsanforderungen "implantiert" worden seien und er sie deshalb unbedingt erfüllen müsse. Der Therapeut ist entsetzt, wie wenig Selbstverantwortung der Klient damit für sein Denken und Handeln übernimmt. Der Versuch, ihm diese Opferhaltung mit einer provokativen Rückmeldung ("Selbstbedienungsladen") bewußt zu machen, schlägt jedoch fehl (3/10st).

In den vom Klienten benannten Sequenzen drückt dieser eine aggressive oder sadistische Phantasie aus, wird jedoch bald vom Therapeuten unterbrochen (etwa in 13/32sk).

In der zweiten Therapiegeschichte gehören von den 57 von Therapeut und Klient benannten Episoden insgesamt 24 Sequenzen zu der Ereignisgruppe mit "angedeuteten" Gestalten. 11 davon wurden vom Therapeuten benannt, 12 vom Klienten, eine von beiden. Neun dieser Sequenzen, besonders die mit einer hohen aggressiven Spannung, wurden auch von den teilnehmenden Beobachtern als wichtig benannt.

So reagiert der Therapeut mit Ärger und Unverständnis auf die Größenphantasien des Klienten (10/28sk). Seine Bemerkung "Das Ziel ist zu hoch" nimmt der Klient jedoch wörtlich: er fühlt sich für einen Moment entlarvt, er sieht sein Rechtfertigungssystem für seine bisherige Lebensführung für einen Moment bedroht. Diese Angst zeigt er jedoch nicht, ebenso wie der Therapeut sie in seinem Ärger nicht erkennen kann.

Die vom Therapeuten benannten Sequenzen betreffen meist Situationen, in denen er deutlich seinen Ärger über die Mißachtung durch den Klienten ausdrückt (etwa 13/37st).

In dem in dieser Arbeit nicht weiter dokumentierten Fall 3 habe ich von den insgesamt 30 von Therapeut und Klientin benannten Episoden allein 24 der Ereignisgruppe mit "angedeuteten" Gestalten zugeordnet. Die meisten vom Therapeuten benannten Situationen betreffen "wichtige Informationen" zur Symptomatik bzw. Biografie der Klientin, die ihn aber nicht innerlich berührten. In den von ihr benannten Episoden berichtet die Klientin meist von wichtigen Lebensereignissen, wobei jedoch die entsprechenden Gefühle häufig erst im Nachinterview verbalisiert werden.

Die Prozeßmerkmale

Insgesamt läßt sich feststellen, daß bei Ereignissen mit "angedeuteten" Gestalten der Kontaktprozeß schon **in der Phase des Vorkontakts unterbrochen** wird. Dabei können **folgende Prozeßmerkmale** aufgezeigt werden:

- Der Interaktionspartner, der die Sequenz im nachhinein als "wichtig" bezeichnet, verspürt für einen Moment ein deutlich erhöhtes Interesse und/oder ein bestimmtes Gefühl.

- Dies wird jedoch nicht oder eher indirekt verbalisiert. Die folgenden Mitteilungen erzeugen kein Interesse, Spannung oder gar emotionale Resonanz beim Gegenüber.

- Nur in wenigen Sequenzen wird dieser Prozeß bewußt und aktiv unterbrochen, etwa wenn der Klient von einem unangenehmen Thema oder Gefühl ablenken will, oder der Therapeut den Klienten unterbricht, weil er ein bestimmtes Ziel verfolgt.

- Das Thema wird nicht weiter entwickelt, beide Beteiligten verbleiben in ihren jeweils eigenen Gedankenabläufen oder auch Gefühlen.

- Die anfängliche kurzzeitige Erregung läßt nach, die Kommunikation bleibt oder fällt zurück auf eine sachlich-argumentative Ebene.

Sequenzen mit "angedeuteten" Gestalten sind sehr kurz, sie dauern meist nicht viel länger als zwei Minuten. Innerhalb der Therapiestunden haben sie keinen direkten Einfluß auf andere mögliche wichtige Momente oder Kontaktepisoden, wie sich auch auf den gesamten Therapieprozeß kein Einfluß nachweisen läßt. Bei den Beobachtern entsteht nur selten erhöhte Aufmerksamkeit, die auch schnell wieder nachläßt.

In der ersten Fallgeschichte wurde keine der Sequenzen aus dieser Gruppe später nacherinnert. Therapeut wie Klient der zweiten Fallgeschichte erinnern später lediglich je einen Begriff bzw. Satz, jedoch ohne deren Kontext. Die Klientin erinnert später nur vage 3 Sequenzen im Sinne von "da haben wir mal drüber geredet".

1.2. Ereignisse mit "schwachen" Gestalten

Häufigkeiten und Beispiele

In der ersten Fallgeschichte ereignen sich insgesamt 16 Sequenzen mit "schwachen" Gestalten, von denen drei von Therapeut und Klient und fünf zusätzlich von einem Beobachter als wichtig bezeichnet wurden.

> So erzählt der Klient z.B., wie er einmal seinem Freund "eins auswischte", weil de- seine Freundin "herabgesetzt" hatte (2/6kd). Dabei spürt er noch einmal seine ganze Schadenfreude und sieht sich durch das Lachen des Therapeuten darin bestätigt. De- Therapeut kann sich tatsächlich für einen Moment mit dem Klienten über dessen ge- lungene Rache freuen, er ist auch überrascht und angesteckt von der lebendigen Be- schreibung und der Phantasie des Klienten. Dieser kurze Moment der Verständigung bricht jedoch ab, als der Therapeut sich über die "selbstgerechte" Opfer-Haltung zu ärgern beginnt und ihn mit dessen Täter-Anteilen konfrontiert.

Aus der zweiten Fallgeschichte zähle ich zu Sequenzen mit "schwachen" Ge- stalten insgesamt 18 Episoden, wovon sechs von allen Beteiligten als "wichtig" empfunden wurden.

> Der Klient hatte vorgespielt, wie er eine attraktive Frau heimlich verfolgte. Auf die Bemerkung des Therapeuten, daß er auf diese Weise niemals eine Frau kennenlernen würde, wehrt sich der Klient vehement gegen solche "blöden" Ratschläge (19/49kons). Der Therapeut erkennt nun hinter dem Angriff des Klienten dessen "Angst vor eine- Blamage", er drückt sein Verständnis aus und will ihm darüberhinaus Hoffnung ma- chen. Nun kann sich der Klient für einen Moment öffnen und seine Gefühle von Min- derwertigkeit, Hoffnungslosigkeit und Einsamkeit spüren. Statt dabei zu bleiben, wechselt der Therapeut wieder auf die Ebene "väterlicher" Ratschläge. In späteren Nachinterviews hat der Therapeut noch Bilder von dem Rollenspiel, während sich der Klient an seinen Angriff gegen den Therapeuten erinnert.

Aus der Fallgeschichte 3 ordne ich schließlich 5 der insgesamt 20 angegebenen Episoden dieser Ereignisgruppe zu. Hier drückt die Klientin sichtbar ein Ge- fühl, z.B. ihren Ärger über den Therapeuten, aus. Alleine dadurch heben sich schon diese Sequenzen vom meist eintönigen Hintergrund ab und werden wohl auch deshalb von mindestens einem der Beobachter für wichtig gehalten.

Die Prozeßmerkmale

In der Weiterentwicklung von "angedeuteten" zu "schwachen" Gestalten läßt sich zwar bei einem der Teilnehmer ein erhöhter Kontakt zum Selbst feststellen, der Kontakt zum Gegenüber und zum Umfeld bleibt jedoch schwach. In Se- quenzen mit "schwachen" Gestalten wird der Kontakt sozusagen **in der ersten**

Phase der Kontaktnahme unterbrochen. Es lassen sich **folgende Prozeß-merkmale** zusammenstellen:

- Die aufkommende Spannung und Erregung steigen meist in Folge einer weiteren Intervention des Therapeuten, indem er z.B. eine bestätigende Rückmeldung gibt oder nachhakt.

- Einer der Gesprächspartner drückt nun deutlich, in Mimik und Tonlage, z.T. auch verbal, ein aufkommendes Gefühl aus. Dies kann, wie oben beschrieben, beim Klienten Schadenfreude oder Angst, beim Therapeuten Ärger oder Erschrecken sein.

- Dieses Gefühl findet für einen kurzen Moment beim jeweiligen Gegenüber erhöhte Aufmerksamkeit, die gesuchte Bestätigung und emotionale Anteilnehme bleiben jedoch aus. So wehrt der Therapeut in Fall 1 häufiger die sadistischen Impulse des Klienten ab, der Therapeut in Fall 2 die Gefühle von Hilflosigkeit und Angst, der Therapeut in Fall 3 aufkommenden Ärger. Ging die Kontaktnahme vom Therapeuten aus, gehen die Klienten zwar kurz drauf ein, wehren dann aber dessen Ärger oder auch beginnende Anteilnahme ab.

- Der emotionale Bezug zum Gesprächsinhalt bleibt einseitig. Augenkontakt oder körperlich aufeinanderbezogene Bewegungen finden kaum statt, auf eine direkte Ansprache folgt meist eine unpersönlich gehaltene Erwiderung.

- Bei einigen Sequenzen geht der Bericht in körperliche Bewegung oder auch in ein kurzes, aber energiearmes Rollenspiel über. Das Problem ist deutlicher geworden, ohne daß jedoch eine Lösung oder eine verallgemeinerbare Erkenntnis entsteht.

Nach Sequenzen mit "schwachen" Gestalten ziehen sich die Klienten wieder in die übliche angespannte Körperhaltung und monotone Redeweise oder in rein reaktives Verhalten zurück. Die Therapeuten sind nach der fehlenden Bestätigung durch den Klienten enttäuscht oder verärgert und wechseln wieder auf eine rational-erklärende Ebene. In den Fallgeschichten 1 und 2 entwickeln sich aber auch im weiteren Sitzungsverlauf jeweils zweimal Ereignisse mit "starken" Gestalten, wenn das gleiche Thema trotz des Kontaktsabbruchs in veränderter Form, z.B. in einem Rollenspiel, wieder aufgegriffen wird (z.B. in der 3. Stunde in Fall 1 und der 22. Stunde in Fall 2).

Die Sequenzen mit "schwachen" Gestalten dauern meist zwischen drei und vier Minuten. Sie werden in der Mehrheit auch von wenigstens einem der Beobachter als wichtig bezeichnet. Die Beobachter berichten von erhöhter Aufmerksamkeit und Interesse. Den Kontaktabbruch kommentieren sie häufig mit Enttäuschung oder Ärger.

In der ersten Fallgeschichte werden insgesamt 7 Sequenzen nacherinnert. Dabei erinnert sich besonders der Klient an solche, in denen er seine aggressiven Phantasien ausdrückte. Die restlichen Nacherinnerungen von Klient und Therapeut sind vage. In Fall 2 werden nur die Themen, jedoch nicht der Ablauf von insgesamt 6 Sequenzen erinnert. In Fall 3 erinnert die Klientin später undeutlich zwei dieser Sequenzen.

1.3. Ereignisse mit "starken" Gestalten

Häufigkeiten und Beispiele

Zu Sequenzen mit "starken" Gestalten zähle ich aus der ersten Therapiegeschichte insgesamt 8 Sequenzen, die bis auf eine Sequenz (14/35st) von allen Beteiligten als wichtig bezeichnet wurden.

So überrascht der Therapeut zu Beginn einer Stunde den Klienten damit, daß er ganz dicht an diesen heranrückt (8/20kons). Der Klient weicht immer weiter zurück, woraufhin der Therapeut jeweils nachrückt. In dem folgenden spannungsreichen "Spiel" werden die typischen Erlebensweisen des Klienten und seine symptomatischen Abwehrmechanismen, besonders die Angststarre und das Ausweichen in sadistische Phantasien ("roter Fleck an der Wand"), offensichtlich. Der Therapeut wiederum ist über deren extreme Ausformung überrascht und erschrocken. Er bricht das Experiment ab, um dem Klienten auf der rationalen Ebene eine Lösung nahezulegen, die dieser auch als neue Erkenntnis für sich annehmen kann. Beide Beteiligten erinnern später den genauen Ablauf dieser Sequenz.

In einer weiteren Sequenz ist der Therapeut sichtlich bewegt über den Wunsch des Klienten nach "Kontakt zur Welt" (14/35st). In der Folge verhält sich der Klient jedoch eher entsprechend den Erwartungen des Therapeuten, als einem eigenen inneren Impuls zu folgen. Diese Sequenz wird auch nur vom Therapeuten und den teilnehmenden Beobachtern als "wichtig" benannt und später detailliert nacherinnert.

In der zweiten Therapiegeschichte ereignen sich insgesamt 11 Sequenzen mit "starken" Gestalten, wovon 8 von allen Beteiligten als wichtig bezeichnet wurden.

In der vorletzten Stunde entwickelt der Klient schrittweise und sehr klar ein erschreckendes Szenario ("Mastgans", "giftiger Fisch") über seinen inneren Zustand und seine Lebenssituation (22/55kons). Der Therapeut ist zunächst überrascht und erschrocken und versucht dem Klienten argumentativ zu entgegnen. Statt wie so häufig zuvor in Resignation und Selbstanklagen zu verfallen, scheint dies jedoch den Klienten eher anzuspornen. Im folgenden drückt er, nun unterstützt vom Therapeuten, seine ganze Verachtung und Rachsucht aus: "Meine Eltern wollten so einen nicht haben, den haben sie jetzt!" Die Konsequenz des Klienten, sich aus Rache "aufzuopfern", kann und will der Therapeut jedoch nicht mehr nachvollziehen. Er bezieht die Abgrenzung des Klienten nun auf sich und den Therapiefortlauf ("eine Falle für uns beide") und wehrt damit verbundene Gefühle von Ohnmacht und Hoffnungslosigkeit ab. Als er nun die Aussagen des Klienten sarkastisch kommentiert, fällt dieser nun wieder in einen klagenden Tonus zurück. Der Therapeut erinnert später, daß er von dem Selbsthaß des Klienten entsetzt war: "Ich wußte nicht so recht, was ich damit machen sollte" sowie "Irgendwas habe ich da versäumt."

In einer anderen Sequenz zeigt der Therapeut deutlich sein Verletztsein durch die ständigen Verspätungen des Klienten (5/10kons). Im Gegensatz zu vielen ähnlichen Situationen ist der Klient diesmal emotional betroffen, ohne dies jedoch offen auszudrücken. Die Situation und der Satz des Therapeuten ("Muß ich das in Kauf nehmen?") werden später von allen Beteiligten gut nacherinnert.

In Fall 3 entwickelt sich lediglich eine Sequenz mit einer "starken" Gestalt. Hier drückt die Klientin deutlich ihren Widerstand gegen den Therapeuten aus, was zum ersten Mal auch vom Therapeuten aufgegriffen wird (9/27kons). Die sich daraus entwickelnde Auseinandersetzung wird jedoch bald wieder abgebrochen. Dies ist auch die einzige Sequenz, die später sowohl vom Therapeuten wie der Klientin nacherinnert wird.

Die Prozeßmerkmale

Die Heranbildung einer Gestalt, die sich, wie beschrieben, zunächst "andeutet" und dann "schwach" erkennbar wird, wird nun konturierter, energiereicher und lebendiger und gewinnt damit eine neue Qualität. Allerdings bleibt der Kontakt zum jeweiligen Gegenüber einseitig bzw. wird ab einem bestimmten Zeitpunkt unterbrochen, so daß der Prozeß letztlich zwischen den **Phasen der Kontaktnahme und des vollen Kontakts** stecken bleibt. Die Ereignisse mit "starken" Gestalten haben **folgende Prozeßmerkmale**:

- Einer der Beteiligten, sozusagen der "Protagonist" des folgenden Prozesses, drückt ein starkes Gefühl aus. Es findet beim Gegenüber eine deutliche Resonanz, wird verstanden und angenommen.

- In den von den Therapeuten initiierten Prozessen steht die therapeutische Beziehung im Vordergrund. Bis auf eine Sequenz (14/35st in Fall 1) konfrontieren sie den Klienten mit dessen aktueller oder auch länger andauernden Kontaktabwehr und zeigen z.T. deutlich ihren Ärger. Sind die Klienten die "Protagonisten" des folgenden Prozesses, so thematisieren sie konkrete außertherapeutische Situationen. Dabei lassen sie deutlich ihre Angst, Ohnmacht oder auch Wut zu.

- 13 der insgesamt 19 Sequenzen mit "starken" Gestalten münden in Rollenspiele bzw. phantasierte Dialoge. In den übrigen Sequenzen wird meist ein bereits länger schwelender Konflikt zwischen den Beteiligten direkt ausgetragen. Spannung und Erregung steigern sich dabei zu einem Höhepunkt hin, der sich an einem bestimmten Wort oder Satz festmachen läßt (in dem o.a. ersten Beispiel aus Fall 1 die Mordphantasie des Klienten, aus Fall 2 der Satz zu den Eltern).

- Besonders beim "Protagonisten" ist nun die sonst übliche körperliche Anspannung losgelassen, die Erregung fließt in körperliche Bewegung und lebendige Mimik und Sprache. Dabei findet häufiger Augenkontakt statt, das Gegenüber wird persönlich und direkt angesprochen.

- Sind zunächst beide Interaktionsteilnehmer auch emotional engagiert, so verliert einer der Beteiligten im Laufe des Prozesses, spätestens an diesem Höhepunkt, seine persönliche Anteilnahme am jeweiligen Gegenüber. So können oder wollen die Therapeuten die Angst und Ohnmacht oder auch die sadistischen Impulse ihrer Klienten nicht (mehr) mitempfinden; sie begleiten nun den weiteren Prozeß des Klienten eher in einem therapeutisch-strategischen Sinne als selbst innerlich beteiligt zu sein. Wird der Prozeß von einer starken emotionalen Intervention der Therapeuten geleitet, dann wehren die Klienten ein weiteres Streitgespräch ab oder sie verhalten sich in konfluenter Weise entsprechend der vom Therapeuten erwarteten oder erhofften Wirkung. Insgesamt findet letztlich keine gegen- und wechselseitige Anteilnahme und Bestätigung statt.

- In allen Sequenzen ergeben sich keine inhaltlichen Auflösungen aus der Situation selbst: die Konflikte bleiben ungelöst bzw. ohne klare Konsequenzen für den weiteren Verlauf. Der von den Klienten deutlich gezeigten Angst oder sadistischen Wut stehen die Therapeuten eher hilflos oder erschreckt gegenüber; oder die entsprechenden Lösungen werden von den Therapeuten in Form von Hinweisen oder Ratschlägen vorgegeben.

- Es findet kein "organischer" Abschluß statt, die Spannung im Raum und körperliche Erregung läßt entweder abrupt nach oder sie "zerstreut" sich in diffuser Weise. Meist bleibt ein Gefühl, daß "noch etwas fehlt".

Dennoch sind Sequenzen mit "starken" Gestalten durchaus mit einer neuen Erfahrung verbunden. Bei den meisten Sequenzen, solchen mit hoher aggressiver Energie, ist dies primär eine "karthartische" Erfahrung: die Therapeuten sind aufgestauten Ärger losgeworden, die Klienten haben sich endlich mal aus der chronischen Anspannung befreit. Ansonsten sind eher allgemeine Lerneffekte anzunehmen: so tragen die Erfahrungen aus den Rollenspielen dazu bei, eine neue Sichtweise zu entwickeln bzw. zu festigen[1]; die übrigen Sequenzen

---

[1] z.B. 14/34kons in Fall 1 oder 18/47sk in Fall 2 bzw. 19/45kons in Fall 1 oder 23/56sk in Fall 2.

wiederum ermöglichen es, die beginnende persönliche Beziehung zwischen Therapeut und Klient zu vertiefen. Deutliche Konsequenzen für den weiteren Therapieverlauf haben in beiden Fällen je 2 Sequenzen[1].

Die Zeitdauer der Sequenzen mit "starken Gestalten" variiert zwischen 20 Sekunden (ein Satz, mit dem der Therapeut in Fall 2 den vorherigen längeren Prozeß kommentiert, 7/17kd) und knapp 9 Minuten (22/55kons in Fall 2). In der Mehrheit dauern diese Sequenzen jedoch 5 und mehr Minuten.

Mit einer Ausnahme (7/17kd in Fall 2) wurden alle Ereignisse mit "starken" Gestalten von wenigstens einem der Beobachter als wichtig bezeichnet. In ihren Kommentaren zeigt sich, daß sie von der hohen Spannung im Raum und der Erregung der Dialogpartner "angesteckt" werden und selbst emotional beteiligt sind. In einigen Sequenzen findet auch eine spontane Identifikation mit einem der Beteiligten statt, wobei der mangelnde Kontakt zwischen Therapeut und Klient durchaus registriert wird. So freuen sie sich in Fall 1 mit dem Therapeuten (z.B. 14/35st) oder empfinden die Angst und momentane Überforderung des Klienten (z.B. 8/20kons). In Fall 2 ärgern sie sich mit dem Therapeuten über den Kontaktabbruch durch den Klienten (z.B. in der Szene 14/40, in der einer der teilnehmenden Beobachter sogar spontan in den Prozeß eingreift), oder sie registrieren die emotionale Zurückhaltung des Therapeuten (etwa 4/9kons) oder auch Angst und Überforderung des Klienten (z.B. 21/53kons).

In Fall 1 werden drei Sequenzen häufig und detailliert nacherinnert, davon eine nur vom Klienten (0/3kons), eine nur vom Therapeuten und den Beobachtern (14/35st) sowie eine von allen Beteiligten (8/20kons). Drei weitere Sequenzen werden in den verschiedenen Nacherinnerungen nur selten und vage beschrieben. In Fall 2 werden alle Sequenzen mit "starken" Gestalten nacherinnert. Am deutlichsten und häufigsten werden die Sequenzen mit hoher aggressiver Entladung des Klienten (4/9kons, 16/44kons, 22/55kons) beschrieben, wobei Therapeut und teilnehmende Beobachterin auch den mangelnden Kontakt zum Gegenüber erinnern. Eine weitere Sequenz (18/47sk) wird nur vom Klienten deutlich nacherinnert. Von fünf weiteren Szenen werden nur bestimmte Schlüsselwörter oder -sätze genannt, die restlichen Episoden werden nur noch vage erinnert.

---

[1] Dies sind in Fall 1 eine Episode, in der der Therapeut nicht angemessen auf die Angst des Klienten eingeht und dieser sich in der folgenden Stunde "rächt" (0/3kons) sowie die Tatsache, daß sich der Klient an die (vom Therapeuten übernommene) Lösung aus der "Stuhl-Szene" (8/20kons) in zwei späteren ähnlichen Situationen erinnert. In Fall 2 betrifft dies die Sequenz, in der der Therapeut deutlich verärgert auf die ständigen Verspätungen reagiert und der Klient in den folgenden Stunden pünktlich ist (5/10kons), sowie das Nichterscheinen des Klienten nach einer Drohung mit Therapieabbruch (21/53kons).

2. Voller Kontakt und existentielle Momente in der Psychotherapie

Zur Einleitung: Häufigkeiten und Verteilung von Ereignissen mit "vollendeten" Gestalten

Sequenzen mit "vollendeten" Gestalten sind wie erwartet selten: in der ersten Fallgeschichte mit 21 Stunden und 47 als "wichtig" bezeichneten Sequenzen sind es 6, in der zweiten Fallgeschichte mit 23 Stunden und 57 als "wichtig" bezeichneten Sequenzen gerade mal 4, in der dritten Fallgeschichte keine. Bis auf eine Sequenz wurden sie von allen Beteiligten als bedeutsam bezeichnet[1]. Fünf dieser Sequenzen ereignen sich in der Mitte der Stunde, drei gegen Ende und nur zwei in der ersten Hälfte.

Ihre Zeitdauer beträgt zwischen 3 und knapp 15 Minuten, im Schnitt ca. 9 Minuten, also wesentlich länger als in den übrigen Ereignisgruppen. Allerdings ist die eingangs gemachte Bemerkung zu berücksichtigen, daß die von den Teilnehmern benannten Anfangs- und Endpunkte der Sequenzen nicht unbedingt die gesamte Entwicklung von einer "angedeuteten" hin zu einer "vollendeten" Gestalt wiederspiegeln. In fünf Stunden werden von einzelnen Beteiligten zeitlich vorangehende Sequenzen als "wichtig" benannt, bei denen der Kontaktprozeß jedoch unterbrochen wurde. Meist haben sie zwar inhaltlich nichts mit den folgenden Sequenzen zu tun (Ausnahme: 13/33kons in Fall 1). Dennoch scheinen sie, besonders in Fall 1, für die folgenden Ereignisse eine Art "energetischen Boden" zu bereiten, z.B. durch Auflockerung der Stimmung (z.B. 20/46sk) oder durch eine erste Sensibilisierung für innere Prozesse beim Klienten (z.B. 1/4kd oder 5/16st).

Umgekehrt ist zu beachten, daß die eigentlichen **"existentiellen Momente"** innerhalb dieser Sequenzen nur einen kleinen Ausschnitt ausmachen. Sie dauern, wie ich später zeigen werde, im Auftreten ihrer qualitativen Merkmale **zwischen ca. einer halben und zwei Minuten.**

---

[1] Die Sequenz 4/18sk aus Fallgeschichte 2 wurde unmittelbar nach der Stunde nur vom Klienten und der teilnehmenden Beobachterin als wichtig bezeichnet. Dieser Umstand ist nach Aussage des Therapeuten wie auch nach meiner eigenen Erfahrung als teilnehmender Beobachter darauf zurückzuführen, daß wir mit unserer Aufmerksamkeit noch in dem spektakulären und lautstarken Ereignis zum Ende dieser Stunde (4/19kons) gefangen waren (vgl. die Interpretation zu dieser Stunde).

2.1. Der Prozeßverlauf bis zum Höhe- und Wendepunkt

Der Prozeßverlauf

Der Prozeßverlauf der Sequenzen mit "vollendeten" Gestalten unterscheidet sich zunächst nicht zu dem von "angedeuteten" bis hin zu "starken" Gestalten. Er läßt sich in folgende aufeinander aufbauende Schritte zusammenfassen:

1. Das Gespräch zwischen Therapeut und Klient verläuft zunächst im Stil einer alltäglichen "Konversation". Meist erzählt der Klient etwas, jedoch spannungs- und emotionsarm, ohne erkennbaren persönlichen Bezug. Mehr oder weniger unerwartet wird nun einer der Beteiligten von einer Reaktion des anderen überrascht bzw. "gestört". Eine zunächst unbestimmte Spannung und Erregung kommen auf und verstärken sich durch weitere aufeinanderbezogene Interaktionsbeiträge.

> So überrascht z.B. der Klient in Fall 1 den Therapeuten mit dem Bild eines "Schneeglöckchens am Nordpol" (5/17kons). In einer Sequenz der zweiten Fallgeschichte (4/8sk) legt sich der Therapeut für den Klienten überraschend neben ihn auf den Boden.

2. Der weitere Prozeß zur Heranbildung einer Gestalt wird durch weitere Interventionen des Therapeuten forciert. Dazu wendet er eine therapeutische Technik (z.B. Rollenspiel) an oder er läßt sich eher spontan auf das vom Klienten angebotene Beziehungsmuster ein. Dabei unterstützt er den Klienten durch empathische Mitteilungen oder auch Widerspruch zu einem verstärkten Ausdruck seiner Gefühle.

> So entwickelt sich die weitere Prozeßdynamik in fünf Sequenzen der ersten Fallgeschichte durch Rollenspiele (13/33kons und 20/47kons) oder durch phantasierte Szenarien bzw. innere Dialoge (5/17kons, 7/19kons, 6/18kons). In den übrigen fünf Sequenzen übernehmen die Therapeuten den vom Klienten angebotenen "komplementären" Beziehungspart, etwa den des "Vaters" zum "Sohn" (1/5kons in Fall 1; 4/8sk und 17/45kons in Fall 2) bzw. des "Sohnes" zum "Vater" (12/35kons und 23/57kons in Fall 2).

3. Eine "starke" Gestalt ist entstanden. Das Thema hat sich deutlich herauskristallisiert. Der Klient ist annähernd mit seiner Rolle bzw. seinen Bildern identifiziert, er ist sich der damit verbundenen Gefühle bewußt und drückt sie aus, z.T. verbalisiert er sie. Beide Beteiligten beziehen sich nun in ihren körperlichen Bewegungen, verbalen Mitteilungen und sonstigen Handlungen aufeinander. Auch der Therapeut ist emotional engagiert, er wirkt lebendiger und drückt eigene Gefühle aus. Gleichzeitig bleibt er jedoch in seiner Rolle, er steuert das Geschehen. Sein Denken und Handeln ist insgesamt noch von einer Absicht geleitet, z.B. den Klienten in seinem inneren Prozeß zu begleiten oder ihn zu einer bestimmten Erkenntnis zu führen.

Während das o.a. "Schneeglöckchen-Bild" langsam ausgemalt wird, entwickelt sich das Thema "Einsamkeit". Beide Beteiligten spüren ihre Traurigkeit, es werden Wünsche und Sehnsüchte angesprochen.

Im zweiten o.a. Beispiel spricht der Klient über seine Angst, "die Kontrolle zu verlieren", und den Wunsch, zu einer Frau zu gehen. Der Therapeut möchte zunächst einfach nur über die körperliche Nähe Vertrauen zum Klienten herstellen, um ihn so zu einer weiteren Öffnung zu ermuntern.

4. Der Spannungsaufbau verläuft in zunehmend stärker ausschlagenden Wellen. Es gibt es immer wieder kurze Momente oder auch längere (Sprech)Pausen, in denen die Intensität des Kontakts nachläßt, die "starke" Gestalt wieder verblassen könnte. Stattdessen verstärken sich die Beteiligten jedoch in diesen Sequenzen gegenseitig in Erregung und Emotionalität und geben bei einem drohenden Kontaktabbruch auch nicht gleich auf. Der Prozeß scheint einem Höhepunkt zuzustreben, von dem die Beteiligten jedoch noch keine genaue Vorstellung haben.

In der Interpretation zur o.a. "Schneeglöckchen-Szene" habe ich den "wellenförmigen' Spannungsaufbau schon genauer beschrieben. Hier und in drei anderen Sequenzen der ersten Fallgeschichte (6/18kons, 13/33kons und 20/47kons) ist es der Therapeut, der bei drohendem Kontaktabbruch durch neue Kontaktangebote wieder für Spannung sorgt. In den beiden übrigen Sequenzen ist es jedoch der Klient, der nicht "locker läßt' (1/5kons und 7/19kons).

In den zwei "Männergesprächen" der zweiten Fallgeschichte (4/8sk und 17/45kons) ermuntert der Therapeut mehrfach den Klienten, "da" zu bleiben. In den beiden übrigen Sequenzen ist es der Klient, der "endlich mal" in seiner ohnmächtigen Wut über seine ausweglose Situation verstanden werden möchte (12/33kons und 23/57kons).

Der Höhe- und Wendepunkt

In allen genannten Sequenzen erreicht das Prozeßgeschehen schließlich einen Höhepunkt, durch den eine alle (auch die Beobachter) überraschende Wende im Prozeßgeschehen eingeleitet wird. Der Handlungsablauf scheint wie von selbst "umzuspringen". Es tritt eine spontane Neuorganisation des Prozeßgeschehens ein, sozusagen unwillkürlich, losgelöst von vorab bestehenden Absichten und Zielsetzungen der Beteiligten. Dabei lassen beide spontan ihre angesammelte

Spannung los, eine Energie von hoher Intensität und Dichte fließt hin und her und füllt schließlich den ganzen Raum[1].

Mit diesem Höhe- und Wendepunkt wird der **existentielle Moment** eingeleitet. Der **Beginn** läßt sich nicht vorhersagen, aber in seinem **Auftreten** sehr genau bestimmen. Er besteht in einer bestimmten Mitteilung oder Handlung eines der Beteiligten, die später auch von allen Beteiligten gut nacherinnert wird. Deren besondere Wirkung für den folgenden Ablauf ist jedoch nicht ohne die vorherige Heranbildung einer "starken" Gestalt denkbar, d.h. dieselben Sätze oder Handlungen hätten zu einem anderen Zeitpunkt oder in einer anderen Stunde nicht diese Wirkung.

Im Gegensatz zum Beginn der existentiellen Momente ist deren **Ende** nicht so genau zu bestimmen, da Intensität und Spannung nur langsam nachlassen. In den meisten Sequenzen wird dieser Moment auch nicht gleich abgeschlossen, sondern nach einem oder mehreren kurzen "Einbrüchen" in Spannung und Intensität fortgesetzt. Solche "Einbrüche" geschehen in Form eines kurzen Schweigens und/oder einer kurzen ruhigeren Gesprächsphase, wobei die Beteiligten sozusagen "Luft holen" bzw. "sich sammeln". Meist nimmt der Therapeut dabei wieder eine rational-reflektierende Haltung ein, um dann mit einer gezielten Intervention die Fortsetzung des existentiellen Momentes einzuleiten. Existentielle Momente können also einen Verlauf von einzelnen bis zu mehreren "Wellen" haben. **Die Dauer solcher "Wellen" beträgt zwischen ca. einer halben bis zu zwei Minuten.**

Die existentiellen Momente der ersten Fallgeschichte beginnen mit: dem Eingeständnis des Therapeuten "Da bin ich ja in der Bredouille!" (1/5kons); seiner Frage "Können Sie sich vorstellen, daß ich auch so ein Schneeglöckchen bin, paar Meter weiter?" (5/17kons); seiner Aufforderung "Hätten Sie mal Lust, meine Hand zu nehmen?" (6/18kons); der Frage des Klienten "Können Sie erahnen, was das sein könnte?" (7/19kons); dessen Feststellung "Physik finde ich zur Zeit doof!" (13/33kons); und der provozierenden Aufforderung des Therapeuten "Legen Sie sich hin und ich füttere Sie mit Alete!" (20/47kons). Die letzten vier hier genannten Sequenzen haben einen "wellenförmigen" Verlauf: so gibt es z.B. in der Hand-Szene zwei kurze Einbrüche, einmal, nachdem der Therapeut zunächst die Hand des Klienten erfühlt hat, zum anderen, nachdem er die Hand des Klienten hat sprechen lassen.

Die existentiellen Momente der zweiten Fallgeschichte beginnen mit: der Aufforderung des Therapeuten "Erzähl doch mal ein bißchen was über die" (4/8sk); seiner Bemerkung "Vertrauen basiert nicht auf Leistung!" (23/57kons); seinem Wunsch "Benutz

---

[1] Dieser Moment wurde schon häufig beschrieben und benannt, z.B. als "shift" (Elliot), "change moment" (Greenberg) o.ä.. Dieses Phänomen ist aber auch im Alltag zu beobachten, etwa beim plötzlichen Übergang vom heißen zum sprudelnden, kochenden Wasser oder beim spontanen Wechsel eines Pferdes vom Trab zum Galopp.

mal meine" Hände!" (17/45kons); und mit seinem ärgerlichen Ausruf "Ja und, haben sie recht!?" (12/35kons). Hier ist in den letzten beiden Sequenzen mehrfach ein kurzzeitiges Nachlassen von Intensität und Spannung zu beobachten.

Die Höhe- und Wendepunkte werden in nahezu allen Nachgesprächen unmittelbar nach den Stunden sowie in den späteren Nachinterviews besonders hervorgehoben, meist sogar wörtlich wiedergegeben. Alle Teilnehmer äußern bzw. erinnern ihre "Überraschung" und das "plötzliche", "spontane", "nicht geplante" Auftreten dieser Höhe- und Wendepunkte.

2.2. Die Merkmale von existentiellen Momenten in der Psychotherapie

Der Kontakt zum Selbst

In existentiellen Momenten hält keiner der Beteiligten mehr energetisch zurück, sie sind persönlich und ganzheitlich im Geschehen involviert. Die charakter- und rollenbedingten Ich-Grenzen sind durchlässig geworden, es ist das "Selbst in Aktion" (Perls).

Wenn man sich vergegenwärtigt, daß beide Klienten üblicherweise in ihrem gesamten körperlichen und emotionalen Ausdruck extrem festgehalten sind, so ist der Gegensatz in diesen Sequenzen besonders offensichtlich. Verdrängte oder unterdrückte Persönlichkeitsanteile finden nun ihren Ausdruck. Gefühle wie Angst, Hilflosigkeit, Trauer, Wut, aber auch Freude und Liebe werden das erste und teilweise auch das einzige Mal zugelassen und verbalisiert. Mimik und körperliche Bewegungen sind lebendig. Der sonst übliche "Leierton" ist verschwunden, die Stimmen klingen moduliert, Sprache und Wortwahl sind klar und prägnant (z.B. Ich-Du-Ansprache, kurze Sätze in Gegenwartsform, einfache Grammatik, wenig einschränkende Partikel). Statt interpretierender Aussagen und abstrahierenden Argumentationen werden nun kurze Ich-Aussagen und häufig auch bildhafte Beschreibungen verwendet.

So empfindet der Klient das erste und einzige Mal während des Beobachtungszeitraums echte Sorge um den Zustand seiner Hände (6/18kons), Traurigkeit um seine Einsamkeit (5/17kons), liebevolle Gefühle für seinen Freund (7/19kons) und seine völlige Verweigerungshaltung (20/47kons).

Der Klient der zweiten Fallgeschichte wiederum hat in diesen Momenten die einzigen Male wirklichen Kontakt zu seiner Scham und Hilflosigkeit und spürt auch seine Sehnsucht nach Schutz und Geborgenheit (4/8sk und 17/45kons). Die Wutausbrüche wiederum (12/35kons und 23/57kons) sind mehr als eine "Übung" (wie z.B. 4/9kons) oder das ansonsten ärgerliche Lamentieren. Hier findet der narzißtisch gekränkte Selbstanteil ungebremst seinen Ausdruck.

Aber auch die Therapeuten, auf die sich die ansonsten vorherrschende Anspannung der Klienten häufig zu übertragen scheint, geben ihre Zurückhaltung auf. Auch sie folgen nun ihrer Erregung, zeigen ihre Gefühle und handeln spontan und lebendig. Nicht selten werden dabei auch eigene, dem Klienten ähnliche biografische Erfahrungen aktualisiert: etwa wenn sich beide Therapeuten an die eigenen Auseinandersetzungen mit den Eltern erinnern oder frühere Einsamkeitsgefühle (Therapeut in Fall 1) oder Verlegenheit gegenüber Frauen (Therapeut in Fall 2) hochkommen.

Mit diesem persönlichen Engagement verlassen die Therapeuten ihre professionelle Rolle: sie geben ihre rational-absichtsvolle Lenkung des Prozesses auf, zeigen sich offen in ansonsten meist verborgenen Gefühlen und riskieren, darin vom Klienten abgelehnt oder gar verletzt zu werden.

So ist sich der Therapeut in der ersten Fallgeschichte durchaus des "Risikos" bewußt: er überlegt, ob er "die Kontrolle über die Situation verliert", als er dem Klienten seine Niederlage zugesteht (1/5kons); er bringt sich "zögernd" in das Schneeglöckchen-Bild des Klienten ein (5/17kons), zeigt seine Verlegenheit beim Ratespiel des Klienten (7/19kons) oder er "faßt sich ein Herz" und bittet schließlich den Klienten um einen Hand-Kontakt (6/18kons).

Auch der Therapeut der zweiten Fallgeschichte befürchtet zunächst eine der üblichen "Abfuhren" seitens des Klienten (4/8sk und 17/45kons). Zu den Wut-Szenen fragt er sich sogar später noch, ob er als Therapeut so unverblümt seinen Ärger zeigen durfte.

Dieser **volle Kontakt zum Selbst bei Klient wie auch Therapeut** wird in den Nacherinnerungen aller Beteiligten hervorgehoben als Momente mit hoher Erregung und Emotionalität. Dabei geben die Klienten an, neue Seiten an sich (wieder)entdeckt bzw. sich anders als sonst erlebt zu haben. Die Therapeuten erinnern, den Klienten "vollständig" bzw. in den "wesentlichen Aspekten" seiner Persönlichkeit gesehen zu haben. Beide berichten auch, daß sie ihre Therapeutenrolle und rationale Kontrolle aufgegeben haben, was auch von den Beobachtern nacherinnert wird.

Der Kontakt zum Gegenüber

In existentiellen Momenten ist der Kontakt zum Gegenüber nicht mehr nur einseitig wie in Sequenzen mit "starken" Gestalten oder in den vielen Situationen, in denen Kontaktangebote vom Klienten zurückgewiesen werden. Es sind nun Momente einer menschlichen Begegnung: es findet ein Dialog zwischen zwei gleichberechtigten Persönlichkeiten statt, bei dem die rollenspezifischen Verhaltensmuster und -einschränkungen auf Seiten des Therapeuten und die symptomspezifischen Reaktionsmuster auf seiten des Klienten verlassen worden sind. Beide spielen nicht mehr einen bestimmten Beziehungspart oder eine

Rolle im Rollenspiel, sondern sind nun sie selbst und nehmen ihr Gegenüber als ganze Person wahr.

In diesem Dialog besteht häufiger Augenkontakt. Körperlicher Ausdruck, verbale Mitteilungen und sonstige Handlungen sind unmittelbar und wechselseitig aufeinander bezogen. Es entsteht eine besondere emotionale Nähe, wobei auch die wenigen (insgesamt drei) Momente stattfinden, in denen die Klienten körperliche Nähe bzw. Berührung zulassen können. Indem die ausgedrückten Gefühle gegenseitig Resonanz finden, suchen und finden beide Beteiligten Bestätigung: der Klient fühlt sich in seinen Problemen angenommen und wirklich verstanden, der Therapeut in seiner Anteilnahme gesehen. In diesen Momenten scheinen beide Beteiligten auch das Gefühl für Zeit und Raum verloren zu haben. Sie gehen ganz im "Hier-und-Jetzt und Ich-und-Du" auf, wobei der Hintergrund (das therapeutische Setting und hier auch Kamera und teilnehmende Beobachter) verblaßt.

> So kann der Therapeut der ersten Fallgeschichte in existentiellen Momenten "spontan loslassen", beide lachen sich "wie befreit" an (1/5kons, ähnlich 7/19kors und 13/33kons). In den anderen Sequenzen teilen beide ihre Einsamkeitsgefühle und Trauer (5/17kons), die Sorge um die Gesundheit des Klienten (6/18kons, hier findet auch der einzige echte Körperkontakt statt) oder zeigen offen ihre Wut im Kampf gegeneinander (20/47kons).

> In der zweiten Fallgeschichte unterhalten sich Therapeut und Klient in zwei Begegnungsmomenten wie "Freunde" über Frauen. Dies sind auch die einzigen Situationen, in denen der Klient einen körperlichen Kontakt annehmen kann. In den beiden übrigen Begegnungsmomenten lassen beide spontan ihrer aufgestauten Wut freien Lauf.

Die Klienten erinnern sich später, daß sie in diesen Begegnungsmomenten im Gegensatz zu ihrem Alltagserleben "wirkliches Zuhören", "Verständnis" und "Sicherheit" erfahren haben. Für sie war auch die Persönlichkeit des Therapeuten wichtig, sie waren wie "Freunde", mit denen auch eine echte Auseinandersetzung möglich war. Die Therapeuten erinnern, daß sie "besonders berührt" waren, "mitfühlen" und "verstehen" konnten, ein "echtes Gespräch" stattfand. Die Beobachter heben später den "besonderen Kontakt" hervor, "der Therapeut war wirklich interessiert", "hat sich berühren lassen". Auch das Aufgehen von Therapeut und Klient in die Situation ("nur er und ich sind in dem Moment da") wird später von den Beteiligten genannt.

Der Kontakt zum Umfeld

Alle Sequenzen mit existentiellen Momenten haben einen direkten Bezug zur gegenwärtigen Lebenssituation der Klienten. Sie geben darüberhinaus einen geradezu exemplarischen Einblick in ihre zentralen psychischen Konflikte und ihre Haltung zum sozialen Umfeld.

In allein vier der sechs Sequenzen mit "vollendeten" Gestalten spiegelt sich der für beide Klienten zentrale Konflikt zwischen bedingungsloser Unterordnung unter rigide elterliche Verhaltensvorschriften (Ordnung, Sauberkeit, Gehorsam und vor allem Leistung) und einer ohnmächtigen und selbstzerstörerischen Abwehr wider. In den übrigen Sequenzen werden der innere und äußere Rückzug der Klienten und die damit verbundene Isolation und (soziale) Ängste spürbar und bewußt gemacht.

In den Nacherinnerungen äußern beide Therapeuten, aber auch die Beobachter, daß sie die "Kernprobleme" des Klienten gesehen, "seine existentielle Situation besser verstanden" hätten.

Die Lösung

Im Unterschied zu den oben beschriebenen Sequenzen mit "starken" Gestalten wird die Lösung nicht durch den Therapeuten vorgegeben. Die Lösung bzw. der weitere Lösungsweg enstehen vielmehr spontan aus dem existentiellen Moment selbst. Für den Klienten ist dies vor allem eine neue oder bisher selten erlebte Erfahrung in der Beziehung zu einem bedeutungsvollen Gegenüber. Sie ist für ihn real bzw. "wahrhaftig", weil sie ihn sinnlich-emotional berührt. Sie schließt des weiteren eine überraschende Erkenntnis ein, die in den begleitenden Gedanken oder auch offen verbalisiert, z.T. aber auch schon als verändertes Verhalten im Kontakt mit dem Therapeuten realisiert wird. Aber auch der Therapeut kann dabei - neben einer tieferen Einsicht in die Probleme des Klienten - für sich selbst eine neue persönliche und berufliche Erfahrung gewinnen.

So erlangt der Klient in der ersten Fallgeschichte lang ersehnt, dann aber doch unerwartet, Gefühle von "Triumph" und erfolgreicher Selbstbehauptung gegenüber (männlichen) Autoritäten (1/5kons, 7/19kons und 13/33kons). Aus der gespürten Einsamkeit der "Schneeglöckchen-Szene" (5/17kons) heraus entsteht spontan der Wunsch nach mitmenschlicher Nähe, so wie er sich später durch ein Spiel seiner liebevollen Gefühle für seinen Freund gewahr wird (7/19kons). Dabei muß er auch ein "stillschweigendes Prinzip umstoßen, nämlich grundsätzlich anders" als seine Mitmenschen zu sein. Indem er spürt, wie er sich verletzt (6/18kons), kann er die Sorge des Therapeuten annehmen, um danach auch zu erkennen, wie passiv er sich bisher verhält. Im Rollenspiel der letzten Stunde (20/47kons) werden Boykotthaltung und Opferdenken des Klienten so offensichtlich vorgeführt, bis er eine selbstkritische Haltung dazu einnimmt. Der Therapeut wiederum gewinnt durch diese Momente wieder Zugang zu seinen spielerischen Seiten.

Die "völlig ungewohnte" Erfahrung körperlicher Nähe zum Therapeuten und dessen echtes Interesse ermöglichen es dem Klienten der zweiten Fallgeschichte, seine Frauenphantasien "preiszugeben" (4/8sk), die entsprechenden Gefühle von "Beton und Stillstand", aber auch seine Sehnsucht nach Schutz und Geborgenheit zuzulassen (17/45kons). In den "Kampfszenen" findet er endlich ein Gegenüber für seine Wut, so daß er "so manche Sachen so plötzlich erkannt und auch so richtig rausgebrüllt" hat

(12/35kons). Er beginnt zu zweifeln, ob die von ihm vertretenen rigiden "Grundsätze", einmal ausgesprochen "ewig gültig" sein müssen (23/57kons). Der Therapeut wiederum kann die Wut des Klienten über die Verweigerung von Auseinandersetzung, aber auch die Sehnsucht nach einer warmherzigen väterlichen Unterstützung nachvollziehen und z.T. in der Identifikation mit dem Klienten für sich nachholen.

In den Nacherinnerungen sprechen die Klienten von "Umspringsituationen", "neuen Erkenntnissen", und "außergewöhnlichen Erlebnissen", die "aus der Eigendynamik" der Situation heraus entstanden sind. Die Therapeuten wie auch die Beobachter schreiben diesen Lösungen eine "Bedeutung für den weiteren Therapieverlauf" zu. Sie meinen darüberhinaus, "neue persönliche und berufliche Lernerfahrungen" gemacht zu haben.

Der Abschluß

Der Abschluß wird durch eine Sprechpause eingeleitet und/ oder das Gespräch wird in einer deutlich entspannten Atmosphere und ruhigeren Stimmlage fortgesetzt. Meist sprechen nun Therapeut und Klient gemeinsam über das vorherige Ereignis und eine mögliche Übertragung der Lösung auf den Lebensalltag des Klienten. Lediglich nach zwei Sequenzen (20/47kons in Fall 1 und 4/8sk in Fall 2) findet eine solche erste Reflektion des existentiellen Momentes erst in den - getrennt durchgeführten - Nachinterviews statt. In diesen ersten Phasen des "Nachkontakts" werden auch von beiden Gefühle von Entspannung und Befriedigung, eine optimistische Stimmung und die Hoffnung auf einen erfolgreichen Therapieverlauf ausgedrückt. Diese Merkmale werden zum Teil auch später in den Nachinterviews genannt.

Die Wirkung auf Beobachter

Alle teilnehmenden BeobachterInnen nehmen innerlich Anteil an den existentiellen Momenten, sie lassen sich sozusagen von deren Stimmung und Intensität "einfangen". Auch sie sind bei den oben beschriebenen Wendepunkten überrascht und verfolgen das weitere Geschehen "gebannt wie in einem spannenden Film", freuen sich, sind traurig, kämpfen mit usw. Häufig identifizieren sie sich auch spontan mit einem der Dialogpartner, fühlen sich an eigene biografische Erfahrungen erinnert und machen auch für sich neue Erfahrungen. Diese Merkmale werden auch in ihren Nacherinnerungen genannt.

In einigen Sequenzen haben die teilnehmenden BeobachterInnen sogar eine für Therapeut und Klient wahrnehmbare und damit prozeßverstärkende Wirkung: In der ersten Fallgeschichte kann man sie nach dem Triumph des Klienten mitlachen hören (1/5kons), sie werden an dessen Rätselspiel in der "Knete-Szene" (7/19kons) beteiligt. In der zweiten Fallgeschichte schirmen sich Therapeut und Klient ihnen gegenüber ab und verstärken somit indirekt die intime Atmosphere in den "Gesprächen über Frauen" (4/8sk und 17/45kons).

Auch die FachbeobachterInnen, die sich eine Videoaufnahme der Sitzungen anschauten, berichten, daß sie während dieser Sequenzen emotional berührt waren, und bewerten die Sitzungen häufig als "gelungen" oder "lehrreich".

Außenstehende BeobachterInnen, also Fach- und Laienbeobachter, die sich einen Zusammenschnitt solcher Videosequenzen ansahen, berichten von "Gefühlsbädern" und ästhetischen Empfindungen wie "Schönheit", "Echtheit", "Lebendigkeit" usw. In einer Gruppe von fünf erfahrenen TherapeutInnen entstand bei einer solch konzentrierten Ansicht von Sequenzen mit "vollendeten" Gestalten und existentiellen Momenten der Eindruck, sie beinhalteten

- eine **exemplarische** Qualität für Psychotherapie überhaupt mit ihren wesentlichen Themen und Prozessen;

- eine **ethische** Qualität, da hier grundlegende Fragen menschlichen Daseins berührt würden (Einsamkeit, Angst, Scham, Kampf um Autonomie, die Sehnsucht nach mitmenschlicher Nähe usw.); und

- eine **ästhetische und literarische** Qualität in Handlung, dramaturgischem Aufbau und Stilmitteln (eine Literaturwissenschaftlerin bescheinigte ihnen eine "Prosa-Qualität")[1].

---

[1] Dies entsprach auch meiner Erfahrung, daß die Texte von Stunden mit existentiellen Momenten kaum Verständnisbrüche, Holprigkeiten oder Langatmigkeit aufwiesen, so daß sie sich leicht und flüssig in Geschichten übertragen und in ihrem Prozeßverlauf interpretieren ließen.

3. Der Nachkontakt

3.1. Bedeutung für den weiteren Therapieverlauf

Eine direkte Bezugnahme von Bildern oder Redewendungen aus Sequenzen mit existentiellen Momenten in späteren (beobachteten) Stunden ist nur selten nachzuweisen.

In der ersten Therapiegeschichte betrifft dies die gelungene "Rache" am Therapeuten (1/5kons), das "Schneeglöckchen-Bild" (5/17kons) und die Figuren aus Knete (7/19kons). In der zweiten Therapiegeschichte ist es das Interesse des Therapeuten am Aussehen der von ihm verehrten Frau (4/8sk): "nur deswegen habe ich auch später häufig das Frauenthema angeschnitten" (KN1).

Die besondere Bedeutung dieser Sequenzen (im Gegensatz zu dem übrigen Geschehen) liegt wohl mehr darin, daß sie eine **Initial- und Vorbildfunktion** für veränderte Sicht- und Verhaltensweisen haben. Hier machen die Klienten neue, d.h. **erstmalige und z.T. einmalige Erfahrungen,** die den weiteren Kontakt zum Selbst, zum Gegenüber und zum Umfeld beeinflussen. Für die Therapeuten wiederum wird das Bild vom Klienten differenzierter, die Beziehung persönlicher. Sie fühlen sich nun nach den vielen Zurückweisungen ihrer Kontaktangebote bestärkt und zuversichtlicher für den weiteren Therapieverlauf.

So ermutigt der erstmalige Triumph über eine männliche Autorität den ersten Klienten (1/5kons) zu weiteren Abgrenzungen. Dabei findet er auch einmalig in der Person des Therapeuten einen echten "Mitstreiter" (7/19kons und 13/33kons), mit dem er sich schließlich zum ersten Mal ' auf ein hitziges Wortgefecht" einläßt (20/47kons). Auch die übrigen Sequenzen enthalten, wie schon beschrieben, erstmalige und z.T. auch einmalige Erlebnisse (z.B. der Körperkontakt in 6/18kons).

Für den zweiten Klienten ist es jeweils das erste Mal, daß er über eine von ihm verehrte Frau spricht (4/8sk), dabei auch seine Scham und Hilflosigkeit offen zeigen kann (17/45kons) und körperliche Nähe zum Therapeuten wirklich zuläßt. In den Streitgesprächen (12/35kons und 23/57kons) findet er zum ersten Mal Resonanz statt Abwehr für seine ungeheure Wut, er ist froh und auch stolz, "mal so richtig was rausgelassen zu haben".

In den Nachinterviews aller Beteiligten werden den Sequenzen mit existentiellen Momenten Einflüsse auf den weiteren Therapieverlauf zugeschrieben.

3.2. Die Nacherinnerungen

Sequenzen mit existentiellen Momenten werden im Vergleich zu anderen Sequenzen **deutlich besser nacherinnert**. Alle zehn der hier beschriebenen Sequenzen werden in nahezu allen Nachinterviews genannt und können in Dialogen, Bildern, Gedanken und Gefühlen usw. selbst noch nach zwei Jahren relativ gut wiedergegeben werden. Diese Qualität der Nacherinnerung gilt nur noch für drei Sequenzen mit "starken" Gestalten[1].

Bei diesen Nacherinnerungen selbst noch nach zwei Jahren können Verstärkungseffekte durch die mehrfache Befragung und Beeinflussung durch die Interviewer nicht gänzlich ausgeschlossen werden. Die Befragten nennen jedoch eine Reihe von erinnerungsleitenden Merkmalen, die im wesentlichen die gleichen sind, wie sie sich aus den VINE-Interviews ableiten lassen. Das heißt also: **Therapiesequenzen werden umso häufiger und deutlicher erinnert, je mehr sie die hier beschriebenen Merkmale der Entwicklung hin zu einer "vollendeten" Gestalt mit "existentiellen Momenten" aufweisen.**

3.3. Bedeutung für therapiebedingte Veränderungen im symptomatischen Verhalten

Wie bereits im theoretischen Teil dargelegt, ist eine therapeutisch bedingte Veränderung neurotischer Reaktionsmuster kaum auf einzelne Interventionen oder Ereignisse im Therapieprozeß zurückzuführen. Sie ermöglichen dem Klienten im besten Fall eine zum symptomatischen Verhalten und Erleben alternative Erfahrung, die mehrmals wiederholt und verstärkt werden muß, bis sich schließlich die "eingefleischten" Reaktionsmuster ändern.

In den jeweiligen Interpretationen des Gesamtprozesses der beiden Fallgeschichten habe ich bereits mögliche Zusammenhänge zwischen Sequenzen mit existentiellen Momenten, dem gesamten Therapieprozeß und Veränderungen bei den Klienten dargestellt. Beide Klienten haben auch später häufiger an einzelne dieser Momente gedacht. Sie haben ihr Alltagsverhalten eher in Form von "Denkhilfen" oder "Erinnerungsstützen" auf dem Hintergrund sich verändernder Haltungen beeinflußt. Bei dem ersten Klienten sind dies ein anderes emotionales Erleben, ein verändertes Leistungsdenken und der verstärkte

---

[1] Dies sind die Sequenzen 8/18kons in Fall 1 und 4/9kons und 22/55kons in Fall 2. Ich habe oben beschrieben, daß diese Sequenzen zwar eine sehr hohe Spannung und Intensität aufweisen, der Kontakt zwischen Therapeut und Klient letztlich jedoch einseitig bleibt.

Wunsch nach neuen sozialen Kontakten; der zweite Klient beschreibt eine ruhigere Einstellung in Konfliktsituationen in seiner Familie und am Arbeitsplatz.

Solche Schlüsselerlebnisse sind in der Erinnerung nicht von dem beteiligten Gegenüber zu trennen. Aus meiner persönlichen Erfahrung weiß ich, daß ich denjenigen KlientInnen wie TherapeutInnen, mit denen ich existentielle Momente erleben durfte, in Respekt und Zuneigung verbunden bleibe, ihre Gesichter, Eigenarten und bestimmte Sätze usw. erinnere. Diese besondere Bedeutung ist auch in den Nacherinnerungen meiner Untersuchung spürbar. [1]

---

[1] Ähnlich berichtet Yalom (1992, 140), daß er sich dreißig Jahre später an einen Satz seiner Analytikerin erinnerte, "weil es in sechshundert Sitzungen das einzige Mal war, daß sie mir etwas halbwegs Persönliches - auf jeden Fall äußerst Hilfreiches - gesagt hatte."

4. Vergleich mit weiteren Therapie-Aufnahmen, anderen Untersuchungen und sonstigen Therapieberichten

4.1. Vergleich mit Therapie-Aufnahmen aus Fall 3 und 5 dieser Untersuchung

Meine Auswertung legt einen Zusammenhang zwischen Auftreten und Häufigkeit von Ereignissen mit "starken" und "vollendeten" Gestalten und einem erfolgreichen Therapieverlauf nahe. Dieses empirisch noch weiter zu überprüfende Ergebnis wird durch die Therapieaufnahmen von Fall 3 und 5 unterstützt. So ist im (abgebrochenen) **Fall 3** kein existentieller Moment festzustellen, es findet auch nur ein Ereignis mit einer "starken" Gestalt statt. Hierbei wird besonders deutlich, wie Erregung und Emotionalität unterdrückt und die Aufarbeitung der bereits gestörten therapeutischen Beziehung vermieden wird. Ohne Kontakt zum Selbst und zum Gegenüber bleiben alle weiteren Interventionen nur auf der gedanklichen Ebene, ohne anhaltende Wirkung.

Der Therapeut hatte die ersten acht Stunden im wesentlichen nach lebensgeschichtlichen Hintergründen und Zusammenhängen der depressiven Symptomatik gefragt. Zu Beginn der neunten Stunde beschwert sich die Klientin: "Ich antworte immer auf Fragen, über die ich mir keine Gedanken mache ... die nicht aktuell sind". Sie erzählt schließlich von einem Traum, nach dem sie überlegt, "ob ich keinen an mich heranlassen will". Als der Therapeut fragt, warum sie diesen Traum erzählt, wird die Klientin wütend (27kons). Sie hat keine Lust, auf diese "blöde" Frage zu antworten. Als der Therapeut nun zugibt, daß er "verwirrt" ist, ist dies der Klientin "peinlich". Beide beruhigen sich und gestehen sich zu, daß sie beide "ärgerlich" waren. Zur Bedeutung des Traumes einigen sie sich darauf, daß die Klientin sich die Stunden zuvor "in eine bestimmte Richtung gedrängt" gefühlt hat. Diese Lösung schafft zwar vorübergehend eine "friedliche" Stimmung, hebt aber nicht das bestehende Mißtrauen auf.

Demgegenüber berichten Therapeut und Klient in **Fall 5** unabhängig voneinander von bedeutsamen Ereignissen und auch existentiellen Momenten im Verlaufe der erfolgreichen Therapie. Des weiteren wird meine Annahme, daß die von mir beschriebenen Prozeßmerkmale nicht nur für die Anfangsphase einer Therapie gelten, durch die Aufnahmen und schriftlichen Angaben von ihren letzten beiden Sitzungen bestätigt. In diesen beiden Stunden erzählt der Klient von aktuellen Ereignissen, vergangene wichtige Begegebenheiten aus der Therapie werden erinnert, die wichtigsten Veränderungen werden festgestellt, schließlich verabschieden sich beide. Auffällig ist hier, im Vergleich zu den von mir beschriebenen Stunden aus der Anfangsphase, die große Lebendigkeit in den Berichten, Dialogen und Bewegungen zwischen Therapeut und Klient. Auf diesem Hintergrund benennen der Klient, der Therapeut und zwei Fachbeobachter unabhängig voneinander einen existentiellen Moment in jeder der beiden Stunden. Beide Sequenzen weisen die von mir beschriebenen Prozeßmerkmale solcher Momenten auf.

So berichtet der Klient zu Beginn der vorletzten (79.) Stunde von der veränderten Beziehung zu seinen beiden Kindern. Dabei beschreibt er sehr anschaulich und emotional berührt, wie er mit ihnen zu einem Abenteuerspielplatz geht und sein kleiner Sohn ganz aufgeregt zu den Spielgeräten stürmt, hinfällt und weiterrennt. Der Therapeut fällt lachend in die Beschreibung ein, breitet die Arme aus (dies ist der Höhe- und Wendepunkt) und spielt den kleinen Jungen pantomimisch nach. Nun muß auch der Klient laut lachen.

Zu seinen begleitenden Gedanken und Gefühlen befragt, meint der Klient: Der Therapeut hat "in dem realen Moment alle meine Gefühle verstanden, ohne daß ich sie alle in Worte gefaßt habe ... er hat es einfach nacherlebt in seiner ganzen Bedeutung, die es für mich hatte ... ein Gefühl, wie wenn alle Lichter am Tannenbaum angehen, warm und hell." Er betont, beide hätten sich "als Menschen" gesehen, "Kontakt mit den Herzen gehabt". In der darauffolgenden Stunde vergleicht er diesen Moment mit früheren Verhaltensweisen ("absolut abgekapselt"). Er fühlt sich nun lebendig und will und kann Kontakt zu anderen Menschen herstellen und hat sich darin bestätigt gesehen.

Der Therapeut wiederum fühlte sich in dem Moment "innerlich sehr lebendig", "im Kontakt mit seinem inneren Kind ... und sehr aufgehoben" mit dem Klienten. Er hatte das "Bedürfnis, rumzutollen" und erinnert sich, "daß ich als Kind, wenn ich mich gefreut habe, immer ganz steif wurde". Er bemerkt auch, daß er zunächst "peinlich berührt wegen des Videos" war. Als persönliche Konsequenz dieser Erfahrung meint er, daß "ich mich auch selbst mehr trauen will, inneres Erleben nach außen zu bringen".

4.2. Vergleich mit anderen Untersuchungen und Therapieberichten

In der bisherigen Psychotherapieforschung gibt es bisher weder eine vergleichbare empirische Studie über "existentielle Momente", noch eine Studie, in der die subjektiven Erlebensweisen von Klient **und** Therapeut über einen längeren Zeitraum ermittelt wurden. Ich kann hier also nur sehr allgemeine Vergleiche zu anderen Untersuchungen herstellen, die ich breits oben erwähnt habe.

Die von mir herausgefundenen Prozeßmerkmale finden sich, wenn auch nicht so differenziert, bei **Rice & Greenberg** (1990, 406ff.). Diese hatten in ihren Untersuchungen (besonders zur gestalttherapeutischen Zwei-Stuhl-Technik) folgende Dimensionen neuen Verhaltens bzw. Erlebens herausgefunden: "experiental search" (gemeint ist die Bewußtwerdung verdrängter Gefühle), "active expression" (ein starker Körper- und Gefühlsausdruck) und "interpersonal experiental learning" (Bestätigung und Begegnung in der therapeutischen Beziehung).

Bei den Untersuchungen von **Fiedler & Rogge** (1989) und **Elliot & Shapiro** (1988) ergeben sich - oberflächlich gesehen - ähnliche quantitative Ergebnisse bei der Benennung "wichtiger" oder "veränderungsrelevanter" Episoden. Durch meine Ermittlung der subjektiven Erlebensweisen lassen sich aber auch die wesentlich wichtigeren qualitativen Unterschiede solcher Episoden, d.h. ihre jeweilige Bedeutung für Veränderungen im Therapieprozeß, feststellen. Schließlich werden meine Ergebnisse auch durch die unter dem "Ansatz der Subjekt-Sicht" geführten Untersuchungen bestätigt. Dabei betonen u.a. **Senf & Schneider-Gramann** (1990) sowie **Stuhr & Wirth** (1990) in ihren katamnestischen Befragungen zum subjektiven Erleben der Klienten die herausragende Bedeutung der **persönlichen** Beziehung zwischen Therapeut und Klient.

Aufgrund der mangelnden Vergleichsmöglichkeiten bieten sich zur Überprüfung meiner Ergebnisse auch veröffentlichte Transskripte aus Therapiesitzungen und entsprechende literarische Bearbeitungen an. In den Beschreibungen der kontaktintensivsten Momente finden sich die von mir angeführten Prozeßmerkmale existentieller Momente wieder.

So kann das häufig zitierte Gespäch zwischen **Carl Rogers** und "Gloria" ohne Probleme mit dem von mir beschriebenen Prozeßmodell der Heranbildung einer Gestalt rekonstruiert werden, wobei sich am Ende ein existentieller Moment bzw. eine menschliche Begegnung ereignet (Rogers, 1977).

Bergantino (1992), selbst Psychotherapeut, hat die "existentiellen Augenblicke" aufgezeichnet, die er mit TherapeutInnen verschiedener Therapierichtungen erlebt hat. Dabei beschreibt er, daß - über therapeutische Techniken und Strategien hinaus - das wichtigste heilende Moment in der "gegenseitigen Berührung zweier Subjekte" liegt. In allen Berichten ist ein starker Kontakt zum Selbst, zum Gegenüber und zum Umfeld zu spüren. Besonders in seinen Arbeiten mit Simkin und den Polsters (a.a.O., 85ff.) werden auch die gegenseitige Überraschung, das beidseitige Verlassen der Rollen und das spontane Entstehen "schöpferischer Lösungen" deutlich.

In einem eher literarischen Bericht über das erste Jahr einer psychoanalytischen Behandlung hebt **Tilmann Moser** (1988) die wenigen Augenblicke des "Wir" hervor, "Momentangebote", an die er sich "halten, ja klammern (muß), als zukünftige Möglichkeiten" (a.a.O., 33). Dabei zeigt er die Notwendigkeit, aber auch das Risiko, der Klientin als ganze Person gegenüberzutreten: "Nur mühsam mache ich mir deutlich, daß sie erst in solchen Momenten, wo mich die eigenen Empfindungen sichtbar bedrängen, fühlt ..." (a.a.O., 62f.)

Meinem Untersuchungskonzept am nächsten ist die von **Yalom & Elkin** (1987) veröffentlichte "Chronik" einer 60-stündigen Therapie. Hier haben der (analytisch-orientierte) Therapeut und die Klientin getrennt voneinander nach fast jeder Stunde einen Bericht verfaßt. Die so entstandene Therapiegeschichte beschreibt einen, meinen Therapiegeschichten ähnlichen, Prozeßverlauf mit "langweiligen", "ärgerlichen" oder auch "rührenden" und "verwirrten" Stunden mit "vielfacher Ebbe und Flut" (a.a.O., 160). Dabei lassen sich auch anhand der Berichte zu den einzelnen Stunden sowohl die von mir beschriebenen Ereignisgruppen wie auch die Prozeßmerkmale existentieller Momente feststellen (z.B. die Episode mit dem ersten längeren Augenkontakt, a.a.O., 65ff).

4.3. Fazit

Ein Ziel meiner Untersuchung war es, die bisher eher allgemeinen und unsystematischen Beschreibungen von "vollem Kontakt" und existentiellen bzw. Begegnungsmomenten empirisch zu untersuchen und zu konkretisieren. Die quantitativen Merkmale solcher Momente in meiner Untersuchung sind denen der wenigen, in etwa vergleichbaren Untersuchungen ähnlich. In den von mir herausgearbeiteten qualitativen Prozeßmerkmalen finden sich jene Beschreibungen wieder, die ich aus den Ausagen von Perls, Hefferline & Goodman (1981) für den Moment des "Kontaktvollzugs" zusammengestellt habe (vgl. mein Kap. II.1.). Sie bestätigen und differenzieren darüberhinaus jene unsystematischen Beschreibungen, die in literarischen Therapieberichten oder theoretischen Umschreibungen, z.B. im Gespräch zwischen Rogers und Buber (Friedman, 1992), zu "Begegnung" gemacht werden.

5. Diskussion und einige Konsequenzen für die weitere Forschung

5.1. Das methodische Vorgehen

Zur Untersuchungskonzeption

Mein erstes Untersuchungsinteresse galt der empirischen Erfassung und eingehenden Beschreibung existentieller Momente in der Psychotherapie. Ursprünglich hatte ich eine dem Episoden-Ansatz ähnliche Vorgehensweise (vgl. Kap. I.3.) geplant, nämlich so lange Videoaufnahmen und Interviews durchzuführen, bis ich eine ausreichende Anzahl solcher Momente erfaßt hätte, um dann nur diese detaillierter zu untersuchen. Im Laufe der Untersuchung zeigte sich jedoch (und dies ist ein wesentlicher Kritikpunkt am Episoden-Ansatz), daß existentielle Momente ohne Einbezug des Gesamtprozesses nicht ausreichend verstanden werden können: sie sind das seltene und immer wieder vorläufige Produkt aus vielen überstandenen Mißverständnissen, Kämpfen, Prüfungen usw., so wie der Klient in Fall 5 nach Abschluß der Therapie meinte, "sie wären ohne das andere nicht möglich gewesen".

Unter Einbezug des Gesamtprozesses entwickelte sich eigentlich auch erst im Laufe der Untersuchung das von mir vorgeschlagene Therapieprozeß-Modell mit der Ausgangsfrage, was die 10 existentiellen Momente von den übrigen 130 als wichtig empfundenen Momenten unterschied. Wünschenswert wäre sicher für die weitere Forschung eine **zusätzliche** Feinanalyse einzelner Sequenzen. Diese zusätzliche Arbeit war mir aufgrund meiner zeitlichen, finanziellen usw. Möglichkeiten nicht möglich.

Zur Ermittlung der Daten

Im Methodenteil habe ich bereits ausführlich die verschiedenen "Fehler"quellen einer offenen Befragung im Vergleich zu standardisierten Tests und Fragebögen diskutiert. Mit den Erfahrungen meiner Untersuchung kann ich die schon von Elliot (1986, 518) getroffene Aussage bestätigen, daß video-angeleitete Befragungen der genaueste und z.T. auch **einzige** Weg sind, um das "innere" Geschehen im psychotherapeutischen Prozeß zu ermitteln. Erst mit Einschluß dieser Informationen erschienen manche Kontaktprozesse wie auch -abbrüche überhaupt erst nachvollziehbar und folgerichtig.

In meiner Untersuchung fand sich auch das immer wieder beklagte Ergebnis, daß die Übereinstimmung zwischen Therapeuten und Klienten in der Benennung "wichtiger" Episoden eher gering ist. Dieser Umstand wird häufig auf therapeuten- bzw. klientenspezifische Sicht- oder Vorgehensweisen zurückgeführt (etwa bei Schindler, 1991, 176). Ich habe mein Material daraufhin untersucht und festgestellt, daß eine solche Suche nach gruppenspezifischen Merkmalen nicht viel weiter führen würde. Welche Bemerkung nun gerade bei einem der Beteiligten spontan eine erhöhte Aufmerksamkeit findet, hängt mehr von dessen **persönlichem** Hintergrund und dem aktuellen Kontaktgeschehen ab als von einer allgemeinen **rollenspezifischen** Wahrnehmungsweise als Therapeut oder Klient. Auf dem Hintergrund des Kontaktprozesses und seiner -unterbrechungen und den Erfahrungen meiner Untersuchung gewinnt diese Frage jedoch eine andere Bedeutung: warum führt ein als bedeutsam bezeichnetes Ereignis nicht zu einer weiteren Prozessierung? Diese Frage verfolgten Elliot & Shapiro (1992) bei ihrer Analyse einzelner Episoden weiter, während ich mich entsprechend meiner Untersuchungsfragen auf die gemeinsam benannten Sequenzen konzentrierte.

Insgesamt kann ich nur die Erfahrung von Forschern, die die Subjekt-Sicht erfaßt haben (z.B. Elliot, 1986; Senf & Schneider-Gramann, 1990), bestätigen: Klienten sind sich ihrer inneren Prozesse und auch ihrer Vermeidungsstrategien sehr viel bewußter, als sie es nach außen hin zeigen (und ich es ihnen - ehrlich gesagt - zugetraut hätte). Sie scheinen auch zu spüren, wann der Therapeut eher technisch und wann er mit echter Anteilnahme interveniert (so bezeichnet der Klient in Fall 2 seinen Wutausbruch in der 4. Stunde später als "Übung", den in der 12. oder 23. Stunde jedoch als "echt"). Insgesamt finde ich es daher umso erstaunlicher, wie wenig bisher die Klienten als "Experten" in den Forschungsprozeß miteinbezogen wurden.

Die Einschränkungen der video-angeleiteten Befragung liegen eher darin, daß sie ein besonderes Vertrauensverhältnis zwischen den Beteiligten, eine gewisse Erinnerungs- und Verbalisationsfähigkeit und zusätzliche Konzentration nach der Sitzung erfordert. Eine Tendenz scheint auch zu sein (wie in der 4. Stunde in Fall 2), daß "spektakuläre" Szenen erstmal mehr Aufmerksamkeit finden als manche "ruhigen" und doch wichtigen. Des weiteren finden meist nur die Sequenzen mit **unmittelbarem** Einfluß auf den Therapieprozeß Berücksichtigung, nicht jedoch solche mit **nachträglicher** Bedeutung. Diese nachteiligen Effekte konnten jedoch durch die späteren Nachbefragungen aufgefangen werden.

Zur Auswertung

Das größte Problem bei der Auswertung von Videotexten und Befragungen ist immer wieder, die wichtigsten Prozeßmerkmale und und die dazu passenden Beobachtungskategorien zu finden. Ich mußte mich auf Sensibilität, Sprach- und Erinnerungsvermögen von Beobachteten und Beobachtern verlassen. Nach meiner Überzeugung würden zwar sogenannte "objektive" Beobachtungs- und

Meßverfahren (etwa eine Feinanalyse der Stimmqualitäten, mimischer Veränderungen, des Wortschatzes usw.) genauere und mehr Daten, **aber nicht prinzipiell andere** Ergebnisse bringen.

Die Schwierigkeit meiner Untersuchung lag weniger darin, die verschiedenen "Gestaltqualitäten" zu **beobachten** (diese nehmen auch fachfremde Beobachter weitgehend intuitiv wahr, z.B. Spannung oder Emotionalität), sondern sie zu beschreiben. Ich habe eine "mittlere" Auswertungsebene gesucht, die der ganzheitlichen Wahrnehmung von Interaktionsprozessen entspricht. Dabei ergaben sich die **Prozeßmerkmale** zur Beschreibung und Auswertung bis auf einige allgemeine (begriffliche) Vorgaben **aus den Aussagen der Beteiligten selbst**. Um mögliche Mißverständnisse oder gar Fehler meiner Beschreibung und Bewertung auszuräumen, habe ich alle Interpretationen und Auswertungen von den Beteiligten selbst noch einmal bestätigen und gegebenenfalls auch korrigieren lassen.

Die Prozeßmerkmale spiegeln also wieder, wie die Beteiligten das Prozeßgeschehen wahrnehmen, bewerten und auch nacherinnern. Es erscheint einsichtig, daß eine Situation, in der jemand erregt und emotional beteiligt ist und dabei die Anteilnahme seines Gegenübers spürt, eher als bedeutsam bewertet wird, sie eher Konsequenzen auf sein Verhalten hat und auch besser nacherinnert wird, als eine beiläufige Information oder allgemeine Konversation.

Zur Darstellungsform

Mit den Therapiegeschichten habe ich eine Darstellungsform versucht, die dem komplexen Interaktionsgeschehen über einen längeren Verlauf am ehesten gerecht wird. Im Vergleich zu den bisher üblichen Beschreibungen in Form von Sitzungsausschnitten oder gar Zahlentabellen konnten mit meinen Geschichten auch Atmosphere, Spannungsverlauf, Gefühle und auch weitergehende inhaltliche, biografische usw. Zusammenhänge beschrieben werden. Darüberhinaus war es mir wichtig, ein **realistisches Bild vom therapeutischen Alltag** zu vermitteln und die Prozesse für die Beteiligten selbst wie auch für Außenstehende **durchschaubar** und **nachvollziehbar** zu beschreiben. Natürlich spiegeln die Geschichten letztlich doch nur meine subjektive Wahrnehmung wider, auch wenn sie durch die Beteiligten bestätigt und gegebenenfalls korrigiert wurden. Andere Forscher würden wahrscheinlich andere Geschichten schreiben.

5.2. Zum Therapieprozeß-Modell

In der aktuellen Therapieforschung mangelt es insgesamt noch an geeigneten Prozeßmodellen, mit denen das komplexe Interaktionsgeschehen zwischen

Therapeut und Klient geordnet und bewertet werden kann (vgl. Grawe et al. 1994, 778). So läuft das Vorgehen in der empirischen Forschung immer wieder darauf hinaus, einzelne für einen Therapieerfolg "förderliche" oder "hinderliche" Personen- oder Interaktionsmerkmale herauszufinden.

Dabei wurde auch den **gestalttherapeutischen Techniken** eine gewisse Wirksamkeit bescheinigt (vgl. Grawe et al., 1994, 115ff.). In den Fallgeschichten meiner Untersuchung zeigt sich tatsächlich, daß in der Mehrheit der Sequenzen mit "starken" und "vollendeten" Gestalten gestalttherapeutische Techniken wie Rollenspiele und phantasierte Dialoge angewandt werden. Ebenso häufig führen jedoch die gleichen Techniken nicht zum erwünschten Effekt, weil die Situation zu wenig Spannung und Erregung aufweist, beim Klienten der emotionale Bezug fehlt, der Vorschlag ohne innere Anteilnahme des Therapeuten erfolgt ist usw. Eine solch unterschiedliche Wirkung zeigte sich in meinen Fallgeschichten auch in dem häufig untersuchten "Wirkfaktor" der "therapeutischen Selbstöffnung" (z.B. Czogalik, 1990a).

In diese Diskussion habe ich nun ein Therapieprozeß-Modell eingebracht, das von dem gestalttherapeutischen Modell der "Heranbildung einer Gestalt" ausgeht. Mit dem Begriff "Gestalt" trage ich der Tatsache Rechnung, daß die einzelnen Personen- und Situationsmerkmale nicht unabhängig voneinander betrachtet werden können. Vielmehr bedingen sie sich gegenseitig und können sich im Prozeßverlauf wechselseitig weiter verstärken, d.h. **erst ihr Zusammenwirken ergibt die jeweilige Qualität der Gestalt**: so setzt ein erhöhter Kontakt zum Gegenüber einen starken Kontakt zum Selbst voraus und verstärkt diesen wiederum, womit auch eine gute Nacherinnerung wahrscheinlicher, die Wirkung auf Außenstehende größer wird usw.

Des weiteren habe ich vorgeschlagen, die von den Beteiligten als "subjektiv bedeutsam" benannten Sequenzen in vier Ereignisgruppen mit verschiedenen "Gestalt"qualitäten einzuordnen. Dieses Vorgehen hat den Vorteil, daß einzelne Therapiesequenzen in ihrer Gesamtheit und Komplexität belassen werden, und dennoch ein **Vergleich von verschiedenen Therapieverläufen** möglich wird, und zwar unabhängig von dem konkreten Therapeut-Klient-Paar, der Problematik des Klienten und der Therapiephase. Es liegt nahe, daß sich "erfolgreiche" und "erfolglose" Therapieverläufe dadurch unterscheiden, daß in ersteren häufiger Sequenzen mit "starken" und "vollendeten" Gestalten zu verzeichnen sind, in denen also von erhöhter Erregung und Emotionalität, wechselseitiger Resonanz bei den Beteiligten, erarbeiteten Lösungen usw. berichtet wird. Tatsächlich ist während der zehn Sitzungen der abgebrochenen Therapie (Fall 3) nur eine kontaktintensive Sequenz zu verzeichnen, in jeder der letzten beiden Stunden einer erfolgreichen Therapie (Fall 5) jedoch eine Sequenz mit "vollendetet" Gestalt. Allerdings müßten diese ersten Eindrücke anhand weiterer Fälle bestätigt werden.

Weiterhin wäre zu vermuten, daß bei erfolgreichen Therapien die **Häufigkeit** von Sequenzen mit vollem Kontakt während des Therapieverlaufs zunimmt. Nach meiner Erfahrung verändert sich dabei häufig deren äußere Erscheinung: so ist der körperliche und emotionale Ausdruck zu Beginn einer Therapie eher expressiv, um im späteren Verlauf einer ruhigeren inneren Prozessierung zu weichen. Da ich mich in meiner Untersuchung im wesentlichen auf die Anfangsphase von Therapien konzentriert habe, müßten diese Annahmen in weiteren Untersuchungen überprüft werden.

Bei der Planung meiner Untersuchung ging ich des weiteren davon aus, daß das Auftreten von kontaktintensiven Sequenzen eher von **der Persönlichkeit des Therapeuten** abhängig ist als von einer speziellen **Therapierichtung**. Leider wurde nun gerade die von mir untersuchte Verhaltenstherapie abgebrochen. Bei der Auswertung der Untersuchungseinflüsse habe ich bereits ausführlich beschrieben, daß dieser Abbruch auf eine fehlende Vertrauensbeziehung zurückzuführen war und nicht auf die Untersuchungsteilnahme. Im Gegenteil, erst die Befragungen von Therapeut und Klient machten die Gründe für den Therapieabbruch offensichtlich. Die empirische Bestätigung einer **Übertragbarkeit meiner Ergebnisse auf Therapien nach anderen Konzepten** als dem der Gestalttherapie steht also noch aus.

Ebenso wäre zu kritisieren, daß beide Klienten in den ausführlich dargestellten Fällen unter einer starken Zwangsproblematik litten, alle beschriebenen Klienten zwischen 20 und 30 Jahren alt waren und eine hohe Schulbildung hatten. Hier wären in weiteren Untersuchungen die von mir vorgestellten Ergebnisse mit Klienten anderer Altersgruppen, Schulbildung und auch anderen psychischen (z.B. somatoformen oder wahnhaften) Störungen zu überprüfen.

5.3. Existentielle Momente in der Psychotherapie

In der humanistischen Therapieliteratur wird immer wieder die Frage diskutiert, in welchem Zusammenhang existentielle bzw. Begegnungsmomente mit dem letztlichen Therapieerfolg stehen oder sogar als notwendige Voraussetzung dafür betrachtet werden müssen (vgl. u.a. Friedman 1987). Eine empirische Bestätigung solcher Annahmen im Sinne einer einfachen Ursache-Wirkung-Relation scheint jedoch unmöglich. Dies würde nämlich voraussetzen, daß solche Ereignisse von wenigen Minuten Länge vom gesamten übrigen Geschehen getrennt und mit einer Veränderung in einem bestimmten Alltagsverhalten oder mit einem, wie auch immer bestimmten, Therapieerfolg in Beziehung gesetzt werden könnten. Umgekehrt wird letztlich auch offen bleiben, ob eine Psychotherapie erfolgreich verlaufen kann, **ohne** daß einzelne existentielle Momente mit allen von mir beschriebenen Merkmalen benannt werden könnten. Nach den Ergebnissen meiner Untersuchung kann man dennoch davon ausgehen, daß diese Momente eine herausragende Bedeutung als Schlüsselerlebnisse mit exemplarischen und richtungsweisendem Charakter haben. Um letztlich zu einem veränderten Alltagsverhalten zu führen, müssen solche Erfahrungen meist jedoch wiederholt erlebt und bestätigt werden.

Ebenso blieb in der Therapietheorie-Diskussion die Bedeutung der **Persönlichkeit** des Therapeuten für das Zustandekommen "schöpferischer" Lösungen unklar (vgl. Jacobs, 1989, Helg, 1992). Hier zeigt sich in meiner Untersuchung **ein notwendiger Zusammenhang**: die persönliche Anteilnahme des Therapeuten ist - zumindest in der Therapie-Anfangsphase - ein wesentliches Prozeßmerkmal, das die Entwicklung des therapeutischen Gesprächs von einer "starken" zu einer "vollendeten" Gestalt ermöglicht bzw. kennzeichnet. Dabei wurde mir im Laufe meiner Untersuchung ein besonderes Problem deutlich: die Bereitschaft, die schützende "neurotische" bzw. "therapeutische Maske" abzulegen, ist mit dem Risiko einer emotionalen Verletzung verbunden. Dieses Risiko besteht nach meinem Eindruck am ehesten in Sequenzen mit einer "starken" Gestalt, wenn sich also einer der Beteiligten mit starker Erregung und Emotionalität offenbart. Wenn hier die Unterstützung und Bestätigung durch das Gegenüber ausbleibt oder sogar aktiv zurückgewiesen wird, kann dies als Verletzung empfunden werden. Es entsteht sozusagen eine neue "unabgeschlossene" Gestalt, die sich nicht selten als Wiederholung eines alten Traumas erweist. Wird eine solche "offene" Situation in der Folge nicht bald geklärt, so ist wie in Fall 3 mit einem Therapieabbruch zu rechnen. Umgekehrt führte eine solche Verletzung durch den Therapeuten in Fall 1 (0/3kons) jedoch zu einem existentiellen Moment, weil der Klient gleich in der folgenden Sitzung die Gestalt schließen konnte und dabei vom Therapeuten bestätigt wurde (1/5/kons).

Dieses Risiko einer Verletzung besteht im Prinzip auch für den Therapeuten, auch wenn er im Unterschied zum Klienten nicht auf dessen Bestätigung angewiesen ist bzw. sein sollte. So zeigen sich beide Therapeuten meiner Therapiegeschichten in einigen Sequenzen verletzt (etwa 5/17kons in Fall 1 und 5/10kons in Fall 2). Leider konnte ich dieses Problem der **Verletzungen in der Therapie** nicht systematisch weiter verfolgen. Ich würde mir jedoch weitere Forschung dazu wünschen, auch weil es offensichtlich mit dem Problem der Therapieabbrüche zusammenhängt.

5.4. Schlußbemerkung

Die größten Probleme einer weiteren Erforschung existentieller Momente in der Pschotherapie ergeben sich aus ihrer Eigenart: sie sind selten, nicht vorhersehbar, nicht vollständig zu erfassen und schwer zu beschreiben. Die dazu notwendigen Beobachtungen über einen längeren Zeitraum, die videoangeleiteten und späteren Nachbefragungen usw. erfordern einen enormen Aufwand an Technik, Zeit und Geduld, die auch nur aufgebracht wurden, weil alle Beteiligten von der Untersuchung profitierten.

"Das Fundament des Mensch-mit-Mensch-Seins ist dies Zweifache und Eine: der Wunsch jedes Menschen, als das was er ist, ja was er werden kann, von Menschen bestätigt zu werden, und die dem Menschen eingeborene Fähigkeit, seine Mitmenschen eben so zu bestätigen. Daß diese Fähigkeit so unermeßlich brach liegt, macht die eigentliche Schwäche und Fraglichkeit des Menschengeschlechts aus: aktuale Menschheit gibt es stets nur da, wo diese Fähigkeit sich entfaltet." (Martin Buber)

Zusammenfassung und persönliches Fazit

Zusammenfassung

Ziel der Untersuchung

Ziel dieser Untersuchung war, **existentielle Momente in der Psychotherapie** empirisch zu erfassen und mögliche gemeinsame Merkmale zu beschreiben. Es sind für mich jene besonderen Momente, in denen sich Therapeut und Klient in einem persönlichen Dialog befinden und dabei ganzheitlich und authentisch erleben und geben. Obwohl sie in der humanistisch orientierten Psychotherapie, z.B. bei Lore Perls oder Carl Rogers, immer wieder als Schlüsselmomente oder gar als "zentrale Quelle der Heilung" bezeichnet werden, sind sie bisher nicht empirisch untersucht worden. Dies hängt vor allem mit ihren Eigenarten zusammen, mit denen sie aus dem Gesichtsfeld einer an klassisch-naturwissenschaftlichen Wirkmodellen und Methodologie ausgerichteten Therapieforschung fallen: sie sind ein sehr persönliches Erlebnis und nicht für andere Beziehungen verallgemeinerbar, sie lassen sich in ihrer ganzheitlichen Qualität weder messen noch vollständig beschreiben, und sie treten äußerst selten und unvorhersehbar auf.

Überblick über die bisherige Psychotherapieforschung

Meine Arbeit beginnt mit einem kritischen Überblick über Fragestellungen der **konventionellen empirischen Psychotherapieforschung**. Anschließend werden die wichtigsten Kritikpunkte zusammengefaßt: die insgesamt enttäuschende Ergebnislage, die mangelnde Praxisrelevanz und die - für das Verständnis psychotherapeutischer Prozesse - unangemessene "technologische" Sichtweise einschließlich ihrer methodologischen Grundannahmen. Seit Ende der 80er Jahre ist eine grundlegende **Neuorientierung in der Psychotherapieforschung** zu beobachten. Ich stelle hierzu die wichtigsten neueren wissenschafts-theoretischen, therapietheoretischen und methodologischen Grundannahmen zusammen, die im wesentlichen dem von mir vertretenen phänomenologischen und humanistischen Verständnis psychotherapeutischer - und i.w.S. zwischenmenschlicher - Interaktionsprozesse entsprechen.

Mit dieser Neuorientierung ist inzwischen eine äußerst heterogene Forschungsrichtung entstanden, die häufig unter dem Begriff der **Therapieprozeßforschung** zusammengefaßt wird. Ich habe sie in vier verschiedene Forschungsansätze zu ordnen versucht, die ich anhand ihrer Fragestellungen und mit Untersuchungsbeispielen vorstelle: **die Schema-Analyse, die Interaktionsanalyse, der Episoden-Ansatz und der Ansatz der Subjekt-Sicht.** Diesen Ansätzen gemeinsam ist die Suche nach einem therapieschulen-übergreifenden Verständnis psychotherapeutischer Prozesse, die eingehende Untersuchung einzelner oder weniger Therapiefälle mithilfe neuer Methoden der Datenerfassung und -auswertung (Video, EDV etc.) und die Konzentration auf die therapeutische Beziehung als zentralem Wirkfaktor therapiebedingter Veränderungen.

Dabei setzt sich zunehmend die Einsicht durch, daß die **subjektiven Erlebensweisen** von Klient **und** Therapeut mithilfe hermeneutisch-orientierter Verfahren und qualitativer Methoden verstärkt untersucht werden müßten. Insgesamt befindet sich die aktuelle Therapieforschung jedoch noch eher in einer "Suchphase": neben den vielfältigen konzeptionellen und methodischen Problemen mangelt es vor allem an geeigneten Modellen, wie das komplexe Interaktionsgeschehen zwischen Therapeut und Klient geordnet und bewertet werden kann.

Zur Konzeption der Untersuchung

Zwar habe ich in der bisherigen Therapieforschung außer einigen methodischen Anregungen keine neuen Erkenntnisse für meine spezielle Fragestellung gewonnen, sie bestätigte mich aber darin, daß ich mit meinem Untersuchungthema und meinen Vorgehensweisen im Trend der aktuellen Psychotherapieforschung liege. Galt mein Untersuchungsinteresse zunächst nur den "existentiellen Momenten", so mußte ich bald feststellen, daß deren Entwicklung und Bedeutung ohne Einbeziehung des gesamten Therapiegeschehens nicht ausreichend zu verstehen war. Zur späteren Ordnung und Auswertung meiner Daten stelle ich in Anlehnung an das **gestalttherapeutische Modell der Kontaktprozesse und seiner Störungen** ein einfaches **Therapieprozeß-Modell** vor, das den idealtypischen Verlauf von Sitzungen (zumindest nach erlebens-orientierten Therapieansätzen) skizziert.

Mein Therapieprozeßmodell geht davon aus, daß der Klient unverarbeitete Konflikte oder unbefriedigende Beziehungserfahrungen ("unabgeschlossene" Gestalten) in der Beziehung zum Therapeuten wiederholt, die damit verbundenen Erregung, Gefühle und Erinnerungen jedoch zu vermeiden sucht. Diese Schutzmechanismen ("Widerstände") drücken sich aktuell in einem verminderten oder blockierten **Kontakt zum Selbst** (z.B. im körperlichen und emotionalen Empfinden), **zum Gegenüber** (z.B. im Wünschen und Abgrenzen gegenüber dem Therapeuten) **und zum Umfeld** (in der Wahrnehmung der Möglichkeiten) aus. Ziel und Aufgabe des Therapeuten ist es nun, dem Klienten diese (Selbst)Einschränkungen bewußt zu machen und im Ausdruck seiner selbstunterstützenden Fähigkeiten und Kräfte anzuleiten. Dieser wechselhafte und vielfach unterbrochene Kontaktprozeß kann als ein **Prozeß der Heranbildung einer Gestalt** beschrieben werden, an dessen Ende sich (im Idealfall) eine "schöpferische Lösung" ergibt. In diesem Moment der "Vollendung der Gestalt" ist ein existentieller Moment bzw. eine Begegnung zwischen Klient und Therapeut möglich und vielleicht sogar notwendig.

Um existentielle Momente in der Psychotherapie empirisch zu untersuchen, sollten drei Therapieverläufe über einen **längeren Therapiezeitraum** mit Video aufgenommen und die am Therapieprozeß Beteiligten **nach ihren subjektiven Sicht- und Erlebensweisen** befragt werden. Mit meiner Untersuchung verfolgte ich zwei weitere Ziele: erstens das einer **deskriptiven Praxisforschung**, d.h. sie sollte so weit wie möglich den therapeutischen Alltag widerspiegeln (z.B. mit "echten" Klienten mit schwerwiegenden Problemen); zweitens das eines **Handlungsforschungs-Ansatzes**, d.h. Untersuchungsablauf und Methoden sollten für alle Beteiligten durchschaubar und kontrollierbar sein und ihren Therapieprozeß so weit wie möglich unterstützen.

Die Untersuchungsteilnehmer und Methoden

Der Untersuchungsablauf bestand im wesentlichen darin, daß Therapiesitzungen von je zwei teilnehmenden Beobachtern mit Video aufgenommen wurden. Unmittelbar nach den Sitzungen benannten Therapeut und Klient, getrennt voneinander, die für sie **subjektiv bedeutsamen Situationen** in der Sitzung. Die entsprechenden Sequenzen wurden ihnen vorgespielt, wobei die Beteiligten weitgehend offen und so detailliert wie möglich zu den begleitenden Gedanken, Gefühlen und Handlungsimpulsen befragt wurden. Ich habe diese Methode **"video-induziertes nachträgliches Erleben"** (= VINE) genannt und in seinen Vorläufern, seinen Vor- und Nachteilen ausführlich diskutiert.

In **Fall 1** wurden mit dieser Methode von Therapiebeginn an die ersten 21 Sitzungen aufgenommen. Klient war ein 21jähriger Student mit "Zwangsneurose" (Waschzwang) und Leistungsproblemen im Studium. Der Therapeut war ich selbst, ausgebildet in Verhaltenstherapie und Gestalttherapie mit neunjähriger Praxiserfahrung. In **Fall 2** wurden die ersten 23 Stunden aufgenommen. Der Therapeut war in Gesprächspsychotherapie und Gestalttherapie ausgebildet und hatte 3 Jahre Praxiserfahrung. Der Klient war ein 26jähriger Student mit "narzißtischer Persönlichkeitsstörung" und begleitender Zwangsproblematik (zwanghaftes Onanieren).

In **Fall 3** wurden nur die ersten 10 Stunden aufgenommen, die Therapie wurde bald darauf wegen eines nicht entstandenen Vertrauensverhältnisses abgebrochen. Der Therapeut war ausgebildet in Verhaltenstherapie und hatte 15 Jahre Praxiserfahrung. Die Klientin war eine 27jährige Fremdsprachenkorrespondentin und jetzt Studentin mit "depressiven Episoden" und begleitenden psychosomatischen Symptomen. Des weiteren wurden 5 Sitzungen aus der Mittelphase (**Fall 4**) und die letzten beiden Sitzungen (**Fall 5**) von zwei

(Gestalt)Psychotherapien aufgenommen, die o.a. Fragen wurden dabei jedoch nur schriftlich beantwortet.

Teilnehmende Beobachter waren ich selbst als Untersuchungsleiter und Psychologie-Studenten im Praktikum mit eigener Therapieerfahrung bzw. in Therapieausbildung. Da ich selbst in Fall 1 beobachteter Therapeut war, wurden neben den beiden teilnehmenden Beobachtern noch verschiedene Fachbeobachter eingesetzt, die sich die Videobänder anschauten. In den Fällen 1 und 2 wurden zum Untersuchungsbeginn, nach Abschluß der Untersuchungen sowie nach ca. ein und noch einmal nach 2 Jahren **ausführliche Interviews** zur Lebensgeschichte, ihren Erfahrungen beim beobachteten Therapieprozeß, seinen Nachwirkungen usw. durchgeführt. In Fall 3 fand nur je eine längere Befragung vor und nach den Beobachtungen statt.

Zusammen mit den verschiedenen Nachbefragungen wurde detailliert nach möglichen **Einflüssen der umfangreichen Untersuchungsprozedur** auf den Therapieverauf gefragt. Ihre **hemmenden** Einflüsse bezogen sich eher auf eine geringere Intensität bzw. zeitliche Verzögerung bei der Verbalisierung heikler Themen. Wesentlich bedeutender waren jedoch nach Einschätzung aller Beteiligten die **förderlichen** Einflüsse der Untersuchungsteilnahme auf den Therapieverlauf: für die Therapeuten vor allem eine als intensiv empfundene Supervision, bei den Klienten besonders das Video-Feedback und die Unterstützung einer differenzierteren Wahrnehmung und Verbalisierung von körperlichen, emotionalen und gedanklichen Prozessen. Der Therapieabbruch in Fall 3 ist nach Einschätzung von Therapeut und Klientin nicht auf die Untersuchungsteilnahme zurückzuführen.

Die Interpretationen und Auswertungen wurden erst **nach** der Erfassung aller Daten des jeweiligen Falls erstellt. Die beobachteten Therapeuten und Klienten erhielten Abschriften von allen sie betreffenden Stundenprotokollen, Interviews und Interpretationen, um sie in ihrer Richtigkeit zu bestätigen, gegebenenfalls auch zu korrigieren (**kommunikative Validierung**).

Falldokumentationen als Therapiegeschichten

Den größten Teil dieser Arbeit machen ausführliche Dokumentationen der Fälle 1 und 2 in Form von **Therapiegeschichten** aus. Diese bestehen jeweils aus einer Vorgeschichte (Lebenslauf, Beschreibung des Klienten etc.), den Protokollen der einzelnen Therapiesitzungen und einer Nachgeschichte (Therapieverlauf nach den Beobachtungen). Der Text beruht weitestgehend auf einer wörtlichen Wiedergabe von Sitzungstranskripten, den VINE-Interviews (die an den entsprechenden Stellen hineinmontiert wurden) und den verschiedenen Interviews vor und nach dem Beobachtungszeitraum. Nach der Beschreibung jeder Sitzung werden kurz der Kontaktprozeß interpretiert, die Rückmeldungen der teilnehmenden und Fachbeobachter wiedergegeben sowie die entsprechenden Nacherinnerungen zitiert.

Im Anschluß an diese Therapiegeschichten wird jeweils eine **Interpretation des Gesamtprozesses** vorgenommen. Sie enthält eine klinisch-diagnostische Beschreibung des Klienten, eine Einschätzung möglicher Veränderungen im Kontaktverhalten in einer Art Vorher-Nachher-Vergleich und eine qualitative Bewertung der Nacherinnerungen. Die Fälle 3 bis 5 werden in dieser Arbeit nicht weiter dokumentiert. Die dabei gemachten Erfahrungen werden jedoch in die abschließende Auswertung integriert.

Die Auswertung

In der **quantitativen Auswertung** wurde vor allem die Übereinstimmung in der Benennung und Nacherinnerung subjektiv bedeutsamer Sequenzen durch Klienten, Therapeuten und Beobachter untersucht. So haben z.B. in Fall 1 Therapeut und Klient insgesamt 47 Sequenzen als "subjektiv bedeutsam" bezeichnet. Dabei gaben sie 22 mal die gleiche Sequenz an, wovon wiederum 16 auch von den Beobachtern als wichtig bezeichnet wurden. Die von allen Beteiligten benannten Sequenzen wurden nach einem bzw. zwei Jahren auch deutlich häufiger erinnert. Ein Vergleich mit den wenigen Daten anderer Untersuchungen ergab hinsichtlich solch quantitativer Merkmale keine Unterschiede.

In der **qualitativen Auswertung** habe ich alle 140 von den Therapeuten und Klienten als subjektiv bedeutsam benannte Sequenzen aus 56 Sitzungen in **vier Ereignisgruppen** eingeordnet, die verschiedene Qualitäten der Verarbeitungs- und Erfahrungstiefe in der Prozessierung eines Klientenproblems anzeigen Diese Ereignisgruppen lassen sich anhand einiger quantitativer, vor allem aber **qualitativer Prozeßmerkmale** voneinander unterscheiden. Diese ergaben sich bis auf einige allgemeine (begriffliche) Vorgaben **aus den Aussagen der Beteiligten** selbst, spiegeln also wieder, wie die Beteiligten das Prozeßgeschehen wahrnehmen, bewerten und auch nacherinnern. Bedeutsam ist hier, daß diese Prozeßmerkmale (im Unterschied zum üblichen Vorgehen der bisherigen Therapieforschung) nicht unabhängig voneinander betrachtet werden können. Vielmehr bedingen sie sich gegenseitig und können sich im Prozeßverlauf wechselseitig weiter verstärken, d.h. erst **ihr Zusammenwirken ergibt die jeweilige Qualität der "Gestalt"** (der Sequenz als Ganzem).

Entsprechend meinem Therapieprozeß-Modell gehe ich davon aus, daß meist der Klient die Sitzung mit einem für ihn relevanten Thema beginnt. Im Laufe der folgenden Interaktion interveniert der Therapeut an den Stellen des Berichts, an denen er eine Kontaktunterbrechung (z.B. ein unterdrücktes Gefühl) registriert. Der Klient ist für einen Moment in seiner gewohnten Haltung und Redeweise "gestört" oder auch "überrascht". Es entsteht kurzzeitig eine erhöhte

Erregung, er mag für einen Moment ein aufkommendes Gefühl spüren, das dann jedoch wieder abgewehrt wird. Solche **Ereignisse mit "angedeuteten" Gestalten** werden im nachhinein meist nur von einem der Teilnehmer als wichtig bezeichnet. Wird der hier begonnene Prozeß der Heranbildung einer Gestalt weitergeführt, können **Ereignisse mit "schwachen" Gestalten** entstehen: durch weitere aufeinander bezogene Interaktionsbeiträge verstärkt sich die aufkommende Erregung, das Gespräch konzentriert sich auf ein bestimmtes Thema/Problem, aufkommende Gefühle werden gezeigt, z.T auch verbalisiert. Bleibt dann jedoch eine weitergehende Verstärkung oder emotionale Resonanz des Gegenüber aus, "fällt" die Gestalt "zusammen". Solche Sequenzen mit "schwachen" Gestalten werden in der Mehrheit auch von einem Beobachter als wichtig bezeichnet. Knapp 77% aller als subjektiv bedeutsam benannten Sequenzen sind solche Ereignisse mit "angedeuteten" oder "schwachen" Gestalten. Sie sind meist kurz (bis zu vier Minuten) haben keinen oder nur geringen Einfluß auf den folgenden Therapieverlauf und werden von den Teilnehmern kaum nacherinnert.

Sehr viel seltener (15%) entwickelt sich der Prozeß zu **Ereignissen mit "starken" Gestalten**: Erregung und Spannung steigern sich bis zu einem gewissen Höhepunkt, die thematische Bearbeitung mündet meist in ein Rollenspiel o.ä., Gefühle werden ausgedrückt und finden Resonanz. Dabei begleiten die Therapeuten den inneren Prozeß des Klienten jedoch mehr in einem therapeutisch-strategischen Sinne und arbeiten auf eine vorgegebene Lösung hin. Oder die Klienten wehren schließlich starke Gefühle ab bzw. verhalten sich in konfluenter Weise entsprechend der vom Therapeuten erhofften Wirkung. Insgesamt findet aber keine gegen- und wechselseitige Anteilnahme und Bestätigung statt. Dennoch sind Ereignisse mit "starken" Gestalten häufig mit neuen Lernerfahrungen verbunden, die auch Einfluß auf den weiteren Therapieverlauf haben. Mit einer Ausnahme werden alle diese Ereignisse auch von den Beobachtern als wichtig bezeichnet, die darüberhinaus von einer eigenen emotionalen Beteiligung während der Beobachtung berichten. Ereignisse mit "starken" Gestalten werden in der Mehrheit von wenigsten einem der Teilnehmer auch sehr viel später gut nacherinnert.

Existentielle Momente in der Psychotherapie

In den Fallgeschichten werden schließlich **zehn Ereignisse mit "vollendeten" Gestalten** beschrieben, die einen **existentiellen Moment** enthalten (in Fall 1 sechs, in Fall 2 vier, in Fall 3 keine). In diesen Sequenzen entwickelt sich der Prozeß ähnlich dem bei Ereignissen mit "starken" Gestalten. Dabei mündet der Verlauf jedoch in einen (auch die Beobachter) **überraschenden Höhe- und Wendepunkt,** ab dem eine spontane Neuorganisation des Prozeßgeschehens eintritt. Sie beginnt mit einer bestimmten Mitteilung oder Handlung eines der Beteiligten, die später detailliert nacherinnert wird. Therapeut und Klient geben für einen Moment Zurückhaltung und absichtsvolles Verhalten auf und folgen nun ihren spontanen Gedanken, Gefühlen und Handlungsimpulsen, wobei eine Energie von hoher Intensität und Dichte hin und herfließt und schließlich den ganzen Raum füllt. Solche Momente dauern **zwischen einer halben und zwei Minuten**, sie sind einmalig oder treten innerhalb der Sequenz in mehreren "Wellen" auf.

Diese Sequenzen mit existentiellen Momenten unterscheiden sich von den anderen Ereignissen dadurch, daß sie **alle qualitativen Prozeßmerkmale** (in Klammern) auf folgende Weise erfüllen:

- ein steigender Spannungsverlauf zu einem Höhepunkt und ein organischer Abschluß, Fokussierung des Themas in Form eines persönlichen Dialogs oder (meist) Rollenspiels (**Dramaturgie der Sequenz**);

- ein hohes Maß an Erregung, Emotionalität und lebendigem Ausdruck bei beiden Beteiligten; beim Klienten finden verdrängte Persönlichkeitsanteile ihren Ausdruck, beim Therapeuten werden häufig ähnliche biografische Erfahrungen aktualisiert (**Kontakt zum Selbst**);

- das Gefühl von Verstehen und Verstanden-Werden, eine gegenseitige und wechselseitige Anteilnahme und Bestätigung, wobei sich beide voll und ganz dem Moment hingeben (**Kontakt zum Gegenüber**);

- ein direkter Bezug zu konkreten Personen und aktuellen Lebenssituation des Klienten (**Kontakt zum Umfeld**);

- die Benennung einer neuen Erfahrung und Erkenntnis, die sich spontan, aus der Eigendynamik der Situation heraus, ergeben (**kreative Lösung**);

- eine hohe emotionale Beteiligung bei den Beobachtern bis hin zur Identifikation, wobei die Sequenzen für sie eine ethische, ästhetische und für Therapie exemplarische Qualität haben (**Wirkung auf Außenstehende**);

- ein Einfluß auf den weiteren Therapieverlauf und eine Initial- und Vorbildfunktion für veränderte Sicht- und Verhaltensweisen (**nachträgliche Konsequenzen**) und

- häufig benannte und deutliche **Nacherinnerungen**.

Die Daten aus einer abgebrochenen (Fall 3) und einer erfolgreich beendeten Therapie (Fall 5) deuten an, daß ein erfolgreicher Therapieverlauf mit dem Auftreten von Ereignissen mit "starken" oder "vollendeten" Gestalten zusammenhängt. Dabei scheint für die Klienten eine solche Erfahrung zumindest zu Beginn einer Psychotherapie notwendig zu sein, um eine kreative Lösung als wirklich zu erleben und nachhaltig zu verankern. Eine ausbleibende Anteilnahme und Bestätigung durch den Therapeuten kann in Sequenzen mit hoher emotionaler (Selbst)Öffnung (solchen mit "starker" Gestalt) zu psychischen Verletzungen oder gar Therapieabbruch führen.

In dieser Untersuchung habe ich eine Konkretisierung und Differenzierung bisheriger allgemeiner und unsystematischer Beschreibungen **existentieller bzw. Begegnungsmomente als Höhe- und Wendepunkt im wechselreichen Kontaktprozeß zwischen Therapeut und Klient** versucht. Dabei wurde dieses Phänomen sicher nicht in seiner ganzen (Aus)Wirkung vollständig erfaßt, hier setzte mir schon die Sprache Grenzen.

Konsequenzen für eine weitere Forschung

Ich denke, daß sich Therapieeffekte mit der von mir verfolgten ganzheitlichen und am subjektiven Erleben orientierten Betrachtungsweise angemessener ausdrücken und nachweisen lassen als mit einer Analyse des Therapiegeschehens anhand einzelner Personen- oder Interaktionsmerkmale. Meine Vorgehensweise und Ergebnisse müßten sicher anhand weiterer Einzelfälle, in unterschiedlichen Therapiephasen, mit anderen Klienten bzw. Störungsbildern usw. überprüft werden. Offen bleibt die Frage, ob sie auch für Therapieansätze gelten, die nicht erlebensorientiert vorgehen. Wünschenswert wäre sicher auch eine Verbindung quantitativer und qualitativer Forschung vor allem mit der Frage, ob sich ein Zusammenhang zwischen der Häufigkeit der Ereignisgruppen mit einem, z.B. durch standardisierte Tests ermittelten, Therapieerfolg feststellen läßt.

Ein Fazit ist auch, daß ein solcher Handlungsforschungs-Ansatz verstärkt in der weiteren Therapieforschung verfolgt werden könnte und sollte. Der enorme Arbeitsaufwand hat sich schon deshalb gelohnt, weil alle Beteiligten von insgesamt therapie-unterstützenden Einflüssen bzw. positiven Lernerfahrungen durch ihre Untersuchungsteilnahme berichteten.

Persönliches Fazit

Das traditionelle Ziel von Psychotherapieforschung war und ist es noch, Konzepte, Methoden oder Techniken zu entwickeln und empirisch zu bestätigen, die einen schnelleren und besseren Therapieerfolg versprechen, etwa: "mit einem Zwangsneurotiker sollte man wie folgt ... umgehen". Gehe ich jedoch, wie in meiner Untersuchung gezeigt, von dem subjektiven Erleben und Urteil von KlientInnen, TherapeutInnen und BeobachterInnen aus, dann komme ich zu einer paradox erscheinenden Erkenntnis:

In meiner professionellen Rolle als Therapeut brauche ich wohlüberlegte Konzepte oder auch Therapiepläne, um das therapeutische Geschehen zu strukturieren und zu lenken. Die lebendigsten, und wie ich denke, letztlich entscheidenden "heilenden" Momente in der Psychotherapie sind aber jene, in denen ich von meinen diagnostischen Bildern und therapeutischen Absichten loslasse, mich in meiner spontanen Anteilnahme als Mit-Mensch zeige und damit Raum für existentielle Momente und eine menschliche Begegnung öffne.

Literatur

Alexander, F., French, Th.M. and others (1946): Psychoanalytic Therapy. Principles And Application. New York, (The Ronald Press).

Augerolles, J. (1991): Mein Analytiker und ich. Tagebuch einer verhängnisvollen Beziehung. Frankfurt/M. (Fischer).

Bastine, R. (1992): Differentielle Psychotherapie in der Entwicklung - einige Bemerkungen zu dem Artikel von Klaus Grawe. In: Psychologische Rundschau, 43, 171 - 173.

Bastine, R., Fiedler, P. & Kommer, D. (1989): Was ist therapeutisch an der Psychotherapie? Versuch einer Bestandsaufnahme und Systematisierung der Psychotherapeutischen Prozeßforschung. In: Zeitschrift für Klinische Psychologie, XVIII, 1, 3-22.

Beaumont, H. (1988): Ein Beitrag zur Gestalttherapietheorie und zur Behandlung schizoider Prozesse. In: Gestalttherapie, 2, 16 - 26.

Becker, R. (1991): Weibliche Identität. In: Gestalttherapie, 2, 5 - 15.

Bergantino, L. (1992): Warum heilt Psychotherapie? - Der existentielle Augenblick -. Köln (Edition Humanistische Psychologie).

Bergold, J.B. & Breuer, F. (1987): Methodologische und methodische Probleme bei der Erforschung der Sicht des Subjekts. In: Bergold, J.B. & Flick, U. (Hrsg.) (1987): Ein-Sichten. Zugänge zur Sicht des Subjekts mittels qualitativer Forschung. Tübingen (DGVT: Forum für Verhaltenstherapie und psychosoziale Praxis), 20 - 52.

Bergold, J.B. & Flick, U. (Hrsg.) (1987): Ein-Sichten. Zugänge zur Sicht des Subjekts mittels qualitativer Forschung. Tübingen (DGVT: Forum für Verhaltenstherapie und psychosoziale Praxis).

Beutler, L.E. (1983): Eclectic Psychotherapy: A Systematic Approach. New York (Pergamon).

Boadella, D. (1992): Wissenschaft, Natur und Biosynthese. Allgemeine wissenschaftliche Grundprinzipien der somatischen Psychotherapie. In: Energie & Charakter, 5, 2 - 60.

Bozok, B. & Bühler, K.E. (1988): Wirkfaktoren in der Psychotherapie - Spezifische und unspezifische Einflüsse. In: Fortschritte in Neurologie und Psychiatrie, 56, 119 - 132.

Breuer, F. (1991): Analyse beraterisch-therapeutischer Tätigkeit, Münster (Aschendorff)

Breuer, F. & Heeg, P. (1987): Geschehensverarbeitung und Handlungssteuerung des Therapeuten: Ziele im Behandlungsgespräch. In: Bergold, J.B. & Flick, U. (Hrsg.) (1987): Ein-Sichten. Zugänge zur Sicht des Subjekts mittels qualitativer Forschung. Tübingen (DGVT: Forum für Verhaltenstherapie und psychosoziale Praxis), 85 - 97.

Buber, M. (1984): Das Dialogische Prinzip. Heidelberg (Lambert).

Bugental, J.F.T. (1992): Aus dem Notizbuch eines Psychotherapeuten. Gemeinsame Reisen ins Innere. Köln (Edition Humanistische Psychologie).

Bülow, M. & Ottersbach, H.G. (1977): Aktionsforschung. Hamburg (Interdisziplinäres Zentrum für Hochschuldidaktik).

Butler, S.F. & Strupp, H.H. (1986): Specific and Nonspecific Factors in Psychotherapy. A Problematic Paradigm for Psychotherapy Research. In: Psychotherapy, 23/1, 30 - 40.

Cashdan, S. (1990): "Sie sind ein Teil von mir" - Objektbeziehungstheorie in der Psychotherapie - . Köln (Edition Humanistische Psychologie).

Cardinal, M. (1984): Schattenmund. Reinbek (Rowohlt).

Caspar, F. (1989): Beziehungen und Probleme verstehen. Eine Einführung in die psychotherapeutische Plananalyse. Bern (Huber).

Caspar, F. & Grawe, K. (1992): Psychotherapie: Anwendung von Methoden oder ein heuristischer, integrierender Produktionsprozess? In: Report Psychologie, 7, 10 - 22.

Ciompi, L. (1988): Außenwelt - Innenwelt. Die Entstehung von Zeit, Raum und psychischen Strukturen. Göttingen (Vandenhoek).

Cross, D.G., Sheehan, P.W. & Khan, J.A. (1982): Short- And Long-Term Follow-Up Of Clients Receiving Insight-Oriented Therapy And Behavior Therapy. In: Journal of Consulting and Clinical Psychology, 50/1, 103 - 112.

Csef, H. & Stengl, A. (1992): Biografische Forschungsmethoden in Psychosomatik, Psychologie und Psychiatrie. In: Zeitschrift für Klinische Psychologie, Psychopathologie und Psychotherapie, 2/40, 125 - 135.

Czogalik, D. (1990a): Wirkfaktoren in der Einzelpsychotherapie. In: Tschuschke, V. & Czogalik, D. (Hrsg.) (1990): Was wirkt in der Psychotherapie? Zur Kontroverse um die Wirkfaktoren. Berlin, Heidelberg (Springer), 7 - 30.

Czogalik, D. (1990b): Wirkmomente in der Interaktion am Beispiel der therapeutischen Selbstöffnung. In: In: Tschuschke, V. & Czogalik, D. (Hrsg.) (1990): Was wirkt in der Psychotherapie? Zur Kontroverse um die Wirkfaktoren. Berlin, Heidelberg (Springer), 155 - 179.

Czogalik, D. (1991): Eine Strategie der Interaktions-Prozeßforschung. In: Verhaltenstherapie und psychosoziale Praxis, 2, 173 - 186

Czogalik, D. & Hettinger, R. (1990): Stochastische Aspekte des psychotherapeutischen Prozesses. In: Zeitschrift für Klinische Psychologie, XIX,1, 18 - 31.

Devereux, G. (1967): Angst und Methode in den Verhaltenswissenschaften. München (Hanser).

Dreitzel, H.P. (1972): Die gesellschaftlichen Leiden und das Leiden an der Gesellschaft. Stuttgart (Enke).

Dreitzel, H.P. (1992): Reflexive Sinnlichkeit. Mensch-Umwelt-Gestalttherapie Köln (Edition Humanistische Psychologie).

Eckert, J. & Biermann-Rathjen, E.M. (1990): Ein heimlicher Wirkfaktor: Die "Theorie" des Therapeuten. In: Tschuschke, V. & Czogalik, D. (1990): Was wirkt in der Psychotherapie? Zur Kontroverse um die Wirkfaktoren. Berlin, Heidelberg (Springer), 272 - 286.

Elliot, R. (1984): A discovery-orientated approach to significant events in psychotherapy: Interpersonal process recall and comprehensive analysis. In: Rice, L.N. & Greenberg, L.S. (Eds.) (1984): Patterns of Change: Intensive Analysis of Psychotherapy Process Research. New York (Guilford), 249 - 286.

Elliot, R. (1986): Interpersonal Process Recall (IPR) as a Psychotherapy Process Research Method. In: Greenberg, L.S. & Pinsof, W.M. (Eds.) (1986): The Psychotherapeutic Process: A Research Handbook. New York (Guilford), 503 - 528.

Elliott, R. (1989): The five dimensions of therapy process. Vortrag auf der 3. Europ. Konferenz für Psychotherapieforschung, Bern 1989.

Elliot, R., Clark, C., Kemeny, V., Wexler, M.M., Mack, C. & Brinkerhoff, J. (1990): The Impact of Experiential Therapy On Depression: The First Ten Cases. In: Lietear, G., Rombauts, J., van Balen, R. (Eds.) (1990): Client-Centered And Experiental Psychotherapy in the Nineties. Leuven/Belgien (Leuven University Press), 549 - 577.

Elliot, R. & Shapiro, D.A. (1988): Brief Structured Recall: A more efficient method for studying significant therapy events. In: British Journal of Medical Psychology, 61, 141 - 153.

Elliott, R. & Shapiro, D.A. (1992): Client and Therapist as Analysts of Significant Events. In: Toukmanian, S.G. & Rennie, D.L. (Eds.) (1992): Psychotherapy Process Research. Newbury Park, Cal. (Sage), 163 - 186.

Eysenck, H. J. (1952): The effects of psychotherapy: An evaluation. In: Journal of Consulting and Clinical Psychology, 16, 319 - 324.

Eysenck, H. J. (1978): An Exercise in Mega-Silliness. In: American Psychologist, 5, 517.

Farau, A. & Cohn, R.C. (1984): Gelebte Geschichte der Psychotherapie. Zwei Perspektiven. Stuttgart (Klett-Cotta).

Feild, Reishad (1987): Ich ging den Weg des Derwisch. Köln (Diedrichs).

Ferenczi, S. (1988): Ohne Sympathie keine Heilung. Das klinische Tagebuch von 1932. Frankfurt/M. (S. Fischer).

Fiedler, P. (1987): Paradigmawechsel in der Psychotherapieforschung. In: Universitas, 42, 1055 - 1064.

Fiedler, P. & Rogge, K.-E. (1989): Zur Prozeßuntersuchung psychotherapeutischer Episoden. Ausgewählte Beispiele und Perspektiven. In: Zeitschrift für Klinische Psychologie, XVIII, 1, 45 - 54.

Fiedler, P. & Rogge, K.-E. (1990): Studien über Empathie und Lenkung in der kognitiven Psychotherapie. In: Tschuschke, V. & Czogalik, D. (1990): Was wirkt in der Psychotherapie? Zur Kontroverse um die Wirkfaktoren. Berlin, Heidelberg (Springer), 134 - 154.

Flick, U. (1987): Methodenangemessene Gütekriterien in der qualitativ-interpretativen Forschung. In: Bergold, J.B. & Flick, U. (Hrsg.) (1987): Ein-Sichten. Zugänge zur Sicht des Subjekts mittels qualitativer Forschung. Tübingen (DGVT: Forum für Verhaltenstherapie und psychosoziale Praxis), 247 - 262.

Flick, U., Kardorff, E. von, Keupp, H., Rosenstiel, L. von & Wolff, S. (Hrsg.) (1991): Handbuch Qualitative Sozialforschung. München (Psychologie Verlags Union).

Fliegener, B. (1991): Bibliographie der Gestalttherapie 1991. Gestalttherapie: Dokumentation deutsch- und englischsprachiger Veröffentlichungen und empirischer Befunde, Teil 2. Frankfurt (Deutsche Vereinigung für Gestalttherapie).

Fliegener, B. (1992): Wirksamkeitsforschung in der Gestalttherapie - Anpassung oder politisches Handeln? in: Gestalttherapie, Sonderheft Forschung, 40 - 61.

Frank, J.D. (1973): Persuasion and Healing. Baltimore (The John Hopkins Press).

Friedman, M. (1987): Der heilende Dialog in der Psychotherapie. Köln (Edition Humanistische Psychologie).

Friedman, M. (1992): Dialog zwischen Martin Buber und Carl Rogers (18. April 1957 in Ann Arbor, Mich., USA). In: Integrative Therapie, 3, 245 - 260.

Fuhr, R. & Gremmler-Fuhr, M. (1988): Faszination Lernen. Transformative Lernprozesse im Grenzbereich zwischen Pädagogik und Psychotherapie. Köln (Edition Humanistische Psychologie).

Fuhr, R. & Gremmler-Fuhr, M. (1995): Gestalt-Ansatz. Grundkonzepte und -modelle aus neuer Perspektive. Köln (Edition Humanistische Psychologie).

Gordon, B. (1986): Ich tanze so schnell ich kann. Reinbek (Rowohlt).

Grawe, K. (1976): Differentielle Psychotherapie I. Indikation und spezifische Wirkung von Verhaltenstherapie und Gesprächspsychotherapie. Bern (Huber).

Grawe, K. (1986): Die Effekte der Psychotherapie. In: Amalang, M. (Hrsg.) (1986): Bericht über den 35. Kongress der Deutschen Gesellschaft für Psychologie in Heidelberg, Band 2. Göttingen (Hogrefe), 515 - 534.

Grawe, K. (1988a): Zurück zur psychotherapeutischen Einzelfallforschung - Editorial. In: Zeitschrift für Klinische Psychologie, XVII, 1, 1 - 7.

Grawe, K. (1988b): Der Weg entsteht im Gehen. Ein heuristisches Verständnis von Psychotherapie. In: Verhaltenstherapie und psychosoziale Praxis, 1, 39 - 49.

Grawe, K. (1989): Von der psychotherapeutischen Outcome-Forschung zur differentiellen Prozeßanalyse. In: Zeitschrift für Klinische Psychologie, XVIII, 1, 23 - 34.

Grawe, K. (1992a): Therapeuten: Unprofessionelle Psychospieler? In: Psychologie Heute, 6, 22 - 28.

Grawe, K. (1992b): Psychotherapieforschung zu Beginn der neunziger Jahre. In: Psychologische Rundschau, 43, 132 - 162.

Grawe, K. (1992c): Psychotherapie: Anwendung von Methoden oder ein heuristischer, integrierender Produktionsprozeß? In: Report Psychologie, 43/3, 132 - 162.

Grawe, K., Caspar, F. & Ambühl, H. (1990): Die Berner Therapievergleichsstudie. In: Zeitschrift für Klinische Psychologie, XIX, 294 - 376.

Grawe, K., Donati, R. & Bernauer, F. (**1994**): Psychotherapie im Wandel - Von der Konfession zur Profession -. Göttingen, Bern, Toronto, Seattle (Hogrefe).

Greenberg, L. S. & Dompierre, L.M. (**1981**): Specific Effects of Gestalt-Two-Chair Dialogue on Intrapsychic Conflict in Counseling. In: Journal of Counseling Psychology, 28/4, 288 - 294.

Greenberg, L.S. & Pinsof, W.M. (**Eds.**) (**1986**): The Psychotherapeutic Process: A Research Handbook. New York (Guilford).

Grubitsch, S. & Rexilius, G. (**Hrsg.**) (**1978**): Testtheorie - Testpraxis. Voraussetzungen, Verfahren, Formen und Anwendungsmöglichkeiten psychologischer Tests im kritischen Überblick. Reinbeck (Rowohlt).

Haken, H. & Wunderlin, A. (**1990**): Synergetik. Vortrag auf der Herbstakademie "Selbstorganisation und klinische Psychologie", Bamberg, 1990.

Haynal, A. (**1989**): Die Technik-Debatte in der Psychoanalyse, Freud, Ferenczi, Balint. Frankfurt/M. (Fischer).

Helg, F. (**1992**): Begegnung und Kontakt. Der Einfluß Martin Bubers auf Fritz Perls und die Gestalttherapie. In: Integrative Therapie, 3, 211 - 244.

Hoffmann, S.O. (**1992**): Bewunderung, etwas Scham und verbliebene Zweifel. Anmerkungen zu Klaus Grawes "Psychotherapieforschung zu Beginn der neunziger Jahre". In: Psychologische Rundschau, 43, 163 - 167.

Hoffmann, S.O. & Hochapfel, G. (**1992**): Einführung in die Neurosenlehre und Psychosomatische Medizin. Stuttgart, New York (Schattauer).

Huf, Andrea (**1991**): Psychotherapeutische Wirkfaktoren. Weinheim (Beltz-Psychologie-Verlags-Union).

Jacobs, L. (**1989**): Dialogue in Gestalt Theory and Therapy. In: The Gestalt Journal, XII, 1, 25 - 67.

Johnson, S.M. (**1988**): Der Narzißtische Persönlichkeitsstil. Köln (Edition Humanistische Psychologie).

Jaeggi, E. (**1991**): Der Wechselbalg Psychotherapie. In: Verhaltenstherapie und psychosoziale Praxis, 2, 117 - 129.

Jüttemann, G. & Thomae, H. (**Hrsg**) (**1987**): Biographie und Psychologie. Berlin, Heidelberg (Springer).

Kagan, N., Krathwohl, D. & Miller, R. (**1963**): Stimulated Recall in Therapy Using Videotape - a case study. In: Journal of Counseling Psychology, 10, 237 - 243.

Kemmler, L., Schelp, T., Mecheril, P. (**1991**): Sprachgebrauch in der Psychotherapie. Emotionales Geschehen in 4 Therapieschulen. Bern, Göttingen, Toronto (Huber).

Kernberg, O. (**1981**): Objektbeziehungen und Praxis der Psychoanalyse. Stuttgart (Klett-Cotta).

Kohut, H. (1979): Die Heilung des Selbst. Frankfurt/M. (Suhrkamp).

Kommer, D. & Bastine, R. (1981): The Method of Retrospective Think Aloud in Psychotherapeutic Process Research. In: Minsel, W. R. & Herff, W. (Eds.) (1981): Proceedings of the First European Conference on Psychotherapy Research in Trier. Frankfurt (Peter Lang).

Krause, R. & Lütolf, P. (1989): Mimische Indikatoren von Übertragungsvorgängen - Erste Untersuchungen - In: Zeitschrift für Klinische Psychologie, XVIII, 1, 55 - 67.

Kuiper, P.C. (1991): Seelenfinsternis. Die Depression eines Psychiaters. Frankfurt/M. (S. Fischer).

Lamnek, S. (1988, 1989): Qualitative Sozialforschung, Bd. 1: Methodologie u. Bd. 2: Methoden und Techniken. München/Weinheim (Psychologie Verlags Union).

Lang, H. (Hrsg.) (1990): Wirkfaktoren in der Psychotherapie. Berlin, Heidelberg (Springer).

Lang, H. (1990): Einführung. In: Lang, H. (Hrsg.) (1990): Wirkfaktoren in der Psychotherapie. Berlin, Heidelberg (Springer), 1 - 9.

Laplanche, J. & Pontalis, J.B. (1972): Das Vokabular der Psychoanalyse, Bd. 1 u. 2. Frankfurt (Suhrkamp).

Leithäuser, T. & Volmerg, B. (1988): Psychoanalyse in der Sozialforschung. Eine Einführung am Beispiel einer Sozialpsychologie der Arbeit. Opladen (Westdeutscher Verlag).

Lietear, G., Rombauts, J., van Balen, R. (Eds.) (1990): Client-Centered And Experiental Psychotherapy in the Nineties. Leuven/Belgien (Leuven University Press).

Ludewig, K. (1988): Problem - "Bindeglied" klinischer Systeme. Grundzüge eines systemischen Verständnisses psychosozialer und klinischer Probleme. In: Reiter et al. (Hrsg.) (1988): Von der Familientherapie zur systemischen Perspektive. Berlin, Heidelberg (Springer), 231 - 249..

Mahrer, A. R. & Nadler, W. P. (1986): Good Moments in Psychotherapy: A Preliminary Review, a List, and Some Promising Research Avenues. In: Journal of Consulting and Clinical Psychology, 54, 1, 10 - 15.

Mahrer, A. R. & Dessaulles, A. & Nadler, W. P., Gervaize, P. A. & Sterner, I. (1987): Good and Very Good Moments in Psychotherapy: Content, Distribution, and Facilitation in: Psychotherapy, 24, 1, 7 - 14.

Maturana, H.R. (1982): Erkennen: Die Organisation und Verkörperung von Wirklichkeit. Braunschweig (Vieweg).

Maturana, H. R. & Varela, F. J. (1987): Der Baum der Erkenntnis. Bern, München (Scherz).

Mayring, P. (1991): Qualitative Inhaltsanalyse. In: Flick, U., Kardorff, E. von, Keupp, H., Rosenstiel, L. von & Wolff, S. (Hrsg.) (1991): Handbuch Qualitative Sozialforschung. München (Psychologie Verlags Union), 209 - 213.

Meer, L.v.d. & Roth, W.L. **(1992):** Selbstbild und Fremdbild psychotherapeutischer Praxis: Neue Wege zur Reflexion eines alten Problems. In: Verhaltenstherapie und psychosoziale Praxis, 4, 515 - 531.

Mehrgardt, M. **(1994):** Erkenntnistheoretische Grundlegung der Gestalttherapie. Münster, Hamburg (LIT-Verlag).

Mergentheimer, E. & Pokorny, D. **(1989):** Parts of speech - A linguo-statistical analysis of textual data. Vortrag auf der 3. Europ. Konferenz für Psychotherapieforschung, Bern 1989.

Merleau-Ponty, M. **(1973):** Vorlesungen I. Berlin (de Gruyter).

Meyer, A.E. (Ed.) **(1981):** The Hamburg Short Psychotherapy Comparison Experiment. In: Psychotherapy and Psychosomatics, 1, 74 - 78.

Meyer, A.-E. **(1989):** Nonspecific or communal factors: Yet another myth in psychotherapy research? Vortrag auf der 3. Europ. Konferenz für Psychotherapieforschung, Bern 1989.

Meyer, A.-E. **(1990):** Eine Taxonomie der bisherigen Psychotherapieforschung. In: Zeitschrift für Klinische Psychologie, XIX, 4, 287 - 291.

Meyer, A.-E., Richter, R., Grawe, K., Graf v. d. Schuelenburg, J.-M. **(1991):** Forschungsgutachten zu Fragen eines Psychotherapeutengesetzes. Bonn (Bundesministerium für Jugend, Familie und Gesundheit).

Mittenecker, E. **(1987):** Video in der Psychologie - Methoden und Anwendungsbeispiele in Forschung und Praxis. Bern, Stuttgart, Toronto (Huber).

Moser, T. **(1988):** Das erste Jahr. Eine psychoanalytische Behandlung. Frankfurt/M. (Suhrkamp).

Müller-Ebert, J., Josewski, M., Dreitzel, H.P., Müller, B. **(1988):** Narzißmus. Ein Vortrag anläßlich der DVG-Tagung 1988 in Heidelberg, Teil I-III. In: Gestalttherapie, 2, 27 - 58.

Muschg, W. **(1975):** Freud als Schriftsteller. München (Kindler).

Nothdurft, W. **(1987):** Gesprächsanalyse subjektiver Konfliktsituationen - Ein natürliches Design zur Rekonstruktion individuellen Konfliktverständnisses. In: Bergold, J.B. & Flick, U. (Hrsg.) (1987): Ein-Sichten. Zugänge zur Sicht des Subjekts mittels qualitativer Forschung. Tübingen (DGVT: Forum für Verhaltenstherapie und psychosoziale Praxis), 98 - 114.

Orlinsky, D.E. & Howard, K.I. **(1986):** Process and outcome in psychotherapy. In: Garfield, S.L. & Bergin, A.E. (Eds.) (1986): Handbook of psychotherapy and behavior change. New York (Wiley), 311 - 381.

Paetsch, G.-H. & Birkhan, G. **(1987):** Das subjektive Konstrukt "Verantwortung" in der Therapeut-Patient-Beziehung - untersucht mit Hilfe der Struktur-Lege-Technik (SLT). In: Bergold, J.B. & Flick, U. (Hrsg.) (1987): Ein-Sichten. Zugänge zur Sicht des Subjekts mittels qualitativer Forschung. Tübingen (DGVT: Forum für Verhaltenstherapie und psychosoziale Praxis), 71 - 84.

Perls, F. (1974): Gestalttherapie in Aktion. Stuttgart (Klett).

Perls, F. (1980): Gestalt, Wachstum, Integration. Aufsätze, Vorträge, Therapiesitzungen. Paderborn (Junfermann).

Perls, F. (1981): Gestalt-Wahrnehmung - Verworfenes und Wiedergefundenes aus meiner Mülltonne. Paderborn (Junfermann).

Perls, F. (1989): Das Ich, der Hunger und die Aggression. Die Anfänge der Gestalttherapie. München (dtv). (Engl. Erstausgabe (1947): Ego, hunger, and aggression. London (Alen & Unwin Ltd.).

Perls, L. (1989): Leben an der Grenze. Essays und Anmerkungen zur Gestalttherapie Köln (Edition Humanistische Psychologie).

Perls, F.S., Hefferline, R.F., Goodman, P. (1981): Gestalttherapie. Lebensfreude und Persönlichkeitsentfaltung. Stuttgart (Klett-Cotta). (Amerik. Erstausgabe (1951): Gestalt Therapy. Excitement and Growth in the Human Personality. New York (Julian Press).

Perls, F.S., Hefferline, R.F., Goodman, P. (1981): Gestalttherapie. Wiederbelebung des Selbst. Stuttgart (Klett-Cotta). (Amerik. Erstausgabe (1951): Gestalt Therapy. Excitement and Growth in the Human Personality. New York (Julian Press)

Petzold, H. (Hrsg.) (1987): Die Rolle des Therapeuten und die therapeutische Beziehung. Paderborn (Junfermann).

Plog, U. (1976): Differentielle Psychotherapie II. Der Zusammenhang zwischen Lebensbedingungen und spezifischen Therapieeffekten im Vergleich von Gesprächspsychotherapie und Verhaltenstherapie. Bern (Huber).

Polster, E. & M. (1983): Gestalttherapie. Theorie und Praxis der integrativen Gestalttherapie. Frankfurt/M. (Fischer).

Pope, K. S., Sonne, J. L. & Holroyd, J. (1993): Sexual feelings in Psychotherapy. Explorations for Therapists and Therapists-In-Training. Washington, D.C. (American Psychiatric Press).

Portele, H. (1987): Gestalttheorie, Gestalttherapie und Theorien der Selbstorganisation. In: Gestalttherapie, 1, 25 - 29.

Portele, H. (1988): Gestalttherapie und Psychotherapieforschung. In: Gestalttherapie, 2, 69 - 77.

Portele, H. (1989a): Autonomie, Macht, Liebe. Frankfurt/M. (Suhrkamp).

Portele, H. (1989b): Gestalttherapie und Selbstorganisation. In: Gestalttherapie, 1, 5 - 15.

Portele, H. (1990): Feld und Interdependenz. Zu den Grundlagen der Gestalttherapietheorie bei Lewin und Bourdieu. In: Gestalttherapie, 2, 17 - 27.

Portele, H. (1992): Psychotherapieforschung ja, aber wie? In: Gestalttherapie, Sonderheft Forschung, 96 - 102.

Portele, H. (1994): Martin Buber für Gestalttherapeuten. In: Gestalttherapie, 1, 5 - 15.

Prigogine, I. & Stengers, I. (1981): Dialog mit der Natur - Neue Wege naturwissenschaftlichen Denkens. München (Piper).

Quindt, H. (1988): Die Zwangsneurose aus psychoanalytischer Sicht. Berlin, Heidelberg (Springer).

Reich, W. (1976): Die Entdeckung des Orgons, Band II: Der Krebs. Frankfurt (Fischer).

Reik, Th. (1935): Der überraschte Psychologe. Über Erraten und Verstehen unbewußter Vorgänge. Leiden (A.W. Sijthoff's Uitgeversmaatschappij N.V.).

Reinecker, H.S. (1993): Zwänge. Diagnose, Theorien und Behandlung. Bern, Göttingen, Toronto (Huber).

Reinecker, H., Schiepek, G. & Gunzelmann (1989): Integration von Forschungsergebnissen: Meta-Analysen in der Psychotherapieforschung. In: Zeitschrift für Klinische Psychlogie, XVIII, 2, 101 - 116.

Reinecker, H. & Schindler, L. (1991): Differentielle Psychotherapieforschung? - Überlegungen zur Berner Vergleichsstudie. In: Zeitschrift für Klinische Psychologie, XX, 3, 274 - 279.

Reiter, L. & Ahlers, L. (Hrsg.) (1991): Systemisches Denken und therapeutischer Prozeß. Berlin, Heidelberg (Springer).

Rennie, D. L. & Toukmanian, S. G. (1992): Explanation in Psychotherapy Process Research. In: Toukmanian, S.G. & Rennie, D.L. (Eds.) (1992): Psychotherapy Process Research. Newbury Park, Cal. (Sage), 234 - 251.

Rice, L. N. (1992): From Naturalistic Observation of Psychotherapy Process to Micro Theories of Change. In: Toukmanian, S. G. & Rennie, D. L. (Eds.) (1992): Psychotherapy Process Research. Newbury Park, Cal. (Sage), 1 - 21

Rice, L. N. & Greenberg, L. S. (Eds.) (1984): Patterns of Change: Intensive Analysis of Psychotherapy Process Research. New York (Guilford).

Rice, L. N. & Greenberg, L. S. (1984): The new research paradigm. In: Rice, L. N. & Greenberg, L. S. (Eds.) (1984): Patterns of Change: Intensive Analysis of Psychotherapy Process Research. New York (Guilford), 7 - 25.

Rice, L. N. & Greenberg, L. S (1990): Fundamental Dimensions in Experiential Therapy: New Directions in Research. In: Lietear, G., Rombauts, J., van Balen, R. (Eds.) (1990): Client-Centered And Experiental Psychotherapy in the Nineties. Leuven/Belgien (Leuven University Press), 397 - 414.

Rice, L. N. & Kerr, G. P. (1986): Measures of Client and Therapist Vocal Quality. In: Greenberg, L. S. & Pinsof, W. M. (Eds.) (1986): The psychotherapeutic Process: A Research Handbook. New York (Guilford), 73 - 106.

Rogers, C. (1961): The process equitation of psychotherapy. In: American Journal of Psychotherapy, 15, 27.

Rogers, C. R. (1977): Therapeut und Klient. Grundlagen der Gesprächspsychotherapie. München (Kindler).

Roth, J. & Sinderhauf, R. (1991): Der Kontaktprozeß in einer Gestalttherapie. Eine Einzelfallstudie. Unveröffentl. Diplomarbeit (Universität Hamburg).

Sachse, R. (1991): Gesprächstherapie als Affektive Psychotherapie: Bericht über ein Forschungsprojekt. In: GWG-Zeitschrift, 83, 30-42 (Teil 1) sowie 84, 32 - 40 (Teil 2).

Sacks, O. (1987): Der Mann, der seine Frau mit einem Hut verwechselte. Reinbeck (Rowohlt).

Sacks, O. (1994): Migräne. Reinbeck (Rowohlt).

Schaub, H. & Schiepek, G. (1990): Simulation einer Depressionsentwicklung: Modell, Zeitreihen und Ansatz einer chaostheoretischen Analyse. Vortrag auf der Herbstakademie "Selbstorganisation und klinische Psychologie", Bamberg 1990.

Schiepek, G. (Hrsg.) (1987): Systeme erkennen Systeme. Individuelle, soziale und methodische Bedingungen systemischer Diagnostik. München, Weinheim (Psychologie Verlags-Union).

Schiepek, G. (1988a): Ist Psychotherapie als Technologie rekonstruierbar? In: Verhaltenstherapie und psychosoziale Praxis, 1, 5 - 7.

Schiepek, G. (1988b): Psychosoziale Praxis und Forschung: Ein methodologischer Entwurf aus systemischer Sicht. In: Reiter et al. (Hrsg.): Von der Familientherapie zur systemischen Perspektive. Berlin, Heidelberg (Springer), 51 - 73.

Schindler, L. (1989): Das Codiersystem zur Interaktion in der Psychotherapie (CIP): Ein Instrument zur systematischen Beobachtung des Verhaltens von Therapeut und Klient im Therapieverlauf. In: Zeitschrift für Klinische Psychologie, XVIII, 1, 68 - 79.

Schindler, L. (1991): Die empirische Analyse der therapeutischen Beziehung - Beiträge zur Prozeßforschung in der Verhaltenstherapie. Berlin, Heidelberg (Springer).

Schmidt, S. J. (1987): Der Radikale Konstruktivismus: Ein neues Paradigma im interdisziplinären Diskurs. In: Schmidt, S.J. (Hrsg.) (1987): Der Diskurs des Radikalen Konstruktivismus. Frankfurt/M. (Suhrkamp) 11 - 88.

Schneider, H. (1988): Veränderung in der Psychotherapie als selbstorganisierender Prozeß: Ein Modell der Entstehung einer neuen Struktur. In: Verhaltenstherapie und psychosoziale Praxis, 1, 24 - 38.

Schneider, H. (1989a): Tracing Change Sequences in Psychotherapy: The Developement of a New Tool. Vortragsmanuskript zur 20. Jahrestagung der Gesellschaft für Psychotherapieforschung (SPR), Toronto, Canada.

Schneider, H. (1989b): Models, Tools, Procedures ...: What They May Mean to the Practising Psychotherapist. Vortragsmanuskript zur 3. Europ. Konferenz der Gesellschaft für Psychotherapieforschung (SPR), Bern, Schweiz.

Schneider, H. (**1989c**): Change in a Relationship Structure 2: An Attempt at Comparing Analogous Sequences From the Ulm and the Berne Cases. Vortragsmanuskript zur 3. Europ. Konferenz der Gesellschaft für Psychotherapieforschung (SPR), Bern, Schweiz.

Senf, W. & Schneider-Gramann, G. (**1990**): Was hilft in der analytischen Psychotherapie? Rückblicke ehemaliger Klienten. In: Tschuschke, V. & Czogalik, D. (1990): Was wirkt in der Psychotherapie? Zur Kontroverse um die Wirkfaktoren. Berlin, Heidelberg (Springer), 31 - 53.

Sloane, R. B., Staples, F. R., Cristol, A. H., Yorkston, N. J. & Whipple, K. (**1975**): Psychotherapy versus Behavior Therapy. Cambridge (Harvard University Press).

Smith, M. L., Glass, G. V. & Miller, T. I. (**1980**): The benefit of psychotherapy. Baltimore (John Hopkins University Press).

Staemmler, F. M. & Bock, W. (**1991**): Ganzheitliche Veränderung in der Gestalttherapie. München (Pfeiffer).

Stiles, W.B., Shapiro, D.A., Elliot, R. (**1986**): Are All Psychotherapies Equivalent? In: American Psychologist, 41, 165 - 180.

Stiles, W.B. & Shapiro, D.A. (**1989**): Abuse of the Drug Metaphor in Psychotherapy Process-Outcome Research. In: Clinical Psychology Review, 9, 521 - 543.

Strümpfel, U. (**1991**): Forschungsergebnisse zur Gestalttherapie 1991. Gestalttherapie: Dokumentation deutsch- und englischsprachiger Veröffentlichungen und empirischer Befunde. Teil 1. Frankfurt (Deutsche Vereinigung für Gestalttherapie).

Strümpfel, U. (**1992**): Wie wissenschaftlich ist die Gestalttherapie? Anmerkungen zur wissenschaftlichen Bewertung der Gestalttherapie im Forschungsgutachten zum Psychotherapeutengesetz. Bilanz und Versuch einer Standortbestimmung. In: Gestalttherapie, Sonderheft Forschung, 62 - 83.

Strupp, H. H. (**1986**): Psychotherapie: Einige Bemerkungen zu Forschung, Ausbildung und Praxis. In: Amelang, M. (Hrsg.) (1986): Bericht über den 35. Kongreß der Deutschen Gesellschaft für Psychologie, Heidelberg, Bd 2, 535 - 543.

Strupp, H. H. & Hadley, S. W. (**1979**): Specific versus nonspecific factors in psychotherapy: A controlled study of outcome. Arch Gen Psychiatry, 36, 1125 - 1136.

Stuhr, U. & Wirth, U. (**1990**): Die Bedeutung des Therapeuten als inneres Objekt des Klienten. In: Tschuschke, V. & Czogalik, D. (1990): Was wirkt in der Psychotherapie? Zur Kontroverse um die Wirkfaktoren. Berlin, Heidelberg (Springer), 54 - 70.

Teschke, D. (**1989**): Der radikale Konstruktivismus und einige Konsequenzen für die therapeutische Praxis. In: Gestalttherapie, 1, 16 - 29.

Teschke, D. (**1992**): Gestalttherapeuten und Forschung - Überlegungen zu einer gestalttherapeutischen Psychotherapieforschung. In: Gestalttherapie, Sonderheft Forschung, 14 - 39.

Textor, M. R. (**1988**): Psychotherapie - Charakteristika und neue Entwicklungen. In: Integrative Therapie, 4, 269 - 280.

Thomen, B., Ammann, R. & von Cranach, M. (1988): Handlungsorganisation durch soziale Repräsentationen. Welcher Einfluß haben therapeutische Schulen auf das Handeln ihrer Mitglieder? Bern, Stuttgart, Toronto (Huber).

Toukmanian, S. G. & Rennie, D. L. (Eds.) (1992): Psychotherapy Process Research Newbury Park, Cal. (Sage).

Tress, W. (1990): Psychodynamische Wirkfaktoren psychotherapeutischer Verläufe. In Tschuschke, V. & Czogalik, D. (1990): Was wirkt in der Psychotherapie? Zur Kontroverse um die Wirkfaktoren. Berlin, Heidelberg (Springer).

Tscheulin, D. (1992): Wirkfaktoren psychotherapeutischer Interventionen. Göttingen, Bern Toronto, Seattle (Hogrefe).

Tschuschke, V. (1990): Spezifische und/oder unspezifische Wirkfaktoren in der Psychotherapie: Ein Problem der Einzelpsychotherapie oder auch der Gruppentherapie? In Tschuschke, V. & Czogalik, D. (1990): Was wirkt in der Psychotherapie? Zur Kontroverse um die Wirkfaktoren. Berlin, Heidelberg (Springer), 243 - 271.

Tschuschke, V. & Czogalik, D. (1990): Was wirkt in der Psychotherapie? Zur Kontroverse um die Wirkfaktoren. Berlin, Heidelberg (Springer).

Tschuschke, V. & Czogalik, D. (1990a): "Psychotherapie - Wo sind wir jetzt und wohin müssen wir kommen? Versuch einer Integration. In: Tschuschke, V. & Czogalik, D. (1990) Was wirkt in der Psychotherapie? Zur Kontroverse um die Wirkfaktoren. Berlin, Heidelberg (Springer), 407 - 412.

Varela, F.: (1979): Principles of Biological Autonomy. New York (Elsevier North Holland).

Wasilewski, R. (1989): Kosten der Psychotherapie bei Klinischen Psychologen: Gutachter zur Honorarstruktur und Kosten psychotherapeutischer Leistungen von selbständig tätiger Klinischen Psychologen. Bonn (Deutscher Psychologen-Verlag).

Wiseman, H. (1992): Conceptually-Based Interpersonal Process Recall (IPR) of Change Events. In: Toukmanian, S.G. & Rennie, D.L. (Eds.) (1992): Psychotherapy Process Research. Newbury Park, Cal. (Sage), 51 - 76.

Wittmann, W. W. & Matt, G. (1986): Meta-Analyse als Integration von Forschungsergebnissen am Beispiel deutschsprachiger Arbeiten zur Effektivität von Psychotherapie Psychologische Rundschau, 37, 20 - 40.

Wysong, J. & Rosenfeld, E. (1982): An Oral History of Gestalt Therapy: Interviews with Laura Perls, Isadore From, Erving Polster, Miriam Polster. Highland, New York (Gestalt Journal).

Yalom, I.D. (1990): Die Liebe und ihr Henker & andere Geschichten aus der Psychotherapie. München (Albrecht Knaus).

Yalom, I.D. & Elkin, G. (1987): Jeden Tag ein Stück weiter. Die Chronik einer Therapie Frankfurt (Fischer).

Yontef, G. M. **(1991):** Recent Trends in Gestalt Therapy in the United States and What We Need to Learn from Them. British Gestalt Journal, I, 1, 5 - 20.

Zimmer, D. & Zimmer, F. T. **(1990):** Die therapeutische Gesprächsführung in der Verhaltenstherapie: Kurz- und langfristige Effekte. In: Tschuschke, V. & Czogalik, D. (1990): Was wirkt in der Psychotherapie? Zur Kontroverse um die Wirkfaktoren. Berlin, Heidelberg (Springer), 115 - 132.

Zinker, J. **(1982):** Gestalttherapie als kreativer Prozeß. Paderborn (Junfermann).

Anhang

Anhang zu Fall 1

Stundenübersicht zu Fall 1

Die Ziffern vor den Abkürzungen geben die für Klienten/Therapeuten und/oder Beobachter wichtigen Momente an, sie sind durchnumeriert. Es folgen die Qualifikation der Sequenz, ihre Zeitdauer sowie ein Erkennungswort bzw. -satz für die benannte Szene. Die Zeitangaben beziehen sich auf "Sinneinheiten". In den Überschriften werden noch zusätzliche Angaben zu evtl. Besonderheiten der Beobachtung gemacht.

Abkürzungen:
Th= Therapeut; Kl= Klient; B= Beobachter
sk bzw. st = singulär, wichtig für Kl bzw. Th
kd =konkordant= wichtig für Th und Kl
kons = konsensuell= wichtig für Th und Kl und mind. 1 B
B = nur von Beobachter benannte Sequenzen
N = nur in späteren Klienten-Nachinterviews benannte Sequenzen

Probe-Std. 0; 21.8.89; gesamt 27:02 Min. (die ersten 25 Min. Abklärung des Ablaufs ohne Video))
1st:	2:00-4:16= 2:16 Min. (Forschungsobjekt)
2st:	19:01-20:46= 1:45 Min. (sei vorsichtig mit mir!)
3kons:	22:47-27:02= 4:15 Min. (Ratschlag-Experiment)

Std. 1, 11.9.89; gesamt 47:23 Min.
4kd:	14:52-17:05= 2:13 Min. (schutz- und wehrlos)
5kons (+4 B)	30:08-37:05= 6:57 Min. (Bredouille)

Std. 2, 16.10.89; gesamt 64:20 Min.
N:	5:05-8:30= 3:25 Min. (Konkurrenz mit Prakt.partnerin)
6kd:	31:39-35:20= 3:41 Min. (Kaffetrinken bei N.)
7st u. B:	38:03-42:20= 2:17 Min. (eigene Pedanterie)
8sk:	43:42-46:36= 2:52 Min. (2 Pers. zus.gelötet)
9st:	54:32-60:50= 6:18 Min. (Dialog Pedant-Schutzloser)

Std. 3, 23.10.89; gesamt 39:15 Min. Video (techn. Fehler: bis 20. Min. kein Bild)
10st u. B:	7:28-11:54= 4:26 Min. (Gedanken implantieren)
11kd:	13:19-16:11= 2:58 Min. (Dialog mit Onkel)
12kons:	27:50-29:44= 1:54 Min. (Onkel Egons Daumen)
B:	38:00-39:30= 1:30 Min. (Egon Krentz-Witz)

Std. 4, 30.10.89; gesamt 60:20 Min.

13sk:	15:08-16:20= 1:12 Min. (Luftballons)
B:	26:30-27:40= 1:10 Min. (DIN-Format)
14st:	27:40-29:45= 2:05 Min. (willenlose Puppe)
B:	48:00-50:10= 2:10 Min. (Manipulator sein)
B:	55:30-56:30= 1:00 Min. (Dampfkessel)
15kd:	57:00-60:05= 3:05 Min. (autoaggressives Verhalten)

Std. 5, 13.11.89; gesamt 57:17 Min.

B:	7:00-7:30= 0:30 Min. (Kl sagt Nein)
16st u. B:	26:15-29:10= 2:55 Min. (ich beabsichtige, mein Leben zu führen)
17kons:	34:08-48:55= 14 47 Min. (Schneeglöckchen)

Std. 6, 23.11.89, gesamt 46:45 Min.

18kons:	26:30-34:05= 7:35 Min. (Hände)

Stunde 7, 27.11.89, gesamt 54:35 Min.

19kons:	19:15-31:15= 12:00 Min. (Knete)
B:	35:00-37:32 = 2:32 Min. (mit Waschzwang Probleme aufzeigen)

Stunde 8, 4.12.89, gesamt 58:52 Min.

20kons:	5:15-11:20= 6:05 Min. (Stühle rücken)
B	24:25-29:00= 5:35 Min. (Traumszene Bank)
N	43:15-44:25= 1:10 Min. (Milch in Ausguß)
B	51:00-53:00= 2:00 Min. (Waschzwang als Rache)

Stunde 9, 11.12.89, gesamt 63:30 Min.

21sk u. B:	3:10-5:10= 2:00 Min. (geklautes Mountainbike)
B u. N:	9:30-10:30= 1:00 Min. (Phallus-Symbol)
22kons:	48:09-55:20= 7:11 Min. (schizoid-anankastisch)

Std. 10, 18.12.89, gesamt 54:09 Min.

N1:	1:00-2:45= 1:45 Min. (mißlungene Klausur)
B:	11:00-12:30 Min.= 1:30 Min. (Krauter)
N2:	13:05-15:00= 1:55 Min. (Mensa-Essen-Szene)
23kons:	36:52-41:20= 4:28 Min. (was ich anderen antue)
24st:	47:05-49:50= 2:45 Min. (was Th an Kl mag)
B:	51:30-53:00= 1:30 Min. (andere Möglichkeiten im Leben)

Stunde 11, 8.1.90, gesamt 65:35 Min.

N:	4:00-6:25= 2:25 Min. (3 Kommilitonen angesprochen)
25kd:	16:50-18:20= 1:30 Min. (angegammelter Freund)
B:	19:30-21:20= 1:50 Min. (sind Sie vollkommen)

26st:	43:25-46:30= 3:05 Min. (Qualifikation als Psychologe)
27st:	55:15-57:05= 1:50 Min. (Virologe-Freund)
28kons:	58:50-64:00= 5:10 Min. (unhöflich-hoffnungslos)

Std. 12, 15.1.90, gesamt 57:50 Min.

B:	24:30-26:45= 2:15 Min. (Angriff gegen Th)
29sk:	37:38-42:08= 2:30 Min. (kranke Tante u. Film)
30kons:	49:25-54:29= 6:04 Min. (Kl-Mutter-Beziehung)

Std. 13, 22.1.90, gesamt 78:10 Min.

B:	9:00-12:00= 3:00 Min. (Th erwähnt Frust)
N	16:30-18:50= 2:20 Min. (Th als Flüchtlingskind)
31st:	30:25-32:48= 2:23 Min. (Graben-Hinrichtung)
32sk:	47:09-48:20= 1:11 Min. (Kl spielt Chef)
33kons:	65:20-68:31= 3:11 Min. (Physik ist doof)

Std. 14, 5.2.90, gesamt 59:20 Min.

B:	30:30-31:30= 1:00 Min. (Schuldgefühle)
34kons:	39:48-42:55= 3:07 Min. (Recht, mich zu schützen)
35st u. B:	48:00-53:26= 5:26 Min. (Kontakt zur Welt)

Std. 15, 12.2.90, gesamt 58:00 Min.

36kons:	35:15-38:54= 3:39 Min. (unbarmherzig)
37st:	40:10-41:41= 1:31 Min. (das Beste für mich)

Std. 16, 19.2.90, gesamt 57:38 Min.

B:	11:25-12:45= 1:20 Min. (positive Bedeutung von Angst)
38kd:	14:05-16:32= 2:27 Min. (Enid Blyton)
B:	28:00-29:00= 1:00 Min. (verwässern als vermeiden)
39st u. B:	50:05-53:00= 2:55 Min. (nicht verändern, aber verstehen)

Std. 17, 26.2.90, gesamt 55:55 Min.

B:	0:00-1:00= 1:00 Min. (Wind-fast weggeweht)
40sk u. B:	37:22-39:58= 2:36 Min. (keine Hilfe von Eltern)
41st:	50:15-52:59= 2:44 Min. (durchschaut-Braunbär)

Stunde 18, 5.3.90, gesamt 60:50 Min.

42st:	19:55-20:28= 2:33 Min. (Th fühlt sich manipuliert)
43sk:	25:22-27:45= 2:23 Min. (Tel.gespräch mit Lehrer)
44st u. B:	45:45-48:00= 2:15 Min. (indirekter Selbstmord)
B:	49:25-50:00= 0:35 Min. (Th bemerkt Sitzhaltung des Kl)

Stunde 19, 12.3.90, gesamt 54:03 Min.

B:	7:32-8:30= 0:58 Min. (Wachstum vs. Gewalt)
B:	27:10-28:30= 1:20 Min. (sie müssen nicht gehorchen)
45kons:	49:02-52:48= 3:46 Min. (Ich bin nicht Ihr Jimmy)

Stunde 20, 19.3.90, gesamt 55:38 Min.

46sk u. B:	24:25-25:56= 1:31 Min. (DDR-Hymne)
47kons:	39:27-52:15= 12:48 Min. (Alete-Kost)

Nennungen in Nachinterviews von Fall 1

Abkürzungen:

TN0 bzw. KN0 = Interview mit Therapeut bzw. Klient zum Ende des Beobachtungszeitraums (durchgeführt am 2.4. bzw. 14.4.1990)
TN1 = Nachinterview mit Therapeut nach 10 Monaten (14.1.91)
KN1 = Nachinterview mit Klient nach 10 Monaten (10.1.91)
KN2 = Nachinterview mit Klient nach 2 Jahren (22.3.92)
B1N = Nachinterview mit Beobachter 1 nach 11 Monaten (22.2.91)
B2N = Nachinterview mit Beobachter 2 nach 12 Monaten (21.3.91)

Std	Sequenz	KN0	KN1	KN2	TN0	TN1	B1N	B2N	Nennungen
0	3 kons	x	x	x					3
1	5 kons	x	x	x	x'	x	x	x	7
2	N		x	x					2
3	12 kons		x						1
4	13 sk		x						1
5	17 kons	x'	x	x	x	x	x	x	7
6	18 kons	x'	x	x	x'	x	x	x	7
7	19 kons	x'	x	x	x	x	x	x	7
8	20 kons	x		x	x'	x	x	x	6
8	N							x	1
9	21 sk	x	x	x					3
9	N	x		x					2
10	N1		x	x					2
10	N2	x	x	x					3
10	23 kons	x							1
10	24 st	x			x				2
11	N		x	x					2
11	28 kons		x	x			x	x	4
13	N	x							1
13	33 kons	x'	x	x	x'	x	x	x	7
14	34 kons						x		1
14	35 st				x'	x	x	x	4
16	38 kd		x	x			x	x	4
18	43 sk		x	x					2
20	46 sk	x			x				2
20	47 kons	x	x	x	x	x	x	x	7

Anm.: In den Nachbefragungen unmittelbar nach der Beobachtung (TN0 bzw. KN0) wurde nicht explizit zu Nacherinnerungen von den wichtigen Sequenzen gefragt. Die mit **x'** angegebenen Sequenzen sind solche, die in den **späteren** Nachinterviews detailliert erinnern wurden und nach meiner Vermutung - bei einer entsprechenden Fragestellung - auch in der ersten Nachbefragung erinnert worden wären (s. Kap. II.2.).

Anhang zu Fall 2

Stundenübersicht (Anmerkungen und Abkürzungen wie in Fall 1):

Stunde 1, 12.3.90, gesamt 56:25 Min.
1kons/B1:   27:01-30:16= 3:15 Min. (Saboteur - Widerstände herausbohren)
2sk u. B2:   43:10-44:45= 1:35 Min. (Augenkontakt)

Stunde 2, 2.4.90, gesamt 57:02 Min.
3sk: 36:30-39:36= 3:06 Min. (darüber rede ich nicht)
4st u. B1:   2: 43:20- 46:30= 3:10 Min. (doppelte Buchführung)

Std. 3, 9.4.90, gesamt 36:15 Min. (Kl kommt 25 Min. zu spät)
5sk: 4:10-7:45= 3:35 Min. (bloßgestellt wg. zu spät)
6sk: 21:25-21:50= 0:25 Min. (Mitschüler-Eltern)
B1:   31:50-32:30= 0:40 Min. (was hat Zweck?)
7st u. B2:   33:45-35:55= 2:10 Min. (warum bist Du hier?)

Std. 4, 30.4.90, gesamt 46:50 Min. (Kl kommt 20 Min. zu spät)
8sk u. B1:   12:30-17:23= 4:53 Min. (Th u. Kl. auf Boden)
N: 23:15-23:50= 0:35 Min. (Bordellbesuch)
9kons/B1,2:   35:50-41:45= 5:55 Min. (Eltern totschlagen)

Stunde 5, 8.5.90, gesamt 22:44 Min. (Kl kommt 45 Min. zu spät)
10kons/B2:   0:25-3:40= 3:15 Min. (Verspätung)
11st u. B1:   18:56-22:44= 3:48 Min. (macht Dich einsam)

Std. 6, 14.5.90, gesamt 59:50 Min.
12st u. B1,   2: 12:15-15:12= 2 57 Min. (Duplo-U-Boote)
13st u. B2:   35:00-39:15= 4:15 Min. (Mülltonne der Geschichte)
B: 49:01-51:03= 2:02 Min. (guter Sohn sein müssen)
14sk: 58:05-59:50= 1:45 Min. (Peng, Stunde verlabert)

Std. 7, 28.5.90, gesamt 57:36 Min. (nur B 1)
15sk u. B1:   30:52-33:01= 2:09 Min. (zerfrißt wie Säure)
16sk: 1:30-51:36= 0:06 (kein Behandlungsplan)
17kd: 57:16-57:36= 0:20 Min. (Gebetsmühle)

Std. 8, 11.6.90, gesamt 61:30 Min.
18sk u. B2:   23:50-28:53= 5:03 Min. (Wunderheiler)
19sk: 40:48-43:50= 3:02 Min. (Bordellbesuch)
20st u. B1:   46:53-50:30= 3:37 Min. (sich lächerlich machen bei Frauen)
21st: 57:10-58:36= 1:26 Min. (Th erzählt eigenes Erlebnis)

Std. 9, 18.6.90, gesamt 45:35 Min. (Kl kommt 25 Min. zu spät)

22sk:	4:25-5:03= 0:38 Min. (das geht niemanden was an)
23kons/B1:	9:30-14:23= 4:53 Min. (Kl spielt Gnom)
24kons/B2:	17:30-18:39= 1:09 Min. (Th drückt Beine)
25sk u. B1,	2: 23:10-24:55= 1:45 Min. (Mach 10 Kniebeugen)
26st:	36:32-41:44= 5:12 Min. (C.= übergeordnete Instanz)

Std. 10, 26.6.90, gesamt 51:12 Min. (nur B1; Kl 25 Min. zu spät)

27sk:	15:58-20:02= 4:04 Min. (gottähnlich vs. realistisch)
28sk:	25:49-26:41= 0:52 Min. (das Ziel ist zu hoch)
29st:	43:50-46:15= 2:25 Min. (war Niete für Mutter)
30st u. B1:	51:12-52:00= 0:48 Min. (das 1. Mal einem anderen erzählt; nach Abschalten der Kamera)

Std. 11, 2.7.90, gesamt 55:40 Min.

31sk u. B2,	0:50-1:06= 0:16 Min. (Geld oder nicht mehr kommen)
32st:	6:12-8:12= 2:00 (Th ist nicht Kontrolleur)
33kons/B2:	11:57-12:55= 0:58 Min. (das Thema mit Sprüchen erschlagen)
34kd:	18:32-24:10= 5:38 Min. (Kl zupft an Ths Händen)
B1:	32:30-34:10= 1:40 Min. (Theorien sind zu einfach)

Std. 12, 9.7.90, gesamt 53:10 Min.

35kons/B1,2:	31:30-42:57= 11:27 Min. (Wut: Haben sie recht?)
36st:	44:38-45:52= 1:14 Min. (Kl äfft Vater nach)

Std. 13, 20.8.90, gesamt 63:00 Min.

37st u. B1,2:	13:45-16:56= 3:11 Min. (hier sitzt kein Baumstamm)
38sk u. B2:	48:35-49:49= 1:14 Min. (Studentenarbeitslager)
39kons/B1:	55:05-63:00= 8:05 Min. (Th will nicht kontrollieren)

Std. 14, 27.8.90, gesamt 55:00 Min. (Klient kommt 15 Min. zu spät)

40kons/B1,2:	33:45-36:54= 3:09 Min. (ohne Traumwelten tot)
B1,2:	44:51-48:23= 3:32 Min. (schon lange zu nichts Lust)
41st:	51:45-55:00= 3:15 Min. (für Th nicht uninteressant)

Std. 15, 3.9.90, gesamt 68:35 Min.

42kons/B1,2:	7:42-17:30:50= 9:48 Min. (das müssen alle verstehen)
B2:	29:40-31:28= 1:48 Min. (Experte)
B1:	47:44-48:33= 0:49 Min. (Kl zu blöd, Vater zu spielen)

Std. 16, 10.9.90, gesamt 64:55 Min. (nur B1; die letzten 8 Min. nur Tor wg.
techn. Fehlers)
43kd: 13:00-17:20= 4:20 Min. (bin Person, nicht Tonband)
B1:   36:19-37:04= 0:45 Min. (Eltern nicht erfolgreich)
44kons/B1:   52:08-56:55= 4:47 Min. (Diese Frage gibt es nicht!)

Std. 17, 17.9.90, gesamt 59:30 Min. (Wechsel der Interviewer)
45kons/B1,2:   32:58-44:20= 11:18 Min. (Hände kneten, Beton)
46st u. B2:   53:28-54:40= 1:12 Min. (blöde Kuhaugen)

Std. 18, 24.9.90, gesamt 56:50 Min. (nur B1; zu Beginn 10 Min. kein Ton wg. techn.
Fehlers)
B1:   7:00-7:35= 0:35 Min. (Kindheit wie Zeichentrickfilm)
47sk u. B1:   35:38-40:15= 4:37 Min. (Rollenspiel Mütter über Söhne)
48kons/B1:   54:00-56:50= 2:50 Min. (Ärger: das ist abgeschlossen!)

Std. 19, 29.10.90, gesamt 64:10 Min. (nur B1)
B1:   21:35-23:16= 1:41 Min. (widerlicher Nichtsnutz)
49kons/B1:   50:49-53:42= 2:53 Min. (dem Spott der ganzen Welt ausliefern; wie seine
                 Mutter sein)

Std. 20, 5.11.90, gesamt 46:30 Min. (Kl kommt 20 Min. zu spät)
50st u. B2:   13:16-19:40= 6:24 Min. (alle Ths lassen mich hängen)
51sk u. B1:   26:35-27:26= 0:51 Min. (Wichsen am Morgen)
B1:   37:15-39:50= 2:35 Min. (Scheiße im Kopf)

Std. 21, 12.11.90, gesamt 59:30 Min.
52sk u. B1:   26:05-28:30= 2:25 Min. (ich möchte jemanden 1.,2.,3.)
53kons/B1,2:   51:16-59:30= 8:14 Min. (Drohung mit Therapieabbruch)

Std. 22, 26.11.90, gesamt 60:15 Min.
54st: 48:20-50:10= 1:50 Min. (provisorisches vs. eigentliches Leben)
55kons/B1,2:   51:23-60:15= 8:52 Min. (Mastgans, vergifteter Fisch)

Std. 23, 3.12.90, gesamt 61:30 Min.
56sk u. B2:   40:15-41:53= 1:38 Min. (Kl schiebt Vater in Ecke)
57kons/B1,2:   53:10-58:30= 5:20 Min. (Vertrauen basiert nicht auf Leistung)

Nennungen in Nachinterviews von Fall 2

Abkürzungen:

KN0 = Nachinterview mit Klient zum Ende des Beobachtungszeitraums (20.1.1991)

TN0 = Nachinterview mit Therapeut zum Ende des Beobachtungszeitraums (20.1. und 30.1.1991)

BN0 = Nachinterview mit teilnehmender Beobachterin (B2) zum Ende des Beobachtungszeitraums (4.2.1991)

TN1 u. KN1= Nachinterview mit Therapeut und Klient (zusammen) nach 14 Monaten (4.2.1992)

BN1 = Nachinterview mit teilnehmender Beobachterin (B2) nach 15 Monaten (3.3.1992)

TN2 = Nachinterview mit Therapeut nach 32 Monaten (24.08.93)

KN2 = Nachinterview mit Klient nach 32 Monaten (18.08.93)

Std	Sequenz	KN0	KN1	KN2	TN0	TN1	TN2	BN0	BN1	Nennungen
1	1 kons	x		x						2
2	3 sk	x								1
4	N		x							1
4	8 sk	x	x	x	x	x	x	x	x	8
4	9 kons	x	x	x	x	x	x	x	x	8
5	10 kons	x	x	x		x	x		x	6
6	12 st				x		x			2
7	17 kd	x		x	x		x			4
9	23 kons		x							1
10	27 sk		x	x	x	x	x			5
11	34 kd	x	x	x	x	x	x	x		7
12	35 kons	x	x	x	x	x	x	x	x	8
13	38 sk			x	x	x				3
14	40 kons	x	x	x	x	x	x			6
16	44 kons	x	x	x	x	x	x			6
17	45 kons	x	x	x	x	x	x	x	x	8
17	46 st		x		x					2
18	47 sk	x	x	x		x				4
19	49 kons		x		x	x	x			4
21	53 kons	x		x	x			x		4
22	55 kons	x	x	x	x	x	x			6
23	56 sk		x	x		x	x	x		5
23	57 kons	x	x	x	x	x	x	x	x	8

Anhang zu Fall 3

Stundenübersicht (Anmerkungen und Abkürzungen wie in Fall 1)

Std. 1, 8.5.90, gesamt 45:30 Min.
1kons/B1,2:   21:32-24:45= 3:13 Min. (begnadeter Redner)
2kd: 27:49-28:41= 0:52 Min. (im Heute zu leben)
B1:   33:40-37:13= 3:33 Min. (Kl genervt)

Std. 2, 29.5.90, gesamt 54:45 Min.
3st u. B1,2:   8:46-9:42= 0:56 Min. (Handtaschentraum-Nein!)
4kons/B1:   31:26-36:36= 5:10 Min. (Erwartungen? - weiß ich nicht)

Std. 3, 15.6.90, gesamt 47:40 Min.
5st u. B1:   3:28-6:26= 2:58 Min. (Kl weint)
B1:   21:28-22:50 Min. (Außenseiterin)
6sk: 31:04-32:35= 1:31 Min. (alleine zu Hause)
7st: 32:45-33:34= 0:49 Min. (Krankheit-Überbehütung)
B2:   44:26-45:45= 1:19 Min. (Schwangerschaft Mutter)

Std. 4, 26.6.90, gesamt 41:45 Min. (11 Min. zu Beginn nur Ton)
8st: 7:35-8:30= 0:55 Min. (Zus.hang Krankheit-Alleinsein)
B2:   11:00-12:00= 1:00 Min. (viel Lärm zu Hause)
9sk u. B1,2:   36:03-39:31= 3:28 Min. (Bruder schlägt Vater)
10st: 41:02-41:45= 0:43 Min. (Kl lächelt am Schluß)

Std. 5, 3.7.90, gesamt 38:02 Min.
11kons/B1,2:   8:13-12:46= 4:33 Min. (Bruder tot?)
12kons/B1:   20:29-22:58= 2:29 Min. (Abi machen die Anderen)
13st: 26:35-27:30= 0:55 Min. (geheult, dann gute Note)

Std. 6, 10.7.90, gesamt 46:50 Min.
14sk: 5:20-12:20= 7:00 Min. (über Sexualität reden)
15sk: 21:30-22:07= 0:37 Min. (viel gelacht mit Ex-Freund)
16st u. B1:   29:25-34:53= 5:28 Min. (Darmoperation)
17kons/B1,2:   35:25-40:10= 4:45 Min. (genervt - Timmendorf)

Std. 7, 14.8.90, gesamt 50:15 Min. (nur B1)
18st: 5:00-5:37= 0:37 Min. (Al-Anon vs. Therapie)
19sk: 6:55-7:17= 0:28 Min. (Tod des Bruders)
20sk: 8:53-10:12= 1:19 Min. (Streitereien mit Freund)
21sk u. B1:   13:44-15:23= 1:39 Min. (Streit im Kino)

22st:	26:32-29:58= 3:26 Min. (Kl wählt Kranke)
23st u. B1:	41:30-43:49= 2:19 Min. (mit Familie auf einer Stufe)

Std. 8, 2.10.90, gesamt 41:50 Min. (nur B1)

24sk u. B1:	19:10-21:37= 2:27 Min. (weiß nicht als Vermeiden)
B1:	25:25-27:10= 1:45 Min. (Ödipussy)
25st:	29:53-30:50= 0:57 Min. (Kl nennt Th-ziele)
B1:	35:28-37:36= 1:08 Min. (Kl trennt sich von Freund)

Std. 9, 9.10.90, gesamt 41:20 Min.

26sk:	0-2:58= 2:58 (Kl weigert sich beim Fragebogen)
27kons/B1,2:	9:15-13:33= 4:18 Min. (Verweigerung der Kl)

Std. 10, 23.10.90, gesamt 47:00 Min. (nur B1)

28sk:	6:34-6:52= 0:18 Min. (Kl will sich bessern)
29st u. B1:	28:10-33:30= 5:20 Min. (Kl im Leistungsstress))
30sk:	33:15-35:08= 1:53 Min. (Kl hat sich fallengelassen)

Nennungen in Nachinterviews von Fall 3

Abkürzungen:
KN: Nachinterview mit Klientin am 8.5.91
TN: Nachinterview mit Therapeut am 13.5.91

Std	Sequenz	KN	TN	Nennungen
1	1kons	x		1
2	3st	x		1
3	5st	x		1
5	11kons	x		1
6	14sk	x		1
9	27kons	x	x	2
10	30sk	x		1

Einordnung in Ereignisgruppen

Im Fall 1 wurden insgesamt 47 Sequenzen aus 21 Stunden von Therapeut und/oder Klient als subjekiv bedeutsam benannt, in Fall 2 insgesamt 57 aus 23 Stunden, in Fall 3 insgesamt 30 aus 10 Stunden, in Fall 5 insgesamt 6 aus 2 Stunden. Fall 4 wurde nicht ausgewertet (s. Kap. II.2.).

1. Ereignisse mit "angedeuteten" Gestalten

Fall 1: 0/1st, 0/2st, 2/7st, 2/8sk, 2/9st, 3/10st, 4/14st, 11/25kd, 11/26st, 11/27st, 12/29sk, 13/31st, 13/32sk, 15/37st, 16/39st, 18/42st, 18/44st = 17

Fall 2: 2/3sk, 3/6sk, 3/7st, 5/11st, 5/13st, 6/14sk, 7/16sk, 8/18sk, 8/19sk, 8/21st, 9/22sk, 9/25sk, 10/28sk, 10/29st, 10/30st, 11/31sk, 11/32st, 13/37st, 14/41st, 16/43kd, 17/46st, 20/50st, 20/51st, 21/52sk = 24

Fall 3: 1/2kd, 2/3st, 3/6sk, 3/7st, 4/8st, 4/9sk, 4/10st, 5/12kons, 5/1st, 6/14sk, 6/15sk, 6/16st, 7/18st, 7/19sk, 7/20sk, 7/21sk, 7/22st, 7/23st, 8/24sk, 8/25st, 9/26sk, 10/28sk, 10/29st, 10/30sk = 24

Fall 5: --

2. Ereignisse mit "schwachen" Gestalten

Fall 1: 1/4kd, 2/6kd, 3/11kd, 4/13sk, 4/15kd, 5/16st, 9/21sk, 10/24st, 11/28kons, 12/30kons, 15/36kons, 16/38kd, 17/40sk, 17/41st, 18/43st, 20/46sk = 16

Fall 2: 1/2sk, 2/4st, 3/5sk, 6/12st, 7/15sk, 8/20st, 9/24kons, 9/26st, 10/27sk, 11/33kons, 11/34kd, 12/36st, 13/38sk, 13/39kons, 15/42kons, 18/48kons, 19/49kons, 22/54st = 18

Fall 3: 1/1kons, 2/4kons, 3/5st, 5/11kons, 6/17kons = 5

Fall 5: 2kd, 3sk, 4kd = 3

3. Ereignisse mit "starken" Gestalten

Fall 1: 0/3kons, 3/12kons, 8/20kons, 9/22kons, 10/23kons, 14/34kons, 14/35st, 19/45kons = 8

Fall 2: 1/1kons, 4/9kons, 5/10kons, 7/17kd, 9/23kons, 14/40kons, 16/44kons, 18/47sk, 21/53kons, 22/55kons, 23/56sk= 11

Fall 3: 9/27kons = 1

Fall 5: 5kons = 1

4. Ereignisse mit "vollendeten" Gestalten/existentiellen Momenten

Fall 1: 1/5kons, 5/17kons, 6/18kons, 7/19kons, 13/33kons, 20/47kons = 6

Fall 2: 4/8sk, 12/35kons, 17/45kons, 23/57kons = 4

Fall 3: --

Fall 5: 1kons, 6kons = 2